Solomon Volkov

Pietroburgo. Storia culturale.

traduzione di Bruno Osimo

per l'edizione cartacea: ISBN 9788898467815
per l'edizione elettronica: ISBN: 9788898467402

Sommario

Tutte le parole russe ormai entrate nell'uso anche in italiano, e quindi presenti nei principali dizionari della nostra lingua, magari con una grafia diversa dalla traslitterazione scientifica (per esempio, mugìk, troica, intellighenzia, ecc.), sono state trascritte in questo modo più semplice. Per la traslitterazione di tutte le altre parole russe si è adottata la nonna internazionale iso 9, fatta eccezione per il grafema cirillico x, che è stato traslitterato «ch» e non «h», secondo l'uso consolidato tra gli editori italiani. Ecco qualche esempio: *é* si pronuncia come *c* in *cena g* si pronuncia come *sc* in *sciocco* si pronuncia come *s* in *pleasure* (inglese) o *j* in *jour* (francese) *c* si pronunga come *z* in *razzo* eh si pronuncia come *h in house* z si pronuncia come *s* in *ottimismo* si pronuncia come *io* in *chiodo* ed è sempre accentata. Poiché in russo esistono due vocali simili alla nostra «e», una delle due, più aperta, viene traslitterata «è», con l'accento grave. In parole come «Èichenbàum», pertanto, compaiono due accenti, di cui solo il secondo è tonico. Tutte le citazioni da autori russi presenti nel testo sono state da me tradotte dall'originale. Delle poesie vengono date versioni, quando possibile, metriche.

> ... l'assenza è la medicina migliore contro l'oblio...
> ma il metodo migliore per dimenticare per sempre è
> vedersi ogni giorno...
> ANNA ACHMÀTOVA[1]

Il 16 maggio 1965 i giovani componenti di un quartetto d'archi, con i loro strumenti nelle custodie e i leggii pieghevoli, stavano viaggiando in un freddo e scomodo trenino suburbano in marcia da Leningrado verso la costa settentrionale del golfo di Finlandia. Era una domenica, e la loro meta era la casa della poetessa Anna Achmàtova, che da quella primavera soggiornava nel villaggio di dacie di Komàrovo, già Kellomffiti, a poco più di quaranta chilometri da Leningrado.

Avevo ventun anni ed ero il primo violino di questo ensemble, composto di studenti del conservatorio di Leningrado. Dato che, come tantissimi altri amanti della letteratura, consideravo Anna Achmàtova la più grande dei poeti russi viventi, conoscevo a

---

[1] Anna Achmàtova, Sočinénija v dvuch tomach (Opere in due volumi), Moskvà 1986, vol. Il, p. 205.

memoria buona parte delle sue liriche e desideravo da tempo esprimerle in qualche modo tutto il mio entusiasmo e la mia profonda devozione. Alla fine, mi procurai il suo numero di telefono, mi feci coraggio e le telefonai. Dopo essermi presentato, mi offrii di suonare per lei musica di sua scelta. Achmàtova ci pensò un po'e poi fece il nome di Šostakóvič, e questa fu per noi una grande fortuna oltre che una gioia, perché avevamo appena preparato, per primi tra i gruppi musicali della nostra città, uno degli ultimi quartetti del compositore, il *Nono,* che avevamo suonato al festival Šostakóvičano di Leningrado, alla presenza dell'autore.

Quest'opera, della durata di circa mezz'ora e ancora inedita, la eseguimmo per Achmàtova nella sua piccola dacia di Komàrovo, dipinta di verde e da lei chiamata «Cabina». Probabilmente fu la più insolita esecuzione concertistica della mia vita, per un pubblico costituito da una sola *grande dame* settantacinquenne dai capelli bianchi, che indossava un chimono giapponese nero sopra un elegante abito rosa, sprofondata maestosa e tranquilla in poltrona, con gli occhi socchiusi. Sembrava assorbire la tristezza, l'alienazione e l'intensità tragica della musica di Sostakewi'é, così affine alla sua poesia. I destini drammatici di Achmàtova e Šostakovič, intimamente legati a Pietroburgo, si erano intrecciati più di una volta. Entrambi erano stati condannati dalle autorità sovietiche e nelle proprie opere ciascuno dei due artisti si è rivolto all'altro. Sulla copia del libro di poesie regalato al compositore, Achmàtova aveva scritto la seguente dedica: «A Dmìtrij Dmìtrievič Šostalcóvič, nella cui epoca io vivo sulla terra».

Mentre suonavamo, il clima del Baltico (forse in armonia con la musica) diede il peggio di sé: si alzò un forte vento, seguito da grandine e poi da neve. Ma quando finimmo, splendeva il sole. Uscii con Achmàtova sulla veranda. Anche qui la natura – forse continuando la sua competizione con la musica – cercò di dimostrare che, se voleva, poteva avere l'ultima parola: sopra il villaggio di Komàrovo, coperto di una candida coltre di neve fresca, un fantastico arcobaleno brillava di una luce accecante.

Osservando l'arcobaleno, Achmàtova notò con la sua voce di petto, ipnotica e chiara: «Ricordo che nel maggio del 1916 il tempo era molto simile», e cominciò a recitare *Neve di maggio,* la poesia che aveva scritto quasi mezzo secolo prima:

Si sdraia trasparente pellicina

sull'erba e invisibile si scioglie[2].

Qualsiasi amante della poesia russa conosce questa languida e magnifica composizione, che termina con i versi:

Del re David è la malinconia
donatami, regale, per millenni[3].

Allora fui colpito dalla prodigiosa capacità di Achmàtova (come seppi poi, una sua caratteristica peculiare) di collegare periodi ed eventi storici apparentemente molto diversi e di istituire tra loro complessi paralleli che dimostravano, a suo parere, la predeterminazione e il ripetersi di quelle che a tutta prima sarebbero sembrate le più inattese e imprevedibili svolte del destino. Per lei, testimone e vittima dei cataclismi del XX secolo, sopravvissuta a sofferenze e privazioni inaudite, la ricostruzione del «legame sfilacciato dei tempi» era l'attività più naturale, il suo dovere quotidiano. Con facilità, Achmàtova aveva teso un fulmineo quanto robusto filo tra la neve del 1916 e quella del 1965, e nel contempo era perfettamente consapevole dell'importanza di un simile collegamento, solo in apparenza casuale, che inevitabilmente acquisiva un profondo significato culturale e filosofico. Tale serena imperiosità nel rapporto con il tempo e con lo spazio fu una delle lezioni di vita più importanti che trassi dai miei incontri con Achmàtova. Ecco perché, proprio in quella straordinaria giornata di maggio, densa di musica trascendente e illuminata dal miracoloso arcobaleno di Komàrovo, ritrovo l'origine dell'impulso che quasi trent'anni dopo ha dato vita a questo libro.

Quando andavo al Rùsskij muzéj (Museo russo) di Leningrado – che a mio parere custodisce la migliore raccolta di arte russa del paese –, nella sezione dedicata alla pittura d'inizio secolo mi capitava spesso di essere letteralmente bloccato da un enorme *panneau* decorativo creato nel 1908 da Lev Bakst, uno dei principali esponenti del gruppo artistico Mir iskùsstva (Il mondo dell'arte), divenuto famoso in Occidente come scenografo dei Balletti russi di Djàgilev. Intitolato dall'autore *Terror antiquus,* questo imponente

---

2 A. Achmàtova, Majskij sneg (Neve di maggio), in Saélnéntja (Opere), Milinchen, Me2clunarodnoe literaturnoe sodrukstvo (Consociazione letteraria internazionale), 1967, vol. I, p. 155.

3 *Ibid.,* p. 156.

dipinto raffigura la distruzione dell'antica Atlantide, la civiltà mitologica fiorita, secondo Platone, su un'enorme isola dell'Oceano Atlantico. Gli abitanti dell'isola avevano raggiunto incredibili vette culturali e spirituali, ma erano stati puniti dagli dèi per il loro smisurato orgoglio. L'oceano in tempesta aveva inghiottito Atlantide per sempre.

Il quadro di Bakst, una veduta panoramica degli elementi marini scatenati, con i templi antichi che sprofondano nelle viscere dell'oceano e il teatrale fascio di luce che attraversa tutta la tela, ha sempre prodotto in me un'impressione stupefacente. Ad attirare il mio sguardo era in particolare la statua al centro della composizione, una dea che accetta con un sorriso disteso la distruzione della civiltà che l'ha creata. Nel caos che la circonda, la dea sembra protetta da una forma superiore di saggezza e di conoscenza.

Allora ero ancora adolescente e solo più tardi venni a sapere che Bakst, grande appassionato del mondo classico, nel *Terror antiquus* aveva raffigurato la dea Afrodite, ai suoi occhi simbolo della vittoria dell'amore e dell'arte sulla cieca forza distruttrice. In seguito, proprio questo *panneau* cominciò a sembrarmi una metafora artistica pressoché perfetta dell'Atlantide del Novecento: la gloriosa cultura della città in cui vivevo.

San Pietroburgo, fondata nel 1703 da Pëtr il Grande sulla costa orientale del golfo di Finlandia come capitale dell'impero russo, e città alla quale è stato cambiato – in modo autoritario e poco avveduto – due volte il nome (nel 1914 divenne Pietrogrado, nel 1924 Leningrado), è famosa in tutto il mondo come perla architettonica, con i suoi stupendi palazzi che svettano orgogliosi sulle rive dello spettrale fiume Nevà.

La bellezza degli edifici storici di Pietroburgo è evidente e indiscutibile. Eretti con una maestria, una sontuosità e una ricercatezza senza pari, emanano un incanto quasi mistico, soprattutto durante le notti bianche d'inizio estate, che immergono l'architettura classica in un'atmosfera fantastica e bizzarramente onirica.

Ma ancor più attraenti ed enigmatici mi sono sempre sembrati i grandi capolavori della letteratura e della musica creati in questa città magica, o da essa ispirati: le opere di Pùškin, Glinka, Gógol', Dostoévskij, Mùsorgskij, Čajkóvskij, Rimskij-Kórsakov, per parlare solo dell'Ottocento. A Pietroburgo l'inanimato è prepotentemente tornato alla vita, palazzi e monumenti sono entrati nelle pagine di prosa e poesia, o si sono rispecchiati nei suoni di una musica ammaliatrice, per poi solidificarsi di nuovo sugli argini di granito del fiume e sulle ampie piazze, ma ormai in una luce nuova, ricca e sublime, come simboli del magico incanto.

Un classico esempio – forse il supremo – di questa simbiosi è il leggendario destino della famosa statua equestre dell'imperatore Pëtr, opera di Étienne-Maurice Falconet, eretta nel 1782 al centro della capitale russa per ordine di Ekaterina la Grande. Questo monumento in bronzo, che si inscrive perfettamente nel corpus della città, colpì subito l'immaginazione dei contemporanei per la forza e la potenza con cui lo scultore aveva realizzato la propria idea – lo zar, in toga romana e incoronato di alloro, e con il braccio imperiosamente proteso, scruta con orgoglio la città da lui fondata dal dorso di un cavallo impennato che personifica la Russia –, ma acquisì il suo vero significato simbolico per il destino di Pietroburgo e la fama di immagine più famosa della città solo nel 1837, dopo la pubblicazione del poema di Aleksàndr Pùškin *Médnyj vsàdnik* (Il cavaliere di bronzo).

Il principe e poeta Pétr Vjàzemskij affermò (e non abbiamo motivo di non credergli) di essere stato il primo ad attirare l'attenzione di Pùškin sull'ambiguità visiva della statua: «La Russia, pur di non lasciarsi spingere in avanti da Pëtr, si è imbigarrita»[4]. Pala, ponendo al centro del proprio poema la scultura di Falconet e facendola letteralmente «rivivere», creò un capolavoro in cui tale ambiguità fu trasformata in enigma filosofico sul destino del paese e della sua capitale, che nella rappresentazione di Pùškin sono indissolubilmente legati. Da più di centocinquant'anni i migliori ingegni della Russia sono impegnati nello scioglimento di questo enigma, proponendone soluzioni sempre più astruse, e nell'osservazione da diverse angolature sia del poema di Pùškin sia della statua, nota da allora come «Cavaliere di bronzo».

Poeti, scrittori, filosofi e storici cercano da tempo di interpretare tanto l'idea generale quanto il linguaggio figurativo e i particolari del *Cavaliere di bronzo* di Pùškin e del monumento di Falconet. Ecco due esempi. Per il nostro contemporaneo Abram Terc (Andréj Sinjàvskij), recentemente scomparso, il cavallo sotto l'imperioso cavaliere è «la poesia stessa che irrompe come una furia verso il cielo, materializzandosi in un turbine d'acqua, fuoco e metallo fuso». All'inizio del Novecento, invece, lo sguardo acuto del ricercato e tetro Innokéntij Ànnenskij, maestro di Achmàtova,

---

4 A.S. Puškin v vospominanijach sovremennikov (A.S. Pùškin nei ricordi dei contemporanei), 2 voll., Moskvà 1974, vol. l, p. 468

fu attratto dal valore simbolico del serpente, che in una visione d'insieme del monumento passa inosservata L'impaziente cavaliere lo schiaccia, lasciandoselo alle spalle:

> Lo zar non è riuscito a uccidere il serpente,
> e l'oppresso è divenuto un nostro idolo.

Con la forza del suo genio poetico Pùškin ha trasformato un monumento al minaccioso imperatore in emblema di Pietroburgo, in segno della sua grandezza e resistenza, ma anche in simbolo delle terribili sofferenze e del triste destino riservati a questa città. Tuttavia il suo poema è ancora più importante: con Il *cavaliere di bronzo,* infatti, ha inizio il mito di Pietroburgo.

Prima si poteva parlare solo dell'esistenza di una leggenda di Pietroburgo, sorta e coltivata quasi fin dalla sua fondazione. E già questo è sorprendente, dato che in genere le leggende si formano molto più tardi dell'evento da cui traggono origine. Ma il miracolo della nascita quasi istantanea della capitale dello sterminato impero su un terreno settentrionale, paludoso e poco ospitale, era stato talmente stupefacente, il suo prezzo in vite umane talmente alto e la personalità del suo fondatore talmente straordinaria che ben presto Pietroburgo ispirò accorati elogi e altrettanto sentite maledizioni di carattere mistico.

Il mito di Pietroburgo, consolidatosi definitivamente nella seconda metà dell'Ottocento, racchiudeva in sé sia leggende ufficiose sulla miracolosa comparsa di un'incantevole città nel bel mezzo di una palude melmosa, sia profezie popolari sul suo imminente declino. Il mito aveva assorbito anche il cosiddetto «testo pietroburghese», costituito non solo da opere letterarie, pittoriche, musicali e teatrali dedicate alla città, né soltanto dai suoi splendidi edifici, ma anche da un complesso insieme di idee filosofiche e morali relative al ruolo particolare di Pietroburgo sul territorio e nella storia della Russia. Sono inevitabilmente entrati a far parte di questo mito i suoi stessi creatori, sia autori di opere ispirate e dedicate a Pietroburgo sia personaggi storici e politici.

Il mito di Pietroburgo non esisterebbe senza Pëtr il Grande e Pùškin. L'imperatore ha inserito a viva forza Pietroburgo nel possente e smisurato corpo dello Stato russo, e la città di granito vi ha svolto il ruolo di un agente irritante, come il granello di sabbia nella conchiglia di un mollusco che diventa il nucleo di una perla. Grazie a Pëtr il Grande, nella misteriosa espressione della nuova capitale, nel mito perlaceo di Pietroburgo è forte l'elemento cosmogonico, dove lo stesso Pëtr vi compare come «eroe culturale» mitologico. Al quale poi si è aggiunta una figura altrettanto mitologica: Aleksàndr Pùškin.

Ma la leggendaria immagine del fondatore di Pietroburgo, a ricordare le caratteristiche opposte tradizionalmente attribuite ai gemelli delle fiabe, ha da sempre una doppia identità, una benigna e l'altra maligna. Questa fondamentale ambivalenza del mito di Pietroburgo è stata fissata per la prima volta nella coscienza culturale russa da Pùškin. Dopo di lui è diventato sempre più evidente che, come dice Vladìmir Toporóv,

il senso intimo di Pietroburgo sta proprio in questa antiteticità, in questa antinomia irriducibile a unità, che pone la morte stessa alla base della nuova vita, intesa come risposta alla morte e come sua espiazione, come conquista di un livello superiore di spiritualità. L'inumanità di Pietroburgo risulta organicamente legata a quel tipo di umanità, considerato in Russia superiore e quasi religioso, che solo può riconoscere l'inumanità, ricordarla per sempre e, forte di questa conoscenza e memoria, costruire un nuovo ideale spirituale[5].

Pùškin diede al proprio poema Il *cavaliere di bronzo* il sottotitolo «*Póvest'*[6] pietroburghese». Come è noto, uno dei significati della parola greca *mythos* è «narrazione». I testi pietroburghesi, suggerendo a Main il tema dell'ambivalenza della città e del suo fondatore, descrivevano sempre più la capitale non come il paradiso apparso a Pëtr il Grande, ma come inferno.

Il passo decisivo in questa direzione fu compiuto da Nikolàj Gógol', che vide Pietroburgo come regno virtuale dei morti, «dove tutto è umido, liscio, omogeneo, pallido, grigio, nebbioso». Per Gógol', Pietroburgo è il luogo dove si scatenano le forze diaboliche nemiche dell'uomo, sotto il quale il terreno melmoso è in continuo movimento e minaccia di inghiottire sia gli edifici maestosi ma freddi, sia gli asettici uffici governativi, sia le moltitudini di infelici impiegatucci che li popolano.

Ben presto, nel mito di Pietroburgo il motivo della distruzione della città divenne dominante su tutti gli altri. Nelle opere di Fédor

---

5 Semiotika goroda i gorodskoj kul'tury. Trudy po znakovym sistemam (Semiotica della città e della cultura cittadina. Saggi sui sistemi segnici), Tàrtu 1984, vol. XVIII, p. 6.

6 La parola attualmente indica una forma narrativa definibile come «novella» o «romanzo breve», ma in Pùškin conserva il più antico significato di «narrazione».

Dostoévskij i presentimenti e le profezie escatologiche acquistano eccezionale vigore. Pakin interpreta l'acqua del Baltico come elemento naturale che incombe costantemente sulla città, ora come terribile forza scatenata ora come sostanza purificatrice, qualcosa di simile al titano Oceano della mitologia. Nelle sue opere Dostoévskij condanna Pietroburgo, «questa città putrida, scivolosa», a dissolversi insiemectilla nebbia, come fumo.

Secondo uno studioso contemporaneo, il mito di Pietroburgo «riflette la quintessenza della vita in condizioni estreme, sull'orlo dell'abisso, a un passo dalla morte...»[7]. Una svolta nella sua storia si verificò alla fine dell'Ottocento attraverso la musica, quando Pétr eajkóvskij, nei suoi balletti e, in particolare, nella sua opera «pietroburghese» *Pikovaja dàma* (La donna di picche),[8] coniugando questa sensazione di vita sull'orlo dell'abisso con il presentimento del proprio tragico destino, introdusse nel mito di Pietroburgo l'elemento nostalgico, che gli conferì per la prima volta un carattere retrospettivo e commemorativo.

Forse nella storia della cultura la musica non aveva mai svolto un ruolo tanto decisivo nel cambiamento di percezione dell'immagine di una grande città. Sotto l'influsso della musica di *e* ajkóvskij, il gruppo artistico Mir iskùsstva diretto da Aleksàndr Benuà e Sergéj Djàgilev promosse la rinascita dell'idea di Pietroburgo come provvidenziale e imprescindibile faro culturale e spirituale della Russia. Questi artisti condividevano con Čajkóvskij il presagio di cataclismi incombenti sulla capitale. Ecco dove va collocata la genesi del *Terror antiquus* di Bakst.

I fatali presentimenti degli artisti più sensibili e creativi si rivelarono profetici. Sin dal momento della fondazione, Pietroburgo fu sottoposta a inondazioni devastatrici, e più di una volta nella fantasia di alcuni geni è addirittura scomparsa dalla faccia della terra. Ma nel XX secolo la sua cultura e la città stessa hanno realmente rischiato la distruzione totale. Colpita da due guerre mondiali, è stata teatro di tre rivoluzioni, di un assedio senza uguali nella storia contemporanea, di purghe, fame, devastazioni, terrore. Ha perso lo status di capitale, i suoi uomini migliori, l'autostima, il denaro, il potere e, infine, la gloria.

Verso la metà del Novecento il mito di Pietroburgo era ormai tramontato. Della sua esistenza si poteva parlare solo in termini ipotetici, come se davvero si trattasse di una qualche leggendaria

---

7 Ibid.. p. 28.

8 Dall'omonima opera di Pùškin.

Atlantide.

Ovviamente, anche nella Russia staliniana le opere classiche di Pùškin o Gógol'hanno continuato a essere pubblicate e studiate, ma Dostoévskij era già considerato molto sospetto. Il ruolo di Čajkóvskij nella rinascita del mito di Pietroburgo è stato passato sotto silenzio e le prime opere pionieristiche di Borìs Asàf'ev sull'argomento sono state tenute nel cassetto. Dei testi pietroburghesi del Novecento non si poteva fare parola, come se fossero sprofondati in un buco nero della storia.

In Unione Sovietica i movimenti modernisti russi venivano marchiati come «decadenti». La cosiddetta «età d'argento» – l'epoca della meravigliosa fioritura della cultura russa negli anni Dieci o, come amava definirlo Achmàtova, «il tempo di Stravìnskij e Blok, di Anna Pàvlova e Skrjàbin, di Rostóvcev e Šaljàpin, di Mejerchól'd e Djàgilev» – fu proclamata ufficialmente il periodo «più vergognoso e più sterile» della storia dell'intellighenzia russa. Lo scontato verdetto del partito nei confronti della stessa Anna Achmàtova sentenziava: «La produzione di Achmàtova è un fatto del passato remoto; è estranea alla realtà sovietica contemporanea e non può essere tollerata sulle pagine dei nostri periodici»[9]. Questo era l'atteggiamento verso quasi tutta la cultura pietroburghese d'inizio secolo, a eccezione di due-tre figure, ritoccate al punto da renderle irriconoscibili.

Non si trattava solo d'estetica, ma anche di politica. Sia Lénin, che nel 1918 riportò la capitale da Pietrogrado a Mosca, sia Salin, che inflisse a Leningrado sofferenze atroci, ebbero verso questa città un atteggiamento di malevolenza e sospetto, nel timore che vi si potesse sviluppare un focolaio di opposizione politica e culturale. (Il desiderio di non ospitare Pietroburgo all'interno del proprio impero fu condiviso da un altro famigerato dittatore di questo secolo, Adolf Hitler.)

Nel 1934 l'assassinio a Leningrado del dirigente comunista Sergéj Kìrov, talora definito in Russia «omicidio del secolo», diede modo a Stàlin di riversare sulla città un'ondata di terrore. Dopo la guerra, Stàlin montò il cosiddetto «processo di Leningrado», che inserì nuovamente il nome della città nella lista di proscrizione politica. Di conseguenza, come testimonia lo scrittore Daniìl Grànin, «il concetto di "leningradese" venne impiegato sempre più di rado. Dopo il "processo di Leningrado", il termine suonava

---

9 Relazione di Andréj Ždànov sulle riviste «Zvezdà» (La stella) e «Leningrad», Moskvà 1946. p. 16.

sospetto»[10].

Ai tempi della mia gioventù, parlare di tutto questo in pubblico era impossibile. Persino la verità sulle mostruose sofferenze della città durante i novecento giorni di assedio nazista è stata nascosta e taciuta dalle autorità sovietiche. Vivevamo tutti con la netta sensazione che alla città avrebbero messo un grosso bavaglio. Annientando il suo passato, si sviliva il suo presente e si sradicavano le speranze nel futuro.

A suo tempo il filosofo illuminista francese Denis Diderot commentò lo spostamento della capitale dello Stato russo da Mosca a Pietroburgo con queste parole: «È estremamente poco saggio mettere il cuore sulla punta delle dita». In epoca sovietica, a questo ex «cuore» della Russia è stato tolto l'ossigeno; così si è avvizzito, deformato e ha quasi smesso di battere. Stava morendo, ma era vietato dare l'allarme. Quando in Russia ho cominciato a scrivere d'arte e, in particolare, mentre mi accingevo a pubblicare il mio libro *I giovani compositori di Leningrado,* uscito nel 1971, mi sono imbattuto più volte in questa situazione. L'uso stesso del concetto di «cultura pietroburghese» o «leningradese» veniva implacabilmente stroncato: «Ma cos'ha questa cultura di tanto speciale? Noi, di cultura, ne abbiamo una sola, quella sovietica!».

L'Atlantide pietroburghese è sprofondata sott'acqua, sul fondo dell'oceano politico della vita sovietica. Ma là ha continuato caparbiamente la sua esistenza sommersa, in forma di rovine bizzarre e preziose, sotto una tremenda pressione atmosferica, in una silenziosa oscurità. Per osservare questi magnifici resti, era necessario immergersi in profondità e stare a lungo sott'acqua. La cosa non era priva di rischi. Ciò nonostante, a Leningrado se ne sono occupati in molti, pur se isolati, indecisi, malcerti. Lì sotto maturava un nuovo mito di Pietroburgo.

La sua figura centrale – e per tanti aspetti la sua fondatrice – fu Anna Achmàtova, divenuta la grande voce della città. Fin da giovane, Achmàtova si creò la fama di Cassandra, il personaggio mitologico che previde e pianse la rovina di Troia. Già nel 1915 Pietrogrado appariva ai suoi occhi come una «città granitica di gloria e di disgrazia». Poi scrisse:

Sui cari ho richiamato la rovina,

---

10 Danill Grànin, O nabolevšem (Questione scottante), Leningràd 1988, p. 73.

e uno dopo l'altro morti son.
Dolore a me! Dalla parola mia
predette son le tombe di quaggiù.[11]

Nell'immaginario popolare Achmàtova si trasformò in una simbolica «vedova poetica», prefica delle vittime della rivoluzione, della perduta grandezza di Pietroburgo, depositaria della sacra fiamma. Da una poesia all'altra, Achmàtova ha letteralmente plasmato il nuovo mito di Pietroburgo il cui denso impasto era intriso di sangue, del caldo umore fumante senza il quale nessun sacrificio e nessuna profezia possono essere fecondi.

Pietroburgo nacque come città sulle ossa dei suoi anonimi costruttori. Queste vittime riecheggiavano nella leggenda della tetra e crudele capitalemonstre, che soffoca il piccolo uomo. Il sangue di nuove vittime innocenti mietute dallo spietato terrore staliniano ha richiamato alla vita e ha contribuito a confermare e rafforzare un nuovo mito, quello di Pietroburgo come martire, simbolo del destino tragico della Russia e delle speranze di una sua rinascita simile a quella della Fenice. Si è prodotto così un cambiamento radicale – unico nella storia – del mito della città.

In ogni mito ci sono elementi «essoterici», ossia accessibili e comprensibili a molti, ed elementi «esoterici», noti soltanto agli iniziati. Negli anni del terrore staliniano Achmàtova ha creato nelle sue opere (in particolare nel *Requiem,* inarrivabile distillato poetico e testimonianza delle terribili scene delle repressioni di massa) il mito esoterico di Pietroburgo martire. Il suo *Requiem,* che era troppo pericoloso anche solo trascrivere, all'inizio era conosciuto esclusivamente dai più intimi amici della poetessa, che l'avevano imparato a memoria, trasformandosi così in depositari viventi di una verità proibita.

Per contro, la *Quinta* e la *Settima sinfonia* («Leningradese») di Šostakóvič, pur trattando in sostanza quello stesso tema proibito, hanno avuto la possibilità di essere eseguite pubblicamente e sono divenute ben presto molto famose non solo in Unione Sovietica, ma in tutto il mondo. E questo è uno dei paradossi della situazione: una musica sinfonica moderna, che per il suo linguaggio si sarebbe detta più elitaria di una poesia descrittiva, è risultata portatrice di un messaggio essoterico sul tragico destino di Leningrado.

Braccato ma non piegato, Šostakóvič continuò questa linea pietroburghese con la sua ispirata *Undicesima sinfonia* e negli ultimi

---

11 A. Achmàtova, Ja gibel' naklikala, in Sočinénija, cit., vol. I, p. 209.

quartetti, mentre Achmàtova passò dalla previsione di un futuro spaventoso alla rifondazione del passato leggendario («In passato il futuro matura, / in futuro il passato marcisce») e coronò la costruzione del nuovo mito di Pietroburgo con il monumentale *Poema senza eroe*, la cui vera protagonista era, naturalmente, la sua amata Palmira del Nord.

Prima della morte di Achmàtova, né il *Requiem* né il *Poema senza eroe* furono pubblicati in Russia in versione integrale. Queste due opere furono ricopiate a mano e dattiloscritte clandestinamente con crescente entusiasmo, mentre l'apparato culturale sovietico non solo ignorava, ma cercava di calpestare e distruggere il mito non ufficiale di Pietroburgo, che con ostinazione continuava a crescere. In questo senso, una delle più famose azioni repressive condotte dall'apparato statale poststaliniano fu il processo dimostrativo intentato nel 1964 contro Iósif Bródskij, giovane poeta leningradese e *protégé* di Achmàtova, con l'accusa di «parassitismo».

Confinato a nord e poi espatriato in Occidente nel 1972, Bródskij andò a vivere negli Stati Uniti dove, con il suo talento e la sua acuta intelligenza, divenne uno degli eredi del «ramo statunitense» del modernismo pietroburghese. Riunisco sotto questa definizione un gruppo di giganti della creatività artistica, che non hanno mai fatto dichiarazioni d'appartenenza ad alcuna scuola. E tuttavia, c'erano troppi legami fra Igor'Stravìnskij, Vladìmir Nabókov e Georges[12] Balančin. Tutti e tre profughi di Pietroburgo, dopo varie peregrinazioni per l'Europa si stabilirono negli Stati Uniti dove, oltre a esercitare un'enorme influenza sulla cultura locale, hanno anche dato vita a una loro variante «nostalgica» del mito di Pietroburgo, che attirò l'attenzione dell'élite intellettuale occidentale proprio nel momento in cui in Unione Sovietica esso veniva spietatamente perseguitato.

Bródskij continuò questa tradizione, creando in tal modo l'anello di collegamento tra due grandi strati della cultura pietroburghese, divisi a forza dalle ineluttabili correnti storiche del turbolento XX secolo.

Il mio primo incontro con Bródskij avvenne a Leningrado all'inizio degli anni Settanta ma, per quanto possa sembrare paradossale, lo conobbi veramente solo a New York, dove mi trasferii nel 1976 dopo aver abbandonato l'Unione Sovietica e dove

---

12 Per la spiegazione delle varianti del nome di Balanem (George, Georges, Geórgij Balanéivàdze), vedi il capitolo 4.

nel 1979 pubblicai *Testimony,* le memorie di Dmìtrij Šostakóvič scritte in collaborazione con il compositore, quando eravamo ancora in patria. Dopo questo libro furono realizzati altri progetti di collaborazione: *Balanchine's Tchaikovsky* (con Georges Balančin, 1985), *From Russia to the West* (con violinista Natàn Mil'štéjn, 1990), *Joseph Brodsky in New York* (conversazioni con il poeta, 1990) e, sempre con lui, un libro di dialoghi su Achmàtova, pubblicato a Mosca nel 1992. Ma in tutti questi anni ho continuato a pensare e a lavorare a un libro dedicato alla cultura e al mito di Pietroburgo, la cui idea mi balenò in quell'indimenticabile giorno di maggio del 1965 con la neve e l'arcobaleno, quando con gli amici suonai per Achmàtova il *Nono quartetto* diŠostakóvičé nella sua dacia vicino a Leningrado.

Il bisogno di questo libro mi è sembrato ancor più urgente in quanto né in Unione Sovietica né in alcun altro paese è mai stata scritta una storia completa della cultura di Pietroburgo che contemplasse letteratura, musica, teatro, balletto e arti figurative. Parigi, Vienna, Berlino, New York si sono affermate nella coscienza mondiale come centri culturali fondamentali del Novecento, nei quali sono nate concezioni estetiche rivoluzionarie e dove lo scontro di personalità geniali ha prodotto la grande arte contemporanea. La gente è rimasta affascinata dall'«inquieto splendore», dall'energia e dalla vitalità di queste grandi città.

Che Pietroburgo non faccia parte di questa nobile schiera, mi è sempre sembrato mostruosamente ingiusto. Pietroburgo è stata la città in cui si sono formate le idee artistiche di Djàgilev, in cui Mejerchól'd ha realizzato molti dei suoi audaci esperimenti teatrali, in cui il giovane Stravìnskij ha composto la sua musica stupenda, in cui Matjùšin e Malévič hanno messo in scena la prima di *Vittoria sul sole,* la loro opera futurista che ha fatto epoca. È la città in cui si possono rintracciare le radici della letteratura e del teatro dell'assurdo, del New Criticism e dello strutturalismo, del balletto senza intreccio e del sinfoniSmo contemporaneo. Ma per una fatale combinazione di cause culturali e politiche, tutte queste splendide conquiste e questi nomi universalmente noti vagano in una sorta di vuoto spaziotemporale, senza alcuna identificazione con un punto preciso della carta geografica e stranamente privi di qualsiasi riferimento.

Ho cominciato a raccogliere il materiale che documenta questo vastissimo e in verità inestricabile insieme di problemi fin dai primi anni Sessanta, incontrandomi a Leningrado (e poi a Mosca) con persone straordinarie, reliquie dell'«età d'argento», artefici, attori e osservatori della fioritura della cultura pietroburghese d'inizio secolo. Alcuni di loro occupavano un'importante posizione sociale, altri – spesso passati attraverso sofferenze inenarrabili e segnati da amare esperienze – cercavano di vivere nell'ombra, senza farsi notare.

Ma tutti avevano la stessa voglia di ricordare quegli anni gloriosi sepolti sotto una valanga della storia e dei quali, a loro parere, le nuove generazioni indottrinate non sapevano né volevano sapere nulla. Ecco perché rispondevano con riconoscenza a qualsiasi benevolo e sincero segno d'interesse per il loro passato.

Un altro aspetto unico della cultura pietroburghese, e un'inestimabile fonte di informazioni su quest'epoca, l'ho scoperto quando mi sono trasferito in Occidente. Qui ho avuto la fortuna di incontrare alcuni grandi pietroburghesi che conservavano, nonostante le tribolazioni dell'esilio e la veneranda età, una nitida memoria e uno sguardo acuto sugli avvenimenti e le circostanze della loro gioventù. Queste anime sensibili mi hanno accolto con gentilezza e simpatia, anche perché rallegrate dal mio entusiasmo nei confronti della città che loro stessi continuavano a considerare la più grande e la più bella del mondo. Inoltre, un'importanza non secondaria ebbe il semplice fatto che con un neoemigrato dalla Russia era possibile finalmente discutere e centellinare – in lingua madre! – fin nei minimi particolari i cari ricordi del passato remoto. Mi ha colpito soprattutto un interlocutore che, dopo aver descritto nei dettagli uno spettacolo a cui aveva assistito a Pietroburgo prima della rivoluzione, s'accorse d'un tratto che non ne parlava da sessant'anni.

Allora, alla fine degli anni Settanta, sembrava a loro, vecchi emigranti, e a me, ultimo arrivato, che la rigida divisione della cultura russa in «sovietica» e «straniera», o in «metropolitana» e «dell'emigrazione», inaugurata con l'instaurazione in Russia del regime comunista e propugnata con grande intransigenza (motivo per cui la storia dell'una era soggetta a manipolazioni e deformazioni, mentre l'altra veniva semplicemente taciuta), che questa separazione barbara e profondamente artificiosa sarebbe stata se non eterna, quantomeno insopportabilmente lunga, e che non avremmo assistito alla riunificazione della cultura pietroburghese e al riconoscimento in Russia della grandezza e della legittimità del mito della Pietroburgo novecentesca.

Nelle previsioni sui destini dell'impero sovietico non siamo stati gli unici a sbagliare. Si sono sbagliati quasi tutti. Chi poteva aspettarsi che quell'impero sarebbe crollato così rapidamente e che alla fine degli anni Ottanta si sarebbero verificati sul suolo russo cambiamenti sbalorditivi. Mutamenti politici, economici, sociali e culturali hanno sconvolto e capovolto l'intero paese. Per la città sulla Nevà essi hanno voluto dire, oltre a tutto il resto, il riemergere del mito di Pietroburgo, cosa che fino a poco tempo prima sarebbe apparsa inverosimile, inimmaginabile.

Era come se improvvisamente la leggendaria Atlantide fosse riaffiorata dalle acque sotto gli occhi spalancati dei posteri. Nomi e fenomeni artistici taciuti e vilipesi ricomparvero dal nulla; gli autori delle opere la cui lettura e diffusione comportava fino a pochi anni prima il rischio di una sanzione penale, da un giorno all'altro acquisirono lo status di classici e cominciarono a essere stampati in tirature colossali; tele nascoste in remoti e polverosi magazzini tornarono a splendere con i loro smaglianti colori in esposizioni trionfali frequentate da un vasto pubblico.

L'acme di questo processo entusiasmante è stata raggiunta il 6 settembre 1991, con il ritorno della città alla sua denominazione storica originaria: Sankt-Peterbùrg. Risorta dalle proprie ceneri come la Fenice, la cultura pietroburghese festeggiava il suo inatteso e quindi ancor più inebriante trionfo.

È proprio a questo regalo del destino che pensavo passeggiando per le vie di Pietroburgo nell'autunno del 1993: com'era stata effimera, incredibile, quasi un miraggio, e quanto era importante che la conservassi nel mio cuore, sia per me stesso sia in memoria di quei vecchi pietroburghesi, nativi ed emigrati, scomparsi prima di poter vedere quei cambiamenti che avevano disperatamente desiderato.

Iósif Bródskij amava ripetere: «Non si può entrare due volte nello stesso fiume, anche se il fiume è la Nevà». Inutilmente sussurravo tra me il verso di una poesia di Mandergtarn: «Sono tornato nella mia città, che conosco da piangere». Non riconoscevo più la città, o meglio la riconoscevo a fatica, a poco a poco, come un'immagine fotografica i cui contorni emergono a poco a poco durante lo sviluppo. Molto tempo prima me n'ero andato da Leningrado, dove avevo vissuto tanti anni, avevo studiato, mi ero innamorato, avevo imparato poesie a memoria, suonato il violino, iniziato a scrivere, e ora tornavo – sia pur per poco – a San Pietroburgo.

Sì, i cambiamenti erano impressionanti. Sul leggendario Névskij prospékt non c'era più neanche un negozio o un caffè statale, e il suo panorama meraviglioso faceva tornare alla mente i versi di Nikolàj Zabolóckij: «Là il Névskij brillante e angosciato, di notte ha cambiato la pelle». I nomi delle vie che conoscevo da quand'ero piccolo erano spariti, sostituiti dai loro nomi originari. Ora, paradossalmente, erano gli edifici, i monumenti e gli eroi dell'epoca sovietica a essere diventati storici.

Era chiaro che la città desiderava liberarsi al più presto della sua recente e umiliante esistenza, e uno scrittore – fino a ieri leningradese e oggi pietroburghese – osservava: «Durante i cambiamenti storici radicali cadiamo preda di idee che brillano per semplicità e ovvietà, idee di un simbolico regolamento di conti con il passato: LORO hanno messo Lenin nel mausoleo, NOI lo tireremo fuori; LORO hanno fatto saltare in aria una chiesa, NOI la ricostruiremo; LORO hanno chiamato la città in un certo modo, NOI le restituiremo il nome che aveva prima...»[13].

A volte mi sembrava che l'unica costante della città rimanesse il suo impareggiabile simbolo visivo, il Cavaliere di bronzo, che solo ai piedi di questo monumento si potesse cercare di raccapezzarsi nella quantità di dubbi, problemi, rimpianti e ricordi che mi assalivano. L'incredibile dinamismo plastico e spirituale che anima questa scultura può dare un po' di sollievo anche a un pessimista inveterato. Il Cavaliere di bronzo è nell'atto di compiere un salto eterno per collegare il suolo pietroburghese con l'immenso cielo baltico che lo sovrasta.

Per me il Cavaliere di bronzo incarnava la vitalità del mito di Pietroburgo, la sua perenne ambivalenza, il suo slancio verso le vette dello spirito umano, ma anche una minaccia costante – dall'esterno e dall'interno – all'equilibrio, all'esistenza stessa di questo mito. Davanti al Cavaliere di bronzo, senza volerlo ci si dimenticano gli zigzag della politica, i problemi economici, e si resta soli con il tempo, con il mito, che spero possa continuare a vivere e prosperare ancora per molto tempo.

Qui, ai piedi del monumento, mi ricordai con gratitudine di chi – alcune centinaia di persone – con testimonianze, racconti, consigli, ma anche con materiali, documenti e fotografie, mi ha aiutato nella preparazione del libro. Fonte di particolare ispirazione è stato per me il rapporto personale con quattro dei protagonisti di queste pagine – Anna Achmàtova, Georges Balaneln, Dmìtrij Šostakóvič e Iósif Bródskij –, che per il mondo contemporaneo costituiscono supremi modelli non solo sul piano artistico, ma anche su quello intellettuale ed etico. Posso dire, senza esagerare, che gli incontri con questi uomini hanno plasmato la mia vita e

---

13 Peterburgskij Žurnal», 1-2, 1993, p. 9.

sono stati una delle sue maggiori benedizioni. Credo che per questi quattro giganti Pietroburgo abbia sempre rappresentato un simbolo e un impulso creativo fondamentale e che ognuno di loro, nel suo modo peculiare, abbia svolto un ruolo insostituibile di guida nella formazione del nuovo mito della città.

Desidero ricordare anche alcuni di coloro che per più di trent'anni sono ti miei interlocutori e corrispondenti, sia in Russia sia in Occidente, molti quali sono illustri personaggi della cultura pietroburghese e russa. Ecco i o nomi: Iogann Admoni, Nikolàj Akìmov, Grigórij Aleksàndrov, Natàn Àl'tman, Borìs Aràpov, Leo Arnštàm, Gennàdij Bànščikov, Aleksàndr Remìnov, Ol'ga Berggól'c, Andréj Bìtov, Valeriàn BoŽdànov-Berezóvskij, jia Braudo, Lìlja Brik, Nina Brùni-Bal'mónt, Semén Byčkóv, Aleksàndr Čerepnìn, Aràm Chačaturjàn, Nikolàj Chàrdžiev, Andréj Chržanóvskij, Aleksàndra Danìlova, Anatólij Dmitriev, Leonìd Dolgopólov, Sergéj Dovlàtov, Sofìja Dubnóva, Michaìl Dùdin, Orést Evlakov, Kurt Fridrichson, Valérij Gavrilin, Valérij Gérgiev, Tamàra Géva, Evdókija Glébova, Gleb Gorbóvskij, Vladìmir Górovic, Làzar'Gozman, Irina Graham, Daniìl Grànin, Borìs Grebenščikóv, Jùrij Grigoróvič, Lev Gumilëv, Pàvel Gùsev, Leonìd Jakobsón, Romàn Jakobsón, Maris Jansons, Marìja Jùdina, Sergéj Jùrskij, Sergéj Jutkévič, Anatólij Kaplan, Vasìlij Katanjàn, Aleksàndr Knàifel', Geórgij Kočevickij, Jùrij Kočnev, Leonìd Kógan, Kirill Kondràgin, Marìja Konìskaja, Zinóvij Korogódskij, Gidon Kremer, Aleksàndr Kùšner, Konstantìn Kuz'mìnskij, Vìktor Lìberman, Fëdor Lopuchóv, Lev Lósev, Bérta Mal'kó, Michaìl Matvéev, Jàkov Mìlkis, Natàn Mil'štéjn, Aleksàndr Minc, Evgénij Mravìnskij, Anatólij Nàjman, Ernst Neizvéstnyj, Evgénij Nesterénko, Rudol'f Nuréev, David Òjstrach, Aleksàndra Orlóva, Borìs Paramónov, Nadežda Pàvlonič, Màja Pliséckaja, Borìs Pokróvskij, David Pricker, Lina Prokóf'eva, Lev Raaben, Rita Rajt, Evgénij Réjn, Mstislàv Rostropóvič, Gennàdij Roždestvénskij, Dmìtrij Šàgin, Mariètta Šaginjàn, Vadìm Salmànov, Michail Šemjàkin, Veniamin Šer, Sergéj Sigìtov, Jùrij Sìmonov, Vladìmir Šinkarëv, Vìktor Šklóvskij, Sergéj Slonimskij, Gennàdij Šmàkov, Arnol'd Sóchor, Vladìmir Solov'ëv, Vìktor Sosnóra, Maksìm Šostakóvič, Vladìmir Spivakóv, Véra Stravìnskaja, Iósif Švarc, Geórgij Svirìdov, Jùrij Temirkànov, Borìs Tiščenko, Aleksàndr Tyšler, Juliàn Vàjnkop, Michaìl Vérbov, Pàvel Vùl'fius, Kurt Zanderling, Vjačeslàv Zavaligin, Irina Zégžda, Evgénij Zubkóv, Lìdija Žùkova. A tutti sono infinitamente grato per l'attenzione, la tolleranza, la disponibilità e la pazienza di cui hanno voluto darmi va.

Ho discusso di alcuni aspetti del mio lavoro anche con Pétr Vajl, Ernst Neizvéstnyj, Romàn Timenčik, Làzar'Flej'gmàn e Michaìl Jampól'skij. La consulenza mi è stata di grande aiuto. Ringrazio Adam Bellow e Loretta Denner per aver sostenuto incondizioamente il mio progetto e mia moglie Marianna per l'enorme aiuto che mi dato nelle vesti di ricercatrice e di fotografa. Nel 1922 fu pubblicato a Pietrogrado un libro insolito, *Dušà Peterbùrga* L'anima di Pietroburgo), di Nikolàj Ancìferov, uno dei primi studiosi delle usanze locali. A differenza degli scrittori di guide tradizionali, l'autore non si limitava a indicare date e particolari, ma si concentrava piuttosto sull'interpretazione del *genius loci* di Pietroburgo, città – così la definiva – dell'«imperialismo tragico». *L'anima di Pietroburgo* non è l'opera di un osservatore accademico con pretese di esaustività e obiettività, ma il racconto appassionato di un diretto testimone della tragedia della città. E tragico fu anche il destino dello stesso Anciférov (ripetutamente arrestato e confinato) e del suo libro, finito nelle liste di proscrizione quasi subito dopo l'uscita e ristampato soltanto qualche anno fa. Un prezioso esemplare della prima edizione dell'opera è uno dei libri della mia biblioteca privata che mi sono più cari.

Un altro importantissimo stimolo creativo e modello sono sempre stati per me gli scritti di alcuni critici d'arte e musicali attivi a Pietroburgo-Pietrogrado nei primi decenni del Novecento. I nomi di Aleksàndr Benuà, Nikolàj Pùnin e Igor'Glébov (pseudonimo di Boris Asàf'ev) godettero all'epoca di molta popolarità: poiché i loro scritti venivano pubblicati sia dalle riviste specializzate sia dai giornali ad alta tiratura, essi ricoprirono il duplice ed egualmente importante ruolo di fondatori delle concezioni rivoluzionarie della cultura contemporanea e di suoi influenti interpreti per le classi colte russe. Il valore dei loro contributi alla comprensione della grandeur e del significato mistico di Pietroburgo è inestimabile. Per decenni le loro opere più acute furono considerate troppo polemiche per il lettore sovietico e non furono ristampate, e solo ora cominciano a fare la loro ricomparsa nelle librerie. L'ardente desiderio di istruire il proprio pubblico, di fare delle più alte conquiste dello spirito umano un patrimonio comune, la vastissima erudizione e il naturale cosmopolitismo rendono questi autori di nuovo attuali e necessari alla Pietroburgo contemporanea.

Il mio libro è in larga misura un tributo a questi scrittori. Negli oltre cinque anni che mi ci sono voluti per portare a termine il mio lavoro, ho trovato una fonte costante di sostentamento intellettuale nell'interpretazione dello sviluppo della cultura russa data da James H. Billington in *The Icon and the Axe*. La lettura del suo libró mi ha rafforzato nella convinzione che il mio non dovesse essere un'enciclopedia della cultura pietroburghese, bensì un'elaborata storia concettuale dello sviluppo, nel corso di alcuni secoli, della leggenda e del mito di Pietroburgo.

Capitolo 1

in cui si descrive come fu costruita la grande città di San Pietroburgo, come fu creato il mito di questa meraviglia e come la letteratura russa classica da Pùškin a Dostoévskij ha interpretato con audacia e in modo brillante l'immagine della città e, infine, l'ha mutata profondamente.

Aleksàndr Pùškin era nervoso e inviperito. Da una settimana era in volontario esilio a Bóldino, una tenuta nella steppa di proprietà del padre, a mille chilometri da Pietroburgo. Vi si era ritirato appositamente per scrivere poesie in solitudine e tranquillità, lontano dal frastuono della capitale. Ma le poesie, come per dispetto, non venivano. Aveva mal di testa e mal di pancia (forse a causa della pesante cucina russa a base di patate e semolino di grano saraceno?).

Pùškin era afflitto da ipocondria e ossessionato dal pensiero dei debiti da saldare. Avrebbe potuto sperare di ripianarli soltanto se avesse ricevuto da Dio l'ispirazione, avesse scritto qualcosa di apprezzabile e l'avesse venduto al suo parsimonioso editore pietroburghese. Non gli dava pace la folle gelosia per la giovane moglie, rimasta a Pietroburgo. La bella Natàl'ja era lusingata dalle attenzioni degli elegantoni dell'alta società, mentre lui si infuriava e da &Mino la rimproverava crudamente per lettera: «Sei contenta che questi stalloni ti corrano dietro come se fossi una cagna, con la coda ritta all'insù ad annusarti il culo; c'è di che essere soddisfatti! ... Ecco svelato il segreto della civetteria. *Basta che ci sia un truogolo, che subito arrivano i porci»*[14].

Il cupo tempo autunnale avrebbe precipitato nella più profonda depressione qualsiasi persona, ma non Pùgldn il quale, benché di origini africane, amava la natura nordica. Lui lo sapeva: l'autunno russo l'aveva sempre ispirato. All'inizio lo tormentò, ma poi lo ripagò: alla fine le poesie vennero. Felice, il poeta si alzava alle sette di mattina e lavorava a letto fino alle tre del pomeriggio, dopodiché, per rinfrescarsi le idee, cavalcava per un paio d'ore nelle

---

14 A.S. Pùškin, Polnoe sobranie sočinenij (Opere complete), Moskvà 1951, vol. X, pp. 453-454

distese di fango.

«Mi sono messo a scrivere e ho già scritto un subisso» comunicava trionfalmente alla moglie nella lettera del 30 ottobre 1833. E il giorno dopo, all'alba, con calligrafia veloce, svolazzante – ma bella e comprensibile – ultimò la prima stesura del poema *Il cavaliere di bronzo*. Lo sappiamo dalla nota finale da lui vergata sull'ultima pagina: «Mattina. Ore cinque e cinque minuti»[15] (ossia, contrariamente alle sue abitudini, aveva lavorato per tutta la notte).

Solo in casi eccezionali Pùškin registrava con tanta precisione l'andamento del suo lavoro. Evidentemente anche lui, sempre perfettamente consapevole della grandiosità del proprio talento, si rendeva conto che in quei ventisei giorni d'ottobre aveva creato qualcosa di unico, di straordinario. (Forse fu per questo che, una volta tornato a Pietroburgo, chiese al suo editore per il poema cinquemila rubli, all'epoca una somma da capogiro.) L'intuizione di Pùškin era giusta: *Il cavaliere di bronzo* resta tuttora il più grande poema in lingua russa. È anche l'autentico inizio e nel contempo il vertice del mito letterario di Pietroburgo.

Il cavaliere di bronzo, il cui sottotitolo è «Narrazione pietroburghese», descrive l'inondazione del 1824, una delle più rovinose tra le tante che con perfida regolarità hanno afflitto Pietroburgo nel corso della sua storia. Ma il poema comincia con una meravigliosa ode trionfale in onore di Pëtr il Grande e della città da lui fondata, «bellezza e meraviglia» del Nord. Quindi Pùškin avverte: «... triste sarà il racconto mio», anche se in precedenza aveva parlato della stessa inondazione del 1824 in termini ben più frivoli, annotando in una lettera al fratello minore Lev: *«Voilà une belle occasion à vos dames de faine bidet»*[16].

Poi assistiamo a un brusco cambiamento di protagonista, di prospettiva, di stato d'animo. Il poema di Pùškin passa d'un balzo dall'epoca di Pëtr il Grande e dell'inizio del Settecento alla Pietroburgo contemporanea al poeta, dove il povero impiegato Evgénij sogna la felicità con la sua amata Paràga. Si scatena la tempesta, che si trasforma in una terribile alluvione. Sorpreso in piazza del Senato, nel centro della città, Evgénij si salva arrampicandosi su un leone di marmo. Davanti a lui, sopra la «Nevà in rivolta», domina la statua di Pëtr I, «un idolo su un cavallo di bronzo».

---

15 Ibid., p. 454.

16 Ibid.. p. 109 («Ecco una buona occasione perché le vostre dame facciano il bidè»).

Le onde spaventose che non raggiungono Pëtr, «potente padrone del de- stino», che fondò la città in un luogo tanto pericoloso, minacciano di travolgere Evgénij, ma lui non si preoccupa per sé, ma per il destino della sua Paràga. Quando la tempesta si calma, Evgénij corre alla casetta dell'amata. Ahimè, la casetta non c'è più! È stata spazzata via da un'onda, e anche Paràga è scomparsa. L'idea che la sua amata sia morta è insopportabile per Evgénij, il quale esce di senno e diventa uno dei tanti vagabondi che vivono chiedendo l'elemosina nelle strade di Pietroburgo.

È l'intreccio tipico di molte storie romantiche. Se Pùškin si fosse fermato qui, *Il cavaliere di bronzo,* nonostante il verso sonoro, a un tempo estatico e rigoroso (nessuna traduzione riesce a rendere appieno lo splendore dell'originale), non si sarebbe elevato a quelle vette filosofiche che ne fanno la più compiuta espressione dell'ambivalenza e dell'eterno enigma del mito di Pietroburgo.

No, il culmine della «narrazione pietroburghese» deve ancora venire. Pùškin riconduce Evgénij in piazza del Senato. Qui Evgénij si imbatte nuovamente nel bronzeo «idolo col braccio proteso / Quello per la cui volontà fatale / Sotto il mare la città si fondò». Ecco dunque il responsabile della morte di Paràga! Ed Evgénij, che ha capito qualcosa, minaccia il «fondatore taumaturgico».

Ma la disperata rivolta contro la statua del monarca assoluto in sella al suo destriero impennato è di breve durata. Evgénij si mette a correre: gli è sembrato che il Cavaliere di bronzo sia sceso dal piedistallo e lo stia inseguendo al galoppo. Dovunque Evgénij in preda al panico svolti, la statua gli è alle spalle, sempre più vicina, e il terribile inseguimento continua per tutta la notte sotto la pallida luna pietroburghese.

Da quel momento, ogni volta che attraversa piazza del Senato Evgénij si muove con cautela e non osa neppure alzare gli occhi sul trionfante Cavaliere di bronzo. Nella Pietroburgo imperiale non è concesso insorgere contro il monarca, nemmeno contro la sua statua. Sarebbe una bestemmia. La vita di Evgénij, definitivamente abbattuto, ha perso ogni significato. Nelle sue peregrinazioni trova la casetta semidistrutta di Paràga, portata dall'acqua su una piccola isola, e muore davanti alla soglia.

Questo succinto riassunto del poema, già di per sé relativamente breve (quattrocentottantuno melodiosi tetrametri giambici), può dare l'impressione che le simpatie di Pùškin vadano tutte al povero Evgénij, capostipite dell'infinita serie di «piccoli uomini» della letteratura russa. Ma allora non sussisterebbe l'enigma del Cavaliere di bronzo, che da oltre centocinquant'anni è stato argomento di dibattito fra gli slavisti di tutto il mondo e ha dato origine a centinaia di ricerche e interpretazioni di carattere letterario, filosofico, storico, sociologico e politico.

L'enigma consiste nel fatto che, benché il lettore provi innanzitutto un sentimento di viva pietà, fino alle lacrime, per lo sventurato pietroburghese, il poema riserva anche altre emozioni. Come onde sulla spiaggia, sensazioni sempre nuove assalgono il lettore, provocate non solo dall'intreccio del *Cavaliere di bronzo*, ma anche dalla sua lingua, dalla concatenazione di parole e simboli, dalla sua struttura. A poco a poco il lettore capisce che la posizione di Pùškin è molto più complessa di quanto in un primo momento potrebbe sembrare.

Nel poema, il Cavaliere di bronzo rappresenta non solo Pëtr il Grande e la città da lui fondata, ma anche lo Stato e, in senso più generale, ogni forma di potere; anzi, di più: esso rappresenta la volontà e la forza creatrice dalla quale dipende la vita della società e con la quale finiscono inevitabilmente per scontrarsi i sogni e i desideri dei suoi membri, gli innumerevoli e insignificanti Evgénij e Paràga.

Il conflitto tragico qui è inevitabile: chi ha ragione? chi ha torto? Lo sventurato Evgénij o la città e l'incarnazione del suo *genius loci?* Che cos'è più importante, la felicità dell'individuo o il trionfo dello Stato? Pùškin rivela tutto il suo genio evitando di fornire una risposta precisa a queste domande. Il testo del *Cavaliere di bronzo* apre il campo a interpretazioni diametralmente opposte e costringe ogni nuovo lettore a risolvere daccapo il dilemma morale sopra citato.

I versi d'apertura del poema di Pùškin, che ritraggono Pëtr il Grande nel momento in cui decide di fondare Pietroburgo, sono forse i più popolari della poesia russa. Ogni anno vengono studiati a memoria da milioni di scolari russi: «Sulla riva delle onde deserte stava *Lui,* di grandi pensieri pieno, e lontano guardava».

Naturalmente si tratta di un'immagine mitizzata. Ma quasi tutto ciò che riguarda la fondazione di Pietroburgo si basa su leggende, più o meno grandi. Secondo una di queste, il 10 maggio 1703 su un'isola scelta appositamente per la «comodità di accesso al Mar Baltico», situata alla foce della Nevà e chiamata dai finlandesi «Isola delle lepri», Pëtr strappò l'alabarda a uno dei suoi soldati, tagliò due zolle di terreno e, disponendole a forma di croce, proclamò: «La città sorgerà qui!»[17].

Poi, riposta alabarda, lo zar prese la vanga e i lavori ebbero inizio. Così fu fondata la fortezza dai sei bastioni che ricevette il nome olandese di Sankt Piter Bourkh, scelto da Pëtr non – come vorrebbe l'erronea credenza popolare – in proprio onore, ma in onore del proprio santo patrono, l'apostolo Pëtr. (Nelle fondamenta della fortezza Pëtr seppellì uno scrigno d'oro con una parte delle reliquie dell'apostolo Andrea, che per primo avrebbe portato il cristianesimo in Russia.)

Un'altra immagine leggendaria è fissata nel manoscritto anonimo *Sul cominciamento e la costruzione della Città dominante di Sankt-Peterbúrg*, comparso poco dopo la morte di Pëtr: durante la fondazione della fortezza, sopra la testa di Pëtr si alzò in volo un'aquila, esattamente come – sottolinea l'autore – era accaduto alla fondazione di Costantinopoli da parte del primo imperame cristiano, Costantino il Grande.

Gli storici contemporanei sono scettici nei confronti di queste leggende, rilevandone giustamente la palese intenzione propagandistica. Nel 1703 Pëtr I si apprestava a proclamare l'impero di Russia, cosa che fece nel 1721, assumendo l'appellativo di «Grande» unitamente al titolo di primo imperatore ortodosso. I simboli e i richiami ad altri imperi, soprattutto quello – tradizionale nella storia russa – con la «Nuova Roma», Costantinopoli, erano molto importanti per lui.

In realtà, nel giorno fatale della fondazione della città Pëtr non era nemmeno sull'Isola delle lepri. I primi lavori su questo piccolo fazzoletto di terra (circa 750 metri per 360) furono diretti da uno dei più fidati ufficiali dello zar e futuro governatore di Pietroburgo, Aleksàndr Ménšikov. I versi di Pùškin sopra citati sono contraddetti anche da circostanze reali: la zona non era

---

17 La storia della fondazione di Pietroburgo e delle leggende correlate è esposta. in particolare. in: P.N. Petróv, Istorija Sankt-Peterburga s osnovanija goroda do vvedenija v dejstvie vybornogo gorodskogo upravlenija po Učreždenijam o gubernijach, 1703-1782 (Storia di San Pietroburgo dalla fondazione della città all'introduzione del governo cittadino elettivo sulla base delle Istituzioni dei governatorati, 1703-1782). Sankt-Peterbùrg 1885; P.N. Stolpjànskij, Kak voznik, osnovalsja i ros Sanktpiterburch (Come sorse, fu fondata e crebbe San Pietroburgo), Petrogràd 1918; M.I. Pyljàev, Staryj Peterburg (La vecchia Pietroburgo), Sankt-Peterbùrg 1892; Očerki istorii Leningrada (Saggi di storia di Leningrado), vol. I, Moskvà-Leningràd 1955; V. Mavrédin, Osnovanie Peterburga (La fondazione di Pietroburgo), Leningràd 1983.

propriamente «deserta». Da poco era stato costruito il forte svedese di Nien e, sulla riva opposta, c'era un popoloso villaggio di pescatori.

L'unica cosa certa è che l'Isola delle lepri era effettivamente disabitata, un luogo paludoso che nessuno avrebbe mai scelto per edificarvi la futura capitale dell'impero se non fosse stato per la volontà e la fantasia dello zar Pëtr. Cosa lo mosse? Cosa portò a una scelta tanto strana, poi criticata e bocciata da innumerevoli detrattori? (I quali hanno dimostrato in modo convincente che, per ragioni geografiche, climatiche, strategiche, commerciali e, infine, nazionali, la foce della Nevà non era il luogo adatto né per la capitale della Russia, né in generale per qualsiasi grande città.)

Probabilmente la risposta va cercata non tanto nella psicologia dello zar Pëtr, quanto nella complessa situazione politica ed economica in cui versava la Russia nei primi anni del Settecento.

Nato nel 1672, Pëtr era il quattordicesimo figlio dello zar Aleksej Romànov. Incoronato a Mosca, allora capitale di tutte le Russie, nel 1696, ereditò un dominio vastissimo e piuttosto arretrato. Il paese aveva bisogno di una radicale *perestrojka* (ricostruzione) e, di conseguenza, doveva intensificare al massimo i contatti e i rapporti commerciali con l'Occidente. Per tanti versi la Russia era pronta a farsi governare da uno zar riformatore, ma certo non si aspettava che il nuovo monarca sarebbe stato un uomo dal carattere e dal comportamento tanto straordinari[18].

Pëtr era alto più di due metri e aveva una forza eccezionale; a mani nude arrotolava senza fatica un piatto d'argento o tagliava in due un rotolo di stoffa sospeso. Era instancabile, energico, pratico, assetato di conoscenza. Aveva bisogno di spazio, di aria di mare. Tutto ciò coincideva appieno con le esigenze della Russia, che –

---

18 Per la descrizione di Pietro il Grande le fonti principali sono state: V.O. Ključévskij, Sočinénija v devjati tomach (Opere in nove volumi), Moskvà 1989. vol. IV; S.M. Solov'ëv, čtenija i rasskazy po istorii Rossii (Lezioni e racconti di storia della Russia), Moskvà 1990; E. Smùrlo, Pëtr Velikij v ocenke sovremennikov i potomstva (Pietro il Grande nel giudizio dei contemporanei e dei posteri), Sankt-Peterbùrg 1912; N. Ustrjàlov, Istorija carstvovanija Petra Velikogo v pjati tomach (Storia del regno di Pietro il Grande in cinque volumi), Sankt-Peterbùrg 1859-1863; S. Platónov, Pëtr Velikij. Ličnost' i dejatel'nosr' (Pietro il Grande. Personalità e attività), Leningràd 1926; N.I. Pavlénko, Pëtr Velikij (Pietro il Grande), Moskvà 1994; V. V. Mavrédin, Roždenie novoj Rossii (La nascita della nuova Russia), Leningràd 1988; E.V. Anisimov, Vremja petrovskich reform (Il periodo delle riforme petrine), Leningràd 1989.

non va dimenticato – era impegnata da tempo nella lotta per uno sbocco sul mare, allettata dalla prospettiva di un lucroso commercio con gli stranieri.

Ma nessuno dei boiari – l'élite di consiglieri nobili che circondavano il giovane zar – si aspettava che Pëtr intraprendesse l'opera di ristrutturazione con una passione tanto sfrenata, calpestando le buone maniere e le consuetudini dei predecessori. Gli zar moscoviti dovevano sedere in trono al Cremlino tenendo un contegno maestoso, e non adottare – come iniziò a fare Pëtr – il rozzo stile di vita dei marinai e degli artigiani olandesi o tedeschi.

Pëtr si rivelò un monarca stupefacente, e non solo in base ai parametri russi. Sembrava sapere tutto ed essere capace di fare tutto. Fin da giovane era in grado di svolgere quattordici mestieri, tra cui il tornitore, il falegname e lo stivalaio. Si considerava un bravo chirurgo. Si narra che dopo la sua morte fu trovato un sacco pieno dei denti che aveva estratto: Pëtr adorava cimentarsi come dentista, terrorizzando i suoi cortigiani. Ma soprattutto si riteneva il miglior costruttore di navi di tutta la Russia. Il varo di ogni nave era l'occasione per una colossale bevuta collettiva; in queste circostanze Pëtr, solitamente avaro, non badava a spese.

Come nessun altro zar prima o dopo di lui, Pëtr fu un groviglio di contraddizioni e paradossi. Sapeva essere allegro e gentile, ma appariva terribile nei suoi accessi di collera, era spesso imprevedibile e deliberatamente spietato, come in occasione delle torture che egli stesso praticava agli avversari politici in camere segrete. Certo, fu costretto a battersi per il potere e per la vita. Scene di barbarie, come l'insurrezione dell'esercito irregolare a Mosca nel 1682, quando ancora bambino vide con i propri occhi molti suoi parenti infilzati dalle micidiali picche dei ribelli, dovettero lasciare una traccia profonda sul suo carattere. È verosimile che proprio in questo periodo Pëtr abbia contratto quel tic che avrebbe poi terrorizzato i suoi interlocutori.

Ma il tratto dominante del carattere di Pëtr era la certezza di essere sempre e comunque nel giusto. Da vero autocrate russo, si considerava il sovrano assoluto di sudditi privi di qualsiasi diritto. Per disegno provvidenziale, egli era infallibile e ogni suo desiderio andava soddisfatto all'istante, a qualunque prezzo.

Pëtr – nonostante l'opinione di molti storici recenti – amava la Russia, il suo popolo ricco di talenti, la sua lingua colorita, i suoi riti e la sua cucina, soprattutto lo *sci* (minestra di cavolo). Ma della Russia odiava il fango, la pigrizia, le ruberie, i boiari grassi e barbuti in abiti pesanti. E odiava la sua vecchia capitale, Mosca, dove per un soffio era scampato alla morte e che identificava come scenario di continue congiure, reali o immaginarie che fossero, ordite contro di lui dai soldati ribelli.

In certi momenti Pëtr poteva sembrare una persona semplice, sincera e accessibile. D'altro canto, però, egli si sentiva un demiurgo, una sorta di attore divino la cui scena non era soltanto la Russia ma tutta l'Europa, e oltre: non a caso il cancelliere conte Golòvkin, allorché Pëtr fu proclamato «il Grande», disse entusiasticamente che sotto la sua guida la Russia passava «dalle tenebre dell'ignoranza al teatro della gloria mondiale».

Pëtr era provocatore, esigente e volutamente offensivo. Questo amore per i grandi gesti segnò tutte le sue azioni. Un improvviso cambiamento di forma era per lui, attore sulla scena del mondo, non meno importante di un cambiamento di contenuto. Evidentemente era convinto che spesso l'una determinasse l'altro. Questa sua idea sarebbe diventata parte integrante dell'intera cultura pietroburghese.

Così, lo zar cominciò a cambiare le tradizioni e i simboli della Russia. Impose ai boiari (e nel contempo a tutto il resto della popolazione, tranne clero e contadini) di tagliarsi la barba, dopo averli costretti a ballare danze occidentali alle «assemblee» in stile parigino da lui istituite. Cambiò le divise (e, naturalmente, gli armamenti) dell'esercito alla maniera occidentale, cambiò la bandiera e gli ordini, modernizzò l'alfabeto russo e, tre anni prima della fondazione di Pietroburgo, nel 1700, adeguò il calendario giuliano a quello europeo. Tutti questi cambiamenti, perlopiù simbolici, avevano lo scopo di sottolineare inequivocabilmente l'ingresso della Russia in una «nuova era».

Ma la più grande espressione del volontarismo autocratico di Pëtr, del suo massimalismo russo e del suo amore per il grande gesto simbolico fu senza dubbio la fondazione di San Pietroburgo. Oggetto di un gran numero di interpretazioni e spiegazioni retrospettive, l'idea di edificare una città proprio allora e proprio là dove fu costruita fu in realtà la decisione di un ricchissimo, incauto – e fino allora fortunato! – giocatore d'azzardo pronto a rischiare il tutto per tutto. Pëtr voleva stupire non solo la Russia ma tutto il mondo civile, e ci riuscì.

Di fatto, questa idea apparentemente folle maturò a poco a poco. Un primo stimolo a un concetto di città che per la Russia era radicalmente nuovo, anzi d'avanguardia, il giovane Pëtr lo ricevette al suo ritorno a Mosca. Qui egli era solito recarsi di nascosto alla Inostrànnaja Slobodà, un quartiere abitato da artigiani, mercanti e mercenari tedeschi, olandesi, scozzesi e francesi, per godere della loro amicizia e compagnia.

Ma un'immagine più chiara della città ideale, una città che non avesse nulla in comune con la Mosca fangosa, sonnolenta e infida, nelle cui vie tortuose si nascondevano i suoi nemici, Pëtr se la formò durante un viaggio in Europa, soprattutto in Olanda. Dapprima immaginò una città come Amsterdam: pulita, ordinata, relativamente piccola, che si potesse dominare con lo sguardo e quindi facilmente controllabile, sull'acqua, con file di alberi che si riflettono nei canali. Ma poi le idee di Pëtr si fecero più grandiose.

La *sua* città si sarebbe librata come un'aquila: sarebbe stata una fortezza, un porto, un gigantesco cantiere navale, un modello per tutta la Russia, oltre che una vetrina per l'Occidente.

Sì, una vetrina, non una semplice finestra. La famosa metafora di Pietroburgo come finestra sull'Europa non appartiene a Pëtr, ma all'italiano Francesco Algarotti, che la impiegò nei suoi *Viaggi di Russia* del 1739[19]. A Pëtr, un'immagine simile non sarebbe mai potuta venire in mente, non foss'altro perché il suo atteggiamento verso l'Europa era, come ogni altra cosa in lui, ambivalente. Non a caso egli era solito ripetere: «L'Europa ci serve per qualche decina d'anni, poi dobbiamo voltarle il sedere». Molto verosimilmente il fiero autocrate avrebbe preferito la formula elaborata da Pùškin un centinaio d'anni dopo: «La Russia è entrata in Europa come una nave al varo: tra colpi d'accetta e rombi di cannone». L'ansia di interloquire alla pari con l'Europa, sia pur con l'accompagnamento del fuoco dei cannoni, è caratteristica anche della successiva generazione di scrittori russi, compresi i più filoccidentali come Nikolàj Gumilev.

Vasìlij Kljue'évskij, uno dei più importanti storici russi prerivoluzionari, ripeteva sempre che «l'avvicinamento all'Europa era per Pëtr soltanto un mezzo per raggiungere uno scopo, non lo scopo in sé»[20], e ricordava che l'obiettivo principale dei suoi leggendari viaggi in Europa occidentale era quello di appropriarsi delle tecnologie più avanzate e di reclutare specialisti europei altamente qualificati.

Ecco perché, dopo essersi conquistato un accesso al Baltico, Pëtr non utilizzò come base importanti centri urbani come Riga, Libava o Tallinn, anche se le loro posizioni, per non parlare del clima, erano assai più propizie ai contatti con l'Occidente. Pëtr

---

19 Francesco Algarotti, Viaggi diRussia, a cura di William Spaggiari, Parma, Guanda, 1991, p. 202.

20 V.O. Ključévskij, op. cit., vol. IV, p. 196

voleva operare una rottura netta col passato, ma lo voleva fare a modo suo, controllando appieno l'esperimento. Non gli serviva un terreno già «contaminato» dai rapporti con l'Europa occidentale. L'isoletta alla foce della Nevà sembrava il luogo ideale per il grande esperimento dello zar.

La prima casa di Pietroburgo – due stanze e un ripostiglio, che fungeva anche da camera da letto, destinati allo zar – fu costruita con tronchi d'abete, in tre giorni del maggio 1703, da Pëtr in persona e alcuni soldati. (Le pareti esterne furono subito tinte in color mattone perché ricordassero quelle delle case di Amsterdam, città cara allo zar.) Inizialmente l'area fabbricata del nuovo insediamento era così limitata che si poteva abbracciare con lo sguardo.

Ma giorno dopo giorno, mese dopo mese, le ambizioni dello zar crescevano, e i progetti diventavano sempre più grandiosi. Ben presto Amsterdam cessò di essere il modello di riferimento. Ora Pëtr vagheggiava piuttosto una Parigi o una Roma del Nord. Tuttavia, anziché su un'altura, com'è naturale, il nucleo originario di Pietroburgo fu edificato in una depressione sotto il livello del mare, una decisione arrischiata e fatale, foriera di innumerevoli sciagure per i futuri abitanti. Lo zar disegnò la città con la squadra, tracciando un sistema di isole e canali con ampie e rettilinee «prospettive» (dal latino *prospecto*, «guardo lontano») che avesse l'aspetto chiaro e lineare di una figura geometrica. La più importante di queste «prospettive», il Névskij prospékt, lungo cinque chilometri, fu costruita nel 1715.

Per la realizzazione di questi progetti che cambiavano continuamente, vennero convogliati alla foce della Nevà decine di migliaia di uomini. Era un esercito variegato ed esotico: mugikì, soldati, detenuti, prigionieri svedesi e tatari. Per loro non c'erano né abitazioni, né cibo, né strumenti di lavoro; la terra scavata la trasportavano nei vestiti. Sotto piogge torrenziali, assaliti da sciami di zanzare, questi infelici piantavano piloni di legno nel terreno paludoso. Quanti ne morirono di fame, di malattia, di sfinimento? Probabilmente centinaia di migliaia. Siccome a Pëtr non interessava saperlo, nessuno li contò.

Più tardi lo storico ufficiale di corte Nikolàj Karamzìn sospirava: «*Les grands hommes ne voyent que le tout*», spiegando che «Pietroburgo è fondata sulle lacrime e sui cadaveri». Gli faceva eco il severo Klju'éévskij: «Nella storia militare è difficile trovare una battaglia in cui abbiano perso la vita tanti soldati quanti furono i lavoratori che morirono a Pietroburgo. ... Pëtr chiamò la nuova capitale il suo "paradiso", ma per il popolo fu un immenso cimitero»[21].

Ma non erano solo i semplici costruttori di Pietroburgo a essere terrorizzati da Pëtr. Il famoso architetto francese Jean-Baptiste-Alexandre Leblond, autore del piano generale della città, «fu picchiato dallo zar e di lì a poco morì», come narra Jakov von Stelin. Avevano paura di Pëtr, come non avevano mai avuto paura dei loro sovrani, anche altri stranieri – italiani, tedeschi, olandesi – che parteciparono alla fondazione della «Nuova Roma». «Tutto tremava, tutto si sottometteva in silenzio» commentò Pùškin.

Sulla testa dei sudditi tartassati e sbigottiti si rovesciavano decine di durissimi *ukàzy*, che avevano lo scopo di accelerare e regolamentare l'edificazione della città ideale dello zar: decreti per la coscrizione di sempre nuove reclute; per il trasferimento a Pietroburgo di tutti i muratori del paese; per la rigida suddivisione delle tipologie edilizie per «nobili», «benestanti» e «vili»; per il divieto di costruire case di pietra tranne che a Pietroburgo; per il trasporto obbligatorio, per via d'acqua o di terra, delle pietre per lastricare le strade del «paradiso» dello zar, con l'indicazione precisa del numero di pietre necessarie (per ogni pietra in meno era prevista una multa salatissima)[22].

Pùškin, il quale riteneva che Pëtr «disprezzasse l'umanità forse ancor più di Napoleone», era perplesso: «È stupefacente la differenza tra le istituzioni statali di Pëtr il Grande e i suoi decreti provvisori. Le prime sono il frutto di una mente aperta, piena di buone intenzioni e di saggezza, i secondi sono *spesso crudeli, capricciosi e sembrano scritti con lo knut*».

Lo knut dello zar sibilava a dritta e a manca senza pietà, e così la città crebbe a un ritmo impressionante. Proclamata nel 1717 nuova capitale della Russia, nel 1725, alla fine del regno di Pëtr I, occupava una superficie di oltre venti verste quadrate e vi abitavano più di quarantamila persone, un ottavo di tutta la popolazione urbana della Russia. L'imperatore era riuscito a farsi erigere un monumento senza pari: non una piramide, non un

---

21 Ibid., p. 115.

22 Un tipico ukàz sottoscritto da Pietro, emesso allo scopo di proteggere le strade lastricate in legno di Pietroburgo, diceva: da questo momento gli stivali da uomo e da donna con staffe e chiodi nessuno commerci e detenga presso di sé; sempre nessuno, di qualunque grado sia, con suole del genere può portare stivali e scarpe; e se c'è qualcuno con stivali o scarpe con suole del genere, verrà crudelmente multato, e i mercanti che deterranno staffe e chiodi verranno mandati ai lavori forzati; e i loro possedimenti verranno tolti...

palazzo, non una cattedrale, ma un'intera città, che ben presto oscurò la vecchia Mosca.

Sotto l'occhio geloso e impaziente dello zar – a causa del quale di norma un architetto cominciava la costruzione di un edificio, un secondo la continuava e un terzo la portava a termine – furono costruiti la fortezza di Pëtr e Pavel e l'Ammiragliato, con le loro altere guglie aguzze, i Dodici Collegi (ministeri istituiti da Pëtr sul modello europeo) e il Giardino d'Estate, il più celebre e amato parco pubblico della città. Nacque così quel famoso «rettangolo di stile» che per centocinquant'anni sarebbe servito da modello per la costruzione di Pietroburgo.

Le sedi delle istituzioni statali dovevano essere costruite con la pompa degna di un grande impero, anche se l'imperatore preferiva gli spazi semplici e la funzionalità. Nella sua casa nel Giardino d'Estate, sulla porta di una stanza che aveva adibito a laboratorio da tornitore lo zar aveva appeso il seguente contorto annuncio: «Chi non gli è stato ordinato, o chi non è stato chiamato, non entri qui, non dico un estraneo, ma neanche un servitore della casa, perché almeno in questo posto il padrone stia tranquillo. Pëtr».

A divertirsi, lo zar andava nella più fastosa casa di Pietroburgo, il palazzo in pietra di Ménšikov, primo governatore della capitale. È tipico della Russia di Pëtr che Ménšikov, un uomo senza ascendenza nobiliare ma intraprendente, astuto, allegro e brillante, fosse stato un venditore ambulante di tortini caldi, poi l'attendente dello zar e infine uno degli uomini più im portanti dell'impero. Dalle enormi finestre del palazzo situato sull'isola Vasìl'evskij, proprio sulla riva della Nevà, entravano luce e aria. Nella sala da pranzo più grande, lungo le pareti c'erano tavoli in grado, all'occorrenza, di reggere il peso di un intero toro arrosto.

Gli ospiti di Pëtr e di Ménšikov mangiavano molto e bevevano ancora di più. Un grasso giullare di corte girava per il salone in sella a un piccolo cavallo e ogni volta che lo zar vuotava la coppa sparava un colpo di pistola. Era il segnale per un'assordante cannonata sul lungofiume, che copriva le risate dei commensali di Pëtr ubriachi fradici. Un ospite straniero rilevò che in quel modo si consumava più polvere da sparo che per l'assalto di una fortezza.

Pëtr tagliava con le sue mani le enormi torte che venivano servite senza sosta. Una volta da una di queste saltò fuori una bellissima donna di dimensioni lillipuziane, vestita solo di alcuni nastri rossi. Lo zar e i suoi ospiti ne furono entusiasti: infatti Pëtr adorava nane, giullari e ogni sorta di esseri deformi, presenti in gran numero presso la corte russa.

Dopo mangiato, ballavano fino alle due di notte. Pëtr, fisicamente inesauribile, amava le energiche danze europee e voleva che vi partecipassero anche i suoi corpulenti boiari: la cosa rientrava nel suo programma di «civilizzazione» della società russa. Ma soprattutto pretendeva che ballassero i vecchi malati di gotta: le loro sofferenze lo divertivano. (Allo stesso modo, un grasso e ansimante Chruščëv sarà costretto da Stàlin a saltare accovacciato.)

Quando si erano riposati, si sedevano nuovamente a tavola e continuavano a bere fino al mattino. Nessuno osava andarsene, ma nemmeno abbandonare la sala senza il permesso di Pëtr. Gli ambasciatori stranieri finivano sdraiati sotto il tavolo, dove si addormentavano. Gli ospiti pisciavano su di loro, alla luce della candela che Pëtr reggeva fra le mani.

In generale lo zar non era una persona particolarmente schifiltosa. Nei suoi appunti storici raccolti sotto il titolo inglese *Table-Talk,* Pùškin riporta la seguente storia:

Una volta un piccolo negro, che accompagnava Pëtr I in una passeggiata, si fermò per fare i suoi bisogni e d'un tratto si mise a gridare spaventato: «Sire! Sire! Mi sta uscendo l'intestino!». Pëtr gli si avvicinò e, vedendo di cosa si trattava, gli disse: «Sei un bugiardo: non è l'intestino, è un verme solitario!», dopodiché estrasse il verme con le proprie dita.

Pùškin conclude: «L'aneddoto è molto sporco, ma descrive le abitudini di Pëtr».

Il giorno successivo a uno di questi ricevimenti, dopo aver bevuto un altro goccio per farsi passare la sbornia andavano ai bagni, che a Pietroburgo erano all'epoca una trentina. I bagni maschili e femminili erano vicini, sulla riva del fiume. Si spogliavano in strada ed entravano a prendere il vapore. Non appena il calore diventava per loro insopportabile, uscivano di corsa e si gettavano nel fiume. D'inverno, quando il fiume era gelato, si poteva vedere un gigante rosso come un granchio – lo zar e gli uomini del suo seguito rotolarsi nudi nella neve.

Dopo la pausa di stravizi, un nuovo, defatigante carico di lavoro: costruzioni, guerre, viaggi senza sosta. Lo zar non passava mai più di tre mesi nello stesso posto, spesso pernottando lungo la strada, all'addiaccio. Pëtr si considerava un uomo impegnato con altri dieci a percorrere un cammino in salita mentre milioni di persone spingevano per scendere. Ma questi innumerevoli schiavi, passivi ed esteriormente sottomessi, si sentivano vittime innocenti dei capricci dello zar, il più tremendo dei quali fu Pietroburgo.

L'odio latente per la nuova città entrò nelle leggende e nelle profezie popolari, sorte – caso unico nella storia delle città! – contemporaneamente alla sua costruzione. Secondo una di queste, forse la più popolare, Eudossia, la prima moglie di Pëtr che fu costretta a prendere il velo, maledisse la nuova città: «Sankt-Peterbùrg sarà deserta!»[23]. Di bocca in bocca passava la storia della *kikimora*, l'orco, l'orrendo mostro delle favole, che saltava sul campanile della chiesa della Trinità (va ricordato che Pietroburgo fu fondata il giorno della Trinità)[24]. Anche questa preannunciava la rapida distruzione della città, e la natura stessa suggeriva da dove sarebbe giunta la fine: le rovinose inondazioni che quasi ogni anno le procuravano danni enormi.

La cupa mitologia «del sottosuolo» di Pietroburgo minacciava di sommergere quella imperiale ufficiale, brillante e ottimistica. Secondo quest'ultima, Pëtr il Grande era un demiurgo e la sua creazione, la città di Pietroburgo, il risultato di un'ispirazione divina. Nella coscienza popolare, invece, ogni cambiamento da lui introdotto in Russia – e specialmente la nuova capitale, creata dal nulla e a prezzo di innumerevoli vite umane – era frutto di macchinazioni demoniache. Così, all'epoca non solo Pëtr fu soprannominato «zar-Anticristo», ma si diffuse in Russia la convinzione che la fine di Pietroburgo, e con essa quella del mondo, fosse imminente. Per aver parlato della «città maledetta» e dello «zar-Anticristo» la gente veniva trascinata immediatamente nella temuta Cancelleria segreta, sia quando Pëtr I era in vita sia dopo la sua morte, avvenuta nel 1725. Là ai «maldicenti», dopo essere stati impietosamente frustati con lo knut, marchiati col ferro rovente, issati sul cavalletto, veniva strappata la lingua. Queste barbare usanze cessarono, mentre i mormorii non smisero mai, formando una sorta di musica d'accompagnamento al continuo ampliamento e abbellimento della capitale.

Nel corso dei sedici anni successivi al regno di Pëtr, in Russia – a causa di morti premature e rivolte di palazzo – si avvicendarono sei sovrani. Di loro, senza considerare la nipote di Pëtr il Grande, la corpulenta Anna Ioànnovna (sotto il cui regno, 1730-1740, la città fu devastata da incendi sospetti che favorirono notevolmente la politica governativa di conversione della città dal legno alla

---

[23] M.I. Semévskij, Slovo i delo! 1700-1725 (Detto fatto! 1700-1725), Sankt-Peterbùrg 1884, p. 88
[24] Ibid., pp. 87-90.

pietra), solo la figlia di Pëtr, l'imperatrice Elizavéta Petróvna, salita al trono nel 1741 con l'aiuto delle guardie di corte, perseguì il sogno paterno della «Nuova Roma».

La bionda Elizavéta, bella, allegra, «lasciva» (secondo la definizione di Pùškin) e, come il padre, fisicamente forte, ma – a differenza di lui – incurante degli affari dello Stato, diede all'architetto italiano Francesco Rastrelli, suo favorito, carta bianca nella realizzazione di raffinati progetti architettonici. Rastrelli, irascibile e capriccioso, edificò sontuosi palazzi in stile barocco merlettato fuori città: a Petergof e, in particolare, a Càrskoe Seló cantato più tardi da Pùškin, che vi abitò, e nel Novecento da Anna Achmàtova. Nei vent'anni di governo di Elizavéta, che non temeva lo spreco di denaro, Rastrelli cambiò il volto di Pietroburgo: alla sua imponenza nordeuropea e alla sua maestosa semplicità aggiunse un tocco di fantasia meridionale. Il trionfo di Rastrelli fu il progetto del Palazzo d'Inverno, residenza imperiale sulla Nevà. Iniziato nel 1754 e terminato nel 1817, dopo la morte dell'architetto, questo grandioso edificio, nonostante le oltre mille stanze e le quasi duemila porte ed enormi finestre, non ha un aspetto mastodontico né pretenzioso.

I muri celesti del Palazzo d'Inverno sembrano dissolversi nei generosi ornamenti scultorei. L'edificio si staglia sullo sfondo del pallido cielo nordico e del grigio acciaio del fiume. Disposte secondo un complesso ritmo sincopato, le bianche colonne creano un inatteso effetto di movimento. Quando lo guardi, il Palazzo d'Inverno sembra volare: un'impressione accentuata dal suo ondeggiante riflesso nelle acque della Nevà.

Per questo palazzo furono spesi due milioni e mezzo di rubli, corrispondenti a quarantacinque tonnellate d'argento. Spese come queste andavano celebrate in verse in prosa, riprodotte in incisioni e in dipinti. L'intellighenzia russa, creata da Pëtr, accettò con gioia l'incarico di descriverne il capolavoro. Non era stato forse Pëtr a spianare la strada agli uomini di talento, indipendentemente dalla loro estrazione sociale? Non era stato Pëtr a fondare l'Accademia delle scienze, il primo quotidiano russo, il primo museo pubblico e la prima biblioteca, e tutto questo a Pietroburgo?

Aveva ragione Pùškin: «Il governo è alla testa del popolo; ama gli stranieri e si prende cura delle scienze». Arrancando dietro al governo, nelle sue creazioni l'intellighenzia non solo riprodusse l'immagine sontuosa di Pietroburgo, ma l'abbellì ulteriormente. Questo «realismo socialista» imperiale fu inaugurato dall'incisore Alekséj Zùbov: nel suo immenso *Panorama di Pietroburgo* (1716) sono raffigurate con puntiglioso naturalismo sia le case effettivamente costruite sia quelle che erano ancora allo stato di progetto.

Dopo aver sradicato la vecchia cultura russa, Pëtr il Grande piantò nuovi semi nel terreno, e i giovani germogli attecchirono a Pietroburgo. Negli scrittori dell'epoca si percepisce chiaramente il sincero entusiasmo per la nuova capitale, per la sua rapidissima crescita, e l'orgoglio per la magnificenza dei suoi palazzi e la ricchezza della sua vita culturale, neppure lambiti dall'oscura corrente sotterranea del folclore antipietroburghese.

Questi scrittori si identificano con Pietroburgo, vi si dissolvono. Benché al soldo del governo, non si sentivano affatto tali. Il loro entusiasmo era autentico e nel loro modo di servire lo Stato, identificato con il potere imperiale e simbolizzato da Pietroburgo, non c'era traccia di cinismo.

Quando si leggono i versi scritti da Antióch Kantemìr, Vasilij Trediakóvskij o Michaìl Lomonósov in onore di Pietroburgo, arcaici nello stile ma ancora emozionanti per vigore e pathos, salta subito all'occhio la propensione di questi poeti per le similitudini con dèi ed eroi classici. Già da vivo Pëtr era stato paragonato a un dio, quindi ci voleva poco perché la città di Pietroburgo si fissasse definitivamente nella coscienza dei posteri come la città dell'imperatore Pëtr.

Per questo nelle odi pietroburghesi del Settecento ricorre sempre il motivo della «legge divina», della Provvidenza che con mano imperiosa ha condotto alla fondazione della città, anche se ciò non esclude l'espressione di uno stupore quasi infantile per il miracolo della nascita istantanea di Pietroburgo in un luogo squallido e inospitale. Per i primi cantori della capitale, Pëtr il Grande è il «miracoloso costruttore», immagine poi ripresa magistralmente da Pùškin, pur da una posizione affatto diversa, nel *Cavaliere di bronzo*.

Pëtr non aveva bisogno di adulazioni da vivo, tantomeno da morto. I suoi successori non furono altrettanto sicuri di sé. Perciò, il tono enfatico dei nostri sinceri scribacchini volava sempre più in alto, fino a raggiungere l'acme – quantomeno per la letteratura prerivoluzionaria – negli elogi di Ekaterina II, che, come Elizavéta, era stata condotta al potere dalle guardie di corte, allettate dai regali e dallo champagne.

Ekaterina, che rimase sul trono trentaquattro anni (1762-1796), è, dopo Pëtr I, il sovrano russo più famoso in Occidente[25]. Questa notorietà si basa principalmente sulle sue stravaganti avventure amorose e sulla straordinaria generosità che riversava sui suoi favoriti, tra cui anche lo strampalato e creativo Grigórij Potëmkin, fondatore dei «villaggi Potëmkin». Energica quanto Pëtr e smisuratamente superba, anche Ekaterina fu proclamata «Grande». E, come per Pëtr, la valutazione della sua importanza per la Russia varia a seconda della posizione dello storico.

A ventitré anni Pùškin dimostrava non solo doti di grande poeta, ma anche di brillante storico. Ecco la sua opinione espressa in termini sarcasticamente aforistici:

Se regnare significa conoscere la debolezza dell'animo umano e approfittarne, Ekaterina merita la meraviglia dei posteri. La sua magnificenza accecava, la sua cordialità allettava, la sua generosità obbligava. La stessa lussuria di questa donna astuta ne rafforzava il dominio. Producendo un flebile mormorio nel popolo, abituato a rispettare i vizi dei governanti, scatenava una disgustosa competizione negli strati alti, poiché non ci volevano né intelligenza, né meriti, né talenti per raggiungere il secondo posto nello Stato.

Ekaterina modificò ulteriormente l'impostazione urbanistica di Pietroburgo. Ora, a imitazione dell'epoca classica, le diede un tocco neoclassico, stile alla moda architettonica europea ma in versione russa, con effetto, drammaturgia e grandeur. Ekaterina era tedesca e parlava il russo con un forte cento. I suoi architetti erano francesi, italiani, russi, ma Pietroburgo possedeva già un suo stile, avendo filtrato e modificato le influenze straniere. Così può dire che la città non cambiò e che gli architetti successivi vi si adattarono, come ci si adatta ai gusti di un dignitario ricco e altezzoso.

Sotto Ekaterina «da Nevà si vestì di granito» (Pùškin) finlandese per quasi aaranta chilometri. Queste imponenti pareti

---

25 Per la descrizione di Caterina la Grande le fonti principali sono state: A.G. Brikner, Istorija Ekateriny Vtoroj (Storia di Caterina II), Sankt-Peterbùrg 1885; Zapiski imperatricy Ekateriny Vtoroj (Memorie dell'imperatrice Caterina II), Sankt-Peterbùrg 1907; E.P. Dàškova, Zapiski (Memorie), Leningràd 1985; E.V. Anisimov, Rossija v seredine XVIII veka. Bor'ba za nasledie Petra (La Russia a metà del secolo XVIII. La lotta per l'eredità di Pietro), Moskvà 1986; A. Kàmenskij, Pod seniju Ekateriny. (Sotto la tutela di Caterina.), Sankt-Peterbùrg 1992.

monumentali, con le loro nume-)se scale che scendono al fiume, divennero un tratto distintivo di Pietroburgo, Lianto i ponti in pietra sulla Nevà e sui canali cittadini, risalenti allo stesso peodo. (Su uno di questi canali, la Lebjàž'aja kanàvka, Čajkóvskij farà morire protagonista della propria opera pietroburghese, *La donna di picche.)*

Ekaterina, piena di amor proprio, voleva godere di popolarità non solo in ussia, ma anche in Europa. Dieci giorni dopo l'ascesa al trono propose a enis Diderot e ad altri *philosophes* di trasferire a Pietroburgo la stampa del, loro famosa *Grande Encyclopédie.* Dopo aver dichiarato che la Russia era itrata in una nuova era e che ormai era una superpotenza, Ekaterina era :onta a tutto per dimostrarlo. E, in particolare, pur confessando di non capire nulla di pittura, diede inizio alla collezione che avrebbe trasformato l'Ermitage (Ermitàž) in uno dei più grandi musei d'arte del mondo.

A Pietroburgo affluivano, uno dopo l'altro, quadri di Raffaello, Giorgione, Tiziano, Tintoretto, Rubens e Rembrandt, acquistati alle aste parigine. *(Il torno del figli al prodigo* di Rembrandt, uno dei suoi capolavori, fu acquisto per oltre seimila *livres,* più a buon mercato di Teniers e pari alla metà prezzo di Murillo.) Solo dalla collezione di Sir Robert Walpole, Ekaterina tinse quindici van Dyck in una volta sola.

Di questi acquisti stravaganti e di altri gesti audaci e generosi della nuoimperatrice, in Europa si parlava molto. Invitati da Ekaterina, assetata di ma, giunsero a Pietroburgo i primi viaggiatori, soprattutto francesi, affinié – sotto gli occhi grigi dell'imperatrice – conoscessero da vicino la mo3rna città e riferissero al mondo civilizzato la grande novità: la Russia ave-i veramente diritto di definirsi potenza europea. Seguendo l'esempio di DItaire – il quale, a differenza di Diderot, non andò mai a Pietroburgo, ma :risse in cambio di un generoso compenso la biografia di Pëtr I e una *istoire de l'Empire de Russie sous Pierre le Grand* –, proclamarono Caterii la «Semiramide del Nord» e Pietroburgo la «Palmira del Nord».

Una delle decisioni culturali più sagge di Ekaterina fu quella di invitare a ietroburgo – su consiglio di Diderot – lo scultore parigino Étienne Falconet rché innalzasse un enorme monumento equestre a Pëtr I. Nel 1766 il cinquantenne Falconet, accompagnato dall'allieva diciassettenne Maria Callot e con venticinque valigie di bagaglio, arrivò nella capitale russa, dove trascorse i successivi dodici anni, che furono per lui molto tempestosi, come testimonia il suo fitto carteggio con Ekaterina, che pure viveva nella stessa città. Nervoso e suscettibile, lo scultore si lamenta di tutto, mostrando insofferenza e disgusto per problemi – lavoratori negligenti, mancanza di forniture e materiali – di ordinaria amministrazione per qualunque straniero chiamato a condurre opere di costruzione a Pietroburgo. L'imperatrice, secondo uno stile tipicamente russo, cerca di farlo ragionare e di tranquillizzarlo.

Nel frattempo, da Parigi, Diderot gli consigliava, nello spirito dell'epoca, di circondare la statua con le figure allegoriche della Barbarie (che, coperta con una pelliccia da belva, lancia all'imperatore uno sguardo inferocito), dell'Amore del Popolo (che tende la mano verso Pëtr) e della Nazione (prostrata a terra a godersi la pace).

Da Pietroburgo Falconet, comprensibilmente indispettito, rispose al filosofo: «Il monumento verrà eseguito con la massima semplicità. La Barbarie, l'Amore del Popolo e la figura allegorica della Nazione non ci saranno».[12] Il suo modello di cavaliere che, con il braccio destro proteso, «imperativo e soggiogante» (parole dello stesso Diderot), balza su una roccia con uno slancio impetuoso, era già stato approvato da Ekaterina in persona.

A frotte i pietroburghesi visitavano lo studio di Falconet. Abituato alle reazioni passionali dei parigini, lo scultore non riusciva a capire perché i russi, dopo aver osservato la statua con grande attenzione, se ne andassero senza dire una parola. Quella silenziosa concentrazione era forse segno di scarso gradimento?

Falconet si tranquillizzò solo dopo che gli stranieri residenti da tempo a Pietroburgo gli ebbero spiegato che la moderazione era un tratto distintivo degli abitanti della capitale. Questi ultimi infatti, dopo che la città aveva da poco festeggiato il cinquantesimo anniversario della fondazione, avevano già un loro carattere ben definito: «completamente abbottonato», non sentimentale, incline all'ironia e al sarcasmo. (Questi tratti della personalità pietroburghese sono rimasti invariati.)

Le tribolazioni dello scultore francese Falconet continuarono. Per un pezzo non gli riuscì la testa del cavaliere incoronata d'alloro. Alla fine fu scolpita – a quanto si dice, in una sola notte – dalla sua assistente adolescente Callot. Il ritratto di Pëtr, opera dell'unica scultrice dell'epoca, venne unanimemente riconosciuto come straordinariamente somigliante: la faccia piuttosto piccola ma larga, con le guance cadenti, il naso leggermente a punta e il mento affilato e volitivo; le sopracciglia all'insù accentuano lo sguardo fanatico degli occhi sporgenti. Pëtr fissa lo spazio e nel contempo fissa con rabbia il pubblico (come noterà Pùškin).

Ogni particolare del monumento suscitava un vespaio di discussioni, nonché i dubbi angoscianti dello scultore e dei suoi committenti. Come dev'essere vestito il cavaliere? Come dev'essere il cavallo? Particolarmente dibattuta fu l'idea di Falconet di mettere un serpente, allegoria del male e dell'invidia, sotto lo zoccolo del cavallo.

Ekaterina, da cui dipendeva la decisione finale, era incerta: «Il serpente allegorico mi piace e non mi piace...».[13] La questione fu risolta solo dopo una lettera adulatoria che le scrisse Falconet: ogni grand'uomo – sia Pëtr sia, ovviamente, la stessa imperatrice Ekaterina – sopporta con coraggio l'invidia dei contemporanei malevoli, affermava lo scultore; perciò non era possibile fare a meno del serpente-invidia calpestato. Ekaterina, sensibile a ogni paragone adulatorio con Pëtr, acconsentì: «C'è un'antica canzone che dice: se si deve, si deve. Ecco la mia risposta riguardo al serpente».[14]

Ci vollero quattro anni per trovare il posto in cui collocare il monumento. Ancor più drammatiche furono le ricerche – e poi la consegna a Pietroburgo – dell'enorme blocco di granito per il piedistallo. Il masso, trovato a venti chilometri dalla capitale, anche dopo una prima sgrossatura pesava più di millecinquecento tonnellate. Per trasportarlo furono impiegati migliaia di uomini. L'impresa, di complessità inaudita, durò oltre tre anni. Il poeta di corte Vasilij Ruban la cantò in versi tipici dell'epoca:

Colo'di Rodi, il guardo tuo borioso cheta,
e voi alte piramidi del Nilo,
Miracol non più creder vi dovete!
Da umana mortal mano fatte siete.
V'è un monte russico non da man plasmato,
da Ekaterina il divin verbo trasse,
per gl'antri di Nevà giunse nell'urbe
e cadde sotto il piè del Grande Pëtr!

Il 7 agosto 1782, per il centenario dell'ascesa al trono di Pëtr il Grande e sedici anni dopo che Falconet si era messo all'opera, ebbe finalmente luogo l'inaugurazione del monumento. Lo scultore non attese fino a questa data: dopo aver litigato con Ekaterina ed esser stato accusato di sprechi dalla corte, era fuggito a Parigi. Il suo ultimo contributo al monumento era stato il testo di una laconica iscrizione che si sarebbe dovuta scolpire ai piedi della statua: «A Pëtr Primo eretto da Ekaterina Seconda».

Derisoria, Ekaterina modificò così il testo dell'iscrizione: «A Pëtr Primo da Ekaterina Seconda». Scrittrice in proprio, con l'eliminazione di una sola parola la zarina ottenne un risultato brillante. Nella variante di Falconet l'accento veniva posto sulla parola «eretto», cioè innanzitutto sul monumento. Ekaterina accostò ulteriormente i termini della sequenza «Primo»-«Seconda», sottolineando – e legittimando – in tal modo la propria continuità con il grandissimo monarca russo.

In piazza del Senato, sulla riva della Nevà, si ammassarono folle di pietroburghesi di tutti i ceti, dagli aristocratici ai contadini. Il monumento era ricoperto da appositi teloni, che furono rimossi all'arrivo di Ekaterina; venne sparato un colpo di cannone e fu suonata musica militare. I reggimenti della guardia sfilarono davanti al monumento con le bandiere abbassate.

Per l'occasione, Ekaterina decretò un'amnistia per i criminali e i debitori in prigione. Durante una funzione religiosa celebrata presso la tomba di Pëtr nella cattedrale di Pëtr e Pavel, il metropolita batté un colpo sul sepolcro con il pastorale ed esclamò: «Risorgi ora, grande monarca, e guarda la tua meravigliosa invenzione: non si è ridotta in cenere col tempo e ha conservato intatta la sua gloria!». Questo invito a Pëtr fu pronunciato con tale passione e pathos, che l'erede al trono, il piccolo Pavel, temette che «lo zietto sorgesse dalla tomba». Un dignitario che gli stava accanto disse ai vicini: «Che cosa lo chiama a fare? Se solo dovesse alzarsi, le buscheremmo tutti!».[15] (Un classico esempio di ironia pietroburghese.)

Anche se quasi tutti apprezzarono e riconobbero il grande valore del monumento, i primi spettatori non si resero conto di trovarsi di fronte a uno dei capolavori della scultura del Settecento. Così, girando intorno alla statua di Pëtr e scoprendo sempre nuovi aspetti del ritratto dell'imperatore – legislatore saggio e deciso, condottiero impavido, monarca risoluto e inarrestabile la folla pietroburghese non poteva sapere di trovarsi di fronte a quello che sarebbe diventato il simbolo più importante e famoso della loro città, né poteva prevedere che il tortuoso processo, caratterizzato da toni culturali e politici quanto mai enfatici, che avrebbe trasformato la statua in un simbolo eterno sarebbe stato avviato da un poeta russo che doveva ancora nascere.

La piazza del Senato si rivelò molto adatta per il monumento: innanzi tutto era il luogo dove lo stesso Pëtr aveva istituito il Senato e, nelle immediate vicinanze, l'Ammiragliato, e poi si trovava nella zona più vivace della città, sicché intorno alla statua c'era sempre un certo affollamento. Ed è proprio qui che nel 1825 si sarebbero riuniti i reparti rivoluzionari della guardia di corte che volevano impedire l'ascesa al trono di Nikolàj I. (Poiché tali eventi ebbero luogo la mattina del 14 dicembre, in russo *dekàbr'*, gli insorti vennero chiamati «decabristi».)

I rivoluzionari furono dispersi da un furibondo fuoco d'artiglieria. «Fra uno sparo e l'altro si poteva sentire il gorgoglio del sangue che scorreva a fiumi sul selciato e che scioglieva la neve; poi il sangue ghiacciò, scarlatto» racconta uno di loro. Quello stesso giorno, verso sera, furono portate via centinaia di cadaveri e il sangue fu coperto con neve fresca. Ma dal volto marmoreo di Pietroburgo quel sangue non è mai stato lavato.

Eppure, quale armonico idillio c'era stato, prima! All'inizio dell'Otto- cento, durante il regno di Aleksàndr I, le ossa sulle quali era stata costruita la stupefacente «Palmira del Nord» erano ormai state definitivamente dimen- ticate. E si cercava di dimenticare anche il cupo interludio 1796-1801, gli an- ni in cui sul trono c'era lo stravagante figlio di Ekaterina II, il tiranno Pavel I.

Pavel, «il malvagio dal naso camuso», fu ucciso in una gelida notte di marzo, in una congiura di palazzo. Stanchi dei suoi imprevedibili e a volte bizzarri editti, i cortigiani penetrarono nella sua camera da letto nel castello Michàjlovskij, la nuova residenza imperiale nel centro di Pietroburgo dipinta nella tonalità di rosso preferita dal sovrano, e lo strangolarono. Quando la notizia giunse al figlio di Pavel, il sentimentale e sognatore Aleksàndr, che era a conoscenza della congiura, questi si mise a singhiozzare, ma la sua crisi isterica fu spietatamente stroncata da uno dei cospiratori: «Adesso smettetela di fare il bambino e andate a regnare!».

Lo spaventoso e maestoso castello Michàjlovskij, con la sua guglia dorata, si erge tuttora come simbolo sinistro dello zaricidio, che non fu il primo né l'ultimo della storia russa. Nel 1838 la soglia del castello, divenuto sede della Scuola principale di ingegneria, sarebbe stata varcata da una matricola sedicenne di nome Fédor Dostoévskij. Non ne sarebbe uscito un ingegnere eccelso, ma uno dei più visionari e importanti costruttori del mito di Pietroburgo.

I primi anni di governo del nuovo imperatore, che aveva occhi celesti ed era miope (in senso letterale e metaforico), sono descritti con precisione da un verso di Pùškin: «Meraviglioso inizio dei dì d'Aleksàndr» (questo verso nostalgico tornerà in voga nella Pietroburgo dell'inizio del Novecento). La guerra contro Napoleone del 1812, chiamata dai russi «Guerra patriottica», unì nell'affiato nazionalistico tutta la società – contadini, intellighenzia, nobili di corte – intorno al monarca che mostrava tendenze liberali.

Nel 1814 il pensieroso zar entrò a Parigi su un cavallo bianco, accompagnato dalle truppe russe vincitrici (nelle cui file militavano anche i futuri decabristi). Nella Pietroburgo in trionfo questo provvidenziale incontro della Russia con l'Europa fu celebrato da un nuovo e brillante stile architettonico: lo stile impero ia¡isso. Creato con la partecipazione attiva di maestri nazionali, è una ricercata apoteosi della moda neoclassica. Fu iniziata la cattedrale di Sant'Isacco, terminata la piazza del Palazzo, e Pietroburgo, nei suoi lineamenti principali, si trasformò in quella città meravigliosa, lineare e severa che conosciamo.

I russi colti dei primi decenni dell'Ottocento provavano per la capitale un amore e una *pietas* tutti particolari. Nell'immagine di Pietroburgo, tutto il loro sterminato paese, solo cent'anni prima mostruosamente arretrato, si presentava nobilitato, disciplinato, proteso – sotto la guida illuminata dell'imperatore Aleksàndr – verso un ideale comune.

Per questi poeti, scrittori, artisti, mecenati, Pietroburgo non era semplicemente il simbolo della creatività politica e della potenza militare della Russia, ma anche l'incarnazione della sua fiorente vita culturale. Qui la volontà e la ragione avevano avuto la meglio sulla natura selvaggia, affinché i pietroburghesi raffinati potessero – al pari degli abitanti delle altre importanti capitali europee – godersi i frutti della civilizzazione.

Pietroburgo fu esaltata in questi termini – forse per l'ultima volta in modo tanto sincero e armonioso – dall'impressionabile e spensierato poeta Konstantin Bàtjugkov, in seguito onorato del titolo di «Cristoforo Colombo della critica d'arte russa», nel saggio *Progùlka v Akadémiju Chudožestv* (Passeggiata all'Accademia delle arti; 1814):

Edifici magnificenti, dorati dal sole mattutino, si riflettevano brillanti nello specchio pulito della Nevà, e noi due esclamammo all'unisono: «Che città! Che fiume!». «Una città unica!» ripeté il giovanotto. «Quanti oggetti per il pennello di un artista! ... Devo lasciare Pietroburgo» continuò «devo lasciarla per qualche tempo; devo vedere le capitali antiche: la vecchia Parigi, la caliginosa Londra, per apprezzare il valore di Pietroburgo. Guardate che unità! come ogni parte risponde al tutto! che bellezza architettonica, che gusto, e quale varietà risulta dal connubio dell'acqua con gli edifici...»

Dopo aver «messo a posto» Parigi e Londra, Bàtjuškov conclude con un solenne brindisi:

Quanti miracoli vediamo davanti a noi, e miracoli compiuti in così poco tempo, in un secolo, in un solo secolo! Lode e gloria al grande fondatore di questa città! Lode e gloria ai suoi successori, che, tra una guerra e l'altra, tra discordie interne ed esterne, hanno portato a termine ciò che lui aveva appena iniziato. Lode e gloria ad Aleksàndr, che più di tutti, durante il suo regno, ha abbellito la capitale del Nord!

Un panegirico classicistico di tale tenore non avrebbe mai potuto essere pronunciato dai decabristi, che, per loro stessa ammissione, non credevano più «nelle buone intenzioni del governo». Il loro aforisma preferito; «Il mondo comincia a rendersi conto che non sono i popoli a essere fatti per gli zar, ma gli zar per i popoli» sarebbe stato impensabile nella Russia di dieci anni prima, dove il concetto di monarchia era considerato sacro.

Questi primi dissidenti della Russia moderna, che nel 1825 scesero con le armi in pugno in piazza del Senato sotto gli occhi della folla ammutolita, non erano più fedeli sudditi dello zar, ma cittadini russi liberi, intellettualmente e moralmente; non classicisti, ma romantici rivoluzionari. Sulla facciata neoclassica in stile impero di Pietroburgo comparve la prima, minacciosa crepa.

Questa crepa fu allargata e approfondita dal *Cavaliere di bronzo* di Pùškin, da molti accolto come allegoria e requiem per la fallita rivolta dei decabristi che aveva minacciato di dilagare per Pietroburgo come un anno prima, nel 1824, avevano fatto gli elementi naturali. Il giorno della rivolta, Pùškin era in esilio da oltre cinque anni nel villaggio di Michàjlovskoe, a trecento chilometri dalla città, dove era stato confinato per le sue posizioni antiriformiste. Poco tempo dopo il poeta fu convocato a corte dal nuovo imperatore Nikolàj, fratello minore di Aleksàndr, per un'udienza privata.

Su questo incontro, che ebbe luogo nel 1826 e fu considerato dai contemporanei un avvenimento straordinario, fiorirono subito le leggende. Pare che Nikolàj I e Pùškin abbiano trascorso insieme ben due ore e mezzo, un'udienza a cui non avrebbe potuto aspirare nemmeno un ministro! Di che cosa parlarono il trentenne, alto, maestoso e biondo imperatore dagli occhi grigi, freddi e ipnotici, e il poeta, più giovane di tre anni, di statura media, dai movimenti bruschi, con i capelli ricci e la faccia bruna e vivace, che ricordava le sue origini africane?

Visibilmente commosso, Pùškin corse fuori dallo studio di Nikolàj con le lacrime agli occhi: «Come vorrei odiarlo! Ma come posso farlo? Per che cosa dovrei odiarlo?». A sua volta, Nikolàj dichiarò ai cortigiani stupefatti di aver conversato con «l'uomo più intelligente di tutta la Russia».

La domanda che l'imperatore fece al poeta fu la seguente: «Se fossi stato a Pietroburgo, avresti preso parte alla rivolta del 14 dicembre?». Pùškin rispose onestamente e coraggiosamente che, senza ombra di dubbio, sarebbe stato in piazza del Senato, tra i rivoluzionari: «Tutti i miei amici erano là».

A quanto sappiamo, lo zar, che apprezzava la sincerità, lo perdonò. Poi il discorso tra i due si spostò sulle riforme sociali di lungo periodo pianificate da Nikolàj, il quale chiese a Pùškin consigli e sostegno. Sia il tono sia il contenuto della conversazione suscitarono nella mente del poeta il ricordo dello zar riformatore Pëtr il Grande. Indubbiamente, il virtuoso manipolatore Nikolàj puntava proprio su questo effetto.

Si creò allora il triangolo spirituale: Pëtr I - Nikolàj I - Pùškin, di cui bisogna tener conto nel leggere il *Cavaliere di bronzo,* concluso otto anni dopo la sconfitta dei decabristi. Il pubblico potenziale di quasi tutto ciò che Pùškin scrisse in quegli anni si divideva in due: Nikolàj e tutti gli altri. Ciò nonostante Pùškin, pur 66minciando la sua «narrazione pietroburghese» con un panegirico, le conferisce ben presto un carattere tragico.

Pùškin concordava con Nikolàj, il quale con imperiosità ipnotica affermava che l'autocrazia era indispensabile alla Russia, sul fatto che senza un potere forte il paese sarebbe andato in rovina. Nello stesso tempo temeva e odiava la tirannia. Emotivamente, come poeta, voleva credere a Nikolàj, ma come storico gli sembrava che l'argomentazione dello zar fosse in buona sostanza infondata.

Pietroburgo, che prima di Pùškin aveva conosciuto solo elogi, nella visione del poeta si presenta sotto un duplice aspetto. Nel *Cavaliere di bronzo* la valutazione dei lati positivi e negativi del ruolo di Pëtr e delle sue riforme, del valore civilizzatore della città e del futuro dell'autocrazia (ossia del passato, del presente e del futuro di tutta la Russia) paiono bilanciarsi. Insomma, gli uni non prevalgono nettamente sugli altri. Ma si tratta di un equilibrio instabile: i piatti della bilancia oscillano[26].

Nikolàj I non confermò le speranze di Pùškin. In seguito Anna Achmàtova pensò addirittura che lo zar avesse consapevolmente ingannato il poeta. Mi disse indignata: «Nikolàj non ha mantenuto

---

[26] Come scriverà nel 1910 il poeta russo più popolare dopo Aleksàndr Blok, sottolineando la «nazione di instabilità nervosa che compenetra il lettore: «Il cavaliere di bronzo, tutti noi ci troviamo nelle vibrazioni del suo bronzo».

la parola, e questo per un imperatore è imperdonabile»[27].

Ma ingannata fu anche tutta la nazione, che dal nuovo ed energico zar si aspettava le riforme. Assai dotato sotto molti aspetti (poliglotta, ottimo oratore, suonatore di flauto), Nikolàj era un maniaco dell'ordine[28]. La Russia gli appariva come un gigantesco meccanismo che doveva funzionare perfettamente secondo le sue sagge decisioni. In questo è possibile cogliere un'eco della maniacalità di Pëtr, e all'inizio la gente, come ipnotizzata, si sottometteva ciecamente alla volontà del nuovo imperatore. Ma Nikolàj non aveva la visione grandiosa del suo antenato, e poi i tempi erano cambiati. Per spingere avanti la Russia, l'incrollabile fiducia dello zar nella propria infallibilità non bastava più.

Nikolàj fu chiamato il «Don Chisciotte dell'autocrazia». Ma questo Don Chisciotte russo cercò, con fanatica caparbietà, di trasformare Pietroburgo in una caserma dalla quale fossero banditi qualsiasi atto di insubordinazione e ogni bagliore di pensiero indipendente. Giacché soltanto nell'esercito, pensava l'imperatore, esistono veramente «ordine, regole certe e severe, e non c'è posto per i sapientoni né per lo spirito di contraddizione. ... tutto è subordinato a un unico e chiaro obiettivo e ogni cosa ha una sua destinazione ben precisa». Nikolàj amava ripetere: «Considero tutta la vita umana come un servizio da prestare». E ancora: «Non mi servono uomini intelligenti, ma uomini obbedienti».

Non desta meraviglia quindi che, con un atteggiamento del genere, l'imperatore considerasse del tutto sacrificabili sia Pùškin sia altri intellettuali di spicco. Nel 1837 non fu particolarmente colpito dalla morte in duello a Pietroburgo del trentasettenne Pùškin. (Più tardi, invece, questo tragico avvenimento sarebbe stato considerato da tutti i russi colti una delle catastrofi più terribili

---

[27] Anna Achmàtova, conversazione con l'autore (Komàrovo 1965).

28 Per la descrizione della personalità e del regno dell'imperatore Nicola I le fonti principali sono state: N.K. Sil'der, Imperator Nikolaj Pervyj. Ego žizn' i carstvovanie (L'imperatore Nicola I. La sua vita e il suo regno), 2 voll., Sankt-Peterbùrg 1903, nonché le numerose memorie dei contemporanei; in particolare: Marchese de Custine, Zapiski o Rossii (Memorie sulla Russia), Moskvà 1910; A.I. Gércen, Sobranie soëinenij v 30 tomach (Opere complete in trenta volumi), Moskvà 1958, vol. XIV; A.F. Tjùtčeva, Pri dvore dvuch imperatorov. Vospominanija i fragmenty dnevnik o vfrejliny dvora Nikolaja I i Aleksandra II (A corte di due imperatori. Memorie e frammenti di diari di una Fräulein di corte di Nicola I e Alessandro II), Moskvà 1990.

della storia culturale russa.) E quando nel 1841 venne ucciso, sempre in duello, un altro grande poeta russo, il ventiseienne Michaìl Lérmontov, pare che lo sprezzante commento di Nikolàj sia stato: «A un cane una morte da cane».

Nei tre decenni del suo regno austero (1825-1855) Nikolàj I congelò sia Pietroburgo sia la Russia. Già all'epoca di Aleksàndr I il poeta romantico Žukóvskij si lamentava che i pietroburghesi fossero «mummie circondate da piramidi maestose, la cui grandiosità per loro non esiste». Nikolàj riuscì brillantemente nell'impresa di avvicinare l'immagine di Pietroburgo a quella di una caserma, che gli era così cara. Il sarcastico e intelligente amico del defunto Pùškin, il poeta Pétr Vjàzemskij, annota angosciato: «Pietroburgo, slanciata, retta, parificata, simmetrica, monocromatica, integra può fungere da emblema della nostra vita pubblica. ... Nelle persone non si distingue Ivàn da Pétr; nel tempo non si distingue l'oggi dal domani: è tutto uguale».

In questa città disciplinata, altezzosa e fredda, alla fine del dicembre del 1828 arrivò dalla radiosa, gentile e calda Ucraina il diciannovenne Nikolàj Gógol'. Questo provinciale ambizioso, magro, malaticcio, con un gran naso, giunse a Pietroburgo con sogni di gloria, confidando di riuscire a conquistare subito la capitale.

In una delle prime lettere alla madre, il giovane Gógol'esprime le proprie impressioni sulla città, dimostrando di possedere già lo sguardo acuto del futuro vivisettore della capitale:

Pietroburgo è una città piuttosto grande [all'epoca la sua popolazione si stava rapidamente avvicinando al mezzo milione di persone]. Se volete passeggiare per le sue strade, piazze e isole in varie direzioni, percorrerete probabilmente più di cento verste ma, malgrado la sua ampiezza, potete avere sotto mano tutto il necessario anche senza andare lontano, addirittura stando in casa. ... La casa in cui abito io ospita due sarti, un *marchand de mode,* uno stivalaio, un fabbricante di calze, un incollatore di stoviglie rotte, un decatizzato-re e un imbianchino, una pasticceria, una bottega di oggettini, un magazzino per i vestiti invernali, un tabaccaio e, infine, un'ostetrica per i privilegiati. È naturale che questa casa debba essere tutta tappezzata di insegne d'oro. Io abito al terzo piano[29].

---

[29] N.V. Gógol', Sobranie sočinenij v semi tomach (Opere scelte in sette volumi). Moskvà 1967, vol. VII, p. 62.

Di giorno, passeggiando per le strade, il giovane Gógol'si tuffava nell'intensa vita della capitale. In Névskij prospékt guardava per ore le vetrine dei negozi dove erano esposti frutti esotici d'oltremare, come le arance, gli ananas e le banane (le albicocche venivano coltivate a Pietroburgo, in apposite serre).

Incapace di resistere, Gógol'entrava in tutte le pasticcerie francesi. Amava visitare l'Accademia delle arti cantata da Bàtjugkov, dove venivano esposte le opere dei professori e quelle degli allievi più meritevoli; con alcuni di questi ultimi Gógol'allacciò subito rapporti d'amicizia. ,

Sulle pagine di «Sévernaja Pčelà» (L'ape del Nord), un giornale molto diffuso, Gógol'leggeva non solo le notizie sulla vita letteraria, alle quali era vivamente interessato, ma anche quelle relative ad assegnazioni statali, furti, suicidi. Ampio spazio veniva dedicato a notizie e commenti sugli incendi, un tema che a Pietroburgo era sempre di grande attualità, oltre che ovviamente alle previsioni riguardanti un'altra calamità tipica della capitale: le inondazioni.

In politica, sia estera sía interna, la «Sévernaja Pčelà» esprimeva massima cautela e dedizione assoluta all'imperatore. Il furbo direttore, Faddéj Bulgàrin, che non si faceva scrupoli a passare alla polizia segreta informazioni sui suoi colleghi, seguiva alla lettera l'indicazione ricevuta «dall'alto», cioè dal comandante della gendarmeria che svolgeva anche funzioni di censore: «Teatro, mostre, Gostìnyj Dvor, mercato delle pulci, trattorie, pasticcerie: ecco il tuo campo, e non andare oltre».

La sera, tutto agghindato, Gógol'andava a teatro, «il mio più grande divertimento». Le vie di Pietroburgo si illuminavano di migliaia di lampioni a olio e a gas, questi ultimi introdotti da poco. Quella particolare combinazione di luce, buio e nebbia conferiva alla città un aspetto spettrale. All'ingresso del teatro si avvicinavano i lussuosi tiri a sei. Ne scendevano i dandy della capitale in compagnia di signore ben vestite, enigmatiche e, agli occhi del giovane provinciale, irraggiungibili; nell'aria umida le risate si intrecciavano a frammenti di conversazione galante in francese. I gendarmi a cavallo aiutavano i cocchieri a parcheggiare le numerosissime carrozze che congestionavano la piazza.

Sul palco del teatro imperiale Aleksàndrovskij, nella parte di Amleto incantava gli spettatori Vasilij Karatygin, un gigante di due metri con una possente voce baritonale e una gestualità maestosa. Nel teatro russo, anche Shakespeare – come tutti gli altri autori – era sottoposto a una censura spietata. Nikolàj controllava personalmente che non solo le allusioni politiche, ma anche le espressioni scurrili, tra le quali rientrava «Che il diavolo ti porti», non venissero pronunciate in scena.

Gógol'era entusiasta della recitazione di Karatygin. In seguito ebbe a ricordare che questo grande attore «vi prende tra le braccia e vi porta con sé, così che non avete nemmeno il tempo di riavervi e tornare in voi»[30]. Nikolàj stesso mostrava benevolenza nei confronti di questo attore che gli somigliava fisicamente. Una volta l'imperatore, accompagnato da un aiutante, l'andò a trovare in camerino.

«Dicono che sei bravo a farmi il verso» disse all'attore.

«Fa' vedere!» «Non oso, Vostra Maestà Imperiale!»

«Te lo ordino!» A quel punto Karatygin assunse un'aria sussiegosa – sembrò diventare ancora più alto e il suo sguardo acquisì un'ipnotica sfumatura d'acciaio – e intimò all'aiutante dello zar: «Stammi a sentire, caro, da' ordine di mandare a quell'attorucolo, Karatygin, una cassa di champagne!».

Nikolàj scoppiò a ridere e la mattina dopo a casa dell'attore fu recapitato dello champagne.

Non deve meravigliare quindi che inizialmente Gógol'abbia cercato di realizzare il proprio sogno di una grande carriera pietroburghese come attore del teatro imperiale. Un disastro. Poi provò come pittore, come impiegato e, infine, come insegnante. Gógol'continuava a immaginare di salire l'alta scala della gloria e della ricchezza, ma ogni volta era costretto a fermarsi ai primi gradini. Pietroburgo, cocciuta e altezzosa, non voleva saperne di Gógol', e Gógol'prese a odiare Pietroburgo.

La città gli rimase per sempre estranea, un mondo allettante ma ostile che non riuscì mai a conquistare. E quando Gógol'cominciò a scrivere, al centro della sua prosa comparve ben presto un'immagine grottesca e straniata di Pietroburgo. Nel 1835 comparvero le prime *póvesti* pietroburghesi di Gógol': *Névskij prospékt, Memorie di un pazzo* e *Il ritratto;* poi *Il naso*, pubblicato da Pù'gkin nel 1836, poco prima di morire, sul suo giornale «Sovreménnik» (Il contemporaneo); infine, nel 1842 fu pubblicata l'opera più famosa di questo ciclo, *Il cappotto.*

Gógol'– e, attraverso di lui, l'immagine di Pietroburgo – fu indelebilmente influenzato da E.T.A. Hoffmann; ancora cent'anni dopo, nel suo *Poema senza eroe* Anna Achmàtova, maledicendo il «diavolame pietroburghese», lo chiama «Hoffmanniana di

---

[30] Ibid., p. 207.

mezzanotte».

Come in Hoffmann, nei racconti di Gógol'il grottesco quotidiano si intreccia con il fantastico più sfrenato. Una bella sconosciuta incontrata in Névskij prospékt si trasforma in una prostituta da quattro soldi. Un ritratto misterioso è dotato di poteri fatali. Imperscrutabilmente, dalla faccia di un impiegato ambizioso scompare il naso, che acquista una personalità autonoma.

Non a caso tutti questi eventi inverosimili accadono a Pietroburgo, città terrificante e diabolicamente seduttiva, vista dagli occhi spalancati di un giovane provinciale del Sud spaventato a morte. Le prime, febbrili impressioni di Gógol'sulla capitale, mostruosamente confuse come in un caleidoscopio, sotto la potente penna del genio letterario si riversano in un appassionato e romantico monologo-accusa, che dà vita a una pittoresca fantasmagoria degna del pennello di Mark Šagàl[31]:

Oh, non credete a questo Névskij prospékt! ... È tutto un inganno, sono tutti sogni, è tutto diverso da come sembra! ... Via, in nome di Dio, via dal lampione! e veloci, il più possibile veloci, passate oltre. È già una fortuna se ve la cavate con una macchia del suo olio puzzolente sul vostro soprabito elegante. Ma, a parte il lampione, tutto sa d'inganno. Mente di continuo, questo Névskij prospékt, ma soprattutto quando la notte come una massa densa vi si distende sopra e divide le pareti bianche e pallide delle case, quando tutta la città si trasforma in tuono e lampo, miriadi di carrozze scendono dai ponti, i battistrada gridano* saltano a cavallo, e quando il demone in persona accende le lampade al solo scopo di non far apparire nulla nel suo vero aspetto.

La Pietroburgo reale, per le vie ordinate, linde – l'imperatore era un maniaco della pulizia e dell'igiene – che lo scrittore alle prime armi percorreva in preda alla disperazione, sprofondava in sontuose cerimonie. Nella vita privata Nikolàj era morigerato, ascetico, si alzava all'alba e lavorava anche diciotto ore al giorno. Ma era perfettamente consapevole della necessità di riti sociali che sancissero la solidità dell'impero e del suo potere personale, di provenienza divina.

Pietroburgo era città di corte, sede di un'enorme guarnigione e di una sterminata massa di impiegati, tra i quali all'inizio si perse anche Gógol'; nelle vie non si accalcava il popolo minuto. La

---

[31] Più noto con il nome francesizzato di Marc Chagall.

čern' (plebaglia), come veniva chiamata allora, quando andava a Pietroburgo in cerca di lavoro si comportava con cautela e circospezione sotto l'occhio vigile della strapotente polizia cittadina (immortalata da Gógol' nel *Naso*), che si immischiava in ogni faccenda. Il giorno di Capodanno tutta la popolazione veniva invitata al Palazzo d'Inverno; in genere vi accorrevano oltre trentamila persone. Per tutti veniva organizzato un degno rinfresco. Silenziosa e intimidita, la folla di impiegati attendeva con trepidazione l'ingresso di Nikolàj e di sua moglie.

L'imperatore compariva sulle note di una polonaise, accompagnato da un seguito in pompa magna, e la luce di migliaia di candele inondava l'immenso salone. Nikolàj si rivolgeva con distaccata gentilezza al «suo» popolo, parlando con cocchieri, servi e artigiani. Alla fine gli ospiti se ne andavano soddisfatti e sobri. Non mancava mai nulla, né posate né suppellettili. L'ordine e la legalità, ideali tanto cari al sovrano, venivano pienamente rispettati.

Le feste danzanti organizzate al Palazzo d'Inverno per l'alta società erano ovviamente molto più lussuose, con sontuosi banchetti per mille persone sedute all'ombra degli aranci. Inoltre, l'imperatrice adorava i balli in maschera e pretendeva che le dame di corte fossero vestite con eleganza, in velluto e merletti, e non dimenticassero oro, perle, brillanti. «L'imperatrice ha soffermato lo sguardo su una bella toilette nuova, mentre l'ha distolto infastidita da un abito meno fresco. E poiché lo sguardo dell'imperatrice era legge, le donne indossavano i vestiti migliori e gli uomini si rovinavano, a volte addirittura rubavano, per agghindare le mogli» ricorderà poi indignata una delle darne di corte di orientamento più puritano. A questi balli in maschera Nikolàj I riservava particolari attenzioni alle debuttanti più attraenti.

Il desiderio insistente dei cortigiani di vedere a queste feste la moglie di Pùškin, la bella Natàlja, fu una delle cause della morte del poeta: tresche, intrighi e pettegolezzi portarono infatti al tragico duello. Per Pùškin queste ambivalenti relazioni con la corte e con l'imperatore erano motivo di sofferenza. Ma Gógol', che Nikolàj non prendeva neppure in considerazione, pativa ancora di più la propria condizione di outsider, povero e senza titoli nobiliari.

Fu così che con tanta maggior passione Gógol' creò il proprio mito alternativo di Pietroburgo. In letteratura poteva a buon diritto considerarsi un monarca assoluto, che non si limitava a mirabili giochi di destrezza con universi di parole, ma influiva direttamente sul corso del mondo reale tramite la magia della parola. Alla vita brillante dei balli di corte e dei ricevimenti sfarzosi Gógol' contrapponeva una propria visione appassionata della capitale, una Pietroburgo-monstre abitata da caricature, una Pietroburgo-miraggio e, infine, una Pietroburgo-fantasma completamente deserta. Così Balzac descrisse Parigi, e Dickens Londra. Ma, in misura incomparabilmente superiore, la Pietroburgo mistica di Gógol'era frutto della sua fervida immaginazione, lontanissima dalla città reale.

I motivi ricorrenti dei racconti di Gógol', eccentrici, intriganti, pesantemente comici, sentimentali, terribilmente romantici, distorti e, alla fine, travolgenti sono la nebbia, il buio, il freddo delle superfici a specchio, il terrore dei vasti spazi aperti. Ciascuno di questi motivi è affatto esasperato, spinto fino al grottesco. La Pietroburgo di Gógol', secondo le parole del suo entusiasta ammiratore Vladìmir Nabókov, si trasforma in «un riflesso in uno specchio opaco, una bizzarra accozzaglia d'oggetti sottoposti a uso improprio, cose che vanno indietro più veloci di quanto si siano spostate in avanti, notti grigio pallido al posto di quelle solite nere, e giornate nere...»[32].

Nel suo celebre e notevole racconto Il *cappotto* Gógol'colloca il piccolo impiegato (un diretto discendente dell'Evgénij del *Cavaliere di bronzo* di Pùškin) in mezzo alla sterminata piazza di Pietroburgo, «che aveva l'aspetto di un tremendo deserto». Proprio qui, secondo la volontà di Gógol', i ladri rubano all'impiegato il cappotto che gli è costato tanta fatica, anche se in realtà una piazza non è certamente il luogo più adatto per un furto.

Privo del metaforico cappotto, l'indifeso eroe di Gógol'si ritrova nudo di fronte al suo nemico principale, la città, dove, secondo Gógol', regna l'eterno inverno, dove perfino «il vento, secondo la consuetudine di Pietroburgo, gli soffiava addosso da tutte e quattro le parti», e dove la neve cadavericamente bianca soffiata da questo vento tagliente si identifica con la neve di carta inutilmente morta che si riversa sull'individuo impotente da anonimi ministeri e cancellerie: un'immagine kafkiana quarantun anni prima della nascita di Kafka[33]. E infine, naturalmente, il povero impiegato muore, e la Pietroburgo impersonale, indifferente, conclude Gógol', rimane senza di lui, come se non ci fosse mai stato.

---

[32] V. Nabókov, Nikolai Gogol, New York 1961, p. 12.

[33] L'influenza diretta delle metamorfosi assurde del Naso di Gógol' sulla Metamorfosi di Kafka, e il successivo sviluppo di questo tema, fino a The breast (Il petto) di Philip Roth e a Sleeper (Il dormiglione) di Woody Allen, è indiscutibile.

In una situazione analoga, Pùškin avrebbe probabilmente esitato prima di pronunciare una condanna definitiva. Per Gógol'non ci sono dubbi: l'unico colpevole è la personalità impietosamente distruttrice di Pietroburgo, l'ammucchiata senz'anima «di case buttate una sull'altra, vie tumultuose, mercantilismo febbrile, di questo mucchio informe di mode, parate, impiegati, notti nordiche selvagge, splendore e scialbore meschino».

L'immagine gogoliana di una Pietroburgo diabolica crebbe a tal punto nella mente del suo autore da sconfinare nel misticismo: un buco nero che risucchia l'uomo, un Grande Nulla. «L'idea della città» annotò febbrilmente «è un Vuoto che cresce al sommo grado...» Nei suoi scritti il profondo e oscuro rifiuto di Pietroburgo tipico della gente comune è cominciato ad affiorare ed è entrato a poco a poco ma irreversibilmente a far parte del programma sociale e filosofico delle classi colte.

Gógol'fu il primo a pubblicare nel 1837 un ampio paragone letterario tra la vecchia e la nuova capitale, Mosca e Pietroburgo, inaugurando quella lunga sequenza di saggi analoghi che giunge fino a *Mosca-San Pietroburgo* di Evgénij Zamjàtin (1933).

Nella coscienza popolare Mosca simboleggiava tutto quanto era nazionale, autenticamente russo, patrio. Mosca era una città con radici che affondavano nella tradizione religiosa, era l'erede legittima di Costantinopoli, la «terza Roma», secondo la definizione dei monaci ortodossi colti del Cinquecento («mentre una quarta Roma non sarà» non mancavano di aggiungere).

Pëtr il Grande sottomise la Chiesa allo Stato. Pietroburgo, malgrado alcuni attributi religiosi esteriori (fissati nelle leggende ufficiali), era stata pensata e realizzata come città secolare. Il profilo di Mosca era determinato dalle «quaranta volte quaranta» chiese, con i loro campanili, quello di Pietroburgo è fatto di guglie torreggianti.

Il popolo percepiva la Pietroburgo atea, «tedesca», come un nemico bislacco, una gigantesca città-piovra che succhiava la linfa della Russia. Gógol'legittimò tale visione, riassumendo le vaghe sensazioni popolari nella celebre frase: «Mosca è necessaria alla Russia; la Russia è necessaria a Pietroburgo».

Questo verdetto gogoliano diventò l'aforisma preferito degli slavofili, una corrente nazionalistica che esercitò la sua influenza in campo letterario, filosofico e – per quanto fosse possibile nella Russia postdecabrista – politico di quell'epoca, che invocava per la Russia una via di sviluppo speciale, al di fuori dei modelli occidentali. Secondo loro, tutto il periodo «pietroburghese» della storia russa era stato un tragico errore, un'aberrazione. La salvezza veniva individuata nel ritorno alle norme e alle forme di vita sociale prepetrine, patriarcali. «Viva Mosca, abbasso Pietroburgo!» era il grido di guerra degli slavofili.

Per gli slavofili, ogni parola di Gógol'era legge. Ma anche i cosiddetti «occidentalisti»[34], che sognavano una Costituzione russa e un Parlamento di tipo europeo, riconoscevano l'autorità di Gógol', soprattutto dopo la sua morte precoce nel 1852. Il suo quadro mistico e la valutazione totalmente negativa del significato di Pietroburgo dominavano letteralmente nelle menti dei contemporanei, oscurando con facilità la secolare esperienza di scrittori e artisti che avevano tessuto le lodi della capitale.

Fu uno dei rarissimi casi in cui le opere di un solo autore, benché si trattasse di un riconosciuto genio letterario, modificarono in modo tanto radicale la percezione delle classi colte di una grande città. Da petrino il mito di Pietroburgo si trasformò in gogoliano.

In questa impresa senza precedenti Gógol'aveva un potente alleato: l'imperatore Nikolàj I. Nella percezione dell'intellighenzia russa della metà dell'Ottocento, l'altezzosa Pietroburgo autocratica, con il suo sguardo ipnotico, e Nikolàj, monumentale e neoclassicista, dapprima si confusero e poi si fusero: nessuno dei due era all'altezza delle aspettative.

Da Nikolàj l'intellighenzia si aspettava le riforme, mentre lui diede un giro di vite; si aspettava la clemenza, mentre lui per vendetta impiccò i cinque capi della rivolta decabrista. Dopo Pùškin, molti altri eminenti letterati, fra cui Gógol', si proposero come alleati illuminati dell'autocrazia russa. Non solo i loro servigi furono respinti, ma Nikolàj li mise sotto il controllo della «Terza sezione della cancelleria di Sua Altezza Imperiale in persona», da lui creata, l'antenato del KGB sovietico.

Il ruolo di Nikolàj nella formazione dell'immagine di Pietroburgo è pari per importanza a quello di Pëtr il Grande, però in chiave negativa. Se Pëtr porse la mano alla giovane intellighenzia russa, sotto Nikolàj Pietroburgo smise di essere una città in cui un intellettuale onesto poteva far carriera senza macchiarsi. Perfino gli scrittori venduti venivano ricompensati con scarso entusiasmo. I

---

[34] Corrente sociale che identificava l'evoluzione della Russia con un avvicinamento all'Occidente, ponendosi quindi in posizione di netto contrasto con gli «slavofili».

giorni di Ekaterina la Grande, quando bastava una bella poesia in onore dell'imperatrice e della sua capitale per conquistarsi la grazia della zarina – per esempio, sotto forma di una tabacchiera d'oro incastonata di brillanti –, erano passati per sempre. Casomai qualcosa di simile se lo sarebbe forse potuto aspettare un cantante, come il famoso tenore italiano Giovanni Rubini.

Un contemporaneo si lamentò che sotto Nikolàj I «c'era scarsa attenzione per la letteratura russa»; il governo basava la propria forza «su un milione di baionette, non su chimere filosofiche. In questo periodo considerarsi un pubblicista arcimonarchico non dava nessun vantaggio»[35]. Viceversa, nei circoli intellettuali divenne molto di moda parlar male di Pietroburgo: crudele, burocratica, formale, dove persino le vie sono state tirate con la riga, come a una di quelle parate militari tanto amate da Nikolàj. «Questo granito, questi ponti con le catene, questo continuo rullare di tamburi, tutto ciò ha un effetto opprimente e deprimente» concludeva con disgusto un fervente slavofilo.

Dopo il grande Gógol', sfidare e minacciare la capitale agitando il pugno (poiché non si poteva farlo con l'imperatore) divenne una prova di qualità artistica e libertà di pensiero. Con le accalorate e divertenti invettive contro la Pietroburgo di Nikolàj si potrebbe comporre una meravigliosa antologia. Tra le più ispirate, layrosa e i versi di Apollón Grigór'ev (1822-1864).

Entusiasta della sua produzione, il poeta simbolista Aleksàndr Blok lo avrebbe descritto come un giovane tempestoso e sofferente, con l'anima di Dmìtrij Karamàzov. Giunto a Pietroburgo dalla patriarcale Mosca all'età di ventun anni, grazie all'aiuto dei suoi fratelli massoni, Grigór'ev fu «trasportato in un altro mondo. Era il mondo della Pietroburgo gogoliana, della Pietroburgo nell'epoca della sua originalità da miraggio ... un mondo strano e *póšlyj*», per usare le sue stesse parole.

Credo che Grigór'ev sia stato il primo esponente della letteratura russa ad attribuire a Pietroburgo la parola *«póšlyj»*, un vocabolo dai molti significati che, circa un secolo dopo, un pietroburghese in esilio, Vladìmir Nabókov, cercò di interpretare a uso degli studenti statunitensi: «I russi danno, o davano, un nome speciale a questo vano e compiaciuto filisteismo: *póšlost'*. È *póšlyj* non soltanto ciò che è chiaramente scadente, ma soprattutto ciò che è falsamente importante, falsamente bello, falsamente

---

[35] I.I. Panàev. Literaturnye vospominanija (Memorie letterarie), Moskvà 1988, p. 281.

intelligente, falsamente attraente. Applicare l'etichetta mortale di *póšlost'*a qualcosa non è solo un giudizio estetico, ma anche una condanna morale»[36].

Nemmeno in Russia, un paese che adora i propri poeti, Grigór'ev è molto popolare. Era troppo bohémien: si ubriacava con gli zingari (quando non gli bastavano i soldi per la vodka, beveva secondo l'abitudine degli alcolisti russi che dura tuttora – acqua di colonia e cherosene); sposò una prostituta; morì a Pietroburgo qualche giorno dopo essere uscito di prigione, dove era finito per debiti, per un colpo apoplettico seguito a un violento litigio con il proprio editore.

È ancora viva in me la sensazione d'incanto con cui aprii un volume di poesie di Grigór'ev capitatomi in mano per caso. Fu nel 1959. Avevo quindici anni, e da due ero a Leningrado, dove mi ero trasferito da Riga per motivi di studio. Come tanti altri prima di me, ero stato conquistato dalla bellezza e dalla magia delle notti bianche leningradesi, che cominciano in maggio: com'era bello in quelle notti, in compagnia dell'innamorata, fermarsi sul ponte detto a ragione «dei baci» e citare dal *Cavaliere di bronzo* di Pùškin: «... delle pensierose notti la trasparente penombra, il riflesso senza luna».

E quale shock fu per me imbattermi nella descrizione diabolica di una notte bianca fatta da Grigór'ev, stilisticamente affine all'invettiva del suo coevo Charles Baudelaire:

E all'ore in cui sulla città orgogliosa
la notte scende senza buio od ombra,
quando traspare, davanti a me compare
di orribili visioni un mucchio
sia chiara notte come il giorno, silenziosa,
che tutto traspaia tranquillo,
tranquillo un poco allevii il brutto male,
di putrescente piaga trasparenza.

E pensare che questa denuncia massonica Grigor'ev la intitolò *Città* –fu pubblicata nel 1845, dodici anni prima dei *Fleurs du mal!* Tra l'altro uscì su una rivista popolare pietroburghese e del tutto lealista dal nome pomposo «Repertorio del teatro russo e Pantheon di tutti i teatri europei», controllata dall'onnipresente furbacchione, nonché spia governativa, Faddéj Bulgàrin. E per di più questa

---

[36] Nabókov, Lessons on Russian Literature, New York 1981 313.

violenta invettiva antipietroburghese di Grigór'ev fu accolta dal giudizio favorevole («splendida poesia») dal guru liberale dell'epoca e principale critico letterario, Vissarión Belìnskij. Ecco quant'era ampia la gamma degli umori antipietroburghesi nella cultura russa del tempo, dall'estrema destra all'estrema sinistra...

L'ironia degli eventi successivi fece sì che oltre cent'anni dopo, nella Leningrado sovietica (chruscioviana), non potessi portare a scuola questa poesia di Grigór'ev, che mi aveva tanto colpito, per discuterne con l'insegnante di letteratura: il suo pathos, l'estetica e la simbologia sarebbero apparsi sovversivi, e la cosa avrebbe potuto avere per me conseguenze spiacevoli.

La *Città* fu comunque oggetto di animate discussioni (fatte però a voce non troppo alta) con il mio migliore amico. Ovviamente ci accorgemmo subito della malignità di quell'attacco: il mistico e democratico Grigór'ev polemizza con l'immagine delle notti bianche dipinta dal razionalista e aristocratico Pùškin nel *Cavaliere di bronzo*. Nella seconda metà dell'Ottocento divenne possibile denigrare non solo Pùškin e la sua Pietroburgo idealizzata della parte introduttiva del *Cavaliere di bronzo*, ma anche la statua equestre di Pëtr I scolpita da Falconet, che aveva ispirato Pùškin. In questo senso sono tipici i versi improvvisati del cinico e malevolo epigrammista Nikolàj Ščerbìna (1821-1869). A Ščerbìna il serpente sotto gli zoccoli del fondatore di Pietroburgo suscitava associazioni diametralmente opposte alle nobili immagini del Settecento:

No, non un serpente il bronzeo cavaliere
ha pestato, proteso in avanti,
ha pestato il nostro popolo povero,
ha pestato il semplice popolo.

E chi scrive non è un oppositore, ma un alto funzionario governativo! Nelle leggende popolari il monumento di Falconet era ormai da tempo paragonato a un Cavaliere dell'Apocalisse. Ora era chiaro che questa l'opinione popolare su Pëtr e sulla sua attività riformatrice, a lungo soffocata e repressa, si era profondamente radicata nella cultura russa, la tradizione orale si era trasformata definitivamente in tradizione letteraria e le valutazioni di Pietroburgo – quelle espresse «dal basso» e quelle espresse «dall'alto» – si erano avvicinate quasi al punto di coincidere.

«Sankt-Peterburch sarà deserta!» Ora questa leggendaria maledizione non solo veniva appassionatamente dibattuta nei salotti di Mosca e Pietroburgo, ma divenne anche il tema di poesie popolari come *Podvódnyi górod* (La città sommersa; 1847) di Michaìl Dmìtriev (1796-1866), in cui veniva profetizzato l'imminente e inesorabile allagamento della capitale, descritto con una perfidia inimmaginabile non solo in Pùškin, ma anche in Gógol':

> Una guglia un campanile
> sol si vede ora dal mare.

Il governo cercò in tutti i modi di far cessare questa alluvione letteraria di Pietroburgo. Il capo della sinistra Terza sezione e del corpo dei gendarmi, conte Aleksàndr Benkendòrf emanò direttive che preannunciavano quasi letteralmente quelle proclamate cento anni dopo dall'ideologo staliniano Andréj Ždànov: «Il passato della Russia è stato stupendo, il suo presente è più che meraviglioso e, per quanto riguarda il futuro, esso è superiore a tutto ciò che può immaginare la più fervida fantasia; ecco il punto di vista dal quale deve essere considerata e scritta la storia della Russia».

Il pennivendolo Aleksàndr Bàšuckij, eseguendo quest'ordine letterario-poliziesco, pubblicò un idealizzato *Panoràma Sànkta-Peterbùrga* (Panorama di San Pietroburgo): l'improbabile descrizione di una città di sogno in cui regnano ordine e pulizia, senza alcuna traccia di violenze, risse, ubriachi, prostitute, mendicanti. Per la prevista edizione di lusso, Bàšuckij aveva ordinato incisioni speciali a Londra, ma la nave che le trasportava affondò. Anche *Panorama di San Pietroburgo* colò a picco: nessuno lo comprò, e l'autore subì un grave danno finanziario. Il raffinato pubblico della capitale non accettava la descrizione di Pietroburgo fatta seguendo la ricetta del capo dei gendarmi.

Un grande successo ebbe invece l'antologia in due volumi *Fisiológija Peterbùrga* (Fisiologia di Pietroburgo; 1845), curata dal giovane Nikolàj Nekràsov, grande poeta, giocatore d'azzardo ed editore intraprendente, con la partecipazione di Belinskij. Nekràsov vide che nelle librerie straniere di Pietroburgo andavano a ruba quei graziosi libretti illustrati francesi con titoli come *Physiologie de l'amoureux* o *Physiologie du flâneur,* accattivanti descrizioni di tutti i possibili tipi di parigino.

Così Nekràsov raccolse articoli di amici scrittori sui costumi e sui personaggi pietroburghesi. Poiché voleva guadagnarci, doveva puntare su qualcosa di sensazionale. La *Fisiologia di Pietroburgo* presentava allo stupefatto lettore un quadro della capitale russa che non aveva nulla in comune con l'insipido *Panorama* di Bàšuckij. Si poteva pensare che si parlasse di tutt'altro luogo.

Anche se l'antologia di Nekràsov conteneva le brillanti

riflessioni di Belìnskij su «Pietroburgo e Mosca», un tema alla moda, e saggi sul teatro imperiale Aleksandrinskij e sulle caratteristiche figure dell'impiegato e del giornalista pietroburghesi, la maggior parte dello spazio era occupato dalle descrizioni della periferia e dei bassifondi: cocchieri, suonatori di organetto, vagabondi, ubriachi e prostitute, ammassati in sordide mansarde o in cantine maleodoranti.

L'opera era indubbiamente influenzata dallo stile e dalle idee di Gógol'. Gli autori dell'antologia non si vergognavano della loro dipendenza dal grande scrittore, anzi la ostentavano. Per esempio, l'illustrazione della poesia satirica *L'impiegato* di Nekràsov era una buffa incisione su legno che raffigurava il protagonista adirato intento a leggere Il *cappotto* di Gógol'.

I recensori benpensanti ne furono indignati: «... possibile che persone con un minimo di gusto, o addirittura di gusti raffinati, si divertano a descrivere in forma caricaturale i lati più sordidi della vita di un portinaio, di un cameriere, di un cocchiere, di una cuoca, di una magazziniera, di una falena o di una bambola...». Come succede spesso, i lettori risposero a questa domanda retorica con decisione: tutte le copie della *Fisiologia di Pietroburgo* furono vendute all'istante. Contribuirono al successo di vendite le recensioni entusiastiche pubblicate (anonime) da due importanti autori della raccolta: Belìnskij e Nekràsov. Ovviamente, in un clima di concorrenza sempre più agguerrita nella caccia al lettore, nessun giornalista si curò troppo dell'etica professionale...

Incoraggiato dal successo, Nekràsov preparò in tutta fretta una seconda edizione, *l'Antologia pietroburghese*, uscita proprio all'inizio del 1846. Vi parteciparono di nuovo Nekràsov, Belìnskij e altri letterati di primo piano, ma nella storia della letteratura russa e mondiale questa pubblicazione è ricordata perché vi debuttò il ventiquattrenne Fèdor Dostoévskij con un romanzo in forma epistolare dal titolo simbolico *Bédnyje ljùdi* (Povera gente).

Povera gente fu scritto da Dostoévskij in più di nove mesi in una cameretta ammobiliata di Pietroburgo, in un condominio vicino alla cattedrale di Vladìmir, come risultato di un'intensa osservazione psicologica chiamata in seguito dall'autore «visione sulla Nevà». Immagino una storia pietroburghese che si svolge in angoli bui, un piccolo impiegato onesto e puro, una fanciulla mortificata e triste.

Il cappotto di Gógol', parabola pietroburghese sull'impiegato, era stata pubblicata soltanto due anni prima. «Siamo tutti usciti dal Cappotto» pare abbia confessato una volta Dostoévskij. Ma, pur prendendo molto da Gógol', lo scrittore alle prime armi ne rifiuta la feroce ironia. Il protagonista di Povera gente non è una grottesca marionetta, ma una persona viva, un uomo che pensa e soffre, descritto con calore e lirismo. Ama ed è riamato, ma questo amore finisce tragicamente, perché non si può essere felici in una città dove «sotto i piedi c'è granito bagnato, ai lati case alte, nere, fuligginose; nebbia sotto i piedi, nebbia sopra la testa».

Gógol' lesse Povera gente e ne diede un giudizio complessivamente positivo, anche se non apprezzò l'originalità dello stile di Dostoévskij: l'opera gli apparve troppo verbosa, «chiacchierona».

Lo stesso Dostoévskij si rese conto che il suo romanzo rappresentava qualcosa di assolutamente nuovo nel panorama della letteratura pietroburghese. Finita la stesura, ci lavorò ancora per sei mesi: con tanta accuratezza Dostoévskij non rifinì nessuna delle opere successive. Il giovane dandy Dmìtrij Grigoròviè, che divideva l'appartamento con lo scrittore esordiente e che aveva già pubblicato un agile racconto sui suonatori di organetto in Fisiologia di Pietroburgo, portò il manoscritto di Povera gente all'amico Nekràsov. I due cominciarono a leggere a turno, a voce alta, il romanzo di Dostoévskij i e continuarono per tutta la notte. Quando arrivarono all'ultima pagina, Nekràsov piangeva senza ritegno.

In un accesso di spontaneità tipicamente russo, ora chiamato «dostoevskiano», decisero di andare da Dostoevskij. Era una tiepida notte bianca di maggio. Appena rientrato da una passeggiata notturna, Dostoevskij era seduto alla finestra, troppo agitato per dormire, quando d'un tratto entrarono Griîgorc'wiè e Nekràsov. Fra i tre ebbe inizio una conversazione concitata fatta di esclamazioni, salti da un argomento all'altro, innumerevoli citazioni dalle opere dell'idolo comune, Gógol'. Sembrava una pagina di un futuro romanzo di Dostoévskij...

Quello stesso giorno, di primo mattino, Nekràsov si presentò col manoscritto di Povera gente da Belìnskij, esclamando sulla sogliaa: «È comparso un nuovo Gógol'!». Al che il critico rispose scettico: «Da voi i Gógol' crescono come funghi». Ma, dopo aver letto quelle pagine, anche Belìnskij s'infiammò e volle incontrare immediatamente Dostoévskij: «Portatelo qui, subito!».

Fatta conoscenza con Dostoévskij, malaticcio, pallido, lentigginoso, biondo e tremendamente nervoso, il critico si commosse ancor di più: «E dire che è piccolo, non più alto di così» spiegava Belìnskij intenerito agli amici, misurando con il palmo della mano circa sessanta centimetri dal pavimento. È facile immaginare la loro sorpresa quando, incontrando Dostoévskij di persona, scoprivano che il giovane scrittore era più alto di Belìnskij.

Dostoévskij confessò al fratello: «Ho un vizio orrendo: amor proprio e ambizione senza limiti». Gli entusiasmi di Belìnskij, di Nekràsov e dei loro amici convinsero definitivamente il giovane scrittore di essere un genio senza uguali. Volendo distinguersi in qualche modo dagli altri autori dell'Antologia pietroburghese, allora in preparazione, andò da Nekràsov e gli chiese che ogni pagina del suo romanzo venisse contornata da uno speciale bordo nero. Secondo alcuni memorialisti, lo scrittore avrebbe voluto un bordo color oro.

Povera gente fu pubblicato nell'antologia senza alcun bordo. Ma ciò non impedì che sia la póvest'di Dostoévskij sia l'intera Antologia pietroburghese avessero uno straordinario successo: nei primi giorni furono vendute alcune centinaia di copie. L'opera di Nekràsov divenne uno dei tre best seller della letteratura russa del tempo (gli altri due erano Le anime morte di Gógol'e il romanzo satirico Tarantàs del conte Vladìmir Sollogùb).

Il conte Sollogùb, scrittore alla moda vicino alla corte, correva per Pietroburgo e chiedeva con insistenza agli altri scrittori dell'antologia: «Ma chi è questo Dostoévskij? In nome di Dio, mostratemelo, fatemelo conoscere!»[37] Terrorizzato dalla concorrenza, il cinico Bulgàrin stroncò l'Antologia pietroburghese sulle pagine dell'«Ape del Nord».

Accusò gli autori di essere servili imitatori di Gógol'e definì il movimento «scuola naturale» per l'attenzione riservata ai lati più oscuri dell'esistenza. Nelle soffiate alla polizia segreta si spinse molto più in là: «Nekràsov è un comunista sfegatato: per convincersene basta leggere le sue poesie e le sue prose nell'"Almanacco di San Pietroburgo". Non fa che tessere le lodi della rivoluzione»[38].

Come è noto, quando un libro ha successo, anche le stroncature non fanno che aumentarne la popolarità. Belìnskij fece immediatamente propria l'etichetta negativa, come è accaduto più di una volta – dal gotico all'impressionismo – nella storia della cultura. In uno dei suoi articoli Belìnskij dichiarò che «scuola naturale» era una denominazione quanto mai adatta per designare

---

[37] V.A. Sollogùb, Povesti. Vospominanija (Póvesti. Memorie), Leningràd 1988, p. 667.

[38] Citato da Kornéj Čukóvskij, Sobranie sočinenij v Šesti tomach (Opere scelte in sei volumi), Moskvà 1967, vol. V, p. 14.

le nuove voci della letteratura: quelle vecchie, infatti, non erano naturali, ossia erano artificiose e false. L'aggettivo «naturale» viene usato ancor oggi per definire la letteratura russa nell'epoca gogoliana.

Benché anche la sua produzione successiva contenga allusioni e richiami all'opera di Gógol', in realtà il giovane Dostoévskij si stava allontanando dal suo idolo in modo sempre più deciso. La sua nuova e audace póvest'Dvojnìk (Il sosia), con sottotitolo «Poema pietroburghese», suscitò l'indignazione di Belìnskij, il quale aveva idee e umori assai mutevoli.

Un impiegato pietroburghese uscito di senno e perseguitato dal proprio sosia sembrerebbe un tipico motivo gogoliano. Ma Dostoévskij, che all'epoca soffriva già di un'epilessia non diagnosticata, descrisse la follia del proprio protagonista con precisione clinica, immergendosi così per la prima volta e senza timori nelle profondità anche meschine dell'inconscio.

A Belìnskij ciò sembrò un tradimento di quell'idea di romanzo sociale che gli stava tanto a cuore. Non bastò a rappacificarlo nemmeno il «romanzo sentimentale» Bélye nóči (Le notti bianche), una deliziosa e toccante fantasia nata dalle peregrinazioni di Dostoévskij per le periferie e i vicoli di Pietroburgo. In una lettera a un amico Belìnskij si lamentava: «Ogni sua nuova opera è un tonfo. Ci siamo dati delle arie, amico mio, con "il genio" Dostoévskij

Dopo la rottura con Belìnskij, Dostoévskij si mise a frequentare le riunioni di giovani nella casa alla periferia di Pietroburgo del nobile Michaìl Petraŝévskij, uno dei primi socialisti russi, che aveva l'aria del cattivo di un'opera teatrale e una sfrontatezza senza pari. Una volta, per esempio, Petraŝévskij si presentò nell'immensa cattedrale di Kazàn'in Névskij prospékt vestito da donna e, infilatosi tra le panche delle signore, si mise a pregare ad alta voce. Ma la sua folta barba nera, che non si era dato la pena né di radere né di accorciare, mise in subbuglio le donne. Chiamarono un poliziotto, che si rivolse a colui che aveva turbato la quiete con queste parole: «Gentile signora, io penso che voi siate un uomo travestito». Al che Petraŝévskij rispose senza indugi: «Gentile signore, io penso che voi siate una donna travestita». Il poliziotto rimase interdetto e Petraŝévskij ne approfittò per sgusciare fuori dalla chiesa, balzare su una carrozza e correre a casa.

Ogni venerdì, da questo eccentrico e coltissimo pietroburghese (che oggi definiremmo «personaggio dostoevskiano») si riunivano quindici-venti persone, il fior fiore dell'intellighenzia cittadina:

impiegati, ufficiali, insegnanti, musicisti, pittori, studiosi, scrittori, tra i quali anche Apollón Grigór'ev, che abbiamo già incontrato.

In un'atmosfera vivace e gioviale si leggevano relazioni, si discutevano le idee dei socialisti utopisti francesi Henry de Saint-Simon e Charles Fourier, si dibattevano questioni d'attualità, come la censura e l'abolizione della servitù della gleba. «Il progetto per l'emancipazione dei contadini» di diventò uno dei più audaci documenti politici dell'epoca. Alcuni membri del circolo incitavano apertamente i russi alla rivoluzione. Allarmata dalla nascita di una società socialista nella capitale, la polizia segreta infiltrò un agente provocatore nel circolo di Petraševskij.

Il 22 febbraio 1848 la festa da ballo dell'erede al trono venne interrotta bruscamente dall'improvvisa comparsa dell'imperatore Nicola, il quale dichiarò agli ospiti sbalorditi: «Signori, sellate i cavalli! In Francia è stata proclamata la repubblica!». L'imperatore russo aveva realmente intenzione di inviare truppe in soccorso di Luigi Filippo, che era stato spodestato, ma poi ci ripensò, limitandosi a rendere ancora più asfissianti i controlli nella capitale, che già respirava a fatica.

Nicola e il suo entourage furono presi dal panico e temettero il peggio. L'imperatrice, di ritorno da una passeggiata, si rallegrava del fatto che i pietroburghesi continuassero a togliersi il cappello davanti a lei. «Si inchinano! Si inchinano!» ripeteva deliziata. Traumatizzato dalla rivolta decabrista del 1825, Nicola profondeva il massimo impegno nello scoprire e sventare congiure. Per l'imperatore il circolo di Petraševskij era l'obiettivo ideale.

La notte tra venerdì 22 e sabato 23 aprile 1849, i partecipanti alla consueta riunione in casa Petraševskij furono arrestati in base a un'ordinanza di pugno dell'imperatore: «Si proceda agli arresti. ... Andate con Dio! Sia fatta la Sua volontà!». Fatti salire su speciali carrozze nere, furono condotti alla Terza sezione. (Le vittime di Stàlin venivano portate alla Lubjànka in automobili dette, per il loro colore, «Marùsie nere».) Fra i trentaquattro «cospiratori» c'era anche un ospite assiduo di Fëdor Dostoévskij. Nell'elenco delle persone arrestate, accanto al suo nome era scritto: «Uno dei più pericolosi».

Dostoévskij, come gli altri coinvolti nell'affaire Petraševskij, fu rinchiuso per otto mesi in una cella di isolamento della fortezza di Pietro e Paolo. Nicola era furibondo: «Che imprigionino pure la metà dei pietroburghesi, basta che trovino la trama della congiura». Durante l'interrogatorio il giudice istruttore cercava di convincere Dostoévskij: «Il Sovrano mi ha dato il potere di concedervi la grazia se racconterete tutto...». Ma lo scrittore taceva. La sentenza emessa nei suoi confronti dal tribunale militare recitava: «Pena di morte mediante fucilazione». Altri ventun coimputati del «criminale di Stato» Petraševskij furono condannati morte.

La cerimonia dell'esecuzione fu messa a punto fin nei minimi particolari dallo stesso Nicola. Come sede l'imperatore, che aveva una vera e propria passione per le grandi manovre e le parate militari, scelse la piazza d'arrni del reggimento della guardia imperiale Semënovskij. Quando, negli anni Sessanta di questo secolo, mi recavo al Teatro di Leningrado per assistere agli spettacoli per i giovani e attraversavo la grande piazza dei Pionieri, non sospettavo che proprio qui, il 22 dicembre 1849, i reparti della gendarmeria a cavallo avessero portato Dostoévskij e i suoi compagni.

Vi allestirono un palco di legno, che eressero al centro della piazza. Intanto Dostoévskij trovò il tempo di raccontare al vicino la trama di una nuova póvest'che aveva composto in prigione. Arrivò anche un giovane e spaventatissimo pope, che pronunciò ai condannati l'ultima predica. In seguito Dostoévskij avrebbe raccontato: «Non ci credevo, non capivo, finché non ho visto la croce. ... Un pope ... Ci siamo rifiutati di confessarci, ma abbiamo baciato la croce. Non potevano certo scherzare con la croce!».

A Dostoévskij e agli altri furono fatti indossare camicioni di tela bianca, con maniche lunghe fin quasi a terra e alti cappucci che ricadevano sul viso. Petraševskij rideva istericamente: «Signori! Come dobbiamo essere ridicoli con questi vestaglioni !». Lui e altri due furono legati a tre pali piantati vicino al palco. Si udì l'ordine: «Abbassare i cappucci sugli occhi!». I soldati puntarono i fucili. «Ero in seconda fila, e da vivere mi restava solo un minuto... avrebbe ricordato più tardi con orrore Dostoévskij.

Ma anziché il rumore degli spari si sentì un rullo di tamburi: ritirata! Il generale, avvicinatosi al palco, lesse un rescritto di Nicola che commutava la pena di morte in lavori forzati. Per il trauma subito, uno degli uomini legati al palo impazzì. Un altro gridò furioso: «Chi gliel'ha chiesto?». Nessuno provò sentimenti di riconoscenza per l'imperatore, che aveva architettato e sadicamente realizzato questo rituale di raffinata crudeltà. Dostoévskij non perdonò mai a Nicola la «tragicommedia» della finta esecuzione: «Perché una simile bestemmia, mostruosa, inutile, vana?».

Inviato alla fortezza di Omsk, in Siberia, adibita a prigione, Dostoévskij passò quattro anni costretto, giorno e notte, in pesanti ceppi e per una decina d'anni non prese la penna in mano.

Nel 1853, mentre era ancora detenuto nella fortezza di Omsk, Dostoévskij venne a sapere dello scoppio della guerra di Crimea, nella quale l'esercito russo si trovò di fronte dapprima i turchi, ma poi anche i loro alleati francesi e inglesi. A differenza di quanto credeva Nicola, in questa guerra i russi non se la cavarono affatto bene. Improvvisamente fu chiaro che decenni di parate militari sulle piazze di Pietroburgo non potevano sostituire il necessario progresso tecnologico. L'esercito russo era antiquato e male equipaggiato[39].* In compenso fiorivano l'inerzia burocratica e la corruzione che, nono-stante le severe ordinanze dell'imperatore, aveva assunto dimensioni iperboliche. Le sconfitte subite in Crimea si trasformarono in una cocente e assolutamente imprevista umiliazione per la Pietroburgo di Nicola.

Il sarcastico poeta Fëdor Tjùtëev creò un bon mot tipicamente pietroburghese: «Nicola ha la facciata di un grand'uomo». Sotto la pressione dei fatali eventi di Crimea la facciata crollò e, come testimoniato da persone vicine all'imperatore, questo altezzoso gigante di cinquantotto anni «ogni volta che riceveva una brutta notizia piangeva come un bambino».

Nel febbraio del 1855 Nicola, secondo la versione ufficiale, si ammalò di influenza e nel giro di pochi giorni morì. (Alcuni storici continuano a pensare che si sia trattato di suicidio.) Al figlio maggiore Aleksàndr, che aveva fatto venire nei suoi appartamenti privati al Palazzo d'Inverno, prima di morire l'imperatore confessò: «Ti trasmetto il comando nel disordine». L'ultima esortazione all'erede fu: «Conserva tutto tutto», accompagnata – malgrado l'avvicinarsi delle convulsioni finali – da un energico gesto della mano stretta a pugno. Persino sul letto di morte (una semplice branda di ferro, con un pastrano militare al posto della coperta) Nicola rimase fedele a sé stesso.

All'inizio i pietroburghesi, spaventati da trent'anni di regno del «Don Chisciotte dell'autocrazia», non vollero credere alla notizia della sua morte. «Pensavo sempre, e non ero il solo, che l'imperatore Nicola sarebbe sopravvissuto a noi, ai nostri figli, e fors'anche ai nostri nipoti» scrisse uno di loro nel diario.

Lo scrittore Ivàn Turgénev, uomo curioso e socievole, andò al Palazzo d'Inverno per verificare queste voci e si avvicinò a una

---

[39] Questo aspetto viene finemente deriso da Leskóv nel racconto Il mancino: qui un fabbro strabico, il protagonista, scopre allibito che in Inghilterra le canne dei fucili non vengono lucidate con la sabbia, ragion per cui non perdono precisione di tiro. A ciò viene ricondotta la causa della sconfitta in Crimea (N. Leskóv, Il mancino. Il pellegrino incantato).

guardia: «È vero che il nostro Sovrano si è spento?». Il soldato fece una smorfia e non disse una parola. Ma Turgénev continuò a insistere, finché la guardia, finalmente, bofonchiò: «È vero, ora però andatevene». E vedendo che Turgénev non era ancora persuaso, aggiunse: «Se quello che ho detto non fosse vero, mi impiccherebbero» e si girò dall'altra parte. Solo a quel punto Turgénev si convinse...

Per volontà del destino e per inclinazioni personali, Nicola svolse un ruolo unico nello sviluppo della cultura pietroburghese. La incoraggiò e la soffocò. «Con la frusta ci spronano all'istruzione, con la frusta puniscono chi è troppo istruito» rilevò Aleksàndr Hérzen. Nicola, come Stàlin cent'anni dopo, interveniva personalmente in tutti i campi della cultura: letteratura, musica, pittura, teatro, opera, balletto, architettura.

Nel suo regno, e sotto la sua personale supervisione, furono realizzate le maestose piazze del Palazzo e del Senato, fu praticamente ultimata la grandiosa cattedrale di Sant'Isacco ed eretti meravigliosi complessi architettonici, come le famose vie Teatràl'naja e Michàjlovskaja. Quasi tutti questi progetti erano dell'architetto preferito di Nicola, Carlo Rossi, nato a Pietroburgo nel 1777 e figlio di una ballerina italiana. Di lui Nicola apprezzava non solo il genio artistico, ma anche l'onestà, la determinazione e il senso di responsabilità con cui svolgeva il suo lavoro. Per avere un'idea dell'importanza che Nicola attribuiva all'architettura basta pensare all'editto da lui emanato in base al quale gli abitanti di Pietroburgo non potevano costruire case di altezza superiore ai 23,5 metri, ossia più alte del cornicione del Palazzo d'Inverno.

Nel progettare l'edificio del teatro imperiale Aleksandrìnskij, Rossi propose di coprire l'enorme sala con uno speciale sistema di capriate in metallo, un'idea piuttosto azzardata per l'epoca. Nicola, dubitando della loro solidità, ordinò di interrompere i lavori. Allora Rossi, pieno di amor proprio, gli scrisse una lettera in cui chiedeva, nel caso in cui al tetto da lui progettato fosse successo qualcosa, di essere impiccato a una delle travi del teatro, come monito per gli altri architetti. Argomenti del genere facevano sempre un certo effetto su Nicola, il quale consentì che la costruzione fosse ultimata. In questo teatro, uno dei più belli della città, gli spettacoli continuano a essere rappresentati ancora oggi. E al tetto non è successo nulla...

Non altrettanto solide si rivelarono le persone, che sotto il regno di Nicola si guastarono una dopo l'altra. «Uno scrittore in Russia deve vivere a lungo»: questa massima del critico Kornéj Čukóvskij non fu seguita né da Pùškin, né da Lérmontov, né da

Gógol'. A Nicola non importava. Iniziò il proprio regno ricevendo Pùškin, lo concluse impedendo a Dostoévskij di scrivere. Questa fu l'evoluzione del rapporto dell'imperatore con la cultura russa.

Il 4 marzo 1855 il professore universitario pietroburghese Konstantin Kavélin scrisse a un amico moscovita: «Un semidio calmucco, passato come un uragano e un flagello, e come un rullo compressore ... sullo Stato russo per trent'anni, sfigurando il pensiero, facendo perire migliaia di caratteri e menti. ... Questa creatura dell'istruzione in uniforme, questo aspetto putrescente della natura russa, è crepato». E aggiunse, come riecheggiando la formula del capo della polizia segreta Benkendórf sul passato, il presente e il futuro della Russia: «Se il presente non fosse così spaventoso e cupo, e il futuro tanto misterioso ed enigmatico, ci sarebbe da impazzire di gioia»[40]. I pietroburghesi temevano che sotto il nuovo imperatore, Aleksàndr Il, le cose sarebbero andate ancora peggio.

Aleksàndr, alto come il padre, bello e con gli occhi azzurri, malgrado il velenoso giudizio di Tjùtčev, secondo cui l'imperatore, quando conversava con una persona intelligente, aveva l'aria di un reumatico in mezzo alla corrente, a poco a poco allentò le redini. Cominciò da piccole cose. Sotto Nicola, le barbe erano rigorosamente vietate. Ora, quando gli impiegati di un ministero chiesero se potevano farsi crescere almeno i baffi, il nuovo imperatore rispose: «Che portino pure anche la barba, purché non rubino».

Tjùtëev definì questo periodo «disgelo» cent'anni prima che il colto Il'jà Èrenbùrg definisse con questa stessa parola l'epoca delle riforme chruscioviane successive alla morte di Stàlin. Aleksàndr Il amnistiò i decabristi e i superstiti del circolo di Petraševskij, tra cui anche Dostoévskij. Lo scrittore tornò a Pietroburgo con un'aura di martire. Subito dopo pubblicò il romanzo che aveva ideato durante l'esilio, Oskorblënnye i unižënnye (Umiliati e offesi), una variante del vecchio best seller Povera gente.

Come in quest'ultimo, la descrizione della capitale è fatta con l'occhio dell'osservatore minuzioso, con dettagli noti, quasi stereotipati: la volta del cielo nordico, nera come l'inchiostro, sotto la quale passanti cupi, arrabbiati e fradici scompaiono nella prospettiva nebbiosa di una via di Pietroburgo, scarsamente

---

[40] Citato da P.A. Zajončkóvskij, Pravitel'stvennyj apparat samoderžàvnoj Rossii v XIX v. (L'apparato governativo della Russia autocratica nell'Ottocento), Moskvà 1978, pp. 181-182.

illuminata dalla fioca luce dei lampioni.

Umiliati e offesi fu accolto dal pubblico con entusiasmo. Intanto Dostoévskij continuava a vagare per la città, osservando avidamente le cose che cambiavano sotto i suoi occhi, come deformate in una smorfia mostruosa. Un enorme effetto sull'aspetto di Pietroburgo ebbe il manifesto di Aleksàndr II del 19 febbraio 1861, che proclamava l'abolizione della servitù della gleba.

La storica e lungimirante decisione di emancipare i contadini fu presa da Aleksàndr nonostante il parere contrario della maggior parte dei suoi consiglieri. Il giorno della pubblicazione del manifesto i gendarmi a cavallo pattugliarono il Névskij prospékt fin dal mattino: ci si aspettavano sommosse, addirittura rivolte.

Nella capitale regnava effettivamente una grande eccitazione, ma di carattere gioioso: in ogni strada i pietroburghesi, radunati in crocchi, discutevano della straordinaria novità, si abbracciavano, piangevano. Qualcuno cominciò a leggere il proclama ad alta voce, incoraggiato da altri che gridavano «Viva il Sovrano imperatore!» e cantavano l'inno nazionale Dio salvi lo zar. Sollevato, Aleksàndr II annotò nel diario: «Giornata assolutamente tranquilla, nonostante tutti i timori»[41].

Ondate di contadini liberati invasero la capitale in cerca di lavoro. Già nel 1858 Pietroburgo, con i suoi circa 500.000 abitanti, era per grandezza la quarta città europea, dopo Londra, Parigi e Costantinopoli. Nel 1862 la città aveva 532.000 abitanti e nel 1869, secondo i dati del primo grande censimento della popolazione, 667.000[42].

Attorno a Pietroburgo spuntavano come funghi fabbriche e stabilimenti, dove si insediavano i nuovi abitanti della capitale. In questi quartieri prosperavano l'alcolismo, le risse, il crimine e la prostituzione. In città si moltiplicava il numero di bettole e di postriboli. Nel 1865 il giornale pietroburghese «Gólos» (La voce) lamentava: «Negli ultimi tempi l'alcolismo ha assunto dimensioni talmente impressionanti che ci costringe a riflettere su questa piaga sociale»[43].

Un altro giornale descriveva la «mecca» degli alcolisti pietroburghesi: «In vicolo Stoljàrnyj ci sono sedici case (otto per

---

[41] Ibid., p. 186.

[42] V. V. Stàsov, Stat'i o muzyke, v pjati vypuskach (Articoli sulla musica in cinque fascicoli), 2, 1861-1879, Moskvà 1976, p. 9

[43] Borodìn, Kritičeskie stat'i (Saggi critici), Moskvà 1982, p. 60.

ogni lato). In queste sedici case ci sono diciotto mescite di alcolici, perciò chi desidera godersi il liquido ristoratore e inebriante in vicolo Stoljàrnyj non deve nemmeno guardare le insegne: basta entrare in una casa qualsiasi, anzi in un portone qualsiasi, e ci trovi la vodka». Nel vicino Voznesénskij prospékt c'erano sei trattorie, diciannove bettole, undici birrerie e sedici osterie.

Qui battevano le prostitute da poco prezzo, ubriache e maldipinte. Erano le cosiddette odinóčki (solitarie), le più straccione e derelitte. Le loro colleghe giovani di maggior successo lavoravano in Ligóvskij e in Névskij prospékt, mentre quelle d'alto bordo frequentavano le più rispettabili tra le centocinquanta case chiuse di Pietroburgo.

Con la sua mania dell'ordine in tutti i campi, Nicola si era sforzato di tenere sotto sorveglianza anche il fenomeno della prostituzione. Aveva istituito un sistema di controllo poliziesco e sanitario del più antico dei mestieri fin dal 1843, vent'anni prima dell'Inghilterra. Ai tempi di Dostoévskij, a Pietroburgo erano registrate circa duemila prostitute (più che a Berlino o a Marsiglia, ma meno che a Parigi e a New York).32 Quelle non registrate, senza i passaporti ufficiali «gialli», erano ovviamente molte di più.

Le prostitute venivano arruolate soprattutto tra le contadine giunte a Pietroburgo; molte erano mogli o figlie di soldati, altre appartenevano alla piccola borghesia. Ma a ingrossare le file della categoria andavano anche le nobili in rovina e le mogli di impiegati pauperizzati, «donne che non hanno nulla da mangiare, consunte dal bisogno, sfinite dalla tortura di dover compiere un lavoro da certosina per guadagnare pochi copechi» secondo le parole di un pubblicista del tempo.

Non di rado nelle famiglie degli impiegati in pensione, informava un giornalista pietroburghese, «a causa dell'estrema povertà le madri giungono al punto di vendere le figlie alla depravazione». La sorte della maggior parte delle prostitute era la miseria, l'alcolismo, le malattie, in genere quelle veneree (soprattutto la sifilide, che si diffuse rapidamente a Pietroburgo nonostante gli interventi di polizia sanitaria).

Dal vicolo Stoljàrnyj «degli ubriachi» Dostoévskij sbucava sulla vicina e malfamata piazza Sennàja, dove fino a pochissimo tempo prima i boia fustigavano pubblicamente i servi che si erano resi colpevoli di qualche mancanza. Provo sempre un brivido quando leggo la poesia di Nekràsov in cui viene tracciato un parallelo tra il destino dei contadini oppressi e quello della letteratura nella Russia di Nicola:

Dopo le cinque, l'altro ieri,
andai sulla Sennàja;
col knut picchiavano una donna,
giovane contadina,
dal sen di lei nemmeno un suono,
ma il fischio della sferza...
«Ma guarda!» dissi alla mia Musa
«È proprio tua sorella!»

La piazza Sennàja era l'«ombelico» di Pietroburgo. Dal mattino alla sera vi si affollava la gente per comprare cibi di ogni genere ammonticchiati sui banchi sotto tettoie leggere. Qui regnavano il frastuono, la polvere, il fango, un forte puzzo di marcio. Nei passaggi tra le bancarelle andavano e venivano gli svelti venditori di tortini caldi. Come il loro «patrono» Ménšikov, braccio destro di Pëtr e primo governatore della città, erano ladri e facce di bronzo. Alle rimostranze di un cliente che si lamentava di aver trovato nel ripieno un pezzo di stoffa, la sprezzante risposta fu: «Per tre copechi che cosa ci volevi, il velluto?».

Pietroburgo diventò un crogiolo per le varie nazionalità dell'impero russo. A seconda degli anni, dal dieci al venti per cento degli abitanti della capitale non erano russi, ma un miscuglio di sessanta gruppi etnici. Particolarmente numerosi erano tedeschi, polacchi, bielorussi e ucraini, finlandesi e svedesi, ebrei, estoni, lettoni, lituani, tatari. Alcuni, soprattutto i tedeschi, andarono a occupare posti di rilievo nell'apparato burocratico della capitale. Altri divennero mercanti e artigiani.33 A migliaia si accalcavano nei sobborghi, in baracche o in squallidi tuguri.

Per costoro la città non era Pietroburgo, ma «Pìter»: dietro questo nomignolo si nascondevano disperazione, familiarità, una certa ironia, cinismo, affetto, quella complessa miscela di sentimenti che caratterizzava il rapporto dei nuovi arrivati con la capitale che li accoglieva. Ne troviamo un riflesso del proverbio popolare «Pìter bokà povyter» (Piter ci ha sfiancati), che ha trovato posto moltissimi anni dopo nel Poema senza eroe di Achmàtova, stregata dalla Pietroburgo di Dostoévskij.

Pietroburgo sfruttava, umiliava, omologava, ma nello stesso tempo sfilava, spronava e raffinava i suoi nuovi abitanti. Per i più attivi e i più intelligenti erano aperte numerose attività. In città si vendeva e si comprava di tutto.

Per esempio, in piazza della Borsa si commerciavano molluschi esotici, tartarughe gigantesche, scimmie e pappagalli parlanti. Un pappagallo capace di ripetere parole italiane valeva cento rubli, una cifra astronomica per l'epoca. Per lo stesso prezzo un venditore ucraino offriva un gallo enorme. «Ma questa somma posso comprare un pappagallo che parla» obiettò un potenziale cliente. «Il mio gallo non parla, ma in compenso è un pensatore eccezionale» fu l'immediata risposta, che può essere definita una tipica forma di umorismo pietroburghese, così come il gallo che non parla può essere considerato un simbolo dell'intellettuale pietroburghese.

Ovviamente, l'intensa attività commerciale, associata al brusco incremento demografico, fece salire il tasso di criminalità: secondo le statistiche ufficiali, in quel periodo il numero di crimini commessi ogni anno a Pietroburgo si aggirava sui diecimila. Tuttavia, grazie allo straordinario controllo poliziesco, i reati gravi erano pochi: un centinaio di omicidi e tentati omicidi, una cinquantina di stupri, una quarantina di casi di spaccio di denaro falso, una decina di incendi dolosi.

Da sempre i nemici mortali di Pietroburgo erano due: l'acqua e il fuoco, la cui fu ripetutamente devastata. Le inondazioni più memorabili sono quelle del 1777 e del 1824 (alle quali si aggiunse in seguito quella del 1924). L'incendio più grave fu quello del maggio-giugno 1862, quando nel giro di poche settimane le fiamme distrussero l'intero centro commerciale: Gostìnyj Dvor, Apràksin Dvor, Ščùkin Dvor e il mercato Tolkùčij, il mercato delle pulci. Andarono distrutti anche l'edificio del ministero degli Interni e moltissime abitazioni private, con danni per milioni di rubli. Una testimone, sconvolta, descrisse una scena apocalittica: nubi di fumo nero che coprivano il cielo in fiamme e altissime lingue di fuoco da cui piovevano enormi scintille. Un forte vento scagliava tizzoni ardenti sui tetti delle case lontane (anche al di là della Fontànka), che s'accendevano come torce.34

La popolazione fu presa dal panico e dall'orrore. Anche Dostoévskij provò sentimenti analoghi. In città l'atmosfera era estremamente tesa. Come sempre accade in epoca di riforme radicali, sorse e si sviluppò – a destra e a sinistra – un movimento d'opposizione alla liberazione dei contadini e alle altre riforme liberali introdotte da Aleksàndr II. Persino gli incendi diventarono un evento politico.

Alla fine del 1861 Pietroburgo fu scossa dalle prime gravi agitazioni studentesche della storia della Russia. Desiderando una maggiore autonomia gli studenti, secondo le parole di un osservatore ostile, «molto artificiosamente provocarono il più grosso scandalo che si potesse immaginare. Le autorità furono costrette a compiere, anche due o tre volte in un giorno, arresti in massa nelle strade. Con somma gioia degli studenti, gli arrestati venivano rinchiusi nella fortezza di Pietro e Paolo»[44].

Come al solito, la reazione della società pietroburghese fu nettamente diversa a seconda delle opinioni politiche: alcuni – soprattutto gli intellettuali – sostenevano gli studenti in rivolta, altri li attaccavano violentemente. Diventò d'uso comune la parola «nichilista», coniata da Turgénev per designare il protagonista del suo romanzo Otcy i déti (Padri e figli), Bazàrov, un giovane positivista antisociale di tendenze anarchiche.

In questa situazione potenzialmente esplosiva restava solo da accendere un fiammifero. All'inizio fu fatto in senso metaforico: il 14 maggio 1862 fu diffuso in città un proclama radicale dal titolo Giovane Russia, in cui si incitava il popolo allo zaricidio e allo sterminio delle classi dominanti. Inoltre venivano derisi la religione, la famiglia e il matrimonio. Il proclama «rimbombò come un tuono sopra la capitale»[45]. Dai volantini gli abitanti attoniti e sconvolti appresero che le rivoluzioni s'accompagnano sempre alle catastrofi nazionali. La misteriosa e terribile Giovane Russia (nichilisti?) invitava a provocare queste «catastrofi» appiccando incendi.

Due giorni dopo, a Pietroburgo divamparono violenti incendi. Una coincidenza o un caso? Erano veramente incendi dolosi, e se sì, chi li aveva appiccati? Un gesto disperato dei nichilisti o una provocazione calcolata a freddo dalle autorità per screditare i giovani rivoluzionari?

Ancor oggi, oltre centotrent'anni dopo, gli storici hanno difficoltà a dare una risposta a queste domande. Quello che più conta è che allora, in quella soffocante, infuocata, fumosa Pietroburgo del 1862, l'opinione pubblica (non senza il contributo della stampa ufficiosa) attribuiva la responsabilità degli incendi agli studenti nichilisti, capelloni e occhialuti, e ai polacchi, che si ribellavano contro la Russia accusandola di aver posto fine all'indipendenza del loro paese.

Tra il popolo minuto si diffuse con fulminea rapidità la voce che ad appiccare il fuoco in ogni lato della città fossero trecento malfattori. Furono trovati testimoni pronti a sostenere di aver visto

---

[44] Citato in F.M. Dostoevskij v vospominanijach sovremennikov (F.M. Dostoévskij nei ricordi dei contemporanei). Moskvà 1964, vol. I, p. 294.

[45] N.G. Cernyševskij v vospominanijach sovremennikov (N.G. Cernyšévskij nei ricordi dei contemporanei), Moskvà 1982, p. 248.

i nichilisti spalmare su muri e palizzate una speciale sostanza infiammabile. Gli studenti avevano paura a uscire in uniforme, perché si erano verificati alcuni tentativi di linciaggio. Persino negli ambienti colti correva voce che dietro gli incendi ci fossero PetrašSévskij e il suo circolo. In quei giorni una signora politicamente impegnata dell'alta società scrisse a un'amica: «Tutti gli esiliati [condannati nel processo Petrašévskij sono stati graziati; magari questo è il loro modo di esprimere gratitudine. Non so come si possa ancora essere misericordiosi...»[46].

È chiaro che nei giorni degli incendi Dostoévskij, uno degli amnistiati del circolo di non doveva sentirsi propriamente a suo agio. Rivolse perciò al pubblicista Nikolàj Černyšévskij, idolo e portavoce della gioventù radicale, la disperata richiesta di impedire che i suoi seguaci appiccassero incendi dolosi.

Il tranquillo e ironico Černyšévskij descrisse in seguito in modo impietosamente derisorio la visita di Dostoévskij come quella di un pazzo: «Vedendo che lo sconvolgimento mentale del poveretto presentava quelle caratteristiche per le quali i medici vietano di contrariare in alcun modo il paziente e prescrivono di dire tutto ciò che serve a tranquillizzarlo, ho risposto: "Bene, Fëdor Michàjlovič, farò come volete"»[47].

Dostoévskij, prossimo al panico, buttò giù in fretta e furia un articolo per una rivista in cui chiedeva al governo che venisse data «da più ampia pubblicità [glàsnost']» alle indagini sulle cause degli incendi. Lo scrittore si affliggeva: «Senza dubbio brucerebbero meno case e vie se al popolo non fosse stato impedito con calci nei denti e altre misure coercitive di prendere iniziative proprie nella res publica». L'articolo, non firmato, fu immediatamente bocciato dalla censura preventiva e lo stesso Aleksàndr II infuriato aggiunse di suo pugno la seguente annotazione: «Chi l'ha scritto?»[48].

Pietroburgo non era più la stessa. Circondata da una fascia di cupe fabbriche fuligginose, disseminata di tuguri e mostruosi palazzi di case popolari, la metropoli minacciava di trasformarsi in una visione da incubo il cui orrore avrebbe superato di gran lunga la più terrificante fantasia di Gógol'o di Apollón Grigór'ev.

---

[46] Citato da «Literaturnoe nasledstvo» (Retaggio letterario), vol. LXXXVI: F.M. Dostoevskij. Novye materialy i issledovanija (F.M. Dostoévskij. Materiali nuovi e ricerche), Moskvà 1973, p. 26

[47] Citato in F.M. Dostoevskij v vospominanijach sovremennikov, cit., vol. I, p. 319

[48] Citato da «Literaturnoe nasledstvo», vol. LXXXVI, cit., p. 48.

Questa Pietroburgo lugubre, nuova non solo per Dostoévskij ma anche per chi non se ne era mai distaccato, diede allo scrittore un potente impulso per la creazione del più famoso omicida della letteratura russa: l'ex studente Rodión Raskól'nikov, il protagonista del romanzo Prestuplénie i nakazànie (Delitto e castigo; 1866).

Questo romanzo è un'opera squisitamente pietroburghese, nella quale la città è un personaggio che ha la stessa importanza del protagonista. Quella dello studente sbandato Raskól'nikov era una figura tipica della nuova Pietroburgo, al di fuori della quale sarebbe stata inconcepibile. È la città «più fantastica del mondo», per usare le parole di Dostoévskij, «elaborata» – altra espressione dostoevskiana – da Pëtr il Grande e dai suoi successori, proprio come la visione delirante di un superuomo nichilista pietroburghese che va ad assassinare una vecchia usuraia con l'ascia nascosta sotto il cappotto fu «elaborata» dalla fantasia dello scrittore.

Anche il «sogno indecente» di Raskél'nikov di uccidere per lucro è, secondo Dostoévskij, una creatura tipica dell'atmosfera pietroburghese. In questo senso Pietroburgo, con il suo orgoglio storico di città che pretende di aver avuto la meglio sulla natura, è complice del delitto ideologico commesso dallo studente in miseria, che infrange con orgoglio diabolico le norme sociali.

Raskól'nikov ama la gente e nello stesso tempo la disprezza. In lui, secondo le parole di Dostoévskij, «si avvicendano due caratteri contrapposti». Parallelamente a questo, in Delitto e castigo emerge un'immagine duplice di Pietroburgo, forse anche al di là della volontà dello scrittore: da una parte, il «meraviglioso panorama» della Nevà (benché produca «un'impressione cupa ed enigmatica»); dall'altra, gli squallidi scorci di un inferno urbano, con i suoi «colori tristi e stomachevoli».

«È una città di mezzi matti. ... È raro trovare un ambiente che eserciti influssi tanto cupi, bruschi e strani sull'anima dell'uomo come Pietroburgo. Basti solo pensare all'influsso del clima!» dice in tono beffardo a Raskól'nikov il giudice istruttore, e l'autore al lettore. Nel romanzo, il ritratto della città viene tracciato con pennellate ampie, descrizioni brevi (nello stile delle indicazioni di scena) e una miriade di dettagli concreti.

In questo quadro domina il colore giallo, tanto odiato da Dostoévskij. Il giallo era associato alla capitale, perché molte sue case venivano tradizionalmente dipinte con questo colore. In Delitto e castigo la tappezzeria e i mobili gialli perseguitano i protagonisti, che sembrano inseriti all'interno di una vertiginosa tela di Van Gogh.

L'incipit di Delitto e castigo ci fa pensare al clima torrido delle due settimane in cui si svolge l'azione del romanzo. Il caldo, l'afa e il conseguente, insopportabile lezzo vengono sottolineati da Dostoévskij anche nelle pagine seguenti, e fanno da contrappunto allo stato d'animo di febbrile esaltazione del protagonista.

Raskól'nikov vive in quello stesso vicolo Stoljàrnyj «degli ubriachi», vicino a piazza Sennàja, di cui abbiamo parlato poc'anzi. Il grottesco complesso di tutta questa zona di Pietroburgo viene utilizzato da Dostoévskij fin nei minimi particolari: le case popolari, dove patetici inquilini dimorano in camerette che sembrano bare; le bettole; i bordelli; i banchi di cambio, gli uffici della polizia.

I tredici gradini che portano alla stanza all'ultimo piano dove abita Raskól'nikov, li può contare anche ai nostri giorni un turista curioso in visita a Pietroburgo. Dalla soglia della casa di Raskol'nikov all'abitazione dell'usuraia che lui vuole uccidere ci sono, secondo Dostoévskij, settecentotrenta passi; ebbene, anche questo dato corrisponde alla realtà[49]. Persino la pietra sotto cui Raskól'nikov nasconde le cose rubate alla vecchia esisteva davvero. Una volta, durante una passeggiata Dostoévskij la mostrò alla moglie, e quando quest'ultima gli domandò come fosse finito in quel cortile deserto, lo scrittore rispose: «Perché i passanti finiscono nei luoghi più sperduti».

La Pietroburgo di Dostoévskij è una città «elaborata», ma ha tutti i segni della realtà. Non a caso in Germania, luogo d'origine della fama europea e mondiale di Dostoévskij, Delitto e castigo è stato elogiato sia dai naturalisti degli anni Ottanta dell'Ottocento, sia dai neoromantici e dagli espressionisti d'inizio Novecento. Raskól'nikov, che cala con forza l'ascia sulla testa dell'usuraia, è incomparabilmente più reale del naso di Gógol', che prega nella cattedrale di Kazàn'. Ma nel contempo è una figura irreale, simbolica. Altrettanto irreale, secondo la matura, profonda convinzione proclamata più volte da Dostoévskij, è la Pietroburgo che dà vita a Raskól'nikov.

Si è creato così un grande paradosso. Sotto la penna dello scrittore, la città spettrale della sua fantasia si è trasformata, grazie alla virtuosistica manipolazione di dettagli ben precisi e all'unità e

---

[49] La professione della vittima è stata scelta da Dostoévskij con particolare attenzione per le circostanze della Pietroburgo a lui contemporanea. Proprio negli anni Sessanta, l'usura divenne in città un fenomeno molto diffuso.

alla forza dello stato d'animo generale, nella «Pietroburgo di Dostoévskij», una realtà solida e familiare a tutti noi.

Quando uscì Delitto e castigo, l'apparente accuratezza delle sue descrizioni indusse in errore i critici, anche quelli avversi: «Davanti a voi viene raffigurata la città reale, con le vie e i vicoli che conoscete»[50]. Beata ingenuità! Ovviamente, i lettori più avvertiti sospettarono subito che Dostoévskij non si fosse limitato a dipingere un ritratto naturalistico delle dure condizioni di vita nei bassifondi della capitale, ma avesse creato un suo mito di Pietroburgo.

Un eminente critico di orientamento nichilista, il giovane Dmìtrij Pìsarev, difendendo Dostoévskij dall'accusa di aver calunniato «tutta la corporazione degli studenti russi», usò questa argomentazione: come si può parlare di calunnia, diceva, se l'azione si svolge in una città strana e misteriosa. Secondo l'intuitivo Pìsarev, il lettore di Delitto e castigo prova la «sensazione di essere finito in un mondo nuovo, speciale, assolutamente fantastico, dove ogni cosa viene fatta a rovescio e dove le nostre concezioni abituali non possono essere affatto vincolanti».

L'imperiosità, l'insistenza, l'ipnotismo della visione di Dostoévskij sono incomparabili. La forza della sua narrazione impulsiva, talora al punto di giungere all'incoerenza, ma sempre magistralmente organizzata sul piano del ritmo e dell'intonazione, è così travolgente da trascinare con sé anche il lettore più refrattario e recalcitrante. Per questo la «Pietroburgo di Dostoévskij» è una realtà che durerà finché esisterà la letteratura russa. E per decenni l'immagine dostoevskiana della città fu l'unica possibile e accettabile per la stragrande maggioranza delle persone, sia in Russia sia in Occidente.

Tipica, sotto questo aspetto, è la confessione dello scrittore Vladìmir Korolénko, che non si può certo definire un ammiratore di Dostoévskij. Quando nel 1871, finito il ginnasio in provincia, il giovane Korolénko arrivò a Pietroburgo, la vide con gli occhi di Dostoévskij: «Mi piaceva tutto laggiù, perfino il cielo pietroburghese, perché già lo conoscevo dalle descrizioni, persino i noiosi muri di mattoni che delimitano quel cielo, perché li conoscevo tramite Dostoévskij.[51]»

Il paesaggio urbano dipinto da Dostoévskij è marcatamente

---

[50] Citato da Vremja i sud'by russkich pisatelej (Il tempo e i destini degli scrittori russi), Moskvà 1981, p. 193

[51] Citato da «Literaturnoe nasledstvo», vol. LXXXVI, cit.. p. 622.

prosaico: le periferie dove vive la «povera gente», gli «umiliati e offesi». La sua identificazione con la popolazione nuova, «plebea» della capitale era tanto forte da indurlo a rifiutare tutta l'architettura pietroburghese del Settecento e del primo Ottocento, quegli edifici considerati – sia prima sia dopo di lui – capolavori.

Dostoévskij era convinto che queste costruzioni fossero soltanto patetiche imitazioni degli stili europei. Lo sguardo dello scrittore scruta con disprezzo il panorama di Pietroburgo: «Ecco l'architettura priva di carattere delle chiese del secolo scorso, ecco la patetica copia nello stile romanico d'inizio secolo, ed ecco anche il Rinascimento..

Le valutazioni estetiche dello scrittore discendevano dalle sue opinioni politiche e sociali e, innanzi tutto, dal suo aprioristico disprezzo per Pëtr il Grande e per le sue riforme. Secondo Dostoévskij, Pëtr aveva inferto un duro colpo alla Chiesa ortodossa, principale baluardo dello spirito nazionale, aveva attentato alle tradizioni russe, aveva scavato un abisso tra il popolo e la classe colta. Lo considerava il primo nichilista russo. Lo scrittore, ricordava la moglie, parlava con foga di Pëtr come del suo peggior nemico personale.

È per questo che Dostoévskij giudicava la fondazione di Pietroburgo un atto criminale: un gesto nichilista, un'insensata sfida alla natura, alle tradizioni, allo spirito e al bene del popolo. Nel proprio taccuino lo scrittore cita il famoso verso tratto dal Cavaliere di bronzo di Pùškin: «T'amo, petrina creatura». E, quasi per giustificarsi davanti a Pùškin, suo idolo, rileva: «Mi spiace, io non la amo. Sono finestre, buchi, e monumenti».

Questa posizione antipetrina di Dostoévskij (come peraltro tutta la sua arte, «pessimistica, perversa, estranea al socialismo») fu condannata nella Russia di Stàlin. Il dittatore non amava Pietroburgo, ma stimava Pëtr I, pur considerandolo troppo poco deciso e spietato[52].

Questo rifiuto di Dostoévskij aleggiò per decenni anche dopo la morte di Stàlin. In Unione Sovietica le sue opere furono pubblicate con una certa riluttanza e inserite nei programmi scolastici con molta parsimonia, i suoi «errori ideologici» costantemente censurati, come se si trattasse di un dissidente degli anni Settanta.

L'atteggiamento sospettoso delle autorità sovietiche nei

---

52 In una conversazione privata con il suo attore preferito, Stàlin si lamentò: «Petrùcha (Pietro il Grande] non ne ha fatti fuori abbastanza».

confronti di Dostoévskij trapelava anche da piccole cose. Per esempio, bastò che in un mio articolo pubblicato nel 1974 sulla rivista moscovita «Sovétskaja mùzyka» (Musica sovietica) citassi le parole di Dostoévskij sul dispotismo di Pëtr e sul suo «atteggiamento sommamente antipopolare», perché si scatenasse una dura reazione da parte del quotidiano del comitato centrale del PCUS, «Sovétskaja kul'tùra» (Cultura sovietica). Ora tutto questo potrà sembrare ridicolo, ma vi garantisco che in quel momento né a me né ai miei impauriti colleghi di «Sovétskaja mùzyka» venne voglia di ridere...

Pietroburgo è la città più «intenzionale» del mondo, questa è la famosa e inappellabile condanna pronunciata da Dostoévskij. Questa «intenzionalità», ossia artificiosità, totale assenza di radici nazionali, è ai suoi occhi un difetto, un peccato intollerabile. Da questa fondamentale mancanza di spirito nazionale discende, secondo lo scrittore, l'ostilità costantemente manifestata da Pietroburgo nei confronti del carattere autenticamente russo.

Dostoévskij era stato a Londra, a Parigi, a Berlino. L'aspetto di queste metropoli lo aveva inorridito, e ora a Pietroburgo osservava disgustato gli stessi tratti. Poiché odiava l'Europa borghese, lo scrittore rifiutava anche l'idea della necessità di una «finestra sull'Europa», l'immagine di Pietroburgo cara ai suoi apologeti. Da questa finestra, dice Dostoévskij, l'élite russa ha guardato l'Occidente e ne ha visto tutte le brutture.

Una città del genere, naturalmente, non ha diritto di esistere. Deve sparire. E qui Dostoévskij si accoda con entusiasmo alla tradizione popolare che preconizzava la distruzione della capitale sorta in modo così poco ortodosso, senza Dio. Come abbiamo ricordato, ne era stato previsto lo spopolamento (la cosiddetta «maledizione della zarina Eudossia»), l'annientamento per acqua e per fuoco. Dostoévskij ideò una variante della fine di Pietroburgo, più fantastica e, nello stesso tempo, straordinariamente reale nella sua sorprendente semplicità.

Dostoévskij affida la sua idea prediletta alle riflessioni del protagonista del romanzo Podróstok (L'adolescente), scritto nel 1874, che occupa un posto particolare nella produzione dello scrittore. Questo passo tratto dall'Adolescente rappresenta il culmine del mito di Pietroburgo nell'interpretazione di Dostoévskij. E non è un caso che proprio in questo testo l'autore faccia un riferimento preciso alla statua equestre di Falconet come viene descritta nel Cavaliere di bronzo di Pùškin, entrando implicitamente in polemica con quest'ultimo ma continuando nel contempo una tradizione letteraria e culturale così vitale per la società russa:

Cento volte, in mezzo a questa nebbia, mi è venuta una fantasia strana ma insistente: «E se, quando questa nebbia si disperderà e se ne andrà verso l'alto, si portasse via anche tutta questa città putrida, viscida, se si alzasse con la nebbia e scomparisse come fumo, e rimanesse la palude finlandese d'un tempo, e nel mezzo, magari, per bellezza, il cavaliere di bronzo sul suo cavallo spossato, dal respiro ansante[53].

Il mito pietroburghese di Dostoévskij, che racchiude in sé le scoperte degli scrittori francesi (Hugo, Balzac, Flaubert), del tedesco Hoffmann, dell'inglese Dickens e dell'americano Edgar Allan Poe, modificò a sua volta radicalmente la percezione delle metropoli occidentali da parte dei loro abitanti. Lo studente pietroburghese Raskól'nikov iniziò a girovagare per Berlino, Parigi e Londra. Nietzsche confessò (nel Crepuscolo degli idoli): «Dostoévskij rientra tra le scoperte più felici della mia vita...». Per più di uno scrittore francese l'immagine dei bassifondi di Parigi fu influenzata per sempre dalla lettura di Delitto e castigo e lo spirito di Raskól'nikov aleggia sui Quaderni di Malte Laurids Brigge di Rainer Maria Rilke.

La Pietroburgo di Dostoévskij divenne parte dell'esperienza culturale e spirituale occidentale in misura ancor maggiore della Pietroburgo di Gógol', anche se in traduzione i romanzi di Dostoévskij sono stati sottoposti a un'inevitabile semplificazione. Me ne sono reso conto con particolare evidenza assistendo nel 1986 a Washington una prova della riduzione teatrale di Delitto e castigo nell'allestimento di Jùrij Ljubìmov.

Il testo recitato dagli attori statunitensi rendeva il contenuto del romanzo in modo sufficientemente preciso, ma il ritmo febbrile del discorso dei personaggi di Dostoévskij – con i loro continui, quasi impercettibili crescendo e calando, con l'intensa sfumatura allitterativa e l'abbondanza di diminutivi, tanto caratteristici della lingua russa, e di Dostoévskij in particolare – è andato pressoché completamente perduto. Non senza successo Ljubìmov ha cercato di compensare questa irrimediabile perdita sostanziale forzando

---

53 F. M. Dostoévskij, Podrostok, roman v trëch častjach (L' adolescente, romanzo in tre parti), in Polnoe sobranie chudožestvennych proizvedenij (Opere artistiche complete), 12 voll., Zizn' i kul'tura, Riga 1927, vol. V, p. 179.

allo spasimo il ritmo dell'allestimento e con una vivacissima combinazione di effetti sonori e musicali, che hanno ricreato un'immagine bizzarra della Pietroburgo dell'epoca delle riforme nel bel mezzo della Washington di Ronald Reagan.

Eppure, in generale possiamo dire che i romanzi di Dostoévskij (non a caso etichettati dalla critica russa come «ideologici») non hanno subìto nella trasposizione del loro tessuto verbale in un'altra lingua una perdita tanto rilevante quanto le opere virtuosistiche di Gógol', spesso costruite sul puro gioco di parole, o, in misura ancora maggiore, di Pùškin, quasi «nude» rispetto a quelle di Gógol'e di Dostoévskij.

Il pubblico occidentale è costretto ad accettare sulla fiducia la perfezione di Pùškin e delle sue opere «pietroburghesi». Paradossalmente, la fama di in Occidente è legata alla popolarità di tre opere liriche russe basate su suoi soggetti: il Borìs Godunóv di Modést Mùsorgskij (rappresentato per la prima volta nel 1874), l'Evgénij Onégin (rappresentato per la prima volta nel 1879) e la Donna di picche (rappresentato per la prima volta nel 1890) di Pëtr Čajkóvskij.

Il paradosso diventa ancora più grande se si considera che nella loro musica sia Mùsorgskij sia Čajkóvskij, nonostante l'enorme rispetto per Pùškin, si discostarono notevolmente da lui per stile ed emozioni. Le tensioni artistiche e psicologiche dei due compositori (così diversi sotto il profilo biografico e creativo) coincidono semmai con le idee e le emozioni del loro contemporaneo Dostoévskij.

Tutti i paralleli di questo tipo sono inevitabilmente aleatori. Sia Mùsorgskij sia Čajkóvskij hanno creato un proprio grande, personalissimo mondo, dai confini ben precisi. E tuttavia le loro opere sono così strettamente intrecciate con le idee artistiche di Dostoévskij, con effetti incredibilmente simili a prodotti dalla lettura di alcuni dei suoi sfoghi più accorati, che il raffronto tra lo scrittore e i due musicisti diventa non solo obbligato, ma assolutamente necessario, in quanto questi ultimi contribuirono alla creazione del mito di Pietroburgo: Mùsorgskij con poche, straordinarie composizioni, Čajkóvskij con una lunga serie delle sue opere più importanti.

Il culto di Pietroburgo cominciò con odi poetiche. Il problema di Pietroburgo fu espresso per la prima volta in un poema. Anche la smitizzazione di Pietroburgo fu compiuta dalla letteratura. Per oltre centotrent'anni la letteratura ha regnato quasi incontrastata a Pietroburgo.

Nella Pietroburgo imperiale d'inizio Ottocento fiorirono

l'opera e il balletto. Ma sul mito di Pietroburgo non ebbero un'influenza determinante. Erano fiori esotici. Abbellivano la cupa realtà della Pietroburgo di Nicola, ma non si confrontavano con i «maledetti problemi» che la città poneva ai suoi abitanti.

La situazione cominciò a cambiare a poco a poco, preparata dal sollevamento generale della cultura russa, una rivoluzione scoppiata verso la metà dell'Ottocento nella musica e poi anche nella pittura. Questa rivoluzione modificò anche le idee dei contemporanei su Pietroburgo.

Per troppo tempo la città si era riflessa nello specchio della letteratura. Certo, lo specchio era stato tenuto da geni come Pùskin, Gógol'e Dostoévskij. Grazie a loro, la cristallina immagine mitologica della maestosa e magnifica città, della capitale imperiale, riflessa nello specchio si deformò in un'altra immagine, fantasmagorica, dai lineamenti orrendi benché ancora meravigliosi. Poi, a poco a poco, anche questa immagine si spezzò, si dissolse, scomparve.

A questo punto lo specchio in cui Pietroburgo rimirava sé stessa passò mani di uomini completamente diversi: musicisti e, poi, pittori. Le loro vite furono eccentriche, enigmatiche e bizzarre non meno del destino della città fatale, nei cui palazzi e appartamentini trascorsero la loro esistenza, sulle cui lussuose, ammiccanti prospettive passeggiavano, pensierosi o spensierati, sui cui argini di granito sostavano lieti e sereni, o sprofondati nell'angoscia più nera, e la cui leggenda ammaliatrice trasformarono in modo decisivo e irrevocabile.

Ecco come accadde.

Capitolo 2

in cui si descrivê come lo specchio che per quasi centocinquant'anni riflesse San Pietroburgo passò dalle mani degli scrittori a quelle dei musicisti e poi dei pittori, e in cui il lettore appreHde come una Donna di Picche, se ben giocata, possa influire sul fascino di una capitale imperiale

«in tutta Pietroburgo regna una musicalità straordinariamente profonda e favolosa»[54]. Questa frase fu pronunciata dall'artista

---

[54] Aleksàndr Benuà, Moi vospominanija (I miei ricordi), 2 voll,, Moskvà 1980, vol. I (libri 1-111), p. 16

Aleksàndr Benuà, che svolse un ruolo decisivo nella rivitalizzazione del mito di Pietroburgo all'inizio del Novecento. Un suo più giovane contemporaneo, il musicologo Boris Asàf'ev, si spinge ancora oltre nell'affermare la supremazia della musica nella leggenda di Pietroburgo: Ormai la cultura pietroburghese non può più essere cancellata dalla storia della Russia e dell'umanità. E in questa cultura la musica ha forse il ruolo più importante. Soprattutto l'opera di Čajkóvskij, ispirata dalle illusioni delle notti bianche pietroburghesi e dagli stridenti contrasti invernali: i tronchi neri degli alberi, il manto di neve, le opprimenti masse di granito e il nitore delle cancellate di ghisa[55]. Questo passo di Asàf'ev, scritto nel 1921 in una Pietrogrado affamata e morente, è significativo, poiché la musica di Čajkóvskij viene descritta come se fosse un quadro o, meglio, un disegno di Aleksàndr Benuà. L'influenza reciproca della musica e della pittura nella creazione della nuova immagine di Pietroburgo è qui dichiarata, in modo spontaneo e senza preconcetti, da un testimone oculare

Assumendo questo ruolo di guida, la musica pietroburghese dell'Ottocento ebbe anche una forte influenza sulla cultura europea e su quella mondiale. L'arte figurativa russa coeva non poteva aspirare a tanto

Come è potuto accadere che la musica, la meno descrittiva delle arti, si sia dimostrata uno specchio più fedele, ancorché inquietante, della vita a Pietroburgo che non la poesia, la pittura e altre forme d'arte? Probabilmente, la risposta ve cercata non solo nelle peculiarità dello sviluppo dell'arte figurativa e della musica in Russia, ma anche nell'unicità di Pietroburgo, una città in cui aspetto esteriore e contenuto interiore spesso non coincidono

Esteriormente, la Pietroburgo del Sette-Ottocento poteva sembrare il trionfo del razionalismo. Barocca e neoclassica, la capitale russa fu considerata per molto tempo dai suoi abitanti e dai visitatori stranieri il vertice dell'armonia architettonica. Così la raffiguravano gli innumerevoli quadri, acquerelli, disegni, incisioni e litografie di maestri quali Fëdor Alekséev (1755-1824), Andréj Martynov (1768-1826), Stepàn Galaktiénov (1779-1854) e Vasìlij Sadóvnikov (1800-1879), autore del famoso panorama litografico del Névskij prospékt che veniva pubblicizzato in questo modo: «Gli edifici sono disegnati dal vivo con stupefacente fedeltà, senza

---

[55] B. Asàf'ev. Simfoničeskie ètjudi (Studi sinfonici), Leningrad 1970, p. 160.

dimenticare una sola insegna.. .»[56]. Queste opere, spesso notevoli per virtuosismo e meticolosità, lasciano però un'impressione di non detto: le piccole figure umane, elaborate con cura, solitarie, quasi sperdute, sono solo comparse sullo sfondo di edifici neoclassici meravigliosi, ma assolutamente neutri sul piano emotivo, e delle ampie piazze cittadine. In questi lavori non c'è né il vero volto di Pietroburgo, né la sua anima: la maestosità, la trepidazione, la spiritualità

Gli artisti, pur ritraendo con precisione i vari scorci della città, non sono riusciti a trasmetterne o a spiegarne la magica attrattiva né la crudeltà ripugnante. In confronto al successiVišnévskij prospékt di Gógol', le litografie di Sadóvnikov – che, vendute sotto forma di due lunghi nastri avvolti su un rullo, ebbero uno straordinario successo – sono soltanto una curiosità

Assai più umana è Volšébnyj fonar', la Lanterna magica (il titolo completo è Lanterna magica, o spettacolo dei venditori ambulanti, dei maestri e degli altri artigiani popolari di Pietroburgo, raffigurati da un fedele pennello nel loro autentico abbigliamento e rappresentati in conversazione tra loro, in couformità alla persona e al titolo), un'antologia mensile di litografie colorate a mano con lunghi dialoghi in didascalia, uscita contemporaneamente al panowna di Sadóvnikov

Sfogliando la Lanterna magica, si resta colpiti dalla varietà di merci e servizi offerti ai clienti nelle vie di Pietroburgo nei primi anni dell'Ottocento.

I personaggi dagli abiti pittoreschi raffigurati con simpatia nelle toccanti e angolose litografie (oltre ai russi, ci sono tedeschi, francesi, un finlandese, un ebreo e persino un abitante di Bucharà, nell'Asia centrale), vendono pampepati olandesi, panini francesi, rollini, focaccine, bliny (una sorta di crêpe), arance, mele, noci, susine, pere cotte, cioccolatini, sbiten'(tè speziato e miele) bollente, kvas, latte, carne di vitello e di manzo, salsicce, acerine, pesci persici, selvaggina, fiori, vasellame, orologi, pettini, spilli, aghi, scope, cera, scialli e foulard, riviste e giornali, e persino busti in gesso di Omero, Democrito Charlotte dal Werther di Goethe

La Lanterna magica, sia nei disegni sia nei dialoghi, è di un'ingenuità commovente. Per contro, lo scarto tra le pagine migliori della Fisiologia di Pietroburgo, comparsa quasi trent'anni

---

[56] P.N. Stolpjànskij, Staryj Peterburg i Obščestvo pooščrenija chudožestv (La vecchia Pietroburgo e la Società per l'incoraggiamento delle arti). Leningràd 1928, p. 71

dopo a cura di Nekràsov, e le incisioni che l'accompagnavano è evidente e, a volte, disarmante. Il testo contiene emozioni autentiche, mentre le illustrazioni sono ancora goffamente convenzionali, anche se più naturalistiche di quelle della Lanterna magica. È evidente che gli artisti non sono riusciti a tenere il passo degli scrittori nella scoperta della «nuova» Pietroburgo e nel radicale mutamento del rapporto con la «vecchia»

Forse, soltanto un dipinto dell'epoca – peraltro non direttamente legato al tema della capitale – riesce a trasmettere l'orrore e la grandiosità del mito di Pietroburgo. Si tratta dell'Ultimo giorno di Pompei di Karl Brjullóv, pittore russo della scuola pietroburghese-italiana, una tela enorme che raffigura la distruzione dell'antica città da parte della lava del Vesuvio secondo il racconto di Plinio il Giovane. L'opera, iniziata a Roma nel 1827 (ossia sette anni prima della pubblicazione del famoso romanzo di Lord Bulwer-Lytton sullo stesso argomento), fu ultimata nel 1833

Il quadro di Brjullóv, che suscitò una forte impressione in Europa, fu portato dalla nave Zar Pëtr a Pietroburgo, dove fu «apprezzato sommamente» da Nicola I e venne esposto all'Accademia delle arti. Il trionfo fu senza precedenti

«Dignitari e artisti, nobili e scienziati, gente semplice e artigiani, tutti sono stati presi dal desiderio di vedere il quadro di Brjullóv» registra il supplemento alla «Sévernaja pčelà» del 21 ottobre 1834. «Un desiderio che si è diffuso in tutta la capitale, in ogni ceto e classe sociale, nelle suite del lungofiume Inglese, nei laboratori e nei negozi di Névskij prospékt, nelle botteghe del Gostìnyj e dell'Apràksin dvor, nelle povere dimore degli impiegati a Peski e negli uffici dell'isola Vasìl'evskij.[57]» A Pietroburgo Brjullóv veniva chiamato nientepopodimeno che «il divino Karl». Pùškin stesso fu emozionato e incantato dall'Ultimo giorno di Pompei, tanto che cominciò a scrivere una poesia dedicata al quadro (rimasta incompiuta): Il Vesuvio aprì le fauci, il fumo sgorgò a fiotti; la fiamma s'allargò, come guerrier stendardo, la terra s'agitò, dalle colonne scosse e gl'idoli crollarono! Il popolo, impaurito, sotto pioggia di pietre sotto le ardenti ceneri fugge dalla città, il giovane col vecchio.

Gógol'scrisse un articolo entusiastico che cominciava così: «Il quadro di Brjullóv è uno degli eventi più luminosi dell'Ottocento. È la luminosa resurrezione della pittura...». Nikolàj concesse

---

[57] Da A.P. Kornìlova, Karl Brjullov v Peterburge (Karl Brjullóv a Pietroburgo), Leningràd 1976, p. 51.

all'artista una graziosa udienza e lo nominò cavaliere dell'ordine di Sant'Anna di terzo grado

Di Brjullóv, l'imperatore apprezzava non solo la maestria con cui aveva eseguito l'opera ma, a quanto pare, anche la giovane moglie. Il pittore, piccolo di statura, diventò estremamente geloso del gigante Nikolàj. Una mattina la moglie dell'artista, vedendo dalla finestra l'imperatore avvicinarsi all'Accademia delle arti, nel cui edificio abitavano i coniugi Brjullév, su una slitta trainata da un cavallo nero, esclamò: «Oh, il sovrano!». Al che il pittore si scagliò come una furia contro la moglie e al grido: «Ah, l'hai riconosciuto!» le strappò di netto un orecchino

I pietroburghesi che facevano la fila per vedere l'Ultimo giorno di Pompei rimanevano molto impressionati dalla rappresentazione sfrenatamente romantica della calamità naturale che divorò la meravigliosa città e i suoi abitanti, quasi a ricordare la precarietà della loro stessa metropoli, esposta alle impietose forze della natura. Nella drammaticità del quadro di Brjullév c'era un che di operistico (se ne accorse per primo Gógol', che espresse comunque, in linea con i gusti dell'epoca, la propria approvazione), ma i pietroburghesi rabbrividivano ugualmente. L'artista li commuoveva e risvegliava in loro qualcosa di molto profondo

Le parole per descrivere questo vago sentimento di paura furono trovate più tardi dal dissidente Aleksàndr Hérzen in un articolo sul tradizionale tema del «confronto» tra gli opposti, «Mosca e Pietroburgo», che circolò in samizdàt per tutta la Russia e che venne letto ad alta voce anche nelle riunioni del circolo di Petraśévskij: «Il pittore, formatosi a Pietroburgo, ha scelto per il proprio pennello l'immagine spaventosa di una forza selvaggia, irrazionale, che distrugge gli abitanti di Pompei: questa è l'ispirazione tratta da Pietroburgo!»

Il quadro di Brjullév rifulse e scomparve nel pallido cielo pietroburghese come un'effimera cometa. L'artista non riuscì a ripetere lo straordinario successo dell'Ultimo giorno di Pompei, anche se si circondò di allievi devoti, una nuova generazione di artisti che sotto l'influsso di Brjullóv, «uomo dalle passioni selvagge e irrefrenabili», come rilevò poco caritatevolmente un contemporaneo, «si lanciavano in effetti, in frasi proclamavano la grandezza dell'artista, la santità dell'arte, si facevano crescere barbe e barbette, portavano i capelli lunghi fino alle spalle, si vestivano con abiti eccentrici per differenziarsi dai comuni mortali e, come se non bastasse, sull'esempio del proprio maestro, lasciavano briglia sciolta alle proprie passioni e bevevano come spugne»[58]. Le serate e le nottate pietroburghesi, angosciose per chi era abituato all'atmosfera italiana, Brjullév le passava in compagnia di scapoli bohémien in casa di un amico, il poeta romantico e viveur Néstor Kùkol'nik. Quest'ultimo, smargiasso e duellista, era famoso come autore del dramma ultrapatriottico (e approvato da Nikolàj) Rukà vsev)'Snego otéëestvo spasla (La mano dell'Onnipotente la patria salvò), che descriveva in toni misticheggianti la via al trono del primo sovrano russo della dinastia dei Romànov, il giovane Michele, divenuto zar nel 1613. Un assiduo frequentatore di queste festicciole sfrenate, a base di musica e champagne, era il giovane compositore Michail Glìnka

Il trentaduenne Glìnka divenne famoso dopo la rappresentazione, nel 1836, della sua prima opera, in cui il contadino Ivàn Susànin al prezzo della vita salva lo zar Michele dagli invasori polacchi. Era un soggetto leggendario, ambientato nello stesso periodo storico rappresentato nel dramma di Kùkol'nik. Il compositore chiamò l'opera Smert'za carjà (Morte per lo zar).

Nikolàj ne cambiò il titolo in Vita per lo zar, dimostrando la propria abilità di redattore, non inferiore a quella della sua grande nonna, Ekaterina Il

I russi considerano giustamente Glìnka il padre della musica nazionale, così come è per loro il padre della letteratura nazionale. Entrambi nature autenticamente mozartiane, il talento e le opere di Glìnka hanno molto in comune con quelli di Pùškin: la stessa leggerezza e precisione, la naturalezza e l'espressività, la semplicità e l'armonia, la proporzione delle forme e una maestria di origine quasi divina, una capacità di assimilazione artistica degli influssi occidentali e, nel contempo, la comprensione istintiva e l'interpretazione profondamente originale del carattere nazionale russo

Come nel caso di Pùškin, l'atteggiamento rispettoso del mondo occidentale nei confronti di Glìnka è fondato sulla sua reputazione di mostro sacro nazionale. All'estero la sua musica non viene capita, è poco apprezzata e viene eseguita raramente, come rari sono gli allestimenti delle sue opere, che in Russia sono sempre in repertorio. La cosa è tanto più stupefacente in quanto la comprensione della musica non è ostacolata dalla barriera della lingua, come accade invece per la letteratura

---

[58] Panàev, op. cit., pp. 131-132.

Ciò nonostante, l'entusiasmo più sincero e incondizionato per Glìnka non ha mai varcato i confini dei paesi slavi, anche se, quando il compositore era ancora in vita, cominciarono a diffondersi in Russia fiduciose affermazioni secondo cui la sua musica stava per essere riconosciuta in Europa

L'Occidente vede in Glìnka solo un bravo imitatore delle formule e dei procedimenti musicali europei, non un genio originale

Per contro, il culto russo di Glìnka, come il culto di Pùškin, è universale, e il suo apogeo fu raggiunto negli anni prerivoluzionari. Più tardi Ìgor'Stravinskij ebbe a dire: «Il povero Glìnka, che era soltanto una specie di Rossini russo, era stato beethovenizzato e trasformato in monumento nazionale»[59]. È curioso che nell'edizione sovietica del 1971 dei colloqui di Robert Craft con Stravinskij, da cui è tratta questa citazione piuttosto elogiativa (almeno in base ai gusti di Stravinskij, che allora preferiva di gran lunga Rossini a Beethoven), la parola «soltanto» sia stata omessa in quanto, secondo il redattore, offensiva nei confronti di Glìnka

La musica di Glìnka diventò parte integrante dell'infanzia della maggior parte dei protagonisti del modernismo russo, e perciò per loro fu sempre legata a ricordi particolari. A casa di Aleksàndr Benuà andavano soprattutto orgogliosi dell'antenato italiano che, in qualità di «direttore della musica» a Pietroburgo, era stato un diretto precursore di Glìnka. L'antenato di Benuà aveva scritto addirittura un'opera sullo stesso soggetto leggendario, Ivàn Susànin, ma vent'anni prima, e in seguito diresse diligentemente, senza alcuna invidia, la prima dell'opera del suo giovane brillante rivale

Benuà ricordava che il giovane Sergéj Djàgilev «idolatrava Glìnka»[60]: a casa Djàgilev le opere di Glìnka venivano cantate a memoria. L'artista Nikolàj Rërich, in seguito coautore del libretto e primo scenografo del balletto di Stravinskij Vesnà svalëénnaja (La primavera sacra)[61], ricordava con compiacimento le impressioni da lui provate durante l'infanzia all'ascolto delle opere «auree» di Glìnka al teatro imperiale Mariìnskij: Sembrava che i musicisti suonassero da spartiti d'oro. C'era la preoccupazione che tutti nei

---

[59] Igor Stravinsky [Igor' Stravinskij], Robert Craft, Expositions and Developments, Berkeley - Los Angeles 1981, p. 86.

[60] A. Benuà, op. cit., vol. I, p. 641.

[61] L'opera è nota in Italia con il titolo La sagra della primavera, un calco su quello francese

palchi si sedessero in fretta ai loro posti. «È arrivato il signore con la bacchetta!» veniva annunciato con trepidazione nell'antipalchetto, nel timore che qualche ritardatario muovesse le sedie o parlasse mentre laggiù i musicisti avevano già iniziato a suonare le magiche note delle pagine d'oro[62]. Dopo la rivoluzione bolscevica del 1917, Glinka divenne scomodo a causa della sua opera monarchica. In quegli anni Ìgor'Stravinskij esportò il culto di Glìnka in Occidente, dove però non attecchì, sicché anche il pragmatico Stravinskij finì a poco a poco per moderare i suoi entusiasmi. Nella Russia sovietica, invece, un inatteso ammiratore di Glìnka fu Stàlin, tanto che il musicista cominciò a essere imposto e diffuso dall'alto, in modo aggressivo e quasi a viva forza, come le patate ai tempi di Ekaterina Il

Negli anni successivi alla seconda guerra mondiale, Glìnka fu dichiarato «misura di tutte le cose», icona culturale nazionale, e la sua musica armoniosa e naturalmente ottimistica venne impiegata dalle autorità sovietiche come una sorta di antidoto (somministrato in dosi da cavallo) alla produzione dei «pessimisti e decadenti», da Wagner a Šostakóvič

Ricordo il racconto straziante di un rispettabile musicologo sovietico sistematici attacchi – una vera e propria persecuzione – di cui fu oggetto un suo libro pubblftato nel 1948 in cui si accennava – tra l'altro, alquanto timidamente – all'influenza esercitata dalle idee di Mozart sulle composizioni di Glìnka. Il grido d'indignazione fu unanime: «Glìnka è del tutto originale e libero da influenze occidentali !». Il povero musicologo fu punito per la sua eresia: il suo lavoro non fu più pubblicato per molti anni

In compenso uscirono a tirature da capogiro opere in cui si affermava in tono altisonante che le opere di Glìnka «hanno gettato le basi della supremazia della musica russa nello sviluppo della cultura musicale mondiale». In questo stesso libro, pubblicato nel 1951, nacque un'immagine piuttosto surreale: «Glìnka canta insieme a noi la gloria della potenza indistruttibile della nostra patria sovietica»[63]. In conseguenza di questo adattamento ufficiale della musica di Glìnka alle esigenze propagandistiche del regime staliniano, si verificò un certo allontanamento da questa stessa musica da parte della gioventù intellettuale sovietica. Nella Leningrado degli anni Sessanta, io e i miei amici riscoprivamo da

---

[62] Citato in L.V. Korétkina, Rërich v Peterburge-Petrograde (Rërich a Pietroburgo-Pietrogrado), Leningràd 1985. p. 11

[63] Rémezov, M.I. Glinka, Moskvà-Leningràd 1951, pp. 3, 35

zero le opere di Glìnka, indiscutibilmente «pietroburghesi» (per bellezza e purezza delle linee e nobiltà delle emozioni), attraverso il prisma del nostro idolo «alternativo», Stravinskij. Ricordo l'impressione che produssero su di noi alcuni passi dell'edizione russa di Chroniques de ma vie di Stravinskij, pubblicata nel 1963, in cui il compositore esprimeva il proprio entusiasmo di fronte all'opera di Glìnka («monumento perfetto di arte musicale») e di fronte alla sua orchestrazione («tanto intelligente tanto raffinata e delicata»)[64]. Nelle agiografie ufficiali sovietiche, Glìnka era raffigurato come un cavaliere senza macchia e senza paura, un antimonarchico, una sorta di decabrista, impegnato dal mattino alla sera nella creazione di quella che enigmaticamente veniva chiamata «musica realistica popolare russa». Il Glìnka autentico, quello che esce dalle memorie dei contemporanei, era un uomo piccolo, pallido, arruffato, un noto ubriacone pietroburghese con l'immancabile coppa di champagne in mano, una creatura curiosa, molto poco ortodossa

Nelle sue Zapìski (Memorie), pubblicate postume, Glìnka descrive nei minimi dettagli le malattie reali e immaginarie che lo tormentavano: mal di testa, mal di denti, torcicollo, malattie nervose, mal di stomaco, mal di fegato e così via, il tutto con nomi e descrizioni di tutti i suoi medici curanti e valutazioni sull'efficacia di tutti i farmaci che gli venivano prescritti, fino al decotto («rob antisyphilitique») che passava sotto il nome di «eau de M-r Pollin», che Glìnka fu costretto a smettere di assumere per l'«insopportabile emicrania» che gli provocava[65]. Con altrettanta precisione sono elencate le sue numerosissime amanti: *ragazze russe, polacche, tedesche, francesi, italiane e spagnole*, solitamente «carine e snelle», ma a volte «carine e corpulente»

Di musica, nelle sue Memorie Glìnka parla solo di sfuggita, come si addice a un nobile russo viziato, compositore dilettante. Da dove questo nobile ipocondriaco, capriccioso, effeminato, egocentrico e pigro, sempre malato, abbia preso la forza per creare le sue grandi composizioni è un mistero. Dopo la Vita per lo zar egli compose un'altra opera grandiosa, che incanta per l'abbondanza di melodie in stile belcantistico e per la sontuosa

---

[64] Ìgor' Stravinskij, Chronika moej žizni (Cronaca della mia vita), Leningràd 1963, P. 40

[65] M. Glìnka, Polnoe sobranie sočinenij. Literaturnye proizvedenija i perepiska (Opere complete. Opere letterarie e lettere), Moskvà 1973, vol. I, pp. 248, 249.

orchestrazione: Ruslàn e Ljudmìla, da Pùškin. Scrisse anche una serie di brillanti opere sinfoniche, numerose composizioni per pianoforte e altri strumenti, e ottanta meravigliose romanze, un genere, quest'ultimo, che Glìnka amava particolarmente per la sua immediatezza e accessibilità

Glìnka adorava cantare le proprie romanze (tra le quali figurano non pochi autentici capolavori), sedendosi al pianoforte dopo le due di notte a casa di Kùkol'nik, dove il compositore passava intere giornate in compagnia dell'artista Brjullóv e di altri bohémien. Gli altri ospiti erano tutti uomini di talento, a volte superbo, ma comunque lontani dal genio di Glìnka. Se ne rendevano conto e circondavano il compositore di sincera ammirazione. Qui Glìnka dimenticava il peso insopportabile del suo fallimentare matrimonio con una donna che lo rimproverava di spendere troppo in carta da musica.

Negli anni Settanta Leo Arnštàm, amico di gioventù di Šostakóvič e autore di un film biografico su Glìnka commissionatogli da Stàlin in persona nel 1946, mi raccontò – tra una risatina e l'altra – i particolari piccanti contenuti nei documenti riservati relativi alla causa di divorzio promossa da Glìnka, ironizzando sul fatto che la moglie veniva accusata non solo di adulterio, ma anche di bigamia

Definitivamente innervosito, nel 1840 Glìnka decise di andarsene da Pietroburgo a Parigi, e nell'occasione compose per l'ultima baldoria da Kùkol'nik il suo unico ciclo vocale, in dodici romanze, dal titolo Proščànie s Peterbùrgom (Addio a Pietroburgo). Fu lo stesso fedele Kùkol'nik a scrivere i versi di quelle dolcissime melodie

Addio a Pietroburgo, una delle opere più impressionanti di Glìnka, è un caleidoscopio di immagini e di emozioni, unite da una scrittura vocale nobile ma particolarmente espressiva: comprende una passionale dichiarazione d'amore, meditazioni malinconiche, una ninnananna, un tentativo di catturare la bellezza del paesaggio russo («L'allodola», molto popolare in Russia) e la descrizione di un banchetto pietroburghese in compagnia di amici entusiasti e devoti. Con la tipica «sensibilità universale» russa (l'espressione è di Dostoévskij) e con gusto squisitamente pietroburghese, Glìnka fa uso di una barcarola italiana, di un bolero spagnolo e di una canzone ebraica. A causa di quest'ultima e dei riferimenti alla Palestina disseminati nel testo, dopo la guerra dei Sei giorni tra Israele e paesi arabi del 1967, in cui Bréžnev ruppe i rapporti diplomatici con Israele, in Russia questo ciclo è stato eseguito raramente in versione integrale.

Uno dei brani di Addio a Pietroburgo, la «Canzone di viaggio», è particolarmente interessante in quanto rappresenta con ogni probabilità la prima descrizione vocale di valore autenticamente artistico di un viaggio in treno

La prima ferrovia russa, che univa Pietroburgo con la vicina Càrskoe Seló, era ancora considerata una novità, poiché era stata inaugurata soltanto pochi anni prima, nell'ottobre del 1837

I contemporanei accolsero l'introduzione della ferrovia non solo come un fatto sensazionale, ma come un evento simbolico che confermava la giustezza del cammino storico intrapreso da Pëtr il Grande: «Il fuoco sbuffa dalle narici, e venti carri incatenati uno all'altro si sono mossi lungo i binari di ghisa come una freccia scoccata dall'arco! Che cosa direbbe, che cosa proverebbe Pëtr il Grande, se per miracolo si trovasse tra noi e in venticinque minuti percorresse le venticinque verste da Pietroburgo a Càrskoe Seló! Di che gioia fremerebbe il suo cuore!»[66][67].

Dopo aver scritto Addio a Pietroburgo, però, Glìnka cambiò improvvisamente idea e non andò all'estero. Pubblicò invece il suo ciclo, con «straordinario successo» rilevò la stampa: ne furono fatte ben tre edizioni. La rivista pietroburghese «Bibliotéka dljà cténija» (Biblioteca di lettura), molto popolare, elogiava in particolare la «Canzone di viaggio», nella quale «il movimento definisce un tipo di vita particolare, l'attività frenetica e la fretta, caratteristiche inevitabili del viaggio sulla ferrovia di Càrskoe Seló. ... Le impressioni di viaggio, l'agitazione interiore, appassionata e piena di speranze e aspettative, vengono raccontate con squisita raffinatezza. Per qualità artistica, si tratta forse del brano migliore di Addio a Pietroburgo»[68][69].

Ma le successive opere di Glìnka, soprattutto quelle più impegnative riscossero solo attestati di stima. Alla prima di Ruslàn

---

[66] Doróžnyj dnevnik M. Pogodina (Diario di viaggio di M. Pogódin), parte prima, Moskvà 1844, pp. 9-10.

[67] Citato da A. Kaganóvič, «Mednyj Vsadnik» Istorija sozdanija monumenta («Il Cavaliere di bronzo». Storia della creazione del monumento), Leningràd 1975, p. 42.

[68] T. Livinova, V. Protopopov, Glinka. 2 voll., Moskvà 1955, vol. II, pp. 228-229.

[69] Op. cit., p. 88.

e Ljudmìla, attesa con impazienza e pubblicizzata con largo anticipo, l'imperatore Nikolàj abbandonò il teatro prima che l'esecuzione fosse terminata. Recependolo come segnale, il pubblico aristocratico si limitò negli applausi, e si sentì persino qualche fischio

Glìnka, teso e scoraggiato, era seduto nel palco del direttore insieme a un conoscente, il capo del corpo dei gendarmi. Vedendo che Glìnka esitava a uscire per l'inchino, il gendarme – solidale ma cinico – incoraggiò il compositore con queste parole: «Vai, Cristo ha sofferto più di te»[70][71].

Un contemporaneo ricordò che, dopo la prima di Ruslàn e Ljudmìla, «tutti se ne sono tornati a casa intontiti, come al risveglio da un incubo»[72][73].

La conclusione del pubblico fu che Glìnka, dopo la prima opera, avesse esaurito la sua vena. Il compositore, che non era affatto Cristo (i conoscenti lo paragonavano alla delicata Mimosa sensitiva), cadde in uno stato di profonda depressione. Abbandonò Pietroburgo, girovagò per la Spagna, si fermò a lungo a Parigi e a Varsavia. E ogni volta che tornava nella capitale russa, si univa ora all'una, ora all'altra compagnia di amici, in cerca di consolazione e conforto.

Per Glìnka era assolutamente indispensabile che le sue doti creative venissero ammirate. Quando lo applaudivano e lo acclamavano, rifioriva. Allora, in un'atmosfera propizia e dopo qualche coppa di champagne, tornava volentieri a cantare le sue meravigliose romanze. Aveva una voce da tenore, non particolarmente alta, ma sonora e straordinariamente agile, e quando eseguiva le sue opere per gli amici suscitava un'ondata di sincero entusiasmo

Nel 1849 il giovane Dostoévskij ebbe occasione di ascoltare Glìnka, quando questi si esibì dinanzi ad alcuni membri del circolo rivoluzionario di Petraševskij. Ruslàn e Ljudmìla era una delle opere più amate da Dostoévskij.

Lo scrittore, profondamente colpito dal canto di Glìnka, ricorderà quella serata come una delle più forti emozioni della sua vita. Molti anni dopo, Dostoévskij descrisse l'esecuzione della

---

[70] M. Glìnka. op. cit., vol. I, p. 310.

[71] Ibid., p. 90.

[72] T. Livìnova, V. Protopópov, op. cit., vol. II, pp. 228-229.

[73] Ibid., p. 164.

romanza di Glìnka a opera dell'autore nel romanzo L'eterno marito, valutandola in base alla sua estetica «realistica» di allora: «Un maestro qualsiasi, un cantante da salotto non avrebbe mai ottenuto un effetto simile.. .. Per cantare questo pezzo breve, ma straordinario, era necessaria senz'altro la verità, senz'altro un'ispirazione autentica, completa, un'autentica passione..

Alla fine Glìnka fuggì da Pietroburgo, da lui definita «schifosa» e «una città che odio». «Il clima di qui mi è decisamente nocivo, o forse a rovinarmi la salute sono soprattutto i pettegolezzi: qui tutti hanno sulla punta della lingua almeno una goccia di veleno»[74] si lamentava con l'amata sorella. Il conte Sollogùb, che in quei giorni andò a trovare Glìnka nel suo appartamento di Pietroburgo, disse in seguito che il compositore lo aveva spaventato per «il suo aspetto sofferente e il suo cupo cinismo»[75]. Ma prima di partire per Berlino (dove morì nel 1857, a cinquantadue anni, per arresto cardiaco provocato dai postumi di un'influenza), Glìnka lasciò un'opera che, nonostante la scarsa pretenziosità e la mole modesta, divenne l'archetipo della musica pietroburghese. Si tratta della versione per orchestra dell'antica pièce per pianoforte Valse-fantaisie, ricordo dei «giorni d'amore e gioventù», come elegiacamente comunicò il compositore all'amico paralizzato a cui la partitura è dedicata

Da questo valzer straordinario, schiettamente Puškiniano per umore e maestria, traggono ispirazione i valzer di Čajkóvskij che hanno conquistato tutto il mondo. (E se ne sentono gli echi anche nel famoso Bel Danubio blu di Johann Strauss figlio, estimatore del compositore russo.) A proposito di un'altra opera di Glìnka, la Kamarìnskaja, Čajkóvskij annotò nel diario che al suo interno era contenuta, come una quercia in una ghianda, tutta la scuola sinfonica russa. Nel Valse-fantaisie – questo ineguagliabile poema pietroburghese d'amore, angoscia e sofferenza – sono presenti l'intensità emotiva, le delicate sfumature e gli slanci melodici, l'orchestrazione argentina e virtuosistica delle rivelazioni valzeristiche di Čajkóvskij (e, più tardi, di Glazunóv), ma in un forma classicamente pura e armonicamente equilibrata

Componen o questa musica sentimentale scevra di sentimentalismo, Glìnka avrebbe potuto ripetere con Pùškin: «La mia tristezza è luminosa.

---

[74] M. Glìnka, op. cit., vol. 11-B, p. 96

[75] V.A. Sollogùb, op. cit., p. 615

Valse-fantaisie è puro erotismo pietroburghese, forte ma controllato. Non a caso a Pietroburgo (come nel resto d'Europa) nelle case aristocratiche una ragazza non poteva andare a ballare il valzer senza il permesso speciale di un'accompagnatrice adulta. La capitale russa aveva adattato il valzer europeo, «dissimulandone» la palese peccaminosità. Glìnka compì il passo successivo, conferendo al languore erotico una sfumatura quasi spirituale, vale a dire precorrendo di mezzo secolo uno dei motivi fondamentali della poesia della prima Achmàtova

Tutto ciò fece del Valse-fantaisie una delle opere musicali preferite di Georges Balančìn, che fin da giovane aveva danzato in Ruslàn e Ljudmìla sul palco del teatro Mariìnskij. Suo padre, il compositore georgiano Melitón Balanëivàdze (chiamato «il Glìnka georgiano»), finanziò la prima edizione dell'epistolario di Glìnka, esprimendo in tal modo la propria adorazione per il «Mozart russo». In occidente Djàgilev e Stravinskij sostennero nel giovane coreografo il culto ereditario di Glìnka, invitandolo a ignorare l'indifferenza dei musicisti europei nei confronti del compositore classico russo Balančìn mi ha raccontato che Djàgilev, ridendo e sbeffeggiando l'ignoranza dei critici occidentali, gli aveva mostrato il trafiletto di un giornale francese in cui si diceva che Glinka non sarebbe stato niente male, se non avesse preso a prestito le proprie melodie da Čajkóvskij[76]! Divenuto amico e stretto collaboratore di Stravinskij, Balančìn conosceva l'importanza, ignota a molti osservatori occidentali, che l'opera di Glìnka aveva per il compositore. Robert Craft, il biografo di Stravinskij, ricordando di aver ascoltato nel 1982 l'incisione della Persefone stravinskiana insieme a Balančìn, scrive: «Sono rimasto sbalordito sentendo il coreografo esclamare "Glìnka!" (e "Čajkóvskij!") nel corso di melodie che a me sembravano "puramente francesi »[77]

Balančìn ha allestito per il New York City Ballet il Valse-fantaisie tre volte (1953, 1967 e 1969), mostrando al pubblico uno spettacolo nostalgicamente elegante. L'artista Mstislàv Dobužìnskij, suo amico e collaboratore, ha sempre legato quest'opera di Glìnka alla magia delle notti bianche pietroburghesi. Le idee di Balančìn riguardo al Valse-fantaisie erano talmente precise che persino John Martin, influente critico di balletto del «New York Times», non particolarmente sensibile al simbolismo russo, nella valutazione

---

[76] Georges Balančìn, conversazione con l'autore (New York 1981)
[77] Robert Craft, Present Perpectives: Critical Writings, New York 1984, p. 280.

dell'opera di Glìnka risultò più penetrante del solito: «La musica, trionfante e melodiosa, senza interruzioni, senza cambiamenti di ritmo, passa dalla persuasività alla vera e propria ipnosi, ed è facile capire perché un tempo il raffinato valzer venisse considerato uno strumento del diavolo»[78].

Nel 1856, mentre si accingeva ad abbandonare per sempre Pietroburgo, al casello doganale Glìnka scese dalla carrozza e sputò per terra, perché quel suolo non aveva riconosciuto il suo genio. Ritornò nella capitale solo da morto, e al suo funerale andarono non più di trenta persone. Tra loro c'era il conte Sollogùb, il quale nelle sue memorie scrisse che, mentre calavano la bara nella fossa, di fianco a lui il compositore Aleksàndr Dargompskij rilevò malinconico: «Ma guarda, sembra che seppelliscano un consigliere titolare benestante»[79]. Quello di «consigliere titolare» era uno dei gradi più bassi dell'interminabile scala gerarchica della Russia zarista. Chissà se alcuni anni dopo DargomS'Zskij si ricordò di queste sue parole quando compose la romanza Tituljàrnyj sovétnik (Consigliere titolare), una satira musicale piena di amarezza sul destino del «piccolo uomo» a Pietroburgo

Sollogùb riteneva che Glìnka, «estremamente ambizioso e orgoglioso», fosse stato distrutto dalla mancanza di quel riconoscimento ufficiale e di quello status sociale richiesti dalle grandi aspirazioni del compositore: «Sentendo in sé un talento straordinario, sognava, come è facilmente comprensibile, una posizione di prestigio, cosa che però, all'epoca, era impossibile. Se vi fosse stato un conservatorio, l'avrebbero senz'altro nominato direttore. Ma il conservatorio non c'era.. .[80]»

In effetti, nella Pietroburgo di Nikolàj I la musica e i musicisti occupavano un posto incerto e ambiguo. Per altre arti – pittura, scultura, architettura – c'era l'Akadémija Chudóžestv (Accademia delle arti), fondata dall'imperatrice Elizavéta nel 1757. Chi la frequentava acquisiva un certo status e alcuni diritti, una circostanza di fondamentale importanza in uno Stato rigorosamente burocratico e gerarchico come era la Russia. In particolare, i diplomati all'Accademia avevano diritto al titolo di «libero artista», che conferiva loro determinati privilegi

Gli artisti dell'opera e del balletto appartenevano al sistema di

---

[78] «New York Times», 7 gennaio 1953.

[79] V.A. Sollogùb, op. cit., p. 615

[80] Ibid., pp. 593-594

teatri imperiali ed erano quindi considerati dipendenti statali; lo stesso valeva per i membri della Cappella dei cantori di corte. Ma poiché, da un punto di vista strettamente giuridico, la professione di musicista in Russia non esisteva, i musicisti russi incorrevano invariabilmente in spiacevoli incidenti

Il primo esecutore russo famoso in tutto il mondo, il grande pianista Antén Rubinštéjn, ricorda di essersi scontrato personalmente con questa assurda situazione. Una volta Rubinštéjn, figlio di un ebreo battezzato, si era recato alla cattedrale di Kazàn'a Pietroburgo per iscriversi al registro parrocchiale. Il sagrestano gli aveva domandato: «Cognome? Chi siete?» «Rubinštéjn, artista.» «Come sarebbe, artista? Lavorate in teatro? No? Allora lavorate in qualche istituto come insegnante? O siete impiegato da qualche parte?» Rubinštéjn aveva cercato di spiegare al sagrestano di essere un pianista concertista. Alla fine il sagrestano aveva avuto la buona idea di chiedere a Rubinštéjn chi fosse suo padre. Soddisfatto, aveva iscritto il grande artista nel registro parrocchiale come «figlio del mercante della seconda gilda»[81]. Nella prima metà dell'Ottocento e all'inizio della seconda la vita musicale di Pietroburgo si concentrava in alcuni salotti aristocratici e circoli artistici, dato che fino al 1859 i concerti pubblici erano permessi solo durante la quaresima, quando venivano chiusi i teatri, ossia per sei settimane all'anno

Il più noto di questi salotti dell'alta società era a casa dei ricchi e nobili conti Viel'górskij, i fratelli Michail e Matvéj, eccentrici e raffinati amanti della musica, ma anche abili cortigiani. Ogni settimana organizzavano concerti, a volte memorabili: fu dai Viel'górskij che venne eseguita per la prima volta in Russia la Nona sinfonia di Beethoven. Trecento e più ospiti potevano ascoltare l'esecuzione ispirata di Franz Liszt o vedere Robert Schumann dirigere una delle sue sinfonie. Qui si poteva ammirare l'arte delle viziate primedonne italiane giunte a Pietroburgo e vedere di persona i famosi compositori dell'avanguardia europea, Berlioz e Wagner. Berlioz definì casa Viel'górskij «piccolo ministero di belle arti», e non a caso: qui si poteva sentire regolarmente la voce metallica del principale mecenate russo, l'imperatore Nikolàj

Spesso, era proprio dopo un concerto dai Viel'górskij che si decideva se un artista straniero in tournée avrebbe lasciato la Russia con le tasche piene o senza un copeco. Tra i visitatori

---

[81] A.G. Rubinštéjn, Literaturnoe nasledie (Retaggio letterario), 3 voll., Moskvà 1983. vol. I, p. 87

beneficati vi fu Clara Schumann, che in una lettera comunicò entusiasta al padre: «Questi Viel'górskij sono uomini meravigliosi per gli artisti; vivono solo per l'arte e non badano a spese»

Una solida reputazione (di risonanza europea) avevano anche i concerti a casa del generale Alekséj L'vov, ambizioso e severo direttore della Cappella di corte e autore dell'inno monarchico russo Dio salvi lo zar. Glìnka aveva sperato ardentemente che nel concorso ufficioso nel 1833 sarebbe stato scelto come inno il coro monumentale che esulta «Gloria» della sua opera Una vita per lo zar, ma sfortunatamente per lui Nikolàj preferì la composizione, assai più scadente, dell'intimo amico L'vov, con il quale amava fare musica

Come chiarì Sollogùb, «il sovrano non voleva essere esaltato, ma voleva che il popolo pregasse per lui»[82]. Una situazione analoga si ripropose nel 1943, allorché Stàlin scelse come inno nazionale la musica del suo beneamato Aleksàndr Aleksàndrov – sempre un generale, ma questa volta sovietico –, respingendo le proposte di Šostakóvič e Chačaturiàn

La melodia dell'inno di L'vov si sente ancora ai nostri giorni, quando vengono eseguite la popolare Ouverture 1812 o la Marcia slava di Čajkóvskij, nelle quali è inserita. Finalmente, nel 1990, la melodia di Glìnka Canto patriottico è stata scelta come inno della Russia postsovietica

Un ospite abituale del salotto di L'vov ricordava: «Ogni esponente colto della società pietroburghese conosceva questo santuario dell'arte musicale, frequentato a suo tempo dai membri della famiglia imperiale e dall'alta società cittadina; un santuario che per molti anni (1835-1855) ha visto riuniti i rappresentanti del potere, dell'arte, della ricchezza, del gusto e della bellezza della capitale»[83]. L'vov era un meraviglioso virtuoso del violino, anche se continuava a ripetere di non essere un professionista, ma un dilettante: per un generale, per un funzionario importante, essere «solo un musicista» sarebbe stato umiliante. Schumann, dopo aver sentito suonare L'vov a Lipsia, lo definì «esecutore meraviglioso e raro» e scrisse: «Se nella capitale russa si trovano altri dilettanti come lui, più di un artista europeo dovrebbe andare là a studiare, anziché insegnare». Tuttavia, Rubinštéjn aveva pienamente ragione

---

[82] V.A. Sollogùb, op. cit., p. 593

[83] L. Raaben, Žizn' zamečatel'nych skripačej: biografičeskie očerki (Vita dei grandi violinisti: saggi biografici), Moskvà-Leningràd 1967, p. 107

ad affermare che a Pietroburgo la musica non avrebbe avuto futuro finché l'educazione musicale non fosse stata sostenuta dallo Stato

Per la realizzazione di questo compito grandioso Rubinštéjn era la figura ideale. Piccolo, robusto, con i capelli arruffati, molto somigliante a Beethoven non smentì mai le voci che lo volevano figlio illegittimo del grande musicista tedesco), il pianista russo possedeva, oltre al talento di interprete e di compositore, un'inesauribile energia e una grande sicurezza di sé. Inoltre, egli aveva allacciato rapporti con la famiglia dell'imperatore, indispensabili per il successo dell'impresa. Ancora bambino aveva suonato al Palazzo d'Inverno, dove l'imperatore Nikolàj lo aveva accolto con le parole: «Ah, vostra eccellenza». «Mi dissero» ricordò in seguito Rubinštéjn «che la parola dello zar è legge, e che da quel momento dovevo considerarmi un'"eccellenza"»[84]

Nikolàj volle che il piccolo imitasse il modo di suonare di Liszt (e tutte le caratteristiche smorfie del maestro ungherese), facendosi grandi risate. Il meraviglioso bambino prodigio fu subissato di doni preziosi

E, come affermò in seguito lo stesso Rubinštéjn, non era possibile ricevere doni più generosi di quelli dell'imperatore, soprattutto quando venivano consegnati la sera stessa al Palazzo d'Inverno: «Quelli mandati il giorno dopo non erano altrettanto preziosi. Qui» aggiunse nebuloso Rubinštéjn «si verificavano esagerazioni di ogni genere»[85]. Rubinštéjn divenne una sorta di segretario musicale («fuochista della musica» per usare le sue parole) della gran principessa Eléna Pàvlovna, moglie del fratello dell'imperatore Nikolàj, il gran principe Michele. Questi era un uomo rozzo, mentre Eléna Pàvlovna, bella e brillante principessa tedesca del Württemberg, si sforzava di ricreare a Pietroburgo un piccolo mondo intellettuale e artistico orientato verso l'Europa

A poco a poco la nobildonna tedesca, descritta anche dai suoi nemici come una donna «molto attraente, seria e amabile», divenne la principale patrona delle arti in Russia. Nelle lunghe conversazioni serali di Rubinštéjn con Eléna Pàvlovna – nel palazzo della gran principessa sulla Kàmennyj ostróv, l'isola delle pietre, dove il pianista si era trasferito – fu finalmente messo a punto il progetto di fondare un conservatorio a Pietroburgo. Le

---

[84] G. Rubinštéjn, op. cit., vol. l, p. 70.

[85] Ibid.

impressioni ricavate da queste conversazioni, dalla vita a palazzo e dai paesaggi circostanti si riflessero nelle meravigliose pièce per pianoforte di Rubinštéjn, riunite nei cicli Kàmennyj ostróv (L'isola delle pietre; 1853-54), Bal (Ballo; 1854) e Soirées à St. Petersbourg (1860)

Ma, durante il regno di Nikolàj, dei piani di «europeizzazione» della vita musicale russa non si fece nulla. Rubinštéjn ricordava che, quando nel 1849 fece ritorno dalla Berlino rivoluzionaria a Pietroburgo, il baule in cui erano contenute le sue composizioni musicali gli fu confiscato dalle guardie di frontiera, che sospettavano che gli spartiti fossero scritti sovversivi crittografati. A Pietroburgo il governatore generale della capitale si mise a pestare i piedi davanti a Rubinštéjn, uscito casualmente senza passaporto[86], e gli gridò: «Ti metto ai ceppi! Ti mando in Siberia!». E il capo della polizia spedì l'artista, che a quel tempo era già una stella in tutta Europa, dal capo della cancelleria con queste parole: «Suonagli qualcosa, in modo che ci si renda conto che sei davvero un musicante»[87]. In un'atmosfera di questo genere, parlare di rispetto per i musicisti poteva sembrare un'impresa disperata, ma Rubinštéjn non si diede per vinto: nel 1859, con l'aiuto della gran principessa Eléna Pàvlovna istituì la Società musicale russa, che in seguito assunse la qualifica di «imperiale». Eléna Pàvlovna divenne «augustissima presidente» di questa società, che inaugurò una serie di concerti sinfonici e da camera con programmi spesso avventurosi. Presso la Società vennero avviati corsi di musica, che nel 1861 furono finalmente istituzionalizzati nel Conservatorio di Pietroburgo, il primo della Russia

Fu un passo estremamente importante. Il Conservatorio di Pietroburgo alimentò le scuole di esecuzione e composizione, che nel Novecento avrebbero conquistato il mondo intero. I nomi di Chéjfec, Èl'man, Cimbalìst, MilXtéjn, Mravìnskij, Stravinskij, Prokóf'ev e Šostakóvič parlano da soli. Al Conservatorio di Pietroburgo studiò anche Georges Balančìn, il quale nelle nostre conversazioni ricordava con affetto e gratitudine i propri mentori musicali

L'afflusso di candidati al primo conservatorio russo fu enorme, anche se, ovviamente, non mancavano i casi particolari: una nobildonna portò a Rubinštéjn il figlio minorato mentale, «dato che tutti lo cacciano via, che almeno studi la musica». I primi

---

⁸⁶ Il passaporto interno, equivalente alla nostra carta d'identità.

⁸⁷ Ibid., p. 76.

studenti (erano centosettantanove) formavano un gruppo eterogeneo, giacché provenivano da ogni angolo dell'impero; tra loro c'era il timido e schivo capufficio di un dipartimento del ministero della Giustizia, il ventiduenne Pëtr Čajkóvskij

Le accuse, le polemiche e le rimostranze, così frequenti in Russia, non tardarono, implacabili e spesso durissime; riguardavano sia l'idea stessa del conservatorio, sia la persona di Rubinštéjn. Vladìmir Stàsov, critico irascibile e molto accreditato, affermò ripetutamente che l'istruzione superiore è utile per la scienza, ma non per l'arte, e che quindi i conservatòri si immischiano «nell'arte nel modo più nocivo» e «servono esclusivamente da vivaio per la mediocrità»[88]. Stàsov, chiamato scherzosamente «Bach» dagli amici e irriso come ignorante dai nemici, sosteneva che per lo sviluppo di una musica autenticamente russa occorreva puntare sulle piccole scuole. In questo modo difendeva l'importante tradizione dei circoli musicali pietroburghesi, che in quel periodo avevano già dato risultati artistici eccellenti. Il più interessante di questi circoli si formò alla fine degli anni Cinquanta del secolo scorso intorno al compositore Aleksàndr Dargomyžskij

Da tempo il ricco proprietario terriero Dargomyžskij raccoglieva attorno a sé ammiratori della sua opera, prevalentemente giovani e belle cantanti non professioniste. Piccolo e baffuto come un gatto, il compositore se ne stava per ore seduto al pianoforte, alla maniera di Glìnka, alla luce di due candele, accompagnando le meravigliose allieve che eseguivano le sue romanze, espressive e originali, mentre lui si univa al canto con la sua voce strana, quasi da contralto. Così nacque il ciclo di Peterbùrgskie serenàdy (Serenate pietroburghesi), raffinate composizioni vocali che si conquistarono popolarità tra i dilettanti musicali della capitale

Dopo il successo della sua opera Rusàlka, su soggetto di Pùškin e messa in scena a Pietroburgo nel 1856, DargomYiskij cominciò a ricevere la visita di giovani compositori. Tra questi c'erano il nobile diciannovenne Mìlij Balàkirev, giunto a Pietroburgo da Nìžnij-Névgorod, e il giovane ingegnere militare (diplomatosi nella stessa accademia di Dostoévskij) Cézar'Kjuì, nato a Vil'no da padre francese e madre lituana. Erano entrambi musicisti di eccezionale talento, e DargomS'iskij li apprezzò come meritavano. Ben presto si unì a loro il figlio di un proprietario

---

[88] Očerki isrorii Leningrada (Compendio di storia di Leningrado), Moskvà-Leningràd 1957, vol. II, pp. 170. 173.

terriero di Pskov, il soldato della guardia Modést Mùsorgskij, «un ufficialetto molto raffinato (sembra quasi dipinto)»[89], dai modi aristocratici, che sapeva suonare con eleganza e grazia al pianoforte brani dal Trovatore e dalla Traviata, e che andava orgoglioso di essere stato, all'età di tredici anni, «oggetto di attenzioni particolarmente gentili da parte dell'allora imperatore Nikolàj», come si può leggere nelle sue Avtobiografiëeskie zapìski (Memorie autobiografiche) del 1880

In compagnia di questi giovani geni, Dargomyžskij rifiorì, e le sue romanze divennero sempre più acute e audaci. Se la musica di Glinka può essere considerata congeniale alle opere di Pùškin, le opere di DargomYiskij cominciavano a echeggiare i racconti pietroburghesi di Gógol'e il mondo della Fisiologia di Pietroburgo, l'antologia curata da Nekràsov

In quegli anni godevano di grande popolarità le chansons satiriche, tradotte in russo, del poeta francese Pierre-Jean Béranger. Sui testi di quest'ultimo, Dargompskij creò due capolavori autenticamente pietroburghesi per atmosfera e impostazione, che presentò nella forma di una ballata dallo sviluppo originale, una sorta di monologo teatrale in cui i soggetti del francese, trasferiti stVterreno russo di Pietroburgo, suonavano assai liberali e provocatori. Stàryj kapràl (Il vecchio caporale) era un attacco frontale a una delle due principali istituzioni dell'impero di Nikolàj, l'esercito, e Cervjàk (Il verme) un attacco all'altra, la burocrazia

Da un punto di vista puramente artistico, si tratta di due meravigliosi racconti musicali melodrammatici, con una parte vocale nobile ed espressiva e un raffinato accompagnamento. Il grande basso russo Fëdor Šaljàpin ricordava di aver cantato Il vecchio caporale a casa di Lev Tolstój (al pianoforte sedeva il ventiseienne Sergéj Rachmàninov): «Quando in lacrime pronunciai le ultime parole del soldato che stava per essere fucilato: "Che Dio vi conceda di tornare a casa", Tolstój si tolse la mano da sotto la cintura e si asciugò due lacrime che gli rigavano il volto»[9091].

---

[89] S. V. Belóv, Roman F.M. Dostoevskogo «Prestuplenie i nakazanie». Kommentarii (Il romanzo di F.M. Dostoévskij Delitto e castigo. Commentario), Leningràd 1979. p. 38.

[90] F.I. Saljàpin, Maska i duša: moi sorok let na teatrach (La maschera e l'anima: i miei quarant'anni nei teatri), Parigi 1932, pp. 157-158.

[91] Ibid., p. 50

Esattamente allo stesso modo si commuovevano gli spettatori quando Šaljàpin con enfasi tutta russa eseguiva Il verme e l'altra canzone di Dargomyžskij sull'impiegato sventurato e impaurito, Il consigliere titolare, che con la loro descrizione a tinte forti, quasi caricaturale, di uomini strettamente imparentati con i protagonisti delle Memorie di un pazzo e del Cappotto gogoliani spinsero un critico ostile a definirne i personaggi «la feccia degli angoli pietroburghesi».

Mentre, alla fine degli anni Cinquanta dell'Ottocento, creava queste sue immagini sarcastiche e al tempo stesso profondamente sentite, Dargomyžskij prescriveva agli interpreti le modalità della loro esecuzione, inserendo, come per una scena drammatica di Gógol', innumerevoli annotazioni d'autore: «con un sospiro», «a occhi socchiusi», «sorridendo e balbettando». Questa estrema cura dei particolari, unita a un atteggiamento genericamente satirico ma improntato a compassione, posero Dargom}iskij accanto ai seguaci di Gógol'della «scuola naturale» e lo avvicinarono ai letterati radicali, raggruppati intorno alla popolare rivista satirica pietroburghese di sinistra «Iskrà» (La scintilla)

Tutto lasciava pensare che Dargomyžskij, godendo della stima sia dell'establishment (nel 1859 fu nominato membro della direzione della Società musicale imperiale russa) sia dei giovani ribelli intellettuali, avesse trovato una posizione confortevole e potesse starsene tranquillamente seduto sugli allori

Tanto più stupefacente risulta quindi il suo ultimo grande lavoro, una sorta di canto del cigno, l'opera Il convitato di pietra, che avrebbe esercitato un'enorme influenza sulle successive ricerche dell'avanguardia della scuola musicale pietroburghese. Dargomyžskij la compose sul testo quasi immutato di una delle «piccole tragedie» di Pùškin, una variazione sul tema di Don Giovanni

Come Pùškin, a suo tempo, si era messo in competizione nientemeno che con l'ingombrante spettro di Molière, così Dargomyžskij lanciò una sfida a Mozart. È ovvio che l'opera da camera dell'autore russo è di un'altra «categoria» rispetto al monumentale e universale Don Giovanni di Mozart, eppure un critico d'eccezione come Šostakóvič mi ha detto che, di queste due interpretazioni musicali della leggenda di Don Giovanni, lui preferiva e apprezzava maggiormente quella di Dargomyžskij[92][93].

Per capire il punto di vista a tutta prima paradossale di
Šostakóvič, occorre considerare l'opera di Dargompskij, dall'inizio
alla fine, un lavoro sperimentale, finanche polemico; probabilmente
era questa sua qualità a renderla tanto cara a Šostakóvič. Insomma,
era stata realizzata in conformità con la professione di fede di
Dargomyžskij: «Voglio che il suono esprima direttamente la parola.
Voglio la verità»

Dargomyžskij concepì né più né meno una riforma radicale del
genere operistico. Nel Convitato di pietra rifiutò tutti i
procedimenti operistici tradizionali: nella sua opera non ci sono né
arie sviluppate, né ensemble, né cori, solo un recitativo che segue
puntualmente la parola Puškiniana. La musica fluisce in modo
capriccioso, ricreando con nitore i più sottili cambiamenti d'umore,
ma è subordinata alla ferrea logica del discorso; e questa sua
qualità, che procura all'ascoltatore russo un piacere intenso, quasi
fisiologico, ostacola la ricezione dell'opera di Dargompskij al di
fuori della Russia

Componendo Il convitato di pietra, il già gravemente malato
Dargomyžskij si avvalse – come mai prima di allora – del sostegno
morale dei suoi giovani amici di talento. A Balàkirev, Kjuì e
Mùsorgskij si unirono il figlio illegittimo di un principe georgiano,
il roseo e avvenente Aleksàndr Borodìn, e un giovane ufficiale della
marina, l'alto e occhialuto Nikolàj Rìmskij-Kórsakov. Questo
gruppo, di cui divenne leader il fanatico e dispotico Mìlij Balàkirev,
si riuniva da Dargomyžskij quasi ogni settimana per seguire gli
sviluppi creativi del Convitato di pietra. Dargomyžskij cantava
ispirato la parte di Don Giovanni, Mùsorgskij quella di Leporello.
E ogni volta il maestro ripeteva: «Non sono io a scrivere, ma una
forza che mi è ignota»

Successivamente Stàsov, testimone di queste indimenticabili
serate pietroburghesi, descrisse così le sensazioni dei giovani
musicisti di fronte all'audace esperimento di Dargomyžskij:

Era entusiasmo, stupore, quasi un inchino di venerazione
davanti alla possente forza creatrice, che trasformava questo
ometto debole, bilioso, a volte meschino e invidioso, in un

---

[92] Dmìtrij Sostakóvič, conversazione con l'autore (Mosca 1972).

[93] Richard Stites, The Women's Liberation Movement in Russia:
Feminism, Nihilism, and Bolshevism, 1860-1930, Princeton 1978,
pp. 60-61

possente gigante della volontà, dell'energia e dell'ispirazione. Il «gruppo di Balàkirev» esultava ed era entusiasta. Circondava Dargomyžskij di sincera adorazione e, con la profonda simpatia intellettuale, ricompensava il povero vecchietto negli ultimi giorni della sua vita di tutti i lunghi anni di solitudine morale[94][95].

Finita la presentazione, di solito Dargomyžskij aggiungeva: «Se muoio prima di aver terminato di scrivere Il convitato di pietra, finisca di comporlo Kjuì, e lo orchestri Kórsakov». E così avvenne. Il 17 gennaio 1869 Dargomyžskij fu trovato morto nel letto col manoscritto del Convitato di Pietra aperto sulle ginocchia. Rimanevano da scrivere solo alcune pagine della partitura per pianoforte. Ultimata e orchestrata con amore dai suoi giovani amici nel 1870, l'opera fu presentata per la prima volta al teatro Mariìnskij soltanto due anni dopo.

Ecco la ragione del ritardo. In base al decreto di Nikolàj del 1827, in vigore anche dopo la morte dell'imperatore, un compositore russo non poteva percepire per un'opera più di 1143 rubli, mentre l'esecutore di Dargomyžskij chiedeva 3000 rubli d'argento, una somma che il ministro di corte, sovrintendente del teatro Mariìnskij, si rifiutò di pagare. (Per fare un confronto, il compenso di Giuseppe Verdi per l'opera commissionatagli dallo zar Aleksàndr Il, La forza del destino, e di cui diresse la prima a Pietroburgo nel 1862, fu di 22.000 rubli.) Su invito di Stàsov, il denaro necessario fu raccolto non dai musicisti, ma dagli artisti pietroburghesi, che poi regalarono i diritti dell'opera di DargomSüskij «al teatro e al popolo russi»

Rappresentato davanti al pubblico pietroburghese, Il convitato di pietra fu accolto dal prevedibile entusiasmo di Stàsov e dall'incomprensione, per non dire ostilità, dei profani, che accusavano Dargomyžiskij di essere caduto negli ultimi anni «sotto

---

94 V.V. Stàsov, Stat'i o muzyke, v pjati vypuskach, cit., 3, 1880-1886, Moskvà 1977, pp 73-74

95 Cfr., in proposito, N. V. Juchnëva, Ètničeskij sostav i ètnosocial'naja struktura naselenija Peterburga. Statističeskij analiz (Composizione etnica e struttura etnosociale della popolazione di Pietroburgo. Analisi statistica), Leningràd 1984

l'influenza dei nostri musicoclasti locali»[96][97].

Ma quest'opera meravigliosamente «musicoclasta», così ispirata e originale, diede un grande impulso agli sforzi radicali del gruppo dei compositori di Pietroburgo. Questo gruppo, i cui membri vengono qui elencati in ordine di nascita (Borodìn, 1833; Kjuì, 1835; Balàkirev, 1836; Mùsorgskij, 1839; Rìmskij-Kórsakov, 1844), è entrato nella storia della musica con il nome («privo di tatto», secondo Rìmskij-Kórsakov) di «Mogùëaja kùëka» (Il gruppo potente), in inglese «The Mighty Five», in italiano «Gruppo dei cinque», inventato da Stàsov, l'ideologo del circolo

Il Gruppo dei cinque è forse il circolo artistico più importante mai esistito a Pietroburgo e in Russia, tanto che per anni il controllo dello sviluppo dell'arte in Russia fu nelle mani di analoghi gruppi di amici. Sia i pittori «itineranti» (peredvìžniki), sia in seguito i membri del gruppo modernista Mir iskùsstva (Il mondo dell'arte) cominciarono come appartenenti a circoli uniti non solo dagli stessi ideali estetici, ma anche da stretti rapporti d'amicizia

Gli esponenti del Gruppo dei cinque erano dilettanti della musica e, sotto la rigida guida e la supervisione di Balàkirev, di fatto impararono uno dall'altro, cambiando il volto della musica russa, e nella persona del loro più celebre rappresentante, Mùsorgskij, influirono notevolmente anche sulla cultura occidentale

Lo stretto legame tra Dargompskij e Mùsorgskij è indubbio. La prima canzone del delizioso ciclo vocale Détskaja (La camera dei bambini) di Mùsorgskij è dedicata a Dargompskij, «grande maestro della verità musicale»

Sotto l'influsso del Convitato di pietra e su invito – inizialmente scherzoso – di Dargompskij, Mùsorgskij cominciò a comporre un'opera sul testo in prosa della commedia di Gógol'Il matrimonio, episodio satirico «del tutto inverosimile» in due atti sulla vita di un impiegato scapolo pietroburghese. Mùsorgskij spiegò: «Ecco ciò che intendo fare. Vorrei che i miei personaggi parlassero sulla scena come parlano le persone vere ... nel

---

[96] A. Gozenpud. Russkij opernyj teatr XIX veka, 1857-1872 (Il teatro operistico russo dell'Ottocento, 1857-1872), Leningràd 1971, p. 286

[97] A.Ja. Panàeva (Golovačëva), Vospominanija (Ricordi), Moskvà 1986, p. 335.

Matrimonio varco il Rubicone»[98].Suonava come un manifesto del realismo musicale, ma il risultato fu altrettanto «inverosimile» del grottesco scenico pietroburghese di Gégol Oggi Il matrimonio di Mùsorgskij viene considerato una consapevole anticipazione dell'espressionismo; all'epoca, persino DargornYiskij, mentore del giovane innovatore, pensò che Mùsorgskij «si fosse spinto troppo lontano». Gli altri esponenti del circolo, benché entusiasti di fronte ai primi frammenti dell'opera, accolsero il primo atto del Matrimonio solo come una curiosità. Mùsorgskij stesso si spaventò dell'audacia del proprio esperimento e, dichiarato che «il Matrimonio è una gabbia in cui sono rinchiuso finché non mi addomestico, poi via in libertà»[99], interruppe la composizione, e lasciò l'opera incompiuta... Una vera comprensione del Matrimonio si ebbe soltanto cinquanta-sessant'anni dopo

Il convitato di pietra di Dargomyžskij e il Matrimonio di Mùsorgskij accelerarono lo sviluppo successivo dell'opera russa, innescando una reazione a catena di composizioni sperimentali create da musicisti pietroburghesi: Mozart e Salieri (1897) di Rìmskij-Kórsakov, opera da camera su testo di 91 22 Pùškin; Il giocatore (1916) di Prokóf'ev, basata sul romanzo di Dostoévskij; Il naso (1928) e I giocatori (1942) di Šostakóvič, da Gógol'

Tutte queste opere sono accomunate dal desiderio ostinato, quasi fanatico, di conquistare un nuovo territorio musicale e di rivoluzionare il linguaggio della musica. «Incrociando» la musica con la prosa, anziché con la poesia, come era usuale, queste opere produssero risultati a volte scioccanti, anche se decisamente soddisfacenti. Ancora più importante, l'approccio stesso dei compositori ai soggetti era provocatoriamente «prosaico», senza il ricorso ai tradizionali effetti postromantici

Nello stesso tempo il Convitato di pietra è servito da modello per il recitativo drammatico lirico russo, molto vicino (a differenza del recitativo italiano) alla cantilena. L'opera di Dargompskij era costruita come una linea ininterrotta di ariosi e monologhi in miniatura. Tale espediente diede un potente impulso agli esperimenti sulla struttura dell'opera in Russia. Nel Matrimonio, per la prima volta in una grande composizione, vengono rielaborati i procedimenti del linguaggio musicale satirico, grottesco, con i

---

[98] Modést Petróvič Mùsorgskij, Literaturnoe nasledie. Pis'ma. Biografičeskie materialy i dokumenty (Retaggio letterario. Lettere. Materiali e documenti biografici), Moskvà 1971. p. 100.

[99] Ibid

suoi improvvisi contrasti e le esagerazioni, quando il compositore (nella miglior tradizione pietroburghese) si prende gioco dei propri personaggi e, nel contempo, li piange. Tenendo conto di questi aspetti, vediamo come Stravinskij, Prokóf'ev e Šostakóvič siano tutti profondamente influenzati da Dargompskij e Mùsorgskij

La vita musicale di Pietroburgo negli anni Sessanta e Settanta dell'Ottocento, così ricca da attrarre un sempre maggior numero di adepti e di ascoltatori, era dal conflitto impietoso tra due forze apparentemente impari

Il campo della Società musicale imperiale russa e del Conservatorio pietroburghese era capeggiato dal capriccioso Antón Rubinštéjn. L'altro dittatore, Balàkirev, per controbilanciare questo indirizzo filoccidentale e – a giudizio dei giovani nazionalisti del Gruppo dei cinque – antirusso, fondò una propria organizzazione privata per l'istruzione che si chiamava «Scuola musicale gratuita»

Nella scuola di Balàkirev, non solo venivano insegnati gratuitamente agli studenti, agli impiegati e agli artigiani poveri i fondamenti della musica, ma si davano regolarmente anche concerti, con programmi composti prevalentemente di opere del Gruppo dei cinque. Tuttavia, per Balàkirev e i suoi amici era difficile competere con la Società musicale russa, poiché la partecipazione della gran principessa Eléna Pàvlovna («la musa Euterpe», com'era chiamata invariabilmente da ammiratori e detrattori, che ne riconoscevano comunque il ruolo di augusta protettrice) concedeva a Rubinštéjn il privilegio di un sussidio governativo costante e generoso

Stretti nella morsa di uno sfibrante deficit finanziario, Balàkirev e i membri della sua cerchia si abbandonarono alle imprecazioni contro Rubinštéjn, chiamandolo «Stupinstéjn». Non gli risparmiarano neppure le battute antisemite. Rubinštéjn, offeso, si lamentava: «È davvero triste il mio destino, non vengo considerato di casa in nessun luogo. In patria sono "ebreo", in Germania sono russo, in Inghilterra sono Herr Rubinstein, dovunque sono un estraneo»[100]. Nella lotta contro l'odiata Società musicale russa, Balàkirev si serviva anche dei consigli di un'indovina

---

[100] L. Bàrenbojm, Anton Grigor'evič Rubinštéjn. Žizn', artističeskij put', tvorčestvo, muzykal'no-obščestvennaja dejatel'nost' (Antón Grigór'evič Rubinštéjn. Vita, percorso artistico. Opera, attività musicale-sociale), 2 voll., 1867-1894, Leningràd 1962, vol. Il, pp. 251-252

pietroburghese che si era innamorata di lui, «una vera strega», secondo le parole di Rìmskij-Kórsakov. Kjuì attaccava i «conservatori» nella sua rubrica di critica musicale sull'influente «Sankt-Peterbùrgskie védomosti» (Bollettino di San Pietroburgo). Per la causa fu mobilitato anche il membro più radicale del «partito di Balàkirev», Mùsorgskij, che compose una parodia piuttosto maligna, Raëk (Il loggione), in cui si prendeva gioco dei nemici del Gruppo dei cinque, compresa «Euterpe» Eléna Pàvlovna[101].

La vita e l'opera di Mùsorgskij sono intessute di paradossi. Molte delle opinioni e dei gusti piuttosto confusi del compositore, assai simile a un personaggio di Dostoévskij, si sono formati sotto l'influenza dell'idealismo tipico della gioventù radicale pietroburghese degli anni Sessanta dell'Ottocento

Proprio a Pietroburgo, nel maggio del 1855, subito dopo la morte dell'imperatore Nikolàj I, il ventiseienne Nikòlaj Černyšévskij pubblicò il celebre libro Èstetičeskie otno}énija iskùsstva k dejstvìtel'nosti (Rapporti estetici tra arte e realtà), contenente la sua tesi principale, «il bello è la vita», che diventò lo slogan della generazione degli anni Sessanta. Secondo Černyšévskij, la vera arte riproduce la «realtà» nelle forme della vita stessa e, nel contempo, costituisce un «manuale di vita». In altre parole, l'arte deve essere «realistica» e «progressista», partecipando attivamente alla lotta politica, il cui scopo finale è la rivoluzione e un socialismo specificamente russo, diverso dai modelli occidentali

Un critico ancora più radicale, Pìsarev, altro idolo della gioventù pietroburghese, negava il significato stesso dell'arte. Secondo lui, l'unico scopo che l'arte potrebbe perseguire è quello di rappresentare «le sofferenze della maggioranza affamata, meditare sulle cause di queste sofferenze, indirizzare costantemente l'attenzione della società ai problemi economici e sociali»

Per Pìsarev, «nichilista» convinto, l'arte classica era di scarsa utilità, in quanto troppo lontana dalla vita, le opere di Pùškin «soporifere», irrimediabilmente datate, e il loro autore, «il cosiddetto grande poeta», un «versificatore frivolo, legato a pregiudizi meschini», un inutile, anzi dannoso «parassita». La

---

[101] Quasi ottant'anni dopo, Šostakóvič riprese questa tradizione con il proprio Raëk, antistalinista. in cui esprimeva la rabbia impotente dell'intellettuale. sovietico spaventato dalla campagna «antiformalista» condotta da Ždànov nel 1948.

definizione di «parassita» fu impiegata un secolo dopo, dapprima dalla stampa sovietica e poi anche dal tribunale, per un altro poeta nativo di quella che allora si chiamava Leningrado, il futuro premio Nobel per la letteratura Iósif Bródskij

Le opinioni dell'energico «nichilista» letterario, che godettero di larga popolarità tra gli studenti pietroburghesi degli anni Sessanta, furono condivi93 24 se anche da molti giovani artisti. Nell'ambiente artistico, infatti, le riviste con gli articoli di Černyšévskij, Pìsarev e altri radicali venivano accolte con vivo interesse, passavano di mano in mano ed erano lette fino a consumarne la carta. Molti erano entusiasti dell'invito anarchico di Pìsarev: «... quello che si può distruggere, deve essere distrutto, quello che resiste ai colpi è utile, quello che va in frantumi è ciarpame»

La privilegiata Accademia delle arti, a lungo dominatrice della vita artistica di Pietroburgo e di tutta la Russia, ricevette il primo, inatteso colpo «dal basso» nel 1863. Quattordici degli studenti più dotati dell'Accademia l'abbandonarono, rifiutandosi di sottomettersi a regole che parevano loro antiquate e assurde

La «rivolta dei quattordici» provocò uno scontro tra l'arte ufficiale, sclerotizzata di Pietroburgo e i giovani talenti nazionali, consapevoli della loro forza. Fu un'inaudita protesta collettiva (e perciò particolarmente pericolosa per l'establishment culturale) contro la burocratizzazione dell'arte russa operata da Nikolàj I, che l'aveva trasformata in un dipartimento ministeriale, dove le ricompense erano tanto generose quanto severe le imposizioni

I giovani rivoltosi si unirono nella Peterbùrgskaja artél'chudóžnikov (Cooperativa degli artisti pietroburghesi), capeggiata dal carismatico ventiseienne Ivàn Kramskój. A imitazione dei protagonisti dell'allora popolare romanzo di Cto délat'? (Che fare?) formarono una «comune»: presero in affitto una grande casa a Pietroburgo, in cui vivevano, lavoravano, mangiavano insieme; spese ed entrate venivano equamente ripartite. Alle semplici ma vivaci cene alla cooperativa partecipavano fino a cinquanta ospiti; vi si le evano ad alta voce articoli sull'arte e se ne discuteva, qualcuno suonava i pianoforte o cantava, a volte si organizzavano persino balli

Ben presto questa cooperativa di artisti si trasformò in una florida impresa commerciale: nonostante il divieto ufficiale di far cenno sulla stampa al loro abbandono dell'Accademia, le notizie sui rivoltosi si diffusero rapidamente, e a Pietroburgo furono molte le persone desiderose di acquistare i quadri con un fresco paesaggio russo, una scenetta di genere accattivante o un ritratto realistico, dipinti da uno dei giovani talenti

Dopo aver conquistato Pietroburgo, i giovani ribelli compirono il grande passo successivo: la conquista della sonnolenta provincia russa. Nel 1870 la Cooperativa fu trasformata in peredvïinych chudóZestvennych vystavok (Società delle mostre artistiche itineranti). L'idea era quella di portare in giro per tutto il paese opere pittoriche che altrimenti sarebbero state accessibili solo agli abitanti della capitale

Il grande pubblico avrebbe visto, e nel contempo avrebbe avuto la possibilità di acquistare, opere d'arte originali. Oltre allo smisurato ampliamento del pubblico e del mercato potenziale dei loro lavori, per gli artisti erano importanti anche le entrate derivanti dalla vendita dei biglietti di ingresso alle mostre, malgrado il prezzo modesto: venti copechi a persona

94 25 Le mostre degli itineranti, come cominciarono a chiamarli, venivano organizzate una volta all'anno e ognuna era un evento di cui poi si parlava per mesi e mesi. I visitatori attoniti si accalcavano davanti ai quadri, indignandosi o entusiasmandosi per il fatto che, al posto dei convenzionali personaggi mitologici, delle nature morte e dei paesaggi idealizzati, venivano raffigurate scene di genere con la partecipazione di piccoli impiegati, mercanti o finanche – orrore! – mugik) ubriachi

Se gli itineranti esponevano quadri storici, questi erano sempre riferiti alla storia russa. Gli itineranti respinsero la tradizione di Brjullév. L'ultimo giorno di Pompei, un tempo famosissimo, ora veniva deriso in ogni modo dal loro portavoce (e del Gruppo dei cinque) Stàsov, per la sua «bellezza esteriore», «melodrammaticità» e «posa declamatoria italiana in luogo del sentimento autentico». Per la «riabilitazione» della propria opera, Brjullóv dovette attendere fino al 1898, allorché a Pietroburgo fu festeggiato con sontuosi banchetti (a cui parteciparono alcuni degli itineranti più in vista) e con discorsi solenni il centenario della sua nascita..

I quadri dei principali itineranti pietroburghesi – Ivàn Kramskój, Nikolàj Ge, Il'jà Répin, Archìp Kuìndii – andavano a ruba. A un ricco mercante che voleva acquistare uno dei suoi paesaggi, KuìndZi raccontò una storia interessante. Quando il quadro era appena finito, prima ancora che il colore fosse asciugato, nello studio del pittore era entrato un modesto ufficiale di marina che voleva comprarlo

«Non è alla vostra portata» rispose l'artista

«Quanto chiedete?» «Non meno di cinquemila rubli» disse il pittore, sparando una cifra astronomica per l'epoca proprio per liberarsi dell'ospite non invitato

«Va bene, lo prendo» rispose tranquillo l'ufficiale, che non era altri che il gran principe Konstantin. .

Voci su episodi del genere si diffusero in un baleno per Pietroburgo e, di conseguenza, i prezzi delle tele degli itineranti volarono sempre più in alto

La borghesia russa emergente aveva denaro da spendere. L'opinione pubblica in via di formazione chiedeva un'arte impegnata e «realistica». L'idea del collettivismo nella cultura, dei laboratori cooperativi artigiani (artél'), delle associazioni, dei circoli aleggiava nell'aria.

Mùsorgskij, come si conveniva a un uomo degli anni Sessanta, si sentiva un collettivista, un radicale in politica e un «realista». Ebbe una vera e propria crisi quando il circolo di Balàkirev cominciò a disgregarsi a causa di tensioni personali e divergenze artistiche fra i suoi membri. Ciò nonostante, di quel circolo Mùsorgskij fu indubbiamente fin dall'inizio l'esponente più isolato e indecifrabile. La grandezza, l'acume e l'intransigenza della sua arte, unitamente alla morbosa intensità di sentimenti, condannarono Mùsorgskij alla solitudine. Qui affondavano le radici del suo dramma artistico e personale

La fervida passione di Mùsorgskij per l'impresa collettiva, compresa la vita in una «comune», tanto tipica della Pietroburgo degli anni Sessanta dell'Ottocento, si accompagnava non di rado ad accessi del più sfrenato individualismo. (Mùsorgskij non mise mai su famiglia.) L'ingenua ricerca del «realismo» in musica lo condusse al grottesco, alla rappresentazione di allucinazioni e scene patologiche. Ateo, scrisse le pagine più mistiche della musica russa. E infine il radicalismo politico di Mùsorgskij si trasformò quasi integralmente in radicalismo estetico. Il suo grido di battaglia divenne: «Avanti! Verso nuovi approdi !»

In un elenco – compilato non molto tempo prima di morire – delle persone che avevano avuto un influsso particolare sul suo sviluppo, Mùsorgskij dapprima inserì, e poi depennò, il nome di Dostoévskij. Perché? Se ne potrebbe discutere all'infinito, ma la ragione più ovvia è la somiglianza tra i protagonisti delle opere di Mùsorgskij e quelli dei romanzi di Dostoévskij: per entrambi, l'ideale estetico era la ricerca di una «parola nuova»

Gli atroci tormenti dello zar Borìs Godunóv, personaggio eponimo dell'opera basata sulla tragedia di Pùškin e composta da Mùsorgskij negli anni 1869-1872, ricordano lo stato d'animo dello studente pietroburghese Raskol'nikov in Delitto e castigo di

Dostoévskij, pubblicato alcuni anni prima

Dosiféj, il capo degli scismatici seicenteschi del «dramma musicale popolare» (definizione dello stesso Mùsorgskij) Chovànščina, al quale il compositore lavorò alla fine degli anni Settanta, assomiglia sotto molti aspetti allo Zosìma dei Fratelli Karamàzov, il romanzo che Dostoévskij scrisse nello stesso periodAt Naturalmente, tale somiglianza non è conseguenza di una consapevole imitazione né di prestiti, ma discende piuttosto da un'identità di prospettiva artistica. Tutti i personaggi – lo zar di Mùsorgskij, il monaco e lo studente di Dostoévskij – sono posti sotto la stessa lente artistica, che mette impietosamente a nudo ogni emozione e ogni moto dell'animo, anche i più profondi, contraddittori e cifrati

Sia Dostoévskij sia Mùsorgskij erano tormentosamente attratti dall'enigma dell'anima russa con la sua ineffabile ambivalenza. Come nelle opere di Dostoévskij, anche in quelle di Mùsorgskij una persona può essere nello stesso tempo buona e crudele, saggia e maligna, allegra e minacciosa

I commentatori vengono messi tuttora in crisi dal carattere del capo del sysknój prikàz (la polizia segreta del Seicento) Saklovìtyj della Chovànščina: è un patriota, un traditore, una spia, un filosofo, un assassino, insomma un groviglio di contraddizioni. Mùsorgskij, autore del libretto originale della Chovànščina, fu accusato di scarsa abilità artistica, dal momento che la figura di Saklovìtyj non rientrava in nessuno dei cliché dell'opera lirica. Tuttavia, lo Saklovìtyj di Mùsorgskij è tutt'altro che mal tratteggiato. È ambizioso e crudele, un autentico personaggio politico. Mùsorgskij, al pari del suo con96 27 temporaneo Dostoévskij, era riuscito a creare una figura complessa. Basta guardare la storia successiva – terribile – della Russia, per veder confermata la genialità delle intuizioni psicologiche di Mùsorgskij

Come Dostoévskij, anche Mùsorgskij rappresentò gli «umiliati e offesi» con tutte le loro passioni e le loro sofferenze. In lui, come in Dostoévskij, questi personaggi patetici assurgono a vette tragiche; il grottesco e il sublime coesistono, intrecciati. Mùsorgskij riuscì in questa operazione non solo perché provava compassione per quella gente e si sentiva in colpa nei loro confronti, ma perché nelle proprie opere si incarnava in loro. La sua musica è altrettanto vivida, sconnessa, febbrile, ipnotizzante quanto le pagine più ispirate dei romanzi di Dostoévskij

Ma ci sono anche altre sorprendenti analogie tra la tecnica creativa dello scrittore e quella del compositore. Molti dei procedimenti artistici sistematicamente impiegati da Dostoévskij si ritrovano infatti anche nelle opere di Mùsorgskij. Tra questi, il tipico monologo-confessione dei romanzi dostoevskiani, il loro marchio di fabbrica, per così dire. L'opera Borìs Godunóv si basa su tre di questi monologhi dostoevskiani dello zar Boris. Una delle scene più forti è l'allucinazione di Boris, che vede il fantasma del figlioletto che ha fatto uccidere. La descrizione di incubi e allucinazioni segna alcuni degli episodi più famosi delle opere di Dostoévskij, costituendone il tratto distintivo

Lo stesso si può dire di un altro tratto tipico dei soggetti di Dostoévskij: le liti che scoppiano all'improvviso, in cui vengono alla luce le motivazioni profonde e i caratteri dei protagonisti. È stato Iósif Bródskij ad attirare la mia attenzione sull'importanza fondamentale di queste liti nella struttura dei romanzi di Dostoévskij[102]. Una lite del genere è descritta brillantemente da Mùsorgskij nel secondo atto della ChovànSëina, quando i principi riuniti in consiglio segreto litigano sul futuro politico della Russia. Si tratta senza dubbio della scena «politica» più impressionante di tutta la storia dell'opera lirica

Paradossalmente, Mùsorgskij e Dostoévskij erano accomunati anche dall'atteggiamento ambivalente nei confronti dell'aperta tendenziosità politica e dell'impegno sociale nell'opera d'arte. Proprio per questo, sia il compositore sia lo scrittore avevano in antipatia (all'insaputa uno dell'altro!) la poesia politica di Nekràsov, in quegli anni popolarissima. Tra i quadri degli itineranti, entrambi preferivano quelli in cui il tema sociale non era predominante, quelli in cui, come si espresse Mùsorgskij, non c'era «neanche un motivo civile, neanche un po' d'afflizione nekrasoviana»

È significativo che lo spunto per una delle più celebri opere di Mùsorgskij sia stato dato dalle arti figurative. Kartìnki s vystavki (Quadri di un'esposizione) per pianoforte (in seguito brillantemente orchestrata da Ravel) non fu ispirata dalle tele realistiche degli itineranti, ma dai disegni fantastici e grotteschi dell'amico compositore Viktor Gàrtman esposti postumi a Pietroburgo nel 1874

Una delle figure tipiche delle opere di Dostoévskij e di Mùsorgskij è lo 97 28 juródivyj. Con questa parola viene definito in Russia un personaggio che è a metà tra lo scemo del paese e il sant'uomo, ma il termine racchiude in sé molte altre implicazioni storiche, culturali e religiose. Il fenomeno dello juródstvo, risalente al Quattrocento, fu rimarchevole nella storia russa fino al

---

[102] Bródskij, conversazione con l'autore (New York 1978).

Settecento, poi passò alla letteratura e all'arte come simbolo nazionale

Nella tradizione russa, lo juródivyj è l'uomo bislacco, un critico sociale, colui che preannuncia cambiamenti apocalittici. Mettendo in crisi le verità scontate, ribaltandole e ridendone, ne dimostra tutta la superficialità, l'ipocrisia, l'assurdità. Lojuródivyj si contrappone sia ai governanti, sia alla massa. Impiega la propria pretesa follia come arma e, rivoltandosi e denudandosi, rivolta e denuda l'ipocrisia e l'assurdità del mondo che lo circonda

Nel Borìs Godunóv di Mùsorgskij lo juródivyj, che nell'omonima tragedia di svolge un ruolo secondario, è passeggero, diventa il portavoce del popolo russo umiliato e oppresso. Il confronto tra Borìs Godunóv e lo juródivyj, quando quest'ultimo di fronte alla folla sbigottita e ai boiari accusa lo zar di infanticidio, è uno degli episodi culminanti dell'opera. È caratteristica e storicamente precisa la reazione di Boris, che ferma la guardia pronta a mettere le mani sullo juródivyj: «Non toccatelo!... Prega per me, uomo benedetto!». Tradizionalmente gli zar russi tolleravano le uscite più audaci e provocatorie degli juródivyj, considerando tali uomini posseduti da una saggezza superiore

L'ultimo toccante momento del Borìs Godunóv di Mùsorgskij è il lamento disperato, spaventoso dello juródivyj che profetizza l'avvento di tempi cupi: «Piangi, piangi, popolo russo, popolo affamato!». É l'eterno, straziante lamento della Russia in continua sofferenza…

Nella canzone di Mùsorgskij Svétik Sàvisvna, su parole dello stesso autore, lo juródivyj, tormentandosi e ansimando, cerca disperatamente di fare una dichiarazione d'amore a una bella donna. «Una scena orribile. È Shakespeare in musica» esclamò uno dei primi ascoltatori della canzone. Il balbettio lamentoso, inframmezzato da grida, rende l'idea delle sofferenze di un uomo umiliato ed emarginato con una tale forza espressiva che una piccola scena musicale naturalistica si trasforma in un simbolo dalle infinite chiavi interpretative. Per me questa romanza di Mùsorgskij è sempre stata la più brillante e perspicua di tutte le allegorie possibili delle relazioni tra il popolo russo, analfabeta e dolente, e la sua élite intellettuale, colta e inaccessibile

Mùsorgskij amava in modo particolare la canzone Svétik SàviSna. Non a caso, molte delle sue lettere sono firmate «Sàvišna», come se il compositore si identificasse con lo juródivyj della canzone. Una simile autoidentificazione non è casuale: la dinamica esteriore del suo destino e gli impulsi psicologici centrifughi fecero di Mùsorgskij un compositore-juródivyj

È indicativo che Mùsorgskij venisse chiamatojuródivyj anche dagli amici più intimi. Nei loro rapporti con Mùsorgskij, dietro l'esteriore entusiasmo per 98 29 le sue doti musicali, si poteva sempre percepire una nota di condiscendenza intellettuale. In privato il leader del Gruppo dei cinque Balàkirev ebbe a dire che Mùsorgskij era «quasi un idiota»[103]. Stàsov prontamente soggiungeva: «Mi sembra che sia un idiota fatto e finito»[104]. Per Rìmskij-Kórsakov, il più circospetto del gruppo, la personalità di Mùsorgskij era una miscela di due componenti: «Da un lato un'altezzosa opinione di sé e la convinzione che la strada da lui scelta nell'arte fosse l'unica giusta; dall'altro il decadimento completo, l'alcolismo e, di conseguenza, la testa sempre annebbiata»[105]. Ecco la parola: alcolismo! Mùsorgskij si annegò letteralmente in un mare di vino, cognac e vodka, trasformandosi – sotto lo sguardo sgomento degli amici – da raffinato uomo di società, forbito e amabile in uno straccione antisociale, in unojuródivyj pietroburghese

Certo, l'alcolismo era il punto debole dell'uomo Mùsorgskij, ma nello stesso tempo era un fenomeno tipico di quella parte della generazione di Mùsorgskij che, contrapponendosi all'establishment, esprimeva la propria protesta disperata mediante forme di comportamento estreme. «A quell'epoca l'adorazione sfrenata di Bacco era considerata quasi obbligatoria per uno scrittore» rilevò un contemporaneo. «Era la posa, l'atteggiamento degli uomini migliori degli anni Sessanta.» Un altro commentatore concorda: «In Russia le persone di talento, che amano la gente semplice, non possono fare a meno di bere»

Passando giorni e notti nella malfamata bettola pietroburghese «Màlyj Jaroslàvec» in compagnia di rinnegati bohémien come lui, Mùsorgskij ruppe consapevolmente i legami tra sé e i circoli «rispettabili» dell'élite pietroburghese. Mùsorgskij e i suoi compagni di bottiglia idealizzavano il proprio alcolismo, elevandolo al rango di forma di opposizione etica e addirittura estetica. Le loro bravate non furono che la via che li condusse all'isolamento e, infine, all'autodistruzione

---

[103] Mùsorgskij, op. cit., p. 17.

[104] Ibid, p. 20

[105] M. Rìmskij-Kòrsakov, Letopis' moej muzykal'noj žizni (Annali della mia vita musicale), Moskvà 1980, p. 183.

Avviato verso il baratro, Mùsorgskij espresse i propri dubbi. Ne è una testimonianza l'opera più pietroburghese del compositore, il ciclo vocale che egli simbolicamente chiamò Bez solnca (Senza sole; 1874), sui versi di uno dei suoi più intimi amici, Arsénij GoleniSëev-Kutùzov

Nelle sei canzoni-monologo di Senza sole, chiaramente autobiografiche, Mùsorgskij ritrae sé stesso come un uomo che, al centro di una metropoli, non ha presente. Il suo amore fallito, i suoi timidi tentativi di stabilire un contatto, di comunicare, appartengono al passato; ma forse anche il passato è soltanto un'illusione. Il fugace sguardo di una donna, colto nella folla e trasformato in un ricordo persecutorio, è un dettaglio che viene accentuato da Mùsorgskij con un'insistenza surreale che rimanda a Dostoévskij

Il protagonista di Mùsorgskij non ha nemmeno futuro. Nella notte bianca pietroburghese se ne sta seduto tra le quattro pareti della sua stanza, come Raskol'nikov in Delitto e castigo, e trae le conclusioni della propria esistenza solitaria, senza gioie. E quando finisce anche l'ultima canzone del ciclo, cullante e incantevole, diviene chiaro che il protagonista, in un tranquillo stato di prostrazione, non ha altra via d'uscita che il suicidio. La città respinge l'individuo oppresso, e questi è pronto a sparire, a dissolversi nel nulla

Senza sole è uno dei vertici artistici di Mùsorgskij e il suo contributo più rilevante al mito di Pietroburgo secondo la prospettiva di Dostoévskij. Questo ciclo presenta una linea vocale straordinariamente flessibile, libera da vincoli formali, con le sue audaci armonie e la freschezza dell'accompagnamento pianistico, con la sua stupefacente laconicità e moderazione, che fecero di Mùsorgskij una rivelazione per Claude Debussy e Maurice Ravel e, tramite loro, per tutta la cultura musicale del Novecento. Senza sole costituisce una piccola summa dello stile di Mùsorgskij, che rivela chiaramente il motivo per cui l'influenza del compositore russo, enorme e generalizzata in patria, sia riscontrabile anche in molte composizioni vocali di musicisti occidentali contemporanei

La morte di Mùsorgskij fu di fatto un suicidio. Dopo un colpo apoplettico provocato dall'alcolismo, fu ricoverato dagli amici in un ospedale militare dove, sotto la stretta sorveglianza di un medico che lo prese a ben volere, cominciò a riprendersi. Sentendosi meglio, Mùsorgskij corruppe un guardiano con la somma allora enorme di venticinque rubli e si fece portare una bottiglia di liquore, che gli era vietato

Quella bottiglia di cognac, tracannata d'un fiato con una mela di accompagnamento, gli risultò fatale, provocandogli un altro colpo. Mùsorgskij fece solo in tempo a gridare: «È tutto finito! Ah, me sventurato!». Venuto a sapere della morte di Mùsorgskij, un suo compagno di sbronze del «Màlyj Jaroslàvec» rilevò filyofico: «Una caffettiera di rame su una fiamma d'alcol si bruCia, e l'uomo è più fragile di una caffettiera»[106].

Testimonianza sconvolgente degli ultimi giorni di Mùsorgskij divenne il suo pittoresco ritratto, realizzato in soli quattro giorni, con inaudita forza d'improvvisazione, da Il'jà Répin nel marzo 1881, dieci giorni prima che il compositore morisse. Répin, esponente di punta degli itineranti, amico e ammiratore di Mùsorgskij (che lo ricambiava di pari moneta), lo andò a trovare all'ospedale militare

Répin, il più celebre degli artisti nel proprio paese, ma pressoché sconosciuto in Occidente, è noto a ogni russo per le grandi tele storiche e di genere in stile realistico. Energico e vivace, uomo eccentrico e artista prolifico (lasciò oltre mille opere), Répin fu sempre attratto da soggetti d'attualità. Il critico d'arte Abràm Èfrós lo definì un grandissimo «pubblicista» dell'arte russa

Répin fu anche, verosimilmente, il maggior ritrattista russo in un momento che, secondo i commenti allarmati di Stàsov, non era affatto «favorevole allo sviluppo della pittura ritrattistica: la fotografia ha quasi completamente ucciso il ritratto e tutto il nostro talento è scemato, taciuto, d'un tratto è uscito di scena». Ma a Répin, ricco e famoso, veniva dato il benvenuto ovunque, dal Palazzo d'Inverno alla comune nichilista. Nei suoi ritratti psicologicamente penetranti e tecnicamente perfetti immortalò sia la famiglia dello zar, sia gli alti funzionari governativi, sia i principali scrittori, attori e attrici, scienziati, professori, giuristi, religiosi del tempo, nonché anonimi mugikì russi. Répin nutriva un sincero interesse per persone di tutte le classi e di tutti gli orientamenti: la nobiltà pietroburghese con la puzza al naso, i burocrati e i tecnocrati, i conservatori, i liberali, i rivoluzionari e la gente comune

La galleria repiniana di ritratti di intellettuali e personaggi della cultura pietroburghese resta la più interessante e significativa di tutta la pittura russa, e il ritratto di Mùsorgskij vi occupa un posto speciale. È un documento unico, che testimonia la personalità

---

[106] M.P. Musorgskij v vospominanijach sovremennikov (M.P. Mùsorgskij nei ricordi dei contemporanei), Moskvà 1989, p. 204.

dell'artista sull'orlo del crollo; un momento in cui il grande compositore e lo juródivyj, l'alcolista e lo straccione convivono nello stesso corpo e nella stessa anima

Mùsorgskij è raffigurato avvolto in una vestaglia verde da ospedale, con i risvolti color lampone, indossata con trascuratezza. Siede in piena luce, perciò la sua figura risulta particolarmente patetica; la luce del sole ne mostra impietosamente la faccia gonfia, flaccida, bluastra, con «il naso rosso a patata», come lo definì Répin[107], i capelli castano rossicci arruffati e la barba incolta. Ma questa stessa luce attira lo sguardo dell'osservatore verso gli enormi occhi grigioazzurri senza fondo del compositore, che diventano il centro magnetico del ritratto. Sono occhi che, pur esprimendo un tormento interiore, appaiono puri e sereni. Mùsorgskij sembra aspettare remissivo la morte, ascoltando i suoni che si spengono dentro di lui. È l'umiltà dellojuródivyj, consapevole del fatto che, accettando la sofferenza in questa vita e compiendo così il proprio dovere, si appresta a incontrare forze a lui superiori

Il cadavere di Mùsorgskij era ancora caldo quando Stàsov portò il ritratto di Répin alla mostra degli itineranti a Pietroburgo, dove suscitò immediatamente feroci attacchi della stampa reazionaria per il suo «crudo realismo», ma anche sincero entusiasmo. Il capo degli itineranti, il boccadoro Kramskój, si sedette su una sedia e, avvicinando il viso al ritratto di Mùsorgskij fin quasi a toccarlo, esclamò: «È inverosimile, è davvero inverosimile!». In effetti, in tutta l'arte ottocentesca il solo ritratto di compositore che può reggere il confronto con la raffigurazione repiniana di Mùsorgskij è quello altrettanto celebre di Chopin dipinto da Delacroix..

Il 1881 cominciò male per la cultura russa. In febbraio morì a Pietroburgo il cinquantanovenne Dostoévskij. Poco dopo, la morte del quarantaduenne Mùsorgskij privò il paese di un altro dei suoi massimi geni creativi. I pietroburghesi erano ben consci dell'importanza e della drammaticità di queste perdite irreparabili. Ma anche queste due morti furono offuscate da un evento accolto dalla stragrande maggioranza dei russi come una catastrofe nazionale. Il 10 marzo 1881 alcuni terroristi rivoluzionari uccisero lo «zar liberatore» Aleksàndr Il

Il regno complessivamente liberale dell'imperatore Aleksàndr

---

¹⁰⁷ Ibid., p. 168

Il, oltre che dall'editto storico del 1861 sull'abolizione della servitù della gleba (due anni prima della liberazione degli schiavi negli Stati Uniti d'America), fu contrassegnato da molte altre riforme importanti. In Russia furono introdotti il processo con giuria, un parziale autogoverno delle città e delle province, una stampa relativamente indipendente (tra cui anche pubblicazioni di orientamento alquanto radicale), università aperte alle classi inferiori. Furono ampliati i diritti delle donne e delle minoranze e abolite punizioni corporali come la fustigazione

Ma, come era già successo (e sarebbe successo ancora) nella storia della Russia, le riforme liberali non guadagnarono al loro promotore la meritata popolarità. Il paese fu scosso dall'ondata di cambiamenti. Molti intellettuali pietroburghesi mostravano nei confronti di Aleksàndr Il una certa sufficienza. Gli studenti nichilisti chiedevano riforme ancor più radicali. Gli ufficiali e i burocrati spettegolavano apertamente sulla relazione di dominio pubblico a tutti nota tra lo zar e la principessa Ekaterìna Dolgorùkova, di ventott'anni più giovane di lui

Eppure, il 4 aprile 1866, quando il nichilista Dmìtrij Karakézov tentò di sparare all'imperatore che passeggiava nel Giardino d'Estate, la notizia del fallito attentato colpì la Russia come una frustata. I giornali comunicarono che un contadino aveva casualmente urtato il braccio di Karakózov, che quindi aveva sbagliato mira; si dava anche la notizia (infondata) che il terrorista era polacco

Ciò determinò una serie di rappresentazioni in tutto il paese dell'opera storico-patriottic& di Glìnka Una vita per lo zar, nella quale appunto un contadino salva dai polacchi il primo zar della dinastia Romànov. Uno di questi spettacoli è stato descritto dal ventiseienne Pëtr Čajkóvskij, compositore alle prime armi, che vi assisté:

Non appena comparivano [in scena] i polacchi, si alzava il grido «Abbasso, abbasso i polacchi!», i coristi si confondevano e tacevano, mentre il pubblico voleva l'inno, che dovetti sorbirmi una ventina di volte. Alla fine portarono in scena il ritratto dello zar, e non si può nemmeno descrivere il trambusto che ne è seguito[108].

---

[108] Čajkóvskij, Polnoe sobranie sočinenij. Literaturnye proizvedenija i perepiska (Opere complete. Opere letterarie e lettere), Moskvà 1959, vol. V, p. 105.

Karakózov fu impiccato, e per un po'gli atti terroristici cessarono. Ma nel gennaio del 1878 la rivoluzionaria Véra Zasùlič sparò al governatore della città di Pietroburgo, Fëdor Trépov, ferendolo gravemente. Fu l'inizio di una serie di atti terroristici coronati da successo. I rivoluzionari non si limitavano a compiere attentati contro gli alti funzionari zaristi, ma giungevano a motivare – e persino ad annunciare – i loro attacchi. Speciali messaggi d'avvertimento a nome dei rivoluzionari furono recapitati al capo dei gendarmi Nikolàj Mezencóv (come ricordava uno dei terroristi, «quasi di persona») e al prefetto di Pietroburgo Zurov. Dopo ogni attentato i rivoluzionari diffondevano in città volantini nei quali non solo rivendicavano, ma spiegavano e giustificavano le loro azioni

Anche se le organizzazioni rivoluzionarie clandestine erano formate da piccoli gruppi, i loro membri erano persone estremamente devote alla causa, energiche e intelligenti; ogni attentato veniva pianificato nei minimi particolari. Per esempio, quando progettarono di uccidere Mezencév, i rivoluzionari stilarono una tabella con orari e spostamenti. Appurato che il capo dei gendarmi era sempre accompagnato da un attendente e che, per precauzione, indossava sotto i vestiti un giubbotto protettivo, i terroristi ordinarono un pugnale particolarmente pesante, spiegando all'armiere che lo avrebbero usato «per la caccia all'orso». L'esecutore designato della sentenza di morte, preventivamente annunciata, il giornalista Sergéj Kravëìnskij, al segnale di un complice si avvicinò – col pugnale avvolto in un giornale – a Mezencév, il quale stava passeggiando davanti a Palazzo Michàjlovskij, la residenza dello zar. Un altro cospiratore distolse l'attenzione dell'attendente. Kravëìnskij pugnalò il capo dei gendarmi al ventre, sotto il giubbotto, dopodiché balzò sulla carrozza leggera che l'aspettava, attaccata a un meraviglioso trottatore, che portò al sicuro il terrorista lungo un itinerario di fuga prestabilito

Mezencóv morì per la ferita riportata e Kravčinskij raccontò l'attentato nell'opuscolo clandestino *Smert'za smert'* (Morte per morte), ampiamente diffuso a Pietroburgo e in tutta la Russia. Questo e altri consimili, temerari attacchi, compiuti in pieno giorno, misero Pietroburgo sotto shock. Come comunicarono i rivoluzionari, «quelli che decidono con un tratto di penna questioni che per qualcuno sono di vita o di morte si sono accorti con orrore che anche loro possono essere condannati a morte». Uno dei principali nichilisti commentò questa campagna terroristica, senza precedenti per audacia, portata e successo, con le seguenti parole:

«Quando si chiude la bocca a chi vuole parlare, contemporaneamente le si slegano le mani»[109].

In Russia la gigantesca piramide del potere aveva al vertice lo zar. L'imperatore non era soltanto una figura simbolica, ma un effettivo autocrate

Perciò, il pur liberale Aleksàndr Il era inevitabilmente ritenuto responsabile delle azioni dei suoi burocrati più reazionari e retrivi. «Cominciò ad apparire strano» ricordava Véra figner, figura di primo piano del terrorismo, «che si colpissero i servi che eseguivano la volontà del padrone e non si toccasse il padrone. ..»[110]. Così, volendo scioccare Pietroburgo, i rivoluzionari decisero di uccidere l'imperatore. Di questo si occupò un piccolo gruppo, poche decine di persone in tutto, con mezzi finanziari molto limitati. Ma erano giovani e, soprattutto, fanaticamente convinti di essere dalla parte del giusto. Aleksàndr Il poteva pure spingere il paese sulla via delle riforme quanto voleva, il suo destino era comunque segnato

Nel 1879 Aleksàndr Il, al quale erano stati preannunciati sette attentati, fu vittima di un altro agguato. Contro l'imperatore che passeggiava – come sempre solo e senza scorta – per la piazza del Palazzo furono esplosi alcuni colpi di pistola. Ma anche questa volta il terrorista, come prima di lui Karakózov, sbagliò mira e fu impiccato (secondo qualcuno, dopo interrogatori e torture). Ma l'insuccesso non scoraggiò i rivoluzionari. Anzi, essi decisero di utilizzare un metodo molto più efficace delle armi da fuoco: la dinamite. Fallito il sofisticato progetto di far saltare il treno dello zar, l'esplosivo fu piazzato in una cantina del Palazzo d'Inverno. Altro insuccesso: dalla violentissima deflagrazione, che provocò la morte o il ferimento di quasi settanta soldati finlandesi della guardia di Aleksàndr Il, quest'ultimo uscì miracolosamente illeso

Ciò nonostante, la risonanza sociale e politica dell'attentato fu enorme

La capitale fu presa dal panico. «Tutta la Russia, si può dire, si trova in stato d'assedio»[111] scrisse nel diario il ministro della Guerra

---

[109] N.A. Troìckij, Carskie sudy protiv revolucionnoj Rossii. Politiěeskie processy 1871-1880 gg. (I tribunali dello zar contro la Russia rivoluzionaria. I processi politici degli anni 1871-1880), Saràtov 1976, p. 73

[110] Ibid., p. 79.

[111] Ibid., p. 95

Miljùtin. A Pietroburgo, nel solo inverno 1878-79 furono arrestate per sospette attività sovversive oltre duemila persone. Per i nichilisti, però, lo zaricidio era ormai diventato un'ossessione: era in corso la caccia allo zar Aleksàndr, un evento senza precedenti nella storia del terrorismo politico mondiale

Se ne accorse lo stesso sovrano, autocrate spaventato e confuso di un impero potente e sterminato: «Mi stanno braccando come se fossi un animale selvatico» si lamentava. «Ma perché? Eppure non ho nemmeno concesso alcun favore a nessuno di loro perché mi odino così tanto!». L'ostinazione dei terroristi ricevette il dovuto riconoscimento persino dal loro implacabile nemico Dostoévskij: «Noi diciamo subito: sono dei folli, ma questi folli hanno una loro logica, una dottrina, un codice, addirittura un loro Dio, e una struttura più solida che mai»

Il 10 marzo 1881 Aleksàndr Il, accompagnato dalla sua scorta, tornava da un'ispezi0QË militare al Palazzo d'Inverno a bordo di una speciale carrozza blindata fabbricata a Parigi. Quando la carrozza raggiunse l'argine deserto del canale Ekaterininskij, un terrorista sbucato all'improvviso da dietro l'angolo scagliò una bomba fra gli zoccoli dei cavalli al galoppo. E ancora una volta l'imperatore balzò incolume dalla carrozza ridotta in frantumi, mentre due uomini della scorta rimasero feriti. Aleksàndr si avvicinò loro, e tutt'intorno si raccolse una gran folla. Nel frattempo l'attentatore fu catturato dagli ufficiali della guardia

«Grazie a Dio, Vostra Maestà, siete salvo» borbottò una delle guardie

«Grazie a Dio» rispose l'imperatore. «È ancora presto per ringraziare Dio!» esclamò un uomo dalla folla e lanciò contro lo zar una seconda bomba. Questa volta Aleksàndr, a cui lo scoppio dilaniò le gambe, fu ferito mortalmente. Dopo sette attentati falliti, l'ottava azione terroristica aveva avuto successo. Portato al Palazzo d'Inverno, l'imperatore morì pochi istanti dopo. Per ironia della sorte, sulla scrivania di Aleksàndr Il c'era il progetto delle tanto attese riforme costituzionali, che egli aveva previsto di sottoscrivere proprio quel giorno

Vinta la battaglia, i rivoluzionari persero la guerra. Tutti i partecipanti agli attentati ad Aleksàndr Il furono arrestati, processati e impiccati. Fu proclamato imperatore il figlio di Aleksàndr Il, il trentacinquenne Aleksàndr III. Fisicamente imponente, deciso e cocciuto, era un gran conservatore. La morte del padre non fece che rafforzare la sua convinzione che la Russia non fosse pronta per le riforme liberali. L'ideale del nuovo imperatore era il regime autocratico del nonno Nikolàj I; di conseguenza, la nave dello Stato russo virò bruscamente a destra

In questo, Aleksàndr III fu aiutato dall'opinione pubblica. La reazione di Čajkóvskij all'omicidio dello «zar liberatore», espressa in una lettera da Napoli alla patrona del compositore Nadéžda von Meck, era tipica:

La notizia mi ha talmente colpito che per poco non mi sono ammalato. In questi momenti orribili di calamità nazionale, in queste occasioni che tanto disonorano la Russia, è pesante trovarsi all'estero. Vorrei volare in Russia, appurare i particolari, essere tra la mia gente, prendere parte alle dimostrazioni di simpatia al nuovo sovrano e insieme agli altri gridare vendetta. Possibile che nemmeno questa volta venga estirpata la piaga ripugnante che affligge la nostra vita politica? È orribile pensare che, magari, quest'ultima catastrofe non è ancora l'epilogo di tutta la tragedia[112].

Čajkóvskij si iscrisse persino alla SvjaSëénnaja druZìna (Sacra milizia), un'organizzazione segreta fondata dall'aristocrazia russa per la difesa del nuovo imperatore e la lotta contro il terrorismo[113]. È curioso che questo fatto non sia mai stato menzionato in nessuna biografia del compositore, né sovietica né occidentale. Tuttavia, anche senza l'aiuto della Sacra milizia la polizia annientò i resti delle cellule rivoluzionarie a Pietroburgo e in tutta la Russia. Il fantasma dello zar martire (come ora veniva chiamato il defunto imperatore), che – si diceva – di notte si aggirava nella cattedrale di Kazàn', poteva darsi pace

Viceversa, i fantasmi dei rivoluzionari apparentemente sconfitti invasero la cultura russa: la prosa (romanzi e racconti di Turgénev, Dostoévskij, Lev Tolstój, Vsévolod Gàr<in), la poesia (versi di Jàkov P016nskij, Semën Nàdson); la pittura (quadri di Répin, Vasilij Vereščàgin, Vladìmir Makóvskij)

L'itinerante Nikolàj Jaro<énko arrivò al punto di esporre il suo quadro U litóvskogo zàmka (Presso un castello lituano), raffigurante la principale prigione di Pietroburgo (chiamata la «Bastiglia russa») e – di fronte – una giovane rivoluzionaria, a una mostra di pittori itineranti il giorno dell'omicidio dell'imperatore. Naturalmente la cosa fece scalpore. Il fratello di Aleksàndr Il, il

---

[112] P. Čajkóvskij, Polnoe sobranie sočinenij. Literaturnye proizvedenija i perepiska, cit., Moskvà 1966, vol. X, p. 54

[113] Troìckij, op. cit., p. 311

gran principe Michail, era indignato: «Ecco che quadri dipinge! È un vero e proprio socialista!». La tela fu immediatamente portata via, e JaroSénko messo agli arresti domiciliari

Il «castello lituano» fu incendiato e distrutto durante la rivoluzione democratica del febbraio 1917. Al posto di questa infame prigione fu costruito un orrido palazzo di appartamenti, che ogni giorno, per quattro anni della mia vita, ebbi modo di osservare quando ero ospite del collegio annesso alla scuola di musica del Conservatorio di Leningrado

Dalla Russia l'immagine del rivoluzionario nichilista fu esportata all'estero, dove la stampa diede ampio spazio al terrorismo russo, all'uccisione di Aleksàndr II e alla successiva repressione del governo. I nichilisti divennero un simbolo alla moda, come i dissidenti sovietici un secolo dopo. Nel 1881 Oscar Wilde scrisse il dramma Vera, or the Nihilists. Sarah Bernhardt ed Eleonora Duse recitarono con successo nel dramma di Victorienne Sardoux Fedora, basato sulla vita dei nichilisti. Il tipo del rivoluzionario russo venne rappresentato nelle opere popolari di Émile Zola, Alphonse Daudet, Guy de Maupassant e Mark Twain. E, infine, comparve sulle pagine del famoso giornale «The Strand» in uno degli episodi di Sherlock Holmes di sir Arthur Conan Doyle, The Adventure of the Golden Pince-Nez («riformatori, rivoluzionari, nichilisti, mi capisce»). Ormai era vera fama..

L'omicidio di Aleksàndr II da parte dei rivoluzionari contribuì, sia pur indirettamente, alla creazione di un manufatto specificamente pietroburghese nel campo della gioielleria. Un raffinato gioielliere di corte, il francese naturalizzato russo Fabergé, si arrovellava per trovare il modo di eseguire un ordine di Aleksàndr III, il quale desiderava risollevare, con una piacevole sorpresa pasquale, il morale della consorte, che non riusciva a riprendersi dopo la tragica morte del suocero

Fabergé ideò un giocattolo fantastico, e molto poco economico, che rispondeva pienamente alle aspettative dell'autocrate russo: un uovo di gallina d'oro che si poteva aprire e che conteneva al proprio interno un pulcino d'oro in minia tuqyll lavoro virtuosistico del gioielliere di corte incantò l'imperatrice, tanto che per la Pasqua successiva l'ordine fu ripetuto, e la sorpresa che Fabergé mise nell'uovo fu completamente diversa. Così le uova di Pasqua di Fabergé divennero una tradizione interrotta solo dalla rivoluzione del 1917. Delle cinquantacinque o cinquantasei leggendarie uova create dal gioielliere se ne sono conservate presumibilmente solo quarantatré; per molti accaniti collezionisti esse rappresentano, insieme agli allestimenti dei balletti di Djàgilev, il frutto più raffinato e opulento della Russia imperiale. Naturalmente si tratta di una questione di gusti. In ogni caso, le uova di Fabergé sono una testimonianza lampante della fenomenale maestria dei gioiellieri pietroburghesi, nonché della ricchezza degli augusti clienti di Fabergé

Nel complesso, Aleksàndr III fu (forse a imitazione di Pëtr il Grande) un monarca piuttosto avaro, ma né lui né in seguito il figlio Nikolàj II rinunciarono a spendere la somma – per l'epoca, astronomica – di quindicimila rubli (questo era il prezzo di un uovo di Pasqua di Fabergé) per fare felici le proprie amate. Comunque, se non ci fosse stata la rivoluzione, tale spesa si sarebbe probabilmente dimostrata un prudente investimento, perché oggigiorno il valore di ogni uovo imperiale è inestimabile..

106 37 Molti storici insistono sul fatto che Aleksàndr III era ignorante, rozzo e primitivo (anche se non privo di buon senso). Ma queste affermazioni sono in aperta contraddizione con l'impegno dell'imperatore in favore della cultura russa. Patriota appassionato, persino sciovinista (era un antisemita convinto), Aleksàndr III divenne uno dei principali mecenati degli itineranti. La sua ricca collezione di quadri russi costuì la base del Museo di arti figurative di Aleksàndr III, aperto al pubblico nel 1898 nel magnificente edificio del Palazzo Michàjlovskij, poi rinominato sotto i bolscevichi Gosudàrstvennyj Rùsskij muzéj (Museo russo di Stato)

Aleksàndr III aumentò nettamente i sussidi ai teatri imperiali. L'orchestra dell'opera russa fu portata a centouno elementi, il coro a centoventi. Enormi mezzi furono assegnati per costumi e decorazioni; gli spettacoli – sia di balletto sia d'opera – venivano allestiti con una ricchezza e un lusso inauditi

Ogni anno, in primavera, Aleksàndr III approvava personalmente il programma per l'opera e il balletto che gli veniva sottoposto, spesso introducendovi importanti modifiche, e non mancava mai a una prova generale data nei suoi teatri. L'imperatore si intrometteva in tutti i particolari della messa in scena dei nuovi spettacoli, e non solo per capriccio o per piacere ma anche per ragioni politiche. Egli sapeva che i teatri imperiali – dell'opera, del balletto e drammatico – erano lo specchio della monarchia, e quindi il lustro e lo sfarzo degli spettacoli che vi venivano rappresentati rispecchiavano la grandezza del suo regno. Perciò, anche le critiche che comparivano sulle pagine dei giornali di indirizzo liberale (soprattutto dal 1882, con l'abolizione del monopolio dei teatri imperiali sull'allestimento di spettacoli a Pietroburgo) erano giustamente considerate da Aleksàndr III critiche velate mosse all'autocrazia, sicché un giorno egli rilevò che i giornali se la prendevano con i suoi teatri «perché è loro vietato pubblicare articoli su tantissimi altri argomenti»[114]. Su ordine personale di Aleksàndr III, al teatro Mariìnskij furono messi in scena L'Africaine di Meyerbeer, il Mefistofele di Boito, la Manon di Massenet, i Pagliacci di Leoncavallo, Romeo e Giulietta di Gounod, la Cavalleria rusticana di Mascagni. Queste propensioni per l'Italia e la Francia riflettevano non solo i gusti personali dell'autocrate, ma anche l'orientamento politico della Russia del tempo. Il peggioramento delle relazioni con la Germania portò nel 1890 alla chiusura del Teatro tedesco di Pietroburgo; come commentò un cortigiano informato: «Fu una delle misure repressive in risposta al perfido comportamento del principe Bismarck![115]».

Tra i compositori russi, da tempo il preferito di Aleksàndr III era Čajkóvskij. Ciò detto, è più facile capire perché l'imperatore fosse piuttosto ostile verso la musica del Gruppo dei cinque, una posizione apparentemente incoerente per un nazionalista russo. Aleksàndr cancellò di suo pugno dalla bozza di programma del teatro Mariìnskij per la stagione 1888-89 il Borìs Godunóv e lo sostituì con un'opera di Massenet. Nel suo pregiudizio verso Mùsorgskij e compagni l'imperatore non era solo, e con lui non c'erano solo i conservatori. Tra i più famosi oppositori di Mùsorgskij e del Gruppo dei cinque si possono citare il romanziere liberale Turgénev e l'autore satirico radicale Saltykóv-Sëedrìn

Gli attacchi al Gruppo dei cinque costituiscono una delle pagine più curiose nella storia della cultura pietroburghese. Dimostrano non solo la validità del motto nemo propheta acceptus est in patria sua, ma anche che pregiudizi e gusti di carattere puramente estetico spesso accomunano le persone più disparate. L'artista Répin ricordava che il nemico giurato della monarchia Saltykóv-Sëedrìn pubblicò un attacco satirico contro Mùsorgskij e il suo mentore Stàsov: «Tutta Pietroburgo ha letto questa pasquinata sul giovane talento rotolandosi dalle risate; era una storia divertente su un chiassoso esteta che aveva messo sotto

---

[114] A. Gozenpud, Russkij opernyj teatr XIX veka, 1873-1889 (Il teatro d'opera russo dell'Ottocento, 1873-1889), Leningràd 1973, p. 222.

[115] A. Gozenpud, Russkij opernyj teatr na rubeže XIX-XX vekov i F.I. Šaljapin, 1890-1904 (Il teatro d'opera russo a cavallo tra Ottocento e Novecento e F.I. Šaljàpin, 1890- 904), Leningràd 1974, p. 6.

processo davanti a una giuria di esperti un talento da strapazzo; questi, appena riavutosi da una solenne sbornia, aveva canticchiato la sua nuova aria su un tema civile: un cocchiere che aveva perso lo knut»[116]. Deridendo le pretese di «realismo» in musica proclamate da Mùsorgskij e sostenute da Stàsov, nel suo saggio Saltykóv-Sëedrìn faceva pronunciare a Stàsov la seguente assurda tirata: «Dobbiamo rappresentare negli accordi non solo pensieri e sensazioni, ma anche l'ambiente nel quale questi si producono, senza escludere nemmeno i colori e le fogge delle uniformi»

Turgénev, che non poteva soffrire la musica di Balàkirev e Mùsorgskij, rimproverò a Stàsov il sostegno dato a questi due compositori: «Di tutti i "giovani" musicisti russi solo due hanno un vero talento: Čajkóvskij e Rìmskij-Kórsakov Jutti gli altri – non come uomini, s'intende, come uomini sono incantevoli, ma come artisti – andrebbero messi in un sacco e buttati in acqua. Il faraone Ramsete XXIX gode oggi di maggior popolarità di quanto ne godranno loro tra quindici, venti anni. Questa è la mia sola consolazione»[117]. Fortunatamente, tale profezia non si è avverata

Le relazioni reciproche tra Čajkóvskij e gli esponenti del Gruppo dei cinque erano estremamente complesse e confuse. Ebbero fatalmente inizio quel giorno di marzo del 1866 in cui il ventiseienne Čajkóvskij, seduto in un caffè di Pietroburgo, aprì l'influente giornale «Sankt-Peterbùrgskie védomosti» per leggere la recensione della cantata con cui aveva ottenuto il diploma al conservatorio. L'esponente del Gruppo dei cinque Kjuì formulò una durissima critica della cantata composta da Čajkóvskij per l'esame finale: «Il compositore del conservatorio signor Čajkóvskij non ha alcun talento»

Questa «terribile condanna», per usare le parole dello stesso Čajkóvskij, sconvolse il compositore esordiente. Gli si oscurò la vista, gli si mise a girare la testa; buttò il giornale e, «come un pazzo», ricordò in seguito, corse fuori dal caffè, vagando senza meta per la città, per continuare tutto il giorno a ripetersi: «Sono una nullità, sono un mediocre, non concluderò mai nulla, non ho talento»[118].

---

[116] Répin, Dalëkoe blizkoe (Il remoto prossimo) Leningràd 1982 211

[117] Perepiska I.S. Turgeneva v dvuch tomach (Corrispondenza di I.S. Turgénev in due volumi), Moskvà 1986, vol. II, pp. 318-319.

[118] Čajkóvskij, Pis'ma k rodnym (Lettere ai parenti), Moskvà 1940, p. 667

Cercando di dimenticare l'offesa, un giorno Čajkóvskijsi recò a una festa in casa di Balàkirev. L'atteggiamento dei membri del Gruppo dei cinque nei suoi confronti emerge con chiarezza dai ricordi di Rìmskij-Kórsakov, che descrisse così il momento in cui conobbe Čajkóvskij: «Si rivelò un conversatore piacevole e un uomo simpatico, capace di comportarsi con semplicità e di parlare, apparentemente, in modo sincero e franco»[119]. Si noti quel sarcastico e sospettoso «apparentemente»

Čajkóvskij, però, cercò insistentemente di guadagnarsi l'amicizia di Balàkirev: gli dedicò un'opera e su sua proposta scrisse il poema sinfonico Romeo e Giulietta, uno dei suoi capolavori. Ma alla fine Čajkóvskij non divenne il sesto esponente del gruppo, come aveva predetto fin dall'inizio l'eterno entusiasta Stàsov: i gusti, le opinioni, i legami, le predilezioni, gli scopi, e infine i caratteri dei Cinque e di Čajkóvskij erano troppo diversi. Tutto ciò determinò inevitabilmente scontri, spesso velati, ma talora anche aperti

Particolarmente ostili, da rasentare il patologico, furono i rapporti tra Čajkóvskij e Mùsorgskij. Come sarebbe stato bello se i due più grandi compositori russi del tempo si fossero amati, o perlomeno si fossero capiti e stimati! Purtroppo, la realtà fu ben diversa, e nessun tentativo dei biografi di appianare le cose ha avuto successo. L'irascibile Mùsorgskij, che intuiva in Čajkóvskij un nemico, non perdeva occasione per burlarsi di lui, chiamandolo sempre con il derisorio soprannome di Sadyk-Pascia. A sua volta Čajkóvskij, solitamente benevolo, scrisse al fratello (dopo aver «studiato a fondo il Boris Godunóv»): «La musica di Mùsorgskij la mando con tutta l'anima al diavolo; è la parodia più volgare e vile della musica»[120]. Un amico di Čajkóvskij, il critico Gérman Laróš, pubblicò sulle pagine di un giornale quello che il compositore aveva riservato alle conversazioni private. Dopo aver definito il Borìs Godunóv «defecazione musicale», espresse pietà per «il direttore, i cantanti e gli strumentisti a cui il destino ha comandato di avere a che fare con questa sostanza puzzolente»[121]. Oltre a tutto il resto, una questione importante era anche la lotta per la scena del

---

[119] Rìmskij-Kòrsakov, op. cit., p. 66

[120] Čajkóvskij, Polnoe sobranie sočinenij. Literaturnye proizvedenija i perepiska, cit., vol. V, p. 372.

[121] Orlóv, Trudy i dni M.P. Musorgskogo. Letopis' žizni i tvorčestva (Opere e giorni di M.P. Mùsorgskij. Annali della vita e delle opere), Moskvà 1963, p. 405.

Mariïnskij, il teatro più importante e influente dell'impero. Oggi si potrebbe pensare che sulla stessa scena potevano benissimo coesistere le opere di Mùsorgskij e quelle di Čajkóvskij. Laróš non la pensava così, e nemmeno Aleksàndr III. Laróš scrisse:

Un musicista russo che fra trent'anni sfoglierà la partitura per piano del Borìs non crederà mai, come non ci crede uno straniero contemporaneo, che queste figure su fondo chiaro rappresentino qualcosa che è stato veramente cantato e suonato in pubblico, in costume, davanti a una folla numerosa, che non solo paga volentieri del denaro per il proprio posto, ma addirittura incorona d'alloro il compositore .. i suoni selvaggi e i selvaggi giudizi su questi suoni si sono sprigionati non in un paese barbaro, ma in un'illustre capitale.. .. Evidentemente, tra Pietroburgo e il resto del mondo s'è aperta una voragine; il sentimento patriottico della gente che ha conservato un orecchio sano e gusti sani non poteva non soffrire, non esserne profondamente mortificato[122].

Il paradosso sta nel fatto che in questa tirata di Laróš si uniscono un appello ai gusti occidentali e un appello al «sentimento patriottico» russo. Questa ambivalenza rifletteva l'ambivalenza della posizione di Pietroburgo, «finestra sull'Occidente» e, nello stesso tempo, capitale di un potente impero con un monarca sciovinista. Ma, parlando di «orecchio sano e gusti sani», l'amico intimo di Čajkóvskij fa anche saggiamente un profondo inchino alla corte. D'un tratto la politica culturale dell'imperatore, e in particolare il mistero dell'animosità dello zar nei confronti di Mùsorgskij, diventano più chiari

I tredici (1881-1894) anni di regno («troppo poco tempo» secondo le parole dell'artista Aleksàndr Benuà) di Aleksàndr III consolidarono il ritorno agli ideali del «patriottismo» e della «nazionalità» sotto l'egida dell'autocrazia, proclamati dal nonno dello zar, Nikolàj I. Agli occhi di Aleksàndr, il lealismo era autentico patriottismo, e il radicalismo estetico puzzava di sovversione. Non a caso il giornale pietroburghese in lingua francese «Journal de St.-Petersbourg» chiamava gli esponenti del Gruppo dei cinque «des pétroleurs de la république des beaux arts» (gli incendiari della repubblica delle belle arti)

Čajkóvskij, per contro, era considerato da Aleksàndr III un autore superleale. E in fifetti il compositore non solo era

---

personalmente devoto all'imperatore, ma scrisse per lui una marcia di incoronazione e una cantata, ricevendo in regalo da Aleksàndr un anello con un grande brillante del valore di millecinquecento rubli. Le grazie imperiali continuarono a riversarsi su Čajkóvskij anche in seguito, culminando nel 1888 con il dono al compositore di un vitalizio di tremila rubli all'anno.

Čajkóvskij è forse la figura della cultura russa più popolare e più amata in Occidente. Negli Stati Uniti, per esempio, dove la gloria di Čajkóvskij fu incrementata non poco dalla sua partecipazione in qualità di direttore all'inaugurazione del Carnegie Hall nel 1891 , è difficile immaginare un Natale senza che ovunque risuonino le note del Sëelkùnëik (Schiaccianoci), o un 4 luglio (giorno dell'Indipendenza) senza colpi di cannone e fuochi artificiali accompagnati dall'Ouverture 1812

Questa popolarità senza precedenti è fondata in primo luogo sull'evidente accessibilità emotiva e sulla ricchezza delle melodie di Čajkóvskij, ma anche sugli elementi romantici e sensazionalistici della sua biografia (l'omosessualità e il presunto suicidio)

110 41 Le passioni omosessuali di Čajkóvskij condizionarono la sua vita e la sua musica nell'atmosfera repressiva vittoriana della Russia di fine Ottocento? Si avvelenò a Pietroburgo nell'autunno del 1893, a cinquantaquattro anni? E le autorità coprirono il fatto dichiarando che il compositore era morto in seguito a un'epidemia di colera? Nella Leningrado sovietica, ancora scolaro, ho sentito racconti di vecchi pietroburghesi sulle tendenze omosessuali e sulla strana morte di Čajkóvskij

Più tardi, a New York, ho discusso a lungo di questi argomenti con Balančìn

È tuttavia chiaro che la giusta valutazione di tutte queste voci può essere effettuata solo dopo uno studio puntuale e obiettivo dei materiali conservatisi negli archivi russi da parte di specialisti russi e occidentali. La partecipazione di questi ultimi è particolarmente importante perché i temi dell'omosessualità e del suicidio, soprattutto quando riguardano personaggi molto popolari e amati, feriscono l'orgoglio nazionale russo, tanto che fino alla fine degli anni Ottanta di questo secolo in Unione Sovietica erano tabù

Sia Stravinskij sia, in particolare, Balančìn hanno insistito nel definire Čajkóvskij «compositore pietroburghese». La loro valutazione si basava non solo su dati biografici (Čajkóvskij studiò a Pietroburgo, e vi morì; molte sue opere furono eseguite per la prima volta nella capitale, dove si recava spesso e dove aveva molti amici), ma anche su tratti della sua personalità, come la nobiltà d'animo, la moderazione, la riservatezza e, naturalmente, l'impiego di forme «europee» nelle sue composizioni, così consono all'architettura europea di Pietroburgo

Ma nell'opera di Čajkóvskij vi sono elementi ancora più tipicamente pietroburghesi. Gli amanti della musica vi cercano innanzi tutto il turbamento emotivo, quello che che capì il compositore come nessun altro, chiamava «sottile tormento». Passò così in secondo piano quell'aspetto importantissimo e popolare dell'arte di Čajkóvskij che si può definire «imperiale», ossia la glorificazione dell'impero russo e della vittoria delle armi russe.

Il tema «imperiale» è tradizionale nella cultura russa. Naturalmente, la prima nota forte e orgogliosa in questo senso risuonò a Pietroburgo a opera nientemeno che di Pùškin (se si eccettuano le esercitazioni provinciali di alcuni scribacchini che lo precedettero)

All'epoca di Pùškin Pietroburgo era già la capitale di un impero che aveva sconfitto la Polonia e la Svezia, si era annesso la Finlandia e gli Stati baltici (Estonia, Lettonia e Lituania) a ovest, e le terre tatare a sud, e aveva anche iniziato la conquista della Transcaucasia. Tutti questi territori (comprese anche l'Ucraina, la Bielorussia e le sconfinate distese siberiane sparsamente popolate da tribù pagane) costituivano un'estensione enorme, che per dimensione si avvicinava rapidamente a un sesto delle terre emerse. La sconfitta di Napoleone e la marcia vittoriosa delle truppe russe attraverso l'Europa fino a Parigi rafforzarono ulteriormente le ambizioni imperiali dell'élite pietroburghese

Il culto del soldato russo e della baionetta russa era fiorente. Quando nel 1830 i polacchi insorsero contro i soggiogatori russi e Nikolàj I rispose con il cannone, in Francia furono lanciati appelli ad aiutare gli insorti. Fu allora che reagì con la poesia Ai calunniatori della Russia, un pungente manifesto dell'orgoglio imperiale e delle ambizioni di Pietroburgo, formulato come una serie di domande retoriche:

O dello zar russo è ormai impotente la parola?
O per noi è novità dibatter con l'Europa?
O il russo alle vittorie è disavvezzo?
O siam pochi? o da Perm'alla Tauride,
dalle fredde rocce finniche all'infuocata Colchide,
dallo sconvolto Cremlino
alle muraglie dell'immobil Cina,

brillando dei capelli d'acciaio
non insorgerà la terra russa?

Questi versi fieri, duri come il ferro, negli anni della guerra contro i nazisti tedeschi furono impiegati con successo dalla propaganda sovietica (ovviamente, senza nominare lo zar)..

Insieme alle nuove terre, entrarono a far parte dell'impero russo anche popoli e tribù sottomessi. Alcuni lo fecero senza opporre particolare resistenza, altri – come per esempio le popolazioni musulmane del Caucaso – si batterono ferocemente per la propria indipendenza nel corso di vari decenni

L'atteggiamento della cultura russa nei confronti di questi nuovi sudditi imperiali era amb&alente

Tale ambivalenza si nota già nel poema di Pùškin Il prigioniero del Caucaso (1820-21). Pùškin, nello spirito di Rousseau, è entusiasta dell'amore per la libertà dei circassi insorti, della loro ospitalità e semplicità, e dei loro costumi. Ma conclude il poema con un inno all'aquila imperiale a due teste e alle truppe russe che marciavano nel Caucaso annientando «come nero contagio» i circassi amanti della libertà

Come avvenne con la maggior parte degli altri temi costanti della cultura russa, anche in questo caso fu a dettare legge. Pur attratti dalle usanze esotiche dei sudditi multinazionali dell'impero russo, gli scrittori, i compositori e gli artisti pietroburghesi continuarono a trattare le nuove popolazioni sottomesse con sospetto, talora addirittura con aperta ostilità

I tatari e le tribù musulmane del Caucaso venivano raffigurati come barbari a cui la spada russa portava la civiltà e la religione autentica, quella russo-ortodossa. Gli svedesi e i tedeschi erano descritti in genere come uomini primitivi, poco intelligenti e crudeli; i polacchi come presuntuosi e spacconi; gli ebrei come ignoranti, immondi e avidi

Il rapido ampliamento dell'impero, la varietà delle etnie che lo popolavano e il crescente appetito di conquiste di Pietroburgo trovarono un particolare riflesso nella musica russa. L'elenco di opere in un modo o nell'altro legate al tema «imperiale» è lunghissimo. Nella musica, il ruolo omologo a quello di come iniziatore e fondatore di nuovi percorsi creativi lo svolse certamente Glìnka con l'opera Ruslàn e Ljudmìla. Tratto da Pùškin, questo epos mitologico presenta l'idea di un nucleo slavo che, come un magnete, attrae nella sfera della propria influenza i caratteri etnici periferici, dall'enigmatico finlandese alle affascinanti persiane

Glìnka fu seguito da Dargomyžskij con le sue fantasie per orchestra Malorossìjskaja (ucraina) e Cuchónskaja (finlandese). Ma particolarmente affascinanti per i compositori russi risultarono i motivi caucasici. In questo fece da pioniere il capo del Gruppo dei cinque Balàkirev, che dai suoi viaggi per la Georgia portò a Pietroburgo annotazioni su canti e danze popolari locali

Fu particolarmente entusiasmato dalla lezgìnka georgiana: «Non c'è danza migliore. Assai più passionale e aggraziata della tarantella, eguaglia in grandezza e aristocratismo la mazurca»[123]. Risultato di queste infatuazioni caucasiche di Balàkirev furono il poema sinfonico Tamara e la brillante fantasia per pianoforte Islamej, che ricevette le lodi di Franz Liszt, si conquistò popolarità presso il pubblico ed è tuttora la cartina di tornasole per i virtuosisti russi

L'estrema importanza dei motivi orientali per gli esponenti del Gruppo dei cinque fu sottolineata da Rìmskij-Kórsakov: «Questi suoni nuovi ci apparivano a quell'epoca una sorta di rivelazione, eravamo tutti letteralmente rinati»[124]. Nel circolo fu lui il primo a comporre una grande opera di carattere orientale, la sinfonia Antar (1868), seguita dalla famosa suite sinfonica Šahrazàd, che ancora oggi costituisce un'opera fondamentale per le orchestre sinfoniche di tutto il mondo

C'è un episodio poco noto ma molto significativo riguardo all'importanza dei temi «imperiali» nella storia della musica pietroburghese. Nel 1880 fu celebrato sontuosamente il venticinquesimo anniversario del regno dell'imperatore Aleksàndr II. Tra le altre solennità e celebrazioni era prevista la messa in scena di «quadri viventi» che rappresentavano vari momenti gloriosi dell'epoca di Aleksàndr, tra cui le vittorie militare riportate dalla Russia

Per ordine ufficiale, la musica per questi quadri viventi fu scritta dai più importanti compositori, tra cui Rìmskij-Kórsakov, Mùsorgskij, Borodìn e Čajkóvskij

Lo sciovinismo di Mùsorgskij è ben noto. In questo era secondo solo a Balàkirev, il cui fanatismo religioso e il cui antisemitismo erano leggendari. I personaggi polacchi del Borìs

---

[123] A.N. Krjùkov, «Mogučaja kučka». Stranicy istorii peterburgskogo kružka muzykantov (Il Gruppo dei cinque. Pagine di storia del circolo pietroburghese di musicisti), Leningràd 1977, p. 183.

[124] Ibìd., p. 184

Godunóv sono tratteggiati con grande antipatia; non sono meno caricaturali dei polacchi in Una vita per lo zar di Glìnka, cosa che nell'assai più realistico e psicologicamente sofisticato Borìs Godunóv salta all'occhio in modo molto evidente

Ma la musica «ebraica» di Mùsorgskij non riflette affatto gli umori antisemiti dell'autore. I meravigliosi cori della Poražénie Sennacheriba (La disfatta di Sennacherib) e di Iisus Navin (il cui tema Mùsorgskij aveva mutuato dai suoi vicini di casa ebrei), nonché i famosi Dva evréja, bogàtyj i bédnyj (Due ebrei, uno ricco e uno povero), tratti da Quadri di un'esposizione, sono permeati di rispetto per i personaggi ebrei della Bibbia, ma anche di simpatia per la popolazione ebraica contemporanea che dall'oggi al domani era venuta a trovarsi sul territorio dell'impero russo in conseguenza dell'annessione dell'Ucraina, della Lituania e della Polonia, dove vivevano milioni di ebrei

Allo stesso modo la marcia per orchestra di Mùsorgskij Vzjàtie Kàrsa (La conquista di Kars), prevista per l'accompagnamento di uno dei quadri viventi in onore della presa di questa fortezza turca da parte delle truppe di Aleksàndr II, suona solenne, ma non sciovinista. Inoltre, la meravigliosa ballata vocale di Mùsorgskij Zabytyj (Dimenticato), scritta sei anni prima, è una delle più energiche dichiarazioni antimilitaristiche della musica mondiale. L'assai indicativa storia della creazione di questa ballata testimonia la presenza, all'interno della cultura pietroburghese, di una forte opposizione alle ambizioni imperiali della capitale.

Nel marzo del 1874 il famoso pittore Vasilij Vereščàgin, specializzato in battaglie, inaugurò a Pietroburgo una mostra personale di quadri che raffiguravano la conquista del Turkestan da parte della Russia. Le tele minuziosamente dipinte riproducevano, con una tecnica quasi fotografica, i momenti più significativi delle operazioni militari in Asia centrale. Instancabile lavoratore e brillante impresario di sé stesso, Vereščàgin sapeva come presentare le proprie opere, che venivano illuminate in modo da produrre un effetto teatrale (negli anni seguenti, con l'impiego di riflettori elettrici appositamente costruiti, una fovità assoluta). La mostra ebbe un successo sensazionale presso il pubblico pietroburghese

Stupefacenti per la minuziosità naturalistica e sconvolgenti per la coraggiosa rappresentazione degli orrori della guerra, le tele di Vereščàgin ebbero enorme popolarità non solo in Russia, ma anche in Europa, dove l'artista era considerato il migliore dei pittori russi contemporanei, e a New York, dove la mostra del 1889 fece guadagnare al pittore la somma, all'epoca favolosa, di ottantaquattromila dollari

Per entrare alla mostra di Vereščàgin a Pietroburgo, la gente stava in coda per ore all'aperto, intirizzita per il freddo vento primaverile. C'era tutta l'intellighenzia pietroburghese, compresi Stàsov e Mùsorgskij. C'erano anche le alte gerarchie militari. E inevitabilmente scoppiò lo scandalo

I rispettabili generali, profondamente offesi da ciò che avevano visto, accusarono Vereščàgin di avere macchiato l'onore dell'armata russa. Li irritò in particolare il quadro Dimenticato, che raffigurava il corpo di un soldato russo ucciso, abbandonato dalle truppe che avanzano. Accanto al morto c'era il suo fucile, e sopra di lui incombeva uno stormo di avvoltoi affamati. «È impossibile che sul campo di battaglia i soldati russi vengano abbandonati, insepolti!» gridò uno dei generali contro l'artista. Vereščàgin, che aveva fatto tutta la campagna del Turkestàn in prima linea, era – come comunica Stàsov – «quasi impazzito dalla rabbia e dall'indignazione». Staccò dalle pareti Dimenticato e altri due quadri che avevano suscitato critiche particolarmente aspre, e li bruciò

«Vereščàgin è venuto da me e ha raccontato quello che aveva appena fatto» ricordava Stàsov. «Era fuori di sé, era pallido e tremava. Alla mia domanda: "Perché l'hai fatto?!", egli ha risposto: "Così ho dato a quei signori quello che si meritano"[125]» Questo suo gesto senza precedenti nella storia dell'arte russa suscitò un pandemonio, ma fece anche grande pubblicità alla mostra. Gli organi di stampa conservatori attaccarono con livore i quadri «antipatriottici» di Vereščàgin

Preferivano i panorami di guerra, tanto popolari nella seconda metà dell'Ottocento, sempre illusionistici ma, a differenza dei quadri di Vereščàgin, filoimperiali e militaristi

Uno di questi, esposto in un edificio a struttura circolare appositamente eretto sul lungofiume del canale Ekaterìnskij, dove poco dopo avrebbero ucciso l'imperatore Aleksàndr Il, è stato descritto da Aleksàndr Benuà. Questo panorama raffigurava proprio la conquista di Kars (celebrata dalla marcia per orchestra di Mùsorgskij!), e Benuà ragazzino rimase per ore sulla banchina a rimirarlo, godendosi soprattutto il primo piano «così realistico»: sagome di fortificazioni, cespugli, cannoni, armi sparse e cadaveri

---

[125] «Sovetskaja muzyka» (Musica sovietica), 3, 1989, p. J 13

di nemici sconfitti[126]. L'élite culturale pietroburghese era impegnata in un acceso dibattito per risolvere alcuni problemi fondamentali che sorgono in qualsiasi Stato che si espanda in modo aggressivo e che possieda non solo un forte esercito, ma anche un'intellighenzia indipendente. Eccone alcuni: è più importante il patriottismo o l'umanitarismo? Il gioco vale la candela? Le vittorie militari porteranno vantaggi e felicità anche alla «gente semplice», o non faranno che rafforzare l'apparato oppressivo dello Stato arricchendone soltanto il vertice? E che fare delle nazioni conquistate, della loro cultura e dei loro costumi? Bisogna preservarli o la russificazione è inevitabile e «progressiva»? Negli ambienti dell'intellighenzia pietroburghese gli umori antimilitaristici erano piuttosto forti per garantire grande successo alla mostra di Vereščàgin. Ma, naturalmente, anche le forze filoimperiali erano molto attive: sia a corte, sia nei giornali, sia nei circoli artistici. Se si devono rappresentare gli orrori della guerra, dicevano, bisogna occuparsi delle atrocità del nemico, proposte al pubblico a scopo edificante, come, per esempio, nel celebre quadro Turéckie zvérstva (Atrocità turche), opera del bon vivant Konstantin Makóvskij. Di questa tela si cominciò a parlare dopo che, avendola vista, Aleksàndr II era scoppiato in lacrime. L'artista aveva raffigurato due orribili soldati turchi nell'atto di aggredire una ragazza slava seminuda[127]. Tra i pochi che non amavano la pittura di Makévskij c'era il giovane Benuà, il quale sin da bambino ebbe gusti piuttosto indipendenti. In seguito avrebbe ricordato che la povera ragazza del quadro gli era sembrata semplicemente ubriaca.

La distruzione dei quadri antimilitaristici da parte di sconvolse la parte liberale della società pietroburghese. In questo ambiente era comune il sentimento di simpatia per l'artista e di indignazione per le pressioni esercitate dai militari. Tutti capivano che l'artista aveva fatto qualcosa di molto importante, creando un precedente e definendo la posizione della cultura liberale nei confronti della Pietroburgo imperiale. Tra coloro che reagirono energicamente a questo atto simbolico di sfida ci fu anche Mùsorgskij, il quale decise subito di far risorgere musicalmente Dimenticato, uno dei

---

[126] Benuà, op. cit., vol. I, p. 371

[127] Al piccolo Benuà, che fin dall'infanzia aveva gusti precisi, il quadro di Makévskij non piacque. Come ricordava poi, la fanciulla del quadro gli sembrava semplicemente ubriaca. E, essendo giovane, non capì assolutamente cosa ci facessero i due turchi con la donna (A. Benuà, op. cit., vol. I, p. 371).

quadri distrutti da Vereščàgin

In questo gesto del compositore si riflettevano chiaramente alcuni importanti ideali del Gruppo dei cinque. In primo luogo, l'aspirazione a integrare la musica con la parola e l'immagine, facendone i protagonisti a pari titolo della progettata e onnipotente unione delle arti con la letteratura. Di questa unione Mùsorgskij era un sostenitore convinto. (Ed era tipico dell'epoca che, per esempio, il pittore Vereščàgin scrivesse prosa e versi e si cimentasse anche nel comporre musica.) C'era poi una fede appassionata nella necessità della partecipazione diretta della musica alla vita politica e civile della Russia, bene espressa dal noto aforisma di Mùsorgskij: «L'arte è un mezzo per dialogare con la gente, non un fine»

E infine, da parte di Mùsorgskij, c'era il desiderio di conservare ciò che era stato creato da un collega artista. Questo impulso fraterno a non lasciare incompiuta o definitivamente distrutta l'opera degli amici era condiviso anche da altri esponenti del Gruppo dei cinque e divenne una tradizione pietroburghese

Ricordiamo che anche il Convitato di pietra di Dargomyžskij, alcune opere dello stesso Mùsorgskij e il Knjàz'Ìgor'(Il principe Ìgor') di Aleksàndr Borodìn, dopofa morte degli autori furono completate e preparate per l'esecuzione a opera di amici. Questo rituale pietroburghese fu importante anche per Šostakóvič, che finì di comporre e orchestrò Skrìpka Rotšil'da (Il violino di Rothschild[128] l'opera del proprio allievo Veniamin Flejšman morto nella battaglia di Leningrado nel 1941

Anche per la mia generazione, conservare l'eredità, ricreare e portare a compimento l'incompiuto è rimasto un imperativo. Nel 1968 un gruppo di studenti del conservatorio di Leningrado di cui io, allora musicista ventiquattrenne, ero il direttore artistico, tirò fuori dal dimenticatoio Il violino di Rothschild e ne realizzò la prima messa in scena…

Composta su un testo scritto appositamente da Goleniščev-Kutùzov (autore anche delle liriche di Senza sole, il ciclo di canzoni di Mùsorgskij ispirate a Dostoévskij), Dimenticato colpisce per la sua laconica espressività. Raffigurando in sole ventisette battute non solo la morte di un soldato in battaglia e lo

scempio del suo corpo da parte degli avvoltoi, ma anche la

---

[128] Dall'omonimo racconto di Céchov, pubblicato in A.P. Céchov, Racconti, 2 voll., trad. it. di Bruno Osimo, Milano, Mondadori, 1996, vol. I, p. 929

triste nenia – che compare e scompare all'improvviso – della contadina angosciata che aspetta invano il ritorno del marito, il piccolo capolavoro di Mùsorgskij è di gran lunga superiore al prevedibile e retorico quadro di Vereščàgin, che conosciamo grazie ad alcune riproduzioni. Come per i Quadri di un'esposizione, il tributo del compositore a un pittore fece sì che l'opera che ne aveva suscitato l'impulso creativo fosse conosciuta e apprezzata dalla posterità

La ballata Dimenticato fu subito vietata dalla censura pietroburghese. La reazione così nervosa delle autorità al messaggio politico contenuto in una ballata musicale, un caso piuttosto insolito, fu una conferma delle convinzioni di Mùsorgskij circa la carica civile della sua diletta arte. Così egli continuò a esprimere in musica i suoi sentimenti antimilitaristi scrivendo la canzone Polkovédec (Il condottiero), compresa nei famosi Pésni i pljàski smérti (Canti e danze della morte), su parole dello stesso Goleniščeev-Kutùzov

La morte vi viene rappresentata sotto forma di condottiero che nel silenzio notturno attraversa a cavallo il campo di battaglia. La vittoria è toccata non ai combattenti, ma a lei, alla morte, e lei canta un selvaggio canto trionfale sulla melodia maestosa e cupa di un inno polacco del periodo della rivolta antirussa del 1862. (In questa scelta si esprimevano verosimilmente gli umori antipolacchi di Mùsorgskij Il quadro musicale della morte a cavallo che prorompe nel monologo derisorio, cinico, terribile, si riallaccia all'antica tradizione europea (tornano alla mente il ciclo di incisioni di Albrecht Dürer o la Totentanz di Liszt, composta vent'anni prima). Ma la canzone di Mùsorgskij trabocca di emotività e teatralità prettamente russe

L'accompagnamento per pianoforte del Condottiero (e delle altre canzoni di questo ciclo) per intensità e drammaticità raggiunge effetti orchestrali

È perciò naturale che nel 1962 i Canti e danze della morte siano stati orchestrati da Šostakóvič. Sette anni dopo, volendo continuare il ciclo – «troppo corto» (quattro pezzi in tutto) – sulla morte di Mùsorgskij, Šostakóvič scrisse la Quattordicesima sinfonia per soprano, basso e orchestra da camera, in cui ampliò ossessivamente la galleria musicale di apparizioni della morte, sviluppando il tema al di là della posizione antimilitaristica di Mùsorgskij

Mùsorgskij è un esempio estremamente interessante di artista pietroburghese. La sua musica, chiaramente nazionalistica, non solo è priva di marcati tratti imperiali, ma, a causa delle sue tendenze antimilitaristiche, veniva considerata dalle autorità come una minaccia alle fondamenta dello Stato. Non a caso il gran principe Konstantin Nikolàevič (in quegli anni vicepresidente della Società musicale imperiale russa) alla prima del Borìs Godunóv fermò il figlio che stava applaudendo, quindi gridò (a detta dei presenti, «quasi con la schiuma alla bocca»): «È una vergogna per tutta la Russia, non un'opera!»

Oltre a Mùsorgskij, «sospetti» a corte erano anche gli altri esponenti del Gruppo dei cinque, anche quelli con posizioni politiche assai più conservatrici. Dal punto di vista estetico, per l'imperatore e per la corte erano tutti pericolosi estremisti. Per di più, si muovevano con grande indipendenza, entrando costantemente in conflitto con l'establishment culturale. Il che, nella disciplinata Pietroburgo – e soprattutto nella sfera rigidamente regolamentata dei teatri imperiali –, era considerato intollerabile. Ecco forse perché nel 1888 l'imperatore Aleksàndr III, esaminando il programma dell'opera imperiale presentatogli per l'approvazione, non solo depennò il Borìs Godunóv, ma mise anche un punto interrogativo accanto alla prevista prima del Principe Ìgor'con il quale si doveva tenere la prima, un'opera ultrapatriottica e squisitamente «imperiale» di Aleksàndr Borodìn.

Aleksàndr Borodìn, l'esponente più anziano del circolo di Balàkirev, fisicamente forte e sano fin quasi ai suoi ultimi giorni, morì improvvisamente nel 1887, a soli cinquantaquattro anni. Una sera, durante un ballo in maschera, mentre come al solito scherzava e faceva ridere tutti, di colpo si appoggiò a una parete e s'accasciò a terra senza vita. La diagnosi fu infarto. La sua composizione principale, Il principe Ìgor', alla quale aveva lavorato, sia pur in modo discontinuo, per diciotto anni, rimase incompiuta. Dotato di fenomenali capacità musicali, Borodìn aveva moltissimi altri interessi: era un valente chimico e, dal dipartimento di chimica dell'Accademia medico-chirurgica di Pietroburgo, fece rapidamente carriera nella gerarchia civile, giungendo all'età di trentatré anni a un livello equivalente, in quella militare, al grado di generale

La chimica e i numerosi impegni in ambito sociale (in particolare Borodìn, strenuo difensore dei diritti della donna, fu uno degli organizzatori dei primi corsi di medicina per donne in Russia) lo distraevano continuamente dall'attività coypositiva. Egli stesso sembrava non sapere bene che cosa fosse per lui più Importante: la scienza, l'impegno civile o la composizione. Ai suoi colleghi di accademia appariva strano che uno scienziato di talento potesse distrarsi con «sciocchezze» musicali, mentre per le suffragette pietroburghesi il principale merito di Borodìn era la partecipazione alla lotta per la parità dei diritti delle donne

Gli amici del Gruppo dei cinque, che ne apprezzavano sopra ogni cosa il talento musicale, si rammaricavano del fatto che Borodìn trascurasse l'attività compositiva. Rìmskij-Kórsakov ricordò con amarezza i propri tentativi di spingerlo a lavorare al Principe Ìgor'con maggior diligenza: Succedeva spesso che si andasse da lui e gli si domandasse cosa aveva fatto. Allora lui vi mostrava una o due paginette di partitura, a volte nemmeno quelle. Gli si domandava: «Aleksàndr Porfir'evič, avete scritto?». Lui rispondeva: «Ho scritto». Ma risultava che aveva scritto moltissime lettere. «Aleksàndr Porfir'evič, avete finalmente trasposto la tal melodia?». «Sì» rispondeva serio. «Be', grazie a Dio, finalmente!» «L'ho trasposta dal pianoforte al tavolo» continuava lui altrettanto serio e tranquillo[129].

Dopo la morte prematura di Borodìn, Rìmskij-Kórsakov e il suo più giovane amico Aleksàndr Glazunóv ultimarono e orchestrarono Il principe Ìgor'. Perché questa meravigliosa tradizione – non lasciare incompiuto un edificio iniziato e non finito da un artista che avrebbe fatto la stessa cosa – è tipica di Pietroburgo? Una delle cause principali di questa nobile azione è il culto della continuità che regnava a Pietroburgo, unitamente al desiderio di integrità che caratterizzava un certo tipo di scuola artistica, o quantomeno un circolo rivoluzionario che, come quello di Balàkirev, funzionava come una scuola

In una città che sembrava pressoché perfetta nella sua regolarità e compiutezza architettonica, l'idea stessa della completezza aleggiava nell'aria e influenzava le persone creative. Ogni opera, insomma, doveva essere ultimata. Questa tensione verso l'ordine caratterizzò soprattutto Rìmskij-Kórsakov, il più pietroburghese per carattere e per estetica del Gruppo dei cinque. Essendo anche il più professionale, Rìmskij-Kórsakov non solo ultimò (con Kjuì) il Convitato di pietra di Dargomyžskij, finì e orchestrò la Chovàniëina di Mùsorgskij, revisionò e riorchestrò il Borìs Godunóv e preparò per la stampa il manoscritto del Matrimonio, ma revisionò anche (insieme agli amici) le partiture delle opere di Glìnka

Dedicato a Glìnka, Il principe Ìgor'di Borodìn proseguiva la linea patriottica di Una vita per lo zar. Il soggetto dell'opera di Borodìn, basato su un poema epico slavo del secolo XII, è

---

129 M. Rìmskij-Kòrsakov, op. cit., p. 160.

semplice: il principe russo Ìgor', in una campagna contro l'ostile tribù asiatica dei pol0vcy, viene fatto prigioniero ma alla fine riesce a fuggire. Questa esile trama venne rielaborata da Borodìn al punto che la sua opera diventò la più «imperiale» della musica russa di ogni tempo

Nel Principe Ìgor'sono raffigurati due mondi contrastanti, quello russo e quello polovese. Ovviamente, le simpatie ideologiche di Borodìn vanno ai russi, benché il compositore, come s'è detto, fosse figlio illegittimo di un principe georgiano (imeretino). Il principe Ìgor'è l'eroe ideale, primus inter pares, e ha il sostegno dei boiari, dei soldati e del popolo. È l'incarnazione dello Stato russo come lo vede Borodìn: forte, giusto, civilizzatore. I pélovcy nomadi, invece, privi di ogni idea di Stato, vivono in un mondo di violenza e sopraffazione

Se, per Borodìn, la superiorità etica dei russi sugli asiatici è fuori discussione, le origini caucasiche del compositore gli consentivano una comprensione intuitiva straordinariamente sottile del materiale musicale esotico e orientale. Questa sua tendenza a lavorare con motivi non europei si era già brillantemente manifestata, quando, insieme ad altri compositori russi, era stato autore della musica per i quadri viventi in onore del venticinquesimo anniversario del regno di Aleksàndr II. V srédnej Àzii (In Asia centrale) di Borodìn risultò la più applaudita e vitale delle opere composte in quella soIenne occasione

119 50 ****** SOLOMON VOLKOV In questo quadro sinfonico viene ricreata con gusto ed efficacia l'atmosfera del Turkestan, languida ma pervasa da una sensazione di pericolo latente (il tutto con toni vividi, che ricordano i quadri di genere asiatici di Vereščàgin). Nel programma di sala lo stesso Borodìn spiegava: «Per un deserto sterminato passa una carovana straniera scortata da truppe russe». Questa musica è scritta con l'animo del soldato russo che vigila nella provincia asiatica conquistata; qui Borodìn si identifica totalmente con quella che chiamava «da forza combattente russa»

Nell'opera la musica dei pélovcy è incomparabilmente più dinamica, piena di una gioia sensuale prossima all'estasi. È anche combattiva e minacciosa. È evidente che nell'accampamento dei pol0vcy Borodìn si sente, da un punto di vista emotivo, a casa propria. Non si limita a osservare, ma partecipa in prima persona all'orgia frenetica. È questa una delle ragioni più evidenti del fatto che il pubblico di tutto il mondo cede all'incanto delle danze polovesi. E anche se la coscienza resiste alla loro forza ipnotica, tuttavia esse agiscono a livello inconscio; la ragione si contrappone a questa ipnosi. Così l'effetto di questa musica è ancora più forte quando viene eseguita fuori dal suo contesto, come opera sinfonica o di balletto a sé stante, al di là dei confini logico-razionali tracciati dal libretto patriottico

Nell'insieme, Il principe Ìgor'si presenta chiaramente come il trionfo della ragione sull'emozione, della fedeltà a un sovrano forte sulla sfrenata libertà dell'anarchia. Allora però, nel 1888, di tutte queste qualità «imperiali» dell'opera occorreva convincere il diffidente Aleksàndr III, maldisposto verso il Gruppo dei cinque che si dimostrava ribelle sul piano estetico

Di questo èifficile compito si fece carico un mecenate di Pietroburgo, il milionario industriale del legno Mitrofàn Beljàev. Seguendo le procedure di corte bizantine, Beljàev fece una petizione ad Aleksàndr III, in cui chiedeva il permesso di donare allo zar la partitura del Principe Ìgor'che aveva fatto stampare a sue spese. Se l'autocrate avesse accettato un regalo del genere, ciò avrebbe significato la riabilitazione dell'opera, e l'augusto punto interrogativo tracciato accanto al titolo sul programma teatrale sarebbe scomparso

Nel biglietto esplicativo di accompagnamento il milionario mecenate poneva il debito accento sul contenuto patriottico e lealista dell'opera di Borodìn

Dopo averci pensato un po', Aleksàndr III accettò il dono, dopodiché l'opera fu reinserita nel programma del teatro imperiale

La messa in scena del Principe Ìgor'fu sontuosa ed estremamente realistica (in particolare, gli scenografi e i costumisti studiarono con grande attenzione i quadri asiatici di Vereščàgin). Durante le scene con i pol0vcy, sul palcoscenico salivano oltre duecento persone. Alla prima, il 23 ottobre 1890, tra gli altri esecutori si distinse il famoso basso della scena imperiale Fëdor Stravinskij (padre di Ìgor'). Fin dalla prima rappresentazione, l'opera riscosse un trionfale successo di pubblico: secondo le testimonianze dei contemporanei, i pietroburghesi «ruggivano» in un accesso di entusiasmo patriottico

120 1 All'inizio i recensori cinici e malevoli parlarono di un «piccolo avvenimento per Pietroburgo», pur rimanendo particolarmente colpiti dal fatto che tutti i biglietti, di costo molto elevato, fossero stati venduti. Se solo avessero immaginato che si trattava di una delle opere più grandiose del repertorio russo e, comunque, della perfetta incarnazione dello spirito imperiale della capitale russa! Il Principe Ìgor'produsse una fortissima impressione sul ventenne Aleksàndr Benuà. Chiamando Borodìn «geniale profeta dilettante», Benuà ricordò poi che la musica di questa opera

lo aiutò a erigere un ponte emotivo dal mondo leggendario dell'antica Russia, e dai suoi «sovrani orgogliosi e nobili», alla Pietroburgo imperiale contemporanea: «Per me, occidentalista sfegatato, l'antichità russa divenne prossima, familiare; quella musica mi allettava con la sua freschezza, qualcosa di primitivo e sano, proprio ciò che mi commuoveva nella natura russa, nella lingua russa, nell'essenza stessa del pensiero russo»[130].

Il patriottismo contagioso del Principe Ìgor'unì ascoltatori di tendenze opposte, come il giovane esteta snob Sergéj Djàgilev, che non si perdeva mai la prima di una nuova opera, e il nazionalista conservatore Alekséj Suvórin, editore del giornale più venduto di Pietroburgo, «Névoe vrémja» (Tempo nuovo). Suvórin, che non s'intrometteva mai nella sezione musicale della sua vivace pubblicazione, infranse la regola per dichiarare per iscritto che la continuazione e l'apoteosi dell'opera di Borodìn e della sua idea centrale dell'unità tra il popolo e il sovrano era la Russia autocratica contemporanea

La musica di Borodìn (tra cui le sue tre meravigliose sinfonie, i due quartetti di bellezza straordinaria e di altissima ispirazione, le stupende canzoni) non si conquistò una grande popolarità in Occidente. Negli Stati Uniti Borodìn è noto soprattutto per il musical Kismet, basato sulle sue melodie. In Occidente la messa in scena del Principe Ìgor'è piuttosto rara, anche se le danze polovesi – che, con la coreografia di Michail Fókin, suscitarono enorme impressione nella stagione parigina di Djàgilev del 1909 – sono familiari agli amanti del balletto e della musica sinfonica. In compenso, Borodìn esercitò una notevole influenza sui musicisti occidentali, in primo luogo sugli impressionisti francesi. Sia Debussy sia Ravel rimasero incantati dall'esotismo delle sue melodie e dalla ricercatezza del suo linguaggio armonico. Per l'orecchio occidentale, l'orientalismo di Borodìn è la parte più importante e interessante del suo lascito

Ma per gli ascoltatori russi ciò che è essenziale in Borodìn – sia nelle opere sia nelle sinfonie, soprattutto la seconda, la cosiddetta Bogatyrskaja – è il richiamo patriottico. Ciò fu confermato una volta di più durante la seconda guerra mondiale, chiamata dai russi «Grande guerra patriottica». In quegli anni l'opera più popolare, al punto di oscurare sia le opere di Mùsorgskij sia quelle dell'eterno favorito Čajkóvskij, divenne (con Una vita per lo zar di Glìnka, reintitolata Ivàn Susànin) proprio Il principe Ìgor'di Borodìn, il

---

[130] Benuà, op. cit., vol. I, p. 650

racconto epico e solenne delle prodezze di un combattente russo e del suo infinito amore per la patria.

Se Borodìn può essere definito il principale – per talento e importanza – propugnatore dell'idea imperiale nella musica russa, subito dopo di lui viene Čajkóvskij. Un tale accostamento può apparire strano solo a prima vista. Dopotutto, Čajkóvskij è un vero figlio di Pietroburgo, la più imperiale delle città imperiali

Boris Asàf'ev, il più acuto studioso di Čajkóvskij, nel ribadire che soltanto due grandi figure della cultura russa si sentivano a Pietroburgo come a casa propria – Pùškin e Dostoévskij – aggiungeva subito un terzo nome: Čajkóvskij. A Pietroburgo il giovane Čajkóvskij conseguì il diploma di consigliere titolare all'Istituto di giurisprudenza e poi lavorò per più di tre anni al ministero della Giustizia, conducendo la tipica vita del giovane impiegato della capitale

Come i suoi amici, il consigliere titolare Čajkóvskij di giorno compilava progetti di risoluzione di casi giudiziari, e di sera passeggiava come un dandy per il Névskij prospékt, frequentando i ristoranti alla moda. Andava regolarmente ai balli, era un appassionato di teatro e gli piaceva divertirsi ai festini da scapoli. Entusiasta della società pietroburghese, Čajkóvskij dichiarò: «Confesso, ho un grande debole per la capitale russa. Che fare? Mi ci sono troppo abituato! Tutto ciò che è caro al mio cuore è a Pietroburgo, e vivere lontano mi è davvero impossibile»[131].

Al ministero della Giustizia Čajkóvskij fece rapidamente carriera diventando consigl&re di corte, uno dei massimi gradi della gerarchia civile. Nel 1862, quando il suo nome figurò tra quelli dei primi allievi del conservatorio della capitale, fondato da Antón per molti dei suoi congiunti fu una vera sorpresa. Suo zio, un signore assai tradizionalista, era imbarazzato: «Ah, Pétja, Pétja! Che vergogna! Barattare la giurisprudenza con un fischietto!»

Gli studi al conservatorio di Pietroburgo fecero di Čajkóvskij un autentico professionista della musica. Ma non solo questo. Avvicinandolo ai princìpi e alle forme europee di organizzazione del materiale musicale, la formazione al conservatorio diede al giovane compositore anche la sensazione di partecipare alla cultura mondiale. Tale sensazione divenne molto importante per i rapporti tra Čajkóvskij e Pietroburgo, perché affrancò il compositore dal

---

131 P. Čajkóvskij, Polnoe sobranie sočinenij. Literaturnye proizvedenija i perepiska, cit., vol. V, p. 70.

tradizionale conflitto, allora pressoché inevitabile nei circoli dell'élite artistica, con lo spirito cosmopolita della città

Per il Čajkóvskij mondano, divenire cantore di Pietroburgo fu una cosa molto più facile e naturale che per qualsiasi altro compositore russo dopo Glìnka. Sotto l'aspetto musicale, infatti, Pietroburgo era un autentico melting pot. Sul Névskij prospékt si fischiettavano motivi italiani, e poco oltre si poteva sentire un organetto che suonava un Lândler viennese. All'imperatore piacevano le opere francesi, ma a corte esisteva ancora l'antica usanza, risalente alle imperatrici Elizavéta e Ekaterina Il, di invitare a Pietroburgo cantori ucraini

Čajkóvskij assorbiva come una spugna i gusti musicali della capitale: le arie italiane che risuonavano sulle scene del teatro imperiale (dove le primedonne occidentali ricevevano migliaia di rubli d'oro per ogni partecipazione); motivetti e can can francesi; le marce trionfali delle parate militari; i sensuali valzer che avevano conquistato la Pietroburgo aristocratica

Un influsso particolare sull'immaginazione di Čajkóvskij ebbero le popolari, melanconiche romanze pietroburghesi, dette romànsy. Si trattava di deliziosi fiorellini velatamente erotici cresciuti nei salotti alla moda da un complesso incrocio di canti popolari russi e arie operistiche italiane. Alla creazione di questo eccentrico e affascinante ibrido avevano lavorato Glìnka e un cospicuo gruppo di compositori dilettanti russi. Ai loro prodotti ricercati si aggiunse una nota angosciosa e passionale, mutuata dalle canzoni zigane che all'epoca riempivano la città

Dopo essere cresciute al riparo della serra, le romanze pietroburghesi con sfumature zigane varcarono audacemente la soglia dei salotti alla moda ed entrarono nella vita quotidiana, diventando subito la passione degli amanti della musica russa, una sorta di musica pop dell'epoca. Le formule piacevolmente sentimentali e nostalgiche o sensuali e passionali delle romànsy, più di una volta trovarono ospitalità – in forma rielaborata e nobilitata – nella musica di Čajkóvskij.

A volte i musicisti affermano scherzosamente che Čajkóvskij ha scritto tre sinfonie: la quarta, la quinta e la sesta. In effetti, le sue tre prime sinfonie vengono eseguite di rado non solo in Occidente, ma anche in Russia. Eppure è proprio qui che il carattere «imperiale» della musica del giovane Čajkóvskij si è manifestato con particolare chiarezza. In queste prime tre sinfonie vive, esaltata dal genio del compositore, tutta la varietà di generi musicali presenti allora nella capitale russa: le marce cupe, i valzer aristocratici e languidi, le romanze dei salotti e dei sobborghi, la musica di scena dei balletti e le arie dei palcoscenici imperiali, le musiche delle feste popolari, delle fiere, delle varie ricorrenze

I finali delle prime tre sinfonie di Čajkóvskij sono senza eccezione inni, apoteosi imperiali. Nel finale della prima risuona una canzone popolare russa; in quello della seconda, una canzone popolare ucraina; nell'ultimo movimento della terza, una polonaise. Ucraina e Polonia erano allora parti integranti dell'impero russo, e ciò viene sottolineato da Čajkóvskij, che integra l'elemento nazionale nella pompa di corte specificamente pietroburghese

In Čajkóvskij l'impiego di questi temi nella struttura delle sue sinfonie esprime il sostegno all'idea dell'unificazione dei vari popoli sotto l'egida dello zar russo, che tra gli altri titoli aveva quelli di: zar di Kiev, di Polonia, di Georgia, signore di Lituania, Volynja, Podolia e Finlandia, principe del123 4 l'Estonia, della Livonia, della Carelia, della Bulgaria, signore e sovrano dei paesi di Iveria, Cabardinia e delle province d'Armenia, signore del TurkeStan, ecc. Inserendo musica di altre nazioni nei finali delle proprie sinfonie, Čajkóvskij alternò i procedimenti artistici, l'umore e il pathos degli inni più noti della Russia imperiale: quello ufficiale (O Dio, salva lo zar) e quello ufficioso (il coro «Gloria» dall'opera Una vita per lo zar). Questo avvenne in modo così naturale che ci volle un po'di tempo prima che fosse letto come affermazione non solo estetica, ma anche politica

Le potenzialità emotive e simboliche dell'inno O Dio, salva lo zar, che, con tutta la sua enfasi psicologica e politica, compare in due sue popolari composizioni orchestrali: la Slavjànskij mari (Marcia slava; 1876) e l'ouverture 1812-j god (Anno 1812; 1880)

La Marcia slava fu scritta da Čajkóvskij a sostegno di una delle idee più importanti della Russia imperiale, il panslavismo. Čajkóvskij, come la maggior parte dei russi colti, sperava ardentemente nell'unione degli slavi dell'Europa sudorientale sotto l'egida russa. Quando nel 1876 la piccola Serbia insorse contro l'egemonia turca, l'atmosfera in Russia, dove tutti sembravano parteggiare per gli audaci serbi, era talmente elettrizzata che l'esecuzione della Marcia slava con le sue melodie popolari serbe suscitava immancabilmente accessi di entusiasmo patriottico e rumorose dimostrazioni politiche

Čajkóvskij, che amava dirigere personalmente quest'opera, ne era felice. La sua soddisfazione per il ruolo propagandistico della propria musica era profonda, e forse più sincera, di quella di tutti gli altri compositori russi; sicuramente più sincera di quella che avrebbero manifestato Prokóf'ev e Šostakóvič

L'ouverture 1812 cantava, ovviamente, la più grande vittoria militare e politica della dinastia regnante dei Romànov nella cosiddetta «Guerra patriottica» contro Napoleone. Quest'opera drammatica e solenne divenne in Occidente – come la Marcia slava – un cavallo di battaglia, ma in Unione Sovietica non è stata eseguita, nella sua versione integrale, per oltre settant'anni. Il compositore sovietico Sebalìn compì un intervento di vera e propria vivisezione musicale per asportare l'inno imperiale e trapiantarvi la melodia del «Gloria» di Glinka. La stessa sorte toccò alla Marcia slava, mai eseguita in tutti questi anni in Russia e della cui esistenza sapevano solo gli specialisti

Deliberatamente dimenticate furono anche le composizioni religiose per coro di Čajkóvskij (commissionate personalmente da Aleksàndr III), così come la Liturgìja Svjatógo Ioànna Zlatoùsta (Liturgia di San Giovanni Crisostomo) e lo Vséno&ёnoe bdénie (Veglia notturna). Nel 1981, mentre stava preparando al New York City Ballet il festival su Čajkóvskij, ricordai a Balančìn la musica sacra del compositore. Balančìn, ammiratore fanatico di Čajkóvskij e uomo profondamente religioso, se ne interessò molto e mi chiese di portargli l'incisione della Liturgia. Dopo averla ascoltata, mi restituì il disco con questo laconico commento: «Non è Bach».

Come ci è noto da lettere e diari, l'atteggiamento di Čajkóvskij verso la religione era ambivalente. Ma evidentemente doveva considerare la composizione di musica sacra un atto di lealtà e patriottismo, una sorta di offerta all'altare della patria, diventando uno degli aspetti rilevanti del tema imperiale nella musica di Čajkóvskij

Nel 1877 la Russia, ispirata da slogan panslavisti, dichiarò guerra alla Turchia. Čajkóvskij (insieme a quasi tutti gli intellettuali pietroburghesi) seguiva con avido interesse le azioni dell'esercito russo, capitanato da Aleksàndr III e dai suoi figli. Il compositore sentiva come non mai – sia emotivamente sia creativamente – di appartenere organicamente al grande impero

Per qualche tempo Čajkóvskij, abbandonando il suo abituale egocentrismo, riuscì a dimenticare i suoi problemi personali, talvolta anche drammatici. «È vergognoso versare lacrime su sé stessi» confessò in una delle lettere «mentre il paese sta versando il suo sangue per la causa comune[132].»

Ma stranamente la Quarta sinfonia, scritta da Čajkóvskij nei giorni della guerra russo-turca, fu per il compositore il primo passo di allontanamento dalla sua iniziale interpretazione imperiale di questo genere musicale. Qui, infatti, l'individuo oltrepassa per la prima volta i limiti dei tradizionali rapporti con la società e con lo Stato. È nota la lettera di Čajkóvskij alla sua protettrice NadéŽda von Meck, nella quale egli dedica ampio spazio al messaggio nascosto della Quarta sinfonia, descrivendola come un tentativo dell'uomo di sfuggire al proprio destino. Sul protagonista autobiografico della sinfonia incombe, secondo la spiegazione melodrammatica del compositore, «una forza fatale che impedisce all'anelito verso la felicità di giungere a segno»

Nel finale della Quarta sinfonia, per la prima volta Čajkóvskij contrappone il singolo individuo alla società. Qui il conflitto viene ancora risolto con la sottomissione dell'individuo alla collettività. Il compositore commentò: «Se non trovi davvero motivi di gioia in te stesso, guarda gli altri. Vai tra la gente. ... Rallégrati dell'altrui allegria. Dopotutto, si riesce a vivere»[133].

Ma già nella successiva Quinta sinfonia, scritta undici anni dopo (1888), un simile compromesso tra individuo e società non è più possibile. E nel finale il protagonista osserva straniato una pomposa parata trionfale standosene in disparte. (Questa idea musical-filosofica fu ripresa e impiegata con grande effetto da Šostakóvič nel finale della sua Quinta sinfonia, nel tragico anno 1937.) La Sesta sinfonia («Patetica»), scritta da Čajkóvskij poco prima di morire (1893), canta lo scontro dell'individuo con il destino, e piange la completa, definitiva sconfitta del protagonista. Questa, la più popolare sinfonia di Čajkóvskij, è forse anche la sua opera più pessimistica. Io vi trovo una remota eco concettuale del Crepuscolo degli dei di Richard Wagner

Già nella prima parte della sinfonia, Čajkóvskij cita la melodia del corale funebre della liturgia russo-ortodossa, Con i santi riposa. Parlando con amici intimi, Čajkóvskij confessò che questa sinfonia presenta la storia della sua vita, con l'ultimo movimento che funge da De profundis, la preghiera dei morti. Ma anche i primissimi

---

132 A. Doliànskij, Simfoničeskaja muzyka Čajkóvskogo (La musica sinfonica di Čajkóvskij), Moskvà-Leningràd 1965, p. 94.

133 Ibid., p. 99

ascoltatori della sinfonia, che non sapevano nulla del suo messaggio nascosto, intuirono che la «Patetica» poteva considerarsi come un addio del compositore a questo mondo. Dopo la prova generale della sinfonia, diretta da Čajkóvskij, il gran principe Konstantin Konstantìnovič, poeta di talento e fervente ammiratore del compositore, si precipitò nel camerino con gli occhi umidi e rivolse all'autore l'esclamazione: «Che cosa avete fatto! Questo è un requiem, un requiem!»

Il 16 ottobre 1893 ebbe luogo la prima della «Patetica», in un'atmosfera elettrizzata, tra le colonne bianche della sala dell'Assemblea della nobiltà. La comparsa sul podio del direttore, del piccolo ma slanciato ed elegante Čajkóvskij, fu accolta da infinite ovazioni. Il suo bel volto – con le sopracciglia e i baffi ancora scuri, incorniciato da capelli argentei e da una barbetta grigia molto curata – era come al solito pallidissimo, ma le sue guance ardevano per l'emozione. Čajkóvskij cominciò a dirigere stringendo la bacchetta nel pugno, come faceva sempre. Quando anche le ultime note della sinfonia si dissolsero e Čajkóvskij abbassò lentamente la bacchetta, fra il pubblico regnava un silenzio di morte. Al posto degli applausi, da varie zone della sala si sentirono singhiozzi soffocati. Gli ascoltatori erano come impietriti, mentre Čajkóvskij continuava a rimanere in piedi, immobile, in silenzio, a testa bassa. .

«La sinfonia è vita per Čajkóvskij» rilevò una volta Asàf'ev. Secondo la sua colorita descrizione, «da "Patetica" cattura l'attimo stesso della separazione dell'anil*a dal corpo, il momento in cui l'energia vitale si irradia nello spazio, nell'eternità»[134]. È la valutazione di un giovane contemporaneo di Čajkóvskij, di qualcuno che conosceva bene molti degli amici del compositore. Possiamo dunque essere sicuri che l'élite pietroburghese avesse letto l'ultima opera di Čajkóvskij come un romanzo tragico con un finale doloroso. E inevitabilmente accanto al nome di Čajkóvskij si affacciò il nome di Dostoévskij. Sintomaticamente, un altro contemporaneo ha accostato il compositore e lo scrittore: «Con segreta passione si soffermano entrambi sui momenti di orrore, di totale rovina spirituale, e nell'agghiacciata trepidazione del cuore di fronte all'abisso trovano un momento di acuta dolcezza, costringendo il lettore o l'ascoltatore a fare esperienza di questi

---

[134] Ìgor' Glébov (B. V. Asàf'ev), Čajkóvskij, Peterbùrg-Berlin 1923, p. 34.

sentimenti»[135].

Čajkóvskij e Dostoévskij si incontrarono presso un amico comune nell'autunno del 1864, ma nessuno dei due lasciò memorie di quell'incontro

Sappiamo però che Čajkóvskij fu sino all'ultimo un avido lettore di Dostoévskij, ora entusiasmandosene ora respingendolo. I fratelli Karamàzov dapprima lo divertirono ma, via via che la lettura procedeva, finirono per deprimerlo sempre più: «Comincia a essere insopportabile. Tutti i protagonisti, dal primo all'ultimo, sono pazzi»[136]. Il giudizio definitivo fu il seguente: «Dostoévskij è uno scrittore geniale ma antipatico»[137].

Ciò nonostante le affinità tra Čajkóvskij e Dostoévskij, come abbiamo visto, furono nettamente percepite dai giovani contemporanei del compositore

Le sinfonie di Čajkóvskij, a partire dalla Quarta, sono state da loro paragonate a romanzi psicologici in cui la personalità del protagonista – per la prima volta nella musica russa – era sdoppiata, sofferente. Similmente agli eroi di Dostoévskij, l'eroe di Čajkóvskij cerca con insistenza il senso della vita e, nelle migliori tradizioni dei personaggi dostoevskiani, si perde nel fatale triangolo amore-morte-fede. Čajkóvskij mette in musica questa confusione dostoevskiana sui misteri e sulle contraddizioni della vita usando tecniche tipiche del grande romanziere russo, compreso il crescendo di eventi ed emozioni – tanto caro allo scrittore – che conduce a un'iperbolica, catastrofica esplosione

La frenetica brama d'amore di cui sono permeate molte pagine delle sinfonie di Čajkóvskij pervade anche i romanzi di Dostoévskij. L'altro polo di questa passione è, per entrambi, il fascino e insieme il terrore della morte, accompagnati dal desiderio di affrontarla

È interessante confrontare l'atteggiamento di Čajkóvskij verso la morte con quello di Mùsorgskij. Mùsorgskij si avvicina molto a Dostoévskij nella descrizione della tragedia dell'anima solitaria nel

---

[135] A.V. Ossévskij, Muzykal'no-kritičeskie stat'i, 1894-1912 (Saggi critico-musicali, 894-1912), Leningràd 1971, p. 171.

[136] P. Čajkóvskij, Polnoe sobranie sočinenij. Literaturnye proizvedenija i perepiska, cit., Moskvà 1963, vol. VIII. p. 226.

[137] Ibid., vol. X, p. 202

deserto sociale della metropoli. Ma nell'interpretazione di Mùsorgskij il tema della morte appartiene chiaramente a un'altra epoca. Malgrado tutta la sua espressività e drammaticità, il ciclo vocale di Mùsorgskij Canti e danze della morte, rimane pur sempre una serie di grandi quadri musicali romantici. Mùsorgskij osserva la morte con distacco, quasi da spettatore

Per Mùsorgskij il sommo mistero è il mistero della vita, non quello della morte. Per Čajkóvskij è il contrario, e questo lo avvicina decisamente a Dostoévskij. Per Čajkóvskij e Dostoévskij, destino e morte sono sinonimi

Estremamente indicativa è la nota di Čajkóvskij che spiega il «messaggio» nascosto della Quinta sinfonia: «La più completa sottomissione al destino o alla predestinazione imperscrutabile della Provvidenza, che poi è lo stesso»

Leggendo queste parole, ci si può fare un'idea di quanta sofferenza il fatalismo e il pessimismo producano in Čajkóvskij, il quale subito aggiunge (questo appunto si riferisçe al secondo movimento della sinfonia): «Non sarebbe il caso di buttarsi tra le braccia della fede???»[138].

Ma una decisione simile, tanto profonda e naturale per Dostoévskij, e tanto allettante per Čajkóvskij, non divenne per il compositore il fulcro della sua ultima produzione. Čajkóvskij, che non si buttò tra le braccia della fede, trovò un'àncora di salvezza creativa nel tema di Pietroburgo. La partecipazione alla creazione di questo mito acquisì per Čajkóvskij un significato particolare: impegnato in quest'opera, il compositore rimosse dalla sua coscienza artistica le immagini terribili della morte trionfante

Ritraendo nelle sinfonie Pietroburgo nei suoi vari aspetti, in un quarto di secolo Čajkóvskij tracciò un itinerario per percorrere il quale il resto della cultura russa impiegò centocinquant'anni. Nelle prime tre sinfonie, il suo entusiasmo per la capitale imperiale, con la sua atmosfera scintillante, le parate variopinte e i balli sfarzosi, è evidente. Questo atteggiamento è simile a quello dei primi cantori di Pietroburgo. Ma già in queste prime tre sinfonie l'entusiasmo di Čajkóvskij è carico di elementi nuovi. In primo luogo, i quadri di genere, le scene di festa nelle vie e nelle piazze della città: pagine vicine per spirito a quelle del giovane Gógol'

---

[138] Muzykal'noe nasledie Čajkóvskogo. Iz istorii ego proizvedenij (Il retaggio musicale di Čajkóvskij. Dalla storia delle sue opere), Moskvà 1958, p. 239.

Čajkóvskij vi inserì anche una chiara nota di malinconia che non consente all'ascoltatore di dimenticare che l'autore vive nella seconda metà dell'Ottocento. Tale nota di malinconia si fa bruscamente più cupa nella Quarta sinfonia, dove la solidarietà sentimentale per un'anima solitaria, persa nella metropoli, rievoca le Notti bianche di Dostoévskij

Nelle ultime sinfonie di Čajkóvskij il conflitto tra individuo e società viene notevolmente universalizzato. Da un lato, questo antagonismo sembra assurgere a una dimensione universale, presentando l'individuo in lotta con il destino, dall'altro l'individuo, solo con sé stesso, si pone tragiche domande, come in Dostoévskij. In entrambi i casi, la città resta sullo sfondo, una presenza quasi irrilevante

La «Patetica» è pervasa da un senso di rovina. Questo sentimento, del tutto estraneo a Dostoévskij, rivela anche l'atteggiamento del compositore nei confronti di Pietroburgo. Piangendo sé stesso, il solipsista Čajkóvskij piange anche la rovina del mondo. Perciò, la Sesta sinfonia può essere considerata un requiem per il singolo individuo, ma anche per la città, per tutta la società. L'anima musicale di Čajkóvskij è stata la prima a percepire l'incombere dei catavsmi della guerra e della rivoluzione. Nessuno aveva ancora capito che la cultura pietroburghese era condannata all'annientamento. Neppure eajkévskij, il quale aveva semplicemente sentito l'alito della morte imminente. Questo alito si è impresso nella sua musica come in uno specchio, rendendola nebulosa e ambigua, benché l'immagine di Pietroburgo vi rimanga sempre ben riconoscibile

Dostoévskij, dal canto suo, odiava Pëtr il Grande e la sua creazione: la città-colosso aliena, ostile allo spirito russo, un corpo estraneo inserito a forza nello spazio russo, che ha dovuto piegarsi alla sua volontà maligna. Lo scrittore desiderava ardentemente che Pietroburgo scomparisse

Mùsorgskij condivideva questo atteggiamento di Dostoévskij verso Pëtr e le sue riforme, come testimonia l'opera Chovànščina, in cui le forze antipetrine vengono descritte con comprensione e profonda simpatia. Čajkóvskij si spinse al di là di Mùsorgskij e di Dostoévskij. Intuì e visse emotivamente l'immaginario crollo dell'impero e di Pietroburgo come se fosse stato reale

Egli avvertiva che la fine era dietro l'angolo e, come compositore, lo gridò nel modo più forte e chiaro possibile, riempiendo ossessivamente la sua musica di suoni ammonitori

Proprio per questo Čajkóvskij divenne il primo autore russo in cui l'atteggiamento verso Pietroburgo fu compenetrato di una fortissima nostalgia

Questi motivi nostalgici, intrecciandosi con l'entusiasmo per Mozart e il Settecento, ci hanno dato le Variàcii na temu rokokó (Variazioni su tema rococò) per violoncello e orchestra (1876) e la suite Mozartiana (1887), tanto amata da Balančìn. Ma con particolare forza la nostalgia di Čajkóvskij, il suo orrore intuitivo di fronte all'incombente catastrofe rivoluzionaria e la sua pietà per Pietroburgo destinata a soccombere – secondo la leggendaria maledizione e le teorie slavofile in voga – si riflessero nei suoi balletti e nell'opera La donna di picche. Proprio in queste opere la trasformazione del mito di Pietroburgo cominciò a cristallizzarsi, tra la fine degli anni Settanta e l'inizio degli anni Ottanta dell'Ottocento

Ma la città era ancora al suo posto, a specchiarsi nella Nevà d'acciaio, come incurante del tumulto che la circondava. La sua mitologia era iniziata prima della sua storia, era cresciuta insieme a lei, e a opera di uomini di genio si era trasformata da imperiale a romantica fino ad acquisire un'aura sinistra, pervasa di fatalismo. Ed essa era ancora là, pronta ad accogliere la prossima trasformazione, in apparenza nobilmente impassibile

Questa nuova trasformazione fu conseguita grazie agli sforzi congiunti della musica e delle arti figurative. Per la Russia era un evento decisamente inconsueto. In Russia aveva sempre regnato sovrana la letteratura. La Russia è un paese «letterariocentrico», per quanto ciò possa sembrare strano agli ammiratori occidentali della musica, dell'avanguardia artistica e del balletto russi. Perciò è naturale che l'originario mito di Pietroburgo fosse innanzi tutto una creazione della letteratura: la Pietroburgo di Pùškin, la Pietroburgo di Gógol', la Pietroburgo di Dostoévskij, ciascuna venne a fondare, arricchire e infine scalzare – se non proprio rimpiazzare – la precedente all'inizio degli anni Ottanta. La Pietroburgo di Dostoévskij, raccogliendo in sé le immagini di quelle di Pùškin e di Gógol', dominava incontrastata nella cultura russa

Fu in quel momento che sulla scena di Pietroburgo comparve Čajkóvskij

La sua musica diede un nuovo impulso al tema di Pietroburgo, liberandolo dai dettami della letteratura. Il primo saggio di questa nuova tendenza è l'opera La donna di picche

L'omonimo racconto in prosa di Pùškin (1833) è una delle opere più pietroburghesi dello scrittore. È la storia del giocatore Gérmann, ossessionato dall'idea di una vincita sicura, che cerca di strappare a una vecchia contessa il segreto delle tre carte vincenti; alla fine egli perde il patrimonio e l'amata, ed esce di senno. Il racconto di Pùškin contiene già molti motivi del mito pietroburghese creato dalla letteratura

Pùškin conduce la narrazione in modo equilibrato, secco, quasi ironico; ciò invita ancor più il lettore a credere che nella città descritta tutto sia possibile, compresa la comparsa davanti a Gérmann del fantasma della contessa defunta. E persino il paesaggio di Pietroburgo qui preannuncia (nella forma laconica propria di Pùškin) le future descrizioni assai più verbose di Gógol'e Dostoévskij: «Il tempo era orrendo: ululava il vento, cadeva neve bagnata a grandi falde; i lampioni illuminavano fiochi; le vie erano deserte»

Dopo aver cominciato a comporre (su libretto del fratello Modést) un'opera tratta dalla storia scritta cinquantasette anni prima da Puškin, Čajkóvskij modificò lievemente il nome del protagonista da Gérmann in Gérman, ma nel processo di trasposizione l'intreccio e il carattere della Donna di picche subirono cambiamenti assai più seri. Alcuni sono naturali, dato che si trattava di creare una grande opera melodrammatica sui motivi di una succinta opera in prosa. Ma molti di essi sono dettati dai sentimenti affatto diversi di Čajkóvskij nei confronti di Pietroburgo

Come testimonia pittorescamente Asàf'ev,

...il veleno delle notti pietroburghesi, il dolce miraggio delle sue immagini spettrali, le nebbie dell'autunno e le aride gioie dell'estate, l'agio e le acute contraddizioni della vita pietroburghese, l'insensato spreco delle baldorie pietroburghesi e il languore d'amore degli appuntamenti romantici, degli incontri galanti e delle promesse segrete a Pietroburgo, il freddo disprezzo e l'indifferenza dell'uomo di mondo verso le superstizioni e i rituali fino alla risata blasfema di fronte all'ultraterreno e, nello stesso tempo, il mistico timore di fronte all'ignoto: di tutti gli umori e le sensazioni del genere era avvelenata l'anima di Čajkóvskij. Questo veleno lo portava sempre con sé, e la sua musica ne è intrisa[139].

Ovviamente, in Pùškin questo veleno romantico non c'è. Per il Pùškin della Donna di picche, Pietroburgo è un luogo con un passato glorioso e un futuro non meno glorioso; con un presente splendido, a tratti persino misterioso

---

[139] Glébov, op. cit., pp. 43-44

Alla possibile decadenza della città qui non pensa nemmeno. Pùškin nasconde il proprio interesse per Pietroburgo dietro l'ironia e si serve degli elementi soprannaturali come meri puntelli narrativi. Nel Cavaliere di bmnzo è assai più serio e ricco di pathos; là Pietroburgo è il simbolo della Russia, e le contraddizioni della vita pietroburghese vengono considerate da Pùškin contraddizioni della storia russa. Ma persino nel Cavaliere di bronzo il poeta è convinto della solidità della capitale imperiale, anche se nutre qualche dubbio sulla giustificazione dell'orribile prezzo umano pagato per questa incrollabilità..

QuandO Čajkóvskij scriveva opere con un tema storico o eroico, l'idea patriottica prevaleva sempre, perciò è inutile cercarvi una profondità psicologica. Ma l'atmosfera di Pietroburgo nelle sue ultime opere è psicologizzata all'estremo. Qui i personaggi non pensano ai destini dello Stato, ma solo all'amore, alla vita e alla morte. Nella Donna di picche la morte trionfa: a morire non è soltanto la contessa (come in Pùškin), ma anche i due protagonisti, Gérman e la sua amata Liza, e la loro morte preannuncia il declino di Pietroburgo. Una volta preso atto di questa tragica affinità, tale sensazione di irrevocabile condanna che incombe sulla città non solo non può più essere ignorata, ma finisce per permeare tutta la musica dell'opera

È nota l'identificazione psicologica di Čajkóvskij con Gérman, un fatto raro per il sensibilissimo compositore. La scena fatale, l'apparizione a Gérman del fantasma della contessa, che svela il segreto delle tre carte vincenti, turbava a tal punto Čajkóvskij che egli cominciò a temere che quel fantasma apparisse anche a lui. Componendo la scena della morte di Gérman, il compositore non riusciva a trattenere lacrime e singhiozzi. In proposito, un'annotazione nel diario del domestico di Čajkóvskij descrive ingenuamente il febbrile processo di creazione (l'opera fu composta in quarantaquattro giorni!) della Donna di picche: .. ha pianto tutta la notte, i suoi occhi erano sempre rossi, era davvero stremato . soffriva per il povero Gérman»[140]. In l'incontro di Gérmann con il fantasma della contessa viene trattato in modo piuttosto ironico e scettico. Per Čajkóvskij tale scena offre la possibilità di dare un'occhiata nell'altro mondo e, forse, quella di istituire con quest'ultimo un qualche occulto contatto. Asàf'ev ha detto che in Čajkóvskij la scena con il fantasma suona come una

---

[140] L.M. Konìsskaja, Čajkóvskij v Peterburge (Čajkóvskij a Pietroburgo), 1969, p. 240

sorta di magia musicale e ha sottolineato il fatto che, per una persona religiosa, scrivere una cosa simile è una bestemmia. Inoltre ha paragonato questo episodio della Donna di picche di Čajkóvskij al famoso racconto di Dostoévskij Bobok, in cui lo scrittore si sforza di immaginare i dialoghi dei cadaveri dei pietroburghesi, sepolti al cimitero ma non ancora del tutto decomposti

Anche in questo caso, però, la differenza con l'opera letteraria è evidente. Nella Donna di picche di Čajkóvskij non c'è traccia del cinismo presente in Bobok, poiché giustamente l'autore sentì che il tempo in cui il tema di Pietroburgo poteva essere trattato in quel modo era passato per sempre. Per quanto lo riguardava, il sipario stava ormai calando. Compiangendo Gérman alla fine dell'opera con un corale sublime e cupo, Čajkóvskij piangeva sia sé stesso, sia Pietroburgo, come farà di lì a poco anche nella «Patetica». Proprio perché il destino di Gérman era legato da Čajkóvskij al destino della capitale russa (nonché al proprio), questa divenne un simbolo – tanto emozionante sul piano psicologico – della nuova era della cultura pietroburghese

E come è pressoché inevitabile in Russia, neppure per questa trasformazione culturale si poté fare a meno dell'onnipresente anima di Pùškin. Ma se Il cavaliere di bronzo riuscì a dominare da solo la scena «letteraria» della storia culturale di Pietroburgo, la Donna di picche di Pùškin poté essere trasformata, o più precisamente dissolversi completamente, nelle onde della musica di Čajkóvskij, prendendo parte al vecchio e decadente mito di Pietroburgo e alla creazione di quello nuovo

Facendo la cronaca della creazione della Donna di picche, sempre lo stesso ingenuo ma premuroso domestico di Čajkóvskij ha scritto: «Se, Dio lo voglia, Pëtr Il'ië finirà di comporre bene come ha cominciato, e mi capiterà 131 12 di vedere sulla scena quest'opera; probabilmente molti, seguendo l'esempio di Pëtr Il'ië, verseranno delle lacrime»

Ed effettivamente molti versarono lacrime quando, il 5 dicembre 1890, la Donna di picche fu allestita per la prima volta sulla scena del teatro Mariìnskij

Questa prima può essere considerata un momento emblematico, e per molti aspetti decisivo. Un gruppo di giovani pietroburghesi, che cercavano di non lasciarsi sfuggire nemmeno una rappresentazione dell'opera di Čajkóvskij, né il suo balletto Spjàšëaja krasàvica (La bella addormentata), messo in scena al Mariìnskij alcuni mesi prima, si servì della musica di Čajkóvskij come catalizzatore per la formazione di un nuovo mito di

Pietroburgo

Il leader di questo gruppo, autonominatosi «Il Circolo Pickwick della Nevà», era il ventenne Aleksàndr Benuà, figlio di un ricco e influente architetto pietroburghese. La famiglia Benuà aveva radici italiane, francesi e tedesche. Un bisnonno materno di Aleksàndr, giunto in Russia da Venezia alla fine del Settecento, nel 1832 fu nominato dall'imperatore Nikolàj I «direttore di musica» di Pietroburgo; il nonno architetto aveva costruito il teatro Mariìnskij. Dettaglio curioso: sposandosi, il nonno – cattolico – e la nonna – luterana – di Benuà si erano accordati che i loro discendenti maschili sarebbero appartenuti alla Chiesa cattolica, mentre quelle femminili al protestantesimo

Aleksàndr Benuà considerava che questa decisione fosse una delle cause della larghezza di vedute e dello spirito di tolleranza della sua famiglia, sia in campo religioso sia in campo estetico

Dilettandosi di pittura e di musica, Aleksàndr Benuà fu iscritto al ginnasio privato di Karl Maj, uno dei migliori di Pietroburgo. Qui fece amicizia con i compagni Fi16sofov, Konstantin Sémov e Val'ter Nuvel', con i quali, nelle migliori tradizioni pietroburghesi, organizzò un circolo chiamato «Società autodidattica». I membri del circolo avevano sedici-diciassette anni. Riunendosi perlopiù a casa di Benuà, leggevano a turno pagine accuratamente preparate su musica, pittura, filosofia, e poi ne discutevano appassionatamente

Presto al Circolo Pickwick della Nevà si unì il giovane pittore Lev Rozenbérg, in seguito famoso con lo pseudonimo Léon Bakst. Scelto come portavoce del circolo, aveva tra l'altro il compito di moderare i dibattiti. Il loro fervore è testimoniato dal fatto che la campanella di bronzo, con cui Bakst richiamava all'ordine i suoi compagni, finì per spaccarsi

I soci del Circolo Pickwick della Nevà si sentivano dei veri cosmopoliti pietroburghesi. Come ricordava Benuà, «erano guidati dall'idea di un'umanità unita». Nei loro sogni arditi i membri del circolo vagheggiavano nientemeno che l'impresa di far uscire l'arte russa dall'isolamento e di condurla in Europa. Molto probabilmente questi sogni sarebbero rimasti tali se al circolo non si fosse unito il cugino di Filosofov appena giunto dalla provincia, il giovane charmeur Sergéj Djàgilev, energico e sicuro di sé

Il cugino provinciale era l'estremo opposto del magro, pallido, moderato pietroburghese Fi16sofov. Benuà ricordava che Djàgilev li aveva colpiti per il 132 13 suo aspetto «non pietroburghese»: «Aveva guance piene, rosee, e denti di un bianco scintillante, che si mostravano in due file regolari tra le labbra vermiglie»[141]. Djàgilev, che aveva una voce sonora da baritono, sognava di diventare un cantante professionale; per un certo periodo prese anche lezioni di composizione al conservatorio di Pietroburgo. Nel campo della pittura, invece, era quasi un profano assoluto, e anche i suoi gusti letterari erano imbarazzanti per i suoi nuovi amici

Benuà si fece carico dell'educazione di Djàgilev e per molti anni fu suo mentore e, come si autodefinì lo stesso Benuà, «patrono intellettuale». Djàgilev colpì subito Benuà per il suo straordinario talento: «Passò a grandi balzi dall'ignoranza e indifferenza più completa a uno studio tormentoso e persino appassionato»[142] della cultura russa ed europea. Benuà osservava allibito che il suo «amato e più brillante allievo» era divenuto quasi all'istante uno specialista della poco studiata e arcana arte russa del Settecento

Ma per Benuà il principale talento di Djàgilev era la volontà, a cui si aggiungevano l'energia, la testardaggine e la sbalorditiva comprensione della psicologia umana: «Lui, che era troppo pigro per leggere un romanzo e che sbadigliava ascoltando una conferenza anche molto interessante, era capace di studiare a lungo e con attenzione l'autore di un romanzo o il conferenziere. Il suo verdetto era poi sbalorditivamente preciso e illuminante»[143]. Già prima di giungere a Pietroburgo, uno dei compositori preferiti di Djàgilev era Čajkóvskij. Ma si trattava di una venerazione ingenua e provinciale, con una naturale predilezione per le melodie più emotive («esplosioni di lirismo», secondo l'espressione di Benuà), non di una scelta filtrata dall'intelletto e dal gusto. Sotto l'attenta guida di Benuà, questa infatuazione del giovane Djàgilev per eajkóvskij si trasformò in un culto consapevole e mirato che, come vedremo, era destinato ad avere conseguenze estremamente importanti per la cultura russa in generale, e sul destino del mito di Pietroburgo in particolare.

Per lo stesso Benuà, questo culto di Čajkóvskij era cominciato un po' di tempo prima con la messa in scena al teatro Mariìnskij di una delle creazioni più pietroburghesi di Čajkóvskij, il balletto La bella addormentata. Piuttosto prevenuto nei confronti dei musicisti

---

[141] A. Benuà, op. cit., vol. I, p. 640

[142] Ibid., p. 644

[143] Ibid., p. 646

russi, l'«occidentalista» Benuà sentì d'un tratto nella musica di
Čajkóvskij «un che di infinitamente prossimo, familiare», quasi una
risposta a un'aspettativa inconscia, divenendo subito «sua»,
infinitamente e vitalmente importante. Benuà cercò di non perdere
nemmeno una rappresentazione della Bella addormentata: una
settimana andò al balletto quattro volte! Nella Bella addormentata
Benuà e i suoi amici vedevano la perfetta realizzazione dei loro
ancora acerbi ideali estetici. I soci del Circolo Pickwick della Nevà
erano attratti dall'orientamento «occidentalizzante» di Čajkóvskij,
nel caso specifico dal particolare sapore francofilo sulle fonti
francesi (il libretto era stato tratto dalla fiaba di Charles Perrault La
belle au bois dormant), ma anche dal richiamo alle tradizioni
tedesche. Benuà sentiva nella musica della Bella addormentata echi
del «mondo degli incubi accattivanti» del suo amato scrittore
E.T.A. Hoffmann. Benuà era attratto – e nel contempo spaventato
– da Čajkóvskij per quella stessa «miscela di verità strana e
invenzione convincente» che caratterizza Hoffmann[144]. Un altro
aspetto della musica di Čajkóvskij importante per Benuà era quello
che egli definì «passatismo». Con questo termine Benuà intendeva
non tanto l'ammirazione del passato in quanto tale o il particolare
talento di Čajkóvskij Pér la stilizzazione, quanto piuttosto il suo
vibrante sentimento del passato come presente. Questo grande
dono di Čajkóvskij, secondo Benuà «qualcosa di simile alla grazia»,
era legato per lui all'acuto presentimento della morte e a un «reale
sentimento dell'oltremondano». In Čajkóvskij – che, secondo la
convinzione di Benuà, similmente ai membri del Circolo Pickwick
della Nevà era attratto dal «regno delle ombre», dove
«continuavano a vivere non solo i singoli individui, ma anche intere
epoche»[145] – Benuà trovò un'anima artistica sorella
Infine lo spettacolo della Bella addormentata, in cui per la
creazione di un autentico Gesammtkunstwerk si erano uniti tanti
maestri – il compositore, il grande coreografo Marius Petipa,
pittori, meravigliosi ballerini – divenne per Benuà un esempio delle
possibilità del balletto come arte sintetica. All'epoca erano pochi
quelli che si interessavano di balletto seriamente. Nei circoli
pietroburghesi colti se ne parlava con disprezzo, una tardiva eco
delle idee nichiliste degli anni Sessanta. La passione di Benuà per il
balletto, dopo gli ardori givanili, cominciava ormai a raffreddarsi,

---

[144] Ibid., p. 603

[145] Ibid

quando d'un tratto la sfrenata passione per La bella addormentata fece nuovamente di lui un «ballettomane». Così Benuà, eterno proselitista, riuscì a contagiare tutta la cerchia degli amici con il suo fanatico entusiasmo per l'opera di Čajkóvskij, in primo luogo Djàgilev, giunto a Pietroburgo sei mesi dopo la prima del balletto. Senza questa nuova vampata di ballettomania, ebbe a dire Benuà, non ci sarebbero mai state le «stagioni russe» di Djàgilev a Parigi, né la sua compagnia di balletto, né la successiva conquista dei palcoscenici di tutto il mondo a opera del balletto russo

Dopo il risveglio culturale prodotto dalla Bella addormentata, Benuà e i suoi amici attesero con impazienza la prima della Donna di picche. Il circolo di Benuà, compreso Djàgilev, quella sera era presente al gran completo al teatro Mariìnskij. La reazione del pubblico alla nuova opera fu piuttosto tiepida, ma Aleksàndr Benuà fu subito «rapito al settimo cielo». Come ricordava, la musica di Čajkóvskij lo «fece uscire letteralmente di senno, per un certo tempo [lo] trasformò in una specie di visionario ... assunse la forza di un esorcismo, mediante il quale potevo penetrare in quel mondo delle ombre che così a lungo aveva continuato ad attrarmi»[146].

Il passatismo della Donna di picche acquistò per Benuà e amici un significato particolare, perché non era rivolto all'Europa cara al loro cuore ma lontana, bensì alla città in cui vivevano. Benuà ha spiegato:

Io adoravo istintivamente il fascino di Pietroburgo, il suo particolare romanticismo, ma nello stesso tempo molte cose non mi piacevano e alcune addirittura mortificavano il mio gusto per la loro severità e il loro «burocratismo». Mentre ora, grazie all'infatuazione per la Donna di picche, ero maturato. ... Trovavo ovunque quella poeticità accattivante la cui presenza prima potevo solo intuire[147].

Per il destino del mito di Pietroburgo fu uno dei momenti più importanti nella sua storia quasi bicentenaria. Come sappiamo, il mito era iniziato con il canto entusiasta delle ambizioni imperiali di Pëtr il Grande. Poi, nel Cavaliere di bronzo Pùškin aveva tentato

---

[146] Ibid., p. 654

[147] Ibid., p. 653

un bilancio. Che cosa aveva più valore, la nuova capitale o il destino del povero impiegato oppresso dalla volontà di Pëtr? Questo enigma, né Gógol'né dopo di lui Dostoévskij tentarono di scioglierlo. La città grottesca di Gógol'e il calderone infernale apparentemente realistico di Dostoévskij era un luogo di sofferenza e di morte per gli uomini «piccoli». Una città-miraggio, una città-piovra, una grande, fredda ingannatrice, eterna straniera in terra russa, ecco l'immagine di Pietroburgo trasmessaci dagli scritti di Gógol'e di Dostoévskij. Per la cultura «letterariocentrica» russa degli anni Ottanta, quell'immagine fu pressoché universalmente accettata

Qualsiasi descrizione di Pietroburgo doveva partire da Gógol'e Dostoévskij (e con loro di solito finiva); folle di epigoni sfruttarono e volgarizzarono le immagini dei loro illustri predecessori. Sotto la penna di questi imitatori, Pietroburgo si trasformò da città enigmatica e fatale in un luogo prosaico e noioso. Il realismo immaginario dei paesaggi urbani di Dostoévskij e dei suoi successori cedette il passo a un naturalismo cupo, Il miraggio si dissolse. Le imponenti facciate delle case pietroburghesi, cessando di nascondere rivelazioni mistiche o enigmi criminali, si trasformarono in gusci grigi, vuoti. A volte si aveva l'impressione che, se anche Pietroburgo fosse improvvisamente sparita, secondo il desiderio e le premonizioni di Dostoévskij, non se ne sarebbe accorto nessuno. E prossima a scomparire era anche la mistica di Pietroburgo, un tempo così florida, perché non c'era più alcun mistero sulla città

Benuà e i suoi amici non solo rinvigorirono quel mito, ma vi attribuirono un contenuto del tutto nuovo. Questa trasformazione, di per sé miracolosa e unica, aveva una sua logica interna

I primi cambiamenti si possono scorgere osservando da vicino l'universo dello stesso Dostoévskij, scrittore ossessivo ma tutt'altro che dogmatico Dostoévskij era un appassionato nazionalista, ma in lui era presente anche quella che Ósip Mandel'štàm chiamò «brama di cultura universale». Il famoso discorso su Pùškin da lui pronunciato nel 1880 conteneva l'invito all'uomo russo a «diventare fratello di tutti gli uomini, omniuomo, se volete». Frutto delle sue riflessioni sull'essenza «europea» dell'arte di Pùškin, questo neologismo (vseëelovek) esprimeva la conclusione a cui era giunto Dostoévskij, cioè che nelle opere di Pùškin fosse contenuto un invito profetico all'«unità universale»

Il discorso di Dostoévskij, accolto in tutta la nazione con un entusiasmo senza precedenti, segnò per alcuni giovani contemporanei dello scrittore l'inizio di una nuova era della cultura russa: vi vedevano il rifiuto del percorso nazionalistico-isolazionista che conduceva in un vicolo cieco, nonché un invito all'ampliamento e, di conseguenza, al rinnovamento della tradizione artistica russa

Queste idee di Dostoévskij erano particolarmente avvincenti per Čajkóvskij, che aveva reagito patologicamente alle condanne di insufficiente «russità» da parte del Gruppo dei cinque. Secondo i ricordi di Benuà, negli ambienti musicali «d'avanguardia» era «obbligatorio riferirsi a Čajkóvskij come a un rinnegato, un musicista troppo dipendente dall'Occidente». Naturalmente, Čajkóvskij lo sapeva. Ecco perché nel suo taccuino degli anni 1888-89, tra indirizzi e altri appunti, c'è l'annotazione fatta dal compositore prima del suo viaggio a Praga, dove gli capitava spesso di intervenire a ricevimenti in suo onore: «Cominciare il discorso dall'omniuomo di Dostoévskij»

Čajkóvskij fu il primo tra i grandi compositori russi a riflettere seriamente sul ruoh della musica patria nella cultura europea. Dirigeva regolarmente le sue opere in Occidente, allacciava strette relazioni d'affari e d'amicizia con molti importanti musicisti dell'Europa occidentale e degli Stati Uniti; per i suoi connazionali, anche questo era un approccio nuovo, inconsueto. Sintomatica la lettera scritta da Parigi in cui Čajkóvskij comunica un po'malinconicamente alla propria patrona NadéZda von Meck: «Com'è piacevole riscontrare con i propri occhi il successo della nostra letteratura in Francia. Su tutti gli étalages di libri fanno bella mostra le traduzioni di Tolstój, Turgénev, Dostoévskij. ... Nei giornali si vedono di continuo articoli su questo o quello scrittore russo. Speriamo che venga il momento anche della musica russa!»[148]

In questo rilievo di Čajkóvskij traspare ormai nettamente l'impaziente attesa dell'arrivo di un personaggio come Djàgilev, che farà della promozione della cultura russa in Occidente la sua bandiera. Il manifesto del giovane Djàgilev può essere sintetizzato nelle sue famose parole: «Voglio prendermi cura della pittura russa, ripulirla e, soprattutto, portarla in Occidente, esaltarla in Occidente». E Djàgilev lo fece, ovviamente non solo con la pittura..

---

[148] Cajkóvskij, Polnoe sobranie sočinenij. Literaturnye proizvedenija i perepiska, cit., Moskvà 1971. vol. XIII, p. 349.

Il 26 ottobre 1892 lo scrittore Dmìtrij Merežkóvskij tenne a Pietroburgo la conferenza Sulle cause della decadenza della letteratura russa. Il cronista di «Nóvoe vrémja» ne riassunse così il contenuto: «"Siamo sull'orlo dell'abisso" ha dichiarato Merežkóvskij, raccomandando di cercare la salvezza presso i decadenti francesi contemporanei»[149]. Dopo molti anni di trionfo delle idee nazionaliste, utilitariste e «nichiliste», l'élite artistica pietroburghese, avvertendo che la cultura russa era in crisi, rivolgeva nuovamente lo sguardo a Occidente per cercare di mettersi al passo con gli ultimi sviluppi della cultura europea. Era questo in realtà ciò che Merežkóvskij affermava. Con la sua conferenza, che suscitò grande interesse (con interventi, tra gli altri, di Lev Tolstój e di Antón Čéchov), cominciò la storia del primo movimento modernista in Russia: il simbolismo

Merežkóvskij invitava all'«espansione della sensibilità artistica». A suo parere, questa «nuova sensibilità» doveva essere appresa prima di tutto presso i maestri occidentali: accanto ai simbolisti francesi, Merežkóvskij cita i nomi di Edgar Allan Poe e Ibsen, allora in auge; ma tra gli alleati – soprattutto per considerazioni di ordine tattico – venivano menzionati anche i classici della letteratura russa. Benuà si unì immediatamente al movimento «decadente» di Merežkóvskij, e per un certo periodo i due furono addirittura amici. Più tardi il misurato pietroburghese Bénuà confessò che l'aveva fatto per un erroneo sforzo di sembrare «all'avanguardia»: «Era il periodo tipico della fin de siècle, in cui la ricercatezza e la modernità si esprimevano nel culto (almeno a parole) di tutto ciò che era depravato, con una mistura di ogni genere di misticismo, che spesso sconfinava nella mistificazione»[150]. In particolare, a suscitare perplessità nell'antibohémien Benuà, era il comportamento della moglie di Merežkóvskij, la poetessa decadente Zinaìda Gìppius. Vestita solo di bianco («come la principessa dei sogni»), alta, esile, una bionda carina con un enigmatico «sorriso da Gioconda» sempre sulle labbra, secondo Benuà non si stancava mai di posare, in stridente contrasto con il marito, piccolo, gracile e timido. La prima

---

[149] Russkaja literatura konca XIX-načala XX v. Devjanostye gody (La letteratura russa della fine del XIX secolo - inizio del XX. Gli anni Novanta), Moskvà 1968, p. 276.

[150] Benuà, op. cit., vol. II (libri IV-V), p. 48.

domanda che Gìppius rivolse a Benuà e ai suoi amici, quando le furono presentati, fu: «E voi, signori studenti, in cosa siete decadenti?»

Nell'aria di Pietroburgo circolavano idee di rinnovamento e di cambiamento, ma nessuno sapeva ancora come realizzarle. Dopo alcuni anni, Merežkóvskij e Benuà, insieme con Djàgilev, avrebbero fondato «Mir iskùsstva» (Il mondo dell'arte), un giornale destinato a diventare il portavoce ufficiale, e nel contempo l'etichetta, del nuovo corso nella cultura russa. Ma prima che potesse iniziare una nuova epoca, doveva finire la vecchia. Il che avvenne con due morti improvvise, sentite dai russi con particolare intensità

La prima fu la tuttora enigmatica morte di Čajkóvskij a Pietroburgo il 25 ottobre 1893, all'età di cinquantatré anni. Su concessione speciale di Aleksàndr III, i funerali furono celebrati nella stracolma cattedrale di Kazàn'

L'imperatore, benché atteso, non si presentò, ma mandò una lussuosa coro137 18 na. Le corone erano più di trecento e la bara pareva affondarvi. Il corteo funebre fu il più lungo di tutta la storia di Pietroburgo, e nelle vie della capitale si riversarono centinaia di migliaia di persone. Era l'addio del pubblico al compositore che, nei suoi ultimi balletti, nell'opera La donna di picche e nella sinfonia «Patetica», aveva cantato il passato preannunciando un futuro immancabilmente terribile. Pietroburgo pagò il giusto tributo a uno dei suoi più grandi cantori, intuendo appena il ruolo che l'opera di Čajkóvskij avrebbe avuto nel cambiamento di immagine della città

Così, il giorno dei funerali di Čajkóvskij, in tutte le università di Pietroburgo le lezioni furono sospese per consentire agli studenti di dare l'addio all'amato compositore. E questi parteciparono in massa alla processione. In città c'erano decine di ginnasi e altre scuole, e oltre venti università: la famosa università di Pietroburgo, varie accademie e istituti. Anche giovani professionisti, l'intellighenzia russa, insegnanti, medici, avvocati, ingegneri e giornalisti, che avevano studiato in Russia e in Europa ed erano in gran parte liberali, erano presenti in forze a piangere il loro idolo. Era come se tutta la Pietroburgo «pensante» rendesse onore a uno dei suoi più grandi esponenti, intuendo il ruolo che l'opera di Čajkóvskij avrebbe svolto nell'evoluzione del mito della città

Il teatro imperiale Mariìnskij continuava a restare la roccaforte dell'aristocrazia. Ma le sue rappresentazioni, e in particolare le opere e i balletti di Čajkóvskij, attiravano come una calamita anche il nuovo pubblico, gli studenti e i giovani professionisti. Non si trovavano mai i biglietti e, quando si cominciò a distribuirne una parte per estrazione pubblica, il numero degli aspiranti giump a quindicimila al giorno..

Un anno dopo la morte di Čajkóvskij, il 20 ottobre 1894, morì inaspettatamente il non ancora cinquantenne Aleksàndr III. Quest'uomo possente e in apparenza sano era stato improvvisamente falciato da una forma incurabile di nefrite. Quando, nel 1881, Aleksàndr III era salito al trono, davanti a lui, secondo le parole di uno dei suoi consiglieri, si prospettava questa scelta: «Perdere tutto o calpestare tutto». Aleksàndr scelse di diventare «oppressore». Nonostante l'indole autocratica, suscitò la stima di molti, tra cui anche Benuà, che era stato presentato all'imperatore. Il giovane esteta ricordava che l'impressione prodotta da Aleksàndr III era «strana e minacciosa». Dello zar l'avevano particolarmente colpito gli occhi azzurri, d'acciaio; quando fissava su qualcuno il suo sguardo metallico, era come se lo colpisse[151].

Fino alla fine dei suoi giorni (morì a Parigi nel 1960) Benuà ripeté che il regno di Aleksàndr III «nel complesso [era stato] estremamente importante e proficuo» e aveva preparato il terreno per la fioritura della cultura russa d'inizio Novecento, la cosiddetta «epoca d'argento». Possiamo credergli, giacché Benuà fu uno dei leader di questa «epoca d'argento». Egli era anche convinto che, se Aleksàndr III avesse regnato altri vent'anni, la storia della Russia e quella di tutto il mondo ne avrebbero tratto grande giovamento

L'erede al trono, il futuro Nikolàj II, con il suo aspetto «non troppo convincente e poco socievole», non produsse su Benuà alcuna impressione particolare. Gli ricordava un «ufficialetto dell'esercito»[152]. All'inizio del 1894, ai primi segni di malattia di Aleksàndr III, un generale di corte annotò nel diario: «Il sovrano ha l'influenza. ... È terribile pensare a cosa succederebbe se lo zar morisse, lasciandoci nelle mani dell'erede, un bambino [nonostante avesse ventisei anni] che non sa nulla, che non è preparato a nulla». Il giorno della morte dell'imperatore, accanto alla scritta laconica: «Lo zar si è spento alle due e quindici minuti», un cortigiano aggiunse una profetica frase in inglese: «A leap in the dark!»[153].

---

[151] Ibid., vol. I, p. 592.

[152] Ibid., pp. 697-698.

[153] Ju.B. Solov'ëv, Samoderžavie i dvorjanstvo v konce XIX veka (Autocrazia e nobiltà alla fine dell'Ottocento), Leningràd 1973, p. 121.

Pur essendo un sovrano ultraconservatore, Aleksàndr III aveva capito benissimo che importanza avesse per la Russia il rapido sviluppo economico e industriale, e si era sforzato di creare le condizioni più favorevoli per raggiungere questo obiettivo. I cambiamenti si susseguirono a valanga. A Pietroburgo, una dopo l'altra, furono costruite fabbriche gigantesche e sorsero nuove e potenti banche. Un commentatore politico reazionario espresse timore per «l'enorme quantità di capitali che affluiscono nel nostro modesto paese». Il senso di insicurezza era generale. Ma con altrettanta ampiezza si diffuse l'aspettativa di immense ricchezze. Pietroburgo aveva la febbre

E, subito dopo la morte di Aleksàndr III, scoppiò il grande boom preparato dal suo governo, con l'industria russa che vantava una crescita annua del nove per cento. Persino il leader rivoluzionario Vladìmir Lénin ammise che allora quello russo era «il capitalismo industriale e finanziario più avanzato»

Tutta questa frenetica attività economica, insolita per Pietroburgo, creò moltissimi nouveaux riches che desideravano affermarsi al più presto come autentici padroni della capitale. Volevano sentirsi generosi mecenati ed erano disposti a spendere somme ingenti per la causa della cultura nazionale. Il loro ragionamento, semplice e logico, era che una Russia economicamente forte doveva occupare il posto che le spettava nella famiglia dei popoli civilizzati

Una fioritura della cultura russa avrebbe indubbiamente contribuito ad accelerare questo processo. Dunque, anche la cultura russa doveva «occidentalizzarsi» al più presto. In questo sforzo verso l'occidentalizzazione, gli interessi degli industriali, degli intermediatori finanziari, dei banchieri coincidevano con i desideri della stragrande maggioranza dell'intellighenzia pietroburghese. Tutto ciò creò nella capitale russa un clima particolarmente ricettivo verso le idee di Benuà, Djàgilev e altri innovatori, che invitavano, per usare le parole di Benuà, «ad abbandonare l'arretratezza della vita artistica russa, a liberarsi del nostro provincialismo e ad avvicinarsi all'Occidente culturale», tutte cose che si realizzarono assai velocemente e con straordinario successo

Nel 1895 Djàgilev scrisse alla matrigna, da lui molto amata: «... io, in primo luogo, sono un grande ciarlatano, anche se brillante, in secondo luogo un gran charmeur, in terzo luogo una faccia tosta, in quarto luogo una persona con 139 20 una grande dose di logica e una piccola dose di principi, e in quinto luogo, mi sembra, non ho talento; comunque, se vuoi, credo di aver trovato la mia vera strada: il mecenatismo. Non mi manca nulla, tranne i soldi, mais ça viendra»

In questo notevole tentativo di autoanalisi, non immune da una certa civetteria (peraltro giustificabile in un ventitreenne), è presente una profezia che non tardò ad avverarsi. Comportatosi sempre come una persona molto agiata (anche se in realtà le sue risorse economiche erano piuttosto scarse), dopo qualche anno Djàgilev riuscì a procurarsi i mezzi finanziari per organizzare, in rapida successione, tre esposizioni. L'ultima, inaugurata nel 1898 – secondo i ricordi di Benuà, con gran pompa (suonava un'orchestra) e una ricercatezza inaudita (nella sala della mostra c'erano varie piante e fiori di serra) – fu di fatto il primo manifesto del programma artistico del gruppo Benuà-Djàgilev

Finalmente, alla fine del 1898 Djàgilev realizzò un vecchio sogno (suo e di Benuà), che sembrava estremamente utopistico: fondare una rivista d'arte

Modellata sulle edizioni europee che diffondevano il verbo modernista, sul tipo della britannica «Studio», delle tedesche «Pan» e «Die Jugend», e della francese «La plume», la creatura di Benuà e Djàgilev fu chiamata «Mir iskùsstva» (Il mondo dell'arte), un concetto piuttosto rivoluzionario per la Russia del tempo. Era il primo giornale d'arte edito da un gruppo di giovani che la pensavano allo stesso modo e che intendevano servirsene come strumento per promuovere un grande cambiamento culturale nel paese. Per la prima volta in Russia, una rivista veniva preparata e realizzata come un tutto artistico

«Mir iskùwa» attirò subito l'attenzione dell'élite pietroburghese per il suo aspetto accattivante: formato grande, carta preziosa, titoli eleganti, risguardi. Ogni numero presentava meravigliose riproduzioni, commissionate appositamente in Europa, di quadri di artisti russi e occidentali contemporanei. I raffinati caratteri dei tempi dell'imperatrice Elizavéta erano stati rinvenuti da Djàgilev nella tipografia dell'Accademia delle scienze. Il logo della rivista, opera di Bakst, raffigurava un'aquila solitaria sulla vetta di una montagna. Per Djàgilev e amici era il simbolo dell'arte indipendente e libera, che volava alta sopra la volgarità quotidiana. Ma in realtà «Mir iskùsstva» era strettamente legata ai grandi processi di trasformazione economica e culturale in corso nella società russa. Non a caso era finanziata dalla principessa Marìja Téniševa, il cui marito, un self-made man russo, aveva fondato la prima fabbrica di automobili di Pietroburgo. Tra i finanziatori della rivista ci fu anche il mercante moscovita Sàvva Morózov, arricchitosi con la costruzione delle ferrovie

È indicativo che in un primo momento Djàgilev ritenesse che uno dei principali compiti della nuova rivista fosse quello di contribuire allo sviluppo dell'industria «artistica» russa: i settori in espansione dei tessuti, della ceramica, della porcellana e del vetro. Benuà, per esempio, ribadiva che «in so140 21 stanza la cosiddetta "industria artistica" e la cosiddetta "arte pura" sono sorelle, figlie gemelle di una stessa madre, la bellezza, e si assomigliano al punto che a volte è molto difficile distinguere una dall'altra»[154].

In un'intervista alla «Peterbùrgskaja gazéta» (Giornale di Pietroburgo) Bakst promise che la nuova rivista avrebbe presentato in ogni numero disegni con modelli per artigiani e lavoratori; si prometteva di dedicare particolare attenzione ai disegni di tessuti, mobili, ceramiche, porcellane, maioliche, mosaici e oggetti di ferro battuto. Stàsov, il difensore dei pittori itineranti e dell'arte realistica, scrisse preoccupato a un amico a proposito dell'attività febbrile di Djàgilev: «... questo porcellino svergognato e sfacciato fa di tutto perché alla sua rivista si abboni ogni genere di mercante, commerciante, industriale, ecc.»[155].

Stàsov, che sulla stampa definì Djàgilev «capobanda dei decadenti» e la sua rivista «corte dei miracoli» (immagine mutuata da Notre-Dame de Paris di Victor Hugo), aveva buoni motivi per dare l'allarme. Anche se alla fine la rivista dei giovani modernisti non divenne il catalogo e il manuale dell'industria artistica russa in fase di rapida espansione, e il numero degli abbonati non superò mai il migliaio, l'influenza di «Mir isskùstva» – sia della rivista, sia del circolo artistico che rappresentava, e poi anche di tutto il movimento che prese lo stesso nome – ebbe un effetto rivoluzionario in tutte le sfere della vita culturale russa, tra cui anche le arti «applicate»

Come all'inizio degli anni Sessanta i giovani artisti di Pietroburgo si erano passati di mano in mano ogni numero della rivista radicale «Sovreménnik» con l'ultimo del guru nichilista Černyšévskij, ora questi discutevano entusiasti le idee innovative di «Mir isskùstva». Le passioni ribollivano

La stampa di second'ordine infangava Djàgilev, Benuà e compagni, e, come prima era accaduto agli itineranti, negli studi

---

[154] Ibid.. p. 18

[155] Stàsov, Pis'ma k dejateljam russkoj kul'tury (Lettere agli attivisti della cultura russa), Moskvà 1962, vol. I, p. 80.

degli artisti del gruppo Mir isskùstva accorrevano, sull'onda delle polemiche, ricchi acquirenti: speculatori di borsa, medici, avvocati, alti funzionari di Pietroburgo che volevano essere à la page.

Dalle pagine del suo giornale Benuà si prodigava instancabilmente per promuovere nuove ed entusiasmanti concezioni artistiche e culturali. Propagandava artisti dell'Art Nouveau come Beardsley, i secessionisti viennesi, e poi anche i postimpressionisti francesi. Invitava la pittura russa a liberarsi dalle convenzioni di genere, da quella dipendenza – tutta slava – dalla letteratura tipica dei «pittori itineranti», nonché dal superficiale accademismo così diffuso in Russia e all'estero. Ma egli non propugnava il concetto dell'arte per l'arte. Secondo Benuà, la pittura doveva svilupparsi in una più ampia nozione di «arte», comprensiva di musica e teatro. Questa idea giunta dall'Occidente – assimilata tramite le opere di Wagner e di Nietzsche interpretate in modo particolare – fu accolta dai modernisti pietroburghesi con grande entusiasmo. E svolgerà un ruolo fondamentale nella loro attività futura Benuà considerava uno dei suoi più importanti compiti culturali la rinascita del mito di Pietroburgo. Benuà, che non perdeva occasione di ribadire di non essere affatto un nazionalista russo («Non sono abbastanza maturo per diventare un vero patriota»), non perse neppure quella di dichiarare il suo amore per Pietroburgo. Diceva di vivere con l'imperativo «Petersburg über Alles». Nella sua anima era sempre presente la Pietroburgo del passato, la città di Pëtr il Grande, delle imperatrici Elizavéta e Ekaterina II, la città delle sorprendenti bellezze architettoniche e delle esaltanti parate militari, dei pittoreschi carnevali e delle feste popolari, ma anche la città delle passeggiate solitarie e trasognate nel Giardino d'Estate in autunno e degli appuntamenti segreti presso il canale in inverno. Proprio per questo, insisteva l'artista, «da musica della Donna di picche, con la miracolosa "chiamata degli spettri", l'ho presentita fin dagli anni della prima infanzia e, quando è comparsa, l'ho accolta come qualcosa che aspettavo da tempo»[156].

Passata attraverso il prisma della musica di Čajkóvskij, riacquistata la propria magia, l'immagine di Pietroburgo – e le sorti della città – divennero predominanti per Benuà, Djàgilev e i loro amici di Mir isskùstva. Con l'energica opera di proselitismo tipica di questo circolo, cercavano in tutti i modi di guadagnare l'élite finanziaria, intellettuale e artistica russa alla causa della «rinascita»

---

[156] Benuà, op. cit., vol. I, p. 16

di Pietroburgo. L'inizio di questa campagna ben orchestrata e realizzata con efficacia si può considerare la pubblicazione nel 1902 sulle pagine della rivista «Mir isskùstva» dell'appassionato articolo di Benuà Zivopìsnyj Peterbùrg (Pietroburgo pittoresca), corredato di numerose, splendide fotografie e illustrazioni

Per la novecentesca del mito di Pietroburgo, questo articolo fu un evento epocale. In questa sorta di manifesto Benuà scriveva: «Mi sembra che in tutto il mondo non ci sia città che goda meno simpatia di Pietroburgo. Che epiteti non si è meritata: "palude putrescente", "invenzione assurda", "impersonale", "dipartimento burocratico", "cancelleria di reggimento". Non sono mai stato d'accordo»[157].

E Benuà lamenta con amarezza: «... l'idea della mostruosità di Pietroburgo si è talmente radicata nella nostra società, che nessuno degli artisti degli ultimi cinquant'anni ha cercato ispirazione in questa città, disprezzando evidentemente questo luogo "poco pittoresco", "burocratico", "freddo".

Nessuno dei grandi poeti della seconda metà dell'Ottocento ha difeso Pietroburgo»[158]. Nel tentativo di cambiare la situazione, il grande erudito Benuà scrive una serie di forbiti articoli in difesa della città, simbolo per lui di tutto quanto di più perfetto, spirituale e promettente vi è nella cultura russa

In alcuni di questi articoli – Architektùra Peterbùrga (L'architettura di Pietroburgo) e Krasotà Peterbùrga (La bellezza di Pietroburgo) – apre con entusiasmo gli occhi ai lettori sulla grandezza, l'equilibrio e la bellezza degli edifici neoclassici della capitale. Affermando che nel primo terzo dell'Ottocento la Russia ha «polverizzato i record dell'architettura europea», Benuà dimostra che nell'architettura occidentale coeva non c'è edificio in grado di rivaleggiare, per esempio, con l'Ammiragliato, e che al cospetto della monumentale porta trionfale eretta a Pietroburgo nel 1838 per commemorare le vittorie della guerra russo-turca di dieci anni prima, la berlinese porta di Brandeburgo sembra un giocattolo! In altri articoli – Agónija Peterbùrga (L'agonia di Pietroburgo), Inienérnyj zàmok (Il castello degli ingegneri), Vandàly (Vandali) – Benuà protesta energicamente contro i barbari rifacimenti a cui sono stati sottoposti alcuni edifici unici della vecchia Pietroburgo

---

[157] «Mir iskusstva» (Il mondo dell'arte), 1, 1902, p. 1 («Cronaca»).

[158] Ibid., p. 4

ed esorta alla «rinascita della considerazione artistica per la Pietroburgo dimenticata»

Come sempre, le parole di Benuà trovarono sostegno nell'instancabile attività di Djàgilev. Grazie agli sforzi di quest'ultimo, furono allestite una dopo l'altra mostre d'arte che avevano lo scopo di valorizzare la vecchia Pietroburgo. Nel 1903, per il duecentesimo anniversario della fondazione, gli abitanti della capitale videro per la prima volta antiche litografie della città, sapientemente esposte. E, come ricordava un visitatore estasiato, «si poteva vedere quanto della vita di strada di Pietroburgo fosse rimasto immutato da quei tempi antichi»[159].

Negli anni successivi il numero delle mostre che esaltavano la bellezza di Pietroburgo e della sua arte continuò a crescere. Uscirono numerosi libri su Pietroburgo, nonché riviste dedicate alla città, come «Chudóžestvennye sokróvišča Rossii» (Tesori artistici della Russia) o «Stàrye gódy» (Anni antichi). Gli architetti contemporanei cominciarono a imitare gli esempi neoclassici pietroburghesi, poiché gli alti funzionari, i banchieri, i proprietari di fabbriche cominciarono a ordinare case in stile neoclassico, fino a poco tempo prima disprezzato. «L'interesse per l'arte di questo periodo sta diventando generale» rilevava allibito uno storico. «Tutti la studiano, la collezionano, la disegnano, la decantano[160].»

Gli ingegnosi artisti di Mir iskùsstva erano ovviamente all'avanguardia

I loro quadri, acquerelli, disegni, incisioni, che ancora una volta riscoprono il fascino incomparabile e la poesia della vecchia Pietroburgo, divennero molto popolari presso il grande pubblico. Ma un passo ancora più importante fu compiuto allorché Benuà dipinse una serie di meravigliosi acquerelli raffiguranti la Pietroburgo settecentesca: Létnij sad pri Petré Velìkom (Il Giardino d'Estate ai tempi di Pëtr il Grande), Imperatrìca Elizavéta Petróvna izvolit progùlivat'sja po ùlicam Peterbùrga (L'imperatrice Elizavéta Petróvna ha la bontà di passeggiare per le vie di Pietroburgo), Fontànka pri Ekaterìne II (La Fontànka ai tempi di Ekaterina II), Razvód karaùla péred Zìmnim Dvorcóm pri Pàvle I

---

[159] Dobužìnskij, Vospominanija (Memorie), Moskvà 1987, p. 188

[160] Fëdorov-Davydov, Russkoe i sovetskoe iskusstvo. Stat'i i oterki (L'arte russa e sovietica. Articoli e saggi), Moskvà 1975, p. 333

(Il cambio della guardia davanti al Palazzo d'Inverno ai tempi di Pavel I). Il fatto è che questi acquerelli furono eseguiti da Benuà su commissione di una casa editrice appartenente alla «Comunità di Santa Evgénija, un'organizzazione di beneficenza pietroburghese che sosteneva le infermiere della misericordia in pensione. Questa casa editrice pubblicava migliaia di cartoline di altissima qualità artistica. Ma quelle con le vedute della vecchia Pietroburgo, opera di Benuà e dei colleghi di Mir iskùsstva, diventarono le più diffuse e popolari. Le si poteva trovare in qualsiasi casa «per bene». Nello stesso tempo veicolarono il messaggio di Mir iskùsstva a un pubblico di massa

Ricostruendo con grande cura eventi storici, costumi e scenari, gli acquerelli di Benuà, nello stesso tempo, non mirano all'autenticità. Illustrano gli articoli di Benuà su Pietroburgo, non la reale storia della città. L'artista vi è sempre presente: attento, innamorato, lievemente ironico. La composizione delle opere di Benuà è in genere piuttosto teatrale; il colore pone in risalto la grana della carta. Si tratta di una stilizzazione tipica dell'arte moderna europea ai suoi esordi

Quasi tutti gli amici di Benuà lo ricordano come una persona incantevole

E, naturalmente, tutti sono entusiasti della sua vastissima erudizione, del suo geniale talento per la propaganda culturale. Il ruolo di quest'uomo curvo, calvo, dalla barba nera, con i penetranti occhi castani dietro le lenti del pince-nez all'europea sul viso pallido, opaco, nella rinascita del gusto artistico russo, nella fioritura del teatro e del balletto russi moderni, è impossibile da sopravvalutare. Fra i suoi contemporanei non erano molti quelli che consideravano Benuà un grande artista, e infatti non lo era. Ma anche gli intenditori russi più esigenti usavano aggettivi come «grandi», «sorprendenti», «epocali» nel descrivere due serie di opere di Benuà: le illustrazioni per il Cavaliere di bronzo e quelle per la Donna di picche di Puškin. (Sembra che non sia possibile prescindere da Pùškin e dalle sue opere visionarie quando si ha a che fare con il destino di Pieqpburgo.) Mir iskùsstva fece risorgere in Russia l'arte del libro. Anche in questo caso, come in quasi tutto il resto, il pioniere fu Benuà, il quale propugnò con tenacia l'idea del libro come concetto artistico. Nel libro, spiegava ripetutamente Benuà, ogni elemento – la carta, la composizione tipografica, le illustrazioni, la grafica e, ovviamente, la copertina – deve essere perfettamente integrato con gli altri. Per la Pietroburgo di inizio secolo, questa era una tesi rivoluzionaria, che trovò però ben presto molti sostenitori, giacché il gusto dei lettori si faceva sempre più sofisticato

Era sorprendente, almeno per la Russia, questa interazione pressoché istantanea tra idee artistiche raffinate e mercato di massa. L'energia di Benuà e dei suoi amici sembrava inesauribile: trovavano il tempo per tutto, intervenivano ovunque, nel tentativo di spingere tutta la vita culturale di Pietroburgo e della Russia verso nuove frontiere, e vi riuscirono. L'arte poligrafica di Pietroburgo, come molti altri settori divenuti oggetto di attenzione da parte degli artisti di Mir iskùsstva – manifesti, design di interni, manufatti in porcellana, persino la produzione di giocattoli – grazie ai loro sforzi pionieristici conobbe un autentico rinascimento

144 25 I trentatré disegni di Benuà per il Cavaliere di bronzo di Pùškin furono pubblicati per la prima volta nel 1904, sul numero d'esordio di «Mir iskùsstva». Fecero subito sensazione. La pubblicazione della rivista, ahimè, cessò quello stesso anno: una delle cause fatali furono i dissensi inconciliabili tra il mistico e decadente Merežkóvskij da una parte e gli assai più misurati Benuà e Djàgilev dall'altra, tra la tendenza letteraria, «filosofica», del partito di Merežkóvskij e il desiderio degli artisti di liberarsi delle sgradite influenze letterarie. È significativo che molti artisti russi dell'epoca considerassero la pubblicazione delle illustrazioni di Benuà per Pùškin – nonostante l'impulso alla loro creazione derivasse da un'opera letteraria – l'evento artistico più importante di tutta la quinquennale esistenza della rivista. D'altra parte, queste illustrazioni entusiasmarono anche i letterati, soprattutto di indirizzo modernista. Uno dei maggiori poeti dell'epoca, il simbolista Valérij Brjùsov, proclamò: «Ecco finalmente dei disegni degni del grande poeta. Vi rivive la vecchia Pietroburgo, come è viva nel poema»[161].

Tutti furono colpiti dalla capacità magica di Benuà di far rinascere l'incanto della capitale imperiale, secondo l'annotazione di un altro poeta simbolista, «come se l'artista fosse appena stato là, nelle vie della Pietroburgo dei secoli passati, e ora ci raccontasse quel che ha visto»[162].

Naturalmente, la serie di disegni di Benuà non era solo una guida alla vecchia Pietroburgo, né si limitava a illustrare l'opera di Puškin. I migliori, soprattutto quelli raffiguranti la statua che –

---

[161] Ospovat, R.D. Timenčìk, Pečal'nu povest' sochranit'... (Serbare il triste racconto...), Moskvà 1987, p. 229.

[162] Ibid

animatasi – perseguitava la propria vittima per le vie deserte della città notturna, sono autenticamente drammatici. Come ha rilevato uno dei primi recensori dell'opera di Benuà: «È penetrante, a volte spaventoso come una visione onirica, con tutta l'ingenuità e la semplicità del sogno»[163]. Con i suoi disegni, Benuà non cercò di commentare le riflessioni di Pùškin sui destini della Russia, della sua misteriosa capitale e dei suoi sudditi afflitti

Puškin e il suo Cavaliere di bronzo costituivano come sempre il diapason ideale su cui accordare le nuove note del canto su Pietroburgo. Ma nell'interpretazione di Benuà e dei suoi amici la musica di questo canto aveva poco in comune con l'opera letteraria originale. Proprio per questo Benuà non si poneva le domande, che assillavano invece Pùškin e i suoi interpreti «letterari», su torti e ragioni, o se la tragedia del protagonista del Cavaliere di bronzo, il povero Evgénij, fosse casuale o predestinata. Il suo proposito era suscitare pietà e amore non per Evgénij, ma per Pietroburgo e, a tale scopo, la tradizione letteraria del «piccolo uomo» era inutile. Come è noto, Pùškin aveva dei dubbi sul ruolo di Pietroburgo nel destino della Russia. Per Gógol', e poi per Dostoévskij, la sentenza del «caso Pietroburgo» è chiara: «Colpevole!»

La forza che spinse inizialmente Benuà a cercare di rovesciare questo ingiusto verdetto era la musica di Čajkóvskij. Nella cultura russa contemporanea gli artisti di Mir iskùsstva non trovarono altri alleati. I discepoli dell'Accademia imperiale delle arti continuavano per dovere a glorificare la capitale, la era una questione meramente formale, non una convinzione. I pittori itineranti, lasciandosi guidare dalla letteratura, attaccavano ferocemente Pieoburgo. Come per gli scrittori, la fonte del loro odio per la città era ideologica e sociale. L'estetica della città, messa in secondo piano, diventava del tto irrilevante

Stringendo un'alleanza con la musica, caso unico nella cultura russa, tir iskùsstva ottenne l'impossibile: modificò la direzione della corrente. Il contrattacco fu condotto, come abbiamo visto, su un ampio fronte, in tutti i Impi della cultura. La cultura russa, e in particolare le arti figurative, quasi ffocata sotto il peso di una stridente ideologia, iniziò a reclamare un proio linguaggio. Contemporaneamente cominciò a rinascere a poco a poco la Tcezione della grandezza estetica e del profondo valore emotivo e psicoloco di Pietroburgo. Il mito della capitale conosceva un nuovo splendore e si 'teva tornare a sentire l'eco degli zoccoli sotto

---

[163] Ibid., p. 231

la statua del Cavaliere di bronzo

I soci del «circolo di Benuà» venivano chiamati «sognatori nostalgici». Guardavano verso il futuro, ma i loro cuori, come si addice a dei veri romani, appartenevano al passato. E, come per tutti i romantici, la musica era la ro stella polare. Nel suo viaggio nell'epoca della Pietroburgo imperiale, :nuà fu sempre accompagnato da Čajkóvskij

Tantissime cose legavano i due uomini, che non s'incontrarono mai. Sia Čajkóvskij sia Benuà idealizzavano il ruolo del superuomo (o, meglio, della uperpersona») nel a storia. Per loro, Pietroburgo non era soltanto una città :omparabilmente ella, ma anche un luogo incantato popolato da «spettri lenti»: Pëtr il Grande, le sorprendenti imperatrici russe (e, per Benuà, che il folle Pavel I, la cui figura lo intrigava). Perciò le tendenze imperiali Čajkóvskij e Benuà avevano un carattere estetico e personale. Vivevano in iave personale anche i loro sentimenti monarchici. Così, per esempio, AlesIdro III, che aveva protetto Čajkóvskij e intrattenuti buoni rapporti con la niglia di Benuà, incarnava ai loro occhi la monarchia russa. Čajkóvskij dalnperatore fu protetto, e con la famiglia Benuà sua altezza era in buoni rap(ti. Per entrambi, la Pietroburgo imperiale del presente e quella del passato londevano in un tutto unico

Non è quindi casuale lo straordinario interesse di Čajkóvskij e di Benuà - il balletto, la più imperiale di tutte le arti. Come non è un caso che il balto fosse particolarmente apprezzato dallo zar Nikolàj I, che vedeva nella)porzione e nella simmetria dei movimenti dei ballerini una somiglianza le adorate parate militari. (Echi del culto delle parate e della musica miure si ritrovano sia in Čajkóvskij sia in Benuà.) Čajkóvskij e Benuà erano ascinati anche dall'ossessione del balletto con bambole e dall'aspetto di nbole dei ballerini, con i loro movimenti meccanici e prevedibili. Si tratta 146 27 un tema ricorrente in E.T.A. Hoffmann, caro a entrambi. Una delle creaoni più capricciose di Čajkóvskij – il balletto Sdelkùnëik (Schiaccianoci) – oca con una delle idee preferite di Hoffmann, il sottile limite che distingue uomo dalla bambola, l'individuo apparentemente libero dall'automa. L'idea una bambola animata attirava e respingeva a un tempo Čajkóvskij. È un'itipica da balletto, e non a caso fu nuovamente realizzata in modo tanto illante nella creazione comune di Benuà e Stravinskij, il balletto Petrùška

A Pietroburgo l'ammirazione per il balletto acquisiva un significato par:olare. Accanto alla tendenza comune a Benuà e

Čajkóvskij alla sintesi delarti, c'era anche il desiderio inconscio di sottrarsi alle forze distruttive e il resagio di una valanga d'anarchia. Agli occhi di Čajkóvskij il nichilismo Dn era più soltanto una filosofia, ed egli, insieme con gli altri abitanti della IPitale, toccò con mano che cosa significasse il terrore politico pietroburaese. (Il destino volle che, più tardi, Benuà fosse presente quando, con il reIme comunista, il terrore si trasformò da fenomeno individuale in fenomeno i massa.) Il balletto, le bambole, tutto questo era l'ultimo rifugio, l'ultimo)rto tranquillo in un mare in tempesta

Čajkóvskij fu il primo gigante della cultura russa a esprimere orrore di onte all'imminente rovina di Pietroburgo e alla scomparsa del suo universo)mantico e festoso. Egli possedeva una forza creativa incomparabilmente Iperiore a quella cui poteva aspirare Benuà o qualsiasi altro membro di Mir kùsstva. Eppure Čajkóvskij fu ascoltato, ma non capito. La musica, ahimè, a bisogno di spiegazioni. La decifrazione e la divulgazione della visione rofetica di Čajkóvskij fu realizzata con vigore e brillantezza da Benuà, che adusse in energia e in entusiasmo ciò che non possedeva in termini di forza reativa. Così, alla soglia del Novecento, il mito di Pietroburgo fu portato vanti, malgrado la tradizione russa, non dalla letteratura, ma dall'arte

Quando la capitale imperiale sembrava salda, quando la sua esistenza eniva vissuta come una minaccia per lo spirito libero, il mito di Pietroburgo nella sua interpretazione letteraria e rivoluzionaria – profetizzava la rovina ella città. Ma non appena comparvero i primi segni – benché poco chiari, Idecifrabili – di trasformazioni e sconvolgimenti reali, le maledizioni scaliate contro Pietroburgo dai circoli artistici più sensibili sotto il profilo este.co ed emotivo diminuirono bruscamente

L'immagine della città, depurata dalle stratificazioni ideologiche nichilite, cominciò a cambiare radicalmente, e da sinistra si trasformò graduallente in serena, da opprimente in luminosa. Un membro di Mir iskùsstva e mico di Benuà, l'artista Mstislàv Dobužìnskij, in quei giorni riscoprirà in ʻietroburgo una città «dalla poesia languida e amara». Per gli esteti, la Pieroburgo d'inizio secolo sembrava di nuovo un tempio pieno di «sensazione li mistero»[164].100 A loro sembrava che fosse il mistero del passato; in realtà a essere misterioso, imprevedibile era il futuro

Agli inizi del Novecento il mito di Pietroburgo stava per entrare in un'epoca completamente diversa, terribile. Nel percorso

---

[164] M.V. Dobuiinskij. op. cit., p. 188

verso quest'epoca, la sua immagine e il suo mito avrebbero attraversato sconvolgimenti senza precedenti. Il destino della città sarebbe cambiato radicalmente e, insieme al destino – o meglio, malgrado il destino – sarebbe cambiato anche il valore simbolico di Pietroburgo, così come il suo ruolo nell'ambito della cultura e della storia russa e mondiale

Alla creazione della nuova immagine di Pietroburgo presero parte molti grandi scrittori, poeti, compositori, pittori, coreografi, i quali dovettero assistere alla distruzione di numerosi tesori materiali e spirituali della vecchia città, alla scomparsa del suo stesso nome, nonché alla morte di moltissimi pietroburghesi

> Pensavamo: miseri siamo, nulla abbiamo,
> m'appena un dopo l'altro tutto s'è perduto,
> tanto che ogni giorno s'è fatto
> giorno da requiem,
> canti abbiam preso a comporre
> sulla grande Divina larghezza
> e la nostra passata ricchezza.

Questa poesia di Achmàtova, la sua preferita tra le composizioni giovanili, era – come molti suoi scritti – profetica. Nel 1915, quando fu pubblicata, nessuno aveva ancora compreso appieno fino a che punto tutta la «ricchezza» pietroburghese sarebbe presto risultata «passata».

dal quale veniamo a sapere quanto fosse allegro vivere a Pietroburgo nel 1908, come questa allegria sia stata ben presto interrotta, e come la città inizialmente abbia perso il suo nome, poi lo status di capitale della Russia, e, scampando a malapena alla fame e al freddo, abbia cercato di restare fedele a sé stessa

È la Pietroburgo di Anna Achmàtova

Nel 1908, a Pietroburgo furono pubblicati e venduti circa sette milioni e mezzo di libri che descrivevano le avventure di Nat Pinkerton, Nick Carter e altri investigatori leggendari. Erano edizioni sottili (alcune decine di pagine) ed economiche (dieci-dodici copechi per libro), con copertine di cartone a colori, titoli del tipo Il viaggio di Pinkerton all'altro mondo, Il pattinatore misterioso, Il pungiglione d'acciaio, o La modella assassina. Per una città che aveva il trenta per cento di analfabeti, una simile tiratura, ancorché di Ietteratura leggera, poteva essere considerata sorprendente. Appena ventitrent'anni prima, anche il libro più popolare ed economico poteva contare solo su poche decine di migliaia di lettori. Per esempio, Delitto e castigo, pubblicato quando Dostoévskij era ancora in vita, veniva venduto a un ritmo di quattrocento copie all'anno

Probabilmente la causa principale di questa straordinaria espansione del mercato librario pietroburghese fu la rapida crescita della città stessa. Nel 1900 il numero degli abitanti sfiorava il milione e mezzo, ed era in continua e rapida ascesa (nel 1917, quasi due milioni e mezzo; ossia in diciassette anni la popolazione della capitale aumentò quasi del settanta per cento)[165]. In questa metropoli gigantesca gli edifici meravigliosi, le ampie piazze, i lungofiumi di granito e le eleganti prospettive piene di gente alla moda stavano accanto ad appartamenti miserabili, poco luminosi, affollati da famiglie di operai

Erano due mondi diversi. Il poeta modernista Michail Kuzmìn annotò nel diario di quel periodo che una sera un suo conoscente, guardando dalla finestra «le fabbriche buie, fu assalito da una tale

---

[165] Očerki istorii Leningrada (Saggi di storia di Leningrado), Moskvà-Leningràd 1956, vol. III, p. 104

paura che gli sembrò di essere una guardia che dalla torre della città vede gli Unni alle porte». Pietroburgo era il più importante centro industriale della Russia, il suo laboratorio tecnologico e il principale scalo per l'importazione delle merci. Qui si fondeva l'acciaio, si producevano le vaporiere, i cannoni e i motori diesel, si costruivano le petroliere, le torpediniere e i sommergibili. Qui crescevano sempre più in fretta nuove forze sociali, che avrebbero ben presto modificato il volto politico e culturale prima della Russia e poi di tutto il mondo.

Proprio a Pietroburgo scoppiò nel 1905 la prima rivoluzione russa. Fin dall'inizio del secolo era andata maturando un'insoddisfazione silenziosa ma percepibile delle masse cittadine per il giovane zar, Nikolàj II. L'élite governativa riteneva che, per scongiurare la rivoluzione, la Russia avesse bisogno di una «piccola guerra vittoriosa». Per la dimostrazione di forza fu scelto il Giappone, che sembrava una facile preda per il potente esercito russo. Ma la guerra, cominciata nel 1904, non andò nel modo previsto da Nikolàj e dai suoi generali. I russi persero una battaglia sanguinosa dopo l'altra. La disfatta della marina militare russa nel golfo di Tsushima, tra il Giappone e la Corea, fu un tremendo shock per Pietroburgo. Questa terribile tragedia veniva cantata nei cortili della città dai suonatori ambulanti, strappando lacrime e offerte più generose del solito

All'inizio l'intellighenzia liberale si limitò, secondo le parole di Aleksàndr Benuà, a «tenere i pugni in tasca», occupazione tradizionale dell'opposizione russa. Ma, come ricordava lo stesso Benuà, «sotto l'effetto di quella tragedia che si svolgeva in Estremo Oriente, sotto l'effetto di quella vergogna che a tutto il popolo toccava sopportare, le solite parole biascicate cominciarono ad assumere un altro tono. La rivoluzione non sembrava più al di là delle montagne, d'un tratto si era avvicinata alla realtà. La società russa avvertiva l'instabilità e l'inaffidabilità generali, e sentiva il bisogno di un cambiamento radicale»[166]. Sullo stesso argomento scrisse Zinaìda Gìppius: «In Russia, qualcosa si era spezzato, qualcosa era rimasto indietro, qualcosa nascendo o rinascendo si era spinto in avanti... Dove? Questo non lo sapeva nessuno. si sentiva la tragedia nell'aria. Oh, non tutti la sentivano. Ma molti sì,

---

[166] Benuà, op. cit., vol. II, p. 412

e in molte cose[167]»

Nell'agosto del 1905 la Russia sottoscrisse a Portsmouth, nel New Hampshire, umilianti condizioni di pace con il Giappone, con Theodore Roosevelt nelle vesti di mediatore. Il paese fu attraversato da un'ondata di indignazione, il cui epicentro fu Pietroburgo. Non era ancora stata dimenticata la «domenica di sangue», la giornata da incubo del 9 gennaio 1905 in cui reparti della guardia, della cavalleria e della polizia avevano attaccato un corteo pacifico di operai pietroburghesi. Quel giorno, dai vari punti della città circa centocinquantamila persone avevano marciato verso il Palazzo d'Inverno. Il loro leader, il pope Geérgij Gapón, si apprestava a consegnare a Nikolàj II una petizione che cominciava così: «Noi, operai, siamo venuti da te, Sovrano, a cercare verità e protezione. Siamo in miseria, ci opprimono, ci caricano di un lavoro insostenibile.... In te cerchiamo l'ultima salvezza, non rifiutare l'aiuto al tuo popolo»

I dimostranti portavano icone, stendardi e ritratti di Nikolàj II; molti cantavano l'inno monarchico O Dio, salva lo zar

Né padre Gapón né gli operai si accorsero che quel giorno, al Palazzo d'Inverno, lo zar non c'era: temendo i terroristi, si era ritirato nella sua residenza fuori città. Sua moglie, tedesca, ripeteva: «Pietroburgo è una città marCia, nient'affatto russa». E i suoi altezzosi generali decisero con fermezza – e ottusità – di dare una lezione una volta per tutte alla plebe pietroburghese

Quando la folla si avvicinò al Palazzo d'Inverno, risuonò il comando: «Fuoco!». I reparti attaccarono i dimostranti disarmati anche in altre zone della città. Nessuno prestò fede al comunicato del governo che parlava di un centinaio di morti; subito cominciarono a circolare voci secondo le quali i morti erano migliaia

Una carneficina simile, Pietroburgo non la conosceva dal fatidico 14 dicembre 1825, quando Nikolàj I, bisnonno di Nikolàj II, aveva disperso con il fuoco dell'artiglieria i decabristi in piazza del Senato. In quel giorno di irreparabile tragedia cominciò a scavarsi l'abisso tra lo zar e gli intellettuali russi. La «domenica di sangue» del 1905 ebbe conseguenze ancora meno prevedibili. Per tutto il paese si diffusero le parole di padre Gapén, colui che aveva capeggiato il corteo: «Non abbiamo più uno zar. Un fiume di sangue divide lo zar dal popolo». Anna Achmàtova, che nel 1905

---

[167] «Panorama iskusstv» (Panorama delle arti), 4, Moskvà 1981, p. 32.

aveva sedici anni, era solita ripetere: il 9 gennaio e Tsushima sono uno sconvolgimento per la mia vita, ed essendo il primo, è particolarmente terribile»

Nell'autunno del 1905 la prima rivoluzione russa divampò nel paese. A Pietroburgo gli scioperi paralizzarono letteralmente la città. Si fermarono le fabbriche, la borsa sospese l'attività, chiusero scuole e farmacie. Mancava la corrente elettrica, e il Névskij prospékt, insolitamente deserto, era illuminato dai riflettori dell'Ammiragliato. Nella capitale sorse spontaneamente un organo di potere alternativo: il Soviét (consiglio) dei deputati operai di Pietroburgo, che aveva come copresidente il radicale Lev Tréckij. Non potendo più fare affidamento sulla forza bruta, il 17 ottobre 1905 Nikolàj II pubblicò un manifesto costituzionale che prometteva al popolo russo libertà di parola e di associazione. Troppo tardi, troppo poco. Nelle vie di Pietroburgo cantavano ironicamente: «Lo zar s'è spaventato, ha fatto un manifesto: i morti in libertà, ma i vivi in arresto»

I cinici avevano ragione: la Duma (assemblea legislativa) creata sulla base del manifesto dello zar non ebbe mai un potere effettivo. I diritti concessi inizialmente furono revocati uno dopo l'altro. I primi partiti politici fondati in Russia condussero un'esistenza precaria, ma l'ondata rivoluzionaria a poco a poco si placò. La vita a Pietroburgo ritornò sui suoi binari. Scacciando i cupi pensieri sulla situazione politica, gli abitanti della capitale si sforzavano di distrarsi e di tornare a divertirsi.

La fiorente vita commerciale pietroburghese aveva portato alla massima espansione una cospicua classe di borghesi sicuri di sé, la cui comparsa era un fenomeno relativamente nuovo in Russia. Le loro aspirazioni e attività aggiunsero qualcosa di nuovo alle antiche tradizioni di corte in termini di ricchezza e stile culturale

Di nuovo, nella città elegante la vita ferveva, scintillava, faceva girare la testa. Di nuovo, lungo il Névskij prospékt correvano lussuose carrozze in cui erano accomodate signore altere ed enigmatiche, curate e vestite con la ricercatezza della capitale, le «tenere europee», come le avrebbe chiamate il poeta Ósip Mandel'štàm. Le più chic erano le carrozze private trainate da costosi trottatori purosangue dal manto di seta luccicante

I cavalli non avevano più paura né dei tram, che erano stati introdotti da poco, né dei primi taxi a motore, solo sbuffavano di più a causa dei gas di scarico. Sulle stanghe avevano torce elettriche a batteria. Sui predellini delle carrozze stavano i lacchè, che indossavano uniformi in tinta con gli stemmi di famiglia ben in vista sulle portiere. Quelli di corte si distinguevano per le livree scarlatte e la mantellina ricamata di galloni d'oro e aquile nere, e i berretti rossi degli ussari che cavalcavano compiaciuti ne riprendevano il vivace colore. Ogni reggimento aveva la sua divisa! Con lussuose gabbane grigie, dalla cui tasca sinistra sporgeva spavalda l'impugnatura della sciabola, galoppavano gli ufficiali della guardia. Che varietà di spalline, ordini, bottoni, bande sui pantaloni! Uniformi speciali non le avevano solo i militari, ma anche gli impiegati, gli ingegneri, i burocrati, persino gli studenti

A Pietroburgo regnava, come sempre, il culto del Névskij prospékt. Come in una parata rituale, vi passeggiavano alti funzionari e semplici impiegati, ufficiali della marina e dell'esercito, nobili, nuovi ricchi, bohémien. C'era chi si muoveva in fretta, composto e deciso, come si addice a un cittadino, e chi invece si guardava di qua e di là, si voltava a guardare le belle signore, in cerca di avventure galanti. Molti guardavano le seducenti vetrine dei negozi di lusso che vendevano prodotti costosi provenienti da ogni parte del mondo

Ostriche da Parigi, aragoste da Ostenda, fiori da Nizza! Presso gli aristocratici era pavolarmente popolare il negozio inglese all'angolo del Névskij dove, come ricordò poi Vladìmir Nabókov, si poteva comprare «ogni genere di cose sfiziose, succulente: dolci alla frutta, sali, saponette, carte da gioco, cacao, puzzle, blazer a righe, palle da tennis bianco talco dal pelo verginale in una confezione degna di frutti rari, meravigliosi palloni da calcio di cuoio scricchiolante e maglie con i colori delle squadre di Cambridge e Oxford»[168]. Il Névskij prospékt veniva anche chiamato «via delle banche». Su cinquanta edifici che formavano il tratto di prospékt dall'Ammiragliato alla Fontànka, ventotto ospitavano banche, tra cui quella russo-inglese, quella russo-francese e quella russo-olandese. Nel passage dal Névskij prospékt alla piazza Michàjlovskaja c'erano i gioiellieri: diamanti su velluto nero, spille abbaglianti, anelli e costosissimi collier. Sotto gli occhi scorrevano insegne, annunci, manifesti: reclamizzavano il mago

---

168 * Vladìmir Nabókov, Drugie berega (Le altre rive), in Mayen'ka, Zaščita Lužina, Priglašenie na kazn', Drugie berega. Romany (Mašen'ka, La difesa di Lužin, Invito a un'esecuzione, Le altre rive. Romanzi), Moskvà, Chudožestvennaja literatura, 1988, p. 402; Speak. Memory, London, Weidenfeld and Nicholson, 1967, p. 79.

della gioielleria Fabergé, il fabbricante di bocchini in cartone per sigarette russe (papirésy) Vlktorsón, le macchine per cucire della Singer, il cioccolato mordi Borman, il cacao Konradi, i profumi e le acque di colonia Siù, il sapone Zùkov. Sui bei manifesti, molti dei quali ispirati allo stile allora molto in voga del Mir iskùsstva, si alternavano nomi russi e stranieri

Gli sfaccendati d'alto rango della capitale si trattenevano davanti a una locandina: «Dove andiamo stasera?». A Pietroburgo c'erano tre opere, il famoso balletto, la brillante operetta, teatri per tutti i gusti, dal rispettabilissimo Aleksandrìnskij che, sovvenzionato dall'imperatore, preferiva allestire drammi seri, al leggero Névskij fars, dove si eseguivano imitazioni di famosi contemporanei. «Oggi al Névskij fars fanno la parodia del decadente Mejerchól'd, che poco fa è stato invitato come regista all'Aleksandrìnskij, e ha fatto un clamoroso fiasco con la sua prima del dramma di Knut Hamsun.» «Per forza: come è possibile permettere a un giovincello di trentaquattro anni, e per di più con infatuazioni per l'avanguardia, di farla da padrone al teatro imperiale? Ora, dicono, si appresta a "modernizzare" Wagner al Mariìnskij. Vedremo, vedremo.

Il 1908 portò sulle scene di Pietroburgo Sarah Bernhardt ed Eleonora Duse. Le locandine annunciavano orgogliose i concerti dell'esuberante direttore Arthur Nikisch, famoso interprete di Čajkóvskij, ma gli intenditori preferivano la bacchetta più severa di Gustav Mahler, che poco prima aveva riscosso un trionfale successo nella capitale

«Pablo Casals suona Bach, sono in vendita i biglietti.» «Ma è il caso di andarci? Tanto più che al teatro Mariìnskij, se non sei il fortunato possessore di un abbonamento, i biglietti non li trovi comunque; sulla porta c'è la coda fin dalla sera prima: studenti, corsiste, signorine si scaldano davanti a un falò per precipitarsi alle casse alle dieci del mattino, e là tentare il tutto per tutto.» Quell'anno l'attrazione principale fu il celebre basso Fëdor Šaljàpin, interprete dell'opera esotica Judìf'del compositore Aleksàndr Seróv, morto quasi quarant'anni prima. Il giovane eajkóvskij adorava quest'opera, che certamente influenzò anche le composizioni operistiche di artisti come Mùsorgskij e Borodìn

Šaljàpin aveva la parte del malvagio condottiero babilonese Oloferne

Un habitué osservava sarcasticamente che quando il gigante Šaljàpin, muovendosi con l'eleganza di una pantera, si avvicinava alla ribalta e protendeva le braccia nude, cantando con la sua voce tonante di basso: «Molte in quella città vi son donne! D'oro è tutta

lastricata! Battila e calpestala coi cavalli, nella città sarai il re!», i
brividi correvano nelle schiene delle signore agghindate e dei
signori importanti seduti nei palchi del teatro imperiale rivestiti di
velluto azzurro. Il ricordo della rivoluzione del 1905 era ancora
fresco..

Al termine dello spettacolo, Šaljàpin – ancora truccato e con
addosso lo sfarzoso costume assiro – saliva nell'enorme laboratorio
di scena sopra il soffitto della platea del teatro Mariìnskij. Là il
pittore Aleksàndr Golovìn, lavorando tutta la notte, avrebbe fatto il
ritratto del cantante nella parte di Oloferne. Quasi sessant'anni
dopo, ho seguito arrancando l'instancabile e agile coreografo
Leonìd Jakobsón su per quella stessa scala angusta e infinita che nel
1908 salì maestoso Šaljàpin accompagnato dal suo numeroso
entourage

«Ecco dove se ne andavano tutti» pensai entrando nella sala
spaziosa «Šaljàpin con gli ospiti e lo scenografo più alla moda di
Pietroburgo, il bel Golovìn dai capelli canuti!» Fu Golovìn, la cui
opinione veniva ascoltata anche dai grandi dignitari, a introdurre
Mejerchól'd nei teatri imperiali. Facendo domande al cantante sul
suo recente trionfo a Parigi – Šaljàpin aveva sbalordito i francesi
con il suo Borìs Godunóv in uno spettacolo portato in Francia da
Djàgilev, con scenografia di Golovìn – il pittore veloce e sicuro
schizzava a carboncino su una grande tela la possente immagine di
Oloferne, mentre in disparte asciugavano le scene che aveva
dipinto per la prima successiva. Nel 1967, in quello stesso posto,
vidi asciugare le scene variopinte preparate per il balletto di
Jakobsón Il paese delle meraviglie, eseguite alla maniera degli artisti
popolari di Pàlech. All'epoca il ritratto di Šaljàpin-Oloferne dipinto
da Golovìn occupava da tempo un posto d'onore alla galleria
Tret'jakóv, il più famoso museo di arte russa del paese.

Di mercoledì e di domenica, al teatro Mariìnskij c'erano i
balletti. Qui, nel 1908, nell'allestimento del ventottenne Michail
Fókin, ebbero i primi momenti di gloria Anna Pàvlova e Vaclàv
Nižìnskij. In una sola sera venivano presentate due delle opere più
innovative di Fókin – gli atti unici Egipétskie nóëi (Le notti egizie)
e Chopiniana –, un miracolo senza intreccio che poi divenne
famoso in col titolo Le silfidi. I ballettomani di corte sbuffavano:
anche nel balletto, questo sancta sanctorum, erano penetrati dei
malefici modernisti! Ma bisognava sopportare, perché Nižìnskij e
Pàvlova erano proprio bravi, aria e champagne! «Comunque,
questo Fókin sa fare una danza meravigliosa, se ce la mette tutta.
Avete visto la sua Morte del cigno? Un bel numero, e la Pàvlova in

quello è unica. Dicono che parta per la sua prima tournée europea. Senza la Pàvlova, Pietroburgo si sentirà orfana. ..» Ma, in fin dei conti, non tutti si divertivano soltanto col balletto! I melomani snob di Pietroburgo frequentavano i raffinati concerti del circolo d'avanguardia Veëerà sovreménnoj mùzyki (Serate di musica contemporanea)

Questa associazione poteva essere considerata una filiale musicale del Mir iskùsstva; nelle piccole sale gli intenditori si riunivano per degustare la solita prelibata novità musicale proveniente da Parigi, da Berlino o da qualche capitale scandinava. Nel dicembre del 1908, nella sala della Reformàtskoe uEiliSëe (Scuola riformata), al quarantacinquesimo concerto delle Serate di musica contemporanea debuttò uno studente del conservatorio di Pietroburgo, il diciassettenne Sergéj Prokóf'ev. Seduto al pianoforte, secondo le parole di Natàn Mil'štéjn, «malcerto, goffo e cupo»[169], Prokóf'ev sembrava ancora più giovane. Il recensore dell'importante giornale «Reë'» (Il discorso) gli dimostrò una certa simpatia: «L'autore è un ginnasiale giovanissimo che interpreta sé stesso, indubbiamente ha talento, ma nelle sue armonie ci sono molte stranezze e stravaganze che superano i confini del bello»[170]. Nello stesso concerto, il pubblico della capitale (tra il quale c'era anche il ventiseienne Igor'Stravinskij) sentì per la prima volta la musica del pietroburghese Nikolàj Mjaskóvskij, anch'egli studente del conservatorio. Gli habitué paragonavano le sue tre romanze sui versi della decadente Zinaìda GìpPius alle opere vocali, ascoltate un anno prima (sempre alle Serate di musica contemporanea), di Stravinskij, che cominciava a essere conosciuto. Le opere di Mjaskévskij erano probabilmente più ricercate e mature delle dolci ma ingenue esperienze di Stravinskij, ancora troppo soggetto all'influenza del suo maestro, Nikolàj Andréevič Rìmskij-Kórsakov..

Rìmskij-Kórsakov, questo grande maestro della musica russa, era morto da pochissimo, nel giugno del 1908, per un arresto cardiaco. Val'ter Nuvel', amico e mentore di Stravinskij alle Serate di musica contemporanea, che in quegli anni veniva considerato dai modernisti una sorta di «arbitro delle arti», amava ripetere: «Ritengo che, quanto prima morirà Rìmskij-Kórsakov, tanto meglio

---

[169] Natàn Mil'štéjn. conversazione con l'autore (New York 1987)

[170] Sergej Prokéf'ev. Avtobiografija (Autobiografia), Moskvà 1973. p. 538

sarà per la musica russa. La sua figura ingombrante opprime la gioventù e le impedisce di percorrere strade nuove»[171]. Ancora in maggio, Prokóf'ev aveva visto Rìmskij nel corridoio del conservatorio e aveva annotato nel diario con una punta di malinconia: «L'ho osservato e ho pensato: ecco un uomo che ha raggiunto un vero successo e la gloria!»[172]. E in agosto Ìgor'Stravinskij scriveva alla vedova di Rìmskij-Kórsakov: «Nadéida Nikolàevna, se sapeste quanto condivida il vostro tremendo dolore, quanto senta la perdita di Nikolàj Andréevič, che mi è infinitamente caro e che ho tanto amato!»[173]. Stravinskij chiese alla vedova del suo maestro un aiuto per l'esecuzione della Pogrebàl'naja pésnja (Canto funebre) per fiati op. 5 in memoria di Rìmskij-Kórsakov, che aveva composto con incredibile velocità. La vedova fece pressioni, e il tributo di Stravinskij fu eseguito all'inizio del 1909 in un apposito concerto commemorativo a Pietroburgo..

Sul lato soleggiato del Névskij prospékt erano disposte le librerie. Nelle vetrine c'era una vera e propria mostra dell'arte grafica pietroburghese: copertine variopinte opera dei maestri del Mir iskùsstva, come Aleksàndr Benuà, Mstislàv Dobužìnskij, Sergéj Cechénin. I libri erano raccolte di poesia dei più importanti simbolisti russi: Fëdor Sologùb, Valérij Brjùsov, Andréj Bélyj; c'erano anche i debutti poetici di Michaìl Kuzmìn, Ìgor'Severjànin e Vladislàv Chodasévič. Un'attenzione particolare attirava il terzo libro di Aleksàndr Blok, Zemljà v snegù (La terra nella neve): in quel periodo il poeta ventottenne era forse la figura più interessante tra i simbolisti

Si poteva andare a sentire recitare questo Blok alla Religiózno-filosófskoe óbščestvo (Società religioso-filosofica). Le riunioni si tenevano nella sala della Geografiëeskoe (Società geografica), dove si affollava un folto pubblico: qui si potevano vedere i mantelli dei popi e le lussuose mise delle signore dell'alta società; non mancavano mai filosofi, scrittori e pittori alla moda. Si dibattevano i temi allora scottanti del neocristianesimo. Nell'ortodossia rinnovata, infatti, l'élite pietroburghese vedeva uno dei fattori

---

[171] M.F. Gnésin, Stat'i. Vospominanija. Materialy (Saggi. Ricordi. Materiali), Moskvà 1961, p. 141

[172] Prokóf'ev, op. cit., pp. 503-504

[173] Stravinskij, Stat'i i materialy (Saggi e materiali), Moskvà 1973. p. 445

importanti della nuova società in via di formazione. «Queste riunioni furono significative in quanto primo incontro dei rappresentanti della cultura e della letteratura russa, malata di inquietudine religiosa, con i rappresentanti della gerarchia ecclesiastica ortodosso-tradizionale» ricorda nell'autobiografia il filosofo Nikolàj Berdjàev, attivo e appassionato frequentatore di queste riunioni. «Parlavamo delle relazioni tra cristianesimo e cultura. Al centro c'era il tema della carne, del sesso.[174]» Durante questi dibattiti cristiani l'enorme statua di Buddha presente in sala veniva coperta con un lenzuolo «perché non inducesse in tentazione»

Il pubblico era foltissimo anche per la conferenza di Blok del 13 novembre 1908. Parlò in modo monotono ma ipnotico, da vero poeta, della contrapposizione tra popolo e intellighenzia in Russia: «In effetti ci sono non solo due concezioni, ma due realtà: il popolo e l'intellighenzia; centocinquanta milioni da una parte e qualche centinaio di migliaia dall'altra; persone che non si capiscono in ciò che vi è di più basilare». Gli ascoltatori in sala mormoravano: ma perché bisognava guardare con tanto pessimismo la situazione contemporanea? Non era forse in crescita l'alfabetizzazione e l'istruzione del popolo? Ma Blok continuava pacato: «Come mai ci visitano sempre più spesso due sentimenti: l'abnegazione dell'entusiasmo e l'abnegazione dell'angoscia, della disperazione, dell'indifferenza? Presto non vi sarà posto per altri sentimenfl. Non è per questo che intorno a noi regnano le tenebre?». E la forza di persuasione del poeta era tale che il pubblico rabbrividì, presentendo l'avvicinarsi delle tenebre

La sensibilità liberale del pubblico fu particolarmente colpita da una profezia pronunciata da Blok come un dato di fatto: «Buttandoci nel popolo, ci buttiamo dritti sotto i piedi di una troica infuriata, alla morte sicura». Questo cupo presagio suscitò in sala un'esplosione di sdegno, ma anche l'entusiasmo di molti che erano stufi dell'ortodossia liberale. Anche se il dibattito annunciato era stato vietato dalla polizia, dopo la conferenza Blok fu accerchiato dal pubblico infervorato. Un professore liberale, infuriato, accusò Blok di essere un reazionario. «Chi ha paura del futuro non sta né col popolo né con l'intellighenzia» ironizzò un amico poeta

---

[174] Berdjàev, Samopozanie (opyt filozofskoj avtobiografii) Autoconoscenza: esperimento di autobiografia filosofica), Moskvà 1991, p. 144

Blok ascoltò gli oppositori con un sorriso velato e con il viso simile a una maschera di pietra. Poco dopo nel suo taccuino scrisse: «Quel che mi importa più di tutto è che nel mio discorso si senta un reale e spaventoso memento mori»[175]. E non molto tempo prima aveva annotato: «Devo riconoscere che l'idea del suicidio è spesso ammaliante e vivida. Silenzio. Scomparire, perdersi, "dopo aver fatto tutto il possibile"»[176]. (Nel 1908 la polizia pietroburghese registrò circa millecinquecento tentati suicidi.)

In quei giorni Blok pensava con tensione e senza sosta a un nuovo fenomeno, la plebe urbana, battezzata dal padre del simbolismo russo, Dmìtrij Merežkóvskij, «il cafone emergente»: la massa incomprensibile e spaventosa che voleva panem et circenses. «Ma chi sono queste persone strane a noi ignote che si sono fatte vive tanto inaspettatamente? Perché finora non sospettavamo nemmeno che esistessero?» si domandava inorridito il critico letterario Kornéj Čukóvskij. E ironizzava: «Fa persino paura sedersi in mezzo a questa gente. E se di colpo si mettono a nitrire e al posto delle mani vedo degli zoccoli?». Per Čukóvskij questa plebe era impossibile da redimere: «No, non sono nemmeno dei selvaggi. Non sono degni nemmeno degli anelli al naso e delle penne colorate. I selvaggi sono visionari, sognatori, hanno gli sciamani, i feticci e le maledizioni, mentre qui c'è solo una sorta di buco, di non esistenza»[177].

Il divertimento principale di questo nuovo pubblico era il cinematografo

Pietroburgo si coprì di una rete di sale cinematografiche dove si proiettavano film stranieri. Soltanto nel 1908 fu girato il primo film artistico russo (sul leggendario rivoltoso e brigante Stén'ka Ràzin; su questo stesso tema, molto amato in Russia, nel 1964 Dmìtrij Šostakóvič compose il suo monumentale poema per basso, coro e orchestra). Ma nel 1909 uscirono ben ventitré film russi; il loro numero crebbe enormemente e nel 1917 si era già giunti a cinquecento. La produzione cinematografica e le sale di proiezione divennero i settori più redditizi della nascente industria dei

---

[175] Ibid., p. 118

[176] Aleksàndr Blok, Zapisnye 1901-1920 (Taccuini d'appunti 1901-1920), Moskvà 1965, p. 126

[177] Cukóvskij, op. cit., vol. V, pp. 122, 124

divertimenti pietroburghese

«Guardate nelle sale cinematografiche, resterete colpiti dalla composizione del pubblico. C'è di tutto: studenti e gendarmi, scrittori e prostitute, ufficiali e studentesse, intellettuali occhialuti e barbuti d'ogni genere, e operai, commessi, mercanti, signore dell'alta società, modiste, impiegati. Insomma, di tutto»[178] si stupiva un giornalista. Ma Čukóvskij e i suoi compagni erano spaventati proprio da quello. Davanti a loro sorgeva il quadro apocalittico del «mercato della cultura», dove le merci avrebbero dovuto competere tra loro e sarebbero sopravvissute «solo quelle più confacenti ai gusti e ai capricci del consumatore» (così formulò questa prospettiva «terrificante» Čukóvskij in quello stesso 1908)

Per lui, come per qualsiasi intellettuale russo tradizionalista, l'idea della cultura come merce era ancora umiliante e vergognosa. Questo puritanesimo ideologico è curioso, se si pensa che lo stesso Čukóvskij si era conquistato una vasta notorietà pubblicando regolarmente articoli e recensioni nei periodici popolari del tempo. E già all'inizio del secolo i giornalisti russi più dotati di buon senso riconobbero liberamente che «il giornale rappresenta un'impresa capitalistica come l'estrazione del carbone o la fabbricazione d'alcol»[179]. Il boom giornalistico era cominciato a Pietroburgo alla fine dell'Ottocento. A mano a mano che s'indeboliva la censura, diminuivano le spese tipografiche e, di conseguenza, il prezzo per copia, e la cerchia dei lettori di periodici continuò ad allargarsi. Ma la vera esplosione avvenne nel 1908, quando l'intraprendente ebreo Michail Gorodéckij fondò a Pietroburgo il quotidiano «Gazéta-Kopéjka» (Giornale-copeco). Questo tabloid costava davvero solo un copeco, ma nelle sue 4-6 pagine (per metà coperte di annunci pubblicitari) s'ingegnava a ragguagliare i lettori sugli avvenimenti esteri, sulle novità politiche nazionali, sulla vita della capitale, con una spiccata propensione per il sensazionalismo. In ogni numero c'erano molte fotografie e i romanzi a puntate, regolarmente pubblicati, erano accompagnati da illustrazioni originali. Il motto dell'editore era «tutto quello che interessa al mondo», e le sue opinioni politiche erano piuttosto liberali

---

[178] Zérkaja. Na rubeže stoletij. U istokov massovogo iskusstva v Rossii 1900-1910 godov (Al confine tra i secoli. Alle origini dell'arte di massa in Russia negli anni 1900-1910), Moskvà 1976. p. 94

[179] A.N. Bochanov, Buržuaznaja pressa Rossii i krupnyj kapital. Konec XIX v. - 1914 g. (La stampa borghese della Russia e i grossi capitali. Fine dell'Ottocento - 1914), Moskvà 1984, p. 40

La tiratura dei primi numeri di «Gazéta-Kopéjka» fu di undicimila copie

Ma già nel 1909 crebbe a centocinquantamila, e nel 1910 gli strilloni e centinaia di negozi ed edicole sparsi per Pietroburgo ne vendevano ogni giorno duecentocinquantamila copie. Michail Gorodéckij trasformò la sua fiorente impresa in un potente gruppo editoriale, cominciando a pubblicare, tra l'altro, il «Zurnàl-Kopéjka» (Rivista-copeco), il foglio umoristico «Kopéjka» (Copeco), il settimanale «Vsemìrnaja panoràma» (Panorama mondiale) e la rivista illustrata «Solnce Rossìi» (Il sole della Russia), sulla quale scriveva anche il nemico numero uno della cultura di massa, Kornéj Čukóvskij

In tutte queste pubblicazioni destinate al grande pubblico, ampio spazio era dedicato alla propaganda della cultura nazionale, soprattutto della letteratura. Questo elemento è sempre stato tipico della stampa periodica russa. Per esempio, nell'agosto del 1908 1'ottantesimo compleanno di Lev Tolstój fu celebrato conv una grande festività nazionale sia dalla stampa liberale sia da quella tradizionalista. Emblematica fu la proposta di un giornalista: «Non sarebbe male, almeno in onore dell'ottantesimo compleanno di Tolstój, astenersi in quel giorno solenne da relazioni sessuali, e versare il denaro così risparmiato per lo sviluppo delle cooperative»[180]. Con maggiore serietà, nel 1917 la «Gazéta-Kopéjka» allegò in appendice per i suoi lettori le opere complete di Tolstój in cinquantasei volumi.

L'industria editoriale russa è stata studiata relativamente poco. Sulle relazioni tra cultura di massa russa e letteratura «colta» non è stato scritto quasi nulla, anche se proprio in Russia i giornali e le riviste popolari stampavano regolarmente opere dei principali scrittori. È noto che Antén Čéchov cominciò la propria carriera scrivendo racconti umoristici per la rivista pietroburghese «Oskolki» (Schegge) e per la scandalistica «Peterbùrgskaja gazéta» (Giornale di Pietroburgo), arrivando persino a pubblicare nel corso di nove mesi il romanzo «giallo» a puntate Dràma na ochéte (Dramma a caccia). Sul giornale monarchico ultrasciovinista di Pietroburgo «Nóvoe vrémja» (Tempo nuovo), scrupolosamente sfogliato anche da Nikolàj II (pare che gliene venisse recapitata una copia stampata appositamente su carta velina), Čéchov pubblicò, nel corso di vari anni, alcuni dei suoi migliori racconti. L'editore di

---

[180] Cukóvskij, op. cit., Moskvà 1967, vol. VI. p. 146

«Nóvoe vrémja», erede spirituale di Faddéj Bulgàrin, proprietario della famigerata «Sévernaja peelà», l'imprenditore astuto e senza scrupoli Alekséj Suvórin, fu tra i primi a riconoscere il talento di Čéchov e a pagare allo scrittore cifre piuttosto cospicue. Lo stesso Čéchov, dopo aver cominciato a collaborare con «Névoe vrémja», disse: «Mi sentivo in California»

Il gruppo editoriale di Suvórin pubblicava alcuni giornali e riviste, calendari, l'almanacco annuale «Ves'Peterbùrg» (Tutta Pietroburgo), e inondò il paese con i libri della cosiddetta «Deiëvaja bibliotéka» (Biblioteca economica), circa trecento titoli di classici russi e stranieri. Appositamente per la lettura in treno veniva pubblicata la «Vagénnaja bibliotéka». Tutto ciò e altro ancora veniva venduto in librerie di proprietà di Suvórin e in centinaia di edicole di sua proprietà situate nelle stazioni ferroviarie. Più di una volta Suvórin fu accusato di avidità e di spregiudicatezza commerciale, al che rispondeva con assoluta sincerità: «Io ho lavorato per l'istruzione dei russi e per la gioventù russa. ... Posso andare a qualsiasi processo, morirò tranquillo»[181]. Un contemporaneo ricordava Suvórin come un editore di talento alla ricerca spasmodica di nuovi autori: «Come un pescatore, buttava la lenza con l'esca e provava un autentico piacere quando al suo amo abboccava un pesce grosso»[182]. Un collaboratore di «Nóvoe vrémja» descriveva il giornale come una «chiesetta tranquilla dove puoi pregare come vuoi, purché le parole suonino chiare e di talento»[183]. Questo era senz'altro vero per la sezione teatrale del giornale, considerata da molti una delle migliori della capitale; quanto alle arti, il «Névoe vrémja» non gradiva i decadenti, perciò pubblicava volentieri gli articoli del nemico acerrimo del modernismo, Stàsov, che ideologicamente si trovava al polo opposto di Suvórin. Stàsov spiegò in questo modo la propria collaborazione col giornale «reazionario»: «Quando ho bisogno che la massa del pubblico russo che conosce soltanto "Nóvoe vrémja" legga questo o quello, vado con coraggio da Suvórin...»[184]. Un'altra figura pittoresca del mondo giornalistico pietroburghese era Solomon Propper, cittadino austriaco arrivato, stando alla leggenda

----

[181] «Voprosy literatury» (Problemi di letteratura), 2, 1977, p. 198

[182] Tùrkov, A.P. Čéchov i ego vremja (A.P. Čéchov e il suo tempo), Moskvà 1980, p. 73.

[183] Ibid., p. 60

[184] Ibid.. p. 54

popolare, nella capitale russa senza un copeco e che per tredici rubli aveva comprato all'asta il diritto di pubblicare le «Birievye védomosti» (Informazioni di borsa). Stando ai racconti, Propper non imparò mai a parlare correntemente il russo, ma in compenso imparò a padroneggiare le leggi del mercato giornalistico. In un periodo relativamente breve, Propper portò la tiratura del giornale a novantamila copie. Secondo l'affermazione di uno dei suoi collaboratori, «Propper ricorse al ricatto, denunciando nel giornale come insolventi le aziende che si rifiutavano di pubblicare inserzioni. Lo faceva con abilità, tra le righe. In banca lo chiamavano "revolver"»[185]. Presto Propper cominciò a comprare terreni e case, ebbe il titolo di consigliere commerciale e divenne addirittura consigliere della Duma cittadina di Pietroburgo. Ma, soprattutto, ampliò la propria attività editoriale, distribuendo come supplementi (spesso gratuiti) alle «Birževye védomosti» numerose riviste, tra cui módy» (Mode accessibili), «Zdràvie sem'ì» (Salute della famiglia), «Znànie i iskùsstvo» (Conoscenza e arte) e «Ogonëk» (La fiammella). Tra questi il settimanale «Ogonëk», fondato nel 1908, godette di particolare popolarità: già nel 1910 aveva una tiratura di centocinquantamila copie e nel 1914 raggiunse il picco di settecentomila, superando tutti i periodici russi del tempo

Tutte le edizioni di Propper si occupavano diffusamente di cultura. A Pietroburgo era popolare la battuta: «Qual è il giornale che si occupa più di teatro? "Informazioni di borsa"! Qual è il giornale che si occupa più di borsa? "Rivista di teatri"!». Quest'ultima era edita dal protettore del giovane violinista Natàn MilXtéjn, il noto imprenditore Abel'són[186]. Propper si era accorto che il pubblico russo consumava avidamente informazioni sulle novità di letteratura, teatro, pittura, cinema, musica, reportage dalle aste, e ne aveva tenuto conto. Per conquistare e mantenere il lettore, i periodici di massa pietroburghesi si sforzavano di informarlo su tutto quanto vi era di più interessante in questi campi. Così, nell'ambito della loro attenzione ricaddero anche i modernisti russi.

Qui fu pioniere il settimanale illustrato «Niva» (Il campo),

---

[185] Jasìnskij, Roman moej žizni (Il romanzo della mia vita), Moskvà-Leningràd 1926, p. 280

[186] Natàn Mil'štéjn, conversazione con l'autore (New York 1980)

fondato nel 1869 a Pietroburgo dal prussiano Adolf Marks. All'inizio del Novecento la tiratura di «Niva» era giunta a 275.000 copie. Il successo di «Niva» era in gran parte dovuto al fatto che la rivista pubblicava costantemente prosa russa contemporanea e offriva numerose litografie tratte dai quadri di pittori russi realisti. Secotdo le parole di un contemporaneo, Marks «capiva poco di pittura, ancor meno di letteratura»[187]. Ma il fiuto imprenditoriale lo indusse a scegliere autori quali Lev Tolstój, il cui romanzo Voskresénie (Resurrezione) uscì per la prima volta su «Niva», e Čéchov

Nel 1899 Marks acquistò da Čéchov i diritti sulle sue opere per 75.000 rubli, una somma inaudita per l'epoca. Marks non aveva mai Ietto Čéchov, ma l'intuito indicava all'editore che non ci avrebbe perso. Marks non si sbagliava. Marks, che pagava gli autori più importanti mille rubli per ogni «foglio tipografico» (circa seimila parole), veniva chiamato non a caso «artefice delle tariffe letterarie». Il sistema di relazioni patriarcali e «amichevoli» tra editore e autore, in cui spesso l'entità delle tariffe veniva stabilita dal capriccio dell'editore e non dalla situazione reale del mercato cuslturale, stava tramontando

I gusti personali di Marks erano conservatori. Ma già nel 1891 il padre del simbolismo russo Merežkóvskij cominciò a pubblicare articoli su «Niva» e ben presto le sue collaborazioni si fecero regolari. Seguirono altri importanti simbolisti, e nel 1906 la rivista pubblicò le poesie del ventiseienne Blok, che comparvero simultaneamente anche sulle pagine di altri prestigiosi periodici pietroburghesi. Per esempio, l'importante giornale politico «Slovo» (La parola) nel febbraio e nel marzo del 1906 pubblicò i versi del giovane poeta quattro volte. E sul giornale liberale «Rus'», che godeva di enorme successo, nel solo aprile del 1907 i componimenti di Blok comparvero cinque volte! I simbolisti, che avevano cominciato solo quattordici-quindici anni prima come gruppo mistico-esoterico, isolato e deriso, vennero di moda. Solo poco tempo prima, il debutto letterario di Blok sulla rivista religioso-decadente «Nóvyj put'» (La via nuova), a bassa tiratura, aveva suscitato le reazioni derisorie dei critici, che affermavano che questa «via nuova portava a un vecchio manicomio». Ora diventava sempre più chiaro che i simbolisti erano stati accettati dal grande pubblico. Stanco del naturalismo e del positivismo dei decenni

---

[187] E.A. Dinerštéjn, «Fabrikanъ» čitatelej: A.F. Marks (Il «fabbricante» di lettori: A.F. Marks). Moskvà 1986. p. 77

passati, dei simbolisti il pubblico apprezzava l'aperta professione di estetismo e misticismo. Era attratto anche dai motivi apertamente erotici, insoliti per la letteratura russa classica, che risuonavano con forza nelle poesie e nella prosa dei simbolisti

Nel 1908 il tema erotico era molto in voga. A Pietroburgo, in due edizioni successive uscì il romanzo di Michail Arcybàšev Sànin, che fece sensazione e suscitò una polemica senza precedenti nella stampa e tra il pubblico. Il protagonista del romanzo, Sànin, come sintetizzò un critico dell'epoca, «mangia molto, beve ancora di più, dice molte volgarità, perlopiù del tutto inopportune, viene spesso alle mani e seduce ad arte le belle donne»[188]. Il pudico critico ha taciuto sul fatto che tra i temi di Sànin c'erano anche lo stupro, il suicidio e l'incesto

Contro l'autore di Sànin venne intentato un processo con l'accusa di pornografia e blasfemia. Ciò, naturalmente, non fece che accrescere l'interesse per il romanzo: nel 1908 a Sànin furono dedicate la maggior parte delle recensioni; gli studenti si dilettavano di dispute sul tema «Sànin ha ragione?»; nacquero circoli di «saninisti». La critica constatò: «Agli innumerevoli "ismi" se n'è aggiunto uno nuovo: il "saninismo"». Tutto ciò rifletteva un'esigenza realmente esistente

All'inizio del 1908 Čukóvskij, indignato dal «diffuso gusto per la bestialità sessuale», dava l'allarme: «Migliaia di libri inconcepibili sulla sodomia, sull'amore lesbico, sul masochismo hanno inondato gli scaffali delle librerie»[189]. La stampa «per bene» si rodeva: sul mercato librario (sul quale nel 1908 comparvero oltre diciottomila titoli in lingua russa) dominavano la pornografia e i gialli; «da letteratura di indirizzo progressista sta attraversando un anno difficile». Il giornale prude dei rivoluzionari russi «Pràvda» (La verità) vedeva nella letteratura erotica un nemico dei propri ideali politici: «Arcybàšev in Sànin se ne infischia di qualsiasi causa sociale e al posto dello slogan "Proletari di tutto il mondo, unitevi!" proclama: "Vodka e donne!"»[190]. AI contrario, alcuni simbolisti russi accolsero il romanzo di Arcybàšev con curiosità e persino con qualche simpatia. Per il raffinatissimo Innokéntij Ànnenskij, Sànin è «caricaturale e metafisico in stile schiettamente gogoliano.

---

[188] V. V. Voróvskij, Èstetika. Literatura. Iskusstvo (Estetica. Letteratura. Arte), Moskvà 1975, P. 255.

[189] Cukóvskij, op. cit.. vol. VI, pp. 370-371

[190] V.V. Voróvskij, op. cit., pp. 530-531

Che vi piaccia o no è affar vostro, ma una cosa è indubbia: ne è uscita una caricatura potente». Blok, rilevando di sfuggita che Arcybàšev «non ha arte né un linguaggio suo», riconosceva che nell'amorale Sànin alla fine aveva sentito «il vero uomo, dalla volontà incrollabile, che sorride riservato, pronto a tutto, giovane, forte, libero»

In queste parole c'è più l'autoritratto di Blok che il ritratto di Sànin. Per i simbolisti russi la libertà voleva dire tanto: libertà sia dalla vecchia morale opprimente, sia dalle convenzioni letterarie. Rifacendosi a Baudelaire, Rimbaud, Verlaine e Verhaeren, con le loro immagini e metafore audaci, con le rime insolite e i versi dal suono dolce, i simbolisti cambiarono il volto della poesia russa. Dopo molti anni di trionfo incontrastato della prosa realistica, in Russia nacque nuovamente l'interesse di massa per la poesia. In queste condizioni i nomi di Blok e dei suoi amici simbolisti non solo divennero prestigiosi, ma si trasformarono in una «firma» in grado di attrarre l'attenzione dei lettori verso un nuovo giornale o una nuova rivista

La popolarità di Blok e dei suoi compagni contribuì alla loro partecipazione attiva (in particolare in confronto ai confratelli decadenti occidentali) ai dibattiti d'attualità che infiammavano Pietroburgo. Parlando dei primi anni del simbolismo russo, un brillante osservatore delle nuove tendenze, Dmìtrij Mîrskij, rilevò: «L'estetismo sostituì al dovere il bello, e l'individualismo emancipò l'individuo da tutti gli obblighi sociali». Tuttavia, i simbolisti si mantennero per poco tempo su queste posizioni, e ciò per molteplici ragioni

In Russia, quasi mai la letteratura si era staccata dalla società. Molti simbolisti, nonostante il loro ostentato interesse estetico per l'Occidente contemporaneo, avvano profonde radici slavofile. Proclamando il proprio cosmopolitismo, nello stesso tempo si sentivano patrioti russi. Questi sentimenti patriottici vennero alla luce soprattutto in situazioni di crisi, come la rivoluzione e la guerra. I simbolisti russi, dopo aver esordito come profeti solitari e incompresi, in cuor loro non vedevano l'ora di essere i portavoce delle masse. Questo loro sogno si realizzò e il grande pubblico accolse i simbolisti, ma di fronte ai nuovi lettori essi dovettero «abbassarsi» e rinunciare agli eccessi di estetismo ed esoterismo

Il clima politico russo li agevolò. Qualsiasi gesto letterario relativamente innocente poteva assumere una coloritura politica. È del tutto verosimile che la conferenza tenuta nel 1908 da Blok alla Società religioso-filosofica sarebbe interessata a pochi se non vi fosse stata l'ingerenza scriteriata della polizia, che aveva vietato il dibattito. Questa goffa azione attrasse subito l'attenzione della stampa di massa e trasformò questa e le successive conferenze di Blok in avvenimenti di risonanza nazionale (un meraviglioso esempio di interrelazione tra religione, letteratura e politica nella Russia di inizio secolo).

Negli ultimi anni della sua vita Achmàtova ripeteva spesso che il simbolismo era stato, forse, «l'ultima grande corrente» della letteratura russa[191]. Il simbolismo russo si sviluppò come fenomeno potente e complesso che racchiudeva in sé il meglio dei classici nazionali e del modernismo straniero

Eruditi, dotati, spesso brillanti individualisti i cui precetti estetici erano spesso influenzati da intricate relazioni personali, i simbolisti continuavano instancabilmente ad allacciare e sciogliere legami. Ogni tentativo di tratteggiare le loro mutevoli posizioni in poche parole sarebbe vano. Tuttavia è possibile dividere convenzionalmente i simbolisti russi in «vecchi» (tra cui Dmìtrij Merežkóvskij e la moglie Zinaìda Gìppius, Valérij Brjùsov, Konstantìn Bal'mónt, Fëdor Sologùb) e «giovani» (Aleksàndr Blok, Andréj Bélyj, Vjačeslàv Ivànov). E anche qui occorre precisare che in realtà Ivànov era più vecchio di Brjùsov, ma che debuttò come poeta molto dopo

Un'altra divisione fondamentale è quella geografica. Brjùsov, Bal'mónt, Bélyj erano moscoviti, i coniugi Merežkóvskij, Sologùb, Blok e Ivànov abitavano a Pietroburgo. Nei loro dibattiti i simbolisti bollavano spesso il campo avverso come «moscovita» o «pietroburghese», ma i confini erano molto labili, con defezioni e alleanze inaspettate. I «moscoviti» erano nel complesso più decadenti, tendevano all'estetismo puro e disdegnavano la teorizzazione astratta. I «pietroburghesi», viceversa, dibattevano volentieri su temi religiosi e civili

Nonostante l'asprezza delle discussioni tra «moscoviti» e «pietroburghesi», il grande pubblico vedeva i simbolisti come un gruppo più o meno unico

All'inizio il più famoso dei simbolisti era il «moscovita» Bal'mént, ma ben presto l'attenzione del pubblico si focalizzò su Aleksàndr Blok. «La poesia di Blok aveva su di noi lo stesso effetto della luna sui lunatici[192]» ricordava Čukóvskij. L'espressività e la

---

[191] Anna Achmàtova, conversazione con l'autore (Komàrovo 1965)

[192] Kornéj Čukovskij, Iz vospominanij (Dai ricordi), Moskvà 1959, p. 373

musicalità lirica, la melodiosità ipnotica delle sue poesie, con le sue immagini spesso esaltate, mistiche e l'indubbio richiamo erotico, attiravano con forza i lettori e, soprattutto, le lettrici

L'attrattiva della poesia di Blok era rafforzata dall'enigmatico fascino del poeta stesso. Per tutta la Russia furono vendute decine di migliaia di cartoline con la fotografia di Blok: il «viso di un giovane Apollo» (così era descritta la foto) in una meravigliosa aureola di riccioli biondi, con lo sguardo esaltato degli occhi grigio chiaro e le labbra sensuali. Blok era stato fotografato in camicia nera con colletto bianco liscio e con le mani giunte: l'immagine ideale del poeta simbolista

Secondo l'affermazione di Čukóvskij, Blok era bello «in modo irresistibile, inverosimile»: «Non ho mai visto, né prima né dopo, emanare magnetismo da una persona in modo così chiaro, palpabile. A quell'epoca era difficile immaginare che al mondo esistesse una ragazza che potesse non innamorarsi di lui»[193]. Lo confermava anche un'altra contemporanea: «A quei tempi in Russia non c'era una sola ragazza "pensante" che non fosse innamorata di Blok»[194]. Di uno di questi tipici innamoramenti per Blok veniamo a sapere da questo ricordo:

Sónička Michàjlova è una «fanciulla turghenieviana» con una lunga treccia soffice e piccoli occhietti neri, che arrossisce facilmente. Una volta seguì Blok a lungo mentre lui tomava da un incontro con un amico. Blok era agitato, discuteva animatamente e fumava; Séniëka raccolse i mozziconi fino a riempirne una scatoletta e probabilmente li conserva ancora oggi gelosamente. Struggendosi d'amore per Blok, si recava presso la sua casa, ma non osava mai entrare: stava sulla porta e baciava, piangendo, la maniglia del portone[195].

Blok era sommerso di lettere con richieste di appuntamenti («sarebbe il giorno più bello della mia vita!») o di consigli. Una giovane scrittrice nota negli ambienti letterari di Pietroburgo

---

[193] Ibid., p. 371

[194] Maksìmov, Poèzija i proza A. Bloka (La poesia e la prosa di A. Blok), Leningràd 1975. P. 5

[195] «Literaturnoe nasledstvo», cit., vol. XCII, 4 tomi: Aleksandr Blok. Novye materialy i issledovanija (Aleksandr Blok. Nuovi materiali e ricerche). Moskvà 1982, tomo 3, p. 438

informò Blok di avere contratto un matrimonio fittizio e di voler avere un bambino da lui, che sarebbe stato senz'altro un genio. (È pur vero che, contemporaneamente, inviò la stessa lettera ad altri due famosi scrittori.) Una grande quantità di giovani poeti gli mandavano le loro opere; i fortunati che ricevevano una risposta da Blok – anche se il suo giudizio era negativo – ne andavano poi orgogliosi per tutta la vita. Ma l'inaccessibilità del poeta divenne presto leggendaria, e molti tra quelli che desideravano mostrare a Blok le proprie poesie non osavano farlo.

Tra questi timidi adoratori di Blok c'era Mark Šagàl, artista diciannovenne trasferitosi a Pietroburgo dalla sperduta Vitebsk. Poco dopo l'arrivo nella capitale, Šagàl capitò alla prima, il 30 dicembre 1906, del dramma di Blok Balagànčik (La baracca dei saltimbanchi)[196], con l'allestimento di Mejerchól'd. In una lunga sala con un piccolo palco, per quaranta minuti fu messo in scena uno spettacolo che non aveva uguali nella storia del teatro russo. Nel dramma di Blok, Arlecchino, Pierrot e Colombina, i tradizionali personaggi della commedia dell'arte, rappresentavano personaggi ultracontemporanei, tipicamente simbolisti, persino decadenti. I versi stravaganti, provocatori e la musica aspra (l'aveva composta il poeta Michaìl Kuzmìn, che era anche un ottimo musicista) si intrecciavano meravigliosamente. Per Mejerchól'd fu una magnifica occasione per realizzare le proprie idee di teatro simbolista. Più tardi scriverà: «La prima spinta alla definizione dei percorsi della mia arte fu data ... dalla felice invenzione per l'allestimento della meravigliosa Baracca dei saltimbanchi di Blok»[197]. Lo stesso Mejerchól'd, allampanato, col naso adunco e i movimenti bruschi, recitava Pierrot. Con voce acuta, quasi stridula, gridava al pubblico allibito: «Aiuto! Perdo succo di ossicocco!». Alla fine del dramma, Pierrot supino si alzava e faceva il riassunto dell'azione: «Sono molto triste. A voi fa ridere?». E, preso un flauto dalla tasca del suo tradizionale vestito bianco con il grande jabot pieghettato, cominciava a suonare una melodia semplice, tipicamente kuzminiana

---

[196] Nella traduzione di Sergio Leone e Sergio Pescatori. La baracca dei saltimbanchi è stato pubblicato in Aleksàndr Blok, Drammi lirici, Torino, Einaudi, 1977, pp. 3-19, con introduzione di Angelo Maria Ripellino.

[197] V.È. Mejerchól'd, Stat'i. Pisma. Reči. Besedy (Articoli. Lettere. Discorsi. Conversazioni), parte prima, 1891-1917, Moskvà 1968, p. 103

Mentre in sala si accendevano lentamente le luci, il pubblico impietrito dapprima tacque. Ma poi si scatenò una vera tempesta, descritta non senza invidia da un altro poeta: «Non ho mai assistito, né prima né dopo, a un'opposizione così implacabile e a un tale entusiasmo degli ammiratori nella sala di un teatro. Il fischio frenetico dei nemici e il tuono degli applausi amichevoli si mescolavano a grida e urli. Era la gloria»[198]. S'intende che sul giovane Šagàl questo spettacolo insolito produsse un'impressione fortissima. Come molti suoi coetanei, compose versi lirici «alla Blok», che non osava mostrare allo stesso Blok. Ma le immagini, l'atmosfera e i simboli della Baracca dei saltimbanchi, Šagàl li avrebbe ricordati per tutta la vita

In ogni angolo della Russia sorgevano «circoli Blok» che diffondevano il culto del poeta. I ginnasiali si riunivano e leggevano a turno, sforzandosi di imitare la maniera monotona e ipnotica dell'autore, le poesie più «decadenti» di Blok:

Nelle bettole, in vicoli, in viottoli,
nell'elettrico sonno da sveglio
senza fine bellezze ho cercato
della gloria infatuate nei secoli

Oppure la sua Neznakómka (Sconosciuta), su una bella donna enigmatica che aleggia davanti al poeta come un fantasma del passato in un povero ristorante di periferia pieno di «ubriachi dagli occhi di coniglio». Questa poesia fu ristampata nella popolare antologia Čtec-deklamàtor (Il lettore declamatore) e si diffuse in tutta la Russia

Emanan fedi d'altri tempi
le sete elastiche che ha,
funeree penne sul cappello,
l'esigua mano inanellata

Sul Névskij prospékt le prostitute, che in fretta si comprarono cappelli con le penne di struzzo, con i potenziali clienti facevano mostra di essere à la page: «Sono la Sconosciuta, vuole fare conoscenza?». O, ancora più allettante: «Siamo una coppia di Sconosciute. Possiamo darle un "sonno elettrico da sveglio", non

---

[198] Georgij Culkóv, Gody stranstvij. Iz knigi vospominanij (Anni di viaggi. Dal quaderno dei ricordi), Moskvà 1930, p. 221

avrà da lamentarsi». Blok ricevette dai lettori il titolo di «poeta del Névskij prospékt». Era ormai, secondo l'espressione di un critico dell'epoca, «la decadenza della decadenza»

Insieme alle altre «ragazze russe "pensanti"», la Sconosciuta di Blok la leggeva e rileggeva anche la giovane Anna Gorénko. «È meravigliosa, è un intreccio di volgare quotidianità e vivida visione» si entusiasmava la poetessa diciassettenne, che si era appena scelta lo pseudonimo con strane – all'orecchio russo – sfumature tatare «Achmàtova», poiché il padre le proibiva di firmare le poesie «Gorénko» dicendo: «Non voglio che infanghi il mio cognome!». Nella famiglia di Achmàtova regnava il culto di Blok, tradizionale per l'epoca; per esempio, sua sorella «venerava» Blok, affermando, nel gergo decadente alla moda, di avere «l'altra metà dell'anima di Blok»[199]. La complessa relazione tra Achmàtova e Blok, e la leggenda sorta intorno a essa, occuperanno nella vita di Achmàtova uno dei posti più importanti; più tardi si lamenterà che questa leggenda «minaccia di deformare le mie poesie e anche la mia biografia». Ma allora, nel 1907, Achmàtova non l'aveva ancora intuito, anche se fin da piccola aveva una considerazione piuttosto alta di sé. Nata, come amava ricordarci, lo stesso anno di Charlie Chaplin, della Sonata a Kreutzer di Lev Tolstój e della Torre Eiffel, la sua prima poesia Achmàtova la scrisse a undici anni, ma già da prima il padre la chiamava «poetessa decadente». Sempre a undici anni, cominciò a scrivere la propria «autobiografia», e a quindici, fermatasi davanti alla dacia dove era nata, dichiarò alla madre: «Un giorno qui ci sarà una lapide commemorativa». «La mamma rimase contrariata» ricordò poi Achmàtova. «Oh Dio, come ti ho educata male» disse. (In questo, come in molte altre cose, Achmàtova fu profetica: alla fine del Novecento il luogo dove è nata è diventato meta turistica.) Quando una compagna di ginnasio portò ad Achmàtova un mazzo di mughetti, lei con disprezzo rifiutò il regalo affermando che, come minimo, le ci volevano «giacinti della Patagonia»[200]. Al ginnasio Achmàtova attirava l'attenzione su di sé per la figura agile e proporzionata; il viso, sul quale i grandi occhi chiari si stagliavano in contrasto con i capelli neri e le sopracciglia e ciglia scure; per il profilo insolito (le amiche notavano che il suo

---

[199] A. Chejt. Anna Achmatova: poétičeskoe stranstvie. Dnevniki, vospominanija. pis'ma A. Achmatovoj (Anna Achmàtova: viaggio poetico. Diari, ricordi, lettere di A. Achmàtova), Moskvà 1991 , pp. 323, 324-325.

[200] Ob Anne Achmatove. Stichi. Èsse. Vospominanija. Pis'ma (Su Anna Achmàtova. Poesie. Saggi. Ricordi. Lettere), Leningràd 1990, p. 33

naso aveva una gobbetta «particolare»); per l'orgoglio, la cocciutaggine e la natura capricciosa; e, soprattutto, per l'ottima conoscenza della poesia modernista

Della quattordicenne Achmàtova si innamorò il ginnasiale Nikolàj Gumilëv, di tre anni maggiore. Come nel caso della relazione della poetessa con Blok, nacque un'altra leggenda della cultura russa del Novecento e cominciò un altro leitmotiv della mitologia achmatoviana. A Gumilëv, divenuto poi poeta famoso, sarebbe toccato un destino terribile. Ma nel 1903 il ginnasiale alto e magro, strabico e per di più balbuziente, della settima classe, non produsse nessuna impressione sulla ragazza altera e spigolosa. Non servirono nemmeno le poesie a lei dedicate (Gumilëv aveva cominciato a comporre a cinque anni)

Gumilëv, però, era anche un giovane cocciuto e testardo. Studiò con insistenza e diligenza versificazione, si gettò a capofitto nella poesia occidentale (soprattutto i simbolisti francesi) e continuò instancabile a offrire ad Anna la mano e il cuore. Lei lo respinse diverse volte, poi arrivò quasi ad acconsentire, poi rifiutò di nuovo. E infine, dopo aver scritto all'amica più 168 1 intima: «Prega per me. Non c'è di peggio. Voglio morire», il 25 aprile 1910 lo sposò. Come spesso accade in questi casi, il matrimonio fu l'inizio della fine della loro relazione. Gumilëv, che aveva dedicato ad Achmàtova un commovente ciclo di componimenti d'amore senza precedenti nella storia della poesia mondiale (a esclusione, forse, dei sonetti di Petrarca per Laura), in cui la decantava come una ninfa, una maga, una regina, e in cui affermava che per causa sua aveva tentato più volte il suicidio, d'un tratto prese a essere oppresso dalla sua compagnia

Dopo le nozze gli sposini partirono subito per Parigi. Era il 1910, come amava ricordare Achmàtova, l'anno della morte di Lev Tolstój, della crisi del simbolismo russo e dell'incontro della poetessa con il giovane e ancora sconosciuto Amedeo Modigliani. Ma quell'anno Achmàtova incontrò Modigliani solo una volta. Fecero davvero amicizia nel 1911, quando Achmàtova ritornò a Parigi. Molti anni dopo Iósif Bródskij descrisse i loro rapporti, con un'iperbole poetica, come il «Romeo e Giulietta recitato da membri della casa reale». Questa immagine, mi ha raccontato Bródskij, «rallegrava oltremodo» Achmàtova, ormai anziana[201]. E allora Modigliani e Achmàtova vagavano sotto la pioggia di Parigi,

---

[201] Iosif Bródskij, Solomon Vólkov, Vspominaja Achmatovu. Dialogi (Ricordando Achmàtova. Dialoghi), Moskvà 1992, p. 35

entravano al Louvre per guardare le mummie egiziane (in seguito Achmàtova, per la sua incredibile magrezza ed enigmaticità, fu soprannominata «la mummia che porta sfortuna a tutti») e osservavano strani biplani volare attorno alla Torre Eiffel (coetanea di Achmàtova)

I voli erano allora l'ultima novità tanto a Parigi quanto a Pietroburgo

Blok, che non si perdeva nemmeno un volo dimostrativo, compose la poesia Aviàtor (L'aviatore) dedicata alla memoria di un pilota morto sotto i suoi occhi. I piloti, che all'epoca si divertivano ancora colpendo i bersagli con delle innocenti arance, suscitavano l'interesse generale. Erano considerati arditi e sexy. In un teatro di Pietroburgo davano una farsa in cui una signora, desiderando ingraziarsi un pilota, scompariva sull'aereo insieme a lui dietro le nuvole. Di là, presto cominciavano a giungere spasimi di passione e sul pubblico, come a uno spettacolo di strip-tease invisibile, atterravano uno dopo l'altro gli indumenti intimi della toilette femminile

Anche Modigliani, come ricordò Achmàtova, era affascinato dagli aviatori, immaginando che fossero uomini straordinari. Achmàtova stessa ricordava l'incontro con il famoso pilota Louis Blériot. Lei e Gumilëv stavano pranzando in un ristorante parigino e Blériot si sedette accanto a loro. Durante il pranzo Achmàtova si sfilò dai piedi le scarpe nuove che le stringevano un po'. Quando tornarono a casa, in una scarpa Achmàtova trovò un foglietto con l'indirizzo di Blériot

Modigliani fece una serie di ritratti di Achmàtova, tra cui alcuni nudi

Un ritratto delicato, in stile egizio (Modigliani attraversava allora la «fase egizia»), viene spesso riprodotto sulla copertina dei libri di Achmàtova. Ma sul frontespizio del primo libro, pubblicato nel 1912 – a proprie spese, con una tiratura di appena trecento copie – col titolo modesto e assai tradizionale 169 2 di Véëer (Sera), Achmàtova non mise il ritratto di Modigliani. Sera aveva una copertina in stile tipicamente Mir iskùsstva, opera di Evgénij Lanseré (Modigliani, stando ai ricordi di Achmàtova, rideva apertamente dell'arte del Mir iskùsstva).

I critici furono più che generosi con Sera, e la modesta tiratura fu immediatamente esaurita. Anche il critico Gumilëv (secondo Achmàtova, «uomo schietto fino alla crudeltà, che giudicava la poesia con estrema severità») apprezzò il libro. Prima aveva consigliato alla moglie di darsi piuttosto alla danza: «Sei così flessuosa». Achmàtova stessa, con fare civettuolo, parlava del suo primo libro come delle «povere poesie di una ragazza leggera». Se bisogna crederle, era talmente sconvolta dall'uscita di Sera che scappò in Italia e «seduta su un tram, guardavo i miei compagni e pensavo: "Come sono fortunati, loro non hanno un libro che sta per uscire"»

Qualche lettore potrebbe pensare che le donne russe trovassero in Achmàtova la loro prima voce poetica e la loro prima rappresentante culturale, e che in questo senso lei abbia fatto il proprio debutto su una scena, per così dire, vuota. Non è così. La creatività di Achmàtova era l'apice di una tradizione letteraria lunga e gloriosa. Achmàtova, e la sua più giovane contemporanea Marina Cvetàeva, erano poeti di genio (entrambe odiavano profondamente la parola «poetessa»), ma prima di loro c'erano state diverse scrittrici russe di successo

In realtà, la prima poetessa russa famosa, Anna Bùnina (1774-1829), era una lontana parente del nonno materno di Achmàtova. La principessa Zinaìda Volkónskaja (&192-1862) e la contessa Evdéksija Rostópëina (1811-1858) furono a suo tempo paragonate a comete che solcavano il firmamento letterario russo, autrici di poesie e prose notevoli. Nel 1836, in tutta la Russia fece sensazione la pubblicazione, a opera di Pùškin, dell'opera di Nadéida Dùrova Iz zapìsok kavalerìst-devicy (Dalle memorie di una cavaliera): il racconto memorialistico sulle gesta inverosimili dell'autrice, travestita da cosacco, nelle battaglie contro Napoleone

A mano a mano che in Russia si ampliava il mercato letterario e giornalistico, il ruolo delle professioniste che vi prendevano parte ebbe una brusca impennata. Nelle redazioni c'era un bisogno disperato di traduttrici, correttrici di bozze, copiatrici, segretarie; le donne russe istruite accettavano volentieri questi lavori, suscitando l'orrore delle autorità. Nel 1870 1'onnipotente capo dei gendarmi Pëtr Suvàlov presentò all'imperatore Aleksàndr II un rapporto speciale in cui dava l'allarme: «La nostra donna sogna di condurre una vita immorale, dicendo che la parola moralità è stata inventata dal dispotismo degli uomini. ... Non si può negare che la donna nichilista sia assai più nociva della donna dal comportamento manifestamente sconveniente». E, domandava minaccioso il gendarme, noto come «principale inquisitore dell'impero»: «Potrebbe forse essere una buona madre e una buona donna di casa quella donna che passasse metà della giornata in una segreteria o in un ufficio pieno di uomini, dove inevitabilmente si allacciano certe relazioni e ha luogo il traviamento?»[202]. Ma di fermare il veloce processo di integrazione delle donne nel mondo della letteratura non furono in grado né i gendarmi né l'imperatore, e nemmeno i colleghi scrittori di sesso maschile, visibilmente preoccupati dalla crescita della concorrenza e dalla perdita di influenza in un campo in cui tradizionalmente avevano sempre dominato. Un importante giornalista liberale dell'epoca, Vlas esprimeva le opinioni della maggioranza dei colleghi quando, senza alcuna prova effettiva, accusava: «Sul mercato dei manoscritti – parlo del mercato dei manoscritti, e non delle idee, tranquillizzatevi – voi, donne, arrivate con l'arma più orribile, più proditoria: abbassate i prezzi all'impossibile. Condannate alla fame i lavoratori»[203]. Il grado di istruzione delle donne russe crebbe in modo evidente, e con esso la loro autonomia economica. Naturalmente, questo condusse a un aumento del numero delle lettrici, che diventarono una parte rilevante del pubblico letterario. In varie indagini sui lettori, le donne occupavano un posto sempre più importante. Furono in molte a iscriversi a biblioteche pubbliche e private e ad abbonarsi a riviste e giornali

A Pietroburgo si moltiplicavano le riviste destinate a un pubblico specificamente femminile. Tra queste «Zénskij véstnik» (Il messaggero femminile) e «Dàmskij listók» (Il foglio delle signore). Nel settimanale «ZénSëina» (Donna, il cui sottotitolo era «Madre, Cittadina, Moglie, Massaia»), per contenuto e struttura simile al diffuso «Ogonëk», tra le altre rubriche c'erano: La donna nell'arte, Creatività femminile, Attrici celebri, Le madri parlano dei figli, La donna-cittadina, La donna elegante, Donne di tutti i paesi, Donne con ruoli nuovi, Contemporanee celebri, Donne e umorismo. Gli editori parlavano ancora ironicamente delle «signore lettrici», ma erano sempre più costretti a tener conto di questo considerevole gruppo di potenziali acquirenti

Uno dei primi e più stupefacenti esempi della forza economica di questo pubblico fu dato nel 1909 quando Kljùëi sëàstja (Le chiavi della felicità), romanzo della scrittrice fino allora poco famosa Anastàsija Verbìckaja, nel giro di quattro mesi fu venduto

---

[202] G.A. Tiškin, Ženskij vopros v Rossii. 50-60e gody XIX v. (La questione della donna in Russia, anni Cinquanta e Sessanta dell'Ottocento), Leningràd 1984, p. 202

[203] È.V. Létenkov, «Literaturnaja promyšlennost'» Rossii konca XIX-načala XX veka (L'«industria letteraria» in Russia della fine dell'Ottocento - inizio del Novecento), Leningràd 1988, p. 114

in trentamila copie, e nacquero in Russia i termini «genere per signore» e «romanzo per signore». Questo e i successivi romanzi della Verbìckaja, che aveva percorso un lungo cammino, da correttrice di bozze di riviste ad autrice del principale best seller, descrivevano immancabilmente la vita piena di eccitanti avventure di appassionate donne di talento nell'ambiente artistico

Di tono esaltato, i coloriti pot boiler dall'intreccio avvincente della Verbìckaja, che propugnavano apertamente opinioni progressiste e femministe, suscitarono gli attacchi furiosi di quegli stessi critici che, prima del successo fenomenale del romanzo Le chiavi dellafelicità, con condiscendenza e benevolenza avevano dato una pacca sulla spalla all'autrice. Nel giornale «Reč'» (Il discorso) il solito onnipresente Čukóvskij, dopo aver riconosciuto che «la nostra gioventù segue in massa la signora Verbìckaja», dichiarò che si trattava di letteratura «per selvaggi metropolitani»[204]. Questi e simili giudizi negativi non intaccarono la popolarità della Verbìckaja, anzi i suoi romanzi continuarono a vendersi in tirature elevatissime e diedero vita a numerose imitazioni. La Verbickaja, socialista per convinzione e attivista per temperamento, divenne presidente della Società per il miglioramento della condizione delle donne e aiutò energicamente le altre scrittrici

Negli anni Dieci la loro posizione diventò decisamente più forte: i nomi delle donne non erano più rari tra gli autori di best seller. Il romanzo erotico di Evdékija Nagrédksaja Gnév Diónisa (L'ira di Dioniso), con l'eroina artista tipica del genere per signore e la difesa del libero amore, nel giro di alcuni anni ebbe dieci edizioni. Nel novero degli scrittori più noti dell'epoca entrarono Lìdija Càrskaja e Klàvdija LukaSévič (quest'ultima, tra l'altro, nel 1906 fu madrina del neonato Dmìtrij Šostakóvič e insegnò al piccolo Dmìtrij l'amore per la lettura). E interessante rilevare in proposito che, mentre negli anni Quaranta lavorava al Dottor Zivàgo, Borìs Pasternàk diceva di «scrivere come Càrskaja», perché era interessato agli incassi e sognava che la sua prosa venisse divorata «financo da una sartina, da una lavapiatti»[205].

Le poetesse russe raggiunsero il grande pubblico forse anche prima. Dopo la guerra anglo-boera del 1899-1902, in tutti i cortili

---

[204] «Reč'», 21 febbraio 1910

[205] Tamàra Ivànova, Moi sovremenniki, kak ja ich znala (I miei contemporanei come li ho conosciuti), Moskvà 1984, p. 424

di Pietroburgo i suonatori di organetto eseguivano la commovente canzone Transvaal, TransVaal, paese mio, bruci tutto nel fuoco! Le parole di questa commovente e sentimentale bdlata, che diventò una canzone popolare, appartenevano alla poetessa trentenne Glafira Gàlina. E la sua poesia Les rùbjat – molodój, néino-zelënyj Ies... (Tagliano il bosco, il giovane bosco verde tenero.. .), che rappresenta allegoricamente le repressioni del governo zarista contro gli studenti, suscitò, secondo le parole di Michail Kuzmìn, «entusiasmo e lacrime» quando fu letta in pubblico, e indusse le autorità a confinare Gàlina lontano da Pietroburgo. Come risultato, la raccolta di poesie di Gàlina uscita nel 1906 a Pietroburgo Predrassvétnye pésni (Canti antelucani) vendette cinquemila copie, una cifra notevole per un'opera di poesia

Naturalmente, per la giovane Achmàtova un significato particolare aveva la relativamente recente tradizione femminile decadente della letteratura russa, la cui capostipite può essere considerata Marìja Baikìrceva, figura eccezionale e leggendaria. Russa ma decisamente francofila, morta di tubercolosi nel 1884 a Parigi non ancora ventiquattrenne, fu un'artista di successo che espose al Salon e che era in corrispondenza con Guy de Maupassant. Sognava un grande amore e il riconoscimento mondiale. Sentendo che era destinata a vivere poco, BaËkìrceva divorò esperienze e conoscenze con incredibile intensità, trasformandosi presto da ragazza prodigio in una donna decisa e dalla forte personalità. La sua vera (e postuma) gloria gliela portò il diario, 172 5 che aveva iniziato a tenere, in francese, dall'età di tredici anni, pubblicato nel 1887 dal poeta André Theuriet tre anni dopo la morte dell'autrice

Questo diario, definito dalla stessa Baškìrceva «da vita di una donna annotata giorno dopo giorno, senza nessuna posa, come se nessuno al mondo dovesse leggere quello che ho scritto e nello stesso tempo col desiderio appassionato che venga Ietto», emotivamente e stilisticamente elevato, tocca molti dei temi fondamentali della fin de siècle. L'immagine di sé che ci trasmette Baškìrceva è estremamente romanticizzata; non a caso, pubblicato in Russia, il diario fu scarsamente apprezzato sia da Lev Tolstoj sia da Čéchov. Ma proprio queste qualità rendevano l'opera di Baškìrceva cara al cuore dei primi modernisti russi. Valérij Brjùsov annotò nel proprio diario che Baškìrceva «è me stesso, con tutti i miei pensieri, le mie convinzioni e i miei sogni». Ancora più interessante è che considerasse le note di «il diario puntuale del mio animo» uno dei primi futuristi russi, Velimìr Chlébnikov

In tutta la Russia le ragazze ambiziose e indipendenti si

tuffarono a capofitto nella lettura del diario di Ba4àrceva. Tra le sue entusiaste ammiratrici c'erano la giovane Marina Cvetàeva, che dedicò il suo primo libro – Veëérnij al'bóm (Album serale), pubblicato nel 1910 – «alla luminosa memoria di Marija Baškìrceva», motivo per cui lo snob Gumilëv la sgridò immediatamente in una recensione. L'atteggiamento sarcastico del marito di Achmàtova nei confronti di Baškìrceva consente di spiegare un dettaglio curioso e significativo

Quando le poesie del libro d'esordio di Achmàtova del 1912, Sera, vengono ristampate nelle edizioni contemporanee, sono precedute da un'epigrafe di André Theuriet:

> La fleur des vignes pousse
> Et j'ai vingt ans ce soir.

Attraverso questi versi di Theuriet, Achmàtova intendeva instaurare, a mio parere, un legame con l'opera o perlomeno con l'immagine di Baškìrceva, di cui Theuriet era ammiratore e campione. Ed è assai indicativo che questo accenno alla Baškìrceva sia comparso per la prima volta solo nella raccolta di Achmàtova edita nel 1940, quando, dopo un quindicennale divieto, le autorità permisero di nuovo la pubblicazione delle sue poesie. Di fatto si trattava del suo primo volume di opere scelte. Ormai Gumilëv non era più in vita da quasi vent'anni. Si può supporre che Achmàtova, ventotto anni dopo, abbia ripristinato un'epigrafe che in origine sarebbe dovuta comparire nel libro del 1912, e poi tolta o per le obiezioni di Gumilëv, o per timore di essere derisa per il suo presunto cattivo gusto. La lezione impartita alla debuttante Cvetàeva non era passata invano per l'ambiziosa Achmàtova.

Nel campo della poesia, un'altra figura protodecadente fondamentale fu Mirra Lochvìckaja (1869-1905), anch'ella morta giovane di tubercolosi. La bella Lochvìckaja veniva accolta con entusiasmo alle letture pubbliche, e a ventisette anni, per la sua prima raccolta, ricevette il premio letterario di 1736 maggior prestigio in Russia all'epoca, il premio Pùškin. Come accadde poi ad Achmàtova, Lochvìckaja fu chiamata «la Saffo russa» perché scriveva prevalentemente d'amore, un amore passionale, estatico, esotico. Inizialmente si attirò le accuse di «immodestia», «indecenza» e perfino di «immoralità», anche se a difendere le sue poesie intervenne Lev Tolstój in persona: «Trabocca di vino giovane inebriante. Passerà, si calmerà, e cominceranno a scorrere acque pure»[206]. Il primo premio Nobel russo per la letteratura Ivàn Bùnin ricordava che l'immagine pubblica della Lochvìckaja-baccante corrispondeva poco alla sua vita reale: né le appassionate adoratrici della poetessa, né i suoi critici austeri sospettavano che Lochvìckaja fosse «madre di alcuni figli, molto attaccata alla casa, di una pigrizia orientale: succede spesso che riceva perfino ospiti sdraiata in vestaglia sul sofà»[207]. Lochvìckaja era vicina ai «vecchi» simbolisti per la melodiosità del verso, per il messaggio di emancipazione emotiva ed erotica, e per l'interesse sempre crescente in lei per il fantastico medievale, inclusi i culti satanici. La donna delle poesie di Lochvìckaja è per molti aspetti simile all'ideale dei preraffaelliti, ma in una delle sue liriche più famose, del 1895, compare d'un tratto una strofa sorprendentemente vicina al tema e all'immagine dell'Achmàtova matura:

Ma se su te dell'elezione è il marchio,
eppur portar di schiava il giogo è il tuo destino,
la croce con grandiosità divina
porta: saper soffrir bisogna!

La più famosa e influente tra le poetesse moderniste era naturalmente Zinaìda Gìppius, che veniva chiamata «madonna decadente». Di questa bella e alta donna, che si addobbava in modo stravagante e si «porgeva» in modo provocatorio, parlava tutta Pietroburgo. La descrizione di Bùnin aiuta a capire perché la sua sola comparsa bastasse a fare sensazione: «Lentamente entrò come una visione paradisiaca, un angelo di stupefacente magrezza con un vestito bianco come la neve e con i capelli d'oro sciolti, lungo le braccia nude del quale cadeva fino a terra qualcosa di mezzo tra maniche e ali»[208]. Insieme con il marito Merežkóvskij, Zinaìda Gìppius nel corso di molti anni «guidò» imperiosamente il simbolismo pietroburghese. Lo fece ricevendo dopo mezzanotte nel proprio appartamento un fiume di ospiti semisdraiata su una chaise longue, fumando sigarette aromatiche e osservando senza cerimonie gli ospiti con la sua famosa lorgnette. I suoi giudizi e le

---

[206] Nemirovič-Dančenko, Na kladbiščach (Ai camposanti), Revel' 1922, p. 135.

[207] Bùnin, Sobranie sočinenij v devjati tomach (Opere scelte in nove volumi), Moskvà 1967, vol. IX, p. 289

[208] Ibid., p. 281

sue condanne erano epigrammatici e senza appello. Gli abitanti della Pietroburgo letteraria la rispettavano, la odiavano e, soprattutto, la temevano

Per i primi modernisti visitare il salotto dei Merežkóvskij era un obbligo, quasi un rito. Ciò nondimeno, questo rito Achmàtova lo evitò. Il fatto è che ai Merežkóvskij aveva fatto visita nel 1906 Gumilëv. Gìppius, in una lettera a Brjùsov, fece di Gumilëv una descrizione micidiale:

Vent'anni, aria pallida-putrefatta, vecchie sentenze, come il cappello di una vedova che sta andando al cimitero di Dragomìlovskoe. Annusa l'etere (c'è arrivato!) e dice di poter cambiare il mondo da solo. «Ci sono stati tentativi prima di me ... Buddha, Cristo. ... Ma senza successo[209].»

Dopo un incontro del genere, non stupisce che nel 1910, quando Achmàtova voleva far leggere le proprie poesie a Gìppius, glielo sconsigliassero: «Non ci vada, vede molto di malocchio i giovani poeti». Più tardi, Gìppius si fece lo scrupolo di telefonare ad Achmàtova e di invitarla con insistenza nel proprio salotto, ma neanche allora il loro incontro ebbe luogo. Ancora negli ultimi anni di vita Achmàtova si pronunciò negativamente sul conto di Gippius, dicendo che quella era «una donna intelligente, istruita, ma pasticciona e cattiva». Achmàtova ne ebbe anche per Merežkóvskij: «Un tipico scrittore da boulevard. Si può forse leggerlo?[210]». Una grande impressione su Achmàtova produsse lo scandalo della poetessa Cherubina de Gabriak. Fu una mistificazione clamorosa, che causò oltretutto uno degli ultimi duelli della storia della cultura russa. Per Achmàtova, un'importanza particolare ebbe il fatto che uno dei duellanti fosse Gumilëv

La scena in cui si svolse questo spettacolo, tanto simbolico per la Pietroburgo dell'epoca, fu la redazione della nuova rivista modernista «Apollón»

Questo giornale, che di fatto continuava l'impegno e la linea di «Mir iskùsstva», era diretto, oltre che da Gumilëv, dall'influente

---

[209] «Literaturnoe nasledstvo», cit., vol. LXXXV: Valerij Brjusov, Moskvà 1976, p. 691

[210] Anna Achmàtova, conversazione con l'autore (Komàrovo 1965)

critico d'arte Sergéj Makóvskij. Finanziava «Apollón» il figlio del ricchissimo magnate del tè Michail Uškòv

A Pietroburgo Makóvskij era l'arbitro del gusto: nessuno nella capitale portava colletti inamidati così alti e scarpe di vernice così lucide. Spettegolavano che la scriminatura immancabilmente impeccabile di Makóvskij fosse stata fissata una volta per sempre con una lozione speciale proveniente da Parigi. I suoi baffi impomatati erano rivolti provocatoriamente all'insù. Anche in materia di letteratura Makóvskij, pur essendo un poeta mediocre, si considerava la massima autorità e correggeva le poesie di Blok in quanto «grammaticalmente scorrette»

Nel 1965, conversando con me, Achmàtova diede una descrizione lapidaria e piuttosto ingiusta di Makévskij: «Un filisteo di stazza mondiale e un perfetto idiota»[211]. Pare che lui, dopo il ritornQ di Gumilëv e Achmàtova dal viaggio di nozze a Parigi, le abbia fatto la domanda scabrosa: «E le relazioni coniugali vi soddisfano, vi piacciono?». Da quel giorno Achmàtova evitò di rimanere a lungo a quattr'occhi con Makévskij

All'inizio di settembre del 1909, alla redazione di «Apollón» sul lungofiume della Mójka giunse, chiusa con un sigillo nero di ceralacca con uno stemma e il motto latino «Vae victis!», una busta elegante. Aprendola, Majakóvskij trovò delle poesie russe e una lettera di accompagnamento scritta in un francese ricercato su carta listata a lutto e firmato dalla sconosciuta ma, evidentemente, ricca e nobile Cherubina de Gabriak. L'indirizzo del mittente era un fermo posta

Lo snob Makóvskij, entusiasta sia delle poesie sia della lettera, scrisse subito una risposta in francese con la richiesta di inviare altre opere. Il giorno dopo la misteriosa Cerubina telefonò a Makóvskij e cominciò la loro storia d'amore telefonica seguita con fervore da tutta la redazione di «Apollón»

Makévskij, convinto che il suo nuovo amore fosse come minimo una contessa, si preoccupava: «Se avessi quarantamila rubli di rendita all'anno, mi deciderei a corteggiarla». Cherubina de Gabriak, mantenendosi misteriosamente distante, continuò a intrigare Makévskij, telefonandogli quasi ogni giorno, e lui ne era entusiasta: «Che donna straordinaria! Ho sempre saputo giocare con il cuore femminile, ma adesso mi viene tolta la spada di mano»

Una scelta di dodici poesie di Cerubina comparve su «Apollén», e tutta la Pietroburgo letteraria iniziò a parlarne; in una

----

lettera a un amico un giovane poeta comunicava: «Il loro tratto caratteristico è un cattolicesimo estremizzato; una miscela di peccato e pentimento (l'inno a Ignazio di Loyola, le preghiere alla Madonna, ecc.). In ogni caso, in russo non si è ancora scritto in questo modo»[212]. Solo poche persone sapevano che non esisteva nessuna Cherubina de Gabriak, che le sue poesie infiammate, piene, secondo le parole di Vjačeslàv Ivànov, di «eros mistico», erano una mistificazione

In ogni mistificazione letteraria ci sono elementi di parodia. Per avere successo deve soprattutto riflettere tendenze effettive della scena letteraria

L'immagine di Cherubina de Gabriak era stata costruita ad arte dal giovane poeta erudito Maksimiliàn Volóšin e dalla sua innamorata, Elizavéta Dmìtrieva

Quest'ultima, insegnante ventiduenne di storia in un ginnasio femminile di Pietroburgo, componeva poesie di talento. Ma la «modesta, inelegante e zoppa» Dmìtrieva, che guadagnava undici rubli e mezzo al mese, non aveva alcuna speranza di produrre la sensazione necessaria sull'esteta Makóvskij

Vol(fin e Dmìtrieva intendevano prendersi gioco dell'establishment simbolista di Pietroburgo, che sognava una nuova stella poetica femminile conforme all'immagine descritta da Marina Cvetàeva: «Non russa, ovviamente. Bella, ovviamente. Cattolica, ovviamente. Ricca, oh, infinitamente ricca, ovviamente (Byron in veste femminile, ma anche senza l'andatura zoppicante), ossia esteriormente felice, ovviamente, per essere infelice a modo suo in modo puro e disinteressato». La «Cerubina» di V016šin e Dmìtrieva era stata costruita in conformità a queste specifiche, proprio per questo era tanto ben riuscita la loro mistificazione

Questo attacco ai pregiudizi dei simbolisti era però rischioso. Quando il gioco, accresciuto di particolari sempre nuovi, si fece troppo intricato, e Makóvskij, innamorato, perse del tutto la calma, qualcuno gli svelò la vera identità di Cherubina. In seguito Dmìtrieva si presentò al direttore di «Apollón» per scusarsi. Molti anni dopo Makóvskij descrisse quella visita, che gli si era scolpita nella memoria:

La porta si aprì lentamente, molto lentamente, a quanto mi

____

212 «Pamjatniki kul'tury: novye otkrytija. Pis'mennost'. Iskusstvo. Archeologija. Ežegodnik- 1988» Monumenti della cultura: scoperte nuove. Letteratura. Arte. Archeologia. Annuario 1988), Moskvà 1988, p. 58.

sembrò, ed entrò, zoppicando forte, una donna bassa, piuttosto in carne, coi capelli scuri e la testa grossa e una bocca veramente spaventosa, dalla quale spuntavano denti a forma di zanne. Era di una rara bruttezza. O così mi sembrò in confronto a quell'immagine di bellezza che mi ero coltivato per tutti quei mesi[213]?

Una poetessa non aveva diritto di essere brutta, povera e infelice davvero (e non solo nelle poesie). La carriera poetica di Dmìtrieva s'interruppe d'improvviso così com'era cominciata. È vero, nel numero successivo di «Apol16n» pubblicarono una nuova grande scelta di sue poesie, presentata con un'eleganza straordinaria, in una cornice decorativa di quello stesso Evgénij Lanseré (del Mir iskùsstva) che due anni dopo sarebbe stato autore del frontespizio del primo libro di Achmàtova. Ma fu l'inizio di una fine tristemente rapida. La stella di Cherubina de Gabriak scomparve dall'orizzonte poetico, e la stella di Dmìtrieva non sorse nemmeno. Solo come prima al centro dell'attenzione, continuò a manipolare il nome di Cerubina, affermando ancora nel 1917 che lei «in una certa misura aveva dato il la alla poesia femminile contemporanea». E ancora nel 1913 sorsero e subito affondarono altre due figure fittizie di poetessa: «Nelly», le cui poesie erano in realtà di Valérij Brjùsov, e l'ormai completamente parodistica «Angelica Saf'janova»

La tragedia di Cerubina-Dmìtrieva non rimase chiusa nei confini della sola letteratura. Il clamoroso incidente che seguì, destinato a essere ricordato per sempre da Achmàtova e da Cvetàeva, annullò il confine tra giochi letterari e crudele realtà. Il fatto è che, ancora prima di conoscere Volóšin, Dmìtrieva aveva avuto una relazione con Gumilëv. Si trattava di una relazione pienamente in linea con l'atmosfera dell'epoca, pervasa di erotismo e melodrammaticità. Dmìtrieva ricordava che Gumilëv molte volte le aveva chiesto di sposarlo: «Mi stringeva le dita, e poi piangeva e mi baciava il bordo del vestito»

Dmìtrieva, invece, si infatuò di Volóšin n e così, secondo la Dmìtrieva, l'amore di Gumilëv per lei si trasformò in odio: «Negli uffici di "Apollén" mi fermò e mi disse: "Ve ne prego per l'ultima volta: sposatemi". Dissi: "No!". Impallidì

---

[213] Ibidem

"Allora ve la farò vedere io"»[214]. Ben presto, sia Volóšin sia Dmìtrieva seppero che Gumilëv si pronunciava pubblicamente su di lei senza timore di usare questa o quella espressione

Il 19 novembre 1909, nel laboratorio dell'artista Golovìn (lo stesso in cui aveva dipinto il ritratto di Šaljàpin nel ruolo di Oloferne) sotto il tetto del teatro Mariìnskij, si riunirono i poeti del circolo di «Apollón». C'erano Aleksàndr Blok, Vjačeslàv Ivànov, Innokéntij Ànnenskij, Michail Kuzrnìn, Alekséj Tolstoj. Vennero anche Makóvskij, Gumilëv e Volóšin. Golovìn doveva dipingere un loro ritratto collettivo. Si sentiva Šaljàpin che dabbasso, in sce177 10 na, cantava un'aria dal Faust. Quando finì, V016Sin, tarchiato, spalle larghe, pesante almeno un quintale, corse da Gumilëv, alto, pallido e, con un salto, gli assestò un sonoro schiaffone. Tutti impietrirono, e nel silenzio che sopravvenne l'unico commento fu la sentenza ironica di Ànnenskij, che non perdeya mai la sua calma olimpica: «Ha ragione Dostoévskij: il rumore dello schiaffo è davvero bagnato»

Sempre qui, nello studio di Golovìn, Gumilëv sfidò Volóšin a duello (si considerava un grande specialista in materia). Due giorni passarono alla ricerca di apposite pistole a canna liscia. Volé#in assicurava che queste pistole, se non erano le stesse con cui s'era battuto Pùškin, erano tuttavia senza dubbio di quel periodo. Si batterono, s'intende, nello stesso luogo dove era avvenuto il leggendario duello di Pùškin, alle seguenti condizioni: distanza di venti passi, ognuno spara una volta. Per fortuna, entrambi i duellanti sbagliarono mira, ma i giornali pietroburghesi vennero a sapere ogni cosa e si avventarono senza pietà su Volóšin e Gumilëv. Makóvskij probabilmente aveva ragione, supponendo che «i reporter della stampa scandalistica ne approfittarono come pretesto per vendicarsi su "Apollón" per l'audacia delle innovazioni letterarie»

Da Pietroburgo un'ondata di derisione per il duello, inscenata secondo la migliore tradizione letteraria, si riversò per tutta la Russia. Di Volóšin e Gumilëv si beffava qualsiasi giornalista. L'ultimo colpo venne dal campo degli stessi simbolisti, quando Zinaìda Gìppius scrisse un racconto sul suicidio in cui presentava in termini ridicoli il duello di «due poeti di terz'ordine», che si sparavano «per ripugnanza per la vita». In queste giornate di attacchi continui e sfacciati, V016Sin vedeva Pietroburgo come «principale laboratorio della psicopatv di tutta la Russia». Tuttavia,

---

[214] Ibid., p. 54

sia lui sia Gumilëv superarono indenni lo scandalo. Dmìtrieva non ebbe la stessa fortuna. Lei aveva capito le regole del gioco, quando diceva a Makóvskij: «Sepolta Cerubina, ho sepolto anche me stessa e non risorgerò mai. ..»[215]. Achmàtova, ventenne, osservava attentamente l'evolversi della vicenda

Non dimenticò mai quelle giornate autunnali del 1909. In primo luogo fu profondamente ferita dalla relazione di suo marito con la Dmìtrieva (correvano voci che avesse partorito un bambino di Gumilëv, morto poco dopo). Ma ancora di più dovevano essere state toccate le ambizioni professionali di Achmàtova. Nel novembre del 1909 Volòin scrisse a un amico: «Il successo di Cherubina de Gabriak è enorme. Viene imitata, la conoscono a memoria persone del tutto estranee alla letteratura, mentre i poeti pietroburghesi la odiano e la invidiano»

In ultima analisi, sia la burla sia il duello avevano in larga parte a che vedere con la competizione tra scrittori. Negli ultimi anni Achmàtova ricordava Dmìtrieva con un evidente disprezzo: «Pensava che un duello tra due poeti per causa sua ne avrebbe fatto una signora pietroburghese alla moda e le avrebbe garantito un posto di tutto rispetto nei circoli letterari della capitale». Ma, secondo le parole di Achmàtova, «Dmìtrieva aveva sbagliato i suoi conti»

Le somme furono tirate dalla stessa Achmàtova alla fine degli anni Cinquanta con affermazioni crudeli, precise e tanto sincere che nessun ricercatore avrebbe il coraggio di attribuirle ad Achmàtova, se non fossero state scritte dalla sua stessa mano: «Evidentemente, in quel periodo [gli anni 1909-1910] nella poesia russa si era "liberato" un posto segreto per una donna. E Cerubina vi aspirava. Il duello o qualcosa nelle sue poesie le impedirono di occupare questo posto. Il destino ha voluto che fosse mio»[216].

A questa lapidaria analisi della situazione creatasi nella poesia russa femminile all'inizio degli anni Dieci, Achmàtova aggiunse un appunto molto significativo: «È notevole che, a quanto pare, Marina Cvetàeva lo avesse intuito». Quando si parla della poesia russa del Novecento, i nomi di Achmàtova e Cvetàeva vengono quasi sempre accostati e confrontati, il che è comprensibile visto che è difficile immaginarsi due poeti più diversi per tecnica e

---

[215] Ibidem 59.

[216] «Družba narodov» (Amicizia dei popoli), 6, 1989, p. 250

temperamento

Cvetàeva, più giovane di tre anni di Achmàtova, visse un'esistenza tragica e nel 1941, a quarantotto anni, si impiccò in una cittadina di provincia

Con Achmàtova era legata, come non è difficile intuire, da un rapporto assai complesso su cui potrebbe essere scritto un intero libro. Toccherò questo tema soltanto in relazione a un aspetto: la lotta per il primato nella poesia femminile russa degli anni Dieci. Ricordo che il libro con cui la diciottenne Cvetàeva fece il suo debutto, Album serale, fu pubblicato nell'autunno del 1910, cioè un anno dopo l'affaire Cherubina de Gabriak e un anno e mezzo prima dell'esordio letterario di Achmàtova. Album serale uscì a Mosca, quello di Achmàtova a Pietroburgo e, come quasi sempre accade in Russia, la differenza risultò non solo geografica

Nella coscienza dei contemporanei e dei lettori, le poesie e l'immagine di Achmàtova rimasero per sempre legati a Pietroburgo, quelle di Cvetàeva a Mosca. La stessa Cvetàeva scrisse: «Con tutto il mio essere sento un confronto teso, inevitabile – a ogni mio verso – tra noi (e in certi casi anche una contrapposizione): non solo tra Achmàtova e me, ma tra la poesia pietroburghese e quella moscovita, tra Pietroburgo e Mosca»

Cvetàeva sapeva essere magnanima, spesso (soprattutto nelle poesie) parlava della propria stima per Achmàtova e riuscì addirittura a conferire la palma del primato letterario a Pietroburgo, come fece nella sua pittoresca lettera a Michail Kuzmìn:

c'era un tal gelo – e a Pietroburgo ci sono tanti monumenti – e la slitta volava così veloce: tutto si confondeva, di Pietroburgo mi sono rimaste solo le poesie di Puškin e Achmàtova. Oh, no: anche i camini. Dovunque mi portassero, enormi camini di marmo – interi ceppi di quercia ci bruciavano! – e orsi bianchi sul pavimento (un orso bianco accanto al fuoco, mostruoso!), e tutti i giovanotti hanno la ri179 12 ga nei capelli, e i volumetti di Pùškin in mano. ... O, quanto amano la poesia là! In tutta la mia vita non ho recitato tante poesie quanto là in due settimane. E là non dormono affatto. Alle tre di notte una telefonata. «Posso venire?». «Certo, certo, solo che stiamo per uscire.» E avanti così, fino al mattino[217].

---

[217] Anna Saakjanc, Marina Cvetaeva. Stranicy žizni i tvorčestva, 1910-1922 (Marina Cvetàeva. Pagine della vita e della produzione letteraria, 1910-1922), Moskvà 1986, p. 88

Ma questa simpatia di Cvetàeva per Pietroburgo non tolse asperità alla lotta per la supremazia letteraria né nel 1910 né dopo, anche perché Cvetàeva, come c'era da aspettarsi, aveva parecchi alleati influenti. Lei stessa ricordava che Vološin, già coinvolto nella creazione di Cherubina de Gabriak, voleva convincerla a inventare altri mitici poeti: «Il diciassettenne sig. Petuchóv» o «i geniali gemelli Krjùkov, fratello e sorella». Vološin allettava Cvetàeva con la prospettiva di una vittoria totale sulla rivale e il suo entourage: «Oltre a te, nella poesia russa non rimarranno altri. Coi i tuoi Petuchóv e gemelli farai impazzire tutti, Marina, sia Achmàtova, sia Gumilëv, sia Kuzmìn...»

Il maître del simbolismo moscovita Brjùsov sostenne Album serale in un'importante recensione. Parlando di «tragica intimità» delle poesie di Cvetàeva, rilevò: «Quando leggi il suo libro, a volte ti senti a disagio, come se avessi dato un'occhiata indiscreta dalla finestra socchiusa dell'appartamento di qualcuno e avessi assistito a una scena che gli estranei non avrebbero dovuto vedere»[218]. Ma la cosa più interessante è che il debutto di Cvetàeva ottenne il plauso di Gumilëv, il che dimostra una volta di più la serietà morale di quest'ultimo come critico di poesia. Anche Gumilëv sottolineò la straordinaria intimità e sincerità di Album serale: «In questo libro c'è molto di nuovo: è nuova l'intimità audace (a volte fin troppo); sono nuovi i temi, per esempio l'fInamoramento infantile; è nuova la diretta, morbosa osservazione delle inezie della vita»[219]. Vološin sembrò riassumere un'opinione generale allorché, alla fine del 1910, dopo aver elencato alcuni nomi da lui giudicati notevoli nella poesia femminile contemporanea (tra cui quello di Cvetàeva, ma non quello di Achmàtova) dichiarò: «Per certi aspetti questa lirica femminile è più intetessante di quella maschile. È meno carica di idee, ma più profonda, più franca»

Dunque aveva probabilmente ragione Anna Achmàtova quando, negli ul.imi anni di vita, ricordando quest'epoca ripeteva: «Ho occupato un posto lacante di poetessa, che era libero». Effettivamente c'era un posto vacante. Ma non si poteva semplicemente «occuparlo». Bisognava prenderlo, o meconquistarlo

---

[218] Valérij Brjùsov, Sobranie sočinenij v semi tomach (Opere scelte in sette volumi), Moskvà 1975, vol. VI, p. 365

[219] N. Gumilëv, Sobranie sočinenij v četyrëch tomach (Opere scelte in quattro volumi), Washington 1968, vol. IV. p. 262

Romàn Timenčik ha osservato che nelle liriche della prima Achmàtova :ompare un'incredibile varietà di «maschere»[220]. Sembra che lei provasse Ina maschera dopo l'altra, verificando quale fosse più efficace e attraente

Sfogliando Sera, il suo libro d'esordio, si possono trovare sia la posa decadente di Baškìrceva, sia lo sdoppiamento di Lochvìckaja, con i suoi ondeggiamenti tra castità e peccato. Sicuramente Achmàtova, scampata miracolosamente alla tubercolosi (che invece aveva ucciso due sue sorelle), doveva sentire un forte legame con Ba4drceva e Lochvìckaja, morte prematuramente della stessa malattia. Non c'è dubbio che Achmàtova prendesse in considerazione le ricerche intellettuali e la maestria tecnica di Zinaìda Gìppius

Sera contiene una stilizzazione dell'«ingenuità» femminile che ricorda le prime liriche di Cvetàeva. La sfrenata religiosità di alcune opere di Achmàtova la avvicina a Cherubina de Gabriak. Molti lettori della prima Achmàtova la immaginavano, come Cerubina, una straniera enigmatica: non a caso veniva chiamata «egiziana» e «regina assira». Questo elenco di echi, prestiti e autentiche imitazioni potrebbe essere ben più lungo, indicando anche la somiglianza a volte stupefacente di alcuni passi della prima Achmàtova con gli stilemi della prosa popolare «femminile»

Achmàtova attinse ovunque, senza vergognarsene. È importante sottolinearlo per dissipare definitivamente l'idea erronea, ancorché radicata, che sia comparsa all'improvviso nella letteratura russa, come Atena dalla testa di Zeus. Questa opinione, che ignora i legami di Achmàtova con la ricca tradizione della letteratura femminile, derivava proprio dal disprezzo dell'establishment letterario russo nei confronti di tale tradizione

C'era e continua a esserci un atteggiamento di particolare disprezzo per la prosa «femminile». Verbìckaja attirò l'interesse dei lettori finché circolarono copie dei suoi romanzi, consunte e gualcite, ma fu attaccata senza tregua sia dai conservatori sia dai rivoluzionari. Dopo la rivoluzione le autorità sovietiche sospesero la pubblicazione delle opere di Verbìckaja, e lo stesso accadde per quelle di Ba4àrceva, Lochvìckaja e Gìppius. In Unione Sovietica il romanzo «femminile» scomparve e, fino a poco tempo fa, se ne trovava menzione solo in testi accademici, dove comunque veniva

---

[220] Timenčik, Chudožestvennye principy predrevoljucionnoj poèzii Anny Achmatovoj (Principi artistici della poesia prerivoluzionaria di Anna Achmàtova), Tàrtu 1982, p. 6

analizzato di sfuggita e perlopiù denigrato

È evidente che se il primo libro di Achmàtova avesse proposto ai lettori solo una serie di «maschere» note, non avrebbe attratto l'attenzione che invece si guadagnò. Borìs Èjchenbàum ricordava le reazioni degli estimatori di poesia dell'epoca: «Non ci capacitavamo, ci meravigliavamo, eravamo entusiasti, discutevamo e, alla fine, non potevamo non compiacercene»[221]. I primi critici rilevarono subito: «Achmàtova sa parlare in modo che parole da tempo note suonino nuove e acute». Si meravigliavano della «stuzzicante disarmonia» delle sue liriche, ma convennero immediatamente sul fatto che «i ritmi spezzati esprimono la morbosa lacerazione dell'anima» della signora pietroburghese

Brjùsov fu probabilmente tra i primi a rilevare un'importante particolarità di Sera: «In una serie di poesie sembra svilupparsi un intero romanzo». Čukóvskij osservò: «Prendete un racconto di Maupassant, comprimetelo fino a una certa densità, e otterrete una poesia di Achmàtova». In seguito, però, Ósip Mandel'štàm indicò con decisione un'altra tradizione, a suo parere più importante:

Achmàtova ha portato nella lirica russa tutta l'enorme complessità e la ricchezza psicologica del romanzo russo dell'Ottocento. Non ci sarebbe Achmàtova se non fosse per il Tolstój di Anna Karénina, il Turgénev di Un nido di nobili, tutto Dostoévskij e, per certi aspetti, Leskóv. La genesi di Achmàtova sta tutta nella prosa russa, non nella poesia. Sviluppò la propria forma poetica, acuta e peculiare, con un occhio alla prosa psicologica[222].

Achmàtova sedusse i primi lettori non solo con la narratività di molte sue liriche, tanto in contrasto con le generalizzazioni nebulose dei simbolisti; il suo racconto esprimeva il punto di vista di una donna pietroburghese contemporanea. Il pubblico era poi colpito dal fatto che nelle sue poesie comparissero parole prosaiche, quotidiane, «non poetiche». La poesia di Achmàtova è piena di elementi apparentemente incongrui: veli scuri, manicotti di pelliccia, scudisci, guanti... Nelle poesie dei decadenti tali oggetti potevano trovarsi solo in qualità di simboli, mentre per Achmàtova sono semplici cose, anche se l'effetto che ne ricava è stupefacente.

---

221 Èjchenbàum, O poèzii (Sulla poesia), Leningràd 1969, p. 75

222 Ósip Mandel'štàm, Sočinénija v dvuch tomach (Opere in due volumi), Moskvà 1990, vol. II. pp. 265-266

Tutta la tragedia di un amore non corrisposto è espressa da poche semplici parole:

Sulla mano sinistra ho indossato
il guanto della destra.

Questi versi ricordano Čéchov, che esprime spesso il dramma umano in parole e atti qwtidiani, a volte assurdi. Le battute dei personaggi di Čéchov rivelano in genere solo la punta dell'iceberg. Achmàtova usa lo stesso procedimento, e le sue parole affiorano come isole di pietra in un oceano di silenzio

Di qui la sensazione generale, ricavata dai primi lettori di Achmàtova, della straordinaria densità di ciascuna parola, quasi che alla poetessa manchi il fiato. Achmàtova parla d'amore a fatica, in modo frammentario, senza pathos né enfasi. Per questo un pietroburghese sofisticato poteva leggere una poesia di Achmàtova ad alta voce senza alcun imbarazzo

Di una di queste opere di Achmàtova Vladìmir Majakóvskij ha detto: «Questa poesia esprime sentimenti ricercati e fragili, ma in sé non è fragile

Le poesie di Achmàtova sono monolitiche e sopportano la pressione di qualsiasi voce, senza incrinature». Un altro suo acuto contemporaneo fu la giovane Marina Cvetàeva: «Achmàtova scrive di sé: dell'eternità. E Achmàtova, senza scrivere un solo verso di carattere astrattamente sociale, più profondamente di qualsiasi altro – descrivendo una piuma sul cappello – trasmette ai posteri la propria epoca»

La stessa Achmàtova recitava le proprie poesie con un successo fenomenale. Quando l'ascoltai per la prima volta, negli anni Sessanta, la sua presenza e la sua declamazione mi fecero una grande impressione, tanto che la consideravo un classico vivente. Pare però che anche la giovane Achmàtova incantasse i propri ascoltatori, che già allora la consideravano «declamatrice esemplare di poesie». Leggeva con molta moderazione, senza enfasi, ma «ogni intonazione era pensata, controllata, studiata»[223]. Dicevano che per ogni intervento Achmàtova si preparasse a lungo, esercitandosi davanti a un grande specchio. Sapeva che l'attenzione del pubblico va conquistata, ed era pronta a uno straordinario investimento di tempo e di fatica. Fin da fanciulla Achmàtova era una professionista assoluta. È un tratto tipicamente pietroburghese

---

[223] Pjast. Vtreči (Incontri), Moskvà 1929. p. 157.

Achmàtova cominciò con letture ai circoli di amici della Pietroburgo simbolista, in particolare alla Torre (Bàšnja), uno dei centri più importanti della vita intellettuale della capitale: il salotto del famoso poeta simbolista Vjačeslàv Ivànov. Fu chiamato «la Torre» perché il grande appartamento di Ivànov era in un edificio con un'ala circolare, a forma di torre. Qui si riunivano ogni mercoledì, incontrandosi verso mezzanotte e separandosi all'alba. Gli ospiti erano ricevuti dall'amabile padrone di casa dai riccioli d'oro, che si muoveva ritmicamente, quasi a passo di danza. La sua leggendaria erudizione, il pince-nez e i guanti neri che non si toglieva mai (a causa di un eczema) rendevano Ivànov simile a un personaggio creato dalla fantasia di E.T.A. Hoffmann

Le serate alla Torre iniziavano di solito con la lettura da parte di un ospite di una relazione su un tema come «Religione e mistica», «L'individualismo e la nuova arte», «La solitudine». Poi cominciava un dibattito appassionato. Accendevano le candele nei candelabri, bevevano vino rosso, e sul far del mattino leggevano poesie

Alla Torre regnava un'atmosfera di straordinaria tensione intellettuale. Qui, come ricordava una poetessa che partecipava alle riunioni,

citavamo a memoria i greci, ci deliziavamo coi simbolisti francesi, consideravamo nostra la letteratura scandinava, conoscevamo la filosofia e la teologia, la poesia e la storia di tutto il mondo, in questo senso eravamo cittadini dell'universo, conservatori del grande museo culturale dell'umanità. Era Roma ai tempi della decadenza. Non vivevamo, ma contemplavamo tutto quanto di più raffinato c'era nella vita, non avevamo paura di nessuna parola, eravamo cinici e spregiudicati nello spirito, languidi e inerti nella vita. In un certo senso eravamo la rivoluzione prima della rivoluzione, tanto rivoltavamo profondamente, impietosamente e distruttivamente il terreno della vecchia tradizione, tanto audaci erano i ponti che gettavamo sul futuro. E nel contempo questa profondità e audacia si combinavano con un inestinguibile senso di decadenza, con uno spirito di morte, di spettralità, di precarietà. Eravamo l'ultimo atto di una tragedia[224].

---

224 Aleksandr Blok v vospominanijach sovremennikov (Aleksàndr Blók nei ricordi dei contemporanei), Moskvà 1980, vol. II, pp. 62-63

L'atmosfera alla Torre era, grazie soprattutto alle doti del padrone di casa, inebriante. Achmàtova, che più tardi disse «era l'unico vero salotto che m'è capitato di vedere», ammise che Ivànov «sapeva come sedurre le persone. Ha provato i suoi incantesimi anche su di me. Arrivavo da lui, lui mi portava nello studio: legga! Ma cosa potevo mai leggere? Ventun anni, le trecce fino ai talloni e un infelice amore immaginario». Achmàtova non poteva perdonare a Ivànov la sua perfidia. Quando era solo con lei, si entusiasmava delle sue poesie, paragonandole alle opere di Catullo e Saffo. Poi la faceva declamare davanti agli ospiti della Torre, e qui d'un tratto sottoponeva queste stesse poesie a una critica spietata. L'orgoglio di Achmàtova rimaneva ferito

Per di più, alla Torre, Ivànov e compagni cercarono di farla litigare con Gumilëv sussurrandole: «Lui non capisce le tue poesie»

Ivànov nutriva ostilità nei confronti di Gumilëv, al punto che una volta lo attaccò pubblicamente criticando con durezza le sue poesie. Questo mortificante incidente fu soltanto uno di una lunga serie di scontri che prepararono l'aperta rottura di Gumilëv e Achmàtova con i principali esponenti del movimento. Gumilëv, secondo le parole di Achmàtova, «decise che bisognava scegliere un percorso proprio e fare affidamento sui poeti giovani». Lui e un suo conoscente, il poeta Sergéj Gorodéckij, pubblicarono sulla rivista di Makóvskij «Apollén», nel numero del gennaio 1913, alcuni manifesti in cui si proclamava che una nuova scuola letteraria, l'«acmeismo» (dal greco akmé, culmine), era giunta a sostituire il simbolismo, ormai invecchiato. Come spiegò poi Achmàtova: «Non c'è dubbio, il simbolismo è un fenomeno ottocentesco

La nostra invrezione contro il simbolismo era del tutto legittima', poiché ci sentivamo uomini del Novecento e non volevamo vivere nel passato»[225].

Achmàtova insistette sempre sul fatto che nell'acmeismo la pratica precedeva la teoria e che, in particolare, il manifesto di Gumilëv discendeva dalle sue osservazioni sulle poesie di lei e del loro amico Ósip Mandel'štàm

Mandel'štàm – gracile, dal collo sottile, fulvo, che si muoveva nervosamente e a scatti – Achmàtova lo conobbe alla Torre da Ivànov, dove Ósip, contrariamente alla taciturna Achmàtova, era

---

[225] Anatólij Nàjman, Rasskazy ob Anne Achmatovoj (Racconti su Anna Achmàtova), Moskvà 1989, p. 200

molto loquace. Quella sera, alla Torre discutevano con calore della prima pietroburghese, tenutasi pochi giorni addietro, di Prometéj, poèma ognjà (Prometeo, poema del fuoco), grandiosa opera del musicista prediletto dai modernisti pietroburghesi, Aleksàndr Skrjàbin, che Mandel'štàm adorava

Mandel'štàm formulò forse meglio di ogni altro le critiche degli acmeisti nei confronti del «simbolismo professionale»: «Nemmeno una parola chiara, solo allusioni, reticenze». Mandel'štàm ironizzava sul fatto che i simbolisti russi «sigillavano tutte le parole, tutte le immagini, destinandole esclusivamente a un impiego liturgico. Il risultato era assai imbarazzante: non si sapeva se camminare, alzarsi, sedersi. ... Non ci si sentiva più padroni a casa propria»

L'acmeismo cercava di opporsi all'ampollosità del simbolismo professionale. Non a caso, sottolineava che le poesie di Achmàtova sembravano invece proferite a denti stretti, e paradossalmente insisteva che «erano stati i gusti, non le idee, degli acmeisti a uccidere il simbolismo, rigonfio, tumefatto dai grandi temi». Negli ultimi anni della sua vita Achmàtova, non senza sarcasmo, amava dire: «Sono acmeista e, quindi, rispondo di ogni parola. Erano i simbolisti a dire ogni genere di parola incomprensibile e ad assicurare al pubblico che dietro vi si nascondeva un grandioso mistero

Invece dietro non si nascondeva nulla, ma proprio nulla»

Sia Achmàtova sia sia Gumilëv si considerarono acmeisti fino all'ultimo giorno, senza mai prendere le distanze dalla scuola che avevano fondato, nemmeno quando subirono le pressioni del governo sovietico

Questa fedeltà all'ideale estetico della gioventù è tanto più degna di attenzione in quanto le morti di Gumilëv (nel 1921, davanti al plotone d'esecuzione nella Pietrogrado bolscevica), di Mandel'štàm (nel 1938, in un campo di concentramento in Estremo Oriente) e di Achmàtova (nel 1966, in una casa di riposo•nei pressi di Mosca) sono avvenute in momenti diversi della storia della nuova Russia, tutti caratterizzati però dalla stessa violenta oppressione della posizione indipendente dell'artista

L'intransigenza dei principali acmeisti può forse risultare più comprensibile alla luce dell'orgogliosa affermazione di Mandel'štàm: «L'acmeismo è un fenomeno non solo letterario, ma anche sociale della storia della Russia

Con l'acmeismo, nella poesia russa è nata una forza morale ... nelle sue vene si è messo a scorrere sangue nuovo».

Il nucleo del gruppo acmeista era costituito solo da sei o sette giovani poeti, ma il loro talento era fuori discussione, tant'è vero che i simbolisti li affrontarono a spada tratta. Achmàtova, parlando con me, si lamentò che gli acmeisti non avevano né denaro, né mecenati milionari, mentre i simbolisti, che avevano l'uno e gli altri, occupavano tutti i posti importanti e cercavano di bloccare l'accesso delle opere degli acmeisti alle riviste: «L'acmeismo era attaccato da tutti, da destra e da sinistra»

Fonte di particolare amarezza per Achmàtova doveva essere stato il comportamento cauto e scettico tenuto verso il gruppo acmeista da Aleksàndr Blok, uno degli idoli poetici della sua gioventù. Achmàtova aveva conosciuto Blok nei primi anni Dieci e lo incontrava spesso alla Torre di Ivànov. Blok, che riconosceva le doti della giovane poetessa, aveva nei confronti delle sue liriche un atteggiamento ambivalente, soprattutto all'inizio

Secondo una memorialista, quando a Blok fu chiesto di pronunciarsi sulle poesie di Achmàtova, lette dall'autrice alla Torre, il suo commento fu: «Lei scrive poesie come se fosse al cospetto di un uomo, invece bisogna scrivere pensando di essere al cospetto di Dio»[226]. Come testimoniava un contemporaneo, «presto la linea achmatoviana cominciò a predominare su quasi 185 18 tutta la lirica femminile in Russia»[227]. E questo, evidentemente, indispettiva Blok. Quando in sua presenza rimproverarono qualcuno per avere imitato Achmàtova, lui si chinò verso la vicina e le sussurrò: «Imitare quella? Ma se ha toccato il fondo!»[228]. Anche un altro leader del simbolismo, Valérij Brjùsov, si mise a definire causticamente Achmàtova «strumento con una sola corda»

In questo periodo Blok si era ormai definitivamente trasformato in una leggenda. Ogni suo passo veniva seguito, ogni sua parola discussa, e nelle sue poesie si cercavano riflessi della sua vita privata. Per un poeta simbolista all'ennesima potenza come Blok, si trattava di una situazione naturale. Il simbolismo russo portò all'estremo l'identificazione di artista e uomo propria del romanticismo

Come osservò il poeta Vladislàv Chodasévič, «gli eventi della vita ... divennero parte del mondo interiore e della creatività. Per contro, ciò che veniva scritto da qualcuno diveniva un evento di

---

[226] Aleksandr Blok v vospominanijach sovremennikov, cit., Vol. Il, p. 66

[227] Pjast, op. cit., p. 156

[228] Ob Anne Achmartve. Stichi. Èsse. Vospominanija. Pis'ma, cit., p. 74.

vita reale, per tutti»[229]. Nel caso di Blok, questa identificazione toccò il limite, e Jùrij Tynjànov constatò: «Quando si parla della sua poesia, quasi sempre si immagina inconsciamente dietro di essa il viso umano, e tutti si innamorano del viso, non dell'arte»[230]. In questo stretto intreccio di vita e letteratura le emozioni forti e, in particolare, l'amore agivano come droghe per accrescere la creatività. A sua volta, il contenuto «reale» che stava dietro la scrittura le conferiva un particolare mordente. «Perciò» rilevò Chodasévič «tutti erano sempre innamorati: se non lo erano realmente, almeno si convincevano di esserlo; sulla più piccola scintilla di qualcosa di simile all'amore si soffiava con tutte le forze[231].»

Persino i famigliari chiamavano Blok «Don Giovanni del nord». Spesso le sue avventure «migravano» nelle sue poesie, e i pietroburghesi seguivano con passione le poesie d'amore di Blok come se si trattasse di un diario intimo reso pubblico, e cercavano di collegarle alle persone a cui si supponeva fossero dedicate. A volte ciò determinava situazioni imbarazzanti per le dirette interessate. L'attrice Natàl'ja Volochova, spietatamente corteggiata da Blok, si offese per alcune poesie del ciclo a lei dedicato Snéinaja màska (La maschera di neve): secondo le sue parole, «certe espressioni» – che testimoniavano apertamente e inequivocabilmente che la storia d'amore con il poeta era stata consumata – «non corrispondevano alla realtà». Blok, imbarazzato, fu costretto a giustificarsi dicendo che «in poesia è consentita una certa esagerazione»

Le regole di questo crudele gioco letterario le dettavano gli uomini. Le donne potevano non essere contente o, al contrario, sentirsi elevate e «immortalate», ma restavano oggetto delle manipolazioni creative dei poeti maschi

Anche in questo Achmàtova fu un'innovatrice. Ovviamente, anche altre poetesse pubblicavano poesie d'amore, ma Achmàtova fu la prima a «costruire» una storia d'amore letteraria, creando nelle letture pubbliche e sulle pagine dei periodici una storia d'amore il cui soggetto era un uomo reale, scelto da lei

---

[229] Chodasévič, Nekropol' (Necropoli), Paris 1976, p. 10

[230] Tynjànov, Poètika. Istorija literatury. Kino (Poetica. Storia della letteratura. Cinema), Moskvà 1977, pp. 118-119

[231] Chodasévič, op. cit., p. 14

Questa storia d'amore letteraria attirò quasi subito il forte interesse del pubblico dei lettori, perché oggetto della sciarada letteraria di Achmàtova non era altri che BIOE Achmàtova ritorse contro Blok il procedimento artistico da lui stesso inventato

La prima poesia di Achmàtova su Blok fu la ballata comparsa su «Apol16n» nel 1911 Seroglàzyj korol'(Il re dagli occhi grigi). Divenuta assai popolare, fu messa in musica e cantata al cabaret dal famoso chansonnier dell'epoca Aleksàndr Vertìnskij. Che Blok avesse gli occhi grigioazzurri, il pubblico lo sapeva dal famoso ritratto del poeta del 1907 realizzato da Konstantìn Sémov, esponente di Mir iskùsstva. Negli anni successivi il numero di poesie d'amore di Achmàtova scritte in questa chiave continuò a crescere; vi figurava «il mio famoso contemporaneo» che aveva «un nome breve, sonoro», un poeta controllato, dagli occhi grigi. Per i lettori della capitale non c'erano dubbi: le poesie erano rivolte a Blok. Questo implicito rimando conferiva a quelle poesie un carattere speciale e dava ai lettori il piacere di leggere tra le righe

Per questo audacissimo tentativo di Achmàtova di infrangere le regole del gioco Blok mostrò un cauto interesse. Evidentemente aveva deciso di non avvicinare Achmàtova nella vita reale. La madre di Blok, con cui il poeta condivideva i segreti più intimi, commentò in termini assai espliciti questa sua decisione in una lettera a un'amica: «Continuo ad aspettare che SàSa incontri e ami una donna inquieta e profonda, ma anche tenera. ... E c'è una giovane poetessa, Anna Achmàtova, che gli porge le mani e che sarebbe disposta ad amarlo. Lui la respinge; è bella e ha talento, però è triste. E questo non gli piace». E, citando i due primi versi della ballata di Achmàtova

Gloria sia resa a te, dolore immenso!
È morto ieri il re dagli occhi grigi[232]

La madre di Blok concludeva compassionevole: «Potete giudicare voi stessa quale inclinazione d'animo abbia questa giovane e infelice fanciulla»[233]. Ma, sul piano schiettamente letterario, Blok stette al gioco di Achmàtova, componendo un brillante madrigale dedicato a lei. E quando Achmàtova, a sua

---

[232] Achmàtova, Seroglàzyj korol'(Il re dagli occhi grigi), in Sočinénija, cit., vol. I. p. 55.

[233] «Literaturnoe nasledstvo», cit., vol. XCII, p. 572

volta, gli fece immediatamente eco con altre poesie, Blok le propose – forse sperando di avere partita vinta – di pubblicare entrambe le opere su una piccola rivista teatrale edita per l'élite pietroburghese dal suo amico regista Mejerchól'd. Anche se la tiratura della rivista era di sole trecento copie, la risonanza della pubblicazione fu enorme, e fu per i lettori la definitiva conferma dell'esistenza di una «storia d'amore» tra Blok e Achmàtova

Nel secondo libro di Achmàtova, uscito nel marzo 1914, Cëtki (Il rosario), era predominante il motivo blokiano. Di fatto, questa silloge consacrò l'importanza di Achmàtova per i lettori dell'epoca e la rese molto popolare

Negli anni successivi, del libro furono pubblicate almeno altre nove edizioni

Così un contemporaneo dava notizia della parabola ascendente di Achmàtova: «Alle serate letterarie, quando Achmàtova compariva in scena i giovani impazzivano. Lo faceva bene, con sapienza, con la consapevolezza del proprio fascino femminile». Un'altra testimone degli interventi letterari di Achmàtova a Pietroburgo, frequenti in quegli anni, ricordava: «Il successo era straordinario. Gli studenti e le collegiali circondavano in massa l'amata poetessa, negli intervalli era difficile avvicinarla: i giovani raccolti attorno a lei formavano un muro»[234]. Una volta Achmàtova fu invitata a intervenire alla prima università femminile russa, i cosiddetti «Sankt-Peterbùrgskich Zénskich BestùZevskich kùrsach» (Corsi superiori femminili Bestùïev di San Pietroburgo). Alla serata parteciparono le principali femministe russe. Nel camerino Achmàtova incontrò Blok, e venne a sapere che sarebbe dovuta intervenire subito dopo di lui. Spaventata dalla prospettiva di comparire in scena dopo il poeta più famoso e affascinante di tutta la Russia, Achmàtova chiese a Blok di fare cambio, ma si scontrò con un rifiuto cortese ma netto: «Non siamo tenori». Ciò nonostante, Achmàtova riscosse un enorme successo, e una delle più rispettate femministe notò: «À'nïëka [Anna Achmàtova], per sé stessa, la parità di diritti alla fine l'ha avuta».

E intanto i ritratti di Achmàtova, come i ritratti di Blok, circolavano sotto forma di artoline per tutta la Russia. E la sua popolarità come modello per gli artistl superò persino quella dello stesso Blok

È interessante ricordare che proprio in quegli anni Véra

---

[234] Ob Anne Achmatove. Stichi. Èsse. Vospominanija. Pis'ma. cit., p. 35

Ch016dnaja divenne la più famosa stella del cinema russo. La bellezza triste, l'atteggiamento pacato e gli occhi espressivi fecero di lei «la regina degli schermi russi». Fino allora nessuno, a quanto sembra, aveva ancora rivolto attenzione all'indubbia somiglianza di carattere e immagine delle eroine di Véra Ch016dnaja con il tipo achmatoviano. Nei suoi film, come nelle poesie di Achmàtova, venivano rappresentati perlopiù amori non corrisposti o mortificati

Achmàtova diceva in tono ironico di essere diventata l'autrice preferita delle «ginnasiali innamorate». Queste stesse ginnasiali innamorate piangevano durante la proiezione dei film muti di Ch016dnaja. È significativo che in quegli stessi anni attrici di non minore talento ma dall'aspetto tipicamente russo, voluttuose e vivaci, non godessero presso il grande pubblico di altrettanto successo. Il pubblico di massa era decisamente attratto dal tipo «decadente»

Se ne resero conto anche gli artisti, perciò nelle mostre alla moda comparivano, uno dopo l'altro, i ritratti di Achmàtova. Alcuni erano accademici, persino sdolcinati (uno di questi ritratti fu giustamente definito da Achmàtova «scatola di cioccolatini»), altri avevano l'aria del tributo all'imperante moda 188 21 decadente. Enorme scalpore fece il ritratto di Achmàtova (esposto nella primavera del 1915 alla solita mostra dell'unione pietroburghese di Mir iskùsstva) dipinto dal pittore ebreo ventiseienne Natàn Àl'tman

Nato a Vinnica, in Ucraina, Àl'tman aveva già vissuto per un periodo a Parigi, dove aveva fatto amicizia con altri artisti ebrei: Mark Šagàl di Vitebsk, Òsip Càdkin di Smolénsk e Chaim Sùtin di Minsk. Sempre a Parigi, nel 1911, Àl'tman fece del tutto casualmente conoscenza con Achmàtova. Egli voleva trasferirsi nella capitale russa, considerandolo essenziale per la sua carriera, ma la cosa era impossibile. Agli ebrei era vietato abitare a Pietroburgo

Si faceva eccezione solo per i ricchi mercanti, per chi aveva un'istruzione superiore, per gli artigiani provvisti di attestati e per i militari a riposo. Àl'tman dovette dirigersi nella piccola cittadina di Berdìëev, in Ucraina (tra l'altro, città natale del pianista Vladìmir Górovic[235], per ottenere il diploma di «pittore di insegne», ossia di imbianchino altamente qualificato

Solo con questo diploma in tasca l'artista, all'epoca già famoso,

---

[235] Più noto con il nome germanizzato di Vladìmir Horowitz. Natàn Mil'štéjn, conversazione con l'autore (New York 1984).

poté trasferirsi a Pietroburgo

Nel 1910, nella capitale russa abitavano trentacinquemila ebrei, ossia meno del due per cento della popolazione urbana. Molti di loro erano persone colte, ricche e influenti. Tra gli ebrei di Pietroburgo si potevano trovare importanti banchieri, brillanti musicisti e influenti giornalisti. Il famoso saggista Vasilij Rézanov scriveva in quegli anni: «Gli ebrei decidono il successo o l'insuccesso in letteratura. Perciò ne sono i "capi"»[236]. Gli ebrei svolgevano un ruolo sempre più considerevole nei circoli modernisti di Pietroburgo. Tra i più intimi amici di Achmàtova, che si è sempre considerata un'accanita «anti-antisemita», c'erano Mandel'štàm e la pittrice Aleksàndra Èkster, in quel periodo una delle più importanti artiste dell'avanguardia. Achmàtova accettò volentieri di posare per Àl'tman, che a Pietroburgo si era sistemato in un appartamento ammobiliato al sesto piano dell'edificio «New York», molto apprezzato dagli artisti

Al ritratto di Achmàtova Àl'tman lavorò a lungo, con accanimento. Negli intervalli lei, per distrarsi e dar prova della sua famosa agilità, usciva dalla finestra e, camminando lungo il cornicione, andava a trovare gli amici che abitavano sullo stesso piano. Succedeva che da Àl'tman capitasse Mandel'štàm e che, insieme con Achmàtova, inventassero storie ridicole, rotolandosi dal ridere come adolescenti, e con tanto fragore che i vicini accorrevano incuriositi

In questo periodo Àl'tman si avvicinò al critico Nikolàj Pùnin, futuro terzo marito di Achmàtova, e ai pittori modernisti che gravitavano attorno a Pùnin: Lev Brùni, Pëtr Mitùrië e Vladìmir Lébedev. Pùnin scrisse in seguito: «Àl'tman aveva una faccia da asiatico, movimenti bruschi, zigomi sporgenti; era sempre indaffarato e aveva un'intelligenza pratica, ma ingegnosa e allegra»[237].

Andai a trovare Àl'tman a Leningrado nell'autunno del 1966 e mi trovai di fronte un uomo di settantasette anni basso, canuto, abbronzato, vestito lussuosamente. Sotto gli occhiali aveva uno sguardo derisorio, persino pungente, e nel conversare usava una certa ironia, ma coglieva sempre nel segno

---

[236] Rózanov, Mysli o literature (Pensieri sulla letteratura), Moskvà 1989, p. 192.

[237] «Panorama iskusstv». cit., 12, Moskvà 1989, p. 192.

Parlava malvolentieri di Achmàtova, morta da poco, forse perché negli ultimi anni i loro rapporti si erano raffreddati. Ma forse, ancor più verosimilmente, perché negli ultimi anni Achmàtova aveva avuto un atteggiamento ambivalente nei confronti del ritratto fattole da Àl'tman. Lo trovava troppo «stilizzato» e gli preferiva un ritratto successivo di Aleksàndr TYSIer, altro pittore ebreo, che considerava un genio, forse influenzata da Mandel'štàm, che ne era entusiasta[238]. Ma nel 1915, quando il ritratto di Àl'tman fu esposto, suscitò una forte impressione. Pùnin, critico acuto e influente, lo considerò sempre il capolavoro di Àl'tman. Achmàtova, esile e spigolosa, era raffigurata seduta, con un vestito blu brillante e uno scialle giallo chiaro. In un attimo questa immagine di una poetessa alla moda, esposta a una mostra alla moda, da un pittore che cominciava a essere di moda, acquisì per il pubblico della capitale il significato di un simbolo. Senza ombra di dubbio era non solo il ritratto di Achmàtova, ma anche l'immagine idealizzata di una poetessa contemporanea, come ben compresero i visitatori e Achmàtova stessa. E poi era il simbolo dell'epoca: come disse Timenčìk, era «l'incarnazione dell'inquietudine spirituale generale e un coacervo di fratture psicologiche»

Per il «gruppo di Pùnin» questo lavoro di Àl'tman acquisì l'importanza di un manifesto estetico. Come scriveva Pùnin stesso, «il ritratto respingeva le tradizioni d#l'impressionismo e poneva il problema della costruzione delle forme; allora ci interessavano soprattutto le forme»[239]. I contemporanei trovarono nel quadro di Àl'tman influenze cubiste. Ma nella conversazione che ebbi con lui nel 1966, il pittore lo negò recisamente: «Avevano deciso che ero un cubista, un cattivo cubista. Cominciano col dire che uno che ha i capelli bruni è fulvo, e poi finiscono col dire che è un falso fulvo. Io, invece, cubista non lo sono mai stato». Ricordo bene che, a queste parole, la spazzolina di peli bianchi sopra il labbro superiore di Àl'tman s'incurvò beffarda. Georges Braque, la cui foto ritagliata da un quotidiano comunista francese era stata incollata a un cavalletto, sembrava ascoltare infastidito le parole di Àl'tman

Pùnin, recensendo nel 1916 il ritratto di Àl'tman sulla rivista «Apollón», evitò la parola «cubismo»: «È indicativo che in questo

---

[238] Conobbi TS'SIer a Mosca all'inizio degli anni Settanta e con lui parlai a lungo di Achmàtova

[239] «Panorama iskusstv», cit., 12, p. 192

lavoro Àl'tman non sembri aver avuto il desiderio di esprimere la bellezza (nemmeno la bellezza degli occhi) né il carattere di Achmàtova, di "dare espressione", proprio ciò che è tipico di un impressionista; il suo unico scopo era rivelare la forma, la forma del corpo (in particolare la rotula, la clavicola, il piede, la falange e così via), della panca, dello sgabello, dei fiori, dello scialle»[240]. In seguito, descrivendo il ritratto, anche il poeta Benedìkt Livšìc mise in risalto proprio «le pieghe imperiali dello scialle blu» e collegò direttamente questo lavoro con le ricerche acmeiste in letteratura: «L'acmeismo cercava a tentoni in pittura pesi massimi a cui rifarsi»[241]. È chiaro che l'acmeismo stava tentando di trovare affinità con il cubismo, selezionando e identificando come a sé vicine opere eseguite con l'impiego di procedimenti cubisti. Accanto ai ritratti, ai paesaggi e alle nature morte dello stesso Àl'tman, in questa sfera dell'arte pietroburghese si distinguevano i ritratti spigolosi, spezzati, dei suoi amici Lev Brùni e Boris Grigér'ev e, in un periodo successivo, di Jùrij Ànnenkov, nonché le nature alla maniera dei cubisti di Kuz'mà PetróvVédkin e dei suoi allievi

Ma una vera unione del cubismo russo con l'acmeismo non ci fu, perché in Russia il cubismo si legò al futurismo. Alla stessa esposizione di Mir iskùsstva del 1915 che ospitò il ritratto di Achmàtova comparve il ritratto del compositore modernista, e in seguito amico intimo di Achmàtova, Artùr Lur'é, opera di Mitùrië. Pùnin scrisse che le pennellate di Mitùrië erano «irripetibili e impeccabili; il loro fascino sta nella loro asciutta femminilità. Non definirei Mitùrië lirico, ma nelle sue opere c'è ugualmente una poesia tenera»[242]. Potrebbe sembrare che Pùnin stesse parlando delle poesie di Achmàtova

C'era una chiara correlazione tra le idee del «gruppo di Pùnin» e l'estetica degli acmeisti. Come gli acmeisti avevano «superato» il simbolismo, così i giovani artisti di Pietroburgo avevano «superato» l'impressionismo. Erano ancora legati da rapporti personali con i vecchi esponenti di Mir iskùsstva ed esponevano insieme a loro, ma già puntavano a soluzioni più radicali. La mossa decisiva verso

---

[240] Pùnin, Russkoe i sovetskoe iskusstvo (Arte russa e sovietica), Moskvà 1976, p. 147.

[241] Benedìkt Livšìc, Polutoraglazyj strelec (L'arciere con un occhio e mezzo), Leningràd 1989, p. 538

[242] Pùnin, op. cit., p. 150

un'avanguardia più estrema avvenne poco dopo, e intanto, come disse Pùnin, i giovani ribelli «erano legati a una concezione "grafica", squisitamente pietroburghese e miriskusstviana, del loro materiale»[243].

Àl'tman mi disse che, giunto a Pietroburgo da Parigi, aveva rivisto Achmàtova al Cane randagio (Brodjàdaja sobàka), un locale dove si ritrovavano gli artisti[244]. Questo locale ormai leggendario, aperto la notte di Capodanno del 1912 e sopravvissuto fino alla primavera del 1915, era il luogo d'incontro preferito dell'élite artistica pietroburghese

L'importanza del Cane randagio per la cultura russa può essere paragonata al ruolo svolto nella vita artistica di Parigi dai caffè di Montparnasse

Tuttavia, il Cane randagio era più elitario e ricercato della Coupole, Les Deux Magots o della Closerie des Lilas. Quelli, in fin dei conti, funzionavano come normali caffè, che si distinguevano solo per la loro pittoresca clientela. Al Cane randagio, situato in una profonda cantina un tempo appartenente a un edificio dell'ordine dei gesuiti, all'angolo tra via Ital'jànskaja e piazza Michajlòvskaja, gli ospiti entrando dovevano iscriversi in un grande e spesso quaderno ricoperto in pelle di cinghiale. Questo rituale trasformava il Cane randagio, dove non c'erano camerieri, in un club privato. Qui si tenevano conferenze e si leggevano poemi futuristi, si allestivano spettacoli brillanti e si organizzavano esposizioni d'avanguardia

Quando l'amministratore del locale, l'attore Borìs Prónin (o, come veniva chiamato, «Hund-Direktor») annunciò la «settimana caucasica», la cantina ospitò resoconti di viaggi nel Caucaso, un'esposizione di miniature persiane e serate di musica e balli orientali. Allo stesso modo furono organizzate la «settimana di Marinetti», con la partecipazione del famoso futurista italiano in visita a Pietroburgo, e la «settimana di Paul Fort», il poeta parigino

L'alto ed elegante poeta Benedìkt Livšìc, di cui gli ammiratori dicevano che gli danzassero sempre intorno le nove muse, ricordava: «La premessa fondamentale della vita "canina" [cioè al Cane randagio] era la divisione dell'umanità in due categorie impari: i rappresentanti dell'arte e i "farmacisti", ossia tutti gli altri,

---

[243] «Panorama iskusstv», cit., 12, p. 183

[244] Natàn Àl'tman, conversazione con l'autore (Leningrado 1966).

di qualsiasi cosa si occupassero e qualsiasi professione praticassero». I letterati e gli artisti entravano al Cane randagio gratis, mentre ai «farmacisti» venivano chieste somme consistenti, che giungevano fino a venticinque rubli. Questi si sottomettevano alla regola: in quale altro posto si poteva vedere la prima ballerina Tamàra Karsàvina danzare dinanzi a un grande specchio in figurazioni ideate da Michail Fókin, o osservare il poeta Vladìmir Majakóvskij nella posa di un gladiatore ferito, sdraiato – nella sua famosa camicia a righe – su un enorme tamburo turco, battere solennemente un colpo ogni volta che compariva un compagno futurista agghindato in modo stravagante? Sui futuristi e sui loro comportamenti sconcertanti, la stampa pietroburghese scriveva piuttosto spesso. Quindi, per un «farmacista» di successo – un avvocato, un agente di borsa o un dentista – raccontare, dopo essere stati al Cane randagio, di aver avuto «relazioni personali» con questi «terribili modernisti» (didoro lo stesso Maksìm Gór'kij aveva scritto: «Eppure qualcosa ce l'hanno!») era molto «in»

Il futurista Vasilìsk Gnédov era celebre per il suo Poema della fine, consistente in un brusco movimento circolare della mano. Di parole, nel Poema della fine non ce n'erano, e così questa sperimentale «poesia del silenzio» precorse di quarant'anni la «musica del silenzio» del compositore statunitense John Cage (si pensi, per esempio, ai suoi famosi 4 minutes and 33 seconds, musica silenziosa per pianoforte in tre movimenti, 1954)

Tuttavia, al Cane randagio il tono era dato non dai futuristi, ma dagli acmeisti e dai loro amici, che vi si riunivano a mezzanotte per andarsene solo all'alba. In questo scantinato artistico vivevano «per sé stessi e per il pubblico», svolgendo il ruolo di bohémien della capitale imperiale. Livšìc ci ha lasciato una descrizione esteriormente ironica, ma sostanzialmente entusiastica, di questa «parata intima» in cui il poeta si trasformava in attore sulla scena, e lo spettatore in voyeur:

Avvolta nella seta nera, con un grosso cammeo ovale alla vita, entrava Achmàtova, trattenendosi all'ingresso per scrivere, su insistenza di Prónin che si precipitava a salutarla, nel quaderno «porcino», la 192 25 sua ultima poesia, della quale i rozzi «farmacisti», spinti dalla curiosità, si industriavano a scoprire i protagonisti. Con una lunga finanziera, senza mancare di fare caso a ogni bella donna, si faceva in disparte, indietreggiando tra i tavoli, Gumilëv, in tal modo non si sa bene se osservando l'etichetta di corte o temendo un'occhiata «pugnalesca» alla schiena.

Ogni notte, sotto le volte del Cane randagio, che l'artista Sergéj Sudéjkin aveva affrescato di fiori e di uccelli, si creava ciò che Djàgilev chiamava «arte intima». «Pianisti, poeti, artisti presenti venivano semplicemente invitati sul palco. Si sentivano voci: "Preghiamo il tal dei tali...", e quasi nessuno si rifiutava[245].» Un significato particolare acquisirono le improvvisazioni musicali. La Russia culturale dell'epoca viveva sotto la forte impressione delle grandiose trame musicali di Aleksàndr Skrjàbin. Le sue opere estatiche erano consone alle poesie dei simbolisti. Nell'atmosfera informale del Cane randagio alcune persone lavoravano a una musica che fosse alternativa alle enfatiche visioni di Skrjàbin

Non era una sfida aperta alle idee di questo compositore. E non si trattava del fatto che questi musicisti fossero meno dotati di genio di Skrjàbin

Uno di loro, Artùr Lur'é, era un compositore dal potenziale enorme, che dispiegò, almeno in parte, quando fuggì dall'Unione Sovietica in Francia e poi negli Stati Uniti. Ma una sola altra persona di questa associazione informale, che io chiamerei «circolo musicale del Cane randagio», era compositore professionista: Il'jà Sac, famoso per essere l'autore della musica degli spettacoli messi in scena al Teatro dell'arte di Stanislàvskij

Sac fu probabilmente il primo a sperimentare il cosiddetto pianoforte «preparato», anticipando di quasi trent'anni gli analoghi esperimenti di John Cage. Sac posava sulle corde del piano fogli di metalli e altri oggetti, alterando così il suono dello strumento. La tradizionale «tavolozza dei suoni» a lui non bastava, e così il compositore cercava nuovi timbri e procedimenti per estrarre suoni, anche non temperati, affini a quella che in seguito prese il nome di «musica concreta». Ripetendo con insistenza di parlare a nome di «un intero gruppo di ricercatori», Sac scriveva: «La musica è vento, e fruscio, e parola, e rintocco, e scricchiolio, e stridio. Ecco una sinfonia di suoni per i quali si strugge e piange di nostalgia la mia anima. Perché non esiste il "registro del vento" che si intona per decimi di tono?[246]».

Lur'é solidarizzò con Sac, avanzando una teoria che chiamò pomposamente «teatro della realtà» e il cui fulcro era costituito dal proclamare ogni cosa del mondo arte, incluso il rumore degli oggetti. Lur'é fece anche esperimenti con la musica dei quarti di

---

245 Verigina, Vospominanija (Memorie), Leningràd 1974, p. 173.

246 Il'jà Sac, Moskvà-Petrograd 1923, p. 20

tono e avanzò l'idea di un nuovo tipo di pianoforte con due file di corde e una tastiera doppia a tre colori. Ma, in mancanza di questo nuovo strumento, Lur'é dovette accontentarsi degli interventi al Cane randagio, dove «con aria sofferente protendeva ai tasti del Bechstein le mani con le unghie corte, mangiate fino alle lunette, sorridendo come Sarasate a cui porgessero una balalaica a tre corde»[247]. Artùr (questo nome lo aveva preso in onore del suo filosofo preferito, Schopenhauer, aggiungendovi un secondo nome, Vincent, in onore di Van Gogh) Lur'é, che da giovane si convertì al cattolicesimo alla cappella dei Cavalieri di Malta di Pietroburgo, una volta lesse al Cane randagio un'importante relazione che proclamava il «superamento dell'impressionismo» e la conquista di una sintesi per mezzo del primitivo. Il critico musicale Vjačeslàv Karatygin, molto stimato nella capitale e altro habitué del locale, chiarì: «Più il processo di "specificazione" e "purificazione" di particolari forme d'arte procede in modo definito ed energico, maggiore è l'acutezza con cui di tanto in tanto sentiamo la mancanza di una loro "sintesi" e sogniamo di poterla realizzare. Avvicinarsi a una sintesi è possibile solo mediante la primitivizzazione artificiosa degli elementi principali di ciò che viene sintetizzato[248]». Tale programma è simile alle idee del compositore francese Eric Satie, proclamate all'incirca nello stesso periodo e poi realizzate nelle opere del gruppo Les Six e in quella che Satie chiamava «musique d'ameublement»

Satie stesso, negli anni Dieci, compose laconici brani per pianoforte, e anche canzoni-valzer che si conquistarono popolarità nei caffè parigini

Indipendentemente da Satie, e in certo modo precorrendolo, di esperimenti simili si occupava l'habitué del Cane randagio Michail Kuzmìn, che a Pietroburgo chiamavano «il più grande dei poeti minori». Proprio a Kuzmìn Achmàtova si rivolse per la prefazione al suo primo libro. Kuzmìn era un grande mistifwtore e su di lui a Pietroburgo correvano leggende contraddittorie, così riassunte da una contemporanea:

Kuzmìn è il re degli esteti, il legislatore della moda e del gusto. È il Brummell russo. Possiede trecentosessantacinque gilè. La mattina si riuniscono da lui i liceali, gli avvocati e i giovani soldati

---

247 Livšic, op. cit., p. 465.

248 «Teatr i iskusstvo» (Teatro e arte), 10, 1913, p. 232

della guardia per partecipare al suo petit lever. È un credente d'antica data. Sua nonna è ebrea. Ha studiato dai gesuiti. Ha lavorato come garzone in una bottega di granaglie. A Parigi ha ballato il cancan con le modelle di Toulouse-Lautrec. Ha portato le catene e ha passato due anni come penitente in un monastero italiano. Kuzmìn ha «occhi bizantini» sovrannaturali. Kuzmìn è un mostro[249].

Kuzmìn fu il primo a introdurre apertamente nella letteratura russa il tema dell'omosessualità. Nel 1906 comparve il suo romanzo breve Kryl'ja (Ali), che gli procurò accuse di pornografia. Ma è emblematico della Pietroburgo di quell'epoca che a favore di Kuzmìn siano subito intervenuti i principali modernisti. Aleksàndr Blok pubblicò un articolo in cui dichiarava: «Il nome di Kuzmìn, ora circondato da parole offensive, barbaramente volgari, per noi è un nome incantevole»

Dopo aver studiato alcuni anni al conservatorio di Pietroburgo al corso di composizione di Rìmskij-Kórsakov, Kuzmìn non si diplomò, spiegando ironicamente la propria trasformazione in poeta in questo modo: «È più facile e più semplice. Le poesie cadono dal cielo bell'e pronte, come la manna in bocca agli ebrei nel deserto. Non riscrivo mai un verso»[250]. Ma la composizione di opere musicali, Kuzmìn non l'abbandonò. Fu l'assai discusso compositore dello storico allestimento del dramma di Blok La baracca dei saltimbanchi a opera di Mejerchól'd. Tra l'élite pietroburghese divennero popolari le canzoni di Kuzmìn, che eseguiva lui stesso accompagnandosi al piano, all'inizio nei vari salotti, tra cui anche la Torre di Ivànov, e poi al Cane randagio. Delle proprie opere Kuzmìn amava ripetere che si trattava «solo di musichetta, ma con dentro il veleno». E uno dei visitatori del Cane randagio confermò la magia creata dalle canzoncine di Kuzmìn:

Un languore sdolcinato, vizioso e mozzafiato avvolge gli ascoltatori. Nello scherzo si avverte l'angoscia, nel riso le lacrime

Figliolo di marzo non prender la rosa,
la rosa puoi pure tagliare d'estate,

---

[249] Irina Odéevceva, Na beregach Nevy (Sulle rive della Nevà), Washington 1967, p. 44
[250] ibid

di marzo avanzato si colgon le viole,
ricorda d'estate la viola non c'è ..

Le banali modulazioni si mescolano a una vellutata vocina
tremolante, e non si sa come ne perché, ma le parole ingenue,
bambinesche assumono un significato arcano[251].

In uno stile simile faceva musica al Cane randagio il regista
Nikolàj Evréjnov; lo stesso Arnold Schònberg, in visita a
Pietroburgo, dopo aver sentito la sua Polka-secondo gli chiese
sarcasticamente: «Und warum es notwendig ist, diese Sekunden?».
Schónberg aveva motivo di considerarsi specialista nella musica da
cabaret, poiché per diversi anni aveva diretto l'orchestra al famoso
Überbrettl, il cabaret berlinese di Ernst von Wolzogen

Karatygin, uno dei leader delle Serate di musica
contemporanea, al Cane randagio interveniva non solo come
accompagnatore al pianoforte, ma anche come autore di scherzi
musicali, «con una forte dose di pepe musicale sotto forma di ritmi
serrati e armonie provocanti, costruite su parole bislacche e
sciocche[252]». Il'jà Sac si spinse ancora Più in là in questa direzione,
componendo opere parodistiche con titoli come Mest'ljubvì, ili
Kol'có Gvadelupy (La vendetta dell'amore, ovvero L'anello di
Guadalupa), e Vostóčnye slàdosti, ili Bìtva russkich s kabardìncami
(Dolcezze orientali, ovvero La battaglia dei russi con i kabardini).
Sulla musica di Sac, Karatygin scrisse: «Non ho mai ascoltato una
simile "musica-specchio". In sé non è niente, uno zero. Ma se
accendete intorno le candele, si mette a brillare, fa scintille come il
fuoco. Spegnete la luce, e si spegne pure lei. Vi sembra poco?[253]».

AI Cane randagio, Sac, con i folti capelli neri arruffati,
mordendosi nervosamente i baffi da tricheco, compose la sua
opera maggiore, il balletto Kozlonógie (Gambe di caprone), messo
in scena a Pietroburgo nel 1912. Futuro mentore di Balančìn, il
coreografo Fëdor Lopuchóv presenziò a questa prima e, come mi
confessò conversando con me nel 1967, della musica di Sac «non
cap[ì] nulla: erano solo dissonanze». Gli domandai della coreografia

---

[251] B. Kac, R. Timenčik, Anna Achmatova i muzyka. Issledovatel'skie
očerki (Anna Achmàtova e la musica. Saggi di ricerca), Leningràd 1989, p.
39

[252] Karatygin, Leningràd 1927, p. 73

[253] «Apollon», 1, 1913, p. 66

di Borìs Romànov. «Molto audace, al limite della pornografia. Era uno spettacolo assai più esplicito del Poslepolùdennyj ótdych fàuna (Riposo pomeridiano di un fauno) con Vaclàv Nižìnskij» rispose pensoso Lopuchóv

«Ma Romànov era indubbiamente un uomo di talento. Ha fatto sperimentazione con la danza libera alla Isadora Duncan. E ha trovato un'artista eccezionale che non era nemmeno una ballerina professionista. Lei era molto, molto sensuale[254].» Lopuchóv si riferiva a Ól'ga Glébova-Sudéjkina, la cui esibizione in Gambe di caprone fece sensazione a Pietroburgo. Moglie del pittore Sudéjkin, che aveva firmato le decorazioni del Cane randagio, amica intima di Achmàtova, Ól'ga apparteneva al novero delle «tenere europee» (la definizione è di Mandel'štàm) che nella capitale facevano faville. Cercò di descriverla Artùr Lur'é: «Fantastiche trecce dorate, come Mélisande o come La fille aux cheveux de laine di Debussy, enormi occhi grigioazzurri che scintillano come opali; spalle di porcellana e petto di Diana, quasi svelato dall'ampio décolleté; un sorriso ammaliatore, una risata cadenzata, movimenti leggeri: chi è? una farfalla? Colombina?[255]». Conversando con me nel 1976 su quell'epoca di Pietroburgo, Véra moglie di Sudéjkin dopo averlo strappato a Ól'ga, ne parlò in termini ben diversi: «Come attrice non era niente di che, di cantare e ballare non era capace e in generale era una persona piuttosto vuota, che pensava solo ai corteggiatori[256]». Lur'é, però, scrisse che Ól'ga Sudéjkina «era una delle nature di maggior talento che io avessi mai incontrato»

Lur'é affermava che Ól'ga era eccezionalmente musicale, recitava le poesie in modo indimenticabile, in particolare Blok, e traduceva ottimamente Baudelaire in russo. Lur'é ricordava anche che Sudéjkina «conosceva lo stile di qualsiasi epoca, e il suo gusto era impeccabile. Ricordo che le piaceva andare al mercato Aleksàndrovskij, dove conosceva tutti i commercianti

Di là portava gli oggetti più inverosimili, da lei scovati in mezzo al ciarpame: vecchie porcellane, tabacchiere, miniature, ninnoli[257]». Per Lur'é e gli altri bohémien della capitale, Ól'ga Sudéjkina era l'incarnazione dello stile sofisticato della Pietroburgo degli anni Dieci, sua anima e musa. Lei «esprimeva l'epoca raffinata

---

[254] Fëdor Lopuchóv, conversazione con l'autore (Leningrado 1967).

[255] «Vozdušnye puti» (Vie aeree), 5, New York 1967, p. 139

[256] Véra Stravìnskaja, conversazione con l'autore (New York 1976).

[257] «Vozdušnye puti», cit., 5, p. 141.

di Pietroburgo del primo Novecento allo stesso modo in cui Madame Récamier – la divina Juliette – esprimeva l'epoca del primo Impero[258]». Secondo il commento malizioso di NadéZda Mandel'štàm,

Achmàtova considerava Ól'ga l'incarnazione di tutte le qualità femminili e mi dava di continuo istruzioni su come tenere la casa e su come conquistare gli uomini secondo Ól'ga. ... Lo straccio dev'essere di garza, togliere la polvere e sciacquare ... le tazze sottili, il tè forte. Tra i segreti della bellezza e della gioventù, il più importante è che i capelli scuri devono essere lisci, mentre quelli chiari vanno gonfiati e arricciati. E il segreto del successo con gli uomini, secondo Kšesìnskaja, è non togliere «loro» gli occhi di dosso, guardare la «loro» bocca, a «loro» piace. ... Sono ricette pietroburghesi d'inizio secolo[259].

A Matìl'da Kšesìnskaja, famosa stella del balletto imperiale, Ól'ga Sudéjkina e Achmàtova non facevano certo riferimento per caso. Nella Pietroburgo prerivoluzionaria, Kšesìnskaja – amante di Nikolàj II quando era erede al trono, e poi amante di due granduchi – divenne il simbolo e la prova del successo che poteva conquistare un'artista, una donna del demi-monde

I giornali scandalistici descrivevano entusiasti le mise di Kšesìnskaja, le collane di brillanti e i collier di perle, i sontuosi banchetti in suo onore nei ristoranti costosi e il suo appartamento nella capitale in stile modérn[260]. Il direttore dei teatri imperiali Vladìmir Teljakévskij, che ne odiava i capricci e gli intrighi, nel diario descrisse Kšesìnskaja come «una ballerina moralmente sfacciata, cinica, insolente, che vive contemporaneamente con due gran principi e che non solo non lo nasconde ma, al contrario, intreccia anche quest'arte nella sua puzzolente, cinica corona di pervertimento e putrefazione umana»[261]. Ma molti erano entusiasti del talento, della maestria e dell'energia della Kšesìnskaja

---

[258] Ibid., pp. 142-143

[259] Nadéžda Mandel'štàm, Vtoraja kniga (Secondo libro), Paris 1972, p. 510.

[260] Si intende la parola «russa» (stil') modérn, un calco sul francese moderne (cfr. Ugo Persi, La parola in Liberty. Il Liberty letterario tra Russia e Occidente, Milano, Guerini e Associati, 1989)(NdT)

[261] Ibid., p. 47

danzatrice. Alle sue esibizioni presenziava «tutta Pietroburgo»

Un cronista della «Peterbùrgskaja gazéta» descriveva col fiato sospeso la sala del teatro Mariìnskij quando in scena danzava Kšesìnskaja: «Innumerevoli toilette da ballo di tutti i colori e le sfumature possibili, le spalle brillanti di diamanti, innumerevoli frac e smoking, brevi commenti in inglese e francese, un aroma inebriante di profumo alla moda, insomma, la tipica scena di una serata di gala[262]». L'influente critico di balletto Akìm Volynskij presumibilmente non si sarebbe dovuto interessare dei successi mondani di Kšesìnskaja, ma anche per lui l'arte e la vita privata dell'artista si confondevano:

La sua demoniaca maestria a volte promana un freddo gelido. Ma altre volte la ricca tecnica della Kšesìnskaja sembra un miracolo di vera e sublime arte. Allora il pubblico esplode in applausi sfrenati, in grida di forsennato entusiasmo. E la diavolessa dagli occhi neri del balletto ripete senza fine, al grido di «bravo!» di tutta la sala, le sue inaudite figure, la sua danza diagonale attraverso la scena, bella al punto di accecare[263].

Lodando il genio di Kšesìnskaja, «capriccioso e potente, con una venatura di peccaminoso orgoglio personale», il critico vedeva in lei una figura simbolica e tragica. Ma per Teljakévskij le uscite di Kšesìnskaja in scena rappresentavano il trionfo della «volgarità, della trivialità e della banalità»

Il direttore dei teatri imperiali trovava ripugnante la sfacciata e provocante sensualità della ballerina, «il suo costume troppo corto, le gambe grosse, esibite, e le braccia aperte, quasi a esprimere un completo compiacimento, quasi a invitare il pubblico ad abbracciarla». L'ironia della situazione consisteva nel fatto che gli esponenti più in vista tra il pubblico, rapiti dall'incredibile energia dello spettacolo, attribuivano l'esplosione sessuale che si verificava sul palco alla propria presenza. Il cinico Teljakóvskij lo sapeva bene quando, dopo la solita esibizione «volgare e rozza» della ballerina, scrisse: «Kšesìnskaja era in forma. Il palco dello zar era pieno di giovani gran principi, e Kšesìnskaja ce la metteva tutta»[264].

---

[262] Krasévskaja, Russkij baletnyj teatr načala XX veka (Il teatro russo di balletto dell'inizio del Novecento), parte seconda, Leningràd 1972, p. 35

[263] Ibid., p. 55

[264] Ibid., p. 54

Così si instaurò il legame tra l'enorme scena del teatro imperiale Mariinskij e le piccole sale dei cabaret pietroburghesi. Dappertutto l'intimità diventava di dominio pubblico, veniva mostrata ed esposta al pettegolezzo. La vita privata non esisteva più. I rapporti sessuali (veri o immaginari) della famiglia regnante.) di due famosi poeti erano argomenti di conversazione e di pettegolezzo

Kšesìnskaja in scena era quasi a portata di mano, la si poteva spogliare con lo sguardo e se ne potevano apprezzare le doti fisiche (e i difetti) con lo stesso aplomb con cui si chiacchierava dei tragici amori di Achmàtova sulla scorta delle sue ultime poesie. Furono in pochi a stupirsi che la nipote di Aleksàndr Benuà, la pittrice ventottenne Zinaìda Serebrjakéva, alle mostre di moda di Mir iskùsstva esponesse – sotto titoli innocenti come Kupàl'sčica (La bagnante) o V bàne (Al bagno) – autoritratti nudi di una bellezza straordinaria nei quali, per ammissione dello stesso amato zio, era contenuta «una certa sensualità[265]». Per Serebrjakéva e il suo entourage si trattava senza dubbio di un manifesto di emancipazione morale ed estetica. Per il pubblico era una possibilità in più di entrare nell'intimo di una celebrità. In questa atmosfera sovreccitata le figure di Kšesìnskaja, Serebrjakóva, Achmàtova e Sudéjkina venivano poste dal pubblico pietroburghese, sempre assetato di scandali e pettegolezzi a sfondo sessuale, sullo stesso piano

Un contemporaneo descrisse Gambe di caprone di Sac, in cui brillò Ól'ga Glébova-Sudéjkina, con queste parole: «Mezzi caproni, mezzi uomini indemoniavano libidinosi in scena[266]». Ma Ól'ga si esibiva non solo sulla scena del Teàtr miniatjùr (Teatro delle miniature) in Litéjnyj prospékt, dove era in cartellone il balletto di Sac. Nelle sue memorie Achmàtova ricorda che Ól'ga ballava la Rùsskaja davanti al granduca Kirìll nel palazzo del padre, e riporta la reazione del granduca: «La danse russe rêvée par Debussy»

Kirìll veniva visto spesso agli spettacoli di Kšesìnskaja, che era l'amante del fratello minore del gran principe, Andréj. Si formò così un curioso intreccio: i gran principi, Kšesìnskaja, Sudéjkina, Achmàtova. Nessuno finora ha notato questo legame, eppure

---

[265] Zinaida Serebrjakova, Moskvà 1987, p. 245.

[266] Fëdor Lopuchóv, Šestdesjat' let v balete (Sessant'anni nel balletto), Moskvà 1966, p. 115

potrebbe spiegare, almeno in parte, la nascita di una leggenda insistente e piuttosto diffusa secondo la quale Achmàtova avrebbe avuto una storia d'amore con l'imperatore Nikolàj II o, comunque, con un esponente della famiglia imperiale

Questa stessa leggenda, nonostante l'ironia con cui ne parlava Achmàtova, è tipica della Pietroburgo prerivoluzionaria. Nella capitale tutto era confuso. Grigórij Raspùtin, mistico mugìk siberiano divenuto monaco, si trasformò nel personaggio più influente dell'impero. (Una volta Achmàtova vide Raspùtin in treno e ne ricordava gli occhi ipnotici che l'avevano letteralmente passata da parte a parte.) Nikolàj Kljùev, poeta contadino vicino a Raspùtin (tanto da essere chiamato «il cugino di Raspùtin»), adorava le poesie di Achmàtova, la quale in seguito affermò che Kljùev avrebbe dovuto prendere il posto di Raspùtin accanto all'imperatore e alla sua consorte. Nessuno si sarebbe stupito quindi se d'un tratto Achmàtova fosse diventata «poetessa di corte». Nell'atmosfera intrisa di misticismo, sesso e poesia della capitale, ogni giorno si diffondevano voci che poi si dissolvevano. Immancabilmente riguardavano anche l'imperatrice senza corona della bohème pietroburghese, Achmàtova, che regnava al Cane randagio

Achmàtova stessa, nei confronti di questo mondo bohémien e del proprio ruolo al suo interno, aveva un atteggiamento ambivalente. Alla fine del 1912 scrisse una poesia intitolata Al Cane randagio, che aveva come sottotitolo «dedicata dagli amici». Comincia così:

Siam tutti ubriaconi, meretrici,
insieme siamo tristi quanto mai!

E finisce con due versi che potrebbero essere riferiti sia ad Achmàtova sia alla sua amica Sudéjkina:

E quella che al momento sta ballando
All'infermo da qui senz'altro andrà

Ma anche dopo aver pubblicato questa poesia, Achmàtova continuò a comparire regolarmente al Cane randagio, di cui era divenuta il simbolo vivente: noblesse oblige. Senza Achmàtova, maestosa, triste con stile e austera, non ci si sarebbe potuti immaginare il Cane randagio. Ma anche lei, evidentemente, in questa cantina piena di fumo e dell'odore pesante dell'alcol si sentiva più a suo agio che altrove. Non a caso un poeta ricordava:

«A me (a e a Mandel'štàm, e anche a molti altri) cominciava a sembrare che tutto il ondo fosse concentrato al Randagio, che non esistessero un'altra vita, altri teressi a parte il Randagio[267]».

Questo piccolo mondo dei seminterrati, divenuto un'attrattiva della Pie)burgo elitaria, nell'estate del 1914 rabbrividì insieme con tutta la capitale: heggiava la prima guerra mondiale. «L'aspettavano tutti, e nessuno ci creva» affermò poi Vìktor Šklóvskij. «A volte dicevano che sarebbe venuta, erano sicuri che sarebbe durata al massimo tre mesi[268].» Gli eventi ebbero un'evoluzione veloce e allarmante. In risposta alla moitazione generale annunciata da Nikolàj Il, la Germania dichiarò guerra alla Issia. Il giorno dopo lo zar pubblicò un proclama con la dichiarazione di erra alla Germania, accolto nella capitale da un entusiasmo inaudito. Miaia di persone scesero in piazza del Palazzo con bandiere, icone e ritratti dello zar. Quando Nikolàj e la moglie comparvero sul balcone del Palazzo [nverno, la folla si mise in ginocchio e iniziò a cantare l'inno Oh Dio, salva lo zar

La città cadde preda di un delirio patriottico. Ci furono pogróm contro i gozi tedeschi, e dal tetto dell'edificio dove aveva sede l'ambasciata tedefurono buttati giù i giganteschi cavalli di ghisa che lo incoronavano. Solo n questa ondata di patriottismo e sciovinismo che non si vedeva da tempo può spiegare il fatto che nell'agosto del 1914 il nome di Sankt-Peterbùrg stato cambiato in Petrogràd senza suscitare nessuna seria opposizione

La ragione di vesto fatale cambiamento stava nel desiderio di sostituire lome «tedesco» con la sua variante «slava». Ma nella frenesia della guerra tono dimenticate due cose: primo, che il nome attribuito alla capitale da Pietro il Grande non era affatto tedesco, ma olandese; secondo, che la tra)rmazione della capitale in Petrogràd ne faceva la città di Pëtr imperatomentre era stata fondata come città di San Pëtr, suo patrono. Tutto ciò eva aspetti particolarmente ironici alla luce del rapporto ambivalente di cola Il, responsabile del cambiamento di nome, nei confronti del «costruttore taumaturgico». Infatti, Nikolàj aveva detto di Pëtr il Grande: «È l'anteto che amo meno a causa della sua passione per la cultura occidentale e r la violazione di tutte le usanze schiettamente

---

[267] Pjast, op. cit., p. 275

[268] Sklóvskij, Žili-byli, Moskvà 1966, p. 1 15; trad. it. C'era una volta, Milano, Il Saggiatore. 1968

russe»

In ogni caso, non era proprio il momento di disquisire sulla legittimità I nuovo nome della capitale. Persino Blok annotò laconico nel proprio tacino: «Il nome di Pietroburgo è stato cambiato in Pietrogrado», per passare bito dopo alle notizie dal fronte, in quel momento assai più importanti per . «Abbiamo perduto molti uomini. Moltissimi[269].» Solo cinque anni dopo, Nikolàj Ancìferov, descrivendo le attrattive di Pieburgo, con il vantaggio del senno di poi analizzò questo momento fatale:

La perdita del nome secolare finì per segnare l'inizio di una nuova epoca del suo sviluppo, un'era di completa fusione con la Russia un tempo estranea. «Pietrogrado» divenne una città autenticamente russa. Ma in questo cambiamento di nome molti vedevano il cattivo gusto dell'imperialismo contemporaneo e la sua impotenza. Pietrogrado tradisce il Cavaliere di bronzo. La Palmira del Nord non si può far risorgere. E il destino le prepara una sorte diversa. Sarebbe diventata non la città dell'imperialismo trionfante, ma la città della rivoluzione onnidistruttiva. Il Cavaliere di bronzo, rinato, sarebbe comparso sul suo «cavallo dal galoppo rimbombante» non a capo degli eserciti vincitori di un postero sfortunato, ma davanti alle masse popolari, che distruggevano il passato[270].

Subito tutti gli osservatori convennero che la faccia di Pietrogrado, dulte il conflitto, era nettamente cambiata. Il primo alito di guerra, osservò taramente Livšic, fece impallidire gli habitué del Cane randagio. La capirussa, come poi ripeté più volte Achmàtova, diede l'addio all'Ottocento:

E per il lungofiume leggendario
    si avvicinava – non sul calendario –
        il vero Ventesimo Secolo

La gente a Pietrogrado, come ricordava un contemporaneo, si divise suo in due fazioni: quelli che partivano per il fronte e quelli che restavano in tà. «I primi, indipendentemente dal fatto che

---

[269] Blok, op. cit., p. 237

[270] Ancìferov, Duša Peterburga (L'anima di Pietroburgo), Peterbùrg 1922, pp. 218-219

partissero per propria volontà »er costrizione, si consideravano eroi. I secondi concordavano volentieri in)posito, affrettandosi a riscattare in quel modo il vago senso di colpa che li affliggeva[271].» Tra coloro che partirono ci fu Nikolàj Gumilëv, che accolse la guerra entusiasmo. A suo tempo esonerato dagli obblighi militari per strabismo, appò a fatica il permesso di sparare valendosi della spalla sinistra e partì il fronte come volontario con lo squadrone della guardia imperiale del reggimento degli ulani. Già in ottobre Gumilëv prese parte ai combattimenti Ila fine del 1914 gli fu conferita la prima croce di San Giorgio

«Il suo patriottismo era incondizionato, come era nitida la sua fede religiosa»[272] scrisse il critico Andréj Levinsón, a proposito dello stato dell'amidurante i primi giorni di guerra. Naturalmente, questo patriottismo «nobiilluminato» si riversava nelle poesie di Gumilëv:

E davvero è luminosa e sacra
la causa grandiosa della guerra,
i serafini, chiari e alati,
stanno alle spalle dei soldati

Proprio all'inizio delle ostilità Gumilëv e Achmàtova pranzarono insieme con Blok, e ovviamente parlarono della guerra. Quando Blok se ne andò, Gumilëv rilevò con tristezza: «Possibile che mandino al fronte anche lui? È tale quale arrostire gli usignoli...»

Blok, di origini tedesche e pacifista per convinzione, non condivideva evidentemente l'esaltazione militarista di Gumilëv. Al fronte Blok non andò, ma scrisse della guerra: «Per un attimo sembrò che avrebbe ripulito l'aria; in realtà fu il degno coronamento di quelle menzogne, di quel fango e di quello schifo in cui era immersa la nostra patria»

Per la Russia, le operazioni militari cominciarono con successo; a Pietrogrado si prevedeva che per Natale le armate russe sarebbero entrate a Berlino. Ma poi la situazione cambiò: nei primi undici mesi di sanguinosi combattimenti i russi persero oltre un milione e mezzo di uomini, tra feriti, morti e prigionieri. Nella

---

[271] Livšic, op. cit., p. 544

[272] Nikolaj Gumilëv v vospominanijach sovremennikov (Nikolàj Gumilëv nei ricordi dei contemporanei), Paris - New York - Düsseldorf 1989, p. 215

capitale si diffusero voci su una carenza catastrofica di armi e munizioni, sull'incapacità e la codardia dei generali, sui furti e la corruzione nel sistema di approvvigionamento dell'esercito. Si parlava sempre più apertamente di tradimento, del fatto che la zarina – tedesca – e il suo amante, l'onnipotente Raspùtin, stessero portando il paese alla disfatta

Pietrogrado era piena di sfollati dalle province occidentali. A causa del coprifuoco, camminare in città era permesso solo fino alle otto di sera ma, stando a Viktor Šklóvskij, di notte si aggiravano impunemente per il Névskij folle di prostitute; circostanza piuttosto paradossale, dato che il numero dei maschi in città era andato costantemente calando. Talora sembrava che Pietrogrado fosse diventata una capitale «femminile». Per le donne la vita in città diventava sempre più difficile per la penuria di generi alimentari. Nelle vie il numero dei feriti – a favore dei quali venivano organizzate innumerevoli serate di beneficenza a cui interveniva spesso anche Achmàtova – continuava ad aumentare

La guerra modificò notevolmente il modo di vivere di Achmàtova, e qui l'influenza di Gumilëv fu indubbia. Anche la sua poesia cambiò, ma la sua musa echeggiò la guerra in modo diverso dal marito. Di Gumilëv dicevano che «la sua esperienza della guerra fu leggera, entusiastica». Nelle poesie di Achmàtova, sui temi della guerra non c'era traccia di entusiasmo. Ascoltandole, il pubblico raggelava in un penoso presentimento. Di particolare successo godette la poesia Molìtva (Preghiera), pubblicata nella raccolta Vojnà v rùsskoj poèzii (La guerra nella poesia russa):

Dammi anni amari d'acciacchi,
e d'affanno, d'insonnia, di febbre,
 e riprenditi il bimbo, l'amico,
e il fatato mistero del canto –
così prego alla Tua Liturgia
dopo tante giornate sofferte
ché la nube sull'oscura Russia
cambi in scia di una gloria radiosa[273].

L'abnegazione della Preghiera achmatoviana, che nel 1915 poteva apparire naturale e opportuna, oggi dapprima lascia allibiti, poi inorridisce. È una poesia davvero terribile, quasi blasfema, nel suo rigoroso e incondizionato patriottismo. E soprattutto è

---

[273] A. Achmàtova, Soéinénija, cit., vol. I. p. 152.

terribile oggi perché lo sappiamo: nessuno di coloro che furono esaltati da questa poesia negli anni della prima guerra mondiale e nemmeno l'autrice immaginavano quanto il sacrificio offerto da Achmàtova sarebbe stato accolto in modo pieno e puntuale.

Intanto la guerra continuava a macinare milioni di vite umane. Su Pietrogrado incombeva una nuvola nera. Per descrivere la situazione generale Merežkóvskij coniò l'espressione «abbrutimento», ripresa poi da altri intellettuali russi. Blok, tornato da una passeggiata dalle parti del Cavaliere di bronzo, annotò: «Sul monumento di Falconet c'è una folla di ragazzacci, teppisti, che si aggrappano alla coda, si siedono sul serpente, fumano sotto la pancia del cavallo. Corruzione assoluta. È la finis di Pietroburgo»

La gigantesca macchina dello Stato stava scricchiolando. Nikolàj Il non reggeva più le briglie del potere. L'opinione comune sull'ultimo monarca russo fu espressa succintamente da uno dei suoi dignitari: «Lo Stato lo governava sua moglie, e lei era governata da Raspùtin. Raspùtin suggeriva, la zarina dava le disposizioni, lo zar obbediva[274]». Come ogni definizione schematica, anche questa naturalmente era troppo semplificatrice. L'omicidio di Raspùtin in una congiura di palazzo nel dicembre del 1916 non arrestò la catastrofe incombente. Ma il ruolo avuto dalla personalità – o meglio dalla mancanza di personalità – di Nikolàj Il nel crac dell'impero russo è indubbio, poiché in Russia, come giustamente ha rilevato uno storico, «l'autocrate non è il simbolo del regime, ma il regime stesso[275]». Si ripete spesso che Nikolàj Il, tranquillo, affabile e colto, sarebbe stato il monarca costituzionale ideale in un paese come l'Inghilterra. Ma per il governo personale della sconfinata Russia, in un momento di crisi, non aveva decisamente né abbastanza capacità decisionale, né sufficiente volontà, né ampiezza di vedute. Queste qualità nell'imperatore erano soStituite dalla cocciutaggine e dalla convinzione assoluta che popolo ed esercito adorassero il loro zar bàtjuika, che ad agitare le acque fossero solo gli intellettuali accampati nella «putrescente Pietroburgo»

Questo modo di governare il paese fu, senza dubbio, una delle cause della detronizzazione di Nikolàj Il. Nel luglio del 1918 fu fucilato dai bolscevichi insieme con la famiglia sui monti Urali,

---

[274] Vràngel', Vospominanija (Memorie), Berlin 1924, p. 210

[275] «Sovremennyje zapiski» (Appunti contemporanei), 18, 1924, p. 235

dove l'imperatore era tenuto sotto sorveglianza dal Soviét locale

Ma all'inizio del 1917 Nikolàj Il non prendeva nemmeno in considerazione una simile malaugurata possibilità, anche se il suo impero e, soprattutto, la sua capitale, ribollivano. Zinaìda Gìppius ricordava:

La guerra sconvolse l'intellighenzia pietroburghese e acutizzò gli interessi politici. ... Attivisti delle sfere più disparate – studiosi, avvocati, medici, letterati, poeti – tutti in un modo o nell'altro furono coinvolti nella politica ... per noi, che non avevamo ancora perso il buon senso, una cosa era chiara: per la Russia la guerra, nella situazione politica attuale, non poteva finire che con la rivoluzione.

Nel gennaio del 1917 anche i monarchici convinti come Gumilëv avevano perso fiducia nel buon esito della guerra. In questo periodo Gumilëv, secondo i ricordi di un amico, s'indignava apertamente «per gli ordini stupidi e l'ottusità» dei generali. Questa delusione nei confronti del sistema riguardò tutta la scala gerarchica dell'impero, dal sergente Gumilëv fino agli ufficiali di grado più elevato. Colpisce la sincerità delle annotazioni sul diario del direttore dei teatri imperiali Teljakóvskij: «26 gennaio 1917. Bisogna essere del tutto ciechi e ottusi per non accorgersi che non si può continuare a governare il paese in questo modo.

29 gennaio. Vivere in Russia è brutto, e brutto da molto tempo, ma ora sta diventando insopportabile, poiché questo non è più un cattivo governo, ma un oltraggio ai sudditi[276]». E così via, pagina dopo pagina

Pietrogrado era in preda all'anarchia, ma proprio in questo periodo il teatro imperiale Aleksandrìnskij mise in scena lo spettacolo forse più famoso della Russia prerivoluzionaria: il dramma di Michail Lérmontov Maskaràd (Ballo in maschera), nell'allestimento di Mejerchól'd e con la scenografia di Golovìn. Di questo spettacolo tutto divenne leggendario. Le sue interminabili prove, che sotto la direzione di Mejerchól'd durarono più di cinque anni, si trasformaro o in un rituale teatrale a sé stante. Per il Ballo in maschera Golovìn fece quattromila disegni di costumi, trucchi, arredamento e altri oggetti scenici, battendo tutti i record noti nella storia del teatro russo. Il Ballo in maschera costò trecentomila rubli d'oro, una somma straordinaria persino per la cassa imperiale,

---

[276] Rudnìckij, Mejemhol'd, Moskvà 1981, p. 216

apparentemente senza fondo

Lérmontov, morto a ventisei anni in duello nel 1841, non si sarebbe mai sognato che il suo dramma giovanile, che lui non vide nemmeno rappresentato, sarebbe stato un giorno allestito con tanta sontuosità. Il Ballo in maschera era un tipico melodramma romantico tratto dalla vita della Pietroburgo del gran mondo, in cui il protagonista, il geloso Arbénin, avvelena la moglie

Lérmontov, irriverente e indipendente, amava raffigurare (era anche un discreto pittore dilettante) Pietroburgo inghiottita dal mare in tempesta. «In quegli schizzi» ricordava il conte Sollogùb «si esprimeva la sua fantasia desolante, assetata di dolore.» Ma nemmeno il fatalista e pessimista Lérmontov avrebbe potuto prevedere che la messa in scena del suo Ballo in maschera, che gli attori stessi soprannominarono «Tramonto dell'impero», sarebbe stata l'ultimo atto della vecchia Russia, che stava annegando tra i flutti dell'onda rivoluzionaria. Questa coincidenza sarebbe parsa a Lérmontov il culmine dell'ironia romantica

Nel romanzo incompiuto di Lérmontov Knjagìnja Ligovskaja (La principessa Ligovskaja; 1836), la cui azione si svolge a Pietroburgo, la topografia della città viene rispettata con notevole precisione. In questo senso (come in molti altri) Lérmontov risultò un innovatore, precorrendo le descrizioni particolareggiate della capitale presenti nella prosa di Dostoévskij. Come rilevò acutamente Leonid Dolgopólov, questa precisione topografica è legata con ogni probabilità all'educazione militare che accomuna Lérmontov e Dostoévskij[277]. Ma Lérmontov non avrebbe riconosciuto i lunghi e dritti prospékt di Pietroburgo se li avesse visti nei giorni di febbraio del 1917, quando erano pieni di folla disperata. Le manifestazioni di protesta dilagavano; una giunse persino a interrompere la prova del Ballo in maschera al teatro Aleksandrìnskij, poiché gli attori si precipitarono alle finestre e si misero a osservare impauriti l'enorme massa di operai che procedeva in silenzio lungo il Névskij. Sopra le teste dei dimostranti sventolavano gli striscioni in cui chiedevano pane

Jùrij Jùr'ev, il popolare attore a cui era stato affidato il ruolo di Arbénin, ricordava che «in questa massa silenziosa, concentrata, si

---

[277] Leonid Dolgopélov, conversazione con l'autore (New York 1990).

percepiva un che di minaccioso[278]». Gli eventi attorno al Ballo in maschera si sviluppavano in modo grottesco e simbolico. Nonostante in città si fosse instaurata un'atmosfera rivoluzionaria decisamente esplosiva, il ministro della corte imperiale insisteva perché la prima non venisse rinviata. Ancora una volta nella storia della Russia, il rituale e le apparenze furono considerati di importanza fondamentale

Mejerchól'd, pur percependo il tragico paradosso della situazione, era eccitato. Non era la prima volta che l'intuizione artistica gli suggeriva una messinscena la cui ingenuità politica rasentava la provocazione. Nel 1913, nei giorni delle celebrazioni solenni per il trecentesimo anniversario di regno della dinastia dei Romànov, allestì al teatro Mariìnskij l'opera di Richard Strauss Elettra, che comprendeva la scena della decapitazione del re

Nel Ballo in maschera Mejerchól'd tentò di creare una «partitura registica» unica, in base alla quale letteralmente ogni parola dell'attore aveva un preciso equivalente nei gesti o nei movimenti. Con quelle innumerevoli prove Mejerchól'd cercava di trovare uno schema preciso per disporre ognuna delle centinaia di comparse sull'enorme palcoscenico del teatro Aleksandrìnskij. Un critico definì la deliziosa orchestrazione degli attori nello spettacolo «opera senza musica». Così furono poste le basi della «biomeccanica», la teoria drammaturgica di Mejerchól'd divenuta poi famosa

La prima del Ballo in maschera fu fissata per il 25 febbraio. Quella sera la città era deserta e cupa, ma davanti al teatro Aleksandrìnskij le automobili formavano ininterrotte file nere. Nonostante i biglietti costassero cifre da capogiro, erano stati venduti tutti con largo anticipo, ed erano presenti tutte le celebrità di Pietroburgo. Con suo grande stupore, Jùr'ev vide i gran principi nei palchi imperiali

Golovìn aveva fatto del palco la continuazione della platea. Predominavano le tonalità nere e rosse. Sulla scena, al suono della musica sensuale di Glazunóv e del languido Valse-fantaisie di Glìnka, l'alta società della capitale imperiale si rallegrava, intrigava e veniva messa a morte. In sala assisteva allo spettacolo l'alta società reale, un'alta società già condannata a morte

Nessun autore romantico avrebbe potuto inventare una scena più simbolica e melodrammatica

---

[278] Ju. M. Jùr'ev, Zapiski (Memorie), Leningràd-Moskvà 1963, vol. Il, p. 194

L'azione del Ballo in maschera passava dalla casa da gioco al ballo in maschera, dove davanti agli spettatori turbinavano miriadi di maschere. Poi arrivava il ballo... La brillante recitazione degli attori, in particolare di Jùr'ev, la ricca scenografia, gli splendidi costumi, la bella musica si fondevano in un arazzo mozzafiato. Persino gli habitué rimasero a bocca aperta davanti a tanti effetti teatrali. È vero che uno dei critici scrisse (dopo la rivoluzione) di essere rimasto sconvolto assistendo allo spettacolo: «Così vicino, nella stessa città, accanto agli uomini affamati e bramosi di pane, sí dipanava per il gusto del capriccio questo lusso artisticamente perverso, sfacciatamente dissipatore, insensatamente decadente. Che cos'era, la Roma dei Cesari? Ci mancava solo che andassimo da Lucullo a mangiare lingue di usignolo, e lasciassimo che la canaglia affamata di pane e di libertà continuasse a gridare[279]». Lo spettacolo si concluse con la scena sinistra di una funzione funebre ortodossa. Sembrava che il coro ecclesiastico appositamente invitato da Mejerchól'd stesse Intonando il canto funebre per il regime, il paese, la sua capitale

Il sipario si abbassò non solo sul Ballo in maschera di Lérmontov, ma anche sulla mascherata pomposa, coinvolgente e tragica di un'intera epoca

Sembrava che gli applausi non dovessero più finire. Il proscenio si riempì di fiori e corone di alloro. Quando Jùr'ev uscì per inchinarsi, il pubblico si alzò in piedi. Poi fu dato il solenne annuncio che a Jùr'ev era stato fatto un regalo dallo zar Nikolàj Il in persona: un portasigari d'oro decorato con un'aquila di diamanti. Pochi potevano immaginare che questo dono imperiale sarebbe stato l'ultimo della storia del teatro russo. Gli habitué si scambiarono un'occhiata, con un sorriso ironico

Che Jùr'ev fosse omosessuale era noto, ed egli non nascondeva affatto le sue tendenze. Perciò il regalo dello zar, uomo dalla mentalità vittoriana, aveva un che di strano. Il pubblico non aveva ancora dimenticato lo scandalo del 1911 , quando dai teatri imperiali era stato improvvisamente licenziato il brillante ballerino Vaclàv Nižìnskij con il pretesto che aveva indossato un costume troppo audace. Ma alcune voci dicevano che la sua storia d'amore con Djàgilev aveva suscitato malumori nella famiglia imperiale

Negli anni Sessanta Achmàtova, presente tra il pubblico la sera della prima del Ballo in maschera, affermò che un dono dello zar –

---

[279] K. Rudnìckij, Režissër Mejerchol'd (Mejerchol'd regista), Moskvà 1969, pp. 200-202

un orologio d'oro – l'aveva ricevuto anche Mejerchól'd. Lo spettacolo non le era piaciuto: «Troppi mobili in scena.. E Jùr'ev non l'ho mai apprezzato molto». Ma più di ogni altra cosa ricordava la difficoltà a uscire da teatro. «Sul Névskij prospékt si sparava, i soldati di cavalleria con le sciabole sguainate caricavano i passanti; sui tetti e nei solai venivano appostate le mitragliatrici.» Achmàtova non aveva né un'automobile né una carrozza personale, e i cocchieri si rifiutavano di portarla dal teatro alla Vyborgskaja storonà, dove allora abitava. Le spiegarono confusi che andare tanto lontano era impossibile, avrebbero potuto essere uccisi. «Bàryšnja [Signorina], ho due figli» si giustificava un cocchiere; un altro, dopo qualche mugugno, la portò. «Probabilmente non aveva figli» ricordava malinconica Achmàtova. E così la sua carrozza passò oltre le truppe ribelli per le vie di Pietrogrado

Dopo alcuni giorni Nikolàj II, vedendo che non aveva più la forza di controllare il paese, abdicò suo malgrado al trono. L'impensabile era avvenuto: la monarchia era caduta, e a Pietrogrado il potere passò formalmente nelle mani del governo provvisorio (che immediatamente proclamò l'amnistia per i detenuti politici), ma di fatto nelle mani del Soviét dei deputati degli operai e dei soldati, che controllava esercito, ferrovie, posta e telegrafo. Tutti concordavano sul fatto che la rivoluzione popolare che aveva rovesciato lo zar fosse una gigantesca improvvisazione. Secondo le parole di Vìktor Šklóvskij, «successe, non fu organizzata[280]». A Šklóvskij questa rivoluzione sembrò «una cosa leggera, accecante, poco affidabile, allegra»

Pietrogrado fu sconvolta da innumerevoli adunate, nelle quali focosi oratori tenevano discorsi di ore a un pubblico incantato. Nel frattempo la guerra contro i tedeschi continuava, benché esercito e nazione fossero allo stremo. La libertà dal giogo zarista non aveva portato con sé il pane, e la popolazione affamata era in tumulto. La rivoluzione si sviluppava con un andamento a zigzag. Ben presto tra gli attivisti politici di Pietrogrado si distinse Vladìmir Lénin, tornato da poco nella capitale dall'esilio; era il capo della frangia bolscevica del Partito socialdemocratico russo

Lénin e il suo compagno di partito Lev Tróckij erano famosi come oratori ipnotici, ognuno con il proprio stile. Tróckij catturava l'uditorio con il temperamento, Lénin convinceva con la semplicità

---

[280] Viktor Sklóvskij, conversazione con l'autore (Mosca 1975).

e la logica. Il governo provvisorio non poteva spiegare ai soldati perché fosse necessario continuare la guerra e agli operai perché si chiudessero le fabbriche. Dal balcone dell'elegante appartamento di Kšesìnskaja (la ballerina ne era fuggita nei giorni della rivoluzione, e i bolscevichi avevano trasformato il suo palazzo nel loro quartier generale) Lénin proclamava che bisognava cessare la guerra, e prometteva al popolo un immediato benessere non appena fosse stato sconfitto il potere della borghesia. Politico geniale, dotato di un'eccezionale comprensione della psicologia delle masse, Lénin parlava con parole semplici di fatti chiari, convincendo il popolo stanco e affamato che era possibile una soluzione immediata a tutti i problemi

L'intellighenzia di Pietrogrado era nel caos. Per la maggior parte simpatizzava per il Partito costituzionaldemocratico (i cosiddetti «cadetti»), di orientamento liberale moderato, che per un certo periodo mantenne la maggioranza nel governo provvisorio. Tuttavia, vedendo che gli elementi moderati perdevano rapidamente le redini del governo, gli esponenti più opportunisti dell'élite di Pietrogrado cercarono di allacciare contatti anche con i bolscevichi, di cui uno dei massimi dirigenti era il pubblicista e drammaturgo Anatólij Lunačàrskij, che i suoi compagni di partito consideravano un esperto di cultura. Perciò Jùr'ev, attore principale del teatro (già «imperiale») Aleksandrìnskij, nell'autunno del 1917 invitò a casa propria Lunačàrskij per discutere del destino della cultura della capitale

Giunto da Jùr'ev, Lunačàrskij trovò nei comodi alloggi con poltrone di velluto una quarantina degli attori più famosi. Tra loro vide con stupore la figura imponente di uno dei dirigenti del Partito costituzionaldemocratico, Vladìmir Nabókov, padre del futuro scrittore. Jùr'ev disse diplomaticamente che vedeva incombere sul paese una tempesta politica e che non si poteva prevedere quale partito avrebbe preso il potere di lì a poco. Perciò pregava Lunačàrskij e Nabókov, ognuno dei quali aveva buone probabilità di diventare ministro della Cultura nell'immediato futuro, di esporre le proprie opinioni sulle sorti del teatro

In risposta, Lunačàrskij tenne un retorico discorso di un'ora e mezzo, assicurando agli attori che, in caso di vittoria, i bolscevichi non avrebbero chiuso i vecchi teatri «borghesi». Nabókov invece, alla maniera tipica dei liberali russi, feclinò la discussione con il parvenu bolscevico, dichiarando con un sorriso ironico che il suo partito non poteva proporre alcun programma utopistico

Probabilmente a Nabókov sembrò di dire parole realistiche e coerenti, in realtà stava perdendo terreno rispetto ai bolscevichi, anche se solo su un problema specifico. In quel periodo, decisivo per la storia della Russia, in tutti gli ambiti della società si svolsero episodi analoghi con il medesimo risultato. Dappertutto i bolscevichi guadagnavano terreno incontrastati

I mesi passarono tra manovre politiche e tentativi di colpi di mano a destra e a sinistra, mentre soldati e operai della capitale continuavano a brontolare, a tenere assemblee e ad avanzare richieste sempre più radicali. Infine, la guarnigione di Pietrogrado si risolse a riconoscere il Soviét dei deputati degli operai e dei soldati, nel quale a quell'epoca predominavano i bolscevichi, come unico rappresentante del potere legittimo nella capitale. La mattina del 25 ottobre, per la città furono affissi manifesti che annunciavano lo scioglimento del governo provvisorio e il passaggio di tutto il potere ai Soviét

La sera di quello stesso giorno, al teatro Mariïnskij davano due balletti: Lo schiaccianoci e l'opera di Michail Fókin Èros, con la musica della Strùnnaja serenàda (Serenata per archi) di Čajkóvskij. Gli spettatori si scambiavano eccitati le ultime notizie, passandosi di mano in mano i giornali della sera che ondeggiavano lentamente per le file di poltrone come cigni bianchi. Tutti si aspettavano l'attacco dei bolscevichi al Palazzo d'Inverno, dove continuava a sedere il governo provvisorio, paralizzato dalla paura

Quando cominciò lo spettacolo, gli spettatori sussultarono al rumore di uno sparo. Era l'incrociatore Avróra che, ancorato nella Nevà di fronte al Palazzo d'Inverno, sparava a salve; l'eco assordante del colpo risuonò in tutta la capitale. I bolscevichi penetrarono nel Palazzo d'Inverno e arrestarono i ministri del governo provvisorio. A capo del nuovo governo (denominato «Soviét dei commissari del popolo») andò Lénin, piccolo, dal petto largo, un professionista della rivoluzione con un programma massimalista, convinto del suo ruolo messianico

Ma nemmeno Lénin, prendendo il potere, poteva prevedere che in quelle giornate d'autunno del 1917 sotto la sua direzione si sarebbe realizzato uno dei più importanti sconvolgimenti del Novecento. Esso avrebbe non solo modificato radicalmente la storia di una delle nazioni più grandi della terra (il cui territorio era il triplo di quello degli Stati Uniti e con una popolazione di oltre 165 milioni di abitanti), ma avrebbe dato inizio a una catena di grandiosi cambiamenti sociali e aspri conflitti in tutto il mondo. L'effetto di quel giorno fatale sarebbe stato ancora vivo diversi decenni dopo, in luoghi infinitamente lontani dalla meravigliosa città sulla Nevà, tra popoli e persone che ne ignoravano addirittura l'esistenza

All'inizio della loro attività di governo, Lénin e i suoi colleghi bolscevichi dubitavano seriamente di essere in grado di conservare il potere, che tanto inaspettatamente era finito nelle loro mani. Un giovane pittore, il giorno successivo al colpo di stato bolscevico, diede un'occhiata al Palazzo d'Inverno completamente deserto e si imbatté nel nuovo ministro della Cultura, il commissario del popolo all'Istruzione Anatólij Lunačàrskij (la previsione di Jùr'ev si era rivelata esatta). Il neoministro osservò filosoficamente che con ogni probabilità i bolscevichi se ne sarebbero stati lì non più di due settimane, «per poi essere impiccati a quei balconi[281]». Nella capitale circolava la battuta secondo cui durante le sedute del governo provvisorio i ministri stavano in piedi anziché seduti. Anche i bolscevichi, che avevano imposto a Pietrogrado il regime comunista più radicale del mondo, si sentivano estremamente insicuri. Erano circondati da un mare di ostilità

Pochi giorni dopo il colpo di Stato, i teatri pietrogradesi, protestando contro «il governo illegittimo di Lénin e Lunačàrskij», cessarono l'attività

Quando Lunačàrskij annunciò che voleva incontrarsi con gli intellettuali pronti alla collaborazione, andarono da lui solo poche persone, che si accomodarono senza fatica su un solo divano. (È vero però che tra loro c'erano uomini di talento come Blok, Majakóvskij, Àl'tman e Mejerchól'd; quest'ultimo poco dopo si spinse ancora oltre e si iscrisse al Partito comunista.) A questo gruppo, piccolo ma rappresentativo, di intellettuali disposti a collaborare col nuovo regime, si unì ben presto anche il leader del gruppo di Mir iskùsstva, Aleksàndr Benuà. Lunačàrskij, in una relazione segreta a Lénin, comunicò a proposito di Benuà che «aveva bene accolto la rivoluzione d'Ottobre ben prima di ottobre[282]». Ecco che cosa intendeva. Nell'aprile del 1917, quando Lénin e i bolscevichi, assetati di potere, attaccarono il governo provvisorio sulla politica della «guerra fino alla vittoria», Benuà rifletteva rassicurante in uno dei suoi articoli:

Tranquillizzatevi, amici, non bruciate tutte le navi del vostro

---

[281] Avangard, ostanovlennyj na begu (L'avanguardia fermata al volo), Leningràd 1989, p. 2

[282] «Literaturnoe nasledstvo», cit., vol. LXXX: V.I. Lenin e A. V. Lunačàrskij. Perepiska, doklady, dokumenty (V.I. Lénin e A.V. Lunačàrskij. Corrispondenza. relazioni, documenti), Moskvà 1971, p. 260

idealismo solo perché in quello stesso porto è entrata la corazzata di Lénin e dei suoi compagni di sinistra. Su su, si riuscirà a starci anche con loro. Be', dovrete fare qualche concessione, accettare qualche cambiamento; vi sembrerà un ambiente meno comodo e, in ogni caso, meno famigliare. Ma, in primo luogo, la vita nel complesso non solo non peggiorerà, anzi migliorerà. E poi è davvero così difficile rinunciare a qualcosa, quando nello stesso tempo vi promettono una gioia così grande, una felicità così assoluta e la rinascita dei sentimenti umani, se finirà questo regno dell'abiezione, del sangue e della menzogna che è la guerra, se si potrà di nuovo pensare al bene comune dell'universo?

Questa dichiarazione retorica ma piena di idealismo, che ora appare tanto ingenua dvuscitare persino un po'di commozione, in quel momento fu un atto piuttosto audace, poiché andava contro il buon senso e l'opinione generale (ci riferiamo agli ambienti intellettuali della capitale). Non stupisce che i bolscevichi inizialmente abbiano accolto Benuà a braccia aperte. Insieme a Blok si occupò di migliaia di grandi e piccole questioni, in particolare prese parte all'elaborazione della tanto decisiva riforma dell'ortografia russa intrapresa dai bolscevichi

Fu una delle innumerevoli riforme del nuovo regime; in base a un'altra, il primo giorno dopo il 31 gennaio 1918 non fu il 10, ma il 14 febbraio, «per instaurare in Russia un conteggio del tempo uguale a quello di tutte le nazioni civili». Così il paese passò dal calendario giuliano, adottato nel 1699, al calendario occidentale gregoriano

Questa innovazione fu accolta favorevolmente anche dai monarchici. Il direttore del museo Èrmitài, il conte Dmìtrij Tolstój, scrisse alla moglie: «Su ordine bolscevico ci sono stati tolti quattordici giorni di vita: è l'unica cosa ragionevole che il governo bolscevico lascerà alla Russia». Il cambiamento dell'ortografia fu accolto malamente dai conservatori: Igor'Stravinskij per esempio, come molti altri emigrati russi, continuò fino agli ultimi giorni di vita a scrivere secondo la vecchia ortografia

La vita nella Pietrogrado bolscevica piombò nel caos, con folle inferocite che saccheggiavano i magazzini e i depositi di alcolici. In risposta, il governo ordinò di distruggere le riserve di alcolici. Achmàtova ricordava sconvolta che lei e Mandel'štàm, passeggiando per Pietrogrado, sentirono un forte odore di cognac e videro enormi massi marroni di cognae ghiacciato

In città si sentivano in continuazione colpi d'arma da fuoco. Nonostante l'intenzione proclamata da Lénin di concludere con loro la pace, i tedeschi sferrarono un attacco e il 20 febbraio 1918 si avvicinarono a Pietrogrado. Blok annotò nel diario, nel suo solito stile mistico: «Soltanto voli e slanci

Vola e dileguati, c'è la morte su tutti i percorsi». E oltre: «I tedeschi continuano ad avanzare. ... Se ho fatto tante cose terribili nella vita, devo almeno morire con onore e dignità[283]». Il 21 febbraio, alla seduta del Soviét dei commissari del popolo, Lénin promulgò un appello: «I generali tedeschi vogliono instaurare il loro "ordine" a Pietrogrado.. .. La repubblica socialista dei Soviét si trova in grandissimo pericolo». I bolscevichi si appellavano alla «popolazione lavoratrice»: «Tutti gli elementi corrotti, teppisti, sciacalli, codardi devono essere cacciati senza pietà dalle file dell'esercito e, in caso di tentativo di resistenza, devono essere cancellati dalla faccia della terra.... A Pietrogrado, come in tutti gli altri centri della rivoluzione, è necessario mantenere l'ordine con il pugno di ferro[284]». Per la città corsero voci che il govemo di Lénin fosse pronto a fuggire a Mosca. I bolscevichi dichiararono ufficialmente che queste voci erano del tutto false, ma il giorno in cui questa smentita categorica comparve sulla stampa, Lénin aveva già approvato la risoluzione sul trasferimento del governo e sul ripristino di Mosca come capitale del paese

All'inizio questa evacuazione fu chiamata eufemisticamente «sgravio» di Pietrogrado. La fuga programmata di quasi tutti i vertici bolscevichi e dell'apparato governativo da Pietrogrado veniva tenuta nel massimo segreto per paura di atti terroristici. Pochissimo tempo prima, il 10 gennaio 1918, contro l'automobile di Lénin erano stati sparati colpi di fucile, mentre il duce bolscevico ritornava da una riunione dell'esercito al maneggio Michajlòvskij

Quando nel 1976 sono arrivato a New York, ho conosciuto l'ultimo partecipante ancora vivo a questo leggendario attentato, Nikolàj Mart'jànov. Garbato e cortese, Mart'jànov mi ha detto che considerava Lénin un uomo molto fortunato. Tra gli attentatori c'erano i migliori tiratori dell'esercito russo, ma Lénin non riportò

---

[283] Blok, Dnevnik (Diario), Moskvà 1989, pp. 267-268

[284] Dekrety Sovetskoj vlasti o Petrograde, 25 oktjabrja (7 nojabrja) 1917 g. -29 dekabrja 1918 g. (I decreti del potere sovietico su Pietrogrado, dal 25 ottobre [7 novembre] 1917 al 29 dicembre 1918), Leningràd 986, pp. 126-127

nemmeno un graffio: «Aveva proprio una fortuna sfacciata[285]!». Mart'jànov e i suoi compagni non si arresero e si misero subito a preparare un nuovo attentato a Lénin, ma furono arrestati a causa di una soffiata

Li aspettava l'inevitabile fucilazione, quando d'un tratto giunse l'ordine di Lénin: «Interrompere il processo. Liberare. Mandare al fronte». Come commentò uno dei collaboratori di Lénin: «In questo caso Vladìmir Il'ïë dimostrò grande nobiltà d'animo»[286].

Il 10 marzo 1918, alle ventidue, sul treno speciale n. 4001 Lénin e i suoi colleghi partirono da Pietrogrado per Mosca. Il viaggio fu piuttosto lungo, quasi ventiquattr'ore, e Lénin fece in tempo a scrivere un articolo in cui si diceva: «La storia dell'umanità compie nei nostri giorni una delle svolte più grandi, più difficili, che ha un'importanza immensa – lo si può dire senza la minima esagerazione – per la liberazione del mondo». Per Pietrogrado, in ogni caso, queste giornate furono davvero storiche. Il 16 marzo il Congresso panrusso dei Soviét approvò la risoluzione formulata da Lénin: «Data la crisi che attraversa la rivoluzione russa in questo momento, la situazione di Pietrogrado come capitale si è nettamente modificata. Alla luce di ciò, il congresso stabilisce che fino al cambiamento delle condizioni indicate la capitale della Repubblica sovietica federale socialista russa venga trasferita provvisoriamente da Pietrogrado a Mosca»[287].

Che questa dichiarazione fosse da intendersi come un mero paravento è evidente, in particolare, dal rapporto segreto di Lunačàrskij al Soviét dei commissari del popolo, stilato all'inizio di marzo del 1918 ma pubblicato solo nel 1971: «Il governo ha deciso fermamente e del tutto legittimamente di lasciare Pietroburgo e di trasferire la capitale della Russia sovietica a Mosca anche nel caso in cui riuscissimo a giungere a una pace più o meno duratura». E poi Lunačàrskij predice con precisione e spietatezza (continuando a chiamare la capitale Pietroburgo, come facevano anche molti altri suoi abitanti) quali sarebbero state le conseguenze di questo passo: «Le cose per Pietroburgo si metteranno male. Sarà costretta a sopportare, in una lenta agonia, un processo di contrazione sul

---

[285] Nikolàj Mart'jànov, conversazione con l'autore (New York 1976)

[286] D.L. Golinkov, Krušenie antisovetskogo podpolja v SSSR (Il crollo del movimento clandestino antisovietico in URSS), Moskvà 1978, vol. I, p. 186.

[287] Dekrety Sovetskoj vlasti o Petrograde, 25 oktjabrja (7 nojabrja) 1917 g.-29 dekabrja 1918 g., cit., pp. 149-150

piano economico e politico. Naturalmente il governo si sfcvzerà in ogni modo di alleviare questo doloroso processo, ma non si potrà salvare Pietroburgo da una terribile crisi alimentare e dall'ulteriore crescita della disoccupazione[288]».

In quel momento la maggior parte degli intellettuali di Pietrogrado non valutò affatto in modo pessimistico questo cambiamento. Il loro atteggiamento fu descritto in tono sarcastico in un illuminante articolo, intitolato Gli uccellini si sono messi a cantare troppo presto, sulla bolscevica «Kràsnaja gazéta» (Giornale rosso): «In relazione all'evacuazione, la borghesia è troppo entusiasta. A loro sembra che, appena gli odiati bolscevichi se ne andranno da Pietrogrado, tornerà in qualche modo al potere il vecchio governo e sarà il paradiso della borghesia[289]».

L'11 marzo Blok, laconico come sempre, scrisse nel proprio taccuino: «La "fuga" a Mosca, panico, voci»

Il 16 marzo i bolscevichi conclusero una pace separata con i tedeschi e Pietrogrado evitò l'occupazione. Presso l'élite dell'ex capitale questa notizia suscitò reazioni ambivalenti. La stessa «Kràsnaja gazéta» continuava beffarda:

Per la città corre la voce che Pietroburgo sarà dichiarata città libera. Tra la gente – nelle vie, in tram, al bar – si può sentir parlare molto della futura Pietroburgo «libera». Il cosiddetto «pubblico pulito» fonda la propria fede in questa voce, così cara al suo cuore, sul trasferimento della capitale e sulla partenza del governo per Mosca: «Non se ne sono andati per caso» dicono «nel trattato di pace c'è un articolo segreto che fa di Pietrogrado una città aperta». La borghesia costruisce le sue speranze più fantasiose su voci ridicole e, ovunque si incontrino, i grassi borghesi parlano di queste speranze. Ed è comprensibile: che cosa resta da fare alla borghesia completamente sconfitta se non sognare l'irrealizzabile[290]?

Non c'è da stupirsi del fatto che, nel marzo del 1918, la popolazione di Pietrogrado credesse più alle voci che ai decreti e agli editoriali dei giornali ufficiali. La gente si rifiutava di guardare in faccia la realtà, non capiva ancora che il cerchio della storia russa

---

[288] «Literaturnoe nasledstvo», cit., vol. LXXX, p. 58

[289] Varšàvskij, B. Rest, Bilet na vsju večnost' (Un biglietto per tutta l'etemità), parti 1-11, Leningràd 1986, p. 149

[290] Ibid., p. 160

si stava chiudendo. Un tempo Puškin aveva descritto in questo modo il trasferimento della capitale dell'impero russo da Mosca a Pietroburgo, a opera di Pëtr il Grande:

> S'è spenta ormai la vecchia Mosca
> presso la giovane città,
> così di porpora la vedova
> presso la giovane zarina.

Solo nel 1919 Ancìferov confessò a sé stesso: «Nel vento cosmico l'imperialismo russo ha trovato la sua tragica fine. Pietroburgo ha cessato di incoronare col suo diadema di granito la Grande Russia. È diventata la Pìter rossa. E Mosca, la vedova porporata, è diventata di nuovo capitale, la capitale della nuova Russia. E Pietroburgo?». E Ancìferov risponde alla propria domanda retorica citando le frasi profetiche del romanzo epico di Andréj Bélyj Pietroburgo, scritto prima dello scoppio della guerra: «Se Pietroburgo non è capitale, Pietroburgo non esiste. Sembra solo che esista[291]».

La perdita dello status di capitale inflisse un colpo tremendo a Pietrogrado. Subito vennero a nudo molti punti deboli della città, mascherati per due secoli dal massiccio investimento di capitali e di forza lavoro. D'un tratto tutti si ricordarono che l'ex capitale era troppo distante dal resto della Russia e troppo vicina al confine, esposta agli attacchi nemici, che il clima era rigido e la città soggetta a periodiche inondazioni, che i prodotti alimentari e le materie prime per la sua industria arrivavano da lontano.

Non vi sono dubbi che tutte queste considerazioni siano state soppesate da Lénin prima di decidere di riportare la capitale russa da Pietrogrado a Mosca, sentendosi, secondo le sue parole, un condottiero «che porta nel cuore del paese i resti di un esercito distrutto, sbandato e in preda al panico». Ma, come nel caso della decisione di Pëtr il Grande di stabilire la capitale a San Pietroburgo, anche in questo frangente entrarono in gioco elementi emotivi e irrazionali

Lénin stesso diceva di conoscere poco la Russia. Non meno di quindici anni della sua breve vita (Lénin morì nel 1924, a cinquantatré anni) li aveva passati all'estero. Per Lénin la Russia era incarnata da Pietroburgo, con le sue onnipotenti istituzioni zariste

---

[291] Ancìferov. op. cit., p. 219

che lo perseguitavano costantemente, la polizia e le prigioni, in una delle quali egli, arrestato nel 1895, aveva trascorso quattordici mesi (in quell'occasione era riuscito a trasmettere all'esterno il progetto del programma del partito, scritto con il latte tra le righe di un libro di medicina).

È ovvio che Lénin nutrisse i sentimenti più ostili per la Pietroburgo monarchica e burocratica. Ma Lénin disprezzava e odiava anche l'intellighenzia pietroburghese, che considerava vana, senza spina dorsale, bavosamente liberale e, soprattutto, controrivoluzionaria. Questa posizione di Lénin è confermata dai ricordi di molte persone, che pure avevano un atteggiamento entusiastico nei suoi confronti

Un esempio tipico e psicologicamente assai indicativo viene riportato da Lunačàrskij. Lo scrittore Maksìm Gór'kij, che difendeva in ogni modo davanti a Lénin l'intellighenzia di Pietrogrado, andò da lui lamentandosi che la polizia segreta bolscevica arrestava persone che prima della rivoluzione avevano nascosto ai gendarmi zaristi molti bolscevichi, tra cui lo stesso Lénin

A questa protesta di Gór'kij, Lénin, derisorio, ribatté che gli idealisti liberali di questo genere vanno arrestati proprio perché sono così «buoni, gentili», e hanno sempre compassione per i perseguitati. Prima avevano nascosto i bolscevichi braccati dalla polizia zarista, adesso nascondevano i controrivoluzionari ricercati dai bolscevichi. «E noi» concluse con durezza Lénin «dobbiamo catturare ed eliminare i controrivoluzionari attivi. Il resto è chiaro[292].» Il trasferimento della capitale da Pietrogrado a Mosca fu anche un atto di vendetta (forse inconscia) da parte di Lénin contro l'intellighenzia pietrogradese, che secondo il capo dei bolscevichi era «incattivita ... non capiva nulla, non dimenticava nulla, non imparava nulla, tutt'al più – proprio nel migliore dei casi – era disperata, confusa, lamentosa, legata a vecchi pregiudizi, spaventata e tendente a spaventarsi[293]».

Come Pëtr il Grande, rompendo con Mosca, aveva cominciato da capo la storia della Russia, così Lénin, lasciandosi alle spalle la capitale zarista, affermò il proprio diritto a compiere un esperimento radicale. Come è noto, l'intellighenzia moscovita si

---

[292] Maksim Gor'kij v vospominanijach sovremmennikov, v dvuch tomach (Maksìm Gór'kij nei ricordi dei contemporanei, in due volumi). Moskvà 1981, vol. II. p. 23

[293] Lenin o literature (V.I. Lénin sulla letteratura), Moskvà 1971, p. 160.

oppose all'ascesa al potere dei bolscevichi con assai maggior accanimento di quella pietrogradese. Ma per Lénin questo non aveva importanza, anche perché non conosceva un'altra Russia oltre a quella di Pietroburgo

Declassando Pietrogrado, Lénin dimostrò a tutto il mondo (e a sé stesso) quanto fosse serio il rifiuto, da parte del nuovo regime, della vecchia Russia, delle sue istituzioni e della sua intellighenzia. Dopo aver lasciato Pietrogrado, Lénin scrisse a Gór'kij rimasto in città: «Le forze intellettuali degli operai e dei contadini stanno crescendo nella lotta per rovesciare la borghesia e i suoi sostenitori, gli intellettualoidi, i servi del capitale che si considerano il cervello della nazione. In realtà non ne sono il cervello, ma la merda[294]». Con il trasferimento del governo a Mosca, i minacciosi presagi di Lunačàrskij sul destino di Pietrogrado cominciarono rapidamente ad avverarsi. La disoccupazione e la crisi economica aumentavano non di giorno in giorno, ma di ora in ora, e cominciò un massiccio calo demografico. Negli anni successivi alla rivoluzione la popolazione diminuì un po'in tutto il paese, ma sia la crisi economica sia il decremento demografico colpirono in modo particolare proprio l'ex capitale

Nel 1915 a Pietrogrado abitavano due milioni e trecentoquarantasettemila persone. Il 2 giugno 1918, ossia ad appena due mesi e mezzo dal trasferimento del governo a Mosca, vi abitavano solo un milione e quattrocentosessantottomila persone. Questa drastica diminuzione continuò senza sosta: il censimento dell'agosto 1920 rivelò che a Pietrogrado abitavano solo settecentonovantanovemila persone, nemmeno il trentacinque per cento della popolazione del periodo prerivoluzionario[295]. La città, fredda e affamata, stava morendo e molti ricordavano la maledizione della moglie di Pëtr il Grande che era stata mandata in monastero, la zarina Eudossia: «Sankt-Peterburch sarà deserta!». Ghiacciarono gli acquedotti e le fogne. Per scaldarsi, la gente bruciava mobili, libri, e il legno delle loro case. Il pittore Jùrij Ànnenkov, esponente dell'avanguardia e in seguito emigrato in Francia, ricordava:

Era l'epoca delle interminabili code di affamati, gli chvosty,

---

[294] «Kontinent» (Continente), 55, 1988, p. 195

[295] Semanov, Likvidacija antisovetskogo Kronštadtskogo mjateža 1921 goda (La liquidazione della rivolta antisovietica di Kronstàdt del 192 Moskvà 1973, p. 25.

davanti ai «distributori di alimentari» vuoti, l'era epica della carogna gelata putrida, delle croste di pane ammuffite e dei surrogati immangiabili. I francesi, che hanno subìto per quattro anni l'occupazione nazista, sono soliti parlare di quegli anni come anni di fame e grandi privazioni. Anch'io ho trascorso a Parigi quel periodo: una minima riduzione di alcuni generi alimentari, un lieve peggioramento della qualità di altri, il caffè finto ma ugualmente aromatico, e l'erogazione di gas ed energia elettrica leggermente diminuita. Nessuno moriva di fame sui marciapiedi gelati, nessuno faceva a pezzi i cavalli caduti, nessuno mangiava cani, gatti, ratti[296].

I pietrogradesi attraversarono tutto questo, ma qualcosa li salvò dalla totale disperazione. Šklóvskij affermava: «Questa città non è diventata provinciale, non è stata presa, perché si è scaldata col suo fuoco e ha bruciato chiunque l'ha attaccata. Le patate e le carote portate in omaggio come fiori; le poesie e l'indomani erano sacri»

Le ciminiere delle fabbriche della città smisero di fumare, e quindi il cielo sopra Pietrogrado divenne sereno, straordinariamente azzurro. I pittori trovavano, un po'egoisticamente, nuovo fascino nel paesaggio urbano radicalmente mutato:

Non si vedevano più carrozze ricche e lussuose. Scomparve la folla delle persone grasse a passeggio. Le strade erano deserte e la città, che prima si vedeva solo fino al ginocchio, si elevò in tutta la sua statura. Prima, quando la si ritraeva, bisognava a volte aspettare qualche minuto perché la folla passasse e desse la possibilità di osservare la linea delle fondamenta di un edificio, la base di una colonna, di un monumento o l'orizzonte sopra il fiume. Ora è tutto libero[297].

Ma anche questa incredibile trasformazione della città, a molti pittori, in particolare dell'avanguardia, sembrò insufficiente. Avevano voglia di sentirsi, foss'anche per un'ora, i veri padroni dell'ex capitale, giocare ancor più audacemente con le sue piazze, i prospékt, i palazzi e i monumenti più maestosi e meravigliosi

---

[296] Jurij Ànnenkov, Dnevnik moich vstreč (Diario dei miei incontri), New York 1966, vol. I, p. 34

[297] A.P. Ostroùmova-Lébedeva, Avtobiografičeskie zapiski (Memorie autobiografiche), Moskvà 1974, vol. III, p. 22

Pietrogrado fu proclamata in quei giorni «Comune dei lavoratori pietrogradesi». L'editoriale del primo numero (pubblicato verso la fine del 1918) del giornale semiufficiale «Iskùsstvo kommùny» (L'arte della comune), di cui era direttore il futuro marito di Achmàtova, Pùnin, era una poesia del futurista Vladìmir Majakovski, Prikàz po àrmii iskùsstva (Ordine per l'esercito dell'arte):

Dal cuore spazza via il vecchio
Le vie sono i nostri pennelli
Le piazze le tavolozze.

In un'altra poesia, presto pubblicata in un giornale comunista, Majakóvskij dichiarava convinto: «Sta per nascere il nuovo architetto: siamo noi, gli oblò delle domani». Queste radicali dichiarazioni del poeta non erano affatto meri manifesti utopistici. Tiravano piuttosto le somme di esperimenti artistici fantastici già realizzati dagli esponenti dell'avanguardia su scala cittadina

La prima grandiosa manifestazione teatrale, che imitava i festeggiamenti leggendari della Rivoluzione francese, sfilò per le vie di Pietrogrado il 10 maggio 1918. Bandiere rosse, slogan pittoreschi, ghirlande e bandierine coprivano gli edifici più importanti, le piazze, i ponti e i lungofiumi. Sugli enormi manifesti facevano bella mostra di sé soldati arancioni e contadini color cinabro. Il commissario del popolo Lunačàrskij andava per la città in automobile da un assembramento all'altro. «È facile festeggiare» esordì «quando tutto va bene e il destino ci carezza la testa. Ma il fatto che noi – con Pietrogrado affamata, assediata, e coi nemici che si nascondono dappertutto – noi, che portiamo sulle nostre spalle un tale fardello di disoccupazione e sofferenze, siamo qui a festeggiare con orgoglio e solennità, rappresenta la nostra vera conquista[298]». Al Palazzo d'Inverno, ribattezzato dall'astuto Lunačàrskij Palazzo delle arti, di fronte a un pubblico di settemila persone fu eseguito il Requiem di Mozart. Molti ascoltavano per la prima volta la musica classica e, come ricordava Lunačàrskij, un bambino piccolo in prima fila, pensando di essere in chiesa, si inginocchiò e rimase così per tutto il concerto

Nel cielo sfrecciavano gli aeroplani; la flotta nella Nevà era decorata con migliaia di bandierine. La sera furono organizzati

---

[298] A. V. Lunačàrskij, Vospominanija i vpečatlenija (Ricordi e impressioni), Moskvà 1968, p. 210

fuochi d'artificio e dalla fortezza di Pëtr e Pavel risuonò il fuoco a salve dell'artiglieria. Questa giornata memorabile si concluse con un corteo di migliaia di pompieri di Pietrogrado con i brillanti elmi color rame e con le fiaccole accese in mano: una scena degna di un nuovo Rembrandt

Quando, alcuni mesi dopo, fu deciso di organizzare i festeggiamenti solenni in onore del primo anniversario della rivoluzione bolscevica, si registrarono i primi tentativi di estromettere i pittori dell'avanguardia pietrogradese dalla partecipazione alla scenografia della città. Lunačàrskij commissionò lavori a un gruppo di pittori, scultori, architetti (non meno di centosettanta persone), tra i quali c'erano molti realisti. Ma il pittore avanguardista Natàn Àl'tman, per esempio, ottenne il permesso di rimodellare nientemeno che la piazza del Palazzo (rinominata – in memoria di un dirigente bolscevico da poco ucciso – piazza Urìckij), e nel contempo anche il simbolo della monarchia che vi si trovava: il Palazzo d'Inverno

Nel 1966 Àl'tman mi ha raccontato che voleva trasformare la piazza in un'enorme sala a cielo aperto, dove la folla rivoluzionaria potesse finalmente sentirsi a casa propria. A questo scopo era necessario «distruggere la maestosità imperiale della piazza[299]».

Al Palazzo d'Inverno e sugli altri edifici disposti sulla piazza, Àl'tman appese giganteschi panneaux di propaganda sui quali erano raffigurate le «nuove forze»: colossali operai e contadini. Al centro della piazza, accanto alla colonna Aleksàndrovskaja, Àl'tman allestì una tribuna composta di superfici rosso chiaro e arancione, che con l'illuminazione notturna la rendevano simile a una ribelle fiamma cubista. Questa tribuna rivoluzionaria doveva dare l'impressione di far esplodere la colonna Aleksàndrovskaja e, con essa, il vecchio mondo

In modo analogo gli artisti dell'avanguardia trasformarono l'Èrmitàž, l'Ammiragliato, l'Accademia delle scienze e molti altri edifici storici della vecchia Pietroburgo. Quando nel 1966 chiesi ad Àl'tman dove avessero reperito gli enormi mezzi necessari per tutto ciò – solo per i panneaux furono necessarie decine di migliaia di metri di tela – l'artista, con un sorriso enigmatico, rispose brevemente: «Allora non erano taccagni»

Nella storia dell'abbellimento delle città questo esperimento generoso e audace, realizzato nella Pietrogrado distrutta, aprì una pagina nuova. Ma le masse cittadine affamate accolsero con ostilità

---

[299] Natan Àl'tman, conversazione con l'autore (Leningrado 1966)

le «stramberie futuriste» degli artisti di sinistra. Un contemporaneo testimoniò: «Le colonne di manifestanti passavano indifferenti e insensibili accanto alle vele rosse e nere gettate dall'artista Lébedev sul ponte Policéjskij, accanto alle tele verdi e ai cubi arancione che coprivano secondo il capriccio di Àl'tman il boulevard e la colonna in piazza del Palazzo, accanto alle fantastiche figure deformi con martelli e baionette sulle facciate degli edifici di Pìter[300]». Persino gli operai che manifestavano a sostegno dei bolscevichi sentivano oscuramente che la loro città stava subendo una sorta di violenza ideologica

Per i pietrogradesi gli esperimenti modernisti con piazze e palazzi della città condotti nel novembre 1918 non si distinguevano affatto da un'altra profanazione scandalosa dei monumenti storici dell'ex capitale realizzata sempre in quello stesso mese. Al congresso dei comitati dei contadini poveri, tenutosi a Pietrogrado, i partecipanti erano alcune migliaia, molti dei quali furono ospitati al Palazzo delle arti. Quando, al termine dei lavori, i contadini lasciarono la città, si scoprì non solo che tutte le vasche da bagno del palazzo – prima della rivoluzione, residenza ufficiale della famiglia imperiale – ma anche un'enorme quantità di vasi di Sèvres, di Sassonia e orientali, oggetti da museo, erano pieni di escrementi

Esprimendo lo shock dell'intellighenzia di Pietrogrado, Maksìm Gór'kij si indignò per il disprezzo dimostrato dai nuovi padroni del paese verso il patrimonio culturale della città: «Non è stato fatto per bisogno, i servizi igienici del palazzo erano in ordine, le tubature funzionavano. No, questo teppismo è stato espressione del desiderio di rompere, distruggere, deridere, sciupare il bello[301]».

La letteratura pietroburghese, quasi intuendo la minaccia mortale che colpiva le sue radici, si organizzò a difesa del patrimonio culturale della città

La musica e le arti avevano da tempo intuito il pericolo. Predicendo imminenti cataclismi, le sinfonie di Čajkóvskij piangevano la grande città già nell'Ottocento. Con lo stesso sentimento profetico e nostalgico Benuà e i suoi colleghi di Mir iskùsstva descrissero e catturarono l'essenza della città all'inizio del

---

[300] Piotrovskij, Za sovetskij teatr! (Per il teatro sovietico), Leningràd 1925, pp. 51-52.

[301] Gor'kij, V.I. Lenin, Moskvà 1974, p. 37

secolo. Ma la letteratura, anche la più moderna, continuò a scagliare contro Pietroburgo le maledizioni di rito. In questo senso rimase sotto l'influenza di Gógol'e Dostoévskij, divenuti gli idoli dei simbolisti russi

Qui è importante sottolineare ancora una volta che molti importanti simbolisti erano cresciuti in un'atmosfera intrisa di idee slavofile. Reinterpretando radicalmente parte del retaggio di Gógol'e Dostoévskij, i letterati simbolisti rimasero sotto l'influenza dell'ideologia slavofila di questi autori molto più degli artisti russi d'inizio secolo.

Persino i colleghi di Benuà e Djàgilev della rivista «Mir iskùsstva», Merežkóvskij e sua moglie Gìppius, nel loro rapporto con Pietroburgo non uscirono dai confini dei temi proposti da Gógol'e sviluppati da Dostoévskij.

Gìppius scriveva poesie magistrali, e Merežkóvskij scriveva ponderosi romanzi storici, a suo tempo molto popolari – tra i quali uno dedicato a Pëtr il Grande, dal titolo eloquente di Antichrìst (Anticristo), con sottotitolo Pëtr i Alekséj (Pëtr e Alessio) – la cui sostanza si può ridurre senza particolare difficoltà alla conclusione senza appello formulata già da Dostoévskij: Pietroburgo è un fenomeno estraneo alla Russia, e pertanto destinato alla rovina.

«Sankt-Peterburch sarà deserta.» Questa antica maledizione, nell'interpretazione delle persone di media cultura si era trasformata in un cliché ideologico

Assai più ambizioso e significativo fu l'attacco contro la capitale dell'impero contenuto nel romanzo Pietroburgo, del simbolista Andréj Bélyj, nato nel 1880 a Mosca e ivi morto nel 1934. Quest'opera monumentale, ultimata nella prima versione nel 1913, costituisce indubbiamente il vertice della prosa simbolista russa. Nabókov considerava Pietroburgo di Bélyj, accanto all'opera di Proust Alla ricerca del tempo perduto, all'Ulisse di Joyce e alla Metamorfosi di Kafka, tra i maggiori capolavori in prosa del Novecento, un'opinione condivisa tuttora da molti specialisti

L'atteggiamento di Bélyj verso Pietroburgo è profondamente negativo, e in questo senso egli è un fedele continuatore della tradizione di Gógol'Nekràsov e Dostoévskij. «La cultura dell'Europa è stata inventata dai russi; in Occidente c'è la civiltà; la cultura occidentale, nel senso che diamo noi a questa parola, non esiste; questa cultura in forma embrionale c'è solo in Russia»: simili passi slavofili non sono rari nelle lettere del moscovita Bélyj. Per questo l'ammissione di Bélyj, fatta in una lettera a Blok, «A

Pietroburgo sono un turista, un osservatore, non un abitante[302]», non ci deve stupire

Il fatto che il testo su Pietroburgo più famoso del modernismo appartenga a un moscovita risulta paradossale solo esteriormente, poiché la sostanza di Pietroburgo di Bélyj, per quanto la si interpreti e la si rigiri, consiste nell'umiliazione sul piano artistico e nella demolizione sul piano filosofico della capitale «illegittima[303]».Non a caso Ivàn Bùnin, respingendo il romanzo di Bélyj, osservò indispettito: «Ma che idea scadente quella dell'autore: "Pietroburgo sarà deserta". Che cosa gli ha fatto Pietroburgo?[304]».

Uno degli eventi che spinsero Bélyj a scrivere il romanzo fu l'inaugurazione, il 23 maggio 1909, del monumento equestre all'imperatore Aleksàndr III in piazza Znàmenskaja. Creata dal figlio di una delle più nobili famiglie russe, nato in Italia da madre statunitense, lo scultore Pavel Trubeckój (1866-1938), la statua suscitò una tempesta di polemiche sui giornali. L'imperatore, grasso e cupo, era in sella a un goffo cavallo da tiro

Molti vedevano in questo monumento quasi una caricatura politica, ma Trubeckój, noto per non leggere né libri né giornali (e che non conosceva una parola di russo), alla domanda: «Quale idea è racchiusa nel suo monumento?», rispose: «Non mi occupo di politica. Ho semplicemente raffigurato un animale sopra un altro»

Tra lo stupore generale, la realizzazione del progetto di Trubeckój fu sostenuta dalla vedova di Aleksàndr III, Marìja Fëdorovna, che vi vedeva una grande somiglianza col suo ultimo marito, e suo figlio, l'imperatore Nikolàj II, fu costretto a concordare con lei. Non appena il monumento fu collocato al suo posto, per Pietroburgo cominciò a circolare una maligna poesiola:

Sulla piazza c'è un cassone,
Sul cassone un gran bestione,
Sul bestione c'è un coglione.

---

302 Andréj Bélyj, Peterburg (Pietroburgo), Moskvà 1981, p. 528

303 Negli ultimi anni Achmàtova amava ripetere: «Il romanzo Pietroburgo per noi pietroburghesi è tanto diverso da Pietroburgo»

304 Aleksàndr Bachràch, Bunin v chalate. Po pamjati. po zapisjam (Bùnin in vestaglia. Dalla memoria, dagli appunti), New Jersey 1979, p. 109

Nicola II pensò di trasferire la sventurata statua nella città siberiana di Irkùtsk, ma rinunciò all'idea quando gli riferirono il nuovo bon mot circolante a Pietroburgo: lo zar vuole mandare il papà in Siberia. Per ironia della sorte, il desiderio dell'ultimo imperatore russo fu esaudito dalle autorità sovietiche: nel 1937 1'opera di Trubeckój fu tolta dal piedistallo ed esiliata, non in Siberia, ma in un giardinetto dietro il Museo russo (già museo Alessandro III),.

Attraversando il museo, mi fermavo sempre vicino a una delle sue grandi finestre per dare un'occhiata alla silhouette grottescamente appesantita del cavaliere e del cavallo, in netto contrasto con il Cavaliere di bronzo di Falconet. Naturalmente, tale contrasto si percepiva in modo ancora più acuto nel 1909. Per molti osservatori, tra cui anche Bélyj, il monumento di Trubeckéj era un'ulteriore dimostrazione estetica del fatto che Pietro il Grande aveva condotto la Russia in un vicolo cieco, Nel 1994 la statua equestre ha finalmente trovato collocazione, non nel luogo in cui si ergeva originariamente, ma davanti a uno dei palazzi di San Pietroburgo.

Bélyj introduce nel proprio romanzo sia la statua di Falconet sia i motivi del poenna dedicatole da ma non indugia nel dualismo di quest'ultimo, che oscilla nella valutazione del ruolo del fondatore di Pietroburgo. Per Bélyj, il Cavaliere di bronzo è una figura de.ll'Apocalisse che galoppa nella Pietroburgo del 1905, un simbolo orrendo dei vani tentativi di occidentalizzare l'impero russo.

L'intreccio avventuroso del romanzo di Bélyj la caccia dei rivoluzionari terroristi a un importante funzionario pietroburghese è solo il pretesto per un'esplosione di situazioni irreali, descrizioni brillanti e teorie mistiche (in quel periodo Bélyj era un fanatico seguace di Rudolf Steiner e della sua teoria antroposofica). Il lettore viene travolto da un uragano letterario di enorme forza e temperamento. Nelle sue opere Bélyj impiega l'ironia, il grottesco, il pathos, la parodia (in particolare viene parodiata La donna di picche di Čajkóvskij) e utilizza con virtuosismo tutti gli strumenti dell'arsenale accumulato dai suoi precursori Gógol'e Dostoévskij, Inoltre, crea efficaci e inediti effetti mescolando il pauroso, il ridicolo e il tragico, con l'aiuto di giochi linguistici che, come ha osservato giustamente Evgénij Zamjàtin, hanno con la lingua russa lo stesso rapporto che ha il linguaggio dell'Ulisse joyciano con quella inglese.

Per Bélyj, fortemente influenzato dall'antroposofia, Pietroburgo si trova da un lato al confine tra la terra e il cosmo, dall'altro tra l'Occidente e l'Asia. In questo consiste la novità filosofica del romanzo. Prima di Bélyj, la capitale dell'impero veniva considerata solo nell'ambito della contrapposizione tra Occidente e Russia, Bélyj spicca il volo nel cosmo e di là vede Pietroburgo stretta tra due regni, quello «occidentale» e quello «asiatico». Per lo scrittore, questa è una situazione tragica: «L'Occidente puzza di decomposizione, mentre l'Oriente non puzza solo perché si è già decomposto da un pezzo!»

L'Europa, preannuncia Bélyj, perirà inevitabilmente, inghiottita dall'Asia, mentre Pietroburgo, questo vile esempio di vittoria della civiltà sulla cultura, scomparirà. Gli scrittori russi prima di Bélyj, fantasticando compiaciuti sull'annientamento della propria capitale, immaginavano l'infuriare sulla città di tre dei quattro elementi naturali: Pietroburgo veniva inondata, bruciava e si dissolveva nell'aria come un miraggio. Bélyj introduce il quarto elemento: la terra. Nel suo romanzo la città sprofonda in una voragine

Quando era ispirato, Bélyj leggeva brani del romanzo alla Torre di Vjačeslàv Ivànov, spalancando i penetranti occhi celesti, saltellando e quasi prendendo il volo tanto che i capelli gli si alzavano sulla testa come una corona. Gli ascoltatori incantati, accennando con la testa al ritmo ipnotico della prosa, erano disposti a considerare l'autore un profeta[305]. Fu Ivànov a proporre a Bélyj Pietroburgo come titolo per il suo «poema in prosa»: «Al suo interno Pietroburgo è l'unico personaggio, la protagonista»

Blok, che era legato a Bélyj da un rapporto di amore-odio tipico tra i simbolisti russi, complicato per giunta dall'infatuazione di Bélyj per la moglie del poeta, dopo aver letto il romanzo scrisse: «Repulsione per le orribili schifezze che vede; un'opera maligna; l'avvicinarsi della disperazione (se davvero il mondo è così...)[306]

Inoltre, in questo «romanzo caotico con l'impronta della genialità» Blok notava stupefacenti coincidenze con il proprio poema epico autobiografico Vendetta, al quale in quegli anni stava lavorando e nel quale l'immagine di Pietroburgo occupava un posto significativo. In effetti, colpisce – pur nell'ovvia diversità stilistica – la somiglianza del rapporto con la capitale del moscovita Bélyj e del pietroburghese Blok.

La dottrina slavofila simbolista, che imponeva la negazione

---

[305] Bélyj, nel 1919, predisse davvero nelle sue poesie l'invenzione della bomba atomica

[306] Blok. Dnevnik, cit.. p. 186

della Pietroburgo «tedesca», era chiaramente più forte dell'esperienza diretta anche per una personalità tanto autonoma come Blok: Vendetta e le sue stesure intermedie pullulano di stereotipi slavofili e antipietroburghesi. Per esempio, nel poema di Blok, come in Bélyj, Pëtr il Grande sorge come un'emanazione del diavolo:

> Di nuovo sorgi dalla tomba, zar,
> un'altra tua finestra vuoi aprirci?
> Paura: nella notte bianca entrambi
> – morto e città – sembrano tutt'uno..

Di simili stereotipi simbolisti, conseguenza della fusione del frasario slavofilo e di quello modemista-urbanistico, è piena la corrispondenza personale di Blok, infarcita di corsivi passionali: «Di nuovo un terribile astio verso Pietroburgo ribolle in me, poiché io so che questo nucleo lurido e corrotto in cui la nostra audacia s'indebolisce e svanisce ... viviamo quotidianamente nel terrore, nella puzza e nella disperazione, nel fumo delle fabbriche, nel rossore di sorrisi peccaminosi, nel rombo delle ripugnanti automobili ... Pietroburgo è un gigantesco bordello, lo sento. Dentro non ci si può riposare, non si può intparare ogni cosa, un breve riposo solo là dove le alberature cigolano, i barconi ondeggiano in periferia, sulle isole, al limitare del golfo, al crepuscolo»[307].

Questo amore paradossale di Blok per la periferia di Pietroburgo, come il suo odio per il centro «pomposo», era di natura ideologica e discendeva dalle teorie slavofile. Ma in questo caso particolare è abbellito da un sentimento autentico, il cui risultato felice fu una quantità di poesie in cui Blok, senza mai nominare Pietroburgo, ci fa sentire la tristezza, la malinconia e l'incanto delle sue periferie.

In queste poesie baluginano i fantasmi di «piccoli» pietroburghesi: vagabondi, prostitute, bari, marinai ubriachi. La Pietroburgo di Blok è nemica di tutta questa gente; nel solco della tradizione di Gógol', Nekràsov e Dostoévskij la metropoli viene raffigurata come un mostro spietato. Ma nei suoi diari noi percepiamo anche una penetrante nota personale, come in questa

---

[307] Blok, Sobranie sočinenij v vos'mi tomach (Opere scelte in Otto volumi), vol. VIII: Pis'ma (Lettere), 1898-192, Moskvà-Leningràd 1963, pp. 130-131

annotazione quasi dickensiana: «Che angoscia, quasi da piangere. Di notte, sul largo lungofiume della Nevà, vicino all'università, appena visibile in mezzo ai sassi c'è un ragazzo, un bambino. La madre (una contadina) lo ha preso in braccio, e lui con le sue manine le ha abbracciato il collo, spaventato. Città orribile, sventurata, dove un bambino si perde, mi fa stringere la gola di lacrime»[308].

Non stupisce pertanto che proprio Blok, il quale inizialmente accolse con il colpo di Stato bolscevico, abbia potuto creare un quadro sconvolgente della Pietrogrado postrivoluzionaria in rivolta nel famoso poema epico Dvenàdcat'(I dodici), scritto nel gennaio del 1918. Questi «dodici» del titolo sono una pattuglia di soldati dell'Armata rossa che camminano per la città buia, distrutta, e nello stesso tempo, nell'immaginazione di Blok, diventano i dodici apostoli, a capo dei quali c'è Gesù Cristo in persona

La Pietrogrado dei Dodici compare in una serie di schizzi impressionistici: un vento gelido fa oscillare enormi striscioni politici, neve, ghiaccio, sparatorie e i saccheggi nelle vie. Nonostante l'immagine mistica di Cristo, il racconto presenta alcune scene volutamente brutali e spaventose, sicché l'opera di Blok fu portata in palmo di mano sia dai bolscevichi sia dai loro nemici. Ma divampò la polemica. Le autorità religiose erano scioccate dal fatto che nel poema fosse Cristo a guidare i soldati dell'Armata rossa per le strade di Pietrogrado. In una lettera a un amico uno scrittore espresse la propria indignazione: «E adesso io e molti altri milioni di persone vediamo qualcosa di completamente diverso da quello che ha insegnato Cristo. Perciò, a che pro fargli portare in giro tutta quella banda? Se vedi Blok, chiediglielo»[309]. In quel momento le posizioni politiche di Blok e Achmàtova erano nettamente divergenti. Quando scoppiò la rivoluzione bolscevica, Achmàtova pubblicava nei giornali liberali e anticomunisti, che furono presto chiusi dalle autorità. Leggeva inoltre le sue poesie a riunioni di carattere nettamente antibolscevico

A una di queste, organizzata allo scopo di sostenere i detenuti politici vittime del terrore rosso, Achmàtova lesse la sua vecchia poesia Preghiera, che nella nuova situazione acquisì un tono ancora più sinistro. Andò accompagnata dai suoi amici più intimi: nel corso della stessa serata ballò Ol'ga Sudéjkina e suonò il pianoforte

---

³⁰⁸ Blok, Dnevnik. cit,, p. 121

³⁰⁹ «Literaturnoe nasledstvo», cit., vol. XCII, p. 478.

Artùr Lur'é. A Blok, che non partecipò alla riunione, raccontarono che il pubblico aveva gridato al suo indirizzo: «Traditore!»

È significativo che Achmàtova si sia anche rifiutata di partecipare a un'altra serata letteraria, quando era venuta a sapere che qualcuno vi avrebbe declamato I dodici. Nel suo diario Blok, profondamente avvilito, ne parlò come di una «notizia stupefacente»[310].

In seguito Achmàtova, ricordando Pietroburgo dopo la sommossa bolscevica, affermò sconsolata: «La città non solo era cambiata, ma si era decisamente trasformata nel suo opposto». Da osservazioni simili sulla Pietrogrado agonizzante, Achmàtova e Blok traevano conclusioni diametralmente opposte.

Le differenze di approccio al mito di Pietroburgo tra Blok e Achmàtova erano dettate da diverse ragioni. Vi hanno svolto un ruolo la differenza d'età, l'appartenenza a ceti diversi e a diverse scuole letterarie. Rispetto ai simbolisti gli acmeisti, Achmàtova inclusa, erano più liberi dall'influsso degli stereotipi della cultura «professorale» slavofila. Perciò, nei confronti di Pietroburgo nutrivano meno pregiudizi e avevano un atteggiamento più benevolo.

In questo senso gli acmeisti avevano molto in comune con Benuà e il suo Mir iskùsstva. Con i pittori pietroburghesi gli acmeisti avevano in comune anche la propensione per una linea agile e sicura e per il particolare ben tratteggiato, quasi ricamato. Nelle prime poesie di Achmàtova e Mandel'štàm, i due principali acmeisti, c'è una certa affinità con i disegni degli esponenti di Mir iskùsstva. Nella loro opera Pietroburgo cessa finalmente di essere minacciosa e acquisisce i tratti intimi di un luogo vissuto. Ma c'erano anche differenze con Mir iskùsstva, che col passare tempo divennero sempre più marcate

Gli acmeisti consideravano come loro precursore il poeta Innokéntij Ànnenskij (1855-1900), autore della poesia pubblicata postuma Peterbùrg (Pietroburgo), dove in forma più condensata viene formulata l'immagine simbolista della città sulla Nevà:

Solo sassi ci ha dato quel mago,
la Nevà di color grigio-giallo,
e i deserti dei muti piazzali
dove all'alba sparava il plotone.

---

310 Blok. Zapisnye cit., p. 406

Nei confronti di Ànnenskij, Achmàtova nutriva una venerazione che andava al di là dell'ammirazione per la sua poesia. Lei ricordava sempre con grande commozione le parole pronunciate da Ànnenskij quando un suo parente aveva sposato la sorella maggiore di Achmàtova: «Io avrei scelto la minore». Achmàtova ripeteva: «Traccio il mio "inizio" dalle poesie di Ànnenskij

La sua opera, a mio vedere, è tragica, sincera e sentita»

Per Ànnenskij, Pietroburgo era legata per sempre alla «coscienza di un errore maledetto». Per gli acmeisti, invece, l'esistenza di Pietroburgo non era passibile di giudizio, poiché la città era un dato e l'appartenenza alla città una fonte d'orgoglio. Respingevano quindi la mitologia pietroburghese di Ànnenskij, ma traevano da lui la precisione drammatica, l'impietosa nitidezza della descrizione e gli espressivi dettagli paesaggistici, come quelli che aprono Pietmburgo:

D'inverno a Pietroburgo il fumo giallo,
s'appiccica al pavé la neve gialla. .

Viktor Žirmùnskij, in seguito, ha affermato: «Il paesaggio pietroburghese di Achmàtova è stato la sua scoperta poetica[311]».

In realtà, al riguardo Achmàtova ha preso molto da Ànnenskij e qualcosa anche da Blok e dagli altri simbolisti. Ma il paesaggio che loro vedevano deserto, ostile e storicamente ingiustificato, in Achmàtova mette le radici, viene legittimato e, soprattutto, diventa «domestico», famigliare. L'eroina «autobiografica» dell'Achmàtova si sposta liberamente nello spazio storico e temporale di Pietroburgo

Per Achmàtova, come per Ànnenskij, Pietroburgo è un posto stregato

Ma, a differenza di Ànnenskij, proprio per questo la città le è ancora più cara. Achmàtova non si sente un'estranea

sopra la Nevà scuracquea,
sotto il gelido sorriso
dell'imperatore Pëtr.

---

[311] Žirmùnskij, Tvorčestvo Anny Achmatovoj (L'opera artistica di Anna Achmàtova), Leningràd 1973, p. 97

Il sorriso di Pëtr sarà anche «gelido», ma è rivolto direttamente a lei, Achmàtova. In una poesia del 1914 Achmàtova, senza equivoci, collega a Pietroburgo tutta la sua esistenza: la chiama «mia beata culla», «solenne letto nuziale» e «soglio delle mie preghiere». Una combinazione stupefacente, ma tipica di Achmàtova! È la città in cui vive la sua musa, la città «amata d'un amore amaro»

In questi termini, forse, a quel tempo neanche un membro di Mir iskùsstva avrebbe parlato né avrebbe pensato. In quel periodo, nei confronti di Pietroburgo loro avevano un atteggiamento amoroso, pur con una venatura di condiscendenza, come verso un oggetto bello e caro, ma appartenente a un lontano passato. Questi pittori erano entusiasti di Pietroburgo come lo sono gli antiquari di fronte a un pezzo raro

Un tale approccio, gli acmeisti lo superarono piuttosto presto. Achmàtova ripeteva che Mandel'štàm, nei confronti dell'ammirazione dei membri di Mir iskùsstva per Pietroburgo, aveva un atteggiamento «sprezzante». Ma lei stessa studiò approfonditamente l'architettura della vecchia Pietroburgo, e sia su lei sia su Mandel'štàm esercitò un'influenza significativa l'attenzione di Benuà e compagni nei confronti di questa architettura

Mandel'štàm stesso ricordava:

Quando avevo sette o otto anni, tutto l'agglomerato di Pietroburgo, i quartieri di granito e di bricchette di legno, tutto questo cuore tenero della città, con l'infilata di piazze, con i giardini riccioluti, le isole di monumenti, le cariatidi dell'Èrmitàž, la misteriosa Milliénnaja, dove non ci sono mai stati passanti e tra i marmi s'insinuava solo una botteguccia, soprattutto l'arco del Quartier generale, la piazza del Senato e la Pietroburgo olandese, li consideravo qualcosa di sacro e di festoso.

Questo atteggiamento – profondamente intimo e, nel contempo, solenne e radicato nella storia – degli acmeisti nei confronti della capitale fa presagire la tragicità con cui Achmàtova percepì il brusco cambiamento della faccia della città sulla Nevà dopo la presa del potere da parte dei bolscevichi:

Quando la nevea capitale,
dimenticato il suo splendore,
come ubriaca prostituta
chi la prendesse non sapeva..

Omri Ronen ha trovato in questi versi infuocati un rimando al libro del profeta Isaia (1, 21): «Come mai la città fedele è diventata una prostituta? Era piena di rettitudine, la giustizia vi dimorava; ora invece è piena di assassini!». Ma l'indignazione di Achmàtova presto fu sostituita da pietà per il crescente degrado dell'amata città:

Tutte le vecchie insegne pietroburghesi erano ancora al loro posto, ma dietro, oltre alla polvere, alle tenebre e al vuoto che si spalancava non c'era nulla. Tifo, fame, fucilazioni, buio negli appartamenti, legna umida, persone gonfie tanto da essere irriconoscibili. Al Gostìnyj dvor si poteva raccogliere un gran mazzo di fiori di campo. Le famose bricchette di legno di Pietroburgo marcivano. Dalle finestre dei seminterrati di Kraft veniva ancora odore di cioccolato. Tutti i cimiteri erano stati devastati.

Achmàtova non se ne andò in Occidente come, dopo la rivoluzione bolscevica, fecero molti personaggi importanti della cultura russa. Il suo rifiuto di emigrare, come quelli di e Gumilëv, fu un atto consapevole, un sacrificio. Una delle molte e complesse cause di questa decisione fatale fu il desiderio proclamato da Achmàtova di salvare almeno alcuni frammenti della grandezza di Pietroburgo, «palazzi, fuoco e acqua»

L'identificazione operata dagli acmeisti del destino di Pietroburgo con il destino della Russia acquisì un carattere talmente esplicito che nelle poesie di Mandel'štàm, per esempio, secondo Sergéj Avérincev, «il simbolo della fedeltà alla miseria russa diviene la cattedrale di sant'Isacco»[312] anche se, paradossalmente, da un punto di vista puramente architettonico questa costruzione al poeta non piaceva. Così, gli acmeisti inaugurarono un nuovo periodo nella storia del mito di Pietroburgo, nel quale la città iniziò a essere considerata martire. Quanto poteva entrare a far parte di questo mito tornava, dopo un intervallo di un secolo, a essere visto sotto una luce positiva, anche se in sé un particolare edificio o una particolare statua non erano apprezzati. Dopo lo sguardo piuttosto sentimentale dei membri di Mir iskùsstva, fu un passo significativo, determinato da condizioni

---

[312] Osip Mandelštàm, Sočinénija v dvuch tomach (Opere in due volumi), Moskvà 1990, vol. I, p. 42.

politiche e sociali completamente mutate

Molti nemici ideologici prerivoluzionari di Pietroburgo ora emigravano

Per Achmàtova, Mandel'štàm e Gumilëv, nel momento in cui la scelta – restare nella città sulla Nevà e non fuggire in Occidente – fu fatta, questa decisione assunse una precisa sfumatura di vittimismo

La partecipazione alle sofferenze di Pietrogrado diventò un rito. In parte a causa di questo rito, per la prima volta nella storia della cultura russa l'inevitabile rovina della città veniva interpretata come primo passo della sua sicura rinascita in qualche forma diversa

Così, descrivendo la rovina di Pietroburgo, Mandel'štàm predice a un tempo l'esistenza postapocalittica della città:

Erba nelle vie di Pietroburgo, la prima avanzata della foresta vergine che coprirà il luogo delle città contemporanee. Questa chiara, fresca verzura, stupefacente per la sua freschezza, appartiene alla nuova natura spiritualizzata. Pietroburgo è davvero la città più avanzata del mondo. Non con la metropolitana, non con il grattacielo si misura la corsa della modernità: la velocità sì, ma la velocità dell'erba gioiosa che spunta da sotto le pietre della città

Le istanze catartiche nei confronti della Pietrogrado in rovina sono espresse con ancora maggior forza mistica nelle poesie di Achmàtova:

Depredato, tradito, venduto,
nera morte con l'ala brillò,
tutto è roso d'angoscia affamata,
perché allora vediamo la luce?[313]

La sensazione irrazionale, quasi estatica, di Achmàtova che delle case sporche e fatiscenti di Pietrogrado dice «ma tanto s'appressa il miracolo» viene decifrata da «Non c'è nulla di impossibile. Come la camera del morto è aperta a tutti, così la porta del vecchio mondo è spalancata davanti alla folla. All'improvviso tutto è divenuto patrimonio comune. Andate e

---

[313] A. Achmàtova, Vsë raschišćeno, predano, prodano... (Tu solo puoi intuire tutto questo.. in Sočinénija, cit., vol. I, p. 201.

prendete. Tutto è accessibile: tutti i labirinti, tutti i meandri segreti, tutti i passaggi nascosti»

Nelle poesie di Mandel'štàm di quel periodo prevalgono l'orrore e la disperazione dinanzi alle convulsioni di Pietroburgo. Non c'è nessuno con cui lamentarsi, al poeta non resta che invocare i cieli:

Stella trasparente, fuoco errante –
tuo fratello, Petropol', sta morendo!

Ma nel saggio di Slovo i kul'tùra (Parola e cultura) si possono leggere righe autobiografiche che gettano una luce del tutto diversa sugli avvenimenti in corso: «Finalmente abbiamo ottenuto la libertà interiore, la vera allegria interiore. L'acqua la beviamo dalle brocche di argilla come vino, e al sole è più gradito il refettorio di un monastero che un ristorante

Mele, pane, patate d'ora in poi saziano non solo la fame fisica, ma anche quella spirituale»

Un commento ironico a questa sorta di delirio mistico e alle ossessive idee catartiche che regnavano nella Pietrogrado moribonda viene dalla penna di un osservatore un po'cinico, l'artista Vladìmir Milašévskij: «L'alimentazione insufficiente e le funzioni organiche indebolite avevano ripercussioni sulla psiche. Questa generava idee povere, strane e contorte! Nei monasteri i monaci limitavano apposta l'alimentazione per rafforzare la fede, per avere visioni mistiche. "Credo! Credo! Credo con trasporto!"[314]».

Verso l'inizio degli anni Venti, Pietrogrado sembrava davvero la visione di un asceta. Possiamo giudicarlo dalla stupefacente serie di litografie Peterbùrg v 1921 godù (Pietroburgo nel 1921) di Mstislàv Dobužìnskij. Questa serie rappresentava l'addio di Dobužìnskij alla città che amava sopra ogni altra cosa al mondo. Ormai emigrato in Occidente, l'artista ricordava: «Davanti ai miei occhi la città moriva di una morte di straordinaria bellezza, e io mi sforzavo di cogliere con forza la sua immagine spaventosa, deserta e ferita[315]».

Anche all'interno di Mir iskùsstva, i cui esponenti erano

---

314 Vladìmir Milašévskij, Včera. pozavčera... (Ieri, l'altroieri). Moskvà 1989, p. 239.

315 Dobužìnskij, op. cit.. p. 23

affascinati da Pietroburgo, Dobužìnskij si distingueva per l'eccezionale capacità di comprendere lo spirito della capitale. Non stilizzava, non idealizzava, non estetizzava la vecchia Pietroburgo. Fin dall'inizio la sua attenzione si concentrò sulla parte più moderna della città: «Questi canali dormienti, le infinite palizzate, le pareti cieche sul retro delle case, i tagliafuoco di mattoni senza finestre, i depositi di legna nera, i terreni abbandonati, i pozzi scuri dei cortili: tutto mi colpiva per i suoi lineamenti così netti, inquietanti. Sembrava che tutto fosse di un'originalità assoluta, che esistesse solo qui, pieno di amara poesia e di mistero[316]».

I contemporanei di Dobužìnskij non tardarono ad accorgersi che, accanto alla Pietroburgo di Pùškin, Gógol'e Dostoévskij, nell'arte figurativa era sorta la «Pietroburgo di Dobužìnskij»: «Guardando il tramonto velato a Londra, la gente diceva, come Oscar Wilde, che era un "tramonto di Turner", mentre guardando il retro delle costruzioni pietroburghesi di pietra, diceva che erano le "pareti di Dobužìnskij"! Che magia stilistica! Come riusciva a istillare la sua visione soggettiva nell'animo altrui! Come se per certi oggetti ci avessero dato occhi diversi, occhiali diversi[317]».

Già in questi primi lavori Dobužìnskij si stupisce di Pietroburgo, più che giudicarla. Una volta Achmàtova scrisse di guardare la città amata «con la curiosità di una straniera». Milašévskij, che conosceva bene Dobužìnskij, trovava qualcosa di simile nelle opere pietroburghesi dell'artista: «In Dobužìnskij c'è questa sensazione dell'uomo che ha appena visto per la prima volta Pietroburgo. Bisogna essere nati altrove perché tutto si presenti in un'inconsueta stranezza. Dobužìnskij non era nato a Pietroburgo come Sémov, Benuà o Blok; l'aveva vista per la prima volta da giovanotto, e poi da artista adulto. Ma Pietroburgo è diventata la patria della sua anima[318]».

Dalle confessioni dello stesso Dobužìnskij sappiamo quale enorme influenza ebbe Dostoévskij sulla sua percezione di Pietroburgo. Inizialmente era stato proprio attraverso il prisma dostoevskiano che Dobužìnskij aveva visto la capitale imperiale, e così aveva cominciato a cogliervi gli aspetti tutt'altro che imperiali: rioni periferici, con l'illuminazione fioca, deserti, malinconici. Muri,

---

[316] Ibid

[317] N.N. Evréjnov. Original o portretistach (L'originale parla dei propri ritrattisti), Petrogràd 1922. p. 55

[318] Milašévskij, op. cit., p. 180

tetti, comignoli di Pietroburgo formavano nell'opera di Dobužìnskij un paesaggio fantastico, pieno di angoscia e di aspettative

Tutto il proprio entusiasmo per Dostoévskij, Dobužìnskij lo espresse nelle illustrazioni per Povera gente, a cui lo scrittore aveva dato il sottotitolo di Romanzo entimentale. I diciassette disegni austeri e trasparenti per le Notti bianche, eseguiti da Dobužìnskij all'inizio degli anni Venti, furono il suo capolavoro. Questi raffinati disegni, con i loro delicati contrasti di nero e di bianco che creano un'atmosfera di luminosa tristezza, si possono considerare tranquillamente le migliori illustrazioni a Dostoévskij. Nello stesso tempo costituiscono probabilmente l'inno lirico a Pietroburgo più ispirato di tutta l'arte figurativa russa. In tal senso, questo ciclo di Dobužìnskij non ha rivali nella cultura russa

L'album di litografie Pietroburgo nel 1921 è un altro documento incomparabile che coglie la tragedia dell'ex capitale. Dobužìnskij fissa l'addio della città alla civiltà occidentale, espresso in poesia in quegli stessi anni da Achmàtova:

> Ancora splende a ovest della terra il sole
> e ai raggi suoi delle città brillano i tetti,
> qui invece morte sparge croci sulle case
> e chiama i corvi, e i corvi giungon svelti[319].

È difficile immaginare attraverso quali sconvolgimenti emotivi sia dovuto passare questo artista innamorato di Pietroburgo, per indole flemmatico e calmo come un re, per arrivare al punto, non sopportando più il peso e le umiliazioni dell'esistenza postrivoluzionaria, di fare le valigie e, fintantoché era possibile, emigrare in Occidente, lasciando per sempre sia la città, sia gli amici, tra cui anche Achmàtova, con la prospettiva di morire a New York, vecchio e col cuore spezzato.

Tra la fine del 1920 e l'inizio del 1921 a Pietrogrado fu abolito il pagamento dei trasporti e dei bagni pubblici, divennero gratuiti per i residenti gli appartamenti, l'acqua, l'elettricità. Il fatto era che in quel periodo i tram quasi non circolavano, l'acqua era gelata e lavarsi, non solo ai bagni pubblici ma anche a casa propria, era diventato assai problematico. I soldi non valevano nulla, perché

---

[319] A. Achmàtova. Čem chuže ètot vek predšestvujuščich? (Questo secolo in cosa è peggio dei precedenti?), 1919, in Sočinénija, cit., vol. I, p. 188.

non c'era nulla da comprare. I generi alimentari venivano distribuiti in porzioni razionate sul posto di lavoro

Per le persone che non lavoravano in fabbrica o in un ufficio sovietico, le razioni di pane erano di circa duecentoventi grammi al giorno, chiamate perciò «razioni da fame». Per sopravvivere, gli intellettuali si davano alla «cacCia alla razione», reperendo razioni dovunque potevano

L'artista Jùrij Ànnenkov, che aveva realizzato stupefacenti illustrazioni cubiste per la prima edizione del poema di Blok I dodici, divenne il campione dei cacciatori di razioni. In qualità di professore della riorganizzata Accademia delle arti riceveva la «razione da studioso», in quanto fondatore dello studio culturale-educativo per poliziotti, la «razione da poliziotto». In questo stesso studio Ànnenkov trovò un posto per Dobužìnskij, che si mise a educare i poliziotti sui monumenti dell'architettura pietroburghese che dovevano presidiare. Le relazioni amichevoli con esponenti della marina militare garantivano ad Ànnenkov una «razione speciale» destinata alla flotta del Baltico. (Gli archivi conservano gli argomenti delle lezioni decise dai bolscevichi per i marinai nell'inverno 1920-21: «Le origini dell'uomo», «La pittura italiana», «Costumi e vita degli austriaci[320].»

Ma la razione più generosa – quella destinata alle donne che allattavano – Ànnenkov la riceveva al reparto maternità denominato «Gocce di latte Rosa Luxemburg», perché teneva lezioni di storia della scultura alle levatrici

Blok, che prima della rivoluzione non aveva avuto bisogno di guadagnarsi da vivere, sotto i bolscevichi se la passava male, poiché non era capace di dare la caccia alle razioni. All'inizio i comunisti lo trattarono con simpatia. Ànnenkov ricordava che, nell'ottobre del 1919, lui, Blok, Bélyj e Ól'ga Sudéjkina si trattennero fino a tardi in casa di amici e, dato che Pietrogrado era in stato di assedio, decisero di pernottare là

A Ól'ga diedero un letto, mentre Blok si appisolò seduto a un tavolo

Verso mattino qualcuno bussò deciso alla porta. Erano marinai armati giunti per un'ispezione, capeggiati dal comandante militare di Pietrogrado: i vigili vicini del comitato degli inquilini poveri (questi comitati erano stati creati dai bolscevichi in ogni casa di Pietrogrado) avevano segnalato la presenza di ospiti «sospetti»

«Ci sono estranei qui?»

---

[320] Semanov, op. cit., p. 69

«Sì, guardate: al tavolo sta dormendo il poeta Aleksàndr Blok» rispose il padrone di casa. «Abita lontano e non avrebbe fatto in tempo ad arrivare a casa prima del coprifuoco.»

«Dettagli!» si stupì il funzionario bolscevico. «Quale Blok, quello vero?»

«Al cento per cento!»

Data un'occhiata al poeta che dormiva, il comandante, dopo aver sussurrato al vicino «al diavolo !», uscì in punta di piedi, portandosi dietro i marinai con le loro armi sferraglianti. Ànnenkov allora pensò: «Si vede che questo comunista da giovane ha letto, come molti della sua età, la Sconosciuta di Blok.. .»

Quando la mattina Blok, Bélyj e Ànnenkov ripartirono, sul Névskij prospékt deserto avvenne un incontro simbolico del nuovo potere con l'intellighenzia di Pietrogrado: si imbatterono in un poliziotto con la baionetta in spalla che, allargate per bene le gambe, stava scrivendo il proprio nome nella neve con l'urina. Vedendo questo, Bélyj si mise a gridare: «Io non so scrivere sulla neve! Mi serve l'inchiostro, almeno una bottiglia d'inchiostro! E almeno un pezzo di carta!». «Circolare, cittadini, circolare» bofonchiò il poliziotto, riabbottonandosi la patta[321]...

Ai conoscenti che campavano di lezioni, Blok diceva: «Vi invidio tutti: voi sapete parlare, fate lezione a qualcuno. Io invece non sono capace. Io so solo scrivere»òla in quei giorni non era possibile tirare avanti con le tariffe degli scrittori. Uno scrittore calcolò che Shakespeare, per vivere a Pietrogrado nel 1920, avrebbe dovuto scrivere tre drammi al mese, mentre Turgénev con la paga per il romanzo Padri e figli non si sarebbe potuto nutrire per più di tre settimane[322]. Come molti altri intellettuali di Pietrogrado, Blok fu costretto ad andare a servizio al commissariato del popolo all'Istruzione capeggiato da Lunačàrskij, ossia, in parole povere, al ministero sovietico della Cultura. Il poeta lavorava nella sezione teatrale, era membro di varie commissioni, faceva parte del comitato di redazione della casa editrice «Vsemìrnaja literatùra» (Letteratura universale). Qui Blok e altri specialisti compilarono una lunghissima lista di capolavori di tutti i tempi e degli autori che bisognava ritradurre in russo e pubblicare per il pubblico proletario. Solo nella prima collana si progettava di

---

[321] Ànnenkov, Dnevnik moich vstreč. cit.. vol. I. pp. 75-78

[322] «Literaturnoe nasledstvo», cit., vol. XCII, tomo III, p. 273

pubblicare millecinquecento titoli di natura accademica con commentari dettagliati e cinquemila edizioni più popolari

Per la realizzazione di questa idea utopistica di Maksìm Gór'kij, nelle condizioni difficili della Russia postrivoluzionaria sarebbero stati necessari almeno cent'anni, ma intanto si poteva dare da mangiare agli scrittori. Uno di loro, Andréj Levinsén, ricordava – ormai esule – con amarezza l'attività di «Vsemìrnaja literatùra» come «il tentativo disperato e paradossale di innestare la cultura spirituale occidentale sulle rovine della vita russa; ... in quegli anni vivevamo di pie illusioni, sperando che Byron e Flaubert, giungendo alle masse sia pure sotto forma di bluff bolscevico, avrebbero sconvolto più di un'anima[323]».

Alle riunioni del comitato di redazione di «Vsemìrnaja literatùra» Blok si incontrava spesso con Nikolàj Gumilëv, che nel 1918 era tornato a Pietrogrado da Parigi, dove era impiegato nell'ufficio dell'addetto militare del governo provvisorio rovesciato dai bolscevichi. Agli amici che cercavano di dissuaderlo dal compiere questo passo, a loro dire insensato, Gumilëv rispose: «Mi sono battuto per tre anni contro i tedeschi, ho cacciato i leoni in Africa. I bolscevichi invece non li ho mai visti. Perché non dovrei andare a Pietrogrado? Non sarà certo più pericolosa della giungla![324]».

Nella Pietrogrado bolscevica Gumilëv si comportò provocatoriamente, dichiarando ogni momento di essere monarchico e facendosi il segno della croce davanti a ogni chiesa, atto che in quella situazione di ateismo ufficiale e di «terrore rosso» veniva giudicato quasi una follia. Proprio nei giorni dell'arrivo di Gumilëv a Pietrogrado uno scrittore russo si lamentava in una lettera: «Ora di sera per le strade ci sono le pattuglie; perquisiscono, cercano armi. Nell'ordinanza è scritto che se qualcuno viene trovato in possesso di armi e oppone resistenza alla loro confisca, deve essere fucilato sul posto

Ma dov'è la sbandierata abolizione della pena di morte? Un tempo gli zaricidi erano giudicati in tribunale, e solo dopo impiccati, mentre ora si procede "sul posto". Sono diventati tutti

---

[323] Nikolaj Gumilëv v vospominanijach sovremennikov, cit., p. 216

[324] Geórgij Ivànov. Stichotvorenija. Tretij Rim. Peterburgskie zimy. Kitajskie teni (Poesie. La terza Roma. Gli invemi pietroburghesi. Le ombre cinesi), Moskvà 1989. p. 440

dei carnefici[325]!».

Ciò nonostante, Lunačàrskij e Gór'kij assunsero Gumilëv a «Vsemìrnaja literatùra», e cominciò anche a tenere lezioni agli operai e ai marinai pietrogradesi. Pur di fronte a un pubblico del genere, Gumilëv trovava il modo di declamare poesie monarchiche. Rideva: «I bolscevichi, gli opportunisti li disprezzano. Io preferisco che mi stimino»

Anni dopo, chiesero ad Achmàtova perché Gumilëv avesse preso parte a varie attività educative sotto l'egida dei bolscevichi: traduceva, insegnava e teneva un seminario per giovani poeti. Achmàtova rispose che fin da prima della rivoluzione Gumilëv era un organizzatore nato: basti pensare alla fondazione dell'acmeismo. Ma a quell'epoca sarebbe stato ridicolo anche solo immaginare di presentarsi al ministero zarista dell'Istruzione e dichiarare: «Voglio organizzare un corso in cui si insegna a comporre poesie». Sotto i bolscevichi ciò divenne possibile. Inoltre, bisognava pure tirare avanti in qualche modo. Prima della rivoluzione, Gumilëv viveva di rendita, mentre nella Pietrogrado bolscevica solo il servizio nell'istituzione di Lunačàrskij poteva salvarlo dalla fame

Così Achmàtova giustificava e spiegava il comportamento compromissorio di Gumilëv con il regime. Invece lei, per quanto facesse la fame, non andò a lavorare per i bolscevichi. Ammetteva che una volta, trovandosi in grande difficoltà, andò da Gór'kij pregandolo di darle un lavoro. Gór'kij le propose di rivolgersi all'Internazionale comunista, al famigerato Komintérn, il cui capo era il dirigente dei comunisti pietrogradesi Grigérij Zinóv'ev. Là ad Achmàtova avrebbero fatto tradurre in italiano proclami comunisti. Ma lei rifiutò: «Pensate, avrei fatto traduzioni che sarebbero state mandate in Italia e per le quali qualcuno sarebbe finito in prigione». Questa fedeltà ai princìpi costò cara ad Achmàtova. Un suo amico comunicò per lettera alla moglie: «Achmàtova si è trasformata in un orrendo scheletro vestito di stracci»[326].

Sul ritorno di Gumilëv nella Pietrogrado bolscevica Achmàtova commentò laconica: «Voleva bene a sua madre ed era un bravo figlio». Il matrimonio di Achmàtova e Gumilëv era naufragato ancor prima della rivoluzione. Gumilëv più tardi confessò a un'amica di aver cominciato a tradire Achmàtova all'indomani delle nozze: «Lei invece pretendeva una fedeltà

---

[325] «Literaturnoe nasledstvo», cit., vol. XCII, tomo IV, p. 478

[326] Anna Achmàtova, Requiem, Moskvà 1989, p. 31

assoluta». Secondo le parole di Gumilëv, Achmàtova conduceva con lui una «guerra amorosa» alla maniera di Knut Hamsun, ossia faceva interminabili scenate di gelosia con burrascose discussioni e non meno burrascose rappacificazioni. E Gumilëv si rifiutava di «chiarire la relazione»

Ancora negli anni Sessanta, Achmàtova confermava che Gumilëv era un «uomo complesso, ricercato, ma non morbido. Non si può dire che fosse disponibile». In risposta alla solita richiesta di Achmàtova: «Nikolàj, mi devi dare una spiegazione», Gumilëv rispondeva sempre: «Lasciami in pace, madre mia!»

Nemmeno la nascita nel 1912 del figlio Lev salvò il matrimonio dal naufragio. «Litigavamo anche per lui» si lamentava poi Gumilëv. Il bambino fu educato dai genitori di Gumilëv, mentre Achmàtova quasi non lo vide, tant'è che una volta, quvdo gli fu chiesto che cosa stesse facendo, il piccolo rispose: «Sto calcolando le probabilità che la mamma stia pensando a me»[327].

Pur apprezzando molto l'opera di Achmàtova, Gumilëv non poteva perdonarle la poesia degli anni della guerra Preghiera, che definiva mostruosa

Citava:

e riprenditi il bimbo, l'amico,

e commentava indignato: «Chiede a Dio di uccidere me e Lëv! Infatti, qui per amico, naturalmente, intende me... Ma, grazie a Dio, questa preghiera mostruosa, come la maggior parte delle preghiere, non è stata esaudita. Lëv – tocchiamo ferro! – è un bambino sano e forte[328]».

Gumilëv non seppe mai che proprio quella preghiera contenuta nella poesia di Achmàtova preannunCiava quello che sarebbe accaduto davvero, il più tragico epilogo possibile

Quando nel giugno 1941 Achmàtova conobbe Cvetàeva, quest'ultima le chiese: «Come ha potuto scrivere: "e riprenditi il bimbo, l'amico"? Non lo sa che in poesia si avvera tutto?»

E subito dopo il ritorno di Gumilëv a Pietrogrado, Achmàtova gli disse: «Concedimi il divorzio». Lei ricordava che Gumilëv era terribilmente impallidito e, senza cercare di convincerla, aveva risposto: «Prego...». Quando seppe che Achmàtova sposava

---

327 Ob Anne Achmatove. Stichi. Esse. Vospominanija. Pis'ma, cit., p. 135

328 Odóevceva, op. cit., pp. 477-478

Vladìmir Šiléjko, in un primo momento Gumilëv si rifiutò di
crederci, tanto eccentrico veniva considerato a Pietrogrado questo
giovane assirologo, e subito dopo fece una proposta di matrimonio
a una delle sue amiche, l'incantevole Anna Èngel'gàrt. Negli anni
Sessanta Achmàtova, in risposta alle domande sulla causa reale del
divorzio, si limitò a stringersi nelle spalle: «Nel 1918 divorziavano
tutti». E aggiunse: «Io sono sempre stata a favore del divorzio».
Riteneva che la richiesta di divorzio avesse molto offeso Gumilëv e
alluse anche al fatto che il suo ex marito fomentasse nei giovani
poeti suoi allievi un atteggiamento ostile verso di lei.

Che la Pietrogrado affamata e gelata di quegli anni brulicasse di
poeti alle prime armi era uno dei paradossi dell'epoca
rivoluzionaria. Dapprima il loro indiscutibile idolo fu Blok, ma,
dopo I dodici, molti si allontanarono da lui, e ora Gumilëv aspirava
al ruolo di leader dei giovani talenti. Politicamente, poeticamente e
psicologicamente, Gumilëv era agli antipodi di Blok

Achmàtova ricordava: «Blok non amava Gumilëv, ma come si
fa a sapere perché? C'era inimicizia personale, ma quello che c'era
nel cuore di Blok lo sapeva solo Blok e nessun altro». Delle poesie
di Gumilëv, Blok diceva che erano fredde e «straniere». Achmàtova
ricordava risentita che una volta, mentre si stava mettendo gli
stivali in un guardaroba, sopraggiunse Blok alle sue spalle e
mormorò: «Sa, non mi piacciono le poesie di suo marito». A Blok
sembrava anche strana e assurda l'idea di Gumilëv che si potesse
insegnare a scrivere poesie, che esistessero regole e leggi della
versificazione

Gumilëv, che era un estimatore della poesia di Blok, attaccò
tuttavia I dodici affermando che, con quel poema, Blok si era
asservito alla «causa dell'Anticristo»: «Ha crocifisso Cristo per la
seconda volta e ha fucilato ancora una volta il nostro sovrano»

È tuttavia degno di rilievo il fatto che in campo politico le
posizioni di Blok e Gumilëv cominciassero a poco a poco ad
avvicinarsi. Gumilëv giunse alla conclusione che I bolscevichi
avrebbero tenuto saldamente in mano il potere e, per quanto non
accettasse il programma comunista, alcuni elementi della politica
bolscevica cominciarono a coinvolgerlo. Per esempio, Gumilëv
dichiarava che, se fossero andati a conquistare l'India, la sua spada
sarebbe stata con loro. Affermava anche che «i bolscevichi, per
quanto li fucilino, rispettano i coraggiosi[329]». Romanticizzandoli,

---

329 «Daugava», 8, 1990, p. 118

Gumilëv elevò i comunisti al rango di degni avversari (o addirittura di potenziali alleati)

Blok, al contrario, cominciò a poco a poco a mettere in discussione l'immagine romantica che si era fatto della rivoluzione. Intervenendo davanti agli attori di Pietrogrado, si lamentò: «La distruzione ancora non è finita, ma già si sta esaurendo. La costruzione non è ancora cominciata. La musica vecchia ormai non c'è più, quella nuova non c'è ancora. Che noia». Nel diario di Blok si moltiplicavano le annotazioni cupe: «Come sono stanco», «Mi sembra di essere in letargo»

Nel febbraio del 1919 Blok fu arrestato dalla «Črezvyčàjnaja komìssija» (Commissione straordinaria, che dalle iniziali veniva chiamata Čekà), la polizia segreta dei bolscevichi. Era sospettato di partecipazione a una congiura antisovietica di sinistra. L'indomani, dopo due interrogatori, Blok fu liberato grazie all'intervento di Lunačàrskij. Nel 1920 Blok annotò nel diario: «Sotto il giogo della violenza la coscienza umana si fa silenziosa; allora l'uomo si chiude nel vecchio; più sfacciata è la violenza, più saldamente l'uomo si chiude nel vecchio. Così è successo all'Europa sotto il giogo della guerra, così succede alla Russia ora[330]».

Blok smise del tutto di scrivere poesie e, alle domande sul suo silenzio, rispondeva: «Tutti i suoni sono cessati. Non sentite che non c'è più nessun suono?». Con l'artista Ànnenkov si lamentò: «Soffoco, soffoco, soffoco! Soffochiamo, soffochiamo tutti. La rivoluzione mondiale si sta trasformando nell'angina pectoris mondiale[331]!».

È interessante notare che quasi negli stessi termini si espresse in seguito il grande basso Fëdor Šaljàpin, che in quel periodo viveva a Pietrogrado

Šaljàpin riconosceva che «alla base più profonda del movimento bolscevico c'era uno sforzo per l'effettiva ricostruzione della vita su principi più giusti, almeno dal punto di vista di Lénin e di alcuni dei suoi compagni[332]».

Ma anche Šaljàpin, come Blok, cominciava a essere oppresso dalla crescente burocratizzazione della vita quotidiana e artistica: «Questo robot mi soffoca, se non mi strappo dalla sua morsa

---

[330] Blok, Dnevnik, cit., p. 321

[331] Ànnenkov, Dnevnik moich vstreč, cit., vol. I, p. 74

[332] Šaljàpin, op. cit., p. 288

inanimata[333]». Presto il cantante lasciò Pietrogrado alla volta dell'Occidente

Il discorso pronunciato da Blok nel febbraio del 1921 a una serata dedicata alla memoria di Pùškin sembrò a molti un grido d'aiuto. Erano presenti sia Achmàtova, sia Gumilëv, che si presentò in frac sottobraccio a una signora che tremava dal freddo con un abito nero dal profondo décolleté. Blok stava sul palcoscenico con una giacca nera sopra un maglione bianco col collo alto, le mani in tasca. Dopo aver citato il famoso verso di Pùškin «Felicità non v'è, sol quiete e libertà», Blok si girò verso un nervoso burocrate sovietico, seduto sul palco (di quelli che, secondo la definizione pungente di Andréj Bélyj, «non scrivono nulla, sottoscrivono solo»), e scandì: «Anche la quiete e la libertà ci vengono tolte. Non la quiete esterna, ma quella creativa. Non la libertà dei bambini, non la libertà di liberaleggiare, ma la libertà creativa, la libertà segreta. E il poeta muore perché non ha più nulla da respirare; la vita ha perso significato[334]».

Dopo una simile dichiarazione piena di pathos e tragicità, pronunciata dal palco, al poeta-profeta – come veniva considerato, e si considerava, Blok – non restava che morire. Verso l'estate del 1921 la salute di Blok peggiorò a tal punto che Lunačàrskij e Gérkij chiesero a Lénin di consentire al poeta di andare a curarsi in Finlandia. Quattro mesi prima Lunačàrskij, in risposta a una speciale indagine segreta promossa da Lénin, aveva descritto così Blok e le sue opere: «In tutto ciò che scrive c'è un approccio particolare alla rivoluzio234 17 ne: una miscela di simpatia e orrore tipica dell'intellettuale. Assai più dotato che intelligente[335]».

C'era qualcosa in Blok che appassionava Lénin: nell'inventario della biblioteca personale del duce dei bolscevichi al Cremlino si possono trovare i titoli di almeno una dozzina di libri di Blok o su Blok. Ciò nonostante, il politbjuró del Partito comunista, in una riunione presieduta da Lénin, non concesse a Blok if permesso di espatrio, nel timore che in Occidente potesse parlare apertamente contro il potere sovietico. E questa era anche la convinzione del rappresentante della Cekà, la cui opinione in questo campo era

---

[333] Ibid., p. 294

[334] A. Blok, Sobranie sočinenij v vos'mi tomach. cit., vol. VI: Pis'ma (Lettere), 1898-1921, Moskvà-Leningràd 1962, p. 167

[335] «Literaturnoe nasledstvo», cit., vol. LXXX. p. 261

spesso decisiva. Quest'ultima circostanza fece infuriare Lunačàrskij, il quale in una lettera a Lénin definì ironicamente la Cekà «corte suprema»

Era chiaro che Blok stava morendo, e Lunačàrskij e Gór'kij continuarono a bombardare Lénin di richieste di aiuto immediato. Lénin cedette, ma ormai era tardi. In una conversazione con Ànnenkov, Blok aveva chiamato la morte «il paese straniero in cui ognuno va senza permesso preventivo delle autorità». In questo paese straniero andò il 7 agosto 1921. Sulla prima pagina del giornale ufficiale «Pràvda» comparve un breve annuncio: «Ieri mattina si è spento il poeta Aleksàndr Blok». Fine. Neanche una parola di commento

Blok morì per un'endocardite, aggravata da un esaurimento nervoso e da uno stato di grave deperimento fisico dovuto alla denutrizione. Ma i contemporanei recepirono la sua morte in modo simbolico, secondo la volontà dello stesso Blok. Per loro non esistevano dubbi sul fatto che il poeta era stato soffocato da un'insufficienza di libertà personale e creativa, da un'«asma spirituale», come la chiamò Bélyj

In questo senso, la morte di Blok racchiuse in sé un'intera epoca. Nella primavera del 1917 Achmàtova aveva predetto: «Succederà quel che è successo in Francia durante la Grande rivoluzione, forse anche peggio». Ma, per Blok, alla rivoluzione erano legate le speranze più radiose, condivise peraltro da alcuni intellettuali di talento

Per esempio, Artùr Lur'é, autore di una cantata modernista su versi di Blok, eseguita quando il poeta era ancora in vita, ricordava:

Blok ha avuto un'enorme influenza su di me; insieme a lui, e sotto il suo insegnamento, ho ascoltato la musica della Rivoluzione. Come i miei amici, la giovane avanguardia letteraria e artistica, credevo nella Rivoluzione e vi partecipai immediatamente. Grazie al sostegno datoci dalla Rivoluzione, noi tutti, giovani artisti innovatori ed eccentrici, venivamo presi sul serio. Per la prima volta, a ragazzi pieni di fantasia veniva detto che potevano realizzare i loro sogni, e che nell'arte pura non si sarebbe intromessa né la politica, né alcun'altra forza. Ci fu offerta la completa libertà di fare tutto quello che volevamo nel nostro campo; un caso simile era un'assoluta novità nella storia. In nessuna parte del mondo c'era mai stato nulla di simile.

La morte di Blok distrusse questa fede nell'«idealismo» del potere sovietico e nella possibilità di coesistenza senza compromessi con i bolscevichi. Blok e chi la pensava come lui sopportarono con relativa facilità la perdita di benessere materiale causata dalla rivoluzione. La vera tragedia fu per loro la perdita dell'indipendenza spirituale, della possibilità di esprimersi liberamente. Ecco perché, quando quello stesso Artùr Lur'é scrisse nell'articolo in memoria del poeta: «La rivoluzione russa è finita con la morte di Aleksàndr Blok», dava voce alla percezione di tutta l'intellighenzia pietrogradese di sinistra

Blok stesso, in una delle ultime lettere, trovò parole spaventose, crudeli e molto «russe» sulla propria morte, che prevedeva e aspettava: «Mi ha fatto fuori la cara, madre Russia, schifosa, succhiasangue, come una scrofa mangia il suo porcellino[336]».

E le ultime righe della lettera d'addio alla madre prima di morire furono: «Grazie per il pane e le uova. Un pane vero, russo, quasi senza additivi, non ne mangiavo da moltissimo tempo[337]». Blok non aveva ancora quarantun anni..

Il poeta fu sepolto il 10 agosto. Kuzmìn annotò nel diario: «Popi, corone, popolo. C'erano tutti. Si fa prima a elencare gli assenti[338]».

Qualcuno ha detto che se in quel momento fosse scoppiata una bomba, a Pietrogrado non sarebbe rimasto nemmeno un rappresentante del mondo letterario e artistico

Cantarono musica di Čajkóvskij, un compositore pietroburghese fino al midollo. Annenkov, che aiutò a calare la bara nella fossa, ricordava che Achmàtova gli stava accanto in lacrime. Non sapeva che proprio quel giorno Achmàtova era stata informata dell'arresto dell'ex marito Gumilëv.

Le circostanze dell'arresto di Gumilëv sono rimaste avvolte nella leggenda per quasi settant'anni. I bolscevichi affermarono fin dall'inizio che Gumilëv faceva parte della cosiddetta «Organizzazione combattente di Pietrogrado» (PBO): un consistente gruppo clandestino che preparava l'insurrezione armata contro il potere sovietico. Achmàtova ha sempre ribadito che non c'era nessuna congiura, e che Gumilëv non aveva partecipato alla lotta antisovietica. Dopo la pubblicazione sulla

---

336 Blok, *Sobranie sočinenij v vos'mi tomach*, cit., vol. VIII, p. 537

337 *Ibid.*, p. 539

338 «*Literaturnoe nasledstvo*», cit., vol. XCII, tomo II, p. 164

stampa sovietica, nel 1990, dei documenti del «caso Gumilëv», si possono dare giudizi più obiettivi

Nell'estate del 1921 la Čekà di Pietrogrado effettuò arresti in massa, e solo per il caso PBO, secondo le fonti sovietiche, furono imprigionate più di duecento persone. Grigorij Zinóv'ev, leader del partito a Pietrogrado, pensava che fosse venuto il momento di dare una strigliata all'intellighenzia. In effetti, gli intellettuali non approvavano l'operato di Zinóv'ev, che aveva instaurato in città un regime dittatoriale, troppo duro anche per i parametri bolscevichi. Lo chiamavano «babà al rum», perché, prese le redini del potere a Pietrogrado magro come un chiodo, negli anni della fame e della rivoluzione era notevolmente ingrassato. Essendo anche dirigente del Komintérn, Zinóv'ev godeva di una certa indipendenza da Mosca

Ora è chiaro che non esisteva nessuna potente «Organizzazione combattente di Pietrogrado» antisovietica. Questa assurda idea era stata completamente inventata dal giovane čekista e amante della letteratura Jàkov Agrànov, che poi affermò: «Nel 1921 il settanta per cento dell'intellighenzia pietrogradese aveva un piede in campo nemico. Quel piede abbiamo dovuto bruciarlo!»[339]

Così, il carattere dell'operazione Zinóv'ev-Agrànov fu fondamentalmente preventivo. Durante gli interrogatori gli arrestati per il caso PBO, tra i quali c'erano molti eminenti rappresentanti del mondo scientifico e artistico di Pietrogrado, furono talmente spaventati e confusi che non fu difficile spingerli a denunciare sé stessi e gli altri

A giudicare dai verbali degli interrogatori, per il giudice istruttore della Cekà Gumilëv risultò una preda piuttosto facile. Credeva ingenuamente che in primo luogo tra lui e il potere sovietico esistesse un gentlemen's agreement in base al quale lui collaborava onestamente con i bolscevichi nel campo della cultura e loro gli concedevano una certa libertà di pensiero e di coscienza

In secondo luogo, Gumilëv era certo che la sua enorme popolarità a Pietrogrado sarebbe stata uno scudo sufficiente a difenderlo da qualsiasi provocazione della polizia segreta. «Non oseranno toccarmi» ripeteva spesso. Come rilevò l'assai più lucido Vladislàv Chodasévič, «aveva un animo, e forse anche un'intelligenza, quasi infantili. Mi è sempre sembrato un

---

[339] «Daugava», 1 1, 1990, pp. 91-93

bambino[340]».

Agli interrogatori Gumilëv confessò, almeno secondo i verbali pubblicati, di aver conversato con amici «su temi politici, condannando amaramente la soppressione dell'iniziativa privata nella Russia sovietica[341]» e affermò che, in caso di ipotetica insurrezione antibolscevica a Pietrogrado, sarebbe stato in grado «molto verosimilmente di riunire e guidare una squadra di cittadini, approfittando del malumore generale[342]».

Anche per quei tempi difficili, si trattava di roba da poco

Gór'kij si precipitò a Mosca da Lénin per chiedergli clemenza per Gumilëv. Secondo alcune versioni coincidenti e probabilmente affidabili, Lénin promise di parlare con il capo della Cekà panrussa Féliks Dzeržìnskij perché Gumilëv fosse rilasciato. Se dobbiamo credere a Gór'kij, Lénin garantì che nessuno degli arrestati per il caso PBO sarebbe stato fucilato

Al suo ritorno a Pietrogrado, Gór'kij apprese che sessanta arrestati, tra cui Gumilëv, erano stati fucilati su esortazione del giudice istruttore, senza nessun tipo di processo, nemmeno bolscevico. Con le lacrime agli occhi Gór'kij ripeteva: «Questo Zinóv'ev ha bloccato gli ordini di Lénin[343]».

Una testimonianza autorevole del rivoluzionario russo-francese Viktor Serž (Kibal'čič)[344] che in quel periodo visse a Pietrogrado, rivela che la decisione «indipendente» della tekà di Pietrogrado di fucilare Gumilëv in realtà era stata approvata da Mosca: «Un compagno andò a Mosca per chiedere a Dzeržìnskij: "Abbiamo il diritto di fucilare uno dei due o tre maggiori poeti della Russia?". Dzeržìnskij rispose: "Abbiamo il diritto di fare eccezione per un poeta e fucilare gli altri?[345]"»

Ci sono motivi di supporre che la promessa di Lénin di una grana per Gumilëv facesse parte di una messinscena che aveva lo scopo di tenere buono Gór'kij, sicché il fatto che Zinóv'ev «bloccasse» l'ordine di Lénin sembrava essere già stato concordato in anticipo con Lénin stesso

---

[340] Chodasévič, op. cit., p. 122

[341] «Ogonëk», 18, 1990, p. 14

[342] Ibid., p. 15

[343] «Daugava», 1 1, 1990, pp. 120, 122

[344] * Più noto con il nome francesizzato di Victor Serge.

[345] Victor Serge, Memoirs Of a Revolutionary, London 1984, p. 150

I bolscevichi ottennero il loro scopo: venuti a sapere delle fucilazioni per il caso PBO, i cittadini non solo di Pietrogrado, ma di tutta la Russia ebbero un brivido di terrore. Zinóv'ev rafforzò la propria reputazione di dittatore spietato. La carriera del principale organizzatore del caso PBO, Jàkov Agrànov, ebbe una brusca accelerazione. Trasferitosi a Mosca, divenne capo della «sottosezione letteraria» della polizia segreta, amico personale di Stàlin e membro della sua segreteria. Agrànov tornò in città ancora una volta nel dicembre 1934 per l'«indagine» sull'omicidio di Kirov (alla cui preparazione egli stesso probabilmente aveva preso parte)

Su Agrànov ebbi maggiori ragguagli all'inizio degli anni Settanta da Lìlja Brik, che era stata amante di Majakóvskij. Agrànov protesse Majakóvskij e, probabilmente, curò l'aspetto politico della sua attività. Quando nel 1930 Majakóvskij si suicidò, Agrànov fu il primo a leggere la lettera lasciata dal poeta. Voleva accertarsi che non vi fossero dichiarazioni antisovietiche

Ma il fedele servizio reso a Stàlin non bastò a salvargli la vita: nel 1938 Agrànov fu fucilato insieme alla moglie per ordine dello stesso Stàlin

Zinóv'ev era stato fucilato nel 1936. Una fonte sovietica afferma che, quando dalla cella condotto sul luogo dell'esecuzione, Zinóv'ev cadde in preda a riso isterico[346].

Gumilëv, secondo le voci che correvano all'epoca a Pietrogrado, morì come si addiceva alla sua immagine di ufficiale russo senza paura: sorridendo, con la sigaretta in bocca. La sua morte, a trentacinque anni, divenne subito leggenda. Proprio a causa di Gumilëv il caso PBO non è stato dimenticato nella lunga catena di esecuzioni di massa da parte dei bolscevichi. Insieme alla morte prematura di Blok, la fucilazione di Gumilëv segnò un brusco momento di svolta nelle relazioni degli intellettuali con il potere sovietico. In Russia il poeta è sempre stato una figura simbolica. L'atteggiamento delle autorità verso i poeti indicava a tutta la società la posizione del regime in materia di cultura, tradizione e diritti umani

La politica del governo di Lénin nei confronti di Blok e Gumilëv, malgrado l'eccezionalità della situazione, fu tuttavia assai indicativa. Già allora fu chiaro quale sarebbe stato il successivo atteggiamento del potere sovietico nei confronti dell'élite culturale. Agli intellettuali si imponeva di seguire la via del servizio al regime. Si dava loro l'opportunità di istruire le masse, ma sotto il

---

346 Vosvraščennye imena (Nomi di ritorno), libro I, Moskvà 989, p. 191

rigidissimo controllo del Partito comunista. La lealtà veniva ricompensata con una certa generosità, ma le deviazioni dalla «giusta» linea venivano punite in modo sempre più spietato

Finché i bolscevichi non si sentirono saldi in sella al potere, fecero finta di riconoscere all'élite culturale il diritto alla neutralità ideologica. Ma questa relativa tolleranza svanì velocemente e ben presto dagli intellettuali si pretese una devozione assoluta

Gumilëv, rispondendo con onestà alle domande del giudice istruttore della Čekà, ripropose – consapevolmente o no – un famoso momento della storia culturale russa. Puškin, richiamato dal confino da Nikolàj I nel 1826, dopo la repressione della rivolta dei decabristi, dichiarò apertamente all'imperatore che, se il giorno dell'insurrezione fosse stato a Pietroburgo, si sarebbe unito ai rivoluzionari

Nikolàj I graziò e protesse L'imperatore apprezzò la sincerità del poeta perché considerava decisamente stabile il proprio potere, che quel gesto di liberalità verso il famoso poeta non fece che rafforzare

L'errore di Gumilëv, che gli costò la vita, consistette nel fatto che lui, benché monarchico e anticomunista, immaginava che il potere sovietico fosse in qualche modo l'erede del potere imperiale russo, mentre i bolscevichi percepivano il loro potere come insufficientemente legittimato. Una dimostrazione di clemenza sarebbe stata interpretata come un segno di debolezza

Con un poeta si poteva giocare al gatto col topo, ma qualsiasi insubordinazione, anche intellettuale, alla fine andava punita. Con i casi di Blok e Gumilëv, il potere sovietico dimostrò di considerare gli artisti alla stregua di servi della gleba

È significativo che questo primo archetipico scenario delle relazioni tra il regime sovietico e gli intellettuali si sia delineato proprio a Pietrogrado

Per oltre duecento anni Pietroburgo era stata sede di confronto e cooperazione tra il potere e l'élite creativa del paese. In quegli anni l'autocrazia si era progressivamente indebolita, mentre gli intellettuali, al contrario, avevano acquisito forza e indipendenza. I bolscevichi si prefissero l'annientamento di questa indipendenza

Colpendo Gumilëv e Blok, poeti tipicamente pietroburghesi, i bolscevichi distrussero consapevolmente quell'equilibrio tra potere ed élite culturale che si era stabilito nella capitale in epoca prerivoluzionaria. L'etichetta di un tempo fu sostituita da un nuovo insieme di regole. Nello stesso tempo, veniva attaccata anche la reputazione della città come capitale culturale della Russia

Politicamente ed economicamente, a Pietrogrado era stato

inferto un colpo irreparabile allorché Lénin trasferì il governo a Mosca. Ora toccava alla cultura pietrogradese subire il ridimensionamento. In questo senso i desideri di Mosca coincidevano con lo sforzo di Zinóv'ev di dare una lezione agli intellettuali pietrogradesi non leali

Tutto ciò ebbe un profondo effetto sul mito di Pietroburgo, ma in una direzione decisamente opposta agli intenti dei bolscevichi. Pietrogrado rinunciò con relativa facilità al primato politico, ma si rifiutò di perdere quello culturale. Irrorato da sangue fresco, il mito di Pietroburgo acquistò nuova vita. In questo processo complesso e tormentato, Achmàtova ebbe fin dall'inizio un ruolo fondamentale

Agli occhi del pubblico dei lettori, Achmàtova era legata strettamente a Blok e a Gumilëv. E benché fossero entrambi sposati e avessero lasciato quindi delle vedove «legali» (Achmàtova si era comunque già risposata con l'assirologo Šiléjko), il pubblico considerava Achmàtova la «vera» vedova dei due poeti. Quasi ogni racconto del funerale e della sepoltura di Blok si sofferma sulla presenza di Achmàtova, sulla sua figura tragica vestita a lutto con uno spesso velo di crespo

Nel 1974 la figlia di Bal'mént, Nina Brùni, mi ha raccontato con particolare emozione che, durante una delle tante funzioni per Blok, Achmàtova si sentì male[347].

Un'altra testimone ricordava la funzione per Blok nella piccola cappella del cimitero: «Il coro si mise a cantare. Ma gli sguardi di tutti si rivolsero non all'altare, non alla bara, ma proprio là dov'ero io. Mi guardai intorno per cercarne la causa e vidi proprio alle mie spalle la figura alta e snella di Anna Achmàtova. Le lacrime solcavano le sue guance pallide. Non le nascondeva. Tutti piangevano mentre il coro continuava a cantare[348]».

La storia d'amore di Achmàtova e Blok, entrata nella coscienza dei lettori tramite le poesie da lei scritte a partire dal 1911, nel 1914 si era trasformata in una leggenda contro la quale, come sappiamo, non protestò nemmeno Blok. Nel 1919 una delle corrispondenti di Blok gli scrisse «benedicendo» l'unione dei due poeti: «Mi sembra che Anna Achmàtova sia una creatura meravigliosa e ricercata.

---

[347] Nina Brùni-Bal'mont, conversazione con l'autore (Mosca 1974).

[348] Ob Anne Achmatove. Stichi. Esse. Vospominanija. Pis'ma, cit., pp. 197-198

Fatela felice e sarete felice anche voi[349]».

È molto interessante un'annotazione che Kornéj Čukóvskij fece nel diario nel 1920. Stava camminando con Blok quando incontrarono Achmàtova: «È stata la prima volta che li ho visti insieme. Meraviglioso. Blok aveva una faccia impenetrabile ma, per tutto il tempo, uno spasmo, un impercettibile tremito ha segnato la sua bocca. Ad Achmàtova accadde lo stesso. Incontrandosi, non espressero nulla né con gli occhi né con sorrisi, ma là molte cose vennero dette[350]».

Persino il penetrante, cinico e scettico Čukóvskij era incline a vedere in un incontro casuale tra Blok e Achmàtova qualcosa di romantico e fatale

Più tardi, nel diario del 1922, Čukóvskij annotò questo legame indissolubile di Blok e Achmàtova nell'inconscio del lettore:

Se si passa un'ora in libreria, immancabilmente due o tre volte si vede un cliente che entra e domanda:
«Avete Blok?»
«No.»
«Nemmeno I dodici?»
«Nemmeno I dodici.»
Pausa
«Allora mi dia Anna Achmàtova[351].»

Si potrebbe pensare che la leggenda sulla storia d'amore di Achmàtova e Blok non sarebbe sopravvissuta alla pubblicazione nel 1928 e nel 1930 dei diari e dei taccuini di Blok, dai quali risultava evidente che non c'era stata nessuna storia d'amore. Ma ancora una volta le poesie di Achmàtova si dimostrarono più reali della «spregevole prosa» della realtà. E ancora negli anni Sessanta si poteva sentire una studentessa universitaria non troppo informata sentenziare: «Ah, è per l'Achmàtova che Blok si è sparato!»

Quando, alcuni mesi prima di morire, Blok scrisse un articolo in cui attaccava duramente, e per tanti versi ingiustamente, gli acmeisti (e soprattutto Gumilëv), le uniche parole benevole furono

---

[349] Anna Achmàtova, Poèma bez geroja (Poema senza protagonista), Moskvà 1989

[350] Kornéj Čukovskij, Dnevnik, 1901-1929 (Diario 1901-1929), Moskvà 1991, p. 143

[351] Ibid., p. 194

per Achmàtova, con la sua poetica «stanca, malata, femminile, e tutta compresa in sé stessa». Le divergenze politiche di Blok e Achmàtova si ridussero notevolmente dopo il discorso antibolscevico di Blok su Pùškin, e furono annullate dalla morte di lui. Achmàtova in seguito affermò che, sul letto di morte, Blok la nominava e nel delirio ripeteva: «Meno male che non è partita» (intendeva dire per l'Occidente)

Nei giorni immediatamente successivi ai funerali di Blok, a Pietrogrado ebbe grande diffusione la poesia commemorativa scritta da Achmàtova per l'occasione. Iniziava con il verso: «E oggi è la Madonna di Smolénsk...», allusione al fatto che il poeta era stato sepolto nel cimitero di Smolénsk proprio il giorno in cui ricorre la festa della Madonna di Smolénsk. E finiva così:

> All'interceditrice di Smolénsk,
> alla Santa Madonna abbiam portato
> a mano nella bara d'argento
> il sole nostro, spento nel tormento,
> Aleksàndr, o purissimo cigno[352].

«Finora la cosa migliore che è stata detta di Sàša l'ha detta in cinque versi Anna Achmàtova[353]» scriveva nel settembre del 1921 a un'amica la madre di Aleksàndr Blok. A Mosca Marina Cvetàeva, convinta come quasi tutti dell'esistenza di un triangolo Achmàtova-Gumilëv-Blok, compose sempre nel 1921 una poesia dedicata a lei, in cui i due poeti morti venivano chiamati «fratelli» di Achmàtova:

> Son lassù i tuoi fratelli!
> Non ti sentono!

La voce che la morte di Blok e Gumilëv aveva lasciato la trentaduenne Achmàtova inconsolabile e disperata era così diffusa che per Pietrogrado, e poi anche per Mosca, cominciò a circolare la notizia del suo suicidio. (Secondo un'altra versione, Achmàtova si era mortalmente ammalata per il freddo preso ai funerali di Blok.) Credendo alla falsa notizia, Majakóvskij – secondo le parole di Cvetàeva – vagava «con l'aria di un toro scannato»

---

[352] A. Achmàtova, *A Smolenskaja nynče imeninnica...* (E oggi è la Madonna di Smolénsk...), in *Sočinénija*, cit., vol. I, p. 204.

[353] «Literaturnoe nasledstvo», cit.. vol. XCII, tomo III, p. 816

Cvetàeva scrisse da Mosca ad Achmàtova: «Per tutti questi giorni su di voi sono corse voci inquietanti, a ogni ora più insistenti e date per vere. ... In questi ultimi tre giorni, senza di voi per me Pietroburgo non esisteva più[354]».181

È molto significativo che per Cvetàeva l'immagine di Achmàtova sia Iegata a Pietroburgo in modo talmente indissolubile che, senza di lei, la città sembra disintegrarsi. Questa stretta identificazione di Achmàtova con Pietroburgo si era senza dubbio rafforzata nell'immaginazione collettiva perché il triangolo Achmàtova-Gumilëv-Blok era diventato parte dello sfondo della città. La «trinità» di poeti glorificò il mito di Pietroburgo, ma questo mito, a sua volta, unì indissolubilmente i membri della «trinità»

Non contava che Blok e Achmàtova non fossero stati legati da un amore fatale e tragico. Non contava che Achmàtova e Gumilëv si fossero separati alcuni anni prima che lui morisse. La nuova immagine di Pietrogrado esigeva nuovi martiri. Questi martiri furono Blok e Gumilëv. Tutt'altro che santi in vita, dopo morti furono subito canonizzati agli occhi dell'intellighenzia russa. La loro morte contribuì a riscattare i peccati di San Pietroburgo. E sebbene Achmàtova non fosse morta, quel riscatto ora era incarnato dalla sua tragica figura di poeta e di donna.

L'unità di questi due aspetti dell'immagine pubblica di Achmàtova va sottolineata. In Russia la vecchia idea romantica dell'identificazione della vita del poeta con la sua opera veniva tradizionalmente spinta fino ai limiti estremi. L'élite culturale pietrogradese, schierata per la battaglia, aveva seriamente bisogno di una simbolica «custode della sacra fiamma», e Achmàtova era ideale per questa parte. Ai funerali di Blok lei, come abbiamo visto dalle testimonianze, veniva guardata come se fosse la vedova. Ed ecco la descrizione della funzione funebre alla cattedrale di Kazàn'per Gumilëv, fucilato due settimane dopo i funerali di Blok: «Piange la giovane vedova di Gumilëv, mentre Achmàtova è in piedi accanto al muro. Sola. Ma mi sembra che la vedova di Gumilëv non sia questa bella, singhiozzante fanciulla in gramaglie, ma lei, Achmàtova[355]».

I rapporti di Achmàtova e Gumilëv erano, forse, ancor più di

---

[354] Saakjanc. op. cit., p. 310.

[355] Odóevceva, op. cit., p. 480

dominio pubblico della sua immaginaria storia d'amore con Blok. Dopotutto, Gumilëv era stato suo marito, cosa che la poetessa non aveva mancato di comunicare subito nel primo libro Véčer (Sera), descrivendo Gumilëv in termini alquanto realistici:

Amava tre cose del mondo:
il canto serale, i bianchi pavoni
e mappe consunte d'America
Non amava il pianto dei bimbi,
non amava il tè col lampone
né le crisi isteriche
... e io ero la moglie sua[356].

E se il lettore credeva a questa poesia di Achmàtova scritta nel 1910, sei mesi dopo le nozze, come poteva non credere alla poesia comparsa un anno dopo e inserita sempre in Véčer, assai più commovente e perciò convincente, che cominciava così:

Mi frustava con una decorata
cinghia doppia, mio marito[357].

Si sa che Gumilëv si lamentava: «Io, pensate, a causa di questa poesia passo per sadico. Hanno messo in giro la voce che io, con indosso il frac (e allora il frac non l'avevo) e il cilindro (il cilindro, in effetti, l'avevo), frusto con una cinghia decorata piegata in due non solo mia moglie, Achmàtova, ma anche le mie giovani ammiratrici, dopo averle spogliate nude[358]».
Sulla base delle poesie che Achmàtova andava pubblicando, i lettori continuavano a farsi un quadro della sua instabile relazione con Gumilëv, sebbene in realtà tali poesie fossero in gran parte rivolte ad altri destinatari. Poi la guerra, la rivoluzione e, infine, l'esecuzione di Gumilëv diedero ad Achmàtova un nuovo tema civile e una nuova voce. In proposito si pronunciò per primo Mandel'štàm, rilevando che nelle poesie di Achmàtova «è avvenuto un brusco cambiamento in direzione di una gravità ieratica, di una

---

356 A. Achmàtova, On ljubil tri vešči na svete... (Amava tre cose del mondo...), in Sočinénija, cit., vol. I, p. 71.

357 A. Achmàtova, Muž chlestal menja uzorčatym... (Mi frustava con una decorata.. in Sočinénija, cit., vol. I, p. 69.

358 Ibid., p. 473

semplicità e solennità religiose»

Achmàtova stessa affermava che gli eventi tragici degli anni postrivoluzionari avevano radicalmente modificato il suo rapporto con il sangue e con la morte: la parola «sangue» ora le faceva venire in mente «macchie brunastre di sangue che scorre sulla neve e sui sassi con il suo disgustoso odore. Il sangue è bello solo quando è vivo, quando scorre nelle vene, ma è orrendo e ripugnante in tutti gli altri casi»

In una poesia di Achmàtova scritta dopo l'arresto di Gumilëv questa sensazione veniva espressa con queste parole:

Piace, piace il sangue
alla terra russa

In seguito Achmàtova ricordava come questa poesia le fosse «venuta»: in un vagone di un treno suburbano stracarico di passeggeri diretto a Pietrogrado. Lei aveva «sentito avvicinarsi dei versi» e aveva capito che, se non avesse immediatamente acceso una sigaretta, non avrebbe composto nulla.

Ma non aveva fiammiferi. «Sono uscita sulla piattaforma all'aperto. Là c'erano dei ragazzi dell'Armata rossa che imprecavano come bestie. Neanche loro avevano fiammiferi, ma grosse scintille rosse, come fossero ancora vive, cadevano dalla locomotiva sul parapetto della piattaforma. Ho avvicinato la mia sigaretta. Alla terza (all'incirca) scintilla la sigaretta si è accesa. I ragazzi, che seguivano avidamente le mie ingegnose manovre, erano entusiasti

"Questa se la caverà sempre" ha detto di me uno di loro»

In un'altra poesia dello stesso periodo, dove pure si parlava di «sangue caldo, fresco», Achmàtova si pentiva:

Dei miei ho invocato la morte,
e uno sull'altro sono morti
Ahimè, queste tombe son state
proclamate dalla mia parola[359].

Questi versi furono naturalmente interpretati dai contemporanei come una dedica a Blok e Gumilëv. I più eruditi ricordavano la Preghiera di Achmàtova che cominciava ad avverarsi

____

[359] A Achmàtova. Ja gibel' naklikala milym... (Dei miei ho invocato la morte...), in Sočinénija, cit., vol. I, p. 209.

e il fatto che in una delle proprie poesie Mandel'štàm aveva chiamato Achmàtova Cassandra, la figlia veggente del re di Troia. Nell'immaginazione popolare, Achmàtova cominciò a trasformarsi da testimone della rovina e della distruzione di Pietroburgo in profeta della sua imminente rinascita, in una figura di immensa forza simbolica

(Anche in questo caso si dimostrò più penetrante degli altri, avendo fatto riferimento al potenziale simbolico delle poesie di Achmàtova fin dal 1916.)

Quando, dopo una lunga assenza, Achmàtova tornò a declamare le proprie poesie in pubblico, fu accolta da un «silenzio teso, elettrizzato». Le testimonianze su questo evento descrivono ormai non una persona reale, ma un vero e proprio simbolo:

Era molto pallida e persino le labbra erano quasi esangui. Guardava lontano, oltre gli ascoltatori ... alta, sottile tanto da apparire fragile disperatamente e tragicamente bella. E come declamava! Non era declamazione, era magia. ... Poi finì. Era in piedi sempre nella stessa posizione e continuava a guardare lontano, quasi avesse dimenticato di essere sul palco. Nessuno applaudì, nessuno osò neanche respirare[360].

La scena per il confronto era pronta. Da una parte il potere trionfante, crudele, onnipresente, manipolatore, irrevocabilmente deciso ad annientare e a sottomettere non solo ciò che restava di Pietroburgo a Pietrogrado, ma an che a rifare completamente la nuova Pietrogrado «a propria immagine e somiglianza». Dalla parte del regime c'era tutto il potere dello Stato, della polizia segreta, dell'apparato burocratico, con i suoi bastoni e le sue carote

Dall'altra parte una donna con un pugno di alleati poveri, disarmati e senza diritti. La sua unica forza stava nel fatto che lei era un grande poeta in un paese in cui tradizionalmente i poeti godevano di enorme influenza e stima. Per questo lei poteva contare sull'attenzione e la simpatia di almeno una parte del pubblico, quella che non era né narcotizzata dall'ideologia dominante, né ingannata dai suoi slogan o spaventata e annichilita

Si trattava di lottare per l'anima della città: di che cosa avrebbe vissuto, a che cosa avrebbe pensato, su che cosa avrebbe pianto, di che cosa si sarebbe entusiasmata, come si sarebbe chiamata. E dato

---

[360] Ibid., pp. 180-181

che la città aveva sempre svolto un ruolo particolare, decisivo nel destino della cultura russa, il futuro di quest'ultima dipendeva dall'esito di tale lotta

A soppesare lucidamente le forze in campo, la battaglia sembrava senza speranza. E ogni anno lo sarebbe sembrata sempre di più. Nella storia della Russia, mai un poeta si era trovato dinanzi un nemico tanto forte, astuto, cinico e spietato. D'altra parte, mai un poeta, né tantomeno un poeta donna, aveva ingaggiato una battaglia tanto disperata e decisa contro il regime

Achmàtova era disposta all'umiliazione, persino alla morte, ma non alla disfatta. Credeva nella città, nei suoi abitanti, in sé stessa e nella propria missione, nel potere della parola russa e nella forza morale della cultura russa

Nel 1923, a Pietrogrado comparve un libro di poesie di Achmàtova pubblicato a Berlino, Anno Domini MCMXXI. Quando i lettori lo aprirono, rimasero di sasso: la poesia d'apertura parlava del destino della città, del loro destino, del loro futuro. Era il manifesto di Achmàtova, il suo appello a combattere

La poesia si intitolava proprio Sograždanam (Ai concittadini). Non prometteva una pronta vittoria, al contrario. Parlava di una vita «nel cerchio di sangue». Ma, come ci si poteva aspettare, i versi finali erano profetici:

S'avvicina un tempo diverso,
di morte il vento gela già il cuore,
ma la petrina pia città
sarà nolente monumento

in cui un giovane eroe – al quale è stato cambiato il nome, come la meravigliosa città dove è nato e cresciuto – viene sottoposto in questa stupefacente città a non poche emozionanti avventure per finalmente diventare, dopo aver lasciato in fretta le rive natali, un famoso coreografo e, insieme ai compagni di emigrazione Stravìnskij e Nabókov, far giungere la gloria della propria città fino alla lontana America

È la Pietrogrado di Georges Balančìn.

Il 6 dicembre 1916, in tutte le chiese di Pietrogrado si tenne la speciale funzione tradizionale in onore dell'onomastico dell'imperatore Nikolàj Il. A causa della sanguinosa guerra con i tedeschi che durava ormai da tre anni, i festeggiamenti furono meno pomposi del solito. Ma per il dodicenne allievo dell'Istituto imperiale teatrale pietrogradese Geórgij Balančivàdze, soprannominato «Georges», come per i suoi compagni, questa fu una giornata particolare: l'avrebbe raccontata e ricordata per tutta la vita

Geórgij si preparava a diventare ballerino del balletto, e già da alcuni anni viveva a spese del tesoro zarista, in un enorme edificio che si estendeva per tutta la lunghezza della via Teatràl'naja. La mattina del 6 dicembre Geórgij e i suoi compagni di scuola andarono alla funzione nella cappella della scuola, e la sera in un carro a sei posti andarono allo spettacolo al teatro imperiale Mariìnskij. Non però in qualità di ascoltatori, ma di orgogliosi partecipanti.

Davano Konëk-gorbunok (Il cavallino gobbino), il balletto caro a Nikolàj Il, e Geórgij e compagni partecipavano alla marcia finale, il numero preferito dell'imperatore

Quando lo spettacolo finì, i giovani ballerini si cambiarono e si rimisero le uniformi di gala della scuola di balletto. A Geórgij questa uniforme piaceva: un bel vestito blu dall'aspetto mirabile con lire d'argento su colletto e berretto.

Poi il maestro e l'ispettrice allinearono gli allievi a coppie e li portarono a presentarsi all'imperatore. Era un momento solenne, ai bambini per l'agitazione mancava il fiato, ma mantennero la formazione con la solita precisione professionale. Tra loro marciava attento anche Georges Balančivàdze.

Tutti pensavano che il palco imperiale al teatro Mariìnskij fosse quello centrale. In realtà, il palco dello zar era di lato, a destra. C'era un'entrata separata, una speciale grande scalinata, un foyer a parte. Quando entravi, era come un appartamento colossale: lampadari magnifìcenti, pareti tappezzate di celeste. L'imperatore era seduto là con tutta la famiglia: l'imperatrice Aleksàndra Fëdorovna, l'erede; le figlie; dopo averci schierati in ordine d'altezza ci presentarono: ecco Efimov, Balančivàdze, Michàjlov. Stavamo sull'attenti.

Lo zar non era alto. La zarina, una bella donna, era molto alta invece. Era vestita lussuosamente. Le gran principesse, le figlie di Nikolàj, erano pure belle. Lo zar aveva occhi chiari sporgenti e aveva la erre moscia. Alla domanda: «Be', come state?» bisognava battere i tacchi e rispondere: «Siamo molto onorati, Vostra Maestà Imperiale!»

Poi ricevemmo un regalo dallo zar: cioccolata in scatole d'argento, meravigliose! E boccali di bellezza sbalorditiva, di porcellana, con lire celesti e monogramma dell'imperatore[361].

Così nel 1981, a New York, il rifugiato Georges Balančin, famoso coreografo settantasettenne, ha raccontato a me, altro rifugiato russo giunto in America relativamente da poco, per l'ennesima volta la commovente storia, una delle tantissime piccole leggende che costituivano i suoi ricordi sulla città che lui – al di là di tutti cambiamenti ufficiali e avallati – cocciutamente continuava a chiamare Pietroburgo

Georges Balanëivàdze, probabilmente, sentiva anche la stucchevolezza del quadro che ne veniva fuori. Forse per questo immancabilmente vi aggiungeva un tocco ironico: gli altri allievi i cioccolatini ricevuti dallo zar li conservarono come reliquie, finché il cioccolato non ammuffì, invece Georges lo mangiò tutto subito. «A quel tempo per me non aveva nessuna importanza»[362].

Nella Pietrogrado del 1916, forse sarà anche stato poco importante. Ma a New York, nella seconda metà del secolo, era diventato molto importante sia ricordare sKraccontare agli altri con commozione, con nostalgia. Georges Balančin negli Stati Uniti aveva creato, insieme con gli altri due grandi rifugiati russi, Igor'Stravinskij e Vladìmir Nabókov, uno splendido mito di Pietroburgo: la Nuova Atlantide che era stata annegata dalle acque del tempestoso ventesimo secolo. Questo mito, che alla fine in

---

361 Georges Balančìn, conversazione con l'autore (New York 1981)

362 Ibidem

Occidente attecchì e fiorì, in origine riguardava la musica e il balletto. In Europa cominciò a formarsi subito dopo la rivoluzione bolscevica del 1917 grazie a Djàgilev e ai suoi colleghi di Mir iskùsstva, il gruppo artistico che aveva avuto tanta risonanza

Questo intrecciarsi del mito di Pietroburgo con la musica e il balletto, come già sappiamo, non avvenne certo casualmente. Aleksàndr Benuà di Mir iskùsstva affermava che l'anima di Pietroburgo poteva esprimersi solo attraverso la musica. E aggiungeva che la musicalità della capitale russa «sembra essere racchiusa nella grande umidità dell'atmosfera». Altrettanto organica appariva la «teatralità» di Pietroburgo, che poteva essere vista come una magica conseguenza dell'architettura della città

È stato notato da tempo che gli enormi maestosi ensemble architettonici di Pietroburgo sono simili a scenografie. Ancora nel 1843 ne informava il mondo civile il bilioso Marquis de Custine: «A ogni passo che muovo, sono stupefatto osservando la confusione che è stata fatta ovunque in questa città tra due arti così diverse come quella dell'architettura e quella della decorazione. Sembra che Pëtr il Grande e i suoi successori abbiano preso la capitale per un teatro»[363].

Il pungente marchese coglieva il cuore del problema[364].

In effetti, Pëtr il Grande aveva fondato Pietroburgo con un gesto drammatico, teatrale. Non stupisce che questa teatralità sia rimasta per sempre legata alla città

Da un punto di vista architettonico, una delle ragioni principali della bellezza di Pietroburgo sta nel fatto che i suoi edifici stilisticamente sono per lunghi tratti uniformi. In questo la capitale russa si distingueva dalle altre grandi città costruite a poco a poco, nel corso dei secoli. All'effetto teatrale contribuiva anche l'impressione che la capitale imperiale russa fosse sorta tutta d'un tratto

Gli abitanti della città erano ben consapevoli di questo effetto. In uno dei primi romanzi storici russi, Roslavlev, ili Russkie v 1812 godu (Roslavlev, ovvero i russi nel 1812), scritto da Michail Zagóskin nel 1831, il protagonista, discutendo con un diplomatico francese a Pietroburgo, esclama con orgoglio: «Guardatevi intorno! Ditemi: i vostri antenati hanno costruito nel corso dei vari secoli

---

[363] Marquis de Custine, Empire of the Czar (New York 1989), p. 106

[364] Nei suoi appunti sui viaggi in Russia dell'imperatore Nicola I, all'acuto Marchese de Custine questo riuscì più di una volta

quello che abbiamo costruito noi in un secolo solo? Non assomiglia a un veloce cambiamento della scenografia della vostra Opéra parigina questa comparsa della magnifica Pietroburgo tra le paludi impenetrabili e le distese deserte del nord?[365]».

Questa metafora teatrale fu portata all'estremo dagli esponenti di Mir iskùsstva all'inizio del Novecento. Per Benuà la somiglianza dell'architettura di Pietroburgo con le scenografie è talmente indubbia che ne individua l'origine nell'effetto delle rappresentazioni teatrali: «Dopo che i russi hanno provato questa gioia per il breve attimo di uno spettacolo serale, è sembrato loro necessario immortalarlo in costruzioni di pietra e di bronzo»[366]. Ai membri di Mir iskùsstva, filoimperiali, anche se politicamente liberali (una miscela tipicamente pietroburghese), Pietroburgo appariva un enorme teatro, «un'arena di movimenti di massa, statali, comunitari[367]».

Vi avvenivano costantemente, secondo l'espressione di Benuà, «rappresentazioni di strada»: parate spettacolari, cortei funebri solenni, pomposi, pubbliche e rituali gogne di criminali. Persino il cambiamento di stagione a Pietroburgo per Benuà e colleghi aveva un «effetto teatrale»: dopo l'improvvisa, violenta primavera, chiamata da Stravinskij ancora negli anni della vecchiaia «l'evento più straordinario di ogni anno nella mia infanzia[368]», veniva la luminosa estate, e l'autunno drammatico si portava dietro l'inverno, spaventoso

Benuà mise in luce ancora un'altra tradizione pietroburghese di carattere teatrale: «Nei mesi invernali c'era la "stagione" pietroburghese: i teatri erano attivi, si davano balli, si celebravano le feste più importanti, Natale, Epifania, Carnevale. A Pietroburgo l'inverno era duro e opprimente, ma a Pietroburgo come in nessun altro luogo la gente imparava a trasformarlo in qualcosa di gradevole e splendido[369]».

Il centro della stagione a Pietroburgo erano l'opera e il

---

[365] Zagóskin, Roslavlev ili russkie v 1812 godu (Roslavlev, ovvero i russi nel 1812), Moskvà 1955, p. 48

[366] Ospovat, R.D. Timenčik, op. cit., p. 263

[367] Ibidem

[368] Stravinsky, R. Craft. op. cit.. p. 30

[369] Benuà, op. cit., vol. I, p. 13

balletto, tutti e due fiori stranieri che, trapiantati sul terreno russo nella prima metà del Settecento, in breve tempo vi fiorirono rigogliosi. Ancora nel 1791 un critico russo aveva bisogno di giustificare il balletto: «Quest'arte non è tanto vana come molti immaginano»[370], ma meno di cinquant'anni dopo Gógol'nell'articolo Peterbùrgskaja scéna v 1835-36 g. (La scena pietroburghese nel 1835-36) scriveva: «Il balletto e l'opera hanno pienamente conquistato la nostra scena. Il pubblico ascolta solo l'opera, guarda solo i balletti. Parla solo d'opera e di balletto. I biglietti per opera e balletto sono molto difficili da trovare»

Una delle cause principali di questa fioritura dell'opera e del balletto a Pietroburgo fu il fatto che, essendo istituzioni teatrali imperiali, erano totalmente finanziate dal tesoro. In Russia i governanti tradizionalmente non risparmiavano denaro per il sostegno del teatro. Quando il corrispondente del popolare giornale pietroburghese «Sévernaja peelà» nel 1837 andò a Londra, ebbe la possibilità di confrontare l'allestimento dell'opera di Rossini Semiramide nella capitale britannica con quello russo, ed ecco cosa comunicava: «A Londra l'allestimento delle opere è misero. Le scenografie sono mediocri. I cori sono sparuti. Com'è possibile confrontare la rappresentazione della Semiramide a Pietroburgo con quella londinese. Da noi è sontuosa, piena, viva; qui (ossia a Londra) è povera, esile, debole. Noi facciamo tutto il possibile; qui non fanno neanche la metà del necessario[371]».

Un altro autore affermava: «Per magnifice e spazio, i nostri spettacoli superano quelli parigini[372]». In un tipico balletto pietroburghese di quel periodo si cambiavano fino a sei scenografie, e nel corso del medesimo spettacolo il pubblico poteva vedere «giochi, marce e combattimenti», oltre a effetti come «il sorgere e il tramontare del sole, il terremoto, l'eruzione di un vulcano e la distruzione del tempio del sole resi con congegni meccanici»

All'imperatore Nikolàj I piaceva ridere del vaudeville francese e commuoversi a uno statico dramma patriottico russo, ma si rilassava davvero solo col balletto. L'imperatore era non soltanto

---

[370] Krasévskaja. Istorija russkogo baleta (Storia del balletto russo). pp. 64-65

[371] Gozenpud. Russkij opernyj teatr XIX veka, 1836-1856 (Il teatro operistico russo dell'Ottocento, 1836-1856), Leningràd 1969. p. 77

[372] Krasovskaja, Isrorija russkogo baleta, cit., pp. 64-65

un ballettomane, ma un ballettomane ideologico. Secondo le parole del poeta Afanàsij Fet, «l'imperatore Nikolàj, convinto che la bellezza fosse segno di forza, esigeva e otteneva dalle sue truppe, disciplinate e addestrate in maniera stupefacente, sottomissione e omogeneità assolute». Queste stesse qualità venivano imposte dall'imperatore anche nel balletto, e non a caso il corpo di ballo russo divenne presto un modello di disciplina e addestramento

Su come avvenisse l'addestramento del corpo di ballo russo ci illumina un testimone dell'allestimento pietroburghese del balletto La révolte au serail nel 1836. In questo spettacolo, la leggendaria ballerina romantica Maria Taglioni faceva la parte della bella Zulma, che capeggiava un esercito di concubine del serraglio, insorte contro il sultano. Per addestrare l'«esercito» di ballerine con metodi militari, l'imperatore mandò alcuni ufficiali della guardia

All'inizio le ballerine si divertirono, poi si stufarono, e cominciarono a impigrirsi. Venutolo a sapere, il sovrano andò alla prova e ammonì con severità le amazzoni teatrali: «Se non studierete come si deve, ordinerò di mettervi per due ore al gelo col fucile, in scarpe da ballo». Si doveva vedere lo zelo con cui le reclute in gonnella, spaventate, si misero all'opera[373].

Dopo la prima trionfale della Révolte au serail, Nikolàj I non perse neanche una replica, godendo alla vista del reggimento del corpo di ballo, armato, secondo le parole di un critico giocherellone, «con le armi bianche delle spalle rotonde e delle piccole braccia tornite[374]».

L'inaudita coordinazione dei movimenti faceva del corpo di ballo russo l'equivalente artistico delle parate e delle manovre militari tanto tipiche di Pietroburgo. Il balletto classico e la disciplina militare imperiale trovarono una comune base estetica. Secondo l'osservazione di Jùrij Lótman, «la domanda "come va a finire?" sia nel balletto sia in una parata assume un rilievo secondario», poiché «a interessare qui il conoscitore sono la

---

[373] Krasovskaja, Isrorija russkogo baleta, cit., pp. 64-65

[374] Petróv, Russkaja balernaja kritika konca XVIII-pervoj poloviny XIX veka (La critica russa del balletto della fine del Settecento - inizio Ottocento), Moskvà 1982, p. 146

precisione e la bellezza dei movimenti più dell'intreccio[375]».

Si è tentati di pensare che questo disinteresse imperial-militare per l'intreccio nella danza sia stato una delle tante cause che avrebbero condotto al successivo sviluppo del balletto russo senza intreccio, che ha in Marius Petipa il suo fondatore, in Chopiniana di Michaìl Fókin il suo capolavoro e in Georges Balančìn il suo massimo maestro.

Georges Balančìn era nato il 9 gennaio 1904, figlio del compositore georgiano Melitón Balančivàdze, che a volte viene tuttora chiamato «il Glìnka georgiano». La madre, Marìja Vasil'eva, era figlia di un tedesco e, in tal modo, nelle vene di Georges Balanëivàdze scorreva sangue georgiano, russo e tedesco. Nacque a Pietroburgo, e la Georgia la vide per la prima volta quando aveva cinquantotto anni

I primi georgiani comparvero a Pietroburgo poco dopo la fondazione della città. Il loro numero aumentò bruscamente dopo il 1801, quando l'imperatore Aleksàndr I annesse l'indipendente Georgia, un fiorente Stato caucasico con un'antica cultura cristiana, alla Russia, come si diceva nel proclama imperiale: «Non per accrescere il nostro potere e ampliare i nostri confini, ma per porre fine alle pene del popolo georgiano[376]».

All'inizio si stabilì a Pietroburgo la nobiltà georgiana, perlopiù trasferita qui a forza perché non ostacolasse il processo di annessione del paese da parte dell'impero russo. Ma quando la perdita dell'indipendenza della Georgia fu un fatto compiuto, molti giovani georgiani, come i giovani di altri popoli che componevano l'impero russo, cominciarono ad arrivare a Pietroburgo per propria scelta per avere qui un'educazione europea.

I georgiani sono un popolo combattivo. Così molti di loro a Pietroburgo entrarono nell'accademia militare. Altro tratto caratteristico dei georgiani è il loro amore per la musica e la danza. Per questo non sorprende che tra i primi studenti del conservatorio di Pietroburgo, aperto nel 1862, ci fosse anche il georgiano Charlàmpij Savanéli, che là fece amicizia con Pëtr Čajkóvskij.

Trentasette anni dopo il trentasettenne ambizioso Melitón

---

[375] Lótman, Stat'i po tipologii kul'tury (Saggi di tipologia della cultura), 2, Tàrtu 1973, p. 64

[376] Michail Gorgidze, Gruziny v Peterburge (I georgiani a Pietroburgo), Tbilisi 1976, p. 104

Balančivàdze Iasciò la Georgia per entrare nello stesso conservatorio

Alle sue spalle aveva già una vita artistica tempestosa. Figlio di un arcivescovo, Melitón, che aveva studiato al seminario, a diciassette anni cominciò a cantare al teatro dell'opera della capitale georgiana Tbilisi, all'inizio come corista, poi come solista nell'Evgénij Onégin e nel Faust. La sua esuberanza lo spingeva in varie direzioni. Ancora in Georgia Melitén compose le prime romanze nazionali in stile europeo, divenute poi famose, e fondò un coro nazionale. A Pietroburgo inizialmente provò a continuare a studiare canto, ma poi, su consiglio del direttore del conservatorio Antén Rubinštéjn, si mise a prendere lezioni di composizione da Nikolàj Rìmskij-Kórsakov

Nelia capitale russa Melitón Balanëivàdze cominciò a comporre la prima opera georgiana Tanzar Cbieri (Tamara la perfida) su soggetto tratto dal poema epico del poeta nazionale principe Akàkij Cereteli. Inoltre, come ricordava con orgoglio a New York suo figlio, «aveva scritto opere corali per tutte le grandi cattedrali» della capitale

E a Pietroburgo Melitén, iperattivo, continuava insistentemente a propagandare la musica popolare georgiana là poco nota, organizzando cori, esibendosi in speciali «Concerti georgiani» e pubblicando articoli sullo stile del canto nazionale. Ma si mosse in ogni direzione possibile (e spesso anche impossibile) dopo avere vinto una somma colossale alla lotteria statale. Balančin mi ha parlato di centomila rubli

Al famoso critico musicale pietroburghese Nikolàj Findéjzen, Melitón Balanëivàdze diede l'idea di raccogliere le lettere di Michaìl Glìnka, e ne pagò l'edizione, la prima del genere. Melitón letteralmente buttava via i soldi, prestandoli senza riaverli indietro ai numerosi amici georgiani e finanziando ristoranti georgiani in tutta la città, che fallirono uno dopo l'altro. Infine compì un errore fatale. Come raccontò Georges Balančin, suo padre voleva partecipare a un grande affare: uno stabilimento di crogioli, per il quale occorreva ordinare dall'Occidente macchinari appositi. Qui andò in bancarotta[377].

Nel 1917 Melitón Balanëivàdze tornò da Pietrogrado in patria, dove era stata proclamata la repubblica indipendente della Georgia con il primo governo socialista legalmente eletto del mondo (che resistette però solo pochi anni prima di essere inghiottito dalla

---

[377] Georges Balančin, conversazione con l'autore (New York 1982)

Russia comunista). Balanëivàdze là divenne di fatto uno dei dirigenti della vita musicale, presidente di innumerevoli società, consigli e comitati, e quando morì, nel 1937, era un artista molto popolare nella Repubblica socialista sovietica georgiana, rispettato e stimato da tutta la nazione

Al momento della morte del padre, Geórgij (così chiamato in onore di san Giorgio) era già da cinque anni allievo dell'Istituto di balletto di Pietrogrado

Gli amici lo chiamavano Georges, alla francese. Nel 1924, quando Georges entrò a far parte dei Balletti russi di Djàgilev in Francia, il famoso impresario abbreviò il suo cognome georgiano in quello sempre di sapore esotico, ma più facile da pronunciare, di «Balančin»; e nel 1933 con il suo arrivo negli Stati Uniti «Georges» divenne «George», l'ultima trasforrnazione del suo nome

Georges aveva il soprannome di «Ratto» perché era solitario, taciturno e circospetto e aveva l'abitudine di arricciare il naso scoprendo gli incisivi

Nell'enorme scuola dove trascorreva la vita coi suoi compagni, Georges si sentiva abbandonato dalla madre e dal padre, nonostante l'aspetto maestoso dell'edificio della scuola, progettato da Carlo Rossi e situato in una delle vie più belle della città

Era un conflitto tipicamente pietroburghese: la facciata pomposa nascondeva una moltitudine di piccole tragedie. E, di nuovo in modo tipicamente pietroburghese, la facciata a poco a poco esercitava il proprio impercettibile influsso sulla vita che si svolgeva dietro, formando e deformando le personalità degli abitanti dell'edificio

Certamente questa facciata pietroburghese esercitò una forte influenza su Georges, che imparò a dissimulare le proprie emozioni. Nativo di Pietroburgo, divenne un pietroburghese tipico. La sua caratteristica essenziale divenne il contegno. In seguito ammise che questo tratto gli era stato inculcato a Pietroburgo; di via Teatràl'naja negli anni successivi parlava con rispetto

Cresciuto in una famiglia di persone appassionate al balletto, Carlo Rossi, l'architetto che aveva progettato la via, sembrava scelto dal destino per progettare un edificio per la scuola di balletto che sarebbe divenuta la più famosa del mondo. Questo edificio fa parte di un complesso architettonico di incantevole armonia e severità: il segreto di questa magia mi è stato svelato dal coreografo Fëdor Lopuchóv. Una volta l'ho incontrato in Névskij prospékt. È stato all'inizio degli anni Sessanta; somigliante a Gógol'(se lo scrittore fosse vissuto fino alla vecchiaia), Lopuchóv stava tomando nel suo piccolo appartamento all'interno dell'edificio della scuola di balletto. Prima di allora ci eravamo incontrati al conservatorio di Leningrado, dove Lopuchóv dirigeva il reparto coreografia

Avere Lopuchóv come guida, anche se per venti minuti, è stata una grande fortuna. Ricordo ancora il fervore con cui mi spiegò che l'edificio di Rossi non conosce eguali

Guardi il teatro Aleksandrìnskij: l'Europa non ha nulla di simile! La Grande Opéra di Parigi, il Covent Garden impallidiscono davanti alla creazione di Rossi. Glielo assicuro! Dicono che i russi non sanno lavorare. Non è vero! Tutta via Teatràl'naja è stata edificata in tre mesi e mezzo, sono stati posati a mano diciotto milioni di mattoni!

Lopuchóv attirò la mia attenzione sul fatto che tutta via Teatràl'naja in sostanza è costituita di due enormi edifici. In uno, dal 1834, avevano sede i ministeri degli Interni e dell'Istruzione; in quello di fronte, dal 1835, la direzione dei teatri imperiali e la scuola di balletto.

Lo sa che quando si cammina per questa via verso il teatro le colonne del teatro cominciano letteralmente a ballare? Controlli! Vedrà che ho ragione! A volte mi chiedo: Rossi lo ha fatto di proposito?

Naturalmente io sapevo che l'armonia generale di quella via era il risultato di calcoli architettonici. A noi tutti, fin dall'infanzia, hanno inculcato che via Teatràl'naja è lunga duecentoventi metri, e che l'altezza di entrambi gli edifici è uguale alla larghezza della via: ventidue metri

Nelle mie giornate leningradesi per comune convinzione si diceva che le passeggiate in via Teatràl'naja (già rinominata via architetto Rossi) educano al senso dell'eleganza e dell'armonia spirituale. Ma temo che il giovane Balanëivàdze non ci pensasse troppo. Ora è difficile crederci; ma all'inizio nei confronti della sua futura professione provava quasi disgusto. Era attratto dalla musica, che gli veniva da dentro e lo commuoveva, mentre avvertiva la danza come una costrizione esterna

L'inatteso cambiamento avvenne quando Georges si trovò in scena al teatro Mariìnskij. Era una rappresentazione del balletto di Čajkóvskij La bella addormentata e il piccolo Georges vi partecipava nelle vesti un esile cupido. Si aprì il sipario, e Georges vide dalla scena il teatro Mariìnskij, con il suo azzurro e oro da togliere il fiato, con il suo elegante pubblico. I contemporanei ricor%no che al teatro Mariìnskij nelle occasioni speciali la luce veniva solo abbassata, e sala e scena erano magicamente fuse in un tutto unico

La musica cominciò e Georges d'un tratto capì di desiderare intensamente di essere su questa scena il più spesso possibile, di essere disposto a passarci tutta la vita[378].

Fu rapito dallo spettacolo di musica, movimento, scenografia, luce e della risposta del pubblico. Ma la musica in questa unione inscindibile rimase per sempre per Balančìn il primus interpares. Questa passione, probabilmente, contribuì a fare di lui il più grande coreografo del Novecento

L'autore del capolavoro del balletto che infiammò l'immaginazione e cambiò la vita di Georges era Marius Petipa, un francese che giunse a Pietroburgo in bastimento nel 1847 a ventinove anni d'età. Anche Balančìn andò in America a ventinove anni, e anche lui con un bastimento: notevole coincidenza per il superstizioso georgiano. Assai longevo, Petipa, che molti definiscono il maggiore degli artefici del balletto classico, servì con «fede e verità» quattro imperatori: Nikolàj I, Aleksàndr Il, Aleksàndr III e Nikolàj Il. Ideò le coreografie di molte decine di balletti per il teatro imperiale, tra i quali, oltre alla Bella addorntentata, c'erano anche capolavori ora famosi in tutto il mondo come Don Quixote, la Baiadera e Raintonda. Insieme con Lev Ivanóv, Petipa mise in scena Il lago dei cigni; sua è una delle più popolari versioni di Giselle; fu anche autore di una scenografia dello Schiaccianoci

Petipa morì nel 1910, e Balančìn non lo incontrò mai. Ma gli insegnanti della scuola di balletto ricordavano il vecchietto elegante con la barba ben curata, e il pince-nez d'oro. I più anziani amavano ripetere le sue buffe espressioni russe (dopo sessanta e passa anni trascorsi a Pietroburgo Petipa non aveva ancora imparato a parlare correttamente il russo), raccontavano con trepidazione quanto fosse irritabile ed esigente, si entusiasmavano per la ricchezza della sua fantasia coreografica. Le sue opere più perfette Petipa le creò nell'ultimo periodo della vita. Ormai malato e debole, continuava a dirigere le prove; per lui, come poi per Balančìn, il lavoro era la medicina migliore. Ma gli ultimi anni della vita di Petipa furono gravemente amareggiati da un serio conflitto col direttore dei teatri

---

[378] Ibidem

imperiali Vladìmir Teljakóvskij, che considerava il coreografo «superato» e un ostacolo al balletto pietroburghese

Il 19 gennaio 1904, dieci giorni dopo la nascita di Geórgij Balanëivàdze, Petipa annotò nel diario: «In teatro stanno provando La bella addormentata

Io alla prova non ci vado. Non me ne informano ... La mia meravigliosa carriera artistica è finita. Cinquantasette anni di servizio. E ho le forze per lavorare ancora un po'. Presto, l'Il marzo, compio ottantasei anni»[379]. E un giorno dopo, con malcelata gioia: «Stasera danno la centounesima rappresentazione della Bella addormentata. Mia figlia balla. Sono presenti il sovrano e l'imperatrice vedova. Incasso 26 rubli e 7 copechi[380]».Petipa non dimenticava mai di annotare la cifra precisa dell'incasso

Balančìn leggeva con attenzione i diari e le memorie di Petipa, definendoli con il suo simpatico sorrisetto «malinconici». Lo colpiva che Petipa fosse morto «da vecchio inutile e incattivito». Al Balančìn maturo Petipa sembrava l'ideale del coreografo. E non si trattava soltanto delle doti di Petipa

Per Balančìn, Petipa era l'uomo giusto al momento giusto al posto giusto. A Balančìn sembrava saldamente inserito nel contesto sociale dell'epoca, e nondimeno abbastanza libero da comporre balli non sotto la sferza, ma per moto interiore. Con orgoglio Petipa si sentiva «al servizio dell'imperatore»

Il francese ebbe fortuna: a quell'epoca la Russia, secondo Balančìn, aveva incomparabilmente più forza vitale della patria di Petipa. Una delle prove principali di questa tesi per Balančìn era il fatto ben noto che il tesoro dello zar nei confronti del balletto era il più generoso d'Europa

Una volta Balančìn con soddisfazione mi ha riferito un episodio interessante dalle memorie di Petipa, per il georgiano sembrava acquisire un particolare significato: Petipa faceva le prove a teatro con la grande ballerina Fanny Elssler, il «grand pas con fucile» dal balletto di Jules Perrot Ekaterina, ou La fille du bandit. All'improvviso alla prova arrivò Nikolàj I. Vedendo che Elssler teneva male il fucile, l'imperatore interruppe la prova e si rivolse a lei: «Venitemi vicino e fate tutto quello che faccio io». Con queste parole Nikolàj si mise a far vedere come si maneggiava il fucile, e

---

[379] Marius Petipa, Materialy. Vospominanija. Stat'i (Materiali. Ricordi. Articoli), Leningràd 1971, p. 90

[380] Ibidem

Elssler ripeté con molta agilità

Soddisfatto di questo zelo, l'imperatore le domandò quando sarebbe stata la prima: «Verrò ad applaudirvi». Con un sorriso malizioso, Balančin aggiunse che quando i cortigiani seppero che la prova del balletto era stata diretta dallo zar in persona, i biglietti per la prima furono venduti tutti in un battibaleno. Il direttore dei teatri imperiali Ivàn Vsévoloiskij una volta affermò: «Prima di tutto dovevamo accontentare la famiglia dello zar, poi i gusti del pubblico e solo in terza istanza le esigenze schiettamente artistiche». Quest'ultimo punto per Balančin, che nelle questioni artistiche importanti non scendeva a compromessi, era dato per scontato. Non dimenticava mai il dovere del coreografo di divertire il pubblico. E io ho l'impressione che il Balančin del periodo americano a volte lamentasse l'assenza di augusti patroni

Di qui lo sforzo di Balančin di instaurare un contatto personale con Jaqueline Kennedy, quando suo marito John era presidente. Nell'America moderna, i Kennedy erano quanto di più simile a una famiglia imperiale. Jacqueline per Balančin rappresentava una nuova imperatrice che, a quanto diceva lui, sarebbe dovuta diventare «salvatrice spirituale» dell'America. Indicativo che di uno statunitense che investì una somma ingente per l'allestimento di un balletto, Balančin rilevasse soddisfatto: «In Russia sarebbe stato un principe»

Un altro regalo a Petipa dalla Russia fu, secondo Balančin, il «materiale umano». Il coreografo infatti si esprime per mezzo dei ballerini e dipende per molti aspetti dalle particolari doti di questo o quell'artista. Elizavéta Gerdt (una ballerina pietroburghese che Balančin adorava) amava ricordare che Petipa in sua presenza aveva composto una variazione per la ballerina

Dalla faccia di lei si vedeva che non era soddisfatta di qualcosa. Petipa aveva subito detto: «Se non piace, lo cambio». E si mise a mostrare un'altra combinazione. Seguendo Petipa, Balančin ha sempre ritenuto che il coreografo non dovesse essere dogmatico e dovesse orientarsi in una certa misura all'individualità dei suoi ballerini

Secondo Balančin, Petipa sotto questo aspetto era fantastico: aveva lavorato con Matìl'da K<esìnskaja, Anna Pàvlova, Ól'ga Preobražénskaja, Pàvel Gerdt (padre di Elizavéta). Gerdt, tipico danseur noble del balletto russo, fu uno degli insegnanti di Balančin. Colpiva l'immaginazione del giovane Georges sapere che aveva creato la parte del principale nella Bella addor"tentata, nello Schiaccianoci e nel Lago dei cigni a Pietroburgo

Balančin considerava della coreografia di Petipa l'eleganza

francese e l'umorismo, la lucidità e l'arguzia delle sue invenzioni e, soprattutto, l'inesauribile varietà, come gli esempi più alti di ciò che può essere conseguito nell'arte del balletto. Ma queste qualità «francesi» erano significativamente accompagnate da una dolcezza e da una fluidità specificamente russe, acquisite da Petipa lavorando con gli artisti pietroburghesi. E, naturalmente, influì su Petipa anche la grande città stessa: la poesia delle sue notti bianche, il sempre presente respiro minaccioso del tempestoso Mar Baltico, la grandeur dell'architettura neoclassica e il culto dell'artigianato di pregio

258 7 Alcuni critici hanno ravvisato nella famosa scena delle ombre della Baiadera di Petipa la trasposizione delle impressioni del coreografo derivanti dalle continue inondazioni di Pietroburgo e hanno tracciato un parallelo tra le squisite composizioni in veste bianca di Petipa e le notti bianche di Pietroburgo

Inoltre, nella scena del sogno del Don Quixote di Petipa, Vadìm Gaévskij ha letto un ritratto velato della capitale russa: «Qui è rappresentato il tema dell'idealismo pietroburghese, uno dei principali temi in Petipa. Qui si allude allo schema delle "visioni oniriche pietroburghesi[381]»

Questo accostamento un po'inatteso con Gógol'e Dostoévskij è giusto nel senso che il tema della purezza perduta si può trovare tanto in loro che in Petipa. Nel Lago dei cigni Petipa ha creato l'immagine fatale di Odile, il cigno nero, l'opposto morale del cigno bianco Odette, trasfigurando in quel modo sulla scena del balletto il contrasto grafico tipicamente pietroburghese tra il nero e il bianco come simboli del male e del bene

Gaévskij affermava: «Petipa è il primo autentico urbanista della storia del balletto europeo. L'ensemble – principio di progettazione della grande città – è alla base dei suoi progetti coreografici[382]». Di qui la tipica grandiosità di molte delle decisioni coreografiche di Petipa. Nella prima versione della scena delle ombre della Baiadera impiegò sessantaquattro ballerine! L'impressione prodotta da questa cascata di tuniche bianche sulla scena del teatro imperiale fu travolgente

Ma nella versione di Petipa della grandiosità di Pietroburgo si è sempre nascosto l'embrione della catastrofe. Alla fine della sua carriera Petipa ebbe l'idea di colpire l'immaginazione del pubblico

---

[381] Gaévskij, Divertismént (Divertissement), Moskvà 1981, p. 79

[382] Ibid., p. 70

della capitale con una messa in scena particolarmente sontuosa. Cominciò a lavorare al balletto Volšébnoe zérkalo (Lo specchio magico), in cui l'effetto principale era un enorme specchio in scena che rifletteva sia la scena sia la platea. Lo specchio era pieno di mercurio e, a quanto si racconta, in una delle ultime prove scoppiò. Dalle crepe il mercurio scorreva a rivoli argentei. Era uno spettacolo spaventoso e un brutto segno. Il superstizioso Petipa rimase sconvolto

Non molto prima della catastrofe dello specchio Petipa annotò nel diario:

Mie ultime volontà riguardo ai miei funerali. Tutto deve essere molto modesto. Due cavalli per il carro. Nessun invito ai funerali. Solo un annuncio sui giornali. In questo 1903 io concludo la mia lunga carriera artistica: sessantasei anni di lavoro e cinquantasette di servizio in Russia. Ricevo novemila rubli di pensione all'anno, e fino alla morte sarò considerato nell'organico. È magnifico. Temo solo che non farò in tempo ad approfittare di questa fantastica pensione[383].

La sensazione di cambiamento d'epoca tipica della Pietroburgo di fine Ottocento e l'attesa di una catastrofe imminente non abbandonavano Petipa

In questo senza dubbio è una delle cause del suo amore per Čajkóvskij, che lavorò, possiamo dire, sulla stessa lunghezza d'onda psicologica. Petipa sarebbe potuto benissimo rimanere alla musica di Cesare Pugni, di Ludwig Minkus o di Riccardo Drigo, dopotutto alcuni dei suoi più grandi successi coreografici erano legati a collaborazioni con questi compositori minori: La figlia del faraone e Il cavallino gobbino (Konëk-gorbunok; Pugni), Baiadera (Minkus) e Milioni d'Arlecchino (Arlekinada; Drigo)

Questi autori erano maestri delia musica facile e gradevole da balletto, ma le loro opere non si potevano paragonare con quelle di Čajkóvskij. Tuttavia la comprensione dell'enorme contributo di Čajkóvskij giunse sorprendentemente tardi. In effetti, persino Minkus dai ballettomani pietroburghesi veniva considerato «troppo serio»! Sulla musica del primo balletto di Čajkóvskij Lebedìnoe ózero (Il lago dei cigni), i recensori della prima scrissero pressoché all'unanimità che era secca e monotona. Un ballettomane

---

383 Petipa,op. cit.. p. 68

sentenziò: «Čajkóvskij ha messo sonno al pubblico e ai ballerini[384]». Quando Petipa, settantenne, decise di lavorare alla coreografia della Bella addormentata, di Čajkóvskij, fu un passo audace. Čajkóvskij chiamava Petipa «caro vecchietto», mentre Petipa riconosceva pienamente tutto il genio del suo collaboratore

Čajkóvskij, che apprezzava il classicismo di Petipa, aveva frequentato con successo il classicismo in partiture come la Serenata per orchestra d'archi o la suite Mozartiana, in seguito impiegate da Balančìn per i suoi capolavori coreografici. E Petipa era attratto dalla musica di Čajkóvskij per il suo carattere nostalgico. Sullo sfondo della musica di Čajkóvskij, le scene di grandi balli, di misteriosi e sfarzosi rituali e cerimonie acquisirono un nuovo significato. L'azione del balletto superò il proprio carattere convenzionale e cominciò a espemere le complesse emozioni e gli umori contemporanei

Non molto tempo prima lo scrittore satirico Saltykóv-Sëedrìn poteva attaccare con disprezzo il balletto di Petipa: «Nella Figlia del faraone si parla forse di convinzioni, di onore, di amore per la patria? Mai[385]!». Ma già nel 1890 la prima della Bella addormentata di Čajkóvskij-Petipa sulla scena del teatro Mariìnskij infiammò e ispirò un intero gruppo di giovani idealisti dell'avanguardia estetica tra i quali erano Aleksàndr Benuà, Léon Bakst e Sergéj Djàgilev, i futuri organizzatori di Mir iskùsstva

Petipa aveva creato un mondo in cui in superficie regnavano la spensieratezza e l'ordine, ma che aveva una vita precaria, minacciato da un'inevitabile catastrofe. Il culmine della Bella addormentata, l'opera più perfetta di Petipa, è un'improvvisa catastrofe, non di destini personali, ma di tutta una civiltà. Basata sulla fiaba di Charles Perrault Ln belle au bois dormant, del ciclo di Mannna oca, la parabola di Čajkóvskij-Petipa su un regno immerso in un sonno secolare per l'incantesimo di una strega maligna sembrava preannunciare il destino di Pietroburgo. L'incantesimo maligno stava per raggelare il regno in un sonno di secoli: una profezia che si è avverata nella Russia del Novecento. Una cappa di sinistri presagi incombeva sull'epoca che univa Čajkóvskij, Petipa e gli esponenti di Mir iskùsstva

Ciò nonostante Benuà e amici, riconoscendo a Petipa quanto

---

[384] Ju. Slonìmskij, P.I. Čajkovskij i baletnyj teatr ego vremeni (Čajkovskij e il teatro di balletto del suo tempo), Moskvà 1956, p. 121

[385] Ibid., p. 9.

gli spettava, non sentivano affatto in lui un'anima affine, come invece succedeva loro con Čajkóvskij. Il loro compagno d'armi coreografico era Michail Fókin, nato a Pietroburgo nel 1880 e morto a New York nel 1942.

Il programma estetico di Mir iskùsstva fu sempre piuttosto vago; era determinato in buona misura dalle tendenze e dai temperamenti individuali. Ma era difficile immaginarsi un amalgama più eccentrico di quello dei gusti e delle propensioni artistiche di Fókin. Vi erano mescolati una tendenza al realismo, abbozzi impressionistici, idee simboliste ed eccessi decadentistici, l'amore per le concezioni pittoriche e un serio interesse per la musica come base dei movimenti del balletto

In trentasette anni Fókin, verso il quale Balančìn ebbe sempre un atteggiamento ambivalente, fece la coreografia per oltre ottanta balletti, dei quali solo pochi sono stati conservati nella loro interezza, e solo due – Chopiniana, che in Occidente si chiama Le silfidi, e Petrùška – sono entrati in modo stabile nei repertori. Ma anche da questi due capolavori di Fókin ci si può fare un'idea del suo mondo creativo

Chopiniana spesso viene considerato il primo balletto astratto, completamente privo d'intreccio. Ma ci si dimentica che il balletto vide la luce quasi per caso. Fókin non aveva affatto progettato di fare di Chopiniana il manifesto del balletto senza intreccio. Al contrario, nella sua prima variante, allestita nel 1907 a Pietroburgo, era una serie di abbozzi romantici tratti «dalla vita del compositore», accompagnati a musica di Chopin con l'orchestrazione di Glazunóv. Solo quando l'opera fu derisa dai critici pietroburghesi Fókin fece di Chopiniana una composizione astratta

Balančìn mi disse ciò che apprezzava maggiormente in Fókin:

In Petipa tutto era tratteggiato per linee rette: i solisti davanti, il corpo di ballo dietro. Invece Fókin ha inventato le linee curve nel balletto. E a mio parere è il vero inventore dell'ensemble nel balletto. Fókin ha preso un piccolo ensemble e vi ha realizzato cose interessanti, strane[386].

La Chopiniana Balančìn l'amava da quando era giovane e all'inizio degli anni Settanta chiese alla ballerina Aleksàndra

---

386 Georges Balančìn, conversazione con l'autore (New York 1982).

Danìlova (una delle più grandi muse di Balančìn) di fare rivivere quest'opera di Fókin per il New York City Ballet. Le ballerine in questo allestimento comparivano in scena non con i tradizionali costumi lunghi di tulle, ma con i vestiti delle prove, e con l'accompagnamento del pianoforte, non dell'orchestra. I critici videro in questo il desiderio di Balančìn di chiarire e sottolineare gli aspetti puramente coreografici del balletto di Fókin, ma di questa austerità la Danìlova mi fornì una spiegazione assai più semplice: «L'abbiamo fatto per povertà[387]». La coreografia di Petrùška fu realizzata da Fókin per il Balletto russo di Djàgilev. La sensazionale prima della più pietroburghese delle opere di Fókin si tenne nel 1911 al teatro Châtelet di Parigi. Nell'esportazione del mito di Pietroburgo in Occidente, fu un momento di straordinaria importanza

Nel Novecento la figura dell'artista russo che cerca libertà creativa in Occidente è ben nota. Quando si parla di profughi come questi, in primo luogo si pensa a quelli fuggiti dal regime sovietico. Ma i primi rifugiati culturali dalla Russia del Novecento comparvero in Occidente prima ancora della rivoluzione comunista del 1917. Di fatto il Balletto russo di Djàgilev era un'organizzazione per rifugiati che cominciò a realizzare le proprie stagioni russe a Parigi fin dal 1907

Djàgilev si trasformò in rifugiato non di propria spontanea volontà; lo indusse a questo la logica degli eventi. All'inizio la sua massima ambizione era sedersi sulla poltrona di direttore dei teatri imperiali russi. Per quella carica Djàgilev aveva le qualità necessarie: gusto raffinato, erudizione impressionante, straordinario fiuto per il nuovo ed eccezionale talento organizzativo. Ma non riuscì a raggiungere l'obiettivo desiderato né con complesse manovre di aggiramento né con attacchi frontali. Djàgilev era danneggiato dall'assenza di agganci burocratici e di legami a corte, da un programma estetico troppo audace e dalla sua aperta omosessualità. Di conseguenza nel 1901 fu sollevato dall'incarico di direttore con incarichi speciali dei teatri imperiali e bandito da ogni incarico pubblico

Da questo momento Djàgilev concentrò i propri sforzi e progetti di lungo respiro sulla propaganda della cultura russa all'estero, lontano dalla corte e dalla burocrazia. Nel 1906 Djàgilev organizzò L'Exposition de l'art russe presso il Salond'Automne a Parigi e nel 1907, nel medesimo luogo, i «Concerti storici russi»

---

[387] Aleksàndra Danìlova, conversazione con l'autore (New York 1986).

con la partecipazione di Rìmskij-Kórsakov, Glazunóv, Rachmàninov e Šaljàpin. Nel 1908 il Borìs Godunóv con Šaljàpin come protagonista fu dato alla Grande-Opéra. E infine nel 1909 Djàgilev inaugurò la propria stagione di opera e balletto parigina. In questa occasione i parigini videro per la prima volta la Chopiniana di Fókin, che Djàgilev rinominò Le silfidi.

Inizialmente con astute manovre Djàgilev riuscì a ottenere il sostegno dello zar alle proprie iniziative. Per questo fu costretto a pregare, intrigare e spiegare «l'importanza nazionale» dell'esportazione della cultura russa in Europa. Nel 1907 Djàgilev, disperato, si lamentava con Rìmskij-Kórsakov: «Devo convincere il gran principe Vladìmir che la nostra iniziativa è utile dal punto di vista nazionale; il ministro delle finanze che è vantaggiosa dal punto di vista economico, e persino il direttore dei teatri che porterà benefici alla scena imperiale! E quanti altri ce ne sono[388]!!!».

La tipica reazione della burocrazia russa alle iniziative culturali di Djàgilev è testimoniata dall'annotazione estremamente irritata nel diario del direttore dei teatri imperiali Teljakóvskij: «In complesso questa infame diffusione della cultura russa ha causato ai teatri imperiali non pochi danni, mentre di benefici finora ne vedo pochi[389]».

Già nel 1910 le ambasciate russe in Europa ricevettero una speciale circolare da Pietroburgo che vietava loro di aiutare in qualsiasi modo l'impresa di Djàgilev. Questo voleva dire non solo l'interruzione dei rapporti tra la corte e Djàgilev, ma un'aperta dichiarazione di guerra. Da allora gli ambasciatori russi a Parigi, Londra e nelle altre capitali europee ostacolarono Djàgilev come poterono[390].

Il confronto della burocrazia zarista con Djàgilev prefigurava la guerra assai più feroce contro gli esuli condotta dal governo sovietico. In realtà non si tratta che della continuazione di una tradizione russa. A esclusione, forse, di Ekaterina Il, i sovrani russi non erano interessati all'esportazione della cultura patria. Per loro strumenti assai più efficaci per accrescere l'influenza e il prestigio della Russia erano le baionette dell'esercito

---

388 Sergej Djagilev i russkoe iskusstvo (Sergéj Djàgilev e l'arte russa), 2 voll., Moskvà 1982, vol. Il, p. 100

389 V. Krasovskaja, Russkij baletnyj teatr naéala XX veka (Il teatro russo di balletto dell'inizio del secolo XX), 2 voll,, Leningràd 1971, vol. I, p. 361

390 Stravinsky, R. Craft, op. cit., p. 36

Lo scambio culturale era unilaterale, dall'Occidente alla Russia, e comunque era limitato e strettamente controllato dall'alto. In sostanza, gli spettacoli provenienti dall'Occidente erano sempre sospettati di eccessivo decadentismo. I cantanti italiani o i commedianti francesi andavano bene per l'élite culturale, ma alle masse era destinata l'arte locale, più semplice e più sana.

Mir iskùsstva fu la prima organizzazione artistica russa che si sforzò attivamente di instaurare contatti stretti con l'Occidente. Senza dubbio vi fu l'influenza della borghesia russa che stava crescendo, desiderosa di scambi reciprocamente vantaggiosi con l'Europa occidentale. Perciò la comparsa di una figura come Djàgilev era prevedibile. Che Djàgilev non fosse solo un commesso viaggiatore della cultura russa ma un genio con una visione creativa unica può essere considerato un inatteso regalo. Ma per la carriera dell'ambizioso Djàgilev, il suo talento a volte risultava più un ostacolo che un aiuto, poiché gli rendeva più difficile scendere a compromessi con l'onnipotente burocrazia imperiale, che non aveva bisogno di visionari, ma solo di servitori energici come Teljakóvskij

Ecco perché il balletto russo di Djàgilev si trasformò in un'organizzazione di rifugiati. In sostanza si trattava di Mir iskùsstva trapiantato da Pietroburgo a Parigi, poiché Benuà (come vari altri esponenti di Mir iskùsstva e Bakst prima di lui) divenne un collaboratore di primo piano dell'impresa di Djàgilev. Gli si unirono Stravinskij e Fókin. Nel 1910 questo gruppo creò lo spettacolo che da molti è stato considerato il vertice delle «Stagioni russe» di Djàgilev: Petrùška.

Lo sforzo cooperativo su Petrùška è tipico di Mir iskùsstva. L'autore principale fu Stravinskij, che nel 1910 a Losanna suonò a Djàgilev un brano di un progetto di concerto per pianoforte e orchestra dal titolo Krik Petrùški (Il grido di Petrùška). Djàgilev pensò subito di farne un balletto, scrisse a Benuà a Pietroburgo, chiedendogli di comporre un libretto

Benuà ne fu entusiasta: Petrùška, il Guignol russo, era il suo burattino preferito sin dall'infanzia. Non molto tempo prima Petrìtika aveva divertito le folle della capitale nei teatrini che venivano montati sul campo di Marte nei giorni di carnevale. All'inizio del Novecento la tradizione dei divertimenti popolari sul campo di Marte si era spenta, e Benuà, convinto passatista, era ansioso di immortalare questo pittoresco carnevale pietroburghese

Djàgilev tornò a Pietroburgo, e il libretto del Petrùška nacque intorno al tradizionale tè serale russo con le ciambelle a casa sua.

Poi a Djàgilev e Benuà si unì Stravinskij. In seguito, Benuà ripeté con insistenza che quasi tutto l'intreccio di Petrùška, con le tre marionette – Petrùška, Ballerina e il Negro – che misteriosamente rinascevano e, in mezzo al chiassoso carnevale russo recitavano il tradizionale dramma dell'amore e della gelosia, era stato inventato proprio da lui, ma ammise che a volte il «programma» era stato adattato a una musica già scritta. Quanto a Stravinskij, era entusiasta del proprio collaboratore: «E un uomo di raro acume, lucido e sensibile non solo al movimento, ma anche alla musica[391]».

Come ricorderà più tardi Benuà, prima della prima, quando bisognava decidere chi sarebbe stato presentato come autore del libretto del balletto in programma, propose di cedere il passo a Stravinskij, e solo dopo un combat de générosité fu deciso che sarebbero stati indicati come autori del libretto sia Stravinskij sia Benuà. Decisione di cui Stravinskij poi si rammaricò profondamente, perché dava a Benuà un sesto dei diritti d'autore non solo delle esecuzioni teatrali, ma anche di quelle concertistiche della musica del balletto

Stravinskij dal 1910 di fatto visse all'estero, e Petrùška fu composto in Svizzera, Francia e Italia e per la prima volta messo in scena a Parigi nel 1911

Tuttavia si trattava di un'opera sommamente pietroburghese. Stravinskij lo riconobbe anchet*legli ultimi anni di vita, quando si sforzava di mascherare le radici russe di Petrùška insistendo che i personaggi e persino la musica erano stati ispirati da E.T.A. Hoffmann. Si «dimenticava» soltanto di aggiungere che proprio all'inizio del secolo Hoffmann era stato letteralmente «espropriato» da Mir iskùsstva; circolava persino l'espressione «hoffmanniade pietroburghese». Benuà continuava a proclamare che Hoffmann era il suo idolo e la sua guida artistica, e in quel periodo Stravinskij confessava di trovarsi completamente nella «sfera d'influenza di Benuà».32

Davanti agli spettatori riuniti alla prima di Petrùška si schiuse il quadro di una fiera a Pietroburgo all'epoca di Nikolàj I, intorno agli anni Trenta, con la guglia dell'Ammiragliato in prospettiva e agli angoli i pali a strisce dei lampioni. Benuà e Fókin avevano inventato moltissime macchiette pittoresche che popolavano la folla della fiera: mercanti, cocchieri, balie, militari, poliziotti, zingari con un orso. Sullo sfondo dei divertimenti festivi si dipanava la tragedia di Petrùška, un burattino nella tempesta delle passioni

---

[391] Stravinskij, op. cit., p. 462.

umane

Questo tema tradizionale della letteratura russa, la sofferenza dell'uomo «piccolo», veniva visto attraverso la lente di Hoffmann. «Ci sono sia Gógol', sia Dostoévskij, sia Blok[392]» constatava un erudito critico russo presente allo spettacolo

Effettivamente l'influenza del dramma di Blok La baracca dei saltimbanchi sulla concezione di Petrùška è evidente. La baracca dei saltimbanchi, messa in scena da Mejerchól'd a Pietroburgo nel 1906, metteva per la prima volta sulla scena russa la sofferente marionetta di Pierrot (Petrùška in Russia) nel contesto di un «teatrino» estremamente moderno. In questo allestimento Mejerchól'd aveva unito in modo innovativo musica, danza e azione drammatica

Nel febbraio 1910, quando Fókin per una serata della rivista pietroburghese «Satirikon» allestì un piccolo balletto sulla musica del Carnevale di Schumann, Mejerchól'd vi recitò la parte di Pierrot. Era una «ripresa» della parte di Pierrot nella Baracca dei saltimbanchi di Blok, in cui Mejerchól'd compariva con una tunica bianca con le maniche lunghe: una marionetta triste dai movimenti angolosi che emetteva di tanto in tanto patetici lamenti. Il Pierrot Mejerchól'd era il precursore diretto di Nižìnskij, che incantò il pubblico parigino del Balletto russo

I critici francesi dell'epoca scrissero a proposito dell'influenza di Dostoévskij su Petrùška; i più smaliziati cercarono allusioni e paralleli con la relazione scandalosa di Nižìnskij e Djàgilev, in cui l'impresario sembrava fare la parte del prestigiatore-manipolatore, mentre il ballerino quella della marionetta infelice; ma nessuno parlò dell'influenza di Blok e di Mejerchól'd

Pietroburgo per la prima volta aveva catturato la fantasia del pubblico dei lettori europei tramite Delitto e castigo di Dostoévskij. Era una metropoli misteriosa, affine alla Londra di Dickens e alla Parigi di Balzac, ma più severa e spaventosa per la sua lontananza e la sua diversità. L'esotismo di Pietroburgo per il lettore europeo di Dostoévskij aveva un timbro sinistro

Petrùška era un'altra faccenda. La tragicità del suo intreccio era stata avvolta dagli autori con sapienza in un nazionalismo nostalgico

Dopo i travolgenti successi parigini, d'un tratto Pietroburgo

---

392 «Apollon», 6, 191 1, p. 74

parve a Stravìnskij «tristemente piccola e provinciale».[393]

Ma di fatto Petrùška fu accolto dal pubblico occidentale come un'opera nazionalista, esotica, che riusciva a presentare Pietroburgo in un'altra prospettiva. Il «Times» scrisse dopo la prima del balletto a Londra: «l'insieme è fresco in modo nuovo e fresco in modo russo, più russo, in realtà, di tutti i balletti che abbiamo visto[394]».

Fu estremamente importante per la sorte del mito di Pietroburgo in Europa il fatto che Petrùška fu percepito dai critici occidentali come un'opera innovativa. «È supremamente intelligente, supremamente moderno e supremamente barocco[395]» si meravigliava nel 1913 l'«Observer» di Londra, riassumendo in modo penetrante alcuni dei particolari salienti dell'avanguardia pietroburghese in seguito ripresi da Vladìmir Nabókov

Il Petrùška di Stravìnskij-Benuà-Fókin-Djàgilev fu la prima opera che diede al pubblico occidentale un'immagine idealizzata e romantica di Pietroburgo. E molto significativamente questa immagine nostalgica è stata creata per la maggior parte in Europa occidentale, da semirifugiati sotto l'egida di un'impresa di semirifugiati. Solo così nascono, probabilmente, le opere autenticamente nostalgiche.

La scuola imperiale di balletto, in cui studiava e viveva il giovane Georges Balanëivàdze, funzionava quasi come un monastero. La vita degli allievi procedeva secondo un preciso ritmo e sotto un rigido controllo; la diligenza veniva premiata, mentre la disobbedienza veniva punita, spesso con la massima umiliazione pubblica del colpevole. Gli allievi si alzavano presto, lavandosi con acqua gelida sotto un'enorme cisterna con molti rubinetti, sotto l'occhio vigile dell'istitutore andavano a fare una passeggiata, e alle dieci del mattino cominciavano le lezioni di danza classica. Poi si occupavano di materie non tecniche: letteratura, aritmetica, geografia, storia. Verso sera c'era una seconda sessione di danza. La sera facevano i compiti e suonavano il piano. Alle undici andavano tutti a letto in un enorme dormitorio

Ricevevano da mangiare quattro volte al giorno su un lungo tavolo; il cibo era abbondante, vario e saporito. Bisognava

---

[393] Stravinsky, R. Craft, op. cit., p. 135

[394] Nesta Macdonald, Diaghilev Observed by Critics in England and the United States, 1911-1929, New York 1975, p. 76

[395] Ibidem

mangiare in fretta e senza sporcare. Per le esigenze spirituali c'era una cappella all'interno della scuola. La prima preghiera precedeva la prima colazione. Nella settimana Santa della Quaresima gli allievi dovevano confessarsi e comunicarsi

Come i suoi compagni di scuola, Georges Balanëivàdze poteva essere certo del proprio futuro. Dopo la fine della scuola i diplomati avevano un posto garantito al teatro Mariìnskij, avevano il titolo di Artista dei teatri imperiali, un eccellente salario e presto una generosa pensione. Se svolgevano il proprio lavoro con coscienziosità e in modo impeccabile, non avevano altro di cui Spesso a quei tempi si diceva: «Gli artisti del balletto hanno tutta l'intelligenza nei piedi[396]».

Probabilmente per questo, alla scuola di balletto soli esami severi erano quelli di danza classica. Fókin si lamentava che storia, geografia, lingue venivano insegnate e studiate con superficialità: «Allora nessun artista andava all'estero, e la lingua francese ci sembrava una tortura del tutto inutile[397]».

Lopuchóv amava ricordare che Nižìnskij, per esempio, era stato licenziato dalla scuola senza sostenere nessun esame di materie non tecniche, perché era chiaro che simili prove non le avrebbe date comunque

Così la scuola fu impostata inizialmente e continuò per decenni. La routine quotidiana di questo monastero del balletto aveva la sua attrattiva: era in armonia con la struttura dello Stato all'esterno della scuola e produceva meravigliosi risultati professionali. Finché c'era tranquillità in Russia, c'era tranquillità anche tra le mura della scuola di balletto. Ma quando le fondamenta dello Stato imperiale cominciarono a tremare, anche tra i ballerini cominciarono i tumulti

Uno dei primi rivoltosi fu Fókin, presto seguito da altri. Lopuchóv mi ha detto che a quindici anni aveva già deciso che non sarebbe stato «solo un muto, piccolo ballerino». «Fókin ci ha insegnato a porci delle domande. Prima com'era? Andare in scena, fare la propria parte e andarsene. L'importante era che la tua piroetta venisse bene, ma perché la facessi, chi stessi rappresentando, alla maggior parte non interessava. Dopo Fókin

---

[396] Fëdor Lopuchov. conversazione con l'autore (Leningrado 1967).

[397] Fokin, Protiv tečenija. Vospominanija baletmejstera. Stat'i, pis'ma (Contro corrente. Memorie di un maestro di balletto. Articoli, lettere), Leningràd-Moskvà 1962, p. 93

abbiamo cominciato a vergognarci di ballare senza senso[398]».

Le voci ingannevoli sull'impresa di Djàgilev provenienti da Parigi ebbero un profondo effetto sugli allievi. L'Europa occidentale non sembrava più così lontana e astratta. Là aveva successo il balletto russo, ma non quello tradizionale, accademico, che insegnavano a scuola, bensì un balletto molto più sperimentale. Come ricordava in una conversazione con me Danìlova, entrata nella scuola nel 1911 : «D'un tratto a tutti venne voglia di muoversi in avanti, e di smettere di ripetere all'infinito le solite vecchie cose[399]».

Alla scuola di balletto il conflitto tra la comoda routine e il richiamo del mondo esterno continuava a crescere. Non si sa come si sarebbe sviluppato se la situazione politica in Russia fosse rimasta stabile. Ma nel 1917 il paese fu colpito da due scosse sismiche rivoluzionarie. La prima rivoluzione spazzò la monarchia, la seconda eliminò la borghesia. La maggioranza delle istituzioni del vecchio regime furono distrutte. Ma un colpo particolarmente duro fu inferto ai teatri imperiali: persero sia l'augusto protettore, sia il pubblico più fedele

Nella catastrofica nuova situazione, della scuola di balletto semplicemente ci si dimenticò. Gli spettacoli di balletto e d'opera nella Pietrogrado rivoluzionaria continuarono a procedere come nel sogno di un sonnambulo, per inerzia, mentre l'ex «monastero» d'un tratto si trovò senza alcun controllo. Prima gli allievi venivano portati agli spettacoli del teatro Mariìnskij con carrozze apposite, sotto stretta sorveglianza. Mentre ora non passavano nemmeno i tram, e gli allievi andavano a teatro a piedi

Un giorno di tardo autunno del 1917 Georges Balančìn e il compagno di corso Michail Michàjlov parteciparono al Ruslàn e Ludmila di Glìnka. In questo spettacolo in scena al Mariìnskij ballò l'impareggiabile ballerina Tamàra Karsàvina, e una delle parti la cantava il leggendario Šaljàpin stesso

Georges e l'amico si misero discutere appassionatamente dello spettacolo e non si accorsero che il teatro si era già svuotato da un pezzo. Quando uscirono in strada, era già buio

La Pietrogrado notturna in quei tempi era particolarmente inquietante

Qua e là si sentivano degli spari. Per di più, pioveva. Curvi

---

[398] Fëdor Lopuchov, conversazione con l' autore (Leningrado 1967)

[399] Aleksàndra Danilova, conversazione con l'autore (New York 1991).

nelle loro gabbane nere, Georges e Michail saltavano enormi pozzanghere per non infradiciarsi del tutto gli stivaletti bucati. Del guardaroba degli allievi da tempo non si preoccupava più nessuno

Davanti ai giovani ballerini, passando sopra le pozzanghere, camminava sicuro un signore vestito con eleganza. La sua baldanza si spiegava, probabilmente, col fatto che aveva delle meravigliose galosce nuove, che brillavano persino al buio. Saltando come pulci dietro al risoluto signore, i ragazzi guardavano con invidia quelle galosce. D'un tratto uno dopo l'altro risuonarono degli spari, e l'orgoglioso possessore delle galosce cadde bocconi in una pozzanghera

Georges e Michail si buttarono in direzioni diverse. Michail si nascose nel portone della casa più vicina, dove presto portarono anche il signore con le galosce. Era ferito e gemeva forte, ripetendo che accanto a lui uno degli spari aveva ucciso un ragazzo con la gabbana nera. «Georges!» pensò atterrito Michail. Si mise subito a correre verso il luogo dell'accaduto, ma non vi trovò nessuno. Michail girovagò a lungo per le vie vicine, cercando di sapere dai rari passanti dove avessero portato il ragazzo ucciso

Michail, disperato, tornò a scuola. «Potete immaginare quale è stata la mia gioia, quando incontro a me dal nostro piccolo formicaio agitato si è precipitato Georges» ricordava poi. Anche Balančìn aveva sentito parlare di un ragazzo con la gabbana ucciso dagli spari e aveva pensato che fosse Michàjlov. Anche lui aveva cercato l'amico e, scoraggiato, era tornato al convitto, dove aveva sconvolto i compagni con la terribile storia. Per fortuna questa volta era andato tutto bene

Di avvenimenti drammatici come questo, ne accadevano di continuo nella vita – prima tanto ordinata – degli allievi della scuola di balletto. In passato accuratamente isolata dal mondo esterno, reagiva ora a qualunque cambiamento del mondo circostante

Quando a Pietrogrado si cominciò a fare la fame, anche a scuola accadde lo stesso. Quando in città gelò l'acquedotto, rimasero senz'acqua anche gli allievi. Non veniva loro risparmiato neanche uno degli orrori di una Pietrogrado in agonia. Per Balančìn, come per i suoi compagni di scuola, questo brusco di status dovette essere traumatico. Georges, che ricordava sempre con amarezza la separazione dai genitori, per la seconda volta veniva privato del piacere di una vita stabile. Si rinchiuse definitivamente in sé stesso

Nondimeno, fece un altro tentativo di avere una «vita di famiglia». Nella primavera del 1922 il diciottenne Georges, sposò l'incantevole quindicenne ballerina Tamàra Ževeržéeva (il cui cognome più tardi Djàgilev abbreviò in Geva) e andò a vivere nell'appartamento del suocero Lévkij Ževeržéev, in vicolo Grafskij 5.

Lévkij Ževeržéev, che ebbe un ruolo eccezionale, tuttora sottovalutato nello sviluppo artistico del giovane Balančìn, era un pietroburghese bizzarro

Di origine orientale, aveva ricevuto in eredità dai genitori una fabbrica di tessuti trapunti di metallo e il più grande negozio di articoli da chiesa della città in Névskij prospékt. Balančìn mi ha raccontato: «Prima della rivoluzione, nella fabbrica di Lévkij Zeveüéev producevano tonache e mitre per il patriarca e altri alti ecclesiastici. Sa cos'è una tonaca da patriarca? Il tessuto era spesso, pesante, d'oro zecchino. Per fare due centimetri e mezzo di quell'abito ci voleva un anno!»

Ma il cuore di Lévkij Ževeržéev non batteva per gli affari. Artista dilettante, fin da adolescente aveva iniziato a collezionare materiale unico sul teatro russo: prime edizioni di opere teatrali, manifesti e annunci vecchi di un secolo e più, documenti vari, bozzetti di scenografie e costumi, ritratti di attori famosi del passato e del presente. La sua biblioteca di libri rari – quasi venticinquemila volumi – era una delle più ricche e complete di Pietroburgo

Paradossalmente, oltre a collezionare oggetti antichi, Lévkij Ževeržéev iniziò a interessarsi all'avanguardia. Ogni venerdì invitava a casa propria una compagnia di giovani modernisti chiassosi. Queste riunioni divennero presto una delle attrattive della Pietroburgo artistica. Testimonianzia della reputazione di Ževeržéev è l'apprezzamento di uno dei principali innovatori dell'epoca, il regista Mejerchól'd: «La città di Pëtr - San Pietroburgo - Pietrogrado (come ora si chiama), solo lei, solo la sua aria, le sue pietre, i suoi canali sono capaci di creare gente del genere, con tanta voglia di costruire, come Ževeržéev. Vivere e morire a San Pietroburgo! Che fortuna[400]!».

Ai venerdì di Ževeržéev si potevano vedere i poeti futuristi Vladìmir Majakóvskij, Velimìr Chlébnikov e Alekséj Kruëënych, gli artisti Kazimìr Malévič, Vladìmir Tàtlin e Pàvel Filónov, il critico d'arte Nikolàj Pùnin, il musicista Michail Matjùšin. Uno degli

---

[400] Jùrij Aljànskij, Teatral'nye legendy (Leggende teatrali), Moskvà 1973, p. 164

habitué del salotto di Lévkij Zeveüéev ricordò più tardi: «Il più modesto e silenzioso ai venerdì era il padrone di casa, timido, che nessun ospite notava. Non si inseriva mai nelle discussioni concitate, se ne stava seduto da qualche parte in un angolo e ascoltava con attenzione in silenzio i discorsi animati, chiassosi[401]».

L'avanguardia russa attraversava allora il proprio periodo «eroico». Nonostante quanto erroneamente si crede in Occidente, i principali modernisti russi si formarono artisticamente e ideologicamente prima della rivoluzione comunista. A partire dalla fine dell'Ottocento, la cultura russa si sviluppò a una velocità straordinaria. I cambiamenti sbalorditivi nella vita sociale ed economica furono accompagnati da mutamenti radicali anche nelle concezioni estetiche

Nel 1895 Friedrich Engels scrisse a un compagno socialdemocratico russo:

In un paese come il vostro, in cui la grande industria moderna è legata a primitive comunità contadine e nel contempo sono rappresentati tutti gli stadi intermedi della civiltà, in un paese da un punto di vista intellettuale circondato da una muraglia cinese più o meno efficace, eretta dal dispotismo, non deve sorprendere la nascita delle combinazioni di idee più inverosimili e bizzarre[402].

Queste «combinazioni d'idee» divennero ancora più bizzarre quando la «muraglia cinese» di cui parlava Engels venne gradatamente meno. Nell'ultimo scorcio dell'Ottocento la gioventù russa ebbe la possibilità di assimilare senza ostacoli i più nuovi esperimenti artistici dell'Occidente. I risultati furono fantastici. Nell'arco di dieci-quindici anni l'arte russa riuscì ad assorbire, a digerire e a rielaborare in modo ardito i risultati del lungo sviluppo europeo. I principali avanguardisti russi assai presto si lasciarono alle spalle l'impressionismo, il pointillisme, l'Art Nouveau, l'estetica simbolista e il Cézannismo. Si soffermarono sul cubismo e per qualche tempo Picasso fu un loro idolo. Ma già nel 1912 Filónov annunciava che Picasso «era finito in un vicolo cieco»

Gli esponenti dell'avanguardia russa erano massimalisti. Il massimalismo è della cultura russa in generale. Ma nell'atmosfera

---

401 Samuil Aljànskij, Vstreči s Aleksandrom Blokom (Incontri con Aleksandr Blok), Moskvà 1972, p. 11

402 «Voprosy literatury», cit., 2, 1974, p. 117

febbrile della Russia degli anni Dieci, si fece ancora più pronunciato. E Malévič, e Tàtlin, e Filónov non si sentivano semplici artisti, ma anche profeti di un nuovo modo di vivere. La creazione artistica era per loro un'esperienza profondamente spirituale. Ognuno di questi artisti straordinari era legato, a modo suo, alla tradizione religiosa russa. Nei quadri di ognuno di loro si potevano trovare tracce dell'influenza delle antiche icone russe. E nei loro discorsi risuonavano spesso echi di idee religiose e mistiche

Questo non poteva sfuggire all'attenzione di Ževeržéev, specialista in materia, dato che era proprietario di un negozio di articoli religiosi. Per Zeveüéev erano evidenti anche i legami degli avanguardisti russi con l'arte popolare, i quali amavano le antiche xilografie, la pittura primitiva delle insegne e dei vassoi, i ricami e gli ornamenti. Come collezionista, Ževeržéev conosceva bene tutte queste cose

Negli annali del teatro russo d'avanguardia c'è un esempio di influenza diretta della collezione di Ževeržéev e del suo interesse per le rarità storiche sulle innovazioni contemporanee. Egli ordinò a un maestro un modello della famosa Scéna v adù (Scena all'inferno), che a quel tempo concludeva la rappresentazione popolare russa Tàjny Sankt-Peterbùrga pod zemlëj (I misteri di San Pietroburgo sotto terra). Al centro del plastico si elevava la figura di satana, dalle cui fauci spalancate spuntavano i diavoletti in calzamaglia rossa, mentre intorno ardeva il fuoco dell'inferno e si alzavano nuvole di fumo

Mentre il maestro completava la preparazione del plastico, andò da lui il poeta futurista Vladìmir Majakóvskij e con trasporto si mise a fargli domande sulla tecnica tradizionale della féerie e dei misteri popolari. E dopo qualche tempo Mejerchól'd allestì a Pietroburgo la nuova opera di Majakóvskij Mistérija-buff (Mistero buffo), nella quale c'era pure una scena dell'inferno

Le scenografie per Mistero buffo le disegnò Malévič

Tutti i principali artisti russi dell'avanguardia volevano essere leader e ritenevano di averne il diritto. E litigavano aspramente. Questo inquietava Ževeržéev, che voleva rappacificare quei talenti in guerra, perché riteneva che sarebbe stato più facile per loro contrapporsi al pubblico filisteo se fossero stati più uniti. Per questo Ževeržéev prese parte molto attivamente all'organizzazione della società degli artisti d'avanguardia Sojùz molodëži (Unione della gioventù), nel 1910

Sojùz molodëži visse circa quattro anni, organizzando sette importanti esposizioni, pubblicando tre numeri di un'audace rivista, pubblicando libri e organizzando dibattiti che richiamavano l'attenzione verso la nuova arte

Senza Ževeržéev, non sarebbe stato possibile nulla di tutto ciò: la rivista, le mostre e tutto il resto furono finanziate di tasca sua

E in generale, senza la presenza pacificatrice e unificante di Ževeržéev Sojùz molodëži non sarebbe durata tanto a lungo. In qualità di presidente di Sojùz molodëži, Ževeržéev insisteva perché in questa associazione pietroburghese confluissero anche gli artisti dell'avanguardia moscoviti e i principali poeti futuristi di Mosca. Non fu facile ottenerlo. Però il risultato si espresse in due avvenimenti artistici che lasciarono una traccia profonda nella storia dell'avanguardia russa: l'esecuzione a Pietroburgo della tragedia Vladìniir Majakóvskij e dell'opera Pobéda nad sblncenz (Vittoria sul sole).

L'avanguardia russa vedeva nel teatro lo strumento migliore per esprimere le proprie idee. Tale concezione era nata con i simbolisti russi che avevano sempre sostenuto: «Dall'arte verrà la vita nuova e la salvezza dell'umanità»

Andréj Bélyj profetizzava che «nel cuore degli obiettivi propugnati dall'arte si trovano fini religiosi: questi fini sono la trasformazione dell'umanità[403]». In modo particolarmente chiaro queste idee messianiche si riflessero nell'arte dell'ultimo Aleksàndr Skrjàbin, che progettò la grande opera di musica e danza Mistérija (Mistero). La sua esecuzione, secondo la concezione dell'autore, doveva portare alla «fine del mondo», in cui il principio materiale sarebbe perito, e avrebbe trionfato il puro spirito. AI Mistero, così sognava il compositore, avrebbe partecipato tutta l'umanità. Skrjàbin concepiva, in sostanza, un incredibile evento teatrale in cui non vi fosse distinzione tra attori e spettatori. Era l'apoteosi delle idee simboliste sul ruolo mistico del teatro

Il Mistero di Skrjàbin rimase, naturalmente, un'utopia, ma questa circostanza non scoraggiò i sogni dei modemisti russi. Bélyj scriveva:

La musicalità dei drammi contemporanei, il loro simbolismo, non è indice dell'aspirazione del dramma a farsi mistero? Il dramma deriva dai misteri. E vi ritornerà. Una volta che il dramma sarà tornato al mistero inevitabilmente uscirà dal palcoscenico del teatro e irromperà nella vita. Non abbiamo qui un'allusionea alla

---

[403] Andréj Bélyj, Simvolizm (Il simbolismo), Moskvà 1910, p. 212

trasformazione della vita in mistero?[404]

Pur attaccando gli «antiquati» simbolisti, gli esponenti dell'avanguardia russa conservarono una fede mistica nell'alta missione del teatro. La loro fissazione per il teatro era onnipervasiva, come nei simbolisti. Sulle orme dei simbolisti, i futuristi russi trasformarono la vita quotidiana in teatro. I simbolisti avevano «teatralizzato» i loro rapporti reciproci. I futuristi portarono questo teatro «domestico» in strada. Malévič passeggiava per le strade con un enorme cucchiaio di legno all'occhiello. Majakóvskij sfoggiava una camicia giallo vivo, indicato come colore ufficiale del futurismo. I futuristi si tingevano la faccia, disegnandosi fiorellini sulle guance e dipingendosi d'oro il naso. Guadagnavano cifre ragguardevoli anche con le scioccanti discussioni teatrali, che attiravano frotte di curiosi

Ževeržéev organizzò uno di questi dibattiti nel novembre 1912 al teatro Tróickij delle miniature, da lui creato e finanziato. Fu uno dei primi teatri di questo genere a Pietroburgo. L'arte dell'avanguardia, respinta dalle istituzioni ufficiali, aveva accesso al pubblico sulla scena del teatro Tróickij (e in piccoli teatri simili), e anche nei cabaret semiprivati del tipo Al cane randagio. Il direttore del teatro Tróickij era Aleksàndr Fókin, fratello del coreografo, un personaggio pittoresco, ex campione di automobilismo. A Ževeržéev venne raccomandato un giovane poeta e artista sconosciuto ma molto promettente che voleva tenere una conferenza sulla poesia russa contemporanea. Lo portarono da Ževeržéev, piacque al mecenate e così il debutto del diciannovenne Majakóvskij a Pietroburgo avvenne sotto l'egida della Sojùz molodëži

Alto e bello, Majakóvskij sicoccò il pubblico affermando con la sua voce vellutata che «Ila parola va spermatizzata» e che in pittura, come nelle altre arti e in letteratura, bisogna essere «calzolai». Come lo sicoccò un amico di Majakóvskij, il poeta futurista Alekséj Kruëënych, che portava un cuscino da divano intorno al collo perché, spiegava, «scrivere e leggere gli risultassero più scomodi, molto più che avere stivali pieni di grasso o un camion in salotto[405]».

---

[404] Ibid.. p.172

[405] N. Chàrdžiev, V. Trénin. Poètičeskaja kul'tura Majakovskogo (La cultura poetica di Majakovskij), Moskvà 1970, p. 32

Proprio in una siffatta lingua ruvida e difficile nell'estate del
1913 Majakóvskij scrisse una tragedia che pensò di chiamare
Vosstànie veiëéj (L'insurrezione delle cose) o Zeléznaja doréga (La
strada ferrata). Ma, dato che la tragedia scritta in fretta, all'esame
per il visto della censura l'autore la inviò con l'iscrizione sul
frontespizio «Vladìmir Majakóvskij. Tragedia», ossia senza nessun
titolo. Dopo che ebbe passato la censura, non fu più possibile
apportare alcuna modifica. Majakóvskij ne fu persino contento:
«Be', che la tragedia si chiami così, Vladìmir Majakóvskij»

Era assai opportuno, poiché il poeta era davvero il
protagonista della tragedia. Quando Majakóvskij la lesse al giovane
Borìs Pasternàk, questi ne fu colpito:

Ascoltavo dimentico di me, con tutto il cuore rapito,
trattenendo il respiro. Non avevo mai sentito nulla di simile. Il
titolo nascondeva una scoperta semplice e brillante, che il poeta
non è l'autore, ma l'oggetto della lirica, che si rivolge al mondo in
prima persona. Il titolo non era il nome dell'autore, ma il nome del
contenuto[406].

La tragedia di Majakóvskij fu scritta sotto l'evidente influenza
delle allora popolari idee sul monodramma del drammaturgo e
regista Nikolàj Evréinov, descritto con ironia da Vìktor Šklóvskij,
che simpatizzava per i futuristi:

I capelli pettinati all'indietro, curati, molto bello, ufficialmente
un sadico, ha pubblicato la Storia delle punizioni corporali in
Russia
Quando vai da lui, lui batte le mani e arriva la cameriera,
giovane e grassa. Evréinov dice:
«Serva i fagiani.»
La cameriera risponde: «I fagiani sono finiti tutti.»
«Allora porti il tè.»
Questo si chiama teatro per sé stessi[407].

Naturalmente Šklóvskij fa la caricatura delle innovazioni
teatrali postsimboliste del grande amante del paradosso, «d'Oscar
Wilde russo» Evréinov

---

[406] Boris Pasternàk, Vozdušnye puti (Le vie aeree), Moskvà 1982, p. 264

[407] Sklovskij, Žili-byli, cit.. p. 301

Evréinov affermava che la vita è un ininterrotto «teatro per sé stessi», attraverso il quale la personalità si difende dal caos del mondo sconosciuto

Anche le esecuzioni e le torture Evréinov le riferiva alla sfera del teatro. La propria concezione del monodramma Evréinov la spiegava così: «Rappresentazione drammatica che, sforzandosi di comunicare nel modo più completo allo spettatore la situazione spirituale del protagonista, presenta in scena il suo mondo circostante così come viene percepito dal protagonista in un dato momento della sua esistenza scenica[408]».

Nella tragedia Vladìmir Majakóvskij, oltre al poeta stesso, i personaggi erano l'Uomo senza occhio né gamba, l'Uomo senza orecchio, l'Uomo senza testa. Erano tutti, come prescriveva Evréinov, diverse rappresentazioni dell'autore. Nella propria tragedia, osservò il futurista Benedìkt Livšic, «Majakóvskij si è frammentato e moltiplicato in una frenesia demiurgica»[409]

Nel novembre 1913 per tutta Pietroburgo erano affissi manifesti che annunciavano che al teatro Luna park all'inizio di dicembre avrebbero avuto luogo «le prime quattro rappresentazioni mondiali del teatro dei futuristi»: la tragedia Vladìmir Majakóvskij e l'opera Vittoria sul sole sarebbero state rappresentate due volte ciascuna. Dato che in quel periodo i giornali scrivevano molto e con toni quantomai sensazionalistici sui futuristi, i biglietti, nonostante i prezzi elevati (la stessa tariffa degli spettacoli di Šaljàpin), andarono esauriti quasi all'istante. Agli spettacoli prese parte «tutta Pietroburgo»

Il «festival futurista» si aprì con la tragedia di Majakóvskij, alla quale assistettero sia Mejerchól'd sia Blok. L'audace spettacolo era indubbiamente legato alle loro idee teatrali, ai sogni di teatro rituale dei simbolisti, in cui il poeta, gli attori e gli spettatori si confondono

La tragedia si svolse davanti a enormi fondali che raffiguravano la città, realizzati da Pàvel Filónov. Uno di questi fondali rimase particolarmente impresso: era «il porto cittadino agitato, variopinto con numerose barche dipinte con cura sulla riva e, dietro di esse, centinaia di edifici cittadini ognuno dei quali era ritratto fino alla

---

[408] N. Evréinov, Vvedenie v monodramu (Introduzione al monodramma), Sankt-Peterbùrg 1909, p. 8

[409] Livšic, op. cit., p. 446

più piccola finestrella[410]».

Almeno uno degli spettatori fu colpito dalla scenografia: «Forse quello che io vidi allora, su quel cartone, è la raffigurazione più reale della città che io abbia mai visto ... Ho sentito un movimento in me stesso, ho sentito il movimento della città nell'eternità, tutto il suo orrore, come una parte del caos[411]».

Majakóvskij, entrato in scena al teatro Luna Park nella sua famosa camiCia gialla, recitava presumibilmente sé stesso. Era un attore meraviglioso, e molti in sala furono profondamente commossi quando Majakóvskij si paragonò melodrammaticamente a una lacrima inutile che scorreva «dalla guancia non rasa delle piazze»

Questo urlo di disperazione del giovane poeta sullo sfondo delle scenografie urbane di Filónov riassumeva la tradizione romantica e simbolista di alienazione a Pietroburgo. Il moscovita Pasternàk, ricordando Dostoévskij e l'opus magnunt di Andréj Bélyj, sottolineò questo tradizionalismo di Majakóvskij nei confronti di Pietroburgo:

Vedeva sotto di sé una città che gradualmente si sollevava verso di lui dal fondo del Cavaliere di bronzo, di Delitto e castigo e di Pietroburgo ... una città nella nebbia delle eterne predizioni sul futuro, una bisognosa città russa dell'Ottocento e del Novecento[412].

Tutti gli spettacoli erano sotto l'egida della Sojùz molodëži e li sovvenzionò Ževeržéev. Fu il suo momento magico. Ževeržéev ricordava che alla prova generale della tragedia di Majakóvskij

oltre al censore e al poliziotto di quartiere, venne anche il capo della polizia (in tutta Pietroburgo ce n'erano solo quattro). Negli intervalli tra gli atti e alla fine delle prove continuava a subissarmi di domandewSu, in nome di Dio, ditemi in coscienza, sono davvero solo birichinate e sciocchezze futuriste? lo, parola d'onore, non ci capisco niente. Ma dietro non c'è niente di... ? Mi capisce... ?

---

[410] Pàvel Nikolàevié Filonov, Katalog vystavki (Catalogo della mostra), Leningràd 1988, p. 22

[411] Vladìmir Majakovskij v vospominanijach sovremennikov (Vladìmir Majakovskij nei ricordi dei suoi contemporanei), Moskvà 1963, p. 1 11

[412] Pasternàk, Vozdušnye puti, cit., p. 269

No? Be'.. di sedizioso? Confesso che non ho nulla a cui attaccarmi, però... lo sento, che c'è qualcosa che non va[413]».

Questo episodio dimostra ampiamente la paradossalità e l'unicità della posizione di Ževeržéev a Pietroburgo. Per le autorità era un uomo d'affari ricco e rispettabile, proprietario di un rinomato negozio di oggetti religiosi, ossia era legato all'istituzione più tradizionale e stabile della Russia zarista. Ma Ževeržéev aveva simpatia per un giovane gruppo di entusiasti di una nuova arte provocatoria: non fingeva e non faceva l'ipocrita, ma viveva naturalmente in questi due mondi così lontani uno dall'altro. Tale silenziosa, sicura naturalezza di Ževeržéev lo aiutò a convincere le autorità di polizia dell'«innocenza» della tragedia di Majakóvskij, che oggi è da molti considerata uno dei momenti più significativi della prima produzione del giovane futurismo.

I colleghi d'avanguardia di Majakóvskij, però, si lamentavano che la sua tragedia fosse troppo comprensibile: «Non stacca mai la parola dal suo signi274 23 ficato, non si serve del puro suono della parola in quanto tale[414]».

Così parlava dell'opera dell'amico Michail MatjùMn, violinista, compositore, pittore e uno dei fondatori, insieme a Ževeržéev, della Sojùz molodëži. Matjùšin, che aveva superato i cinquanta, era il futurista più vecchio; Blok osservò sarcastico nel diario: «Da buon futurista, cerca di sembrare giovane»

L'estate del 1913, Matjùšin, Malévič e Kruëënych, riunitisi fuori Pietroburgo, decisero di scrivere un'opera lirica. Si proclamarono «Primo congresso panrusso dei futuristi» e pubblicarono un manifesto che proclamava il loro obiettivo: «Piombare sul bastione della svenevolezza artistica, il teatro russo, e trasfigurarlo con decisione». Interessante è che questo manifesto fu subito pubblicato su molti giornali pietroburghesi: tale era la curiosità generale nei confronti dei futuristi di casa propria

Matjùšin scrisse la musica su libretto di Kruëënych. L'opera fu chiamata Vittoria sul sole, perché due Forzuti-Futuruomini scacciavano dal cielo il sole, incarnazione dell'idea tradizionale di «bellezza». Matjùšin ricordava che le prime prove dell'opera

---

413 Vladìmir Majakovskij v vospominanijach sovremennikov, cit., p. 625.

414 Fevràl'skij, Pervaja sovetskaja p'esa: «Misterija-buff» V. V. Majakovskogo (La prima pièce sovietica: Mistero buffo di V. V. Majakovskij), Moskvà 1971, p. 11

entusiasmarono Ževeržéev; il direttore del teatro Tróickij, Aleksàndr Fókin, gridò felice: «Mi piacciono questi ragazzi!»

Della musica di Matjùšin ai nostri giorni sopravvivono soltanto frammenti. Ricordano le opere neoprimitive del francese Eric Satie e dei compositori russi del circolo del Cane randagio. In alcune parti dell'opera, Matjùšin fece esperimenti con l'«ultracromatismo», impiegando gli intervalli di un quarto di tono. Ma la musica non colpì gli ascoltatori: le prove non erano state sufficienti, i cantanti erano deboli, in più cantavano accompagnati da un pianoforte scordato

Al centro dell'attenzione furono le scenografie e i costumi di Kazimìr Malévič. Era stato presentato al pubblico pietroburghese più di due anni prima, sempre sotto l'egida della Sojùz molodëži. Poi Ževeržéev aveva organizzato uno spettacolo di Malévič al teatro Tróickij delle Miniature. Šklóvskij ricordava che Malévič prese a spiegare un suo quadro: su sfondo rosso delle donne in bianco e nero sotto forma di tronchi di cono. Nel farlo diede del «pasticcione senza talento» a Valentin Seróv, pittore morto da poco, da tutti amato e stimato. La gente era indignata. Malévič continuò tranquillo: «Non voglio irritare nessuno, la penso così». Ma non lo lasciarono continuare a parlare: scoppiò un putiferio e fu necessario annunciare l'intervallo

Lavorando a Vittoria sul sole, Malévič, che da qualche anno era passato dal postimpressionismo al cubismo, giunse diretto all'arte astratta. Il libretto di Kručënych era costruito sulla cosiddetta «zaùm'» (linguaggio metarazionale). Malévič cercò di ottenere un effetto simile con i costumi e le scene. I personaggi dell'opera facevano pensare a quadri cubisti animati. Matjùšin ricordava in che modo Malévič aveva vestito i giganti: «Mise loro le spalle all'altezza della bocca, e alle teste diede la forma di un elmo di cartone: si otteneva l'impressione di due figure umane gigantesche»

Malévič impiegò l'illuminazione in un modo fino allora sconosciuto: riflettori colorati isolavano dal buio completo ora questa, ora quella parte delle figure di cartone dipinte con colori vivaci: le braccia, le gambe, le teste. Questo sottolineava il loro carattere geometrico, astratto. Una parte del pubblico applaudì, ma la maggior parte rideva e fischiava. I critici pietroburghesi erano indignati sia dallo spettacolo sia dal pubblico: «Vergogna a un pubblico che reagisce con una risata alle prese in giro e che consente di lasciarsi sputare addosso in questo modo!»

I critici, a quanto sembrava, avevano dimenticato che nella città teatrale di Pietroburgo lo spettacolo era tutto: non importava quanto fosse assurdo e provocatorio, l'importante era che fosse insolito e avvincente. Il cinismo e la dichiarata curiosità dei pietroburghesi per il nuovo qui andavano a nozze

Come notò un fiero osservatore della propria città, un artista, snob e un pezzo grosso della capitale: «Ammirare un divertente mucchio di spazzatura non è cosa da tutti[415]!»

Per il successo nella capitale, per il potere sull'anima della scettica Pietroburgo i modernisti russi conducevano una lotta disperata. Quando nell'autunno del 1912 qui si aprì l'Ufficio artistico di N. Dobýčina, la vendita di opere d'arte per la prima volta nella storia della Russia fu messa su un piano commerciale. Nadéžda Dobýčina (nata Fišman) fu la prima commerciante d'arte professionale: non soltanto organizzava mostre di pittori e vendeva le loro opere, ma dirigeva anche la loro attività. Si riteneva che a una donna, per di più ebrea, non si confacesse immischiarsi con così poche cerimonie nella vita artistica della capitale, perciò di Dobýčina a Pietroburgo parlavano con rispetto solo perché ne comprendevano il potere: «Sì, questa donna fu la leva nascosta di molti cambiamenti nella vita degli artisti ... Era molto brutta, forse fu questo a darle tanta energia, vitalità, ambizione e sete di successo[416]».

Nel dicembre 1915 Dobýčina allestì nel suo «Ufficio artistico» la cosiddetta Ultima mostra futurista di quadri 0, 10 (zero-dieci). Vi dominava Malévič che esponeva una quarantina di opere, accanto alle quali aveva apposto l'iscrizione: «Suprematismo pittorico». Erano opere astratte geometriche di estrema intensità e rigore. Alto in un angolo, nel posto dove i russi tradizionalmente mettono le icone, troneggiava il quadro di Malévič Cërnyj kvadràt (Quadrato nero). Diventato famoso, effettivamente assunse a icona dell'arte astratta russa nel mondo. Questo quadro trasformava la forma esteriore elementare del quadrato nel simbolo della nuova sensazione di spazio illimitato e di universalità dell'esistenza. Quadrato nero era ispirato all'idea di Malévič che l'arte astratta avrebbe aperto la strada alla purificazione spirituale delle masse, di qui la provocatoria unità di forma e colore nel suo fondamentale quadro

La lettera di Malévič a spiega l'origine del termine col quale l'artista indicava il nuovo corso da lui inaugurato: «Penso che il

---

415 Milašévskij, op. cit., p. 84

416 Ibid., pp. 121, 120

suprematismo sia il termine più adatto perché dà un'idea di supremazia[417]».

Il simbolo del suprematismo era strettamente legato a uno schizzo di Malévič per l'opera Vittoria sul sole, in cui il quadrato per la prima volta era stato messo sulla carta dall'artista. In seguito Malévič stesso scrisse a proposito di questo schizzo: «Questo disegno avrà grande importanza nella pittura. Quello che è stato fatto inconsapevolmente, ora dà frutti straordinari[418]».

Żeverżéev comprese l'importanza degli schizzi di Malévič per Vittoria sul sole. Contemporaneamente alla mostra di Dobýčina, Żeverżéev organizzò a Pietrogrado la mostra Monumenti del teatro russo, costituita da preziosi pezzi della sua leggendaria collezione. Subito dopo lo spettacolo Vittoria sul sole, aveva comprato dall'artista diciannove schizzi realizzati per l'opera. Ora venivano esposti nella mostra di Żeverżéev accanto ai manifesti teatrali dell'inizio del Settecento

Malévič affermava: «Il colore è il creatore dello spazio ... Le chiavi del suprematismo schiudono ciò che è ancora sconosciuto. La mia nuova pittura nell'uomo, nella sua coscienza non appartiene esclusivamente alla terra

c'è l'anelito allo spazio, il desiderio di staccarsi dal mondo terrestre[419]».

Con questa sua filosofia Malévič, come ogni autentico missionario, cercava di conquistare l'avanguardia di Pietrogrado. Per farlo, in primo luogo bisognava conquistare il circolo di Nikolàj Pùnin

Alle riunioni del circolo, lo zelante e vulcanico Malévič, secondo le memorie di Pùnin, per ore «cercava di convincerti con un'insistenza tale da ipnotizzare, costringendoti ad ascoltarlo; parlava come se ti trafiggesse con un fioretto, presentandoti le cose dalle angolature più imprevedibili; incalzando, arretrava con un balzo dal suo interlocutore, agitando la mano con le dita corte, che tremavano nervose[420]».

Ma in questa lotta per l'anima di Pietroburgo, Malévič aveva un

---

[417] Eżegodnik rukopisnogo otdela Puškinskogo Doma na 1974 god (Annuario della sezione manoscritti della Casa Pùškin per il 1974), Leningràd 1976, p. 187

[418] Ibid., pp. 185-186

[419] Ibid., p. 192

[420] «Panorama iskusstv», cit., 12. p. 183.

potente rivale. Nel circolo di Pùnin qualcuno portò un impressionante disegno cubista del moscovita Vladìmir Tàtlin. Gli esponenti del circolo ne erano entusiasti e, tassandosi di dieci o quindici copechi per uno, mandarono a Tàtlin un telegramma collettivo: «Vieni! Tutti i giovani artisti e critici di Pietrogrado ti aspettano come maestro, iniziatore di nuovi percorsi artistici. Ti aspettiamo Tàtlin si presentò subito a Pietrogrado. «Aveva un aspetto unico» ricordava uno degli esponenti del circolo di Pùnin. «Alto, brutto ... i capelli biancastri gli cadevano sulla nuca come a ciuffi. Sembrava un pellicano[421].»

In quel periodo Tàtlin, che aveva abbandonato la pittura, era ossessionato dai suoi «controrilievi». Si trattava di dipinti-scultura che annunciavano il costruttivismo, gradevole accostamento di materiali diversi, metallo, legno, vetro, in strane ed efficaci combinazioni

Le idee di Tàtlin erano ancora più radicali di quelle di Malévič. I suoi controrilievi non fungevano da simboli di aneliti mistici, come i dipinti di Malévič. Non erano intesi a dare impulsi spirituali agli osservatori, ma semplicemente affermavano il diritto di vari materiali e oggetti a un'esistenza sovrana in quanto oggetti d'arte. Le qualità prosaiche e utilitaristiche in cui si nascondeva la bellezza raffinata dei controrilievi di Tàtlin trovarono risonanza nella moderata Pietroburgo, e per di più Tàtlin stesso produsse un'impressione indelebile sui giovani artisti del luogo. Come ricordava Pùnin: «Allora ogni sua opinione, ogni pensiero che esprimeva sull'arte era un ponte verso una cultura nuova, verso il futuro[422]».

Sotto la potente influenza delle idee di Tàtlin gli esponenti dell'avanguardia del circolo di Pùnin cominciarono a lavorare con entusiasmo

alla costruzione di modelli spaziali, a vari tipi di combinazioni di materiali con varie proprietà, qualità e forme. Segavamo, piallavamo, tagliavamo, strofinavamo, tendevamo, piegavamo; della pittura ci dimenticammo quasi completamente; parlavamo solo di contrasti, di collegamenti, di tensioni, di assi di intersezione, di strutture. Dall'esterno tutto ciò poteva sembrare alquanto strano, ma in realtà era tensione creativa di uomini a cui sembrava che

---

[421] Milašévskij, op. cit., p. 117.

[422] «Panorama iskusstv», cit., 12, p. 193

grazie ai loro sforzi il mondo finalmente avrebbe abbandonato i vecchi canoni e «sarebbe entrato in un nuovo Rinascimento».[423]

Per esempio, la Ptostrànstvennaja kompozìcija (Composizione spaziale) dell'enfant prodige pietrogradese Lev Brùni comprendeva una grande asta di acciaio, della pelle tesa, vetro, mica e latta. Quest'opera di Brùni non sopravvisse agli anni della rivoluzione; me ne ha parlato la vedova dell'artista, Nina Brùni[424].

La composizione di Pëtr Mitùrië consisteva in compensato, vetro rigato di cera, carta color porpora e stagnola «d'argento» del cioccolato. Pùnin ha parlato della implacabile rivalità tra Tàtlin e Malévič:

per quanto ricordo, si sono sempre spartiti il mondo: e la terra, e il cielo, e lo spazio interplanetario, instaurando ovunque una sfera d'influenza. Tàtlin di solito teneva per sé la terra, cercando di cacciare Malévič in cielo per la sua astrattezza. Malévič, senza rinunciare ai pianeti, non cedeva la terra, ritenendo giustamente che fosse anche quella un pianeta e, di conseguenza, che potesse essere astratta anch'essa[425].

Di Tàtlin, Malévič parlava con disprezzo, accusandolo di «vedute ristrette» e affermando che «a Tàtlin il ferro oscura l'orizzonte». Naturalmente Tàtlin rispondeva a tono

Questa guerra per le sfere d'influenza non si limitava agli scontri di idee

Prima dell'inaugurazione della mostra all'Ufficio artistico di Dobýčina, il prestante Malévič e l'agile gigante Tàtlin si batterono davvero. Le mostre degli esponenti dell'avanguardia pietrogradese facevano pensare più a happening, ma questo scontro a pugni divenuto leggendario contribuì in modo decisivo a conferire nell'insieme una natura teatrale all'evento.

La torre d'avorio non attirava gli esponenti dell'avanguardia russa; pensavano sempre al pubblico potenziale e tenevano conto

---

[423] Ibidem 194.

[424] Nina Brùni Bal'mónt, conversazione con l'autore (Mosca 1974).

[425] Ežegodnik rukopisnogo otdela Puškinskogo Doma na 1974 god (Annuario della sezione manoscritti della Casa Pùškin per il 1974), Leningràd 1976, p. 183

della sua possibile reazione. Forse per questo i tentativi di ricostruzione dell'opera Vittoria sul sole intrapresi all'inizio degli anni Ottanta negli Stati Uniti e in Europa occidentale non sono stati coronati da un completo successo. Il pubblico colto ha reagito alla rappresentazione come a un caposaldo della storia dell'arte moderna. Ma il rispetto era l'ultima delle emozioni che volevano suscitare gli innovativi autori del provocatorio allestimento originario del 1913 a Pietroburgo

Nei leader dell'avanguardia russa l'ardente desiderio di conquistare un pubblico di massa acquisì toni religiosi. Il loro proselitismo lasciò l'impronta anche sulla loro immagine esteriore: «Malévič aveva l'aria di un eremita, Tàtlin di un martire, Filónov di un apostolo[426]».

Nella loro attività, illuminazioni creative e calcoli pragmatici, misticismo e contributi scientifici, idee utopistiche e tensione al cambiamento immediato dell'esistenza quotidiana si intrecciavano strettamente. Si interessavano tutti dello studio della «quarta dimensione», una «nuova realtà» mistica divenuta di moda dopo la pubblicazione a Pietroburgo di due libri del teosofo russo Pëtr Uspénskij: Cetvërtoe iztnerénie (La quarta dimensione) del 1909 e Kljuë k zagàdkam (Chiave degli enigmi; Tertium organum) del 1912

Nel maggio del 1913 Malévič scrisse a Matjùšin di prevedere un tempo «in cui enormi Zeppelin ospiteranno grandi città e gli studi degli artisti moderni[427]».

Nel 1917 informò incidentalmente Matjùšin: «Già quest'estate mi sono dichiarato presidente dello spazio[428]».

Perciò non sorprende che molti esponenti dell'avanguardia abbiano dato il benvenuto alla rivoluzione comunista

Pensando che avrebbe aperto la via alla realizzazione delle loro idee radicali

Ciò nonostante, i leader della nuova arte russa si interessavano poco degli aspetti sociali ed economici della rivoluzione. Guardavano anzitutto agli aspetti artistici ed etici e alla promessa di

---

[426] Èfros, Mastera raznych èpoch (Maestri di epoche diverse), Moskvà 1979, p. 249.

[427] Ežegodnik rukopisnogo otdela Puškinskogo Doma na 1974 god (Annuario della sezione manoscritti della Casa Pùškin per il 1974), Leningràd 1976, p. 183

[428] Ibidem 182

liberazione della rivoluzione. Pùnin ricordava poi con amara ironia: «Noi pensavamo a un'arte autonoma dallo Stato, magari persino una dittatura dell'arte sul governo». I bolscevichi, al contrario, accettavano di collaborare con le avanguardie esclusivamente sulla base di considerazioni pratiche. La maggior parte delle grandi figure artistiche di orientamento tradizionale erano emigrate o avevano tentato di sabotare il nuovo regime. Qualcuno doveva pure gestire l'enorme impero culturale che i bolscevichi avevano ereditato dalla vecchia Russia. Il commissario del popolo all'Istruzione Lunačàrskij proclamò: «La protezione dei palazzi e dei musei passati definitivanzente al popolo non può essere rinviata[429]».

Ževeržéev fu uno dei primi stimati operatori culturali della capitale a prestare collaborazione al nuovo regime. I bolscevichi nazionalizzarono la sua enorme raccolta teatrale, ma lo nominarono suo curatore. Fin dall'inizio del 1917 Ževeržéev si mise a capo del cosiddetto «blocco di sinistra» dell'Unione pietrogradese delle arti. Vi entrarono, tra gli altri, Majakóvskij, Pùnin, Mejerchól'd, Natàn Àl'tman. Dopo la rivoluzione bolscevica occuparono cariche importanti nel nuovo apparato di amministrazione della cultura e, naturalmente, non si dimenticarono di Ževeržéev

Ecco un esempio tra i tanti. Nel 1918 Ževeržéev si rivolse a una casa editrice statale chiedendo di pubblicare il manoscritto di un artista e storico dell'arte morto in giovane età, Vladìmir Màrkov (pseudonimo del lettone Woldemar Matveis) sull'arte africana. Màrkov a suo tempo era stato uno dei membri più attivi della Sojùz molodëži, che formalmente cessò di esistere qualche anno prima della rivoluzione ma, secondo Pùnin, era ancora un punto di riferimento a Pietrogrado

In questo periodo a Pietrogrado si faceva la fame, mancavano i generi di prima necessità. Tuttavia, l'idea di Ževeržéev fu sostenuta vigorosamente da Majakóvskij. A una riunione del collegio pietrogradese per l'arte, che sotto i bolscevichi si occupava dell'ordinaria amministrazione in campo artistico, Majakóvskij disse che la proposta di edizione del libro di Màrkov veniva «dal compagno Ževeržéev, che noi tutti conosciamo: all'epoca della

---

[429] «Literaturnoe nasledstvo», cit., vol. LXV: Novoe o Majakovskom (Nuovi elementi su Majakovskij), Mòskvà 1958, p. 565

reazione più cupa ha tenuto alta la bandiera dell'arte[430]».

Nella storia della cultura del Novecento salterà senz'altro all'occhio che nel 1919 a Pietrogrado, dove l'acquedotto era gelato, dove non funzionavano i trasporti, e dove un cavallo caduto per strada veniva immediatamente squartato dai cittadini affamati che ne lasciavano solo la carcassa, fu pubblicata, grazie agli sforzi congiunti di Ževeržéev, Majakóvskij e Pùnin, una delle prime ricerche serie sull'arte africana. La copertina del libro Iskùsstvo négrov (L'arte dei negri) fu disegnata da Àl'tman

Frutto unico e curioso della bizzarra combinazione di eventi della Pietrogrado rivoluzionaria fu la porcellana da propaganda: servizi da cena e piatti commemorativi che riportavano gli slogan e i simboli del nuovo regime, oltre a ritratti dei suoi leader. In un periodo di estrema carenza di molti generi di prima necessità, tra cui anche la carta, la fabbrica pietrogradese di porcellana miracolosamente scoprì grandi scorte di piatti non dipinti rimasti dal periodo imperiale

La produzione di porcellana russa era una delle più antiche in Europa

Dall'inizio del Novecento aveva perso attrattiva artistica. Nuove idee in questo campo, come in altri, furono presentate dagli esponenti del gruppo di Mir iskùsstva, principalmente da Sergéj Čechónin, un artista affermato che aveva un aspetto da topo, e che gli amici chiamavano «zanzara insidiosa»

L'immaginazione di Čechónin s'infiammò dopo la rivoluzione quando, lavorando nel proprio studio in fabbrica, dipinse interpretazioni virtuosistiche di appelli rivoluzionari su piatti e tazze di porcellana con disegni complessi. Questo paradosso non poteva esistere che nella Pietrogrado di quegli anni, una città affamata in cui piatti squisiti degni della tavola più lussuosa venivano decorati con ottusi slogan comunisti dipinti con la più grande immaginazione

Cechénin raccolse intorno a sé un gruppo di artisti innovativi, e i bolscevichi decisero saggiamente di usare quel potenziale creativo per i loro obiettivi di propaganda e per il guadagno. Le stoviglie e le statuine prodotte a Pietrogrado vennero vendute in Occidente in cambio di valuta forte, di cui c'era un gran bisogno. Di conseguenza, oggi le collezioni occidentali fanno mostra degli squisiti piatti di porcellana dipinti da Čechónin, Dobužìnskij, Àl'tman, Kustédiev e anche da artisti dell'avanguardia come

---

[430] Ibidem 586

Malévič e Suétin

Un altro paradosso di quest'epoca spaventosa e fantastica fu la proliferazione dei teatri. Ževeržéev, che aveva alle spalle una ricca esperienza di lavoro di produttore, divenne direttore di uno dei teatri nuovi, l'Èrmitàinyj. Era stato lui stesso a concepirlo, insieme a Mejerchól'd. In città il teatro Èrmitàinyj fu registrato col numero quarantacinque; a quell'epoca nella cupa, affamata Pietrogrado si potevano vedere ogni sera oltre quaranta spettacoli diversi

Ževeržéev aveva già collaborato con Mejerchól'd, quando questi per il primo anniversario della rivoluzione comunista aveva allestito a Pietrogrado Mistero buffo di Majakóvskij. Le scenografie le preparò Malévič. I suoi bozzetti per Mistero buffo non si sono conservati, e ora se ne parla di rado

Mejerchól'd prima ancora della rivoluzione negli Stùdii na Borodìnskoj (Studi in via Borodìnskaja) a Pietrogrado aveva cominciato a sperimentare nel campo del «teatro popolare», ossia un teatro di compagnie itineranti che, almeno teoricamente, avrebbero dovuto esibirsi nelle piazze, nelle strade e alle fiere. Mejerchól'd con gli attori si occupava di improvvisazione, acrobazie, li portava al circo, consigliava loro di imparare dai giocolieri. Dedicava molta attenzione alla pantomima con accompagnamento musicale, e i suoi allievi li faceva sempre muovere «con la musica», e non «a tempo di musica», in seguito uno degli elementi più importanti dell'estetica di Balančin

Tra i numerosi ospiti dello studio si distingueva il giovane Sergéj Ràdlov, dandy pietroburghese, poi importante regista d'avanguardia. Appoggiato con nonchalance allo stipite della porta, Ràdlov osservava con attenzione gli esperimenti di Mejerchól'd..

Dopo la rivoluzione, Mejerchól'd con autentico entusiasmo parlò d'arte alle grandi masse. Ma la sua proposta di presentare al teatro ÈrmitàZnyj spettacoli a un pubblico di massa non poteva essere del tutto seria: nella sala incantevole, costruita a fine Settecento, poi ricostruita da Carlo Rossi, c'erano solo duecento posti. A suo tempo vi venivano dati spettacoli per la famiglia imperiale, ai quali a volte prendevano parte anche i famigliari del sovrano stessi

Ora Zeveüéev propose di fare del teatro ÈrmitàZnyj l'«espressione di nuove forme d'arte teatrale». Quanto fosse d'avanguardia la nuova iniziativa è evidente dalla lista di artisti e scenografi compilata da Zeveüéev: vi figurano Àl'tman, Šagàl e Tàtlin. L'intero progetto sarebbe stato sviluppato sotto l'egida del commissariato del popolo all'istruzione, nella cui sezione artistica dettarono legge modernisti come Majakóvskij, Mejerchól'd, Pùnin,

Artùr Lur'é

Ževeržéev, però, si imbatté subito in moltissime difficoltà. Mejerchól'd, non sopportando la vita da fame, da Pietrogrado scappò verso sud. AI teatro ÈrmitàZnyj le autorità cittadine non permisero di dare rappresentazioni, con il pretesto di un forte pericolo d'incendio. (Curiosa coincidenza, la stessa scusa fu usata con me quando, cinquant'anni dopo, cercai di ottenere il permesso di usare il testo dell'ÈrmitàZnyj; per il tempestoso Studio Sperimentale dell'Opera da Camera.)[431]

Ma alla fine l'artista d'avanguardia Jùrij Ànnenkov riuscì ad allestire sotto gli auspici di Ževeržéev alla sala dello Stemma del Palazzo d'Inverno una messa in scena molto importante dell'opera di Lev Tolstój Pérvyj vinokùr (Il primo distillatore). La parabola didascalica di Tolstój sui danni dell'ubriachezza era stata trasformata da Ànnenkov con grande audacia in uno spettacolo da circo con la partecipazione di acrobati, ballerini e clown accompagnati da suonatori di fisarmonica e balalaica. Il secondo atto della pièce moraleggiante di Tolstój si ambientava all'inferno e, come ricordava Ànnenkov, gli diede modo di esprimersi al meglio:

La scenografia era composta da corde variopinte che si intrecciavano, trapezi lievemente camuffati, varie piattaforme ondeggianti sospese nel vuoto e altri attrezzi da circo – su uno sfondo di macchie di colore astratte, prevalentemente di tonalità accese. I diavoli volavano e piroettavano nell'aria. Le funi, i trapezi, le piattaforme erano in costante movimento. L'azione si sviluppava contemporaneamente in scena e nella sala[432].

Questo spettacolo «popolare» dopo quattro rappresentazioni fu vietato, perché i bolscevichi, offesi per Tolstoj, ritenevano inammissibile una simile «modernizzazione borghese dei classici». Tuttavia gli esperimenti radicali di Ànnenkov furol0 subito ripresi e continuati da Sergéj Ràdlov, che nel 1920 nella cosiddetta Sala di ferro della Casa del popolo di Pietrogrado aprì il teatro Naródnaja kontédija (Commedia popolare)

L'osservatore Šklóvskij commentò: «Ràdlov, discendente in

<hr>

431 È curioso che questa stessa causa sia stata addotta, mezzo secolo dopo, come pretesto per il rifiuto di concedermi il teatro Èrmitàžnyj per gli spettacoli dello Studio sperimentale di opera da camera (in difficoltà economiche), di cui ero direttore artistico

432 Ànnenkov, Dnevnik moich vstreč, cit., vol. II, pp. 49-50

linea diretta da Jùrij Ànnenkov, per linea indiretta discende dalla pantomima di Mejerchél'd[433]».

Anche negli allestimenti di Ràdlov gli attori improvvisavano, comPivano complessi numeri acrobatici, facevano giochi col fuoco. Solo una piccola parte di loro veniva dal teatro tradizionale (una era per esempio la moglie di Aleksàndr Blok, Ljubóv' Mendeléeva), per la maggior parte Ràdlov li aveva trovati al circo o al varieté. L'azione poteva svolgersi in Russia, a Parigi o a New York, con travestimenti, combattimenti, scene di inseguimenti simili a quelle di un film

Durante l'assenza di Mejerchól'd, a Pietrogrado l'energico Ràdlov divenne la guida riconosciuta del teatro d'avanguardia. Ma presto Mejerchól'd tornò e andò dritto al teatro di Ràdlov, dove fece una scenata orrenda, accusando il suo seguace di plagio. Gli attori atterriti guardavano Mejerchól'd che imperversava nella sua «uniforme» da bolscevico: giubba di pelle, rozzi stivali e un berretto con un distintivo che raffigurava Lénin, anche lui col berretto. Mejerchól'd scappò dalla Sala di ferro scagliando maledizioni. Da allora lui e Ràdlov divennero nemici giurati. Ma Ževeržéev rimase in ottime relazioni con entrambi

Di statura poco superiore alla media, ben fatto, sempre tranquillo, Zeveüéev nel mare in tempesta dell'avanguardia artistica di Pietrogrado si sentiva sicuro al proprio posto. Il suo temperamento ne faceva l'arbitro ideale per la soluzione degli innumerevoli conflitti e scontri tra i vari egocentrismi

Prima della rivoluzione, le autorità stimavano Ževeržéev perché era ricco. Dopo la rivoluzione, le nuove autorità continuarono a stimarlo perché con facilità e grazia si era separato da quella ricchezza. Gli esponenti dell'avanguardia, sia prima sia dopo la rivoluzione, lo stimavano per il costante sostegno ai loro esperimenti e le eccezionali capacità organizzative. All'inizio degli anni Venti Ževeržéev era ancora al centro della vita culturale di Pietrogrado.

Al giovane Balanëivàdze l'appartamento di Ževeržéev sembrava un porto tranquillo, e il proprietario dovette diventare una figura paterna. Georges si mise persino a imitare Ževeržéev. Questi portava i capelli lunghi, con la riga da una parte. Balanëivàdze prese a pettinarsi anche lui così. Ževeržéev aveva le

---

[433] Viktor Sklovskij, Chod konja, Moskvà-Berlin 1923, p. 137; trad. it. di Maria Olsoufieva, La mossa del cavallo, Bari, De Donato, 1967

mani molto belle (la figlia Tamàra le definiva «botticelliane»); anche Georges cominciò a preoccuparsi dell'aspetto delle proprie[434].

Proprio nel 1922, quando Balanëivàdze andò a vivere da Żeverżéev, il giovane ballerino aveva particolarmente bisogno di consigli e sostegno. I protagonisti dei balletti di Pietrogrado erano confusi, scoraggiati e spaventati. Quest'anno al Cremlino si dibatteva seriamente la questione della chiusura del teatro Mariìnskij per ragioni economiche e ideologiche. Il governo era terribilmente a corto di denaro. Le spese per opera e balletto in questa situazione apparivano particolarmente stravaganti. Questi generi artistici furono dichiarati non solo inutili, ma anche reazionari e nocivi per le masse. Il leader del movimento per la «cultura proletaria», il bolscevico Platén Kérżencev, scriveva: «L'opera e il balletto per loro natura si attagliano più a un regime autoritario e all'egemonia borghese[435]».

Ma più di ogni altra contava l'opinione del bolscevico numero uno, Vladìmir Lénin, che considerava opera e balletto «un pezzo di cultura schiettamente tipica dei proprietari terrieri[436]».

Cercando di salvare il teatro Mariìnskij dall'«attuale tentativo di soffocarlo», Lunačàrskij rivolse a Lénin un appello disperato («urgente e personale» !) in cui, esagerando un po', affermava la necessità e l'utilità dell'opera e del balletto per il divertimento delle masse proletarie: «Letteralmente tutta la popolazione operaia di Pietrogrado ha talmente a cuore il teatro Mariìnskij, divenuto quasi esclusivamente un teatro operaio, che la sua chiusura verrebbe presa dai lavoratori come un brutto colpo[437]» .

Sull'affatto pragmatico Lénin l'impressione più forte fu prodotta dall'argomentazione di Lunačàrskij secondo cui per la manutenzione del teatro Mariìnskij chiuso sarebbe occorsa la stessa quantità di denaro necessaria al mantenimento della compagnia. Alla fine il sussidio statale al teatro Mariìnskij, anche se ridotto al minimo, fu mantenuto

Ma le tempeste ideologiche intorno al balletto non si placarono. Il balletto veniva rifiutato da molti amici di Żeverżéev dell'avanguardia. Tàtlin proclamò che la fabbrica moderna è la

---

434 Tamàra Géva, conversazione con l'autore (New York 1991)

435 Kérżencev, Tvorčeskij teatr (Il teatro creativo), Petrograd 1920, p. 148

436 Lunačàrskij, Rasskazy o Lenine (Racconti su Lénin), Moskvà 1971. p. 4-4

437 «Literaturnoe nasledstvo», cit., vol. LXXX, p. 369

forma suprema di balletto. Majakóvskij parlò ironicamente di «elfi, zuelfi e sifilidi». Ciò detto, Majakóvskij continuò a essere uno degli idoli del giovane Balančìn, che «divenne un'enciclopedia ambulante su Majakóvskij: citava i suoi pronunciamenti, e un tempo si era incontrato con l'autore e andava oltremodo orgoglioso di avere fatto la sua conoscenza[438]».

Balančìn mi ha detto di avere visto nel 1918 1'allestimento pietrogradese di Mistero buffo. Lo spettacolo e in particolare la scenografia (di Malévič) produssero una forte impressione su di lui, ma allora non sapeva ancora che uno dei produttori dell'allestimento fosse Ževeržéev. Stando alle memorie di Balančìn, fu Tamàra Ževeržéeva a fargli conoscere Majakóvskij. Balančìn mi ha spiegato nel 1981 a New York:

In quegli anni amavo declamare Majakóvskij perché ero giovane e non ero ancora molto esperto di poesia. Le poesie di Majakóvskij sono composte di aforismi efficaci. Mi sembrava di potervi trovare risposte a tutti i miei interrogativi. Era poesia per adolescenti. Per esempio, quando corteggiavo le ragazze, declamavo loro le poesie di Majakóvskij:

se vuoi
 sarò inappuntabilmente tenero,
 non un maschio, ma una nuvola in calzoni!

e a volte questo faceva la dovuta impressione![439]

I versi del poema di Majakóvskij Óblako v Stanàch (Una nuvola in calzoni) Balančìn li citava senza difficoltà quando ormai aveva quasi ottant'anni. Aveva una memoria fantastica per le poesie, che già lo distingueva da giovane. Quando Balanëivàdze studiava alla scuola di balletto, lo invitavano spesso per partecipare ad allestimenti del teatro imperiale Aleksandrìnskij, se negli spettacoli drammatici c'era bisogno di ragazzi per piccole parti. L'attore Jùrij Jùr'ev, nella commedia classica in versi Gore ot umà (Che disgrazia l'ingegno) di Aleksàndr Griboédov (la storia di una rivolta fallita di un giovane intellettuale russo, Càckij, contro

---

[438] Ju. Slonìmskij, Čudesnoe bylo rjadom s nami (Il meraviglioso era accanto a noi), Leningràd 1984, p. 147

[439] Georges Balančìn, conversazione con l'autore (New York 1981)

l'ipocrisia di un ambiente conservatore), produsse su Balanëivàdze un'impressione incancellabile. Fino alla fine dei suoi giorni Balančìn continuava a declamare il monologo conclusivo di Càckij, che nell'esecuzione di Jùr'ev lo aveva sconvolto in gioventù fino alle lacrime, come negli ultimi anni di vita confessava:

> Correrò, senza voltarmi, andrò a cercar pel mondo,
> un angolo adatto al ferito sentimento!
> Carrozza a me, carrozza!

Si può dire che questi versi romantici predicessero il destino dello stesso Balančìn. La sua reazione emotiva alla loro aperta melodrammaticità ci apre una finestra sull'anima di Balančìn, in seguito per sempre chiusa.

Balančìn sapeva a memoria molto Pùškin, soprattutto il Cavaliere di bronzo. Per un vero pietroburghese era obbligatorio ed era una specie di parola d'ordine. Nei circoli d'avanguardia l'equivalente era la declamazione a memoria delle poesie di Majakóvskij. L'artista Milašévskij ricordava che nell'estate del 1913 per strada fece conoscenza con il giovane Viktor Šklóvskij, quando cominciò a declamare ad alta voce una poesia di Majakóvskij e quello gli si unì

Šklóvskij fu tra i primi a commentare la Nuvola in calzoni quando fu pubblicata nel 1915: «Nel nuovo laboratorio di Majakóvskij, la strada, prima privata dell'arte, ha trovato la sua parola, la sua forma. Oggi siamo alla sorgente di un gran fiume[440]».

Ancora prima lo studente ventenne Šklóvskij, «un ragazzo rosso come una mela, balzato nel futurismo direttamente dalla stanza dei bambini[441]», lesse al Cane randagio un documento esteticamente e politicamente radicale intitolato Voskreiénie slova (La resurrezione della parola). Là Šklóvskij dichiarava che l'avanguardia stava salvando la cultura, restituendole la faccia e l'anima: «Noi togliamo lo sporco dalle pietre preziose, noi svegliamo la bella addormentata». Šklóvskij avvertiva che Majakóvskij e gli altri futuristi, che il pubblico contemporaneo nel migliore dei casi considerava dei matti inoffensivi, in realtà erano

---

440 Viktor Šklovskij, Gamburgskij sčët. Stat 'i-vospominanija-Èsse, Moskvà 1990, p. 40; trad. it. di Maria Olsoufieva, Il punteggio di Amburgo. Articoli, memorie, saggi, Bari, De Donato, 1969

441 Pjast, op. cit.. p. 277

«chiaroveggenti, che con i nervi scoperti sentono la catastrofe imminente[442]».

Era il dicembre del 1913, dopo le due di notte, e i nouveaux riches di Pietroburgo, riuniti al Cane randagio per vedere gli esponenti di moda dell'avanguardia, non capivano molto di che catastrofe si stesse parlando. Ma la forza di convinzione di Šklóvskij era tale che fece «ascoltare immobile il numeroso pubblico per metà costituito da uomini in abito da sera e donne in décolleté[443]».

Šklóvskij divenne presto una delle figure più importanti della Pietroburgo d'avanguardia, prese parte alle attività della Sojùz molodëži, fece amicizia con Majakóvskij, Matjùšin, Tàtlin, Ževeržéev. Intorno a Šklóvskij si raggrupparono alcuni giovani linguisti e nel 1914 fondarono la Obščestvo izučénija teorii poètičeskogo jazykà (Società per lo studio della teoria del linguaggio poetico, Opojaz). Šklóvskij ricordava:

E allora ci venne l'idea che il linguaggio poetico si distinguesse dalla prosa in generale, che si trattasse di una sfera a sé stante, in cui sono importanti financo i movimenti delle labbra; come nel mondo della danza: dove i movimenti muscolari danno piacere; come nella pittura: dove la vista dà piacere.[444]

Secondo il giovane Šklóvskij e i suoi amici, l'arte è la somma dei procedimenti che vi sono impiegati. Il «contenuto» dell'arte si dissolve nella sua forma senza lasciare residui. Per questo per l'autore il «contenuto» della propria opera non ha importanza o significato. Questo «contenuto» è solo un pretesto per l'impiego di questi o quei procedimenti formali voluti dall'autore

Queste opinioni, formulate da Šklóvskij in maniera enfatica e categorica, inconsueta per uno studioso, produssero un'impressione scioccante. Gli esponenti di Opojaz, del combattivo gruppo di linguisti in cui entrarono studiosi brillanti come Evgénij Polivànov, Lev Jakubìnskij, Jùrij Tynjànov e Borìs Eichenbàum, vennero definiti «formalisti». Fecero alcune straordinarie scoperte teoriche. Per esempio, nella teoria della

---

442 Sklovskij, Gamburgskij sčët. Stat'i-Vospominanija-Èsse, cit., p. 486

443 Pjast, op. cit., p. 250

444 Viktor Sklovskij, O teorii prozy, Moskvà 1983, p. 72; trad. it. di Cesare de Michelis e Renzo Oliva, Sulla teoria della prosa, Torino, Einaudi, 1976

narrazione i formalisti introdussero l'importante distinzione tra «fabula» e «intreccio». Secondo loro la fabula è la concatenazione degli eventi che vengono raccontati nell'opera, mentre l'intreccio è il modo in cui questi stessi eventi vengono presentati dall'autore (la fabula è «quello che è successo davvero», l'intreccio «come lo viene a sapere il lettore»)

Šklóvskij scrisse Come è fatto il Don Quixote[445], mentre il suo amico intimo, Ejchenbàum, scrisse Come è fatta «La gabbana»[446] (il gioco di parole è sul titolo del famoso racconto di Pietroburgo di Gógol'). Nella tragedia Vladìmir Majakóvskij, tra i personaggi figura un certo vecchietto con dei gatti neri magri, che ha alcune migliaia di anni. A carezzare i gatti, diceva Majakóvskij nei suoi interventi, si ricevono scosse elettriche. Šklóvskij ha poi chiarito:

Il senso del gatto era questo: l'elettricità si può ottenere anche da un gatto. Così facevano gli egizi. Ma è più comodo ottenere l'elettricità per mezzo di una centrale, per non dividere la mensa coi gatti. L'arte trdizionale, pensavamo allora, otteneva risultati artistici nello stesso modo in cui gli egizi ottenevano l'elettricità, mentre noi volevamo ottenere l'elettricità pura, l'arte pura[447].

Le proprie opere teoriche, Šklóvskij le creò in un ambiente niente affatto accademico. Era nato a Pietroburgo da una famiglia ebraica; non aveva conCluso l'università, perché durante la Prima guerra mondiale era partito volontario per il fronte, dove per il coraggio dimostrato gli era stata data l'agognata croce di San Giorgio. Šklóvskij aveva partecipato al rovesciamento dello zar, ma non aveva sostenuto la rivoluzione bolscevica e aveva anzi preso parte a un complotto anticomunista. Era stato ferito gravemente: mentre stava cercando di aprire un proiettile per estrarne il prezioso esplosivo, questo gli era esploso in mano, coprendolo di schegge. Ricordava: «Le schegge non le si poteva estrarre: erano troppe. Poi sono uscite da sole. Camminavo, e la biancheria cominciava a scricchiolare: era una scheggia che stava uscendo. Le si poteva tirare fuori con le dita»

---

[445] La traduzione italiana è in Teoria della prosa, trad. di Cesare de Michelis e Renzo Oliva, Torino. Einaudi, 1976, pp. 101-142.

[446] La traduzione italiana, intitolata Come è fatto «Il cappotto» di Gogol'. è in Tzvetan Todorov, I formalisti russi, Torino, Einaudi, 1968. pp. 249-274.

[447] Sklovskij, Žili-byli, cit., p. 288.

Il giovane Šklóvskij partoriva ininterrottamente idee. Gli uscivano da dentro come le schegge da un proiettile. Fu lui a inventare il termine divenuto tanto famoso in tutto il mondo, ostranénie (straniamento). Le nostre azioni e percezioni, secondo Šklóvskij, a poco a poco si fanno automatiche: «L'automatismo divora le cose, i vestiti, i mobili, la moglie e la paura della guerra[448]».

Contro l'automatismo della percezione si batte l'arte, collocando un oggetto abituale in un contesto insolito, descrivendolo da un angolo visuale diverso o come se questo oggetto o fenomeno venissero visti per la prima volta. Questa concezione fu resa popolare da Bertolt Brecht e divenne famosa con il nome di «effetto attenzione»

Šklóvskij descrisse anche altri procedimenti impiegati dagli autori: il parallelismo, il contrasto, l'indugio. Il principe e critico Dmìtrij Svjatopolk-Mìrskij ha definito Šklóvskij «padre di quasi tutte le idee di cui vive l'estetica contemporanea[449]». Queste idee generosamente distribuite da Šklóvskij, apparse in un primo momento radicali, prive di rispettabilità scientifica, presto furono raccolte e assimilate dalla maggior parte del pubblico accademico. Già nel 1922 scriveva che Šklóvskij era «il critico letterario più provocatorio e dotato della nuova Pietroburgo, venuto a dare il cambio a Čukóvskij, un vero corazzato letterario, tutto fiamma impetuosa, acuto ingegno filologico e temperamento letterario elevato al quadrato[450]».

Non passeranno nemmeno dieci anni che Šklóvskij verrà costretto a prendere le distanze pubblicamente dal formalismo, a pentirsi dei suoi «peccati» letterari e a dichiarare «sbagliate» le proprie idee. Intanto queste si sarebbero sviluppate in Occidente

Salta agli occhi l'affinità dell'Opojaz con il «New Criticism» angloamericano. Ma la metodologia del formalismo russo veniva ampiamente impiegata anche negli anni successivi, non soltanto nella teoria della letteratura, ma anche in linguistica, storia, semiotica e antropologia. Le categorie dell'automatismo e dello straniamento individuate da Šklóvskij hanno trovato impiego anche nella teoria dell'informazione

---

[448] Sklovskij, Gamburgskij sčët. Stat'i-Vospominanija-Èsse, cit., p. 63

[449] Mirsky, Uncollecred Writings on Russian Literature, Berkeley 1989, p. 226.

[450] Mandel'štàm, Sočinénija. cit., vol. II, p. 273

Šklóvskij è morto nel dicembre 1984, due mesi prima di quello che sarebbe stato il suo novantaduesimo compleanno. Lo avevo incontrato nel suo appartamento di Mosca nell'inverno 1975-76. Era seduto in poltrona, la sua famosa testa pelata lucida, resa famosa dai caricaturisti, sembrava il cappello di un fungo. Spiegando perché si fosse sposato una seconda volta, Šklóvskij rideva: «La prima moglie diceva che sono geniale, la seconda che ho i capelli ricci». Riversava sull'ascoltatore incantato brillanti monologhi su qualsiasi tema, tra cui, così sembrava, quello preferito era costituito dalla vita e i film di Sergéj Šklóvskij parlava come scriveva: brevi frasi staccate, unite per associazione. Era il modo di parlare di un formalista incorreggibile

Mi disse: La musica non è il mio forte. Ma mi piace Šostakóvič. Ho scritto su di lui. Ho scritto persino sul balletto. C'è stato un periodo in cui andavo al balletto, a Pietrogrado, all'inizio degli anni Venti. Allora tutti si riversavano ai balletti, perché starsene a casa al buio non era piacevole, mentre al Mariinskij di luce ce n'era. Là vedevo Mandel'štàm, Achmàtova, Kuzmìn. Persino frequentava il balletto. Probabilmente per conoscere le ballerine. In quegli anni la gente al balletto era piuttosto fantastica. Quelli seduti vicino a me – qualche soldato o marinaio – mi chiedevano spesso: ma quand'è che cominciano a cantare, o a recitare?

L'articolo di Šklóvskij sul balletto, pubblicato sulla rivista «Peterbùrg» nel 1922, è nel suo tipico raffinato stile aforistico:

Il balletto russo classico è convenzionale.

Le sue danze non rappresentano uno stato d'animo, non illustrano qualcosa, la danza classica non è emotiva.

Con ciò si spiega la natura insignificante e assurda dei vecchi libretti di balletto.

Servivano sì e no. I precisi passi classici e il loro avvicendamento esistevano in virtù delle leggi interne all'arte.

Il balletto classico è convenzionale come la musica, e il corpo del ballerino non determina tanto la costruzione del passo, ma piuttosto costituisce in sé una delle convenzioni più belle[451].

Šklóvskij applicava al balletto la propria idea di arte come somma di procedimenti. Lo spettatore contemporaneo sofisticato, educato alle coreografie di Balančìn ai giudizi di Šklóvskij, non

---

451 «Peterburg», 2, 1922, p. 14.

opporrà probabilmente obiezioni serie. Ma all'epoca, l'articolo di Šklóvskij era rivoluzionario, soprattutto in Russia. Il balletto classico era un'arte formalizzata all'estremo. Ma fioriva – e in ciò stava racchiuso il paradosso – in Russia, dove l'arte per tradizione aveva un ruolo sociale attivo. Dall'arte si pretendeva utilità. E l'utilità sociale del balletto veniva continuamente messa in dubbio da molti critici liberali. Era di moda attaccare il balletto da destra e da sinistra, e veniva messa in questione la sua stessa esistenza. I difensori della danza classica preferivano trascurarne le tendenze astratte e porre l'accento sul «contenuto emotivo» del balletto

Ecco perché il categorico articolo di Šklóvskij produsse un'impressione così forte sul mondo del balletto nella Pietrogrado del 1922. Non senza motivo l'articolo fu preso come manifesto ballettistico dei formalisti e dei ballerini e coreografi radicali che gravitavano loro attorno. Ancora sessant'anni dopo, a New York, Balančìn ricordava questo articolo con grande gioia. Nel 1982 Balančìn mi ha detto:

Mi sono incontrato con Šklóvskij, ho conversato con lui e diverse volte sono stato alle sue conferenze. Ascoltare Šklóvskij era piuttosto difficile, non faceva che cambiare discorso. Ma quest'articolo sul balletto era un'altra questione. Era scritto come una poesia. E parve subito molto importante. Allora ero giovane, avevo molta voglia di essere all'avanguardia. Ma chi ero allora? Un ragazzo di balletto, uno che saltellava, solo così ci definivano... La gente non ci prendeva sul serio. Ecco perché sono tanto grato a Ževeržéev. Mi ha introdotto in quel modernismo, per così dire, dall'entrata di servizio. L'entrata Prendiamo principale, per quelli come me, allora era sbarrata. Majakóvskij. Lo adoravo, ma lui non mi prestava la minima attenzione. Di balletto non capiva nulla. Da Ževeržéev in salotto di sabato venivano allestite mostre, perlopiù dalla sua collezione. Là vidi opere di molti artisti di sinistra, compreso lo stesso Malévič. Questi quadri mi piacevano, anche se non li capivo del tutto. Gli artisti andavano da Ževeržéev, bevevano il tè, conversavano. Ridevano del balletto: «È ridicolo», «non serve a nessuno». Sa, quando leggevo queste cose sul giornale o su una rivista rimanevo molto amareggiato. Mi veniva vergogna: perché mi occupavo di una disciplina tanto insignificante? Ma poi vidi queste persone da Ževeržéev. Pensavo: saranno anche geniali, ma non sono degli dèi. Sono esseri umani. E di balletto non capiscono nulla. Ecco perché fui tanto felice quando lessi l'articolo di Šklóvskij sulla rivista. Anche Šklóvskij era un uomo d'avanguardia, uno di sinistra. Ma aveva scritto con rispetto del balletto, senza cercare di farlo a pezzi. Spiegava perché il balletto non ha bisogno di libretti complessi. E perché si possa ballare senza «emozioni». Ed era tutto scritto chiaro, in modo semplice, non quegli articoli caotici e logorroici sul balletto di Volynskij[452]

Akìm Volynskij (il suo vero nome era Chaìm Flekser) fu, insieme con Andréj Levinsón, il primo vero critico davvero professionale di balletto in Russia, e secondo alcuni storici della danza il primo nel mondo. Piccolo e magro, con la faccia gialla rugosa, immancabilmente vestito con una finanziera nera all'antica, era uno dei punti di riferimento di Pietrogrado. Volynskij poteva parlare per ore di balletto con magniloquenza ed enfasi; scriveva nello stesso stile, «in un linguaggio a metà tra il trattato scientifico e i mormorii dell'appassionato, l'analisi di laboratorio e la funzione religiosa[453]», come si espresse affettuosamente un coetaneo

Volynskij, nello spirito dei simbolisti, affermava che il balletto va ricondotto alle origini, al rituale religioso. Non senza ironia, ricordava Lopuchóv: Partì dall'entusiasmo per la Duncan e dall'elogio dell'ellenismo, per poi trasferirsi nel salotto di Matil'da Kšesìnskaja e iniziare a tessere le lodi del balletto classico più canonico, individuandovi sempre quello stesso ellenismo. Ora la sua adulazione andava a K#esìnskaja e la sua condanna a Fókin ..

Balančìn, conversando con me a proposito di Volynskij a New York all'inizio degli anni Ottanta, di questo critico parlò in tono ancor più sarcastico (e irrispettoso): «Gli piacevano molto le ragazze del balletto, e su questo aveva costruito un'intera teoria: che nel balletto la cosa più importante è l'erotismo, e così via. Descriveva le grandi cosce delle sue favorite»

Per Volynskij, Fókin era il distruttore del balletto classico e l'affossatore di stelle del balletto come Anna Pàvlova, Karsàvina, Nižìnskij. Volynskij non si stancava di ripetere che la coreografia di Fókin era solo un'illustrazione della musica. Era una critica da destra. Ma nella Pietrogrado degli anni Venti, Fókin fu sottoposto anche ad attacchi da sinistra, da parte dei giovani dell'avanguardia che presero a seguire il balletto, nonostante i suoi princìpi arcaici

Balančìn mi ha detto di avere fatto conoscenza con Šklóvskij dall'amico Jùrij («Tuki») Slonìmskij. L'appartamento dello studente

---

[452] Georges Balančìn, conversazione con l'autore (New York 1982).

[453] Konstantin Fédin, Sobranie sočinenij v desjati tomach (Opere scelte in dieci volumi), Moskvà 1973, vol. X, p. 128

dell'università di Pietrogrado Slonìmskij, due anni maggiore di Balančìn, si trovava accanto alla scuola di balletto, all'angolo della Fontànka col vicolo Nel 1918 Balančìn cominciò a dare a Slonìmskij lezioni private di balletto e presto divenne di casa; a volte improvvisava per ore al pianoforte

Slonìmskij ricordava che Balančìn «aveva una stupefacente capacità di farsi subito voler bene[454]». Secondo le parole di Slonìmskij, era uno dei «disperati», come chiamava gli amici Evgénij Mravìnskij, allora comparsa al teatro Mariìnskij, e poi famoso dirigente dell'orchestra filarmonica di Leningrado: audaci giovanotti pietrogradesi posseduti dall'arte

Nel 1919, alla compagnia di Slonìmskij e Balančìn si unirono altri due «disperati», Borìs Èrbštéjn e Vladìmir Dmìtriev, studenti dell'Accademia delle arti nel cro del famoso modernista Kuz'mà Petrév-Védkin e già allievi di Mejerchól'd. Dmìtriev, l'anziano del gruppo, ne divenne presto il leader. «Questo ragazzo non si poteva definire bello, ma di una grazia femminea. Un viso da ragazza, con i lineamenti dolci. Proprio questo tipo di slavo veniva pagato a caro prezzo ai mercati di schiavi di Baghdad, naturalmente all'epoca di Sahrazàd e di Sindbàd il Marinaio[455]»: così, con una certa stravaganza, descrisse Dmìtriev l'artista Vladìmir Milašévskij. Ma gli occhi di Dmìtriev erano grigi, d'acciaio; parlava poco, a mezza voce, a brevi frasi, e dietro ogni parola si sentiva il peso e l'esperienza. Proprio Dmìtriev portò agli amici Dell'anzore di Stendhal, consigliandolo come «matematica superiore dell'amore». Stando a Slonìmskij, tutti loro fecero del libro di Stendhal un manuale di consultazione, discutendolo dalla prima all'ultima pagina e confrontandolo sempre con la «pratica»

Gli amici leggevano inoltre a sazietà le novelle melodrammatiche d'amore di Stefan Zweig; le preferite erano Anzok e Ventiquattr'ore della vita di una donna. Ahimè, le tempestose scappatelle romantiche avvenivano perlopiù nella fantasia; i fatti della vita reale erano ben più prosaici. Quando BaIanëin e Slonìmskij ebbero l'ardire di accompagnare a teatro due allieve dell'ultima classe della scuola di balletto (a vedere la famosa opera dello statunitense Edward Sheldon Romance), scoppiò uno scandalo. Il giorno dopo l'ispettrice della scuola, nota col soprannome di «Varvàra l'odiosa», sottopose le ragazze davanti al

---

454 Slonìmskij. čudesnoe bylo rjadom s nami, cit., p. 17

455 Milašévskij, op. cit., p. 218

resto della scuola a un crudele interrogatorio, accusandole di
«depravazione». Balančìn e Slonìmskij furono dichiarati
«pervertitori di giovani anime[456]».

Dmìtriev, Slonìmskij, Èrbštéjn e Balančìn passavano insieme
quasi tutto il tempo libero. Andavano a teatro, alle mostre,
andavano a.conferenze e dibattiti culturali d'ogni sorta. Dmìtriev
faceva commenti su qualsiasi cosa. Sapeva parlare alla pari sia con
Mejerchól'd, sia con Kuzmìn, sia con il famoso artista Golovìn, che
lo proteggeva. Con orgoglio Dmìtriev raccontava dell'incontro con
Blok, al quale l'aveva portato Mejerchól'd stesso. Blok,
naturalmente, era un idolo di Dmìtriev. Slonìmskij ricordava che gli
amici avevano ascoltato una delle ultime conferenze di Blok a
Pietrogrado, e il giorno dei suoi funerali avevano assistito al
trasporto della salma fuori dalla chiesa

Dmìtriev era un fanatico di Pietroburgo. Poteva portare per
ore gli amici per le strade della città, citando passi dai Racconti di
Pietroburgo di Gógol'o dai romanzi di Dostoévskij. Dmìtriev
tornava spesso sulla Donna di picche sia quella di Pùškin sia quella
di Čajkóvskij. Le scenografie per l'opera La donna di picche,
finirono per diventare forse il miglior lavoro teatrale di Dmìtriev.
Non dimenticherò mai il sussulto che ebbi quando al teatro
Bol'šój, dove la Donna di picche nell'allestimento di Dmìtriev
continuò a essere in cartellone fino all'inizio degli anni Settanta, si
aprì il sipario e vidi la cupa grandiosità del lungofiume del Palazzo
deserto in una notte di neve pietroburghese. Era un'autentica
sinfonia di nero, blu, bianco, oro: l'indimenticabile paesaggio di un
grande maestro, che aveva creato un'atmosfera dostoevskiana in
grado di rendere ancor più bella la tragica musica

Nel 1922 era il centenario della morte di E.T.A. Hoffmann; nel
gruppo di Dmìtriev tornò di moda l'«hoffmanniade»
pietroburghese, che stava a significare i risvolti fantasmagorici del
mito della città, tanto affascinanti per quei giovani. Questa affinità
con l'eccentrico Hoffmann gli amici la trovavano nello
Schiaccianoci di Čajkóvskij, e nel Ballo in maschera allestito da
Mejerchól'd. Dmìtriev amava parlare del romanzo di Bélyj
Pietroburgo. E poi, come antidoto al simbolismo complesso di
quest'opera, declamava agli amici le poesie precise, severe di
Achmàtova su Pietroburgo

Ma il tema principale delle conversazioni del gruppo di

---

456 Slonìmskij, Čudesnoe bylo rjadom s nami, cit., p. 135

Dmìtriev era, naturalmente, il balletto, in tutti i suoi aspetti.
Discutevano sulle stelle del teatro Mariìnskij; più di tutto parlavano
della ballerina Ól'ga Spesìvceva, della quale Dmìtriev era
follemente innamorato. Morta dalle parti di New York nel 1991
all'età di novantasei anni, e ammirata forse come la più grande
Giselle del mondo, Spesìvceva già negli anni Venti a Pietroburgo
era una figura leggendaria. «In un palco ho visto O.A. Spesìvceva e
sono rimasto colpito dal suo aspetto. Sai chi mi ricordava?
Un'eroina di Maupassant» scriveva a un 40 amico, il compositore e
futuro critico Valeriàn BoŽdànov-Berezóvskij, il giovane
Šostakóvič
Nel 1970 a Leningrado, l'alto, elegante e rispettabile
BoŽdànov-Berezóvskij, divenuto mio mentore, ricordava:

Naturalmente Šostakóvič era innamorato di Spesìvceva. Io
pure, eccome! A volte mi sembrava che tutta Pietrogrado ne fosse
innamorata. Come descriverla? Un volto sbalorditivamente bello,
capelli scuri, grandi occhi tristi. Era il tipo achmatoviano. Chissà,
magari per questo Spesìvceva era così straordinariamente
enigmatica e attraente? Achmàtova stessa perdeva la testa per lei.
Spesìvceva ballava parti tragiche, facendole ancora più tragiche,
all'estremo. Anche solo ricordarlo mi fa struggere. Era taciturna e
portava un abito nero che nascondeva ogni cosa, come una
monaca. Anche questo faceva pensare alle protagoniste delle
poesie di Achmàtova[457].

Slonìmskij affermava che Spesìvceva, che non amava molto le
innovazioni nel balletto, faceva eccezione solo per Balančìn.
Aleksàndra Danìlova, parlando con me, ricordava le relazioni di
Balančìn con Spesìvceva con una sfumatura di gelosia:

Georges l'adorava. Spesìvceva era una dea: una figura
meravigliosa, gambe meravigliose. Ma era eccentrica. Da Djàgilev,
Georges fece per lei La chatte. La musica di Henri Sauguet era
piuttosto semplice – non come quella di Stravinskij – ma
Spesìvceva era assai poco dotata di senso musicale. Persino questa
semplicissima musica bisognava dntargliela dietro le quinte, poi
spingerla in scena e pregare perché lei stesse a tempo. Ricordo che
Balančìn andò ad allestire un balletto per Spesìvceva a Parigi. Fu

---

[457] Valeriàn BoŽdànov-Berezovskij, conversazione con l'autore
(Leningrado 1970)

nel 1929. Lui si ammalò, e il balletto lo terminò Lifar. Ma Spesìvceva dieci anni dopo scomparve dalla scena e passò vent'anni in un ospedale psichiatrico. Un tragico destino, quasi come quello di Giselle[458].

Nel gruppo di Dmìtriev si facevano accese discussioni sui balletti di Fókin. Dmìtriev li difendeva a spada tratta. Balančin e Slonìmskij erano più critici. Erano entusiasti della Chopiniana senza intreccio, ma scettici nei confronti del Petrùška. Slonìmskij affermava anche che il Petrùška di Fókin non era affatto un balletto, ma una geniale pantomima. Gli amici respingevano anche Èros, il balletto di Fókin su musica della Serenata per archi di Čajkóvskij. Uno degli impulsi che spinse Balančin alla creazione nel 1934 del proprio balletto sigla Serenàda, sulla stessa musica, fu il desiderio di «purificare» l'opera di Čajkóvskij dall'interpretazione di Fókin.[459]

Ad alimentare i dibattiti sul percorso che il balletto avrebbe dovuto seguire contribuirono poi le tournée a Pietrogrado di Isadora Duncan, in quegli anni appassionata simpatizzante dei bolscevichi, trasferitasi nella Russia so 41 vietica e spesso impegnata in performance sulla musica delle canzoni rivoluzionarie russe e dell'Internazionale, in tunica rossa e con la bandiera rossa in mano. Nella danza sulla musica della Slavjànskij màrš (Marcia slava), stando al resoconto di una recensione sovietica entusiastica, lei raffigurava «la via crucis della classe operaia russa che, calpestata dallo stivale zarista, alla fine ha spezzato le proprie catene».[460]

Balančin era indignato. Danilova mi ha raccontato che di Duncan egli aveva detto con disprezzo: «Balla come una scrofa». [461]

Šklóvskij, incitato da Dmìtriev e amici, scrisse altezzoso: «Diamo il benvenuto a Duncan dall'alta riva del balletto classico». Questa frase acida divenne famosa negli ambienti del balletto pietrogradese e veniva ripetuta come una sorta di parola d'ordine. Quando nel 1927 Duncan morì in un incidente automobilistico, un amico intimo di Šostakóvič e conoscente di Balanëin ai tempi di

[458] Aleksàndra Danilova, conversazione con l'autore (New York 1991)

[459] Georges Balančin, conversazione con l'autore (New York 1982).

[460] Muzyka i choreografija sovremennogo baleta (Musica e coreografia del balletto contemporaneo), Leningràd 1974. p. 165

[461] Aleksàndra Danilova, conversazione con l'autore (New York 1991)

Pietrogrado, il critico Ivàn Sollertìnskij, riassunse l'atteggiamento verso la ballerina in questo modo: «Duncan ballava solo sé stessa

La sua danza era una curiosa commistione di morale e ginnastica. Non disponeva liberamente del suo corpo "liberato". I suoi movimenti erano monotoni e schematici: un salto, una posa a ginocchio piegato, una corsa con le mani tese verso l'alto». [462]

Un'impressione assai più forte produssero su Balančìn gli esperimenti di danza libera del moscovita Kas'jàn Golejzévskij, che nell'autunno del 1922 portò il proprio Kàmernyj balét in tournée a Pietrogrado. Erano miniature vivide, altamente erotiche, eseguite da artisti quasi nudi, e alcuni critici, accusando Golejzóvskij del tentativo di scioccare il pubblico, scrissero indignati a proposito dei «continui intrecci di gambe dell'uno e dell'altro». Per i suoi numeri Golejzóvskij sceglieva musica sofisticata: Prokóf'ev, Skrjàbin, Nikolàj Métner. Gli amici di Balančìn ricordavano che all'inizio Georges «delirava» per Golejzóvskij e andò a esprimergli il proprio entusiasmo all'albergo dove soggiornavano gli ospiti moscoviti. A Golejzóvskij, Balančìn piacque. Un tempo Golejzóvskij si apprestava a trasferire il Kàmernyj balét in permanenza a Pietrogrado, lontano dalle autorità moscovite. Si sa che aveva progettato di organizzare un corso apposito di «improvvisazione coreografica» proprio a Balančìn

Ma dalle parole dell'amico di Balančìn, Jùrij Slonìmskij, sappiamo che a poco a poco nel gruppo di Dmìtriev rimasero delusi da Golejzévskij. Relativamente breve fu anche l'infatuazione per gli esperimenti di altri due moscoViti: Lev Lùkin – che, come Golejzóvskij, allestiva numeri erotici su musica d'avanguardia, come Sarkàzmy (Sarcasmi) di Prokóf'ev – e Nikolàj Forégger. Forégger, tranquillo ed elegante, che coi suoi grandi occhiali con la montatura di corno assomigliava•all'attore del cinema Harold Lloyd, divenne famoso come creatore delle cosiddette «danze meccaniche», o «danze di macchine», nelle quali gli esecutori imitavano il lavoro di complessi meccanismi fantastici. Le durevoli impressioni degli allestimenti di Forégger, indubbiamente, si ripercossero più tardi sul balletto di Balančìn su musica di Prokóf'ev Blùdnyj syn (Il figliol prodigo), che fu per la prima volta portato in scena dalla compagnia di Djàgilev nel 1929 a Parigi

Presto, tuttavia, Balančìn ebbe un nuovo idolo: il giovane coreografo pietrogradese Fëdor Lopuchóv. Slonìmskij ebbe a

---

[462] Sollertìnskij, Stat'i o balete (Articoli sul balletto), Leningràd 1973, pp. 18-19

scrivere:

La rivoluzione tolse Lopuchóv dall'anonimato. Se non fosse stato per la rivoluzione, Lopuchóv sarebbe morto nell'atmosfera opprimente e ristagnante del teatro imperiale dell'inizio del Novecento.[463]

Nel 1922, quando fu chiaro che Fókin, partito per l'Occidente, non sarebbe tornato al teatro Mariïnskij, Lopuchóv fu nominato direttore artistico della compagnia di danza. Entusiasta e sognatore, sempre intento a rincorrere questa o quell'idea, Lopuchóv cercò di coinvolgere la troupe nei suoi arditi esperimenti:

di sera, a teatro, a volte si impegolava in discussioni accese con i giovani del palco degli artisti, a volte se ne stava dietro le quinte su una scaletta, come un grosso uccello arruffato, e reagiva violentemente a ciò che succedeva: si complimentava con gli uni, incoraggiava altri, criticava senza pietà chi commetteva errori, anche insignificanti[464].

Lopuchóv (la cui sorella Lìdija, stella del balletto di Djàgilev, sposò il famoso economista Maynard Keynes) era il tipico esponente dell'avanguardia pietroburghese, ossia la propensione a «cambiare ogni cosa» in lui si accompagnava mn una profonda stima per i vecchi maestri, in particolare per Petipa, che Lopuchóv adorava. La propria attività in qualità di direttore del balletto del Mariïnskij, Lopuchóv la cominciò con la riedizione della Bella addormentata di Petipa-Čajkóvskij, e l'anno dopo riallestì lo Schiaccianoci

In entrambi gli allestimenti Lopuchóv apportò alcuni cambiamenti, i dibattiti sulla cui legittimità infiammarono l'ambiente pietrogradese del balletto dividendolo in due campi avversi

Balančìn era, s'intende, dalla parte di Lopuchóv. Comunque, anche il leader di Mir iskùsstva Benuà in un articolo dal titolo Pietét ili kočùnstvo (Pietà o sacrilegio) (che rifletteva il cuore del dibattito) dichiarava che i vecchi balletti non bisogna trattarli come

---

463 Slonìmskij, Čudesnoe bylo rjadom s cit., p. 200

464 Lopuchov, op. cit., p. 14.

«resti imbalsamati». L'ardente ammiratore della Bella addormentata Benuà aveva di che essere contento: i pastiche di Lopuchóv erano tanto simili all'originale che ancora oggi alcuni (per esempio le variazioni della fata Lillà) vengono eseguiti in tutto il mondo come opere di Petipa stesso

Volynskij, che cercava invano di strappare il posto a Lopuchóv, reagì alle revisioni di Lopuchóv sul balletto di Petipa con un articolo al vetriolo dal titolo Il cattivo tintorello, alludendo ai famosi versi di Pùškin:

> Non mi piace se un cattivo tintorello
> m'imbratta la madonna di Raffaello

Un'indignazione ancora maggiore in Volynskij suscitò l'allestimento di Lopuchóv Veličie mirozdànija (La grandezza dell'universo) sulla musica della Quarta sinfonia di Beethoven, un'esperienza unica di un nuovo genere di balletto, chiamato dal coreografo «danzsinfonia». L'idea di Lopuchóv, che aveva cominciato a lavorarci fin dal 1916, era che l'elemento più importante del balletto doveva essere la danza classica nella sua forma più complessa e intricata, basata sulla grande musica sinfonica senza l'aiuto di un intreccio letterario, di scenografie elaborate e di costumi sontuosi, che secondo Lopuchóv sarebbero stati fuorvianti. In seguito Balančìn praticò un ascetismo simile nei suoi allestimenti newyorchesi

Lopuchóv iniziò finalmente a dare le prove della sua «danzsinfonia» nell'estate del 1922, con un gruppo di giovani entusiasti, tra cui erano Balančìn, Danìlova e Pëtr Gùsev. Sulla musica dell'adagio introduttivo di Beethoven, Lopuchóv metteva in avanscena otto giovani che, illuminati di celeste, passavano lenti accanto allo spettatore, coprendosi gli occhi con una mano, e con l'altro braccio proteso in avanti. Dietro i ragazzi veniva una catena di otto fanciulle. Lopuchóv dichiarò che ciò doveva simbolizzare la «nascita della luce»

Poi veniva la «nascita del sole». In seguito Lopuchóv commentava l'idea dell'evoluzione con l'aiuto di schemi di danza molto astratti di «pitecantropi», «farfalle» e «uccelli». La grandezza dell'universo si concludeva con il «perpetuum mobile», in cui tutti i partecipanti al ballo, illuminati questa volta di luce rossa, formavano una spirale che simboleggiava l'universo

Lopuchóv non cercava di illustrare concetti letterari per mezzo della danza, era ispirato principalmente dalla musica di Beethoven, e seguiva il dipanarsi della grande tela sinfonica, creando paralleli e contrappunti ad essa mediante audaci movimenti astratti. Queste idee innovative di Lopuchóv furono parzialmente riprese da Balančìn nel primo suo balletto statunitense, La serenata, che si conquistò una popolarità immensa

La «danzsinfonia» di Lopuchóv ebbe un destino diverso. Fu messa in scena solo due volte, all'inizio nel settembre 1922 nella sala prove del teatro Mariìnskij, per amici e colleghi invitati appositamente, e poi il 7 marzo 1923, con gli incassi devoluti al corpo di ballo, dopo il Lago dei cigni. Preparando la «danzsinfonia», tempestato di dubbi Lopuchóv scrisse in margine al libretto: «Possibile che non trovi nemmeno una persona che mi possa capire?»

La risposta alla propria amara domanda Lopuchóv la trovò alle prove, dove Balančìn, entusiasta del progetto d'avanguardia del suo maestro, spiegava con entusiasmo ai ballerini perplessi come realizzare con più precisione le innovazioni del coreografo. Uno dei partecipanti alla «danzsinfonia» ha ricordato: «Tutto il lavoro di prove, tutte le rifiniture e i particolari sono stati fatti dagli esecutori. Lopuchóv veniva e se ne stava seduto felice a osservare 44 ardeva, splendeva, gioiva per qualsiasi la realizzazione del proprio sogno ..

sciocchezza ben riuscita, come un bambino[465]». Il gruppo di Dmìtriev alla serata a inviti della Grandezza dell'universo, alla cui creazione aveva preso tanto attivamente parte Balančìn, naturalmente era presente al completo e sostenne con forza Lopuchóv. AI dibattito che seguì, i principali critici dell'avanguardia di Pietrogrado Boris Asàf'ev e Ivàn Sollertìnskij riconobbero l'immensa importanza della «danzsinfonia». Ma allo spettacolo per il pubblico ordinario del teatro Mariìnskij, la reazione fu esattamente opposta: «Al posto dell'abituale scroscio di applausi ci fu un silenzio di tomba. Il pubblico non applaudiva, non rideva, non fischiava: taceva».[466]

Di questo fiasco approfittarono i nemici politici di Lopuchóv, e La grandezza dell'universo scomparve per sempre dal repertorio

Sollertìnskij cercò di scusare l'insuccesso della Grandezza dell'universo presso il grande pubblico in questo modo: «La forma è sembrata troppo astratta, dotta; la metafisica nebulosa che

---

[465] Ibid., p. 13

[466] E.Ja. Sùric, Choreografičeskoe iskusstvo dvaccatych godov (L'arte coreografica degli anni Venti), Moskvà 1979, p. 284.

avvolge la danzsinfonia con i cerchi cosmici e la gerarchia dei mondi ha confuso completamente gli spettatori[467]». Sollertìnskij insisteva che in confronto agli esperimenti di Fókin Lopuchóv aveva fatto un importante passo avanti:

In contrapposizione all'intuitivo Fókin, Lopuchóv è un razionalista fino al midollo. Partendo da una partitura musicale, Fókin si ispirava al proprio pathos, al proprio volo emotivo. Lopuchóv, al contrario, la seziona in piccoli frammenti, inventando con cura movimenti coreografici primari corrispondenti.[468]

Tutto qu"to potrebbe essere un'analisi dei futuri allestimenti di Balančìn a New York

Per spiegare la durevole influenza della Grandezza dell'universo sul lavoro di Balančìn è importante capire che Lopuchóv, a differenza di Golejzévskij, continuava a basarsi sulla danza classica. Nell'opera di Lopuchóv, anche quando venivano introdotti trucchi acrobatici fino allora inauditi per il balletto, la silhouette complessiva della danza restava «pietroburghese»: severa, compiuta, elegante. Proprio per questo La grandezza dell'universo di Lopuchóv viene considerata da alcuni critici russi il primo allestimento neoclassico del teatro di ballo

Nella relazione sul dibattito seguito alla prima della «danzsinfonia», veniva riassunto l'intervento dell'autore: «Lopuchóv crede che questa idea non morirà».[469]

Questa fiducia non risultò malriposta; Jùrij Slonìmskij, principale teorico del gruppo di Dmìtriev, in seguito ricordò: «La danzsinfonia divenne lo stimolo principale nella vita della giovane generazione, di Balančìn in particolare. Anche gli altri allestimenti di Lopuchóv. Anche la riedizione della Bella addonnentata nella sua versione integrale[470]». Ma mancava ancora molto a questo riconoscimento, e quando giunse, Lopuchóv era solo una pallida ombra del giovane idealista. energico e profetico d'un tempo

La persecuzione cominciò subito dopo la prima della «danzsinfonia». A capo dell'attacco, ahimè, c'era sempre quello stesso Volynskij, che cominCiava la sua recensione distruttiva alla

---

467 Sollertìnskij, op. cit., p. 29

468 Ibid., p. 26

469 Lopuchov, op. cit., p. 33.

470 Sùric, op. cit., pp. 66-67

Grandezza dell'universo così: «Una volta uno scribacchino pieno di speranze sognò la grandezza dell'universo» e avanti su questo tono di presa in giro

Balančìn, inviperito, replicò con una recensione alla serata di diploma della Scuola privata di balletto diretta da Volynskij. Secondo la moda del tempo, nel titolo dell'articolo Balančìn inserì un'allusione letteraria piena di pesante ironia: Unter-oficérskaja vdóva, ili kak A.L. Volynskij sam sebjà sečёt (La vedova del sottufficiale, ovvero Come A.L. Volynskij si frusta da solo) (allusione a un personaggio della commedia gogoliana L'ispettore generale). In sarcasmo Balančìn non fu da meno del nemico Volynskij; per esempio, sugli allievi della scuola di questi si espresse così: «Commessi provinciali sdolcinati di bottega con pretese da primi ballerini»

La scuola di Volynskij fu sottoposta a una distruzione completa da Balančìn: «Mancano le regole di base del classicismo ... Tutto ciò fa un'impressione desolante». Ed ecco un'ultima osservazione sugli sforzi della scuola: «Non rimane nient'altro che un trogolo rotto»[471] (altra allusione letteraria, questa volta a una famosa fiaba di Pùškin)

La rivista «Teàtr», in cui uscì il pamphlet di Balančìn, diede tale importanza all'attacco che mise in copertina la fotografia del giovane artista: Balančìn, con un trucco pesante come un Pierrot decadente, lo sguardo penetrante, come recitando la parte di un libertino, cinico e scettico

Questa stessa rivista in seguito pubblicò una brillante satira su Volynskij dal titolo Gìbel'teàtrov. Uiàsnye sob)tija v baléte (La morte dei teatri. Eventi orribili nel balletto). Vi si descriveva la fantastica «tragedia da incubo» che si sarebbe svolta al teatro Mariìnskij se suo direttore fosse stato nominato Volynskij (tutti gli ambienti pietrogradesi del balletto sapevano di questo suo sogno). Il direttore Volynskij, dopo avere deciso per uno spettacolo di balletto, chiedeva allo scrittore Volynskij di tenere una conferenza per il pubblico prima dello spettacolo, e invitava il critico Volynskij a scrivere una recensione subito dopo lo spettacolo. Il risultato, secondo la satira, era tragico: ascoltando l'interminabile presentazione di Volynskij «uno degli spettatori è morto ... e morendo, ha sussurrato: "Troppo annacquato!"». Dopo di lui, insisteva la rivista con ironico tono horror, sono morti anche gli

---

[471] «Teàtr», 13, 1923, p. 7

altri spettatori[472].

La satira contro Volynskij comparve senza firma, ma gli esperti di balletto sapevano benissimo che ne erano autori Grigórij Kézincev e Leonid Tràuberg, i già famosi direttori della cosiddetta Fàbrika èkscentrïëeskogo aktëra (Fabbrica dell'attore eccentrico), o Fèks. Era uno studio teatrale d'avanguardia, ma la parola «studio» ai suoi membri sembrava disperatamente all'antica, e così la cambiarono con «fabbrica». Nell'antologia Èkscentrìzm (Eccentricità) pubblicata, com'era dichiarato in copertina, nella città di Èkscentropolis («già Pietrogrado»), Kézincev proclamava l'«americanizzazione» del teatro:

La vita pretende un'arte

iperbolicamente rozza,
travolgente,
che colpisce i nervi,
apertamente utilitaristica,
meccanicamente precisa,
istantanea,
veloce,
altrimenti non sentiranno, non vedranno, non si fermeranno

Nel seguito Kézincev numerava provocatoriamente i «genitori» del Fèks:

Nella parola: canzonetta, Pinkerton, il grido del banditore all'asta, imprecazioni di strada
Nella pittura: il manifesto da circo, la copertina del romanzo spazzatura
In musica: la jazz band (un'orchestra improvvisata di negri), la marcia da circo
Nel balletto: la musica da ballo americana
Nel teatro: la music-hall, il cinema, il circo, il café chantant, la boxe

Il 25 settembre 1922 il Fèks presentò al pubblico pietrogradese allibito Zenìtba (Il matamonio) – «basato non su Gógol'» – il cui manifesto prometteva allo spettatore operetta, melodramma, farsa,

---

472 «Teatr», 2, 1924, pp. 6-7.

cinema, circo, varietà e grandguignol in un solo spettacolo. Tutto questo insieme veniva chiamato «Trucco in tre atti», e Kózincev e Tràuberg se ne dichiararono i «macchinisti» (respingendo la parola antiquata «regista»). I personaggi di questo incredibile Matrimonio erano Albert Einstein, Charlie Chaplin e tre fidanzati-robot che entravano in scena in schettini, quello a vapore, quello elettrico e quello radioattivo, l'ultimo dei quali dichiarava: «Il matrimonio oggi è un'assurdità. Il marito se ne va, la moglie soffre. La nuova forza è il radio, che agisce a distanza. Il matrimonio radioattivo è davvero moderno»

Il pubblico offeso, pensando di essere oggetto di una presa in giro, s'infuriò. Kézincev, entrato in scena, ringraziò gli spettatori «per l'accoglienza scandalosa verso il nostro lavoro scandaloso». L'azione del Matrimonio era un susseguirsi di numeri acrobatici, distici satirici, tip tap, musica di fox trot ed effetti sonori e visivi. Gli esecutori avevano dovuto sottoporsi a un allenamento speciale, perché nessuno in Russia era in grado di fare tutte quelle cose. La Fabbrica dell'attore eccentrico si occupò della loro preparazione in una meravigliosa vecchia villa pietroburghese, il cui proprietario era scappato in Occidente. Qui il diciassettenne Kézincev e il ventenne Tràuberg vivevano secondo lo slogan preso in prestito da Mark Twain: «Meglio essere un giovane cucciolo che un vecchio uccello del paradiso!». In qualità di insegnanti erano stati nominati importanti esponenti dell'avanguardia pietrogradese: Pùnin, Ànnenkov, Evréinov, Lur'é. Ma in realtà essi non presero parte al lavoro nello studio

Tra le cause forse c'era l'eccessiva impudenza dei giovani inventori dell'eccentricità. Ecco come viene descritta una visita ad Ànnenkov, allora già noto come regista e artista d'avanguardia, da uno dei leader del Fèks, Sergéj Juktevič, in una lettera a Èjzenstéjn da Pietrogrado: Jùrij Ànnenkov, bravo ragazzo, ha aderito all'eccentricità, e la nostra stima per lui è cresciuta quando ci è venuto incontro con un pigiama a righe (nero e arancio), col quale faceva spettacoli al circo a cavallo di un asino. Inoltre cammina sulle mani, balla il tip tap e dipinge pessimi quadri. Ma questo non conta! Voleva esporre in una mostra del manifesto eccentrico, ma gli abbiamo detto: bene, bene, e prima dov'eri?[473]

Tuttavia, Kézincev e Tràuberg invitarono Balančìn perché tenesse lezioni di danza e acrobazia. Più tardi una delle partecipanti

---

[473] Dolìnskij, Svjaz' vremën (Il legame dei tempi), Moskvà 1976, p. 122

al Fèks, la brava attrice Eléna Kuz'minà, lo avrebbe ricordato tra i suoi insegnanti preferiti. Inoltre al Fèks si insegnavano boxe, scherma, equitazione e «cinegesti». Gli esperimenti del Fèks somigliavano (e in certi casi andavano oltre) agli esperimenti di Mejerchól'd e del primo Èjzenštéjn. In un'enorme sala (nelle cui nicchie lungo le pareti stavano figure di marmo che si riflettevano in vari specchi) facevano boxe, gli studenti in «feksabiti», camicie bianche e salopette nere con grandi tasche sul petto e bretelle sulle spalle, piroettavano e ballavano il fox trot all'accompagnamento del pianoforte. Balančìn qui si sentiva a casa

Nel manifesto del Fèks, Kézincev dichiarava: «Le suole doppie del ballerino americano ci sono più care dei cinquecento strumenti del teatro Mariìnskij». Ma con tutto ciò, sia Kózincev sia Tràuberg erano habitué degli spettacoli di balletto al Mariìnskij. Erano grandi fan delle messe in scena di Lopuchóv, anche delle sue riedizioni dei balletti di Čajkóvskij, e avevano continue domande a Balančìn sui dettagli della danza classica. Balančìn, a sua volta, condivideva la passione dei dirigenti del Fèks per il cinema americano

Proprio allora in Balančìn nacque l'amore per i western e le commedie americane con inseguimenti mozzafiato. Già da prima, nell'inverno 1920-21, era rimasto colpito dal film di Griffith Intolerance, a vedere il quale il direttore progressista Andréj Oblakóv aveva portato gli allievi della scuola di balletto. Ancora molto tempo dopo averlo visto i giovani a scuola continuavano a recitare scene del film. Balančìn faceva la parte di re Baldassarre, la sua partner Lìdija Ivanóva era la giovane montanara[474]. Al Fèks, Balančìn, aiutando ad allenare i giovani artisti, imparava anche lui: acquisì disinvoltura, sfacciataggine, eccentricità. Qui ottenne la certezza che l'amore per i generi «bassi» – music-hall, circo, cinema, jazz – non era segno di cattivo gusto o di arretratezza estetica. Al contrario, era questa l'avanguardia, la più audace e potenzialmente più fruttuosa. L'«americanizzazione» di Balančìn cominciò al Fèks, molto prima del suo arrivo a New York.

La vita di Balančìn, come anche quella di Pietrogrado e di tutta la Russia, mutò bruscamente nella primavera del 1921. Dopo alcuni anni di assoluto controllo, Lénin, spaventato dall'esplosione di scontento della popolazione del paese, decise di «mollare le redini». Un'impressione particolarmente spaventosa aveva

---

[474] Intolerance (1916) è composto di quattro storie. la quarta delle quali è intitolata La caduta di Babilonia. È a questa che si fa riferimento.

prodotto in Lénin il fatto che quando nel marzo 1921 i marinai del porto di Kronstàdt, vicino a Pietrogrado, insorsero contro i bolscevichi, nella città molti sostennero i ribelli

Pietrogrado minacciava di diventare il centro di una nuova rivoluzione, questa volta antibolscevica. Lénin temeva che la rivolta in quella imprevedibile città avrebbe di nuovo cambiato il destino della Russia, e decise di agire. Su suo ordine la rivolta di Kronstàdt fu repressa con ferocia; poi, adottando il collaudato metodo «dello knut e del pampepato» (versione russa del bastone e della carota), Lénin annunciò un'importante liberalizzazione economica, che chiamò «Novaja Èkonomìëeskaja Polìtika» (Nuova politica economica, NÈp)

In deroga ai suoi rigidi ideali comunisti, Lénin consentì l'esistenza di piccole imprese private. L'effetto fu stupefacente. Scomparvero in buona parte le difficoltà con i generi alimentari e i combustibili. Comparve una gran quantità di negozi, si awono ristoranti e caffè in cui per la prima volta dopo quasi quattro anni si poteva ordinare una bottiglia di vino e mangiare un dolce

Aprirono le porte numerosi nuovi teatri privati, cabaret, varieté. Sulle grigie pareti delle case ricomparvero vivaci, variopinti manifesti pubblicitari

Sul Névskij prospékt dagli speculatori di valuta si potevano comprare dollari, sterline e marchi. Nella vita durante la NÈp c'era un che di febbrile. Tutti intuivano che quella pausa di respiro non poteva durare a lungo, e si sforzavano di ricavarne tutto quello che si poteva

Con le loro mogli avvolte in costose pellicce i nuovi ricchi riempivano i casino, i ristoranti, le sale da ballo, i cinema, sbucando improvvisamente nel nuovo ambiente. Per divertire i clienti, i proprietari di questi locali volevano piccoli show, preferibilmente di ballo; senz'altro composti di numeri brevi e, cosa ancor più necessaria, con allusioni erotiche

Uno dei protagonisti più famosi di questo genere di produzioni nella Pietrogrado della NÈp era il giovane Balančìn. Aveva cominciato a comporre piccoli numeri coreografici per gli amici già da quando studiava alla scuola di balletto. Come ballerino, Balančìn era bravo, ma non entusiasmava particolarmente; alcuni suoi coetanei avevano molto più successo con il pubblico

Ma come coreografo Balančìn divenne subito una vera autorità

Gli fu chiesto di allestire danze orientali, esotiche per l'opera di Rìmskij Kórsakov Il galletto d'oro e per Cesare e Cleopatra di George Bernard Shaw. L'amico di famiglia dei Zeveüéev, Ràdlov, che era stato invitato al teatro Aleksandrìnskij, già imperiale, per svolgervi un'«operazione ringiovanimento», per il proprio debutto su quella scena venerabile invitò Balančìn, che aveva notato ancora alla Sala di ferro della Casa del popolo

Ràdlov aveva un gusto raffinato per il balletto. Più tardi, all'inizio degli anni Trenta, Ràdlov divenne direttore artistico dell'ex teatro Mariìnskij e, nel 1935, insieme all'amico di gioventù Sergéj Prokóf'ev, disegnò la scenografia per il balletto Romeo e Giulietta; anche al famoso allestimento del 1940 del Ronteo e Giulietta con Galina Ulànova nella parte di Giulietta, Ràdlov prese parte in qualità di scenografo

La carriera di Ràdlov si interruppe negli anni della guerra, quando fu arrestato e mandato al confino. Solo nel 1953, dopo la morte di Stàlin, a RàdIov fu di nuovo consentito di tomare a occuparsi di regia, nella città lettone di provincia Dàugavpils. Il teatro di Dàugavpils andò in tournée a Riga, nel periodo in cui io abitavo là. E in uno di quegli spettacoli a metà degli anni Cinquanta io, ancora bambino, potei vedere Ràdlov, uscito a inchinarsi dopo lo spettacolo. Era una brillantissima review nello stile dei primi allestimenti di Ràdlov a Pietrogrado (come mi resi conto in seguito), e il regista dai capelli bianchi, nonostante quello che aveva passato, rispondeva con piacere alle ovazioni entusiastiche del pubblico di Riga. Ràdlov morì poco dopo

Ràdlov adorava Dmìtriev. Insieme a Balančìn, questo terzetto nel 1923 sulla scena del teatro Aleksandrìnskij allestì la pièce espressionista appena scritta dal rivoluzionario tedesco Ernst Toller Hinkemann, il mutilato. Lo spettacolo fece sensazione nella stagione teatrale di Pietrogrado, e gli esperti si accorsero in particolare delle ricercate scene cubiste di Dmìtriev e dei vivaci balletti che Balančìn aveva pensato di far vedere sotto forma di silhouette sullo sfondo di vetrine illuminate di ristoranti. Sulla scena, con una punta d'invidia, si ricreava l'atmosfera eccitante della Berlino postbellica, capitale della repubblica di Weimar. E mentre i critici pietrogradesi sproloquiavano sul fatto che Ràdlov e i suoi amici avevano «messo alla luce le contraddizioni socio-politiche della Germania contemporanea» e avevano rappresentato il «tramonto dell'Europa», gli spettatori si affollavano allo spettacolo per dare un'occhiata, se non alla reale vita occidentale, almeno alla sua rappresentazione teatrale: le acconciature chic e i costumi alla moda, e anche i nuovi balli con l'accompagnamento della musica di Michail Kuzmìn, con i suoi moderni ritmi occidentali

Si può affermare con sicurezza che, partecipando alla

creazione di questo nostalgico spettacolo su Berlino, Balančìn sognasse già di essere là. Nel 1981 alla mia domanda sulle cause della sua fuga in Occidente ha risposto così:

Era impossibile vivere in Russia, era terribile: non c'era nulla da mangiare, qui la gente non capisce nemmeno cosa significhi. Avevamo sempre fame. Sognavamo di andarcene dovunque, pur di scappare. Andarmene o non andarmene: in proposito non ho mai avuto il minimo dubbio. Nessuno! Non ho mai avuto dubbi, l'ho sempre saputo: appena avessi avuto la possibilità, me ne sarei andato![475]

Questa possibilità si presentò quando un ambizioso direttore ottenne il permesso dalle autorità di andare in Occidente per una tournée di «propaganda culturale» con un piccolo gruppo di esecutori in cui inserì Balančìn e la moglie e altre tre stelle del Giovane balletto: Danìlova, Lìdija Ivànova e Nikolàj Efimov. Lo stesso pretesto un paio d'anni più tardi fu impiegato da altri due rifugiati: il giovane pianista Vladìmir Gérovic e il suo amico violinista Natàn Mil'štéjn

L'improvvisa e frettolosa partenza del gruppo di Balančìn, tenuta segreta agli altri esponenti del Giovane balletto, fu offuscata da una tragedia: durante un giro in barca Lìdija («Lìda») Ivànova affogò. Per Pietrogrado si diffuse subito la voce che non fosse un semplice incidente; nei necrologi Ivànova veniva apertamente paragonata ad Adriana Lecouvreur, la famosa artista francese del Settecento caduta vittima di intrighi di corte. Nei circoli ballettistici erano certi che nella morte di Lida ci fosse la mano della polizia segreta. Parlando con me, Balančìn insisteva: «Penso che ci sia sotto un losco affare. Ho sentito dire che Lida era a conoscenza di qualche grosso segreto, non volevano lasciarla andare in Occidente».[476]

Ivànova era molto stimata da Achmàtova, che negli anni Venti andava spesso al teatr&Mariìnskij. Achmàtova per molti anni conservò il ritratto di Ivànova e parlava sempre di lei come «la più grande meraviglia del balletto pietroburghese». Era un'opinione condivisa da molti. Michaìl Kuzmìn scrisse che il nome di Ivànova era caro a tutti quelli che avevano a cuore il futuro dell'arte russa, e

---

[475] Georges Balančin, conversazione con l'autore (New York 1981)

[476] Ibidem

descrisse così il suo talento: «Una purezza infantile, a volte umorismo, attenzione e serietà penetrante, emozione controllata e sentimenti espressi con forza».[477]

Ivànova amava Čajkóvskij e non molto prima di morire scrisse nel suo diario un'annotazione toccante di cui poi si parlò molto a Pietrogrado: «A volte vorrei essere una delle note create da Čajkóvskij: per dissolvermi, dopo avere suonato morbido e malinconico, nella nebbia della sera».[478]

In relazione alla morte di Ivànova, i ballettomani pietrogradesi ricordavano come profetico uno dei suoi numeri di maggiore successo, il Valse triste con la coreografia di Balančin, in cui la ballerina veniva seguita e alla fine raggiunta dalla Morte. Questa storia ebbe uno strano e sconvolgente parallelo nel 1956, quando la nuova moglie, la quarta, di Balančin, Tanaquil Léclerq, fu colpita da poliomielite. Anche allora molti ricordarono che dieci anni prima il coreografo aveva allestito un breve balletto in cui lui, rappresentando la figura simbolica della Polio, toccava Léclerq, che cadeva paralizzata

È indubbio che la fuga di Balančin in Occidente gli causò un profondo trauma psicologico, il cui effetto con gli anni crebbe anziché diminuire. Il trasferimento in Occidente dalla Russia sovietica aveva acquisito risvolti politici minacciosi. La rivoluzione aveva causato un'emigrazione di massa

Mancano ancora dati statistici precisi, ma la cifra dei fuggiaschi oscilla probabilmente dal milione e mezzo ai due milioni. Perlopiù si trattava di oppositori del bolscevismo colti e animati da ragioni ideologiche, molti dei quali avevano partecipato alla lotta armata contro il potere sovietico. Un gran numero di loro considerò l'emigrazione (perlopiù in Germania, Francia, nei paesi baltici e balcanici) un fenomeno temporaneo

Per il regime sovietico questa emigrazione «bianca», come si chiamava allora, rappresentava un'indubbia minaccia. I comunisti attaccavano il fronte dei rifugiati sul piano politico, lo derisero, vi introdussero infiltrati, tentarono di dividerlo, di ammansirlo e di neutralizzarlo. Le relazioni con i rifugiati erano un aspetto importante della politica sia interna sia estera del potere sovietico; ogni partenza veniva considerata un atto ostile e, in seguito, un tradimento imperdonabile

---

[477] Slonimskij, Čudesnoe bylo rjadom s nami. cit., p. 182

[478] Ibidem 186

Il problema dell'emigrazione era particolarmente acuto per gli artisti del balletto. Le loro partenze regolari all'estero erano cominciate prima ancora della rivoluzione, quando era nata l'impresa di Djàgilev, la prima alternativa al balletto statale russo (allora ancora imperiale). Dopo la rivoluzione, l'emigrazione culturale aumentò bruscamente. Nel 1922 la stampa comunicò che trentaquattro artisti del balletto di Pietrogrado se n'erano andati in Occidente. Per ammissione di Lopuchóv, si trattava di «quasi tutti i migliori ballerini dell'ex teatro Mariinskij». Alcuni dei nuovi rifugiati dall'Occidente scrivevano a Pietrogrado e queste lettere negli ambienti del balletto venivano lette e discusse

L'atteggiamento del mondo artistico verso i rifugiati era complesso. Erano invidiati e disprezzati. È tipico il pronunciamento successivo di Lopuchóv, secondo cui i rifugiati del balletto «terrorizzati dalle privazioni non hanno pensato a null'altro, tranne a un'esistenza con la pancia piena e alla "sicurezza". A loro sembrava di non avere obblighi nei confronti del teatro del proprio paese, del popolo, di essere liberi di disporre del proprio talento e di venderlo a chi volevano».[479]

Queste amare, ingiuste parole sembravano rivolte a Balančìn. E noto che i membri del Giovane balletto rimasti a Pietrogrado accolsero la sua improvVisa emigrazione come un tradimento. In effetti la fuga di Balančìn inferse un colpo irreparabile al Giovane balletto, che presto si sciolse; i suoi membri andarono ognuno per la propria strada. La carriera più brillante fu quella di Dmìtriev. Rinnegando i giovanili entusiasmi per l'avanguardia, si trasferì a Mosca dove divenne il designer teatrale preferito di Stàlin e ricevette quattro premi Stàlin: più di qualsiasi altro scenografo sovietico, mentre il suo carissimo amico di gioventù Borìs ÈrbStéjn fu arrestato, mandato al confino e uscì di scena

Dmìtriev morì ricco e famoso nel 1948 a soli quarantotto anni, dopo avere inventato le scenografie di non meno di cinquecento spettacoli. Ancora da vivo nella stampa ufficiale lo definivano adulatoriamente «classico». E le sue scene realistiche per i drammi di Čéchov e le opere di Čajkóvskij rimangono a modo loro irripetibili. Fino alla fine Dmìtriev, che nonostante il successo era un uomo amareggiato e spaventato, fu ossessionato dai paesaggi pietroburghesi, ritornandovi a più riprese sia nei lavori teatrali sia nei quadri

Separarsi da Dmìtriev, ÈrbStéjn, Slonìmskij (che poi divenne

---

un noto storico e teorico del balletto sovietico, e anche un apprezzato librettista di balletto) e dagli altri membri del Giovane balletto non dovette essere facile per Balančìn. Ma qui entrò in gioco il suo tipico fatalismo, che negli anni successivi crebbe ulteriormente e che aveva senza dubbio radici religiose. In sostanza per Balančìn tutto era già deciso: sia l'idea stessa dell'emigrazione, sia il suo progetto, sia la composizione stessa del gruppo della tournée. Non gli restava che unirvisi

Balančìn era superstizioso (come Djàgilev e Stravinskij). Considerava provvidenziale il fatto che come direttore e organizzatore del gruppo fosse stato nominato proprio un omonimo del suo migliore amico, Vladìmir Dmìtriev, anche se quest'uomo non aveva nessun rapporto di parentela con il giovane artista. I due Dmìtriev non si conoscevano neanche (tuttavia negli studi occidentali su Balančìn vengono ancora confusi).

Quando il 4 luglio 1924 Balančìn e il suo piccolo gruppo lasciarono per sempre Pietrogrado in un bastimento diretto in Germania, il bagaglio materiale del giovane ballerino e coreografo era minimo, ma il suo bagaglio spirituale era enorme. Balančìn aveva alle spalle la migliore scuola di balletto del mondo e aveva lavorato con la compagnia del teatro Mariìnskij, che in quel momento era l'autentico centro del balletto mondiale, con un repertorio classico di più di ventiquattro titoli, conservati perlopiù nella loro forma originale. Questo non poteva vantarlo nessuna compagnia di balletto del mondo. In più, la formazione musicale di Balančìn era avvenuta nel miglior conservatorio russo, dove era stato compagno di corso di Šostakóvič

Balančìn era apparso sulla scena del teatro Mariìnskij nei capolavori classici di Petipa e nell'esperimento neoclassico di Lopuchóv. Aveva apprezzato l'incanto della Chopiniana senza intreccio di Fókin e l'esotismo delle miniature erotiche di Golejzévskij e delle «danze di macchine» americanizzanti di Forégger. Balančìn fu tra i primi a prendere parte alla Fabbrica dell'attore eccentrico e agli audaci esperimenti postmeiercholdiani di «circhizzazione» del teatro, condotti da Sergéj Ràdlov. Aveva declamato a memoria I dodici di Blok e Una nuvola in calzoni di Majakóvskij, aveva recitato Achmàtova e Šklóvskij, si era battuto con Volynskij, aveva ammirato e discusso i quadri di Malévič e le costruzioni di Tàtlin, aveva assimilato la musica di Skrjàbin e di Prokóf'ev. Nell'appartamento di Zeveüéev e da Slonìmskij si era tuffato nel vortice delle teorie più nuove dell'arte contemporanea. Infine aveva diretto una sua troupe di balletto sperimentale, lavorando con alcuni dei più dotati oiovani artisti della sua generazione

Per questo l'incontro di Balančìn e Djàgilev nel novembre 1924 a Parigi era prevedibile. La troupe di Djàgilev a quel tempo era in Occidente da quindici anni. Aveva attraversato alti e bassi. La prima guerra mondiale, e poi la rivoluzione, avevano reso molto difficili i legami di Djàgilev con la cultura russa in generale, e con il balletto del Mariìnskij in particolare. Aveva disperatamente bisogno di talenti nuovi, freschi. Altrimenti la sua innovativa compagnia sarebbe invecchiata e, di conseguenza, sicuramente morta. Ecco perché Djàgilev non tardò a invitare per un'audizione il gruppo di Balančìn

La prima cosa che Djàgilev chiese a Balančìn dopo che i giovani artisti ebbero fatto vedere all'anziano impresario alcuni numeri portati dalla Russia, fu: il giovane coreografo poteva allestire in fretta numeri di ballo per le opere? Balančìn, senza pensarci, rispose affermativamente. Djàgilev instaurò quasi subito con Balančìn facili relazioni d'affari basate non sul favoritismo ma sulla fiducia reciproca. Alla base di tale fiducia c'era la cultura pietroburghese comune ai due, che superava le differenze di età, condizione e orientamento sessuale

Borìs Kéchno, in quegli anni uno dei più stretti collaboratori di Djàgilev, ricordava la propria impressione che Balančìn fosse andato davanti allo scettico impresario già come artista formato, con una propria comprensione della musica e del suo potenziale coreografico. La sfiducia iniziale di Djàgilev fu presto dissolta. Per lui una sorpresa particolarmente piacevole fu la profonda comprensione che Balančìn aveva per la musica di Stravìnskij. Il debutto coreografico di Balančìn nelle stagioni di Djàgilev fu il balletto Pesn'solov'jà (Il canto dell'usignolo), su musica di Stravìnskij, a lui ben nota: ancora a Pietrogrado Balančìn aveva preso parte alle prove dell'opera di Stravìnskij L'usignolo, sotto la direzione di Mejerchól'd, da cui era tratta la musica di quel balletto

La precoce comprensione di Balančìn per la musica di Stravìnskij era il prodotto di diverse influenze. Balančìn conosceva a menadito i balletti di Stravìnskij Éar-ptìca (L'uccello di fuoco) e Petrùška, dalle scene del Mariìnskij. Ma nella Pietrogrado dei primi anni Venti non di rado venivano eseguite anche le opere sinfoniche e da camera del compositore; a quei tempi il fatto che Stravìnskij fosse emigrato non era ancora un motivo sufficiente a cancellare le sue opere dal repertorio

Tra gli amici di Balančìn c'erano estimatori e propagandisti di Stravinskij. L'osservazione degli esperimenti di VsévoloZskij nel campo del folclore russo prepararono Balančìn alla interpretazione innovativa, distaccata di questo stesso folclore nelle Svàdebka (Nozze) e nella Bàjka pro lisù, petuchà, kóta da baràna (Favola sulla volpe, il gallo, il gatto e il montone) di Stravìnskij. Infine, nei primi anni Venti Balančìn stesso aveva allestito un numero di danza sulla musica del Ragtime di Stravinskij, e subito prima della partenza da Pietrogrado aveva cominciato a lavorare al suo Pulcinella. Perciò il suo impegno con la musica di Stravinskij dei vari periodi e generi era professionale, «dall'interno»

Sia il background, sia le inclinazioni estetiche sia il temperamento di Balančìn lo prepararono a diventare il collaboratore ideale di Stravinskij. La loro prima impresa comune importante fu l'allestimento del balletto Apollón Musagète per Djàgilev a Parigi nel 1928. Questo balletto, con la sua storia mitologica (su tre muse, Calliope, Polihymnia e Tersicore, che si contendono l'attenzione del loro signore, il giovane dio Apollo), fu usato come pretesto per la musica e la coreografia che gli corrispondevano in modo ideale, apparentemente misurata, ma drammatica con il suo caratteristico andamento lineare; ora col senno di poi sembra un manifesto del movimento neoclassico tra le due guerre mondiali. In quel periodo il neoclassicismo fioriva in Germania, in Italia, in Francia e negli Stati Uniti, ma i fuorusciti da Pietroburgo svolsero un ruolo particolare nel suo sviluppo

Concetti importanti per il classicismo furono espressi da Paul Valéry e da T.S. Eliot, e Picasso già nel 1915 dipingeva alla maniera di Ingres. Per Picasso, però, questa infatuazione come molte di quelle successive ebbe carattere passeggero. Il periodo neoclassico della produzione di Stravinskij durò invece non meno di trent'anni, dall'inizio degli anni Venti all'inizio degli anni Cinquanta. tutto questo tempo, il più fedele alleato di Stravìnskij fu Balančìn, che il compositore apprezzò molto come raffinato musicista e interprete inimitabile delle sue opere

La comparsa del neoclassicismo secondo molti storici è legata agli sconvolgimenti della prima guerra mondiale: di fronte al caos la gente ha cercato un rifugio in un'arte chiara, equilibrata, maestosa. Per i rifugiati russi in Europa, fuggiti dai bolscevichi, la sensazione di trionfo della barbarie e crollo dell'ordine mondiale fu particolarmente acuta

La cultura di Pietrogrado era incline al neoclassicismo prima ancora della rivoluzione. All'interno di Mir iskùsstva esisteva una forte tendenza classicista. I manifesti degli acmeisti ancor prima della Grande Guerra invitavano alla semplicità, alla chiarezza, alla scelta precisa ed economica delle parole; molte poesie di Kuzmìn,

Gumilëv e Mandel'štàm sono decisamente classicistiche. Prima della rivoluzione, questo orientamento si spiegava in primo luogo in termini estetici, con un rinvio alle tradizioni pietroburghesi. Dopo la vittoria dei bolscevichi, l'implicazione politica del neoclassicismo divenne più evidente

Alcuni dei più importanti neoclassicisti pietroburghesi emigrarono e negli anni Venti vivevano a Parigi. Qui si trasferirono il leader di Mir iskùsstva e principale teorico del neoclassicismo artistico russo Aleksàndr Benuà, e sua nipote Zinaìda Serebrjakóva, autrice di ritratti neoclassici delle ballerine Lìdija Ivànovna e Aleksàndra Danìlova. Della vecchia generazione dei membri di Mir iskùsstva a Parigi vivevano anche Dobužìnskij e Sémov. Sempre qui lavoravano i giovani neoclassicisti Aleksàndr Jàkovlev e Vasilij Suchàev, diplomatisi all'Accademia delle arti di Pietroburgo. Nel 1933 Suchàev eseguì un meraviglioso ritratto di Stravinskij

Il critico di balletto e traduttore Andréj Levinsón, che già a Pietroburgo si era conquistato la reputazione di accanito difensore del retaggio di Marius Petipa, a Parigi divenne un influente interprete dell'estetica del classicismo nella danza. A Parigi non di rado faceva una visita dall'Inghilterra, dove si era stabilito, Dmìtrij Svjatopolk-Mìrskij, critico della poesia postsimbolista, importante specialista di letteratura russa contemporanea e autore della migliore storia della letteratura russa (pubblicata per la prima volta in inglese nel 1926-27). Stravinskij in seguito ebbe a ricordare in modo speciale la propria amicizia con Mìrskij che, tornato a Mosca dall'emigrazione, fu arrestato e morì in campo di concentramento

I successi dei fuorusciti nella Russia bolscevica venivano osservati con malcelato dispetto. Gli articoli di Majakóvskij sul suo viaggio in Europa occidentale, pubblicati a Mosca nel 1923, erano colmi di disprezzo per i russi «parigini». Majakóvskij si indignava persino per il fatto che in un ritratto di Jàkovlev esposto al Salon d'automne di Parigi, una donna teneva in mano un libro di poesie di Achmàtova. La conclusione prevedibile ma già allora discutibile di Majakóvskij era: «Noi, operai delle arti della Russia sovietica, siamo i condottieri dell'arte mondiale, gli alfieri delle idee dell'avanguardia».[480] Prokóf'ev che, pur vivendo a Parigi, continuava ugualmente ad avere relazioni coi bolscevichi, nel 1928 in una lettera spedita a Mosca parlava dell'Apollo Musagete di

---

[480] Vladìmir Majakovskij, Polnoe sobranie sočinenij v' trinadcati tomach (Opere complete in tredici volumi), Moskvà 1957, vol. IV, p. 253

Stravìnskij, senza nemmeno menzionare il coreografo:

> Ho visto e sentito quest'opera nell'allestimento di Djàgilev e ne
> sono rimasto completamente deluso. Il materiale è assolutamente
> penoso e per di più rubato dalle tasche più immonde: Gounod,
> Delibes, Wagner, persino Minkus. Tutto ciò è condito con estrema
> scaltrezza e maestria, il che andrebbe bene, se Stravìnskij non
> avesse trascurato la cosa più importante: è terribilmente noioso.[481]

Naturalmente Prokóf'ev conosceva il giudizio di Majakóvskij sulla musica di Stravìnskij, dopo che questi aveva mostrato le sue composizioni al poeta nel 1922: «A me non fa impressione. Viene considerato nello stesso tempo un innovatore e un fautore della rinascita del barocco! Preferisco Prokóf'ev»

La «sinistra» russa bolscevica equiparò subito il neoclassicismo alla controrivoluzione. Per loro la «restaurazione» delle forme classiche era testimonianza del desiderio di restaurare la vecchia Russia e i neoclassici venivano percepiti come nemici. Gumilëv fu fucilato con l'accusa di congiura controrivoluzionaria. Achmàtova e Mandel'štàm erano sospettati in quanto «emigrati interni». I bolscevichi e i loro «compagni di strada» facevano di tutto per convincere sé stessi e gli altri che i neoclassici erano cadaveri tanto dal punto di vista politico che estetico

Ora è difficile stabilire quali fossero le autentiche opinioni politiche (o la loro assenza) del giovane Balančìn in Russia. Una serie di elementi consente di ipotizzare che fosse una persona molto devota, anche se l'ammirazione per le poesie di Majakóvskij, spesso sacrileghe, sotto questo profilo appare paradossale. Sia Djàgilev sia Stravìnskij, prima della rivoluzione, probabilmente erano liberali. Ma l'atteggiamento ostile dei bolscevichi verso i rifugiati in generale, e i loro attacchi politici contro il neoclassicismo in particolare, inevitabilmente spinsero sia Djàgilev sia Stravìnskij sia Balančìn nel campo conservatore

Comune a tutti e tre era il culto di Pùškin, Glìnka, Čajkóvskij, del balletto classico e del suo genio Petipa. Djàgilev cominciò a propagandare Čajkóvskij nell'Europa del dopoguerra già dal 1921, allestendone la Bella addonnentata (in parte riorchestrata da Stravìnskij) a Londra. In occasione della prima Stravìnskij pubblicò sul «Times» di Londra una lettera aperta a Djàgilev nella quale

---

[481] Prokof'ev, N.Ja. Majakóvskij, Perepiska (Corrispondenza), Moskvà 1977, p. 281

rendeva gloria a Čajkóvskij, il cui talento Stravinskij considerava «maggiore di qualsiasi musicista russo ... Il fatto è che era un creatore di melodia, dono estremamente raro e prezioso».[482]

Nella sua produzione Djàgilev riprese la coreografia di Petipa, della quale Stravinskij si ricordava ancora dagli anni dell'infanzia. La prima rappresentazione alla Wile avevano portato il piccolo Ìgor'al teatro Mariìnskij era stata proprio la Bella addormentata. Il balletto entusiasmò il ragazzino, e da allora la passione per la danza classica, nella quale lo Stravinskij maturo vedeva «il trionfo dell'impianto studiato sulla vaghezza, della regola sull'arbitrio, dell'ordine sul non lo lasciò mai. Questo stesso allestimento aveva convertito alla «fede nel balletto» anche Benuà, Levinsén e Balančìn

Lo Stravinskij neoclassico proclamava apertamente la sua «profonda ammirazione per il balletto classico, che nella sua intima essenza, grazie alla bellezza della sua ordonnance e all'austerità aristocratica delle sue forme, corrisponde tanto puntualmente alla mia concezione dell'arte[483]».

Ispirato in parte dal lavoro alla Bella addormentata, Stravinskij nel 1921 compose la sua opera buffa «pietroburghese» in un solo atto Màvra, basata sul poema comico di Pùškin Dómik v Kolomne (La casetta a Kolomna), sulle avventure amorose di un ussaro e dedicata dal compositore «alla memoria di Pùškin, di Glìnka e di Čajkóvskij». Fu un atto dimostrativo sia verso l'Occidente sia verso l'Oriente. In Europa tutti i tre dedicatari non godevano di grande considerazione. Nella Russia comunista i loro nomi in quel momento erano circondati da un'aura negativa. e Glìnka erano considerati monarchici, e Čajkóvskij veniva definito pessimista e mistico, ostile al pubblico proletario

Stravinskij (che alcuni anni dopo a Mosca verrà definito «un mistico passato al fascismo più brutale») naturalmente sapeva tutto questo. Ma Pùškin, Glìnka e Čajkóvskij erano per lui simboli della cultura pietroburghese, che, in virtù dei forti legami estetici ed etici che sentiva, aveva intenzione di propagandare in Europa occidentale. Tuttavia i suoi tentativi non ebbero grande successo presso l'élite intellettuale occidentale. L'arte degli idoli pietroburghesi, di orientamento classico, nelle capitali europee occidentali veniva considerata troppo tradizionale. Non servirono

---

[482] Stravinsky, R. Craft. op. cit., p. 83

[483] Igor Stravinsky, An Autobiography. New York - London 1962, p. 100

nemmeno gli sforzi di Djàgilev. Il suo allestimento della Bella addonnentata a Londra e la sua versione successiva, data a Parigi, furono un fallimento commerciale

Oltre alle ragioni puramente estetiche, un ruolo importante svolse anche il clima politico e intellettuale generale del tempo. I bolscevichi avevano ormai vinto la guerra civile, e i pragmatici politici occidentali cominciarono a vedere la Russia comunista come una realtà inevitabile e spaventosa. Così i rifugiati russi in Europa inevitabilmente cominciarono a essere percepiti come un fastidio. In più, l'élite dell'avanguardia di Londra e Parigi, delusa dal capitalismo, era attratta dalle idee comuniste. In questa situazione, qualsiasi tentativo di trapiantare l'estetica e i valori pietroburghesi sul terreno europeo era condannato a fallire: essi infatti apparivano irrimediabilmente antiquati.

Vladìmir Nabókov, nato nel 1899 a Pietroburgo, quando la città era ancora capitale dell'impero russo, costituisce un esempio delle difficoltà che i rifugiati dovevano affrontare per sopravvivere. Suo padre, importante attivista politico, nel 1917, dopo il rovesciamento dello zar, venne indicato da molti come futuro ministro della Cultura russo. Invece Nabókov padre morì a Berlino nel 1922, proteggendo col proprio corpo dalla pallottola di attentatori di estrema destra il suo maestro politico, l'ex ministro degli Esteri del governo provvisorio. Vladìmir debuttò come poeta ancora a Pietrogrado, ma la sua carriera letteraria si sviluppò in modo serio solo nell'emigrazione, a partire dal 1919

I primi esperimenti poetici di Nabókov, anche se trovarono estimatori, non raggiunsero i livelli di Marina Cvetàeva o Vladislàv Chodasévič, pure emigrati, o anche di maestri minori come Geórgij Adamévič e Geórgij Ivànov, che a Pietroburgo appartenevano al gruppo degli acmeisti e che poi avevano fondato a Parigi la scuola della «Nota parigina». Ma la prosa di Nabókov lo pose subito in prima fila, accanto al maestro riconosciuto della letteratura dissidente Bùnin

Nei primi venti e passa anni di vita da rifugiato in Europa, Nabókov pubblicò alcune importanti opere, e i suoi romanzi sperimentali, Zašëita Lùtina (La difesa di LùZin; 1930), Otëàjanie (Disperazione; 1936), Priglašénie na kazn'(Invito a una decapitazione; 1938) e Dar (Il dono; 1938), nei quali si può vedere un'affinità con gli esperimenti di Proust, Joyce e Kafka, segnarono l'autentico ingresso del modernismo letterario pietroburghese nell'arena internazionale

5Quando si parla dei precursori di Nabókov, viene ricordato

soprattutto Pietroburgo di Bélyj, ma la sua arte deve mplto anche alla prosa di Pùškin e di Gógol'e alla poesia di Blok e degli acmeisti. Nei suoi romanzi trionfa un mondo di gioco e di enfatizzata teatralità pietroburghese; il loro stile raffinato, la gaia ingegnosità e la pregnanza esistenziale testimoniavano la nascita di un grande talento. Ma gli ambienti ufficiali di Parigi e di Londra non ebbero fretta di dare riconoscimenti a Nabókov. Spesso rifiutarono di tradurlo e di pubblicarlo semplicemente perché era fuggito dai bolscevichi russi e quindi – agli occhi dell'intellighenzia occidentale di sinistra – era un reazionario

Quando i romanzi di Nabókov si fecero strada tra i lettori europei, la critica non mancò di accoglierli con ostilità. Può essere considerata tipica la recensione di Sartre a Disperazione. Anticipando le argomentazioni della critica staliniana della fine degli anni Quaranta, Sartre accusò Nabókov di mancanza di radici nazionali, paragonandolo sfavorevolmente agli scrittori sovietici che, secondo Sartre, erano membri costitutivi della società socialista

La posizione di Stravinskij, nell'ambito della cultura europea prebellica, era ben diversa. Nabókov era uno scrittore ancora poco noto, Stravinskij un maestro riconosciuto dell'avanguardia musicale europea. Eppure nemmeno Stravinskij in quegli anni se la passava troppo bene in Francia. Dopo il 1925, la maggior parte delle commissioni di composizioni nuove, compresi due balletti – Apollo e Igrà v kàrty (Gioco a carte) – e la Sinfóniju Psalmóv (Sinfonia dei salmi) venivano dagli Stati Uniti. Nel 1935, quando Stravinskij fu candidato per l'Accademia di Francia, lo bocciarono con ventotto voti contro quattroauesto umiliante rifiuto fu commentato con malignità dalla stampa francese, che rifletteva l'atteggiamento del pubblico francese in generale, perlopiù refrattario a Stravinskij

Per questo il compositore accolse con piacere l'invito dell'università di Harvard, e nel 1939 partì per gli Stati Uniti. Nel 1940 giunse in America anche Nabókov, che in Francia non riusciva a ottenere il permesso di lavoro

Certamente la guerra in Europa ebbe un ruolo importante nelle loro decisioni. Ma Balančìn si era trasferito negli Stati Uniti già nel 1933 su invito del giovane esteta americano e conoscitore del balletto Lincoln Kirstein, da poco laureatosi a Harvard

Le idee neoclassiche esercitarono una forte influenza su Kirstein. Negli anni Venti il suo «codice» e la sua «guida» divennero Tradition and the Individual Talent di T.S. Eliot. Alla fine degli anni Venti e all'inizio degli anni Trenta Kirstein lesse avidamente anche i saggi dell'esperto di balletto russo a Parigi Andréj Levinsón e in seguito lo definì «il più erudito, forse l'unico critico contemporaneo della danza».[484] Kirstein e i suoi amici erano, perciò, intellettualmente ed esteticamente pronti per trapiantare negli Stati Uniti il balletto classico nella sua più rigorosa forma tradizionale. Balančìn, a sua volta, non nutriva più illusioni riguardo alla propria carriera in Europa; secondo le parole di Kirstein, che aveva fatto conoscenza con Balančìn a Londra, si trattava di una persona «zelante, convinta, non disperata ma senza speranza».[485] Gli Stati Uniti offrivano proprio quel barlume di speranza

Col senno di poi, si può supporre che l'emigrazione dalla Russia di Stravinskij, Nabókov e Balančìn, pur con le differenze di background e ambizioni, non fosse casuale. Stravinskij aveva lasciato la patria prima ancora della rivoluzione bolscevica. È verosimile che Nabókov e Balančìn avrebbero scelto lo stesso percorso anche se i bolscevichi non fossero andati al potere

Tutti e tre erano nati a Pietroburgo e avevano sviluppato, indipendentemente uno dall'altro, un'estetica cosmopolita basata sui princìpi classici, a cui, però, avevano dato una piega moderna. Tutti e tre si sentivano limitati dagli schemi della cultura russa tradizionale, che proclamava il predominio del contenuto sulla forma e pretendeva dall'arte una partecipazione attiva ai fermenti sociali e politici dell'epoca

Realizzare almeno una parte delle proprie concezioni artistiche in un contesto internazionale era un'esigenza naturale per tutti e tre. La rivoluzione bolscevica aveva creato realtà nuove, che rendevano l'emigrazione di Stravinskij, Nabókov e Balančìn irreversibile. Di conseguenza questi tre artisti (insieme ad altri meno importanti) crearono quello che chiamerei il ramo estero del modernismo pietroburghese

Nella soffocante atmosfera nazionalista della cultura europea tra le due guerre i tre si sentivano soffocare. Vedevano gli Stati Uniti come un rifugio sicuro, libero dai pregiudizi e dalle etichette politiche dell'Europa

Stravinskij e Balančìn passarono negli Stati Uniti l'uno più di trenta e l'altro quasi cinquant'anni, e morirono entrambi a New York, mentre il «periodo americano» di Nabókov durò invece circa

---

[484] Lincoln Kirstein, Dance, New York 1969, p. 257

[485] Richard Buckle. George Balanchine, Ballet Master. New York 1988, p. 68

vent'anni. In questi anni Balančìn creò la tradizione nazionale statunitense del balletto classico, mentre Stravìnskij e Nabókov con le loro straordinarie doti esercitarono una fortissima influenza sui colleghi statunitensi. Gli aggettivi «stravinskiano» e «Nabókoviano» divennero all'ordine del giorno. Tutti e tre divennero lealissimi cittadini statunitensi e, di fatto, artisti statunitensi. Nabókov fece anche l'estremo sacrificio: smise di scrivere in russo. Si può dire che con la loro presenza in America i tre trasformarono il ramo del modernismo pietroburghese da «estero» in specificamente «statunitense»

Contemporaneamente Stravinskij, Balančìn e Nabókov seminarono negli Stati Uniti una versione locale del mito di Pietroburgo. Lo fecero in opere inizialmente orientate a un pubblico statunitense, ma che poi circolarono in tutto il mondo e infine, a dispetto di ogni previsione, tornarono anche nella loro città natale, dove i tre artisti non potevano avventurarsi

Insegnando letteratura russa nelle università statunitensi, Nabókov promosse instancabilmente Gógol', sottolineando la perfezione formale e la visione esistenziale delle sue opere pietroburghesi e mettendo in luce le sbalorditive deficienze delle traduzioni inglesi esistenti. Negli anni Quaranta Nabókov scrisse un libro su Gógol'che a tutt'oggi resta l'introduzione più esaustiva al genio pietroburghese rivolta al lettore straniero

Resta insuperata l'accurata traduzione e il meticoloso commentario di Nabókov dell'Evgénij Onégin di Puškin[486] da lui considerato il più grande poeta dopo Shakespeare. Un tempo Nabókov osservò che chi legga costantemente Pùškin andrà soggetto a un ampliamento della capacità polmonare

Pubblicato in quattro volumi nel 1964, questo lavoro controverso suscitò una nuova ondata d'interesse per Pùškin nel mondo anglofono, dimostrando, 01tre a tutto il resto, gli stretti legami di Pùškin pietroburghese con la cultura europea, un fatto fondamentale per il cosmopolita Nabókov e per il suo compatriota Stravinskij

Ma il maggior contributo alla creazione dell'immagine americana di San Pietroburgo è Speak, Memmy, che molti considerano una delle migliori autobiografie mai scritte in assoluto.

---

486 Aleksandr Pushkin [Aleksàndr Sergéevit Pùškin]. Eugene Onegin, traduzione dal russo [Evgénij Onégin] e apparato critico a cura di Vladìmir Nabokov (Vladìmir Nabókov], 2 voll.. Princeton, Princeton University Press, 1990 [prima edizione 4 voll., Bollingen Foundation, 1964].

Pubblicata a puntate sul «New Yorker» e in altri periodici americani alla fine degli anni Quaranta, e uscita in volume nel 1951 (col titolo di Conclusive Evidence, poi cambiato; nel 1954 ne uscì la versione russa, Drugìe beregà, «Le altre rive»), l'autobiografia di Nabókov fu accolta con entusiasmo dai critici sia allora, sia nel 1967, quando l'autore operò una revisione e un ampliamento di quello che probabilmente è il più personale dei suoi libri

Il tema di Pietroburgo è uno dei più importanti nella poesia di Nabókov

L'esperienza dell'esilio lo arricchì di toni nostalgici. Nelle sue poesie Nabókov tornava instancabilmente sulla sua città natale, passando amorevolmente in rassegna le immagini sfuggenti della «mia leggera, la mia aerea Pietrogrado». (Ho avuto la straordinaria opportunità di dare un'occhiata al quaderno in cui il giovane Nabókov scriveva le proprie poesie. Sul frontespizio era raffigurato un paesaggio pietroburghese.) Nei suoi versi Nabókov reagì alla morte di Blok, che adorava, e alla fucilazione di Gumilëv. Una delle migliori poesie di Nabókov del periodo berlinese («Ricordo, raggio acuto, trasforma il mio esilio...») tratteggia un quadro fantastico di Pietroburgo nello stile di Dubuìinskij ed è dedicata a questo artista, compagno d'emigrazione, che a Pietroburgo aveva dato all'adolescente Nabókov lezioni di disegno, che poi lo scrittore applicò con gratitudine, come affermò lui stesso, «a certe esigenze da camera lucida della composizione letteraria»

In Speak, Memory, il tour de force Nabókoviano, lo scrittore pone un accento particolare sul ruolo degli artisti di Mir iskùsstva (Dobužìnskij e Benuà) nella creazione di quell'immagine stilizzata della Pietroburgo modernista che Nabókov, a sua volta, era intenzionato a scolpire nella coscienza del lettore americano. I motivi principali di questa autobiografia sono la memoria, il destino, la libertà e la possibilità/impossibilità di scelta; l'enigma principale è la natura e l'essenza del tempo. Quasi a ogni svolta della narrazione, Nabókov in un modo o nell'altro tocca il tema di Pietroburgo che diventa il leitmotiv del libro

Il ritratto della città, all'inizio puramente descrittivo e poi sociale, politico, si compone, come in un caleidoscopio, di una moltitudine di vetrini variopinti. È uno dei procedimenti preferiti di Nabókov. Lo scrittore prende in giro il lettore, distraendo la sua attenzione e poi, come un esperto professore, qual era, d'un tratto dà una lezione breve ma profonda. Lo scopo di queste minilezioni di Nabókov era dissolvere i pregiudizi e i dubbi degli intellettuali americani circa l'esistenza nella Pietroburgo prerivoluzionaria di una cultura liberale e cosmopolita, di cui Nabókov con orgoglio si considerava membro ed erede

Era un compito difficile. Fin dal 1949 il «New Yorker» rifiutò di stampare un capitolo di Speak, Memory in cui Nabókov cercava di dimostrare che nella Russia zarista c'era più libertà che sotto Lénin: una tesi in contrasto con il tetro quadro di Pietroburgo creato da Dostoévskij in Delitto e castigo e ancora predominante nell'immaginario generale. Tuttavia le ferme convinzioni politiche di Nabókov, con il sostegno della sua maestria letteraria, riuscirono nell'impresa. A poco a poco, con il crescere della sua fama, riuscì a imporre la propria visione di Pietroburgo nel centro intellettuale dell'élite statunitense. Quando uscì l'autobiografia di Nabókov, fu salutata come un capolavoro. La Pietroburgo di Nabókov ottenne il suo posto accanto alla Pietroburgo di Dostoévskij. Fu una conquista pionieristica di enorme portata storica e culturale che aprì la porta ad altri grandi attivisti del ramo «americano» del modernismo pietroburghese.

In quanto modernisti con radici pietroburghesi, Nabókov e Stravinskij avevano molto in comune. Avevano la teatralità delle loro opere, dalla paradossalità del loro pensiero creativo, la passione di giocare con «modelli» artistici (letterari per Nabókov, musicali per Stravinskij) e anche l'incorreggibile tendenza all'ironia e al grottesco

I romanzi di Nabókov sono pieni di mistificazioni e allusioni letterarie; le «scenografie letterarie» e il punto di vista cambiano in maniera inattesa per rivelare la presenza dell'autore onnipotente. Alfred Schnittke, nel saggio sul paradosso come tratto della logica musicale di Stravìnskij, analizza simili procedimenti nelle opere del compositore, in particolare nell'Apollo:

Non si tratta solo di musica «all'antica», ma di musica «all'antica secondo la visione di Čajkóvskij» (il Seicento recepito attraverso la Serenata per archi), ossia una mistificazione a triplice fondo: di primo acchito vi si rinviene il teatro ballettistico di Lulli con intreccio classico e tipica partitura orchestrale («I ventiquattro violini del 62 re»), a un esame più dettagliato si vede il balletto dei cigni del Mariinskij con l'elegante aria pastorale, e infine vediamo levarsi sopra la scena l'ombra del mago che governa tutti; a questo punto ci accorgiamo che è un balletto delle marionette e che è stato allestito ai nostri giorni[487].

---

[487] Stravinskij, op. cit., p. 391

A differenza di Nabókov, Stravinskij non ha avuto bisogno di «conquistarsi» l'America; la sua fama lo aveva preceduto. Prima ancora di trasferirsi definitivamente, Stravinskij nel 1937 fu oggetto di un festival speciale a New York, nel cui ambito alla Metropolitan Opera furono rappresentate in particolare due delle sue opere più pietroburghesi: i balletti Apollo Musagete e Il bacio della fata. Entrambi i balletti (insieme a Partita a carte) furono allestiti con la coreografia di Balančìn; per lui fu il primo lavoro su musica di Stravinskij in America

Il bacio della fata, composto nel 1928 su un'idea di Aleksàndr Benuà, era la «Čajkóvskijana» di Stravinskij: il compositore vi svolse i motivi delle romanze e dei pezzi per pianoforte di Čajkóvskij. L'intreccio, tratto dalla fiaba di Hans Christian Andersen, è un'allegoria: una musa, dopo aver «eletto» un neonato dandogli un bacio nel bel mezzo delle sue nozze, lo rapisce. Era il motivo – comune a Stravinskij e Balančìn – del primato dell'arte sulla vita, un'eco delle antiche discussioni tra «realisti» e «idealisti» russi. In questo dibattito Stravinskij e Balančìn consideravano Čajkóvskij loro alleato, e il balletto venne dedicato a lui

Trasferitosi in America, Stravinskij, come direttore d'orchestra, inseriva periodicamente nei programmi la Seconda e la Terza sinfonia di Čajkóvskij, e anche la Serenfta per archi, ma Il bacio dellafata divenne il suo ultimo omaggio a Čajkóvskij. Sia Nabókov, sia Stravinskij, sia Balančìn si sforzarono di entrare nel flusso della vita statunitense e di americanizzarsi quanto più possibile. Ma il motivo pietroburghese naturalmente non cedette mai fino alla fine

Il primo a presentarlo nel nuovo contesto americano fu Nabókov in Speak, Memory. Stravinskij lo seguì con i suoi libri di dialoghi autobiografici con Robert Craft. L'impulso a scrivere questi libri venne dato dalle numerose richieste di interviste a Stravinskij in occasione del settantacinquesimo compleanno del compositore. Stravinskij cercava sempre di avere un controllo sulle interviste rilasciate. In questo è un'altra affinità con Nabókov che, come è noto, rispondeva solo per iscritto a domande presentate in anticipo dai giornalisti e pretendeva sempre la riproduzione integrale dei propri testi

E, come Nabókov, Stravinskij scoprì che il genere dell'intervista poteva anche essere redditizio

Ma l'affinità principale dei ricordi di Nabókov e di Stravinskij sta nel fatto che cercarono entrambi di imporre un carattere artistico alla visione della loro infanzia pietroburghese. Entrambi custodirono gelosamente il proprio passato. E per entrambi l'infanzia era un bacino inesauribile di spunti creativi

63 Negli Stati Uniti negli anni 1959-68 furono pubblicati sei libri di dialoghi di Stravinskij con Craft. Il tono del primo è relativamente impersonale, soprattutto quando si tratta di ricordi di gioventù. Lo spartiacque è nel terzo libro, Expositions and Developments. Qui l'approccio diventa decisamente Nabókoviano. Molti episodi ricordano Speak, Memory e, se ciò è casuale, è ancora più impressionante, poiché sottolinea la comunanza di base culturale ed emotiva dello sviluppo creativo dei due artisti

In Expositions and Developments Stravinskij trovò per la prima volta la forza di confessare che «San Pietroburgo fa parte della mia vita al punto che ho quasi paura di guardare oltre dentro me stesso, paura di scoprire quanta è più cara al mio cuore di qualsiasi altra parte di me vi è ancora legata

città del mondo[488]». Il compositore comincia il viaggio nel mondo della propria infanzia, evocando, in stile Nabókoviano, il ricordo della luce di un lampione che di notte penetrava dalle tende aperte in camera del piccolo Igor', a casa Stravinskij a Pietroburgo. Questa luce lo conduceva nel mondo «della sicurezza e della protezione», con reminiscenze della balia, la cuoca, la portiera, il pope al ginnasio, che Stravinskij inserisce in un passo tipicamente Nabókoviano, nel quale afferma: «I ricordi in sé stessi sono "sicurezze", naturalmente, molto più sicuri dell'"originale" e, col passare del tempo, sempre più sicuri[489]».

Stravìnskij con un certo piacere richiama in vita rumori, odori e colori della Pietroburgo di fine Ottocento, insistendo sui loro legami con la propria produzione musicale più recente (Petrùška, L'usignolo, Il bacio della fata)

Con particolare trepidazione, «struggendosi d'orgoglio pietroburghese», Stravìnskij ricorda le proprie visite al teatro Mariìnskij: «Entrare nell'interno azzurro e dorato di quell'atrio molto profumato era, per me, come entrare nel più sacro dei templi».[490] I libri di conversazioni di Stravìnskij con Craft sono diventati, forse, gli esempi più importanti di questo genere nella vita intellettuale dell'America degli anni Sessanta. Furono letti avidamente anche in Europa dall'élite culturale. In quello stesso periodo Speak, Memory di Nabókov veniva inserito nei corsi di

---

[488] Stravinsky. R. Craft, op. cit.. pp. 34-35

[489] Ibid 21

[490] Ibidem 32

letteratura americana contemporanea nelle università di tutto il paese. Proprio in questo periodo Nabókov fu proclamato in una recensione sul «New York Times» il più grande scrittore vivente. La reputazione di Stravìnskij come forse maggior compositore contemporaneo era acquisita da tempo

Si può dire che il ramo «americano» del modernismo pietroburghese avesse fatto una splendida fioritura. Per questo l'immagine della Pietroburgo prerivoluzionaria creata da Nabókov e Stravìnskij aveva tanta risonanza

Il clima culturale americano degli anni Sessanta era particolarmente propizio per quella fioritura. Il cinquantesimo anniversario della rivoluzione russa, festeggiato nel 1967, destò un grande interesse per la Russia e richiamò l'attenzione di un vasto pubblico sui «remoti, quasi leggendari, quasi sumerici miraggi di San Pietroburgo», come si espresse Nabókov. Il mistero di questa città, il suo destino storico, i suoi governanti e abitanti furono analizzati e descritti a vari livelli e da vari punti di vista in varie opere come The Icon and the Axe di James H. Billington (1966) e Nicholas and Alexandra di Robert K. Massie (1967). L'industria del cinema, dopo un intervallo lungo, tornò al tema di Raspùtin (Rasputin the Mad Monk con Christopher Lee nel 1966 e I Killed Rasputin con Gert Frobe nel 1968); poco più tardi fu trasposto in film anche Nicholas and Alexandra[491]. Sullo sfondo di questo aumentato interesse per Pietroburgo sia negli strati alti sia in quelli bassi della cultura americana assunsero un rilievo particolare il ruolo e l'influenza di Balančìn. Questi riuscì a combinare aspetti eterogenei della mitologia pietroburghese in un'unica immagine duratura che ebbe enorme effetto sulla percezione delle tradizioni pietroburghesi da parte del pubblico americano e, in definitiva, mondiale

Nel 1933, quando Kirstein invitò Balančìn negli Stati Uniti perché andasse a dirigere un corpo di ballo, il coreografo pose una condizione importante: «Prima però una scuola». L'assenso di Kirstein risultò decisivo per il destino del balletto americano perché per Balančìn la scuola non era mai stata una mera questione di tecnica

Kirstein ricordava che la mamma di una delle sue prime potenziali allieve aveva chiesto a Balančìn: «Mia figlia ballerà?». La risposta di Balančìn, in francese, non fu né una semplice prognosi

---

[491] Di Franklin Schaffner. Gran Bretagna 1971, Oscar per i costumi e per le scenografie.

né un'educata elusione: «La Danse, Madame, c'est une question morale».[492] La concezione della danza come attività morale, Balančìn l'aveva ereditata dai maestri pietroburghesi, in special mod&da Petipa

La scuola, secondo Balančìn, doveva gettare le fondamenta sia del mestiere sia della morale. I due aspetti non erano in contraddizione. L'atteggiamento verso il balletto come divertimento non impediva di credere seriamente alle sue possibilità nell'ambito della cultura alta. Petipa si sentiva a un tempo confettiere di corte e illuminista. Proprio questo dualismo pietroburghese contrassegnò in modo inconfondibile l'attività di Balančìn negli Stati Uniti

Proprio a New York Balančìn si sentì davvero continuatore dell'opera di Petipa. Solo qui si poteva sentire un europeo sofisticato giunto, come a suo tempo Petipa dalla Francia a Pietroburgo, in un paese dalle possibilità illimitate, con la missione di convertire i nativi al balletto classico. E, come il suo illustre precursore, Balančìn si integrò quasi del tutto nella cultura del paese che gli aveva dato rifugio, nel contempo trasformando, come Petipa in Russia, un impulso tradizionale, molto elementare, in una forma vitale, contemporanea, autenticamente nazionale di espressione artistica

Negli Stati Uniti il neoclassicismo di Balančìn, le cui radici risalivano all'estetica di Petipa, assunse tratti moderni affatto nuovi e divenne lo «stile americano». Come a Pietroburgo, Petipa aveva usato lo straordinario materiale umano russo per creare il lirismo e la grandeur dei propri balletti, così a New York Balančìn attinse al grande bacino americano: «Piccole ragazze simili a vespe – grosse cosce, vitini minuscoli, teste appuntite – che sembrano allevate per soddisfare le specifiche esigenze dell'eminente coreografo».[493] In questa osservazione di Stravinskij c'è una sola imprecisione: «Le ballerine di Balančìn», come presero a chiamarle, di norma erano donne non «piccole», ma molto alte. Si muovevano con velocità inverosimile, con precisione e musicalità. Specificamente americana in loro era la combinazione di capacità atletica, irrefrenabile passione «fisiologica» per rotazioni e salti e percezione naturale dei ritmi complessi e sincopati

---

[492] Portrait of Mr. B. Photographs of George Balanchine, with an essay by Lincoln Kirstein, New York 1984, p. 16

[493] Igor Stravinsky, Themes and Conclusions. Berkeley - Los Angeles 1982, p. 34.

Ciò faceva dei ballerini statunitensi esecutori ideali dei balletti di Balančìn su musica di Stravinskij. I due esuli da Pietroburgo, compositore e coreografo, negli Stati Uniti formarono una coppia unica. Balančìn allestì quasi trenta opere di Stravinskij, da Ragtime a Pietrogrado nel 1922 a Persefone a New York nel 1982. La stragrande maggioranza di questi allestimenti risale al periodo americano. Stravinskij, secondo molti, per Balančìn era una figura patema. Nei confronti della musica di Stravìnskij, Balančìn si sentiva chiaramente un missionario in misura assai maggiore di Petipa nei confronti di Čajkóvskij

Balančìn riuscì a far sì che le ultime composizioni seriali di Stravìnskij, come Movementsfor Piano and Orchestra, che nelle sale dei concerti erano state accolte inizialmente in modo sfavorevole, venissero accolte con entusiasmo quando furono eseguite in forma di balletto al New York City Ballet. Il punto di svolta fu l'allestimento nel 1957 di Agone, il terzo balletto del compositore su motivi greci dopo Apollo e Orfeo. L'erotismo teso, «estraniato» e la rarefazione modernista di Agone colpirono gli intellettuali statunitensi

«Dopo una delle prime rappresentazioni di Agone, disse con gioia un famoso scrittore newyorchese: "Se avesse saputo quello che succedeva qui, la polizia l'avrebbe impedito"»[494] ricordava la critica Arlene Croce. I biglietti per le «notti dodecafoniche», rappresentazioni al teatro di Balančìn costituite esclusivamente da balletti su musica d'avanguardia, erano introvabili. Balančìn, fuori di dubbio, percepiva il parallelo tra la disciplina della danza classica e la disciplina della composizione dodecafonica. E proprio questa affinità cominciò ad assorbire anche il pubblico intellettuale dei suoi balletti modernisti. Inizialmente attratto dal teatro di Balančìn per la novità del repertorio, a poco a poco prese la danza classica nell'interpretazione di Balančìn come un fenomeno autenticamente moderno, degno della più seria attenzione. Fu un evento culturale di primaria importanza. Come commentò poi parlando con me Natàn Mil'štéjn, testimone di questa rivoluzione estetica, «Balančìn ha salvato il balletto come forma di arte per il ventunesimo secolo».[495]

Nei primi decenni del Novecento l'interesse internazionale per il balletto fu conseguenza del proselitismo di Djàgilev, che si

---

[494] Arlene Croce. Afterimages. New York 1977, p. 419

[495] Natàn Mil'štéjn. conversazione con l'autore (New York 1984

considerava figlio dell'estetica pietroburghese. Nel 1929, con la morte di Djàgilev, la presenza pietroburghese nella danza classica si indebolì e, forse, si sarebbe ridotta a nulla se non fosse stato per gli sforzi di Balančìn. Balančìn riportò anche alla vita l'aura pietroburghese della musica di Čajkóvskij, che dalla metà del secolo si era molto rarefatta

L'adorazione di Balančìn per Čajkóvskij non era soggetta alle fluttuazioni della morale. Tra i primissimi balletti di cui curò la coreografia negli Stati Uniti ci furono Mozartiana e Serenata su musica di Čajkóvskij, divennero ognuno a modo proprio classici del teatro di Balančìn. La malinconica Serenata, con le sue linee scorrevoli e il sottotesto allegorico, divenne una delle opere più famose di Balančìn. Mozartiana, dopo alcune revisioni, si trasformò in un enigmatico omaggio a Čajkóvskij

Balančìn, tornando regolarmente alla musica di Čajkóvskij come alle opere di Glìnka e Glazunóv, ambientò sempre queste composizioni, e la propria interpretazione coreografica, in un contesto pietroburghese. Questa tradizione cominciò con il Ballet hnperial (più tardi rinominato Concerto per piano di Čajkóvskij n. 2), allestito nel 1941 con la scenografia del vecchio esponente di Mir iskùsstva Dobužìnskij specificamente come «tributo a San Pietroburgo, Petipa e Čajkóvskij». I rimandi all'impero e alla corte vennero insistentemente impiegati nelle opere «pietroburghesi» di Balančìn

È un dato di particolare interesse, se si tiene conto che nel carattere, nelle abitudini e nei gusti di Balančìn non c'era, in particolare, nulla di «imperiale» né di «cortigiano». Naturalmente Balančìn era un vero gentiluomo pietroburghese, cortese e affabile, ma è difficile definire apertamente aristocratico il suo comportamento. Come ha osservato Balančìn «era monarchico e democratico, una cosa non esclude affatto l'altra».[496]

Il suo monarchismo era nostalgico ed estetico. A Balančìn piacevano gli hamburger e i film western, ma in sala prove diventava un autocrate. In questo senso il suo teatro poteva essere definito una minuscola «monarchia», a capo della quale c'era il coreografo

È paradossale, ma l'ideale monarchico come traspariva dai balletti di Balančìn riscosse simpatia presso l'élite liberale americana. I valori tradizionali democratici americani venivano lasciati dal pubblico sulla soglia del teatro di Balančìn, dove

---

[496] Natàn Mil'štéjn, conversazione con l'autore (New York 1986)

regnavano l'eleganza, lo splendore, la pompa e l'etichetta. La Pietroburgo imperiale qui veniva riabilitata, e con quella la musica di Čajkóvskij. I suoi afflati romantici non apparivano più sospetti ai conoscitori del balletto, poiché Čajkóvskij veniva interpretato dallo stesso corpo che aveva dimostrato le proprie simpatie moderniste con l'allestimento delle opere più d'avanguardia di Stravìnskij

Si può affermare che nel complesso Stravinskij abbia ottenuto la riabilitazione di Čajkóvskij proprio per mezzo del New York City Ballet, per il fat 67 to stesso della vicinanza delle sue opere con quelle di Čajkóvskij sulla scena del teatro di Balančìn. Ma, s'intende, questo avvenne in primo luogo grazie all'instancabile lavoro eroico di propaganda di Čajkóvskij da parte di Balanëìn stesso

Il momento decisivo in questa direzione fu l'allestimento dello Schiaccianoci, che Balančìn fece nel 1954. Questo balletto, che era diventato una sorta di rito della stagione natalizia, fece di Čajkóvskij quasi un compositore nazionale americano. Lo Schiaccianoci, intriso di associazioni con Pietroburgo, rese la città fantastica di Čajkóvskij-Balanëìn familiare agli americani. La Pietroburgo maestosa ed enigmatica acquisì anche lineamenti intimi, descritti al pubblico occidentale prima ancora da Nabókov, e poi illustrati da Stravinskij nei suoi dialoghi con Craft. Balančìn in questo caso ebbe il ruolo del grande sintetizzatore

A Zinaìda Gìppius viene attribuita una frase divenuta molto famosa (la cui paternità è forse invece di Nina Berbérova) a proposito del fatto che l'élite culturale dei rifugiati russi del Novecento «non è in esilio, ma in missione» in Occidente. Si sottintendeva una speciale «missione» politico-culturale di questo gruppo con un duplice scopo: conservare alla cultura mondiale il retaggio russo sottoposto ad attacchi distruttivi da parte dei nuovi padroni comunisti della Russia; e, nello stesso tempo, ammonire circa le conseguenze tragiche dell'esperimento comunista, se fosse stato realizzato, nei paesi dell'Occidente

L'influenza dei rifugiati russi sulla politica dei governi occidentali fu, come sappiamo, esigua. Assai più efficace fu il loro messaggio culturale a sua volta diviso in due parti: era rivolto al pubblico occidentale contemporaneo, ma anche a un futuro pubblico, «postcomunista», in Russia. E la forza del segnale rivolto al futuro naturalmente dipendeva molto dal successo dell'impresa nel presente. Ossia dal talento, dal dinamismo e dalla credibilità dei personaggi della cultura russa in esilio. Ma eccezionalmente importante è stato anche l'ambiente, la sua ricettività, la sua assenza di pregiudizi e il suo entusiasmo

In questo senso l'incontro tra i modernisti pietroburghesi e gli Stati Uniti fu felice: né Stravinskij, né Balančìn, né Nabókov avevano programmato dall'inizio di diventare artisti o cittadini americani. Ma l'Europa occidentale risultò poco ospitale per il raffinato, aristocratico modernismo di marca pietroburghese. Solo negli Stati Uniti i modernisti pietroburghesi riuscirono a plasmare e poi a trapiantare nella coscienza occidentale un'immagine leggendaria, mistica della loro città natale in quel periodo tragico in cui il mito di Pietroburgo nella loro patria veniva sistematicamente sradicato senza pietà.

Capitolo 5

In cui la nostra città tanto sofferente, che ha assunto il nome di un tiranno, passandro attraverso le terribili vicissitudini del Grande Terrore e il più terribile degli assedi dell'epoca contemporanea, da 'nave dei folli' si trasforma in 'nave dei morti', per venire pianta e cantata in requiem poetici e musicali. È la Leningrado di Dmitrij Šostakóvič

«Nella vita degli uomini ci sono date nere. Sono come eclissi di sole.»[497] Così negli anni Sessanta Galina Serebrjakéva, scrittrice e un tempo amante di Dmìtrij Šostakóvič, ricordava il 21 gennaio 1924, il giorno in cui morì il glorioso duce dei comunisti russi e mondiali,[498] capo della Russia per più di sei fatidici anni, abile polemista, geniale stratega e politico spietato, l'uomo dalla erre uvulare con un cranio alla Socrate o alla Verlaine: Vladìmir Lénin

La bara col corpo di Lénin fu esposta nella Sala delle colonne della Casa delle unioni a Mosca. La poetessa Véra Ìnber descrisse la coda infinita di persone giunte a salutare il leggendario bolscevico: «Una nuvola di centinaia di migliaia di respiri avvolgeva la folla incolonnata. L'aria gelida era immobile. In alto nel cielo, in un triplo alone, come succede soltanto quando il gelo è fortissimo, splendeva la luna[499]».

Nella stessa Sala delle colonne «il bagliore dei lampadari, avvolti di crespo, come attraverso una nebbia caliginosa illuminava il cadavere coperto di tulipani rosso-sangue».[500]

Quali fossero le autentiche emozioni della folla che passava accanto al cadavere di Lénin su un piedistallo rosso ora è difficile da capire. Una cosa è chiara: tutti, anche i nemici di Lénin e del comunismo, riconoscevano l'importanza del momento. La storia di un paese enorme, che era sempre dipesa dalla personalità del proprio sovrano, si trovava ancora una volta a un bivio. Sarebbe stato il momento di esclamare, come Pù4dn nel Cavaliere di bronzo: «Dove tu andrai, fiero cavallo, / Dove lo zoccol poserai?». Solo immaginandòsi l'atmosfera apocalittica in cui vissero i russi

---

[497] Galina Serebrjakova, O drugich i o sebe (Degli altri e di me), Moskvà 1971, p. 9

[498] Qui Vólkov cita ironicamente gli slogan di regime.

[499] Véra Ìnber, Stranicy dnej perebiraja... (Sfogliando le pagine dei giorni. Moskvà

[500] Serebrjakova, op. cit., p. 9.

nei primi giorni dopo la morte di Lénin si può capire come Michail Bulgàkov, che aveva preso parte alla recente guerra civile contro i comunisti e che non aveva certo simpatie per i bolscevichi, abbia potuto scrivere nel gennaio 1924: «A questa bara si recheranno per quattro giorni nel gelo di Mosca, e poi nel corso dei secoli attraverso le remote strade carovaniere dei gialli deserti del globo terrestre, là dove un tempo, quando ancora nasceva l'umanità, sopra la sua culla si levava una stella eterna».[501]

Accanto al passo di Bulgàkov la reazione dello studente diciassettenne del conservatorio di Pietrogrado, il compositore alle prime armi Dmìtrij (Mìtja) Šostakóvič, espressa in una lettera a Tat'jàna Glivénko, di cui era innamorato, ha tutta l'aria di un understatemenr. «Sono triste, Tàneëka, molto triste. Sono triste che V.l. Lénin sia morto e che io non possa dirgli addio perché viene sepolto a Mosca. Il Soviét di Pietrogrado ha chiesto la traslazione della salma a Pietrogrado, ma evidentemente la richiesta è stata respinta»

Il 26 gennaio a Mosca si aprì il Il Congresso dei Soviét di tutta l'Unione, alla cui prima seduta, dedicata alla memoria di Lénin, intervenne il segretario generale del partito, lésif Stàlin, un georgiano di media statura, con i baffi regolati con cura su un viso butterato. (Oggi i due georgiani più famosi nel mondo occidentale sono Stàlin e Balančìn.) Con la sua voce grave e sonora Stàlin proclamò con un marcato accento georgiano: «Lasciandoci, il compagno Lénin ci ha lasciato in eredità il compito di difendere e rafforzare la dittatura del proletariato. Ti giuriamo, compagno Lénin, che non risparmieremo le nostre forze per ottemperare degnamente anche a questo tuo comandamento!». A immortalare la memoria del glorioso duce dei bolscevichi, il congresso decise di proclamare un giorno di lutto, di erigere un mausoleo a Lénin sulla Piazza Rossa a Mosca e di pubblicare le sue opere complete

Il congresso inoltre, «per soddisfare la richiesta unanime dei lavoratori di Pietrogrado», ribattezzò la città «Leningrado», spiegando in una risoluzione apposita: «A Pietrogrado la grande rivoluzione proletaria conseguì la prima, decisiva vittoria. ... La Rossa Pietrogrado, rimasta a tutt'oggi la prima cittadella del potere sovietico, si è innalzata per tutti questi anni come una roccia . In questa città fu fondato il primo governo operaio e contadino del mondo. ... Che d'ora in poi questo importante centro della

---

[501] Michail Bulgàkov, Casa fiati (Il calice della vita), Moskvà 1988, pp. 461-462

rivoluzione proletaria sia legato per sempre al nome del più grande dei duci del proletariato, Vladìmir Il'ìë Ul'jànov-Lénin».[502] La decisione di ribattezzare la città, la seconda in meno di dieci anni, fu, come la prima, frettolosa, di malaugurio e gravida di conseguenze. Quando nell'agosto 1914 San Pietroburgo, per volontà dell'imperatore Nikolàj II, aveva ricevuto il nome di Pietrogrado, si era desiderato «slavizzare» la capitale dell'impero entrato in guerra coi tedeschi. Allora molti lessero nell'atto dello zar non tanto cattivo gusto, quanto cattivi auspici. Aleksàndr Benuà, che ripeteva sempre che di tutti gli errori del regime zarista il più imperdonabile era proprio questo «tradimento di Pietroburgo», affermava: «Sono persino incline a pensare che tutte le nostre sventure siano giunte quasi a punizione per questo tradimento, perché i posteri degeneri hanno osato denigrare il "testamento" di Pëtr, perché, senza capire nulla, hanno ritenuto che vi fosse qualcosa di umiliante e di indegno per la capitale russa nel nome datole da Pëtr».[503] Benuà, capo di un movimento per la restaurazione della gloria e della grandezza della vecchia Pietroburgo, indicò alcune delle cause per le quali il nuovo nome della città gli appariva un tragico errore. Avendo chiamato la città San Pietroburgo, Pëtr il Grande l'aveva posta «sotto la protezione speciale del santo che aveva benedetto l'idea del dominio spirituale del mondo».[504] La glorificazione del proprio nome era l'ultimo dei suoi pensieri. Facendo patrono della città san Pëtr, lo zar russo voleva dichiarare le proprie ambizioni cosmopolite

Secondo Benuà, Pietroburgo aspirava a essere la «seconda» o la «terza» Roma. Lo slavofilismo era estraneo al primo imperatore russo. Cambiando il nome della capitale secondo una versione che suonasse più slava, i suoi discendenti respinsero decisamente ogni aspirazione cosmopolita. Questa rinominazione inavvertitamente restrinse la sfera d'influenza spirituale della città

Per di più, Nikolàj II fece un altro errore. Esprimendo aperta ostilità verso Pietroburgo, gli sembrava di dare voce al sentimento della gente «semplice» russa. Benuà riteneva che si trattasse di un errore fatale. Infrangendo la volontà di Pëtr il Grande, ultimo imperatore russo, aveva minato l'idea dell'autocrazia, così

---

502 Leningrad Ènciklopedičeskij spravčnik (Leningrado. Guida enciclopedica), Moskvà-Leningràd 1957, pp. 112-113.

503 A. Benuà, op. cit., vol. I, pp. 11-12.

504 Ibid., p. 12

importante per Pëtr, senza con ciò riscuotere il sostegno del popolo. Nikolàj II fu il primo governante ad armeggiare maldestramente con la mistica di Pietroburgo, ma non fu l'unico. I bolscevichi (perlomeno sotto questo aspetto) lo seguirono, ma in modo molto più deciso e irrazionale

L'iniziativa di trasformare Pietrogrado in Leningrado formalmente era del Soviét pietrogradese dei deputati operai, contadini e dell'Armata rossa

Ma di fatto fu un'idea del presidente di questo Soviét, l'ambizioso Grigórij Zinóv'ev. I motivi di Zinóv'ev, all'epoca uno dei principali dirigenti del Partito comunista, sono piuttosto chiari. Nel 1918 il trasferimento della capitale del paese a Mosca aveva sminuito radicalmente l'importanza di Pietrogrado

Nella nuova situazione, mentre Lénin veniva rapidamente «beatificato», assegnare il suo nome alla città avrebbe dato a Zinóv'ev, capo di Pietrogrado, un vantaggio politico. Nel 1919 Zinóv'ev era anche presidente del comitato esecutivo del Komintérn, l'Internazionale comunista, ciò che rendeva Pietrogrado il centro naturale del movimento comunista mondiale. Con tutte le sue «regalie», e specialmente il nome Leningrado, la città poteva aspirare a diventare la capitale ufficiale del «partito» del paese e di tutto il mondo «proletario». I comunisti speravano di rifondare radicalmente il mito della città in funzione dell'ideologia comunista. Pietroburgo, il faro dell'arte russa, sarebbe diventata la fiaccola del movimento comunista

Zinóv'ev aveva motivo di ambire a diventare segretario del partito. Era sempre stato uno dei più stretti collaboratori e amici di Lénin. L'astro dell'altro importante dirigente del partito, Lev Tróckij, stava declinando. Stàlin era ancora considerato poco più di un efficiente burocrate di partito, ma poco fantasioso. Nell'ambito della lotta per il potere all'interno del partito, la mossa di Zinóv'ev sul nome della città fu decisamente intelligente

Questa mossa rappresentò anche paradossalmente un modo per ridare vita allo status internazionale della città, ma con un'aura comunista. In fondo Lénin e i suoi collaboratori avevano sempre ritenuto che dopo la rivoluzione in Russia i comunisti avrebbero preso il potere in tutta Europa. Leningrado sarebbe stata la capitale naturale della futura comunità degli Stati comunisti europei. Nella sua immaginazione Zinóv'ev si vedeva già sul cavallo di bronzo (o, perlomeno, in un'auto di bronzo)

I sogni di Zinóv'ev erano destinati a non realizzarsi. Ma allora, nel 1924, gli altri dirigenti del Partito comunista sostennero Zinóv'ev, ognuno per motivi suoi. Ribattezzare la città con il nome dei padri della rivoluzione divenne una sorta di benemerenza: una città della cintura di Leningrado fu rinominata Trock, e sempre nel 1924 le città di Elizavetgràd e Jùzovka ebbero il nome rispettivamente di Zinóv'evsk e Stàlino

Quello che veniva deciso dal vertice del partito non era sottoposto ad ampia discussione o dibattito ed era inappellabile. Solo all'estero, nei circoli dei rifugiati russi, il cambiamento di nome dell'ex capitale imperiale fu accolta con una valanga di proteste e derisioni. In particolare veniva giustamente rilevato che Lénin nella sua vita aveva trascorso a Pietroburgo relativamente poco tempo, evidentemente quella città non gli era mai piaciuta, e alla prima occasione aveva trasferito il governo sovietico a Mosca. Per gli emigrati russi, e non solo per loro, era evidente che era stato compiuto un passo enorme nel processo di «plebeizzazione» della città, già cominciato con la rinominazione di Pietroburgo in Pietrogrado. Per la città circolava una famosa barzelletta: dato che i bolscevichi avevano avuto il coraggio di battezzare col nome di Lénin la creatura di Pëtr il Grande, il celebre «poeta proletario» Dem'jàn Bédnyj poteva senz'altro pretendere che le «opere di Pùškin» venissero chiamate «opere di Bédnyj»

Uno di quelli che non ebbe paura di indignarsi per il cambiamento di nome fu il giovane Šostakóvič. Ignorando il pericolo di una possibile ispezione postale, scrisse a Tat'jàna Glivénko: «Lénin è sempre stato contrario alle cerimonie.

Se diventerò importante quanto Lénin, quando morirò la città verrà chiamata Šostakóvičgrad?». Alcune lettere di quel periodo Šostakóvič le indirizzava indicando ironicamente come mittente «Leninburg» e «SanktLeninburg». E in seguito Šostakóvič all'occasione scherzava sul culto di Lénin che regnava in Unione Sovietica. «Mi piace la musica di Il'ìë!» esclamava a volte. Usare solo il patronimico era il modo con cui in Russia ci si riferiva affettuosamente a Vladìmir Il'ìé Lénin che, come è noto, non ha composto musica. Divertito dallo stupore dell'interlocutore, Šostakóvič con aria serissima chiariva: «Mi riferisco, s'intende, alla musica di Pëtr Il'ìë Čajkóvskij»

Dal punto di vista ideologico scherzi del genere non erano affatto innocui. Il culto di Lénin era propagandato senza tregua e anche il minimo distacco ufficiale veniva avvertito come un'inammissibile eresia. Per questo solo nella cerchia degli amici più intimi e fidati Šostakóvič a volte poteva, dopo qualche bicchiere, intonare d'un tratto la canzone dei marinai del Baltico: «Ardi, ardi, o candela, nel culo rosso di Il'ìč»

La terribile inondazione di Leningrado nel settembre 1924 fu vista da molti come una terribile punizione del cielo per il cambiamento di nome. La cugina del poeta Borìs Pasternàk, Ól'ga Frejdenbérg, ricordava: «La città si trasformò in un vaso. L'acqua saliva dal fondo verso il cielo. Stavamo alla finestra e guardavamo i piani degli edifici scomparire. Anche se il nostro appartamento era al terzo piano, il terrore che provavamo era indescrivibile».[505]

Veniamin Kavérin descrisse i presentimenti apocalittici degli abitanti di Leningrado, quando d'un tratto «d'acqua produsse un senso di impotenza e un silenzio che la città non conosceva dai tempi della sua fondazione. Quando la luce si spense in tutte le case. E il cannone degli allarmi sparava ogni tre minuti Quando gli scismatici, intrappolati nei pressi delle fosse comuni del campo di Marte, pregavano ad alta voce, rallegrandosi che finalmente fosse giunto il momento in cui si avverava la premonizione sulla fine della città, costruita dall'Anticristo su un terreno paludoso».[506] Šostakóvič comunicò frettolosamente a Mosca a un amico, il compositore e pianista Lev Obérin: «La città, in particolare Petrogràdskaja storonà e l'isola Vasìl'evskij, sono gravemente danneggiate. Sul lungofiume enormi barconi giacciono sul fianco. Per rimettere tutto in ordine saranno necessari investimenti colossali. Al teatro Mariìnskij si sono bagnate e sono state portate via dall'acqua moltissime scenografie. Al giardino zoologico sono morti moltissimi animali ed è andato del tutto distrutto il giardino botanico. Insomma, un disastro».[507] Pasternàk non mancò di indicare tempestivamente paralleli storici e poetici: «Una strana coincidenza. E proprio il centesimo anniversario dell'inondazione che viene narrata nel Cavaliere di bronzo».[508] La famosa inondazione del 7 novembre 1824 a suo tempo aveva dato adito a una moltitudine di interpretazioni simboliche e mistiche. In particolare si notava che l'imperatore Aleksàndr I era morto quasi esattamente un anno dopo l'inondazione, ed era nato tre mesi dopo un'altra catastrofica inondazione pietroburghese, quella del 10 settembre 1777. Nel 1924 le voci collegavano la piena con la morte di Lénin e il successivo cambiamento di nome della città. Il

---

[505] 8 Boris Pasternàk, Perepiska s Ol'goj Frejdenberg (Corrispondenza con Ol'ga Frejdenbérg), New York - London 1981, p. 68.

[506] Veniamin Kavérin. Izbrannye proizvedenija v dvuch tomach (Opere scelte in due volumi), Moskvà 1977, vol. I, p. 370.

[507] Vstreči s prošlsym (Incontri col passato), 5, Moskvà 1984, p. 242.

[508] Pasternàk, Perepiska s Ol'goj Frejdenberg, cit., p. 68

Cavaliere di bmnzo di Pùškin divenne popolare come non era mai stato

Solo mezzo secolo prima le opinioni sul Cavaliere di bronzo non erano così unanimi. Lo status di Pùškin come poeta nazionale era messo in dubbio e sottoposto ad attacchi diretti da parte dei populisti. Questi criticavano il Cavaliere di bronzo, nel quale, secondo il guru dei radicali Černyšévskij, c'erano «non personaggi, ma solo immagini»

È ancora più interessante che nel 1863 del Cavaliere di bronzo come modello artistico scrivesse in una lettera alla madre il diciannovenne guardiamarina Nikolàj Rìmskij-Kórsakov, mandato a Pietroburgo dal clipper Almàz che incrociava nel Mar Baltico. Aveva cominciato a comporre la sua Prima sinfonia e commentava:

> Per quanto riguarda se questa sinfonia piacerà al pubblico, ti dirò di no. È molto raro che un'opera decente piaccia al pubblico. Ci sono eccezioni, ma sono dovute a un'orchestrazione spettacolare e a un ritmo più o meno ballabile, come per esempio, la Jota aragonese di Glìnka. Racchiude in sé entrambe queste condizioni, ma dubito che il pubblico apprezzi la sua vera bellezza. Lo stesso vale per la mia sinfonia.[509]

Queste righe rivelano molti tratti del giovane Rìmskij-Kórsakov, rampollo di un'antica famiglia nobile, il cui padre era un alto ufficiale sotto Nikolàj I, mentre il bisnonno e il nonno erano ammiragli della marina russa. Sono evidenti la sua ferma sicurezza del proprio talento, la natura onesta e schietta, il buon senso, l'approccio razionale all'arte, la tendenza all'analisi tecnica della musica, nonché l'amore per Glìnka, che durerà tutta la vita. Cosa assai interessante, le due opere di Rìmskij-Kórsakov più famose in Occidente, i pezzi sinfonici Ispànskoe kaprìéëio (Capriccio spagnolo; 1887) e Secherazgda (Sahrazàd; 1888) sono orchestrati in modo molto spettacolare e, in particolare il Capriccio spagnolo, animati da un ritmo incalzante. Le innovazioni orchestrali di queste opere furono poi assorbite e impiegate da Debussy, Ravel e Paul Dukas. Tracce dello studio attento dei procedimenti orchestrali di Rìmskij-Kórsakov sono evidenti anche nei poemi sinfonici di Sibelius, anche se nelle sinfonie, soprattutto nelle prime, il

---

[509] Stranicy žizni N.A. Rimskogo-Korsakova. Letopis' žizni i tvoròestva (Pagine della vita di N.A. Rìmskij-Korsakov. Annale della vita e delle opere), 1, Leningràd 1969, . 213

monumentale finlandese propendeva più verso Čajkóvskij

In Russia Rìmskij-Kórsakov viene ammirato in particolare per le sue quindici opere (lo stesso numero delle opere composte da Glìnka, Mùsorgskij e Cajkóvskij messi insieme); le più popolari sono la commovente fiaba Snegùroéka (La fanciulla di neve; 1880-1881), la vivace e melodica Sadkó (1894-1896), basata su un antico poema epico russo, e Càrskaja nevésta (La promessa sposa dello zar; 1898) avvincente e drammatica. La sua sublime Skazànie o nevìdnom gràde Kitete i déve Fevrónii (Leggenda della città invisibile di Kitéi e della fanciulla Fevronija; 1903-1904) è considerata uno dei capolavori della musica spirituale russa; le sue composizioni mistiche sono tanto più sorprendenti se si tiene conto del fatto che il compositore era agnostico. Ora, come prima della rivoluzione, nei giorni di Pasqua in Russia risuona l'ouverture sinfonica di Rìmskij-Kórsakov Svétlyj pràzdnik (Festa radiosa o Festa pasquale): è un'interpretazione musicale, spiegava l'autore, del passaggio «dalla sera cupa e misteriosa del sabato di Passione alla sfrenata allegria quasi pagana del mattino della domenica di Pasqua».[510] Una delle conquiste più importanti di Rìmskij-Kórsakov fu la creazione di una scuola di composizione molto influente alla quale appartengono tre dei più noti compositori del Novecento: Ìgor'Stravìnskij, Sergéj Prokóf'ev e Dmìtrij Šostakóvič. La musica di ciascuno di questi autori è talmente personale, la loro estetica e le loro opinioni politiche si sono sviluppate in direzioni talmente diverse, che è facile dimenticare che studiarono alla medesima scuola

Eppure è così. Stravinskij e Prokóf'ev sono stati allievi diretti del maestro, mentre il suo allievo preferito e genero Maksimiliàn Stéjnberg ha insegnato composizione a Šostakóvič. Perciò Stravinskij e Prokóf'ev come compositori possono essere considerati «figli» di Rìmskij-Kórsakov, mentre Šostakóvič ne è «nipote». Tuttavia di questa comune appartenenza, nel migliore dei casi, parlano solo le biografie individuali di ciascuno dei tre autori

Non vengono mai esaminati come prodotti di una medesima scuola

Il concetto stesso di «Scuola pietroburghese», a differenza di quello di Seconda scuola di Vienna (Schónberg, Berg e Webern), non è entrato nel lessico estetico del Novecento, anche se per quantità di composizioni la prima supera di molto la seconda. Ed è poco probabile che prossimamente la popolarità della Scuola di

---

[510] ibidem 218

Vienna diminuisca

La Scuola pietroburghese è stata trascurata per motivi estetici e politici che, come accade spesso, sono strettamente intrecciati. L'estetica e la musica della Seconda (o «Nuova») scuola di Vienna (così chiamata dopo la «Prima» scuola viennese di Haydn, Mozart e Beethoven) riempirono il vuoto culturale europeo seguito alla seconda guerra mondiale. Hitler perseguitò il modernismo, perciò il trionfo negli anni Cinquanta della Scuola di Vienna fu accolto non solo come una vittoria estetica, ma anche come una questione di giustizia politica. Schónberg, Berg e Webern non solo incarnavano la rottura con l'ideologia nazista, ma nello stesso tempo ripristinavano l'autorità e la leadership della musica tedesca e austriaca. Dopo la guerra, in Germania e in Austria questi autori sono stati degnamente propagandati, quasi canonizzati. Sia in Europa sia negli Stati Uniti questa canonizzazione è stata accolta con simpatia e calore. Attraverso innumerevoli libri, ricerche, conferenze e seminari teorici, gli esponenti della Seconda scuola di Vienna consolidarono la loro posizione e rafforzarono la loro influenza tra i professionisti della musica

Per contro, assolutamente nessuno era interessato alla glorificazione delle conquiste della Scuola pietroburghese. La parola stessa «Pietroburgo» è mancata dalla carta geografica per più di tre quarti del Novecento. In Unione Sovietica si preferiva non ricordare la passata gloria della città. In aggiunta, sia Stravinskij, sia Prokóf'ev, sia Šostakóvič in periodi diversi vennero considerati dal governo sovietico dei nemici ideologici; di molte loro opere è stata vietata a lungo l'esecuzione. La prima biografia sovietica di Stravinskij è comparsa solo nel 1964; ancora nel 1960 lo definivano un «rinnegato politico e ideologico» che aveva perso «tutti i legami con la cultura spirituale del proprio popolo». È chiaro che in condizioni simili non si poteva nemmeno pensare di propagandare la Scuola pietroburghese, anche se annoverava tra le sue fila i principali compositori contemporanei russi

All'origine di questa scuola era Michaìl Glìnka. A metà Ottocento Glìnka diede un forte impulso alla musica nazionale russa, come Puškin alcuni decenni prima aveva fatto per la letteratura. La fortuna della nuova cultura russa fu che i suoi fondatori erano estremamente armoniosi e plastici. Entrambi nelle loro opere riuscirono a essere a un tempo profondi e lievi, complessi e semplici, tragici e giocosi, ricercati e popolari. In tutta la storia successiva della cultura russa nessun altro artista ha mai raggiunto un equilibrio simile

Sia Glìnka sia Puškin erano, come Giano, nello stesso tempo

occidentalisti e nazionalisti. Perciò le loro opere potevano essere additate a esempio da esponenti di correnti opposte. A Glìnka e Pùškin in Russia si è inevitabilmente tornati, e a più riprese. Per quanto duri siano stati gli scontri, la tradizione rappresentata da questi due titani è rimasta un'eredità condivisa

Perciò Glìnlca è risultato un modello sia per eajkóvskij sia per il Gruppo dei cinque, anche se dal punto di vista estetico erano su posizioni diverse

Čajkóvskij era attratto dalla musica di Glìnka per le sue tendenze occidentali. Gli esponenti del Gruppo dei cinque, Mùsorgskij in particolare, invece ne lodavano il nazionalismo

La questione era quale interpretazione del retaggio di Glìnka sarebbe risultata più influente e, di conseguenza, che strada avrebbe preso la Scuola pietroburghese. Si sarebbe detto che Čajkóvskij, stella del primo corso del conservatorio di Pietroburgo, e beniamino del pubblico, avesse tutte le carte in regola. L'evidente talento e l'aggressività del Gruppo dei cinque non poteva sostituirsi alla loro mancanza di un'istruzione professionale sistematica, tanto indispensabile per la costruzione di qualsiasi accademia musicale. In aggiunta, a eajkévskij andavano le simpatie della corte e della burocrazia musicale russa

Ma, in realta, proprio Čajkóvskij risultò emarginato e la tradizione musicale cominciò a rafforzarsi in misura significativa al di fuori dell'influenza del compositore. Questo accadde perlopiù grazie agli sforzi di Rìmskij-Kórsakov, che racchiudeva in sé tutte le qualità necessarie per l'edificazione paziente e metodica dell'accademia musicale pietroburghese, divenuta infine la «scuola di Rìmskij-Kórsakov»

Per trentasette dei sessantaquattro anni della sua vita, Rìmskij-Kórsakov occupò l'incarico di professore del conservatorio di Pietroburgo, formando diverse generazioni di compositori. Un elenco darà un'idea della sua discendenza: Aleksàndr Glazunóv e Anatélij Ljàdov, Anton Arénskij e Michail Ippolìtov-lvànov, Aleksàndr Grecanìnov e Michail Gnésin, Nikolàj Cerepnìn e Nikolàj Mjaskóvskij e anche musicisti che divennero esponenti di punta delle loro culture nazionali, i lettoni Jâzep Vitols, Emìls Dürzir.1S e Emilis Melngailis, gli estoni Artur Kapp e Mart Saar, l'ucraino Nikolàj LYsenko, l'armeno Aleksàndr Spendiàrov e il georgiano Melitón Balanëivàdze

Con Rìmskij-Kórsakov studiarono anche due figure importanti del modernismo pietroburghese, Michail Kuzmìn e Nikolàj Evréjnov. E nel 1901 per cinque mesi prese lezioni di composizione da Rìmskij-Kórsakov il musicista bolognese

Ottorino Respighi, le cui brillanti orchestrazioni rivelano l'influenza del maestro pietroburghese

Nel 1921 il gruppo Opojàz pubblicò Dostoévskij i Gógol'(K teórij parbdii) (Dostoévskij e Gógol'. Per una teoria della parodia), una brochure che spiegava il fenomeno dell'eredità artistica, scritta all'età di ventiquattro anni da uno dei membri del gruppo, Jùrij Tynjànov. Tynjànov vi avanzava l'idea che nella cultura la tradizione non si trasmettesse per linea diretta, dai rappresentanti anziani di una scuola ai più giovani: «La successione è prima di tutto una lotta, lo smantellamento del vecchio sistema nei suoi elementi e la nuova costruzione attraverso una ricombinazione differente degli stessi elementi».[511]   In questa lotta con i rappresentanti di un'altra scuola, di un'altra tradizione non ci si scontra affatto in modo violento: «Semplicemente li si evita, rifiutando o riverendo, si lotta con loro solo per affermare la propria esistenza».[512] In altre parole, gli allievi di talento spesso insorgono contro i propri maestri, i vecchi amici, mentre ignorano del tutto i nemici

L'analisi di Tynjànov chiarisce in modo brillante la situazione creatasi all'interno dell'accademia musicale pietroburghese. Uno degli studenti la descriveva in modo più colorito:

La severità teorica di Rìmskij-Kórsakov come insegnante e nel contempo la sua calda preoccupazione per le conquiste e le sconfitte dei propri allievi, la devozione degli allievi al maestro e nel contempo la lotta contro di lui, i distacchi, i pentimenti e le ricongiunzioni, queste relazioni complesse e piene di contenuto ideale ed emotivo tra il grande maestro e gli allievi, a volte molto dotati, tutto ciò ricordava in certo modo Leonardo da Vinci e la sua scuola.[513]

Rìmskij-Kórsakov, alto, barba bianca, faccia magra e rugosa, occhiali rotondi, voce profonda, a molti sembrava scortese e chiuso. Ma Ìgor' Stravinskij (come altri allievi intimi) vedeva nel maestro un surrogato del padre. Stravinskij mostrò le proprie composizioni a Rìmskij-Kórsakov per la prima volta nell'estate del

[511] Jùrij Tynjànov, Poètika. Istorija Literatury. Kino (Poetica. Storia della letteratura. Cinema), Moskvà 1977, p. 198.

[512] Ibidem

[513] M.F. Gnésin, Mysli i vospominanija o N.A. Rismkom-Korsakove (Pensieri e ricordi su N.A. Rìmskij-Korsakov). Moskvà 1956, p. 199.

1902, quando aveva vent'anni; dall'inizio del 1903 andò regolarmente a lezione dal maestro. Il giovane compositore aveva da poco perso il padre e si legò straordinariamente al proprio insegnante

A casa di Rìmskij-Kórsakov Stravinskij divenne di famiglia e fece amicizia col figlio del compositore, Andréj. Il maestro, evidentemente, capiva che il suo allievo aveva un talento straordinario; è verosimile che proprio per questo non avesse raccomandato a Stravinskij di iscriversi al conservatorio di Pietroburgo però, ciò nonostante, seppe dargli le nozioni tecniche fondamentali nel campo della composizione. La brillante tecnica di Stravinskij affonda indubbiamente le radici nelle lezioni private di Rìmskij-Kórsakov

In primo luogo il maestro si sforzò di fare del giovane Stravinskij un vero professionista, nel senso pietroburghese della parola. Ciò voleva dire, in particolare, un approccio razionale al processo della composizione; una rigorosa autodisciplina; precisione e accuratezza innalzate a princìpi estetici

Rìmskij-Kórsakov spinse Stravinskij alla composizione della sua Sinfonia, ritenendo che, proprio lavorando a una forma impegnativa e complessa, tutte queste qualità si sarebbero sviluppate più in fretta. Stravinskij dedicò la sua opera prima proprio al maestro

Rìmskij-Kórsakov stesso lasciò un programma conciso di studio della composizione proprio per i talenti straordinari come Stravinskij:

In effetti un allievo di talento ha bisogno di molto poco; è facile mostrargli tutto il necessario di armonia e contrappunto così da metterlo in grado di camminare sulle proprie gambe, è così facile indirizzarlo nella comprensione delle forme compositive, se solo lo si fa con abilità. Un anno o due di lezioni sistematiche di sviluppo della tecnica, qualche esercizio di composizione libera e orchestrazione che si innesti su una buona tecnica pianistica, e lo studio è finito. L'allievo non è più uno scolaro o uno studente, ma un compositore alle prime armi che si regge sulle proprie gambe.[514]

Al conservatorio in classe dal famoso professore c'erano molte persone, e lo studente quindicenne Sergéj Prokóf'ev, che desiderava tutta l'attenzione di Rìmskij-Kórsakov, ne era

---

[514] Rìmskij-Kòrsakov, op. cit., p. 34

indispettito. Il maestro stava seduto al pianoforte e osservava e passava in esame tutti gli esercizi di contrappunto che gli portavano i suoi studenti. Suonava interminabili fughe, preludi, canoni e arrangiamenti, rifiutandosi di esaminare il lavoro degli studenti solo nel caso in cui fosse scritto amatita: «Non voglio diventare cieco per causa vostra». (In seguito anche Šostakóvič avrebbe insistito perché i suoi allievi di composizione scrivessero le proprie partiture a inchiostro.) La prima lezione degli studenti del conservatorio Rìmskij-Kórsakov la cominciava così, stando ai ricordi di un allievo, Nikolàj Mal'kó: «io parlerò, voi ascolterete. Poi parlerò meno, e voi comincerete a lavorare. E alla fine, io non parlerò più del tutto, mentre voi lavorerete»[515]

«Era proprio così» conferma Mal'kó «Rìmskij-Kórsakov spiegava in modo tanto chiaro e semplice che, in effetti, restava solo da eseguire diligentemente i compiti. I suoi consigli apparivano sotto forma di precisi aforismi che restavano nella memoria per tutta la vita, come: "Le trombe amano le ottave, i corni le terze".» Prokóf'ev riusciva a fatica a farsi strada tra la folla che circondava il maestro:

Quelli che si rendevano conto di quanto si poteva imparare da Rìmskij-Kórsakov ne traevano beneficio, nonostante il pigia pigia. Io invece verso le lezioni avevo un atteggiamento un po'svogliato, e le marce di Schubert a quattro mani che Rìmskij-Kórsakov ci faceva orchestrare mi sembravano goffe e poco interessanti. Le mie strumentazioni non soddisfacevano Rìmskij-Kórsakov. «Invece di pensare, lei tira a sorte: oboe o clarinetto» diceva. Socchiudendo gli occhi, faceva girare gli indici e, avvicinandoli, non li faceva mai toccare. Io guardavo i compagni trionfante per avere fatto arrabbiare il vecchio, ma loro avevano facce serie.[516]

Nonostante Prokóf'ev fosse offeso per l'atteggiamento del maestro nei suoi confronti, l'ambizioso adolescente si entusiasmò per l'opera di Rìmskij Kórsakov La leggenda della città invisibile di e della fanciulla Fevronija, la cui prima si tenne nel febbraio 1907. Prokóf'ev fu preso dal grandioso affresco mistico in cui in toni epici si narrava della miracolosa salvezza della città antica

[515] Mal'kó, Vospominanija. Stat'i. Pis'ma (Ricordi. Articoli. Lettere). Leningràd 1972. p. 49.

[516] Sergéj Prokéf'ev, Materialy. Dokumenty. Vospominanija (Materiali. Documenti. Ricordi), Moskvà 1961. p. 138.

dall'invasione dei tatari

La leggenda di Kitéi in quel periodo divenne molto popolare nei circoli dell'élite pietroburghese. A KitéZ, finita per volontà divina sott'acqua e divenuta invisibile, in quegli anni ci si richiamava nei dibattiti delle società religioso-filosofiche alla moda come simbolo di una purezza desiderata ma inattingibile nell'era moderna. Zinaìda Gippius giunse a contrapporre la leggendaria Kita e la Pietroburgo reale, intrisa di peccato

L'opera di Rìmskij-Kórsakov fu quasi subito paragonata al Parsifal di Wagner. È interessante che Anna Achmàtova apprezzasse la Leggenda della città invisibile di KitéE e della fanciulla Fevronija più del Parsifal; nonostante l'evidente somiglianza di approccio dei due compositori a un tema mistico, nel Parsifal Achmàtova avvertiva un senso di falsa sacralità, mentre nell'opera di Rìmskij-Kórsakov sentiva un puro e intuitivo sentimento religioso tipico del popolo russo.[517]

Achmàtova rilevò anche gli eccezionali pregi letterari del libretto, scritto da Vladìmir Bél'skij. L'influenza di questo libretto è percepibile nelle poesie di Achmàtova del 1940, dove la poetessa si annovera tra gli abitanti della scomparsa KitéZ. In quel momento la leggendaria città martire veniva da Achmàtova associata all'amata città sulla Nevà che stava attraversando terribili prove. Nel 1940 da antitesi alla città di KitéZ Pietroburgo si era trasformata in sua gemella

Dell'opera di Rìmskij-Kórsakov Prokóf'ev ammirava l'orchestrazione suggestiva, la ricchezza ritmica, la complessità psicologica dei personaggi, in particolare la parte «dostoevskiana» del traditore Grì<ka Kuter'ma, che il miglior tenore wagneriano pietroburghese, Ivàn ErSóv, eseguiva «con una brillantezza e un afflato drammatico eccezionali ... Ma più di tutto mi piaceva la "Battaglia di Kerienec", che a quell'epoca mi sembrava la cosa migliore che avesse scritto Rìmskij-Kórsakov».[518]

In effetti, questo sconvolgente quadro sinfonico che raffigurava l'attacco deciso delle truppe russe contro la minacciosa orda tatara era il culmine della Leggenda della città invisibile di e della fanciulla Fevronija. Il fatto che lo scontro venisse descritto dall'orchestra, e non fosse rappresentato in scena, non faceva che esaltare il carattere epico dell'opera. Se la ballata vocale di

---

[517] Anna Achmàtova, conversazione con l'autore (Komàrovo 1965).

[518] Prokof'ev, Avtobiografija, cit,, p. 390

Mùsorgskij Dimentico (Zabìtyj) era una geniale incisione di una battaglia, la «Battaglia di Kerienec» divenne – prima della comparsa di Šostakóvič – il più grande affresco musicale russo sulla guerra. Quest'opera pareva preannunciare le successive metamorfosi del mito di Pietroburgo, glorificando non i vincitori, ma i vinti, il loro coraggio e valore di fronte a una forza inesorabile e malvagia. Come scrisse Prokóf'ev, «tutto questo era nuovo e colpiva la fantasia».[519]

Nel 1908, quando Rìmskij-Kórsakov morì, persino Prokóf'ev, uomo non incline al sentimentalismo, confessò di essere «profondamente rattristato: qualcosa mi opprime il cuore. La musica di Rìmskij-Kórsakov mi piaceva molto, soprattutto KitéE, Sadkó, Snegùroëka, il Concerto per pianoforte, il Capriccio spagnolo, Secherazàd, la Fiaba». E Prokóf'ev, orgoglioso ma onesto, aggiungeva: «Non mi è capitato di conoscerlo personalmente: in classe c'erano molti allievi tra i quali non mi ha individuato[520]».

Se Rìmskij-Kórsakov avesse potuto vivere altri quattro anni, e avesse assistito alla prima del sonoro e sfacciato Primo concerto per pianoforte di Prokóf'ev, probabilmente non si sarebbe stretto al petto il compositore ventunenne. Anche se nelle sue ultime opere – in particolare in Kasej bessmértnyj (Kasej l'immortale) e nel Zolotój petuSók (Galletto d'oro) – Rìmskij-Kórsakov cominciò a giocare col modernismo, introducendo armonie insolite e melodie «pungenti», con sempre maggior irriducibilità si rivolse contro l'avanguardia musicale del proprio tempo, attaccando con rabbia sia Debussy sia Richard Strauss

Dopo che I(mskij-Kórsakov ebbe sentito la prima volta a Parigi la SaIomé di Strauss, sua moglie scrisse inorridita al figlio a Pietroburgo: «È così disgustosa, non c'è niente di peggio al mondo. Persino papà per la prima volta nella sua vita ha fischiato».[521]

Strauss non rimase in debito, e parlò in questi termini di un concerto nel quale (sotto l'egida di Djàgilev) si sentivano pezzi di Glìnka, Borodìn e Rìmskij-Kórsakov: «Anche se è tutto davvero

---

[519] ibidem

[520] Ibidem 503

[521] Stranicy žiizni N.A. Rimskogo-Korsakova. Letopis' žizni i tvorčestva, cit., 4, Leningràd 1973, p. 1 13.

bello, purtroppo non siamo più bambini».[522] Non c'è dubbio che Rìmskij-Kórsakov avrebbe respinto anche il Petrùška di Stravinskij, se avesse potuto vivere abbastanza per assistervi. L'allievo «ideale» del maestro della scuola pietroburghese era Aleksàndr Glazunóv, di ventun anni più giovane di Rìmskij-Kórsakov. L'insegnante adorava Glazunóv, non cessava di meravigliarsi delle doti, del buon gusto, del senso della misura e della meravigliosa maestria contrappuntistica e orchestrale del proprio protetto. L'esecuzione d'esordio della Prima sinfonia del sedicenne Glazunóv all'Assemblea della nobiltà del 1882, stando ai ricordi di Rìmskij-Kórsakov, fece sensazione: «Fu una festa davvero grande per tutti noi, esponenti pietroburghesi della giovane scuola russa. Giovane per ispirazione, ma già matura per tecnica e forma, la sinfonia ebbe grande successo. Stàsov continuava a bollire e a mormorare. Il pubblico rimase colpito quando alle acclamazioni l'autore si presentò in uniforme da ginnasio».[523]

Tra gli ammiratori entusiasti che circondarono il giovane dopo la prima, oltre alla figura colorita del critico d'arte Vladìmir Stàsov, si distingueva nettamente un bell'uomo di mezza età, dal viso espressivo incorniciato dai capelli folti. Era Mitrofàn Beljàev, industriale del legno e milionario pietroburghese, che vedeva in Glazunóv un nuovo genio e il «pilastro della musica russa» che bisognava sostenere con ogni mezzo

Sulla formazione dei gusti di Beljàev, musicista dilettante, esercitò una forte influenza un altro importante allievo di Rìmskij-Kórsakov, il compositore, direttore d'orchestra e insegnante Anatólij Ljàdov, maggiore di Glazunóv di dieci anni. Ljàdov, noto come «sesto» esponente del Gruppo dei cinque, era un maestro assoluto nelle miniature raffinate per pianoforte e per orchestra, delle quali le più famose furono scritte negli ultimi dieci anni della sua vita (1905-1914) Baba-jagà (La Baba-jagà), Kikimora, Vol'šebnoe ózero (Il Iago incantato). Ma Ljàdov componeva i propri piccoli capolavori (le sue scoperte timbriche, come è del tutto plausibile, ebbero una notevole influenza su Stravinskij) con straordinaria lentezza, «un cucchiaino da tè all'ora», come dicono i russi

Djàgilev, quando per la sua compagnia parigina ebbe bisogno di un balletto russo fiabesco, all'inizio, avendo già in mente l'idea

---

[522] Ibidem 114

[523] Rìmskij-Kòrsakov, op. cit., p. 191.

dell'Uccello di fuoco, si rivolse proprio a Ljàdov, e solo dopo essersi convinto che Ljàdov non avrebbe mai scritto un balletto, lo ordinò al giovane Igor'Stravinskij. Analogamente si presupponeva che l'autore del primo balletto russo sul tema degli sciti sarebbe stato Ljàdov; come è noto, alla fine questa idea fu realizzata da Prokóf'ev

In questo si può vedere un che di simbolico: i «padri» non erano in grado di far fronte alle esigenze dell'epoca e, recalcitrando, cedettero il palcoscenico ai «figli» irrispettosi

La flemma di Ljàdov era leggendaria. Molti lo consideravano ciò nonostante un meraviglioso insegnante. Mal'kó, che studiò armonia al conservatorio con lui, affermò: «Le osservazioni critiche di Ljàdov erano sempre precise, comprensibili, costruttive e concise. ... E tutto questo veniva fatto con pigrizia, senza fretta, a volte quasi con negligenza. D'un tratto poteva fermarsi a metà parola, estrarre di tasca un paio di forbicine e mettersi a giocare con le unghie, e noi stavamo tutti ad aspettare».[524]

Ljàdov per primo indicò a Beljàev il talento straordinario del giovane Glazunóv. Inizialmente entusiasta dell'arte di Glazunóv, il milionario poi decise di prendere sotto la propria protezione un intero gruppo di compositori nazionali. Fondò una grande casa editrice musicale non commerciale, iniziativa senza precedenti in Russia e nel mondo, e un'organizzazione che battezzò Rùsskie simfonìéeskie koncérty (Concerti sinfonici russi); tutto ciò per promuovere le nuove opere dei compositori che gli stavano a cuore. Sia la casa editrice, sia i concerti venivano organizzati senza badare a spese; Beljàev ogni anno investiva in questa impresa decine di migliaia di rubli

8 Inoltre, ogni settimana di venerdì Beljàev convocava i musicisti nel suo spazioso appartamento pietroburghese. Eseguivano quartetti (Beljàev stesso suonava la viola), poi si fermavano per una cena lussuosa accompagnata da vini raffinati. Da questi leggendari venerdì a poco a poco ebbe origine, continuando la tradizione musicale pietroburghese, il cosiddetto «circolo di Beljàev»

Il circolo di Beljàev prese il posto del Gruppo dei cinque come una delle forze culturali trainanti di Pietroburgo. A capo del circolo di Beljàev era di fatto Rìmskij-Kórsakov, che ne formulò in questi termini la differenza dal Gruppo dei cinque:

---

[524] Mal'ko, op. cit., p. 45.

Nello sviluppo della musica russa, il circolo di Balàkirev corrispondeva al periodo dello Sturm und Drang, il circolo di Beljàev al periodo di una tranquilla evoluzione; quello di Balàkirev era rivoluzionario, mentre quello di Beljàev era progressista. Quello di Balàkirev era esclusivo e intollerante, quello di Beljàev più conciliante ed eclettico.[525]

In realtà il circolo di Beljàev si poteva chiamare «progressista» solo con un grande sforzo d'immaginazione; con maggior fondamento poteva essere definito «moderatamente accademico». Nel suo organico entrarono alcuni musicisti importanti (per esempio gli stessi Ljàdov e Glazunóv), ma per la maggioranza era formato da compositori eruditi le cui opere erano piuttosto anonime e accademiche. La perizia tecnica da questi autori era fine a sé stessa. La tendenza alla perfezione tecnica caratterizzò sempre l'accademia pietroburghese. La produzione dei compositori del circolo di Beljàev dimostrò che quella stradfpoteva portare a un vicolo cieco. Il gruppo di Beljàev considerava con sospetto tutto ciò che era insolito, eterodosso, eversivo rispetto ai canoni stabiliti

«Rìmskij-Kórsakov seguì la propria epoca, e ogni sua opera nuova fu un geniale cedimento al proprio tempo e alla modernità»[526] scrisse nel Libro su Stravinskij Borìs Asàf'ev. Si può dire che Rìmskij-Kórsakov fu spinto in avanti dal suo grande talento. Una delle sue espressioni preferite era: «"Se c'è da andare, andiamo" disse il pappagallo quando il gatto lo prese dalla gabbia». Dopo la morte di Rìmskij-Kórsakov i fermenti del circolo di Beljàev si arrestarono. Fu il trionfo dell'accademismo pietroburghese nella sua forma peggiore. Ora non si poteva minimamente parlare di tolleranza per la sempre più impaziente avanguardia musicale russa

Prokóf'ev, che mostrò a Ljàdov le sue composizioni di scuola, ricordò che questi era sconvolto anche dalle «innovazioni» più innocenti: «Infilate le mani in tasca e oscillando sulle sue scarpe morbide di feltro senza tacco, diceva: "Non capisco perché studiate da me. Andate da Richard Strauss, da Debussy"». Queste parole venivano pronunciate con un tono che significava: «Se ne vada al

---

[525] Rìmskij-Kòrsakov, op. cit., pp. 211-212.

[526] Asàf'ev, Kniga o Stravinskom (Libro su Stravinskij), Leningràd 1977, p. 30

diavolo!».[527]

Ai conoscenti, poi, Ljàdov diceva a proposito di Prokóf'ev: «Sono costretto a dargli lezioni. Deve formarsi una tecnica, uno stile, prima di tutto nella musica per piano».[528] Come è noto, nel 1916 durante la prima della Suite scita di Prokóf'ev, Glazunóv lasciò la sala e, come comunicarono divertiti i giornali, nella valutazione della nuova opera «non risparmiò le parole». Dopo altri dieci anni Glazunóv scrisse a un amico pianista: «Non ho mai considerato Stravinskij un bravo musicista. Ho prove che non ha mai avuto un orecchio sviluppato, cosa di cui mi parlava il suo insegnante Rìmskij-Kórsakov»[529]

Verso Stravìnskij Glazunòv ebbe un atteggiamento tanto ostile che non rispose nemmeno al suo saluto quando lo incontrò a Parigi nel 1935. Va ricordato che in questo periodo entrambi i compositori erano emigrati e che le loro posizioni politiche (elemento molto importante in quel periodo) fondamentalmente coincidevano. Ma l'abisso estetico per Glazunóv era troppo grande perché cercasse di varcarlo. Stravinskij ripagò Glazunóv minimizzando il valore della sua musica a ogni buona occasione, e facendone l'incarnazione dell'accademismo pietroburghese

Nel 1905 Glazunóv, con il sostegno attivo di Rìmskij-Kórsakov, fu nominato direttore del conservatorio di Pietroburgo. In quella carica rimase oltre vent'anni, divenendo un personaggio leggendario. Pesante, monumentale, sprofondato nei propri pensieri, Glazunóv procedeva lento per i corridoi del conservatorio, tenendo tra le dita l'immancabile sigaro e lasciando nell'aria un gradevole odore. Gli studenti annusavano e dicevano: «È appena passato il direttore»

Come compositore Glazunóv in quel periodo era molto rispettato. Persino l'irriverente Prokóf'ev subì per un certo tempo il fascino delle sue otto sinfonie e le suonava volentieri a quattro mani con il compagno di conservatorio Mjaskévskij. I pianisti suonavano spesso i due Concerti per pianoforte di Glazunóv, e il melodico Concerto per violino, scritto nel 1904, godeva di grande popolarità tra i violinisti. E, naturalmente, tutti erano entusiasti del

---

[527] Prokof'ev, Materialy. Dokumenty. Vospominanija, cit., p. 138.

[528] Vospominanija o V. V. Asaf'eve (Ricordi su V.V. Asàf'ev), Leningràd 1974, p. 82.

[529] A K. Glazunov, Pis'ma. stat'i, vospominanija (Lettere, articoli. ricordi). Moskvà 1958, 379.

balletto romantico di Glazunóv Rajmonda, dato con immutato successo al teatro Mariìnskij e divenuto un pezzo da repertorio in tutto il mondo. Di tanto in tanto Glazunóv dirigeva di persona questo balletto meravigliosamente orchestrato, poiché la direzione d'orchestra lo attirava, come un bambino è attirato dal giocattolo preferito, anche se non vi era particolarmente portato

Ciò nonostante, Glazunóv amava ripetere scherzoso: «Le mie opere si possono criticare, ma non si può negare che sono un bravo direttore d'orchestra e un ottimo direttore del conservatorio»

Tutti sapevano che Glazunóv si dedicava anima e corpo al conservatorio; come ricordava Prokóf'ev, «ora andava dal procuratore Korsak a intercedere per un allievo che stava per essere mandato in esilio per attività rivoluzionaria, ora si adoperava perché a un ebreo di talento dessero il permesso di residenza, ora destinava lo stipendio a borse di studio per gli allievi».[530] E Glazunóv continuò a essere un tenace difensore del «suo» conservatorio anche 9 dopo l'ascesa al potere dei bolscevichi. Non c'è dubbio che la causa principale per cui Glazunóv non emigrò subito dopo la rivoluzione fu il desiderio di salvare il suo amato conservatorio dalla distruzione che lo minacciava. Insieme con gli studenti Glazunóv sopportò tempi duri: dimagrì, si fece emaciato e il soprabito logoro stava sul suo corpo, un tempo imponente, come su un attaccapanni. Ma il direttore continuava le ispezioni rituali dell'istituto a lui affidato (anche se senza sigari, un piacere che in quegli anni era impossibile procurarsi), fedele al proprio dovere professionale come nelle migliori tradizioni pietroburghesi

I bolscevichi tennero conto della popolarità del famoso compositore, e Glazunóv anche nei momenti più difficili riuscì a procurarsi dalle autorità speciali razioni alimentari per gli studenti particolarmente meritevoli. Viktor Šklóvskij riporta questo episodio, raccontatogli da Maksìm Gór'kij, al quale nel terribile 1921 il direttore del conservatorio si era presentato con la solita richiesta:

«Sì, mi serve una razione. Anche se il candidato è molto giovane..
Classe 1906.»
«È un violinista? Loro cominciano presto. O un pianista?»
«Un compositore.»
«Ma quanti anni ha?»

---

530 Prokof'ev, Avtobiografija, cit., p. 520.

«Va per i quindici. È figlio di un'insegnante di musica... Mi ha portato le sue opere.»

«Le piacciono?»

«Sono ripugnanti! È la prima musica che non riesco a sentire leggene la partitura.»

«Allora perché è venuto?»

«A me non piacciono, ma il punto non è questo. Il futuro appartiene al ragazzino, non a me. A me non piacciono. Che ci posso fare, mi spiace molto... Ma la musica sarà questa e bisogna dargli una razione da accademico.»

«Prendo nota. Allora quanti anni?»

«Quattordici.»

«Cognome?»

«Šostakóvič.»[531]

A differenza di Stravinskij e Prokóf'ev, Šostakóvič non studiò con Rimskij-Kórsakov. Nel 1919, quando il tredicenne Mìtja Šostakóvič entrò al conservatorio di Pietrogrado, erano già passati undici anni dalla morte di Rìmskij-Kórsakov. In questo periodo la Scuola pietroburghese si poteva tranquillamente chiamare, come facevano in molti, «scuola Rimskij-KórsakovGlazunóv». L'influenza di Glazunóv, custode del lascito di Rìmskij-Kórsakov, sulla vita musicale di Pietroburgo era enorme

Fu Glazunóv che, apprezzando le opere giovanili di Prokóf'ev, insistette perché egli entrasse nel conservatorio di Pietroburgo; fu allora che regalò al ragazzino prodigio tredicenne la partitura del Valzer-fantasia di Glìnka con la dedica: «All'amabile collega SerèZa Prokóf'ev da parte di A. Glazunóv»

Ma l'«amabile collega» si rivelò troppo insubordinato per i gusti di Glazunóv. Parlando con me negli anni Settanta, Šostakóvič sottolineava spesso che lui, a differenza di Prokóf'ev, era un allievo assai «obbediente»

Glazunóv si entusiasmò per il talento di Šostakóvič, e diede al giovane musicista il voto più alto agli esami di composizione (cinque, col sistema a cinque punti russo): «Talento eccezionalmente brillante e precoce. Meritevole di stupore ed entusiasmo. Ottima abilità tecnica, contenuto interessante, originale (5+)»; oppure: «Eccezionale talento creativo. In musica molta

---

[531] Sklovskij. Žili-byli, cit., p. 164

fantasia e inventiva. Si trova in un periodo di ricerca (5+)»[532]

Detto questo, dal punto di vista puramente creativo i giovani Stravinskij e Prokóf'ev possono essere collocati nell'orbita di Rìmskij-Kórsakov assai più di Šostakóvič. La Sinfonia di Stravinskij, quando fu eseguita in pubblico per la prima volta a Pietroburgo nel 1908, fu accolta come opera, secondo la valutazione di Asàf'ev, «in cui è evidente una completa padronanza dei procedimenti degli insegnanti preferiti, compreso Glazunóv».[533]

Lo stesso Rimskij-Kórsakov considerava persino che in questa sinfonia Stravinskij «imitasse troppo» Glazunóv e lui. Si può mostrare senza fatica che il primo balletto di Stravinskij L'uccello di fuoco (1910) è stato scritto da un allievo di Rimskij-Kórsakov. Le armonie esotiche e orientali delle opere di RìmskijKórsakov Kaitej l'inunortale e Il gallo d'oro si sono indubbiamente riflesse nell'opera di Stravinskij Solovéj (L'usignolo), allestita per la prima volta per iniziativa di Djàgilev nel 1914. La tavolozza orchestrale del primo Stravinskij per molti è un'eredità del maestro pietroburghese

L'influenza di Rìmskij-Kórsakov su Prokóf'ev fu probabilmente ancora più profonda. Le sinfonie di Prokóf'ev sono costruite più come quadri pittorici, nello stile dei poemi sinfonici di Rìmskij-Kórsakov, che sviluppati come drammi psicologici alla maniera del rivale di Rimskij-Kórsakov, Čajkóvskij

La tecnica sinfonica di Čajkóvskij fu raccolta invece da Šostakóvič

Ma Šostakóvič adottò anche la concezione di Rìmskij-Kórsakov che vedeva l'orchestrazione come una qualità del pensiero musicale, e non come qualcosa di esterno gettato sull'opera come un vestito su un appendiabiti

Rìmskij-Kórsakov commentò in questo modo il suo famoso Capriccio spagnolo: «L'idea che il pubblico e la critica si sono formati, secondo cui il Capriccio è un'opera brillantemente orchestrata non corrisponde al vero. Il Capriccio è una brillante opera per orchestra».[534]

In altre parole l'orchestrazione nasce contemporaneamente alla musica: ne è una caratteristica essenziale e inscindibile, non un'«aggiunta» successiva

---

[532] A.K. Glazunov, op. cit., pp. 367-368.

[533] Asaf'ev cit 38.

[534] M. Rìmskij-Kòrsakov, op. cit., p. 215.

Per Šostakóvič questa idea divenne uno dei princìpi artistici fondamentali. Per questo suscitava in lui tanta perplessità la pratica di Prokóf'ev, che da qualche tempo consentiva ad altri musicisti di orchestrare le sue opere

Šostakóvič non fu d'accordo neppure quando Prokóf'ev gli spiegò che gli abbozzi delle sue opere erano già piuttosto particolareggiati. Per Šostakóvič una nuova opera si doveva presentare sempre sotto forma di partitura completa, e questa partitura doveva necessariamente scriverla di persona, anche se negli ultimi anni, a causa di una malattia della mano destra, questo gli riusciva particolarmente difficile

Come nel caso di Prokóf'ev, Glazunóv convinse i genitori di Šostakóvič che il figlio doveva studiare composizione al conservatorio. Nel 1921 Glazunóv fu ospite d'onore al festeggiamento del quindicesimo compleanno di Mìtja Šostakóvič, quando il padre del giovane compositore, importante chimico, collaboratore della Camera principale dei pesi e delle misure, era ancora vivo. Queste strette relazioni della famiglia di Mìtja col direttore del conservatorio divennero scomode per il ragazzo. Me ne spiegò le ragioni molto tempo dopo

Glazunóv ogni tanto sentiva il bisogno di ubriacarsi. I bolscevichi inizialmente avevano proibito la vendita di vino e vodka. Il padre di Šostakóvič, però, per motivi di lavoro aveva accesso all'alcol, che era severamente razionato. Venutolo a sapere, di tanto in tanto Glazunóv gli rivolgeva la richiesta di procurargli un po' del prezioso liquido. Queste richieste venivano fatte tramite Mìtja, che mal sopportava la situazione per due motivi. In primo luogo, temeva che le richieste di Glazunóv mettessero il padre in pericolo. Erano tempi duri, e non era possibile indovinare chi i bolscevichi potessero decidere di fucilare perché fosse d'esempio agli altri. La recente esecuzione di Gumilëv era nella mente di tutti. In secondo luogo, Mìtja, pieno di amor proprio, non voleva che i suoi successi al conservatorio fossero attribuiti a un'opera di corruzione

A capo della sezione composizione era all'epoca Maksimiliàn Stéjnberg, insegnante di Šostakóvič. Come testimonia BoŽdànov-Berezóvskij, adorava il suo geniale allievo[535]. Stéjnberg era il tipico rappresentante del circolo di Beljàev, ma i suoi orientamenti conservatori non gli impedivano di considerare Šostakóvič il

<hr>

535 Valeriàn BoŽdànov-Berezóvskij, conversazione con l'autore
(Leningrado 1970).

giovane compositore di Leningrado di maggior talento e la speranza della musica russa

Šostakóvič, sia allora sia in seguito, parlava in tono alquanto scettico di Stéjnberg, ma ciò non era nulla in confronto alle forti emozioni che, evidentemente, provava per Stéjnberg Stravinskij: questi, nel 1934, dichiarò, parlando col direttore d'orchestra Mal'kó (e solo in parte con ironia): «Nella rivoluzione sono morte talmente tante persone, come mai Stéjnberg è ancora vivo? Non sono assetato di sangue, però... hanno fucilato ingegneri, perché invece questa gente continua a esistere? Io me ne sono andato perché non riuscivo a sopportare la vita che mi prospettavano questi oscurantisti. Stéjnberg invece ora è al conservatorio». Alquanto esterrefatto, Mal'ké ricordò a Stravinskij che a suo tempo evidentemente stimava parecchio Stéjnberg, tanto da dedicargli la fantasia orchestrale Fejervérk (Fuochi artificiali), in occasione del suo matrimonio con la figlia di Rìmskij-Kórsakov. Stravinskij in risposta sospirò: «Sì, e così mi sono legato a Stéjnberg per tutta la vita. Ora invece non ne voglio più sapere. E un mediocre».[536]

In quella stessa conversazione col direttore d'orchestra, Stravinskij rilevò di aver ascoltato alla radio Šostakóvič nell'interpretazione di Mal'kó: «Mi è piaciuto, si vede la sua tradizione. Mi piace quando si vede da dove viene una persona».[537] Senza dubbio parlava della Prima sinfonia di Šostakóvič, suonata per la prima volta sotto la direzione di Mal'ké il 12 maggio 1926 a Leningrado. Šostakóvič cominciò a comporre questa sinfonia nel 1923, quando ancora non aveva diciassette anni. Mal'ké, che a quell'epoca era principale direttore d'orchestra della Filarmonica di Leningrado, prese la decisione di eseguirla, nonostante alcuni musicisti più conservatori ritenessero che Šostakóvič potesse aspettare un anno ancora

Prima del concerto Šostakóvič era in preda all'inquietudine, ed enumerava nervosamente in una lettera a un amico di Mosca tutte le possibili complicazioni:

E se non suonassi? Sarebbe uno scandalo umiliante. Anche se venisse fischiata, sarebbe tragico. E così ho un sacco di preoccupazioni. Elencarle tutte sarebbe impossibile. Oltre a queste preoccupazioni ce ne sono di ancora più sgradevoli. E se

---

536 «Novyj Amerikanec» (L'americano nuovo), 1982.22-28 giugno.

537 Ibidem

annullassero il concerto? E se Mal'ké si ammalasse o perdesse il treno e non facesse in tempo ad arrivare all'ora giusta? Tutto ciò è molto preoccupante. Mi estenua e mi snerva.[538]

La prima nella sala elegante, imponente e dall'acustica meravigliosa della Filarmonica (già Assemblea dei nobili) fu trionfale. L'autore diciannovenne, magro, con degli occhiali fuori moda, ancora ragazzino e con un ciuffo sulla testa che poi sarebbe divenuto famoso, uscì imbarazzato per gli inchini Gli spettatori si voltarono a guardare Glazunóv, seduto al solito posto (sesta fila della platea vicino al corridoio centrale). Non aveva nessuna intenzione di lasciare la sala (come aveva fatto con Prokóf'ev), ma al contrario sorrise e applaudì, anche se il giovane compositore non aveva seguito il suo consiglio di correggere nella sinfonia un punto dell'introduzione che secondo il maestro non suonava bene

Fu un momento importante nella storia della Scuola pietroburghese

Quarantaquattro anni prima in quella stessa sala era stata eseguita la Prima sinfonia di Glazunóv, che da allora era divenuto il compositore principale della sua generazione, il «Brahms russo». La sinfonia di Šostakóvič aveva davanti a sé un destino ancora più brillante; già dopo un anno Bruno Walter la dirigeva a Berlino, e presto fu inserita nel repertorio di Stokóvskij e Toscanini. E Šostakóvič non aveva nessuna intenzione di restare l'«allievo modello» della Scuola pietroburghese. Ma in quel momento se ne rendevano conto solo in pochi

Nella sinfonia di Šostakóvič i primi ascoltatori individuarono gli influssi sia del tardo Rìmskij-Kórsakov, sia degli allievi del maestro: Stravinskij e Prokóf'ev. I più attenti naturalmente potevano individuare anche tracce dello studio di Skrjàbin, Richard Strauss. in parte anche di Mahler. (Non a caso la sinfonia piacque tanto ad Alban Berg, che scrisse a Šostakóvič una lettera entusiastica che in seguito ho avuto la fortuna di reperire nell'archivio.) Nella sinfonia l'accento era posto sulla continuità della tradizione, non sulla rottura. A Leningrado i musicisti non solo si erano sempre dimostrati attenti alla tradizione, ma la veneravano. E ora, in un'epoca di tensioni sociali senza precedenti, sembrava loro ancora più importante conservarla. Il fatto che la gioventù di talento rispettasse la tradizione era piuttosto confortante

---

[538] Vstreči s prošlym, cit., 5, p. 257

In realtà, la Scuola pietroburghese proprio allora entrò in un periodo molto travagliato. Era finita l'epoca in cui la scuola aveva seguito esclusivamente la linea di Rìmskij-Kórsakov. Un tempo Rìmskij-Kórsakov era riuscito a strappare il primato di Čajkóvskij a Pietroburgo. Ora la musica di Čajkóvskij se ne vendicava

Influenzava sempre di più i giovani compositori il mondo musicale di Mùsorgskij. A suo tempo Rìmskij-Kórsakov aveva fatto il possibile per conservare il retaggio del defunto collega del Gruppo dei cinque. Terminò e orchestrò la sua opera Chol'àniëina, revisionò e riorchestrò il Boris Godunóv

Grazie a Rìmskij-Kórsakov queste opere conquistarono una fama mondiale

Rìmskij-Kórsakov non aveva previsto che la fama e l'influenza di Mùsorgskij avrebbero superato la sua. E ancor meno poteva immaginare che Mùsorgskij, che considerava un autore tecnicamente sprovveduto, un dilettante che buttavsulla carta idee frammentarie e confuse, sarebbe diventato un modello per diverse generazioni di compositori russi. Per Stravinskij, Prokóf'ev e Šostakóvič nel pantheon della musica russa le opere di Čajkóvskij e Mùsorgskij occupavano un posto incomparabilmente più alto di quelle di Rìmskij-Kórsakov e Glazunóv. Šostakóvič ripeté persino la fatica gigantesca di Rìmskij-Kórsakov: rifece la strumentazione del Borìs Godunóv nel 1940, e della Ch01'àn.Çëina nel 1959. (Nel 1913 Stravinskij, insieme con Ravel, mise mano, su richiesta di Djàgilev, alla riorchestrazione delle melodie originali della Chovàn'ëina omesse da Rìmskij-Kórsakov.) Le revisioni di Šostakóvič non soppiantarono quelle di Rìmskij-Kórsakov. Nel Novecento si rafforzò sempre più l'idea che Mùsorgskij andasse eseguito, dove possibile, nelle versioni originali. Ciò che a Rìmskij-Kórsakov appariva come «sciattezza» e «sordità compositiva» ora veniva recepito come apertura profetica. Questo movimento per la riabilitazione di Mùsorgskij cominciò a Pietroburgo negli anni Dieci e ricevette il suo massimo impulso a Leningrado nel 1928, quando per la prima volta al mondo fu eseguito il Borìs Godunév in versione originale. Così Mùsorgskij entrò a far parte a poco a poco della tradizione pietroburghese

Ciò contribuì a garantire la sopravvivenza della tradizione musicale pietroburghese. La Scuola pietroburghese mantenne la sua predilezione per la forma, l'orchestrazione brillante, l'armonia esotica ma acquisì anche il gusto per la libertà di sviluppo alla Čajkóvskij e per i contrasti drammatici dostoevskiani alla Mùsorgskij

Posta dalla storia in condizioni particolarmente difficili.

lottando a volte per la stessa sopravvivenza, la Scuola pietroburghese continuò, ciò nonostante, a svilupparsi. Certo, assorbì il retaggio creativo dei suoi famosi allievi, in particolare le scoperte strutturali e ritmiche di Stravinskij e i procedimenti di sviluppo melodico di Prokóf'ev. In seguito la scuola venne associata alla tradizione delle cosiddette sinfonie «filosofiche» nello stile di Šostakóvič, riconosciuto da molti come uno dei giganti della musica sinfonica del Novecento

Il diciannovenne Šostakóvič, felice del successo della sua Prima sinfonia la notte della prima probabilmente non pensò a Mùsorgskij, a Čajkóvskij, a Rìmskij-Kórsakov e al destino della Scuola pietroburghese. Dopo il concerto il maestro Stéjnberg, il direttore Mal'ké e i giovani amici di Mìtja andarono a casa Šostakóvič a festeggiare.[539]

Stéjnberg regalò a Šostakóvič la partitura della Nona sinfonia di Beethoven. Emozionato più del consueto, Mal'ké, tornato a casa a tarda notte. non riusciva a dormire e scrisse una lettera a un amico: «Ho la sensazione di avere aperto una nuova pagina della storia della musica sinfonica, di avere scoperto un nuovo grande compositore».

Il giovane Šostakóvič aveva il dono di incantare all'istante le persone. Si sentiva particolarmente a suo agio con gli adulti, nonostante la sua apparente goffaggine e una certa timidezza. Alcuni suoi amici avevano la sensazione che irradiasse un'enorme energia: sembrava «carico di elettricità».[540] Quando Šostakóvič aveva solo diciassette anni la rivista pietrogradese «Teàtr» lo aveva già definito un genio. La fama precoce, naturalmente, gli attirò l'attenzione della gente. Ma il giovane Šostakóvič dava anche l'impressione di possedere un'intensa vita interiore. Nel suo primo famoso ritratto, a carboncino e sanguigna, realizzato nel settembre 1919 dal celebre artista pietrogradese Boris Kustédiev, Mìtja veniva raffigurato serio e immerso nei propri pensieri

Kustédiev, che allora aveva quarantun anni, scrisse sul ritratto: «Al mio piccolo amico Mìtja Šostakóvič da parte dell'autore». Fu la figlia del pittore, compagna di corso di Šostakóvič, a presentare Šostakóvič a Kustédiev. ma poi egli fece amicizia col padre. Šostakóvič suonava a Kustédiev brani di Grieg, Chopin, Schumann

---

[539] Berthe Mal'ko, conversazione con l'autore (New York 1982).

[540] Berthe Mal'ko, conversazione con l'autore (Hillsdale 1987)

e le sue prime composizioni. Kustódiev lo soprannominava
Florestan, dal nome di un personaggio immaginario del Carnevale
di Schumann, impetuoso e poetico: evidentemente davanti
all'artista Mìtja non si vergognava di aprirsi e il pianoforte faceva
da intermediario

Per Šostakóvič Kustédiev incarnava la grande tradizione
pietroburghese

Era uno dei membri di Mir iskùsstva, nel quale occupava una
posizione particolare. Il leader di Mir iskùsstva, Aleksandr Benuà, e
la maggioranza dei suoi colleghi erano convinti «occidentalisti».
Della storia della Russia a loro interessava soprattutto il Settecento
classicista, nel quale cercavano e trovavano legami e paralleli con
l'Europa occidentale. Kustódiev, che presso il pubblico godeva di
enorme successo, tra i raffinati membri di Mir iskùsstva si sentiva
fuori posto. I temi dei suoi quadri riguardavano perlopiù il folclore
russo: mercati, feste, folle variopinte, commessi, mugikì, chiese
bianche con le cupole d'oro, troiche, il tutto rappresentato con
ricchezza di colori e partecipazione emotiva, ossia niente affatto
nello stile di Mir iskùsstva. Come ricordava Kuz'mà Petrév-Vódkin,
i leader di Mir iskùsstva davanti ai quadri di Kustédiev tacevano.
Alcuni critici consideravano i suoi lavori come la rinascita delle
tradizioni degli «itineranti», l'ultima scintilla di questo movimento

Nei ritratti degli artisti del Mir iskùsstva le donne erano, di
norma, raffinate signore pietroburghesi. Kustódiev invece
dipingeva massaie e donne dei ceti più bassi: corpulente,
monumentali, tranquille, esse incarnavano la salute spirituale e
fisica. In Russia si dice «donna kustodieviana», come in Occidente
si direbbe «tipo rubensiano». Ma solo a prima vista queste opere di
Kustédiev rappresentano l'apoteosi della carne trionfante. Come ha
rilevato un critico russo, «nella voluttà delle belle donne prosperose
si percepisce l'ironia, l'ansia, l'angoscia dell'artista, lo spirito
dell'intellettuale russo a cavallo tra i due secoli».[541] L'atteggiamento
ambivalente di Kustódiev verso la sua costante eroina massaia
viene espresso con grande forza nelle sue illustrazioni al racconto

---

[541] Annìnskij, *Leskovskoe ožrel'e* (La collana di Leskov), Kniga, Moskvà
1982, p. 80

di Nikolàj Leskóv Lady Macbeth in provincia di Mcensk,[542] eseguite nel 19221923, quando Mîtja Šostakóvič era ospite abituale a casa dell'artista. La storia della massa} di provincia Katerina Izmàjlova, che per folle amore diviene assassina, Viene interpretata da Kustédiev con toni «dostoevskiani», cupi, a volte grotteschi. (Non a caso proprio Dostoévskij per primo nel 1865 aveva pubblicato nel proprio giornale «Èpócha» questo racconto di Leskóv.) I disegni di Kustódiev comparvero per la prima volta nel libro nel 1930', proprio a partire da questa edizione d'un tratto cominciò il boom della ormai semidimenticata Lady Macbeth in provincia di Mcensk. Šostakóvič lesse il libro e, ispirato sia dal testo di Leskóv, sia dai disegni di Kustédiev, decise di scrivere immediatamente sul soggetto un'opera destinata a diventare una delle più famose del Novecento.[543] Kustódiev non visse abbastanza per vedere né l'importante edizione né l'opera di Šostakóvič. Morì nel 1927, all'età di quarantanove anni. Gli ultimi dieci anni della sua vita Kustédiev li passò su una carrozzella a causa di un sarcoma al midollo spinale. All'artista, le cui tele erano piene di persone sane e forti, quasi ogni movimento costava un'indicibile fatica, provocandogli a volte dolori insopportabili. Gli interventi chirurgici non produssero alcun effetto. I medici consigliarono a Kustédiev di andare in Occidente per trovare cure migliori. Si diede molto da fare per ottenere il permesso, ma il passaporto glielo diedero quando era ormai troppo tardi

Lo scrittore Evgénij Zamjàtin, per la messa in scena della cui pièce, Blochà (La pulce)[544], Kustédiev aveva disegnato scene che entusiasmarono i leningradesi, paragonava l'artista agli antichi santi

---

[542] Traduzioni italiane: Una lady Macbeth del distretto di Mtsensk, in Il meglio di Nikolàj Leskov
trad. di Dante di Sarra, Leo Longanesi, Vittoria De Gavardo. Milano. Longanesi. 1953; Una lady Macbeth del distretto di Mtsensk, trad. di V. De Gavardo, Firenze, Passigli. 1987; Una lady Macbeth nel distretto di Mcensk, trad. di Laura Brandolini. Milano, Polena,.1989.

[543] Ekaterina Ismailova, opera in 4 atti e 9 quadri dal racconto Una Lady Macbeth del distretto di Mcensk. Milano, Ricordi, 1963. Ultima edizione discografica: Katerina Ismailova (version de 1962), Teatro statale di Kiev diretto da Stepan Tureak. 3 CD, Le chant du monde-MeIodija LDC 2781021/23, s.d.d.

[544] Tratta dal racconto di Nikolàj Leskóv Il mancino (storia del mancino strabico di Tula e della pulce d'acciaio), trad. it. di Bruno Osimo. ISBN 9788898467136

russi, «con la sola differenza che le sue gesta non furono compiute in nome della salvezza dell'anima, ma in nome dell'arte».[545] Di solito scettico e razionale, Zamjàtin era stupito e commosso: «Quale volontà creativa bisogna avere in sé stessi per dipingere tutti questi quadri seduti in carrozzina e stringendo i denti dal dolore».[546] Dinanzi ai suoi ospiti, incluso Šostakóvič, Kustédiev era quasi sempre vivace, cortese, vestito con eleganza, con la cravatta e il colletto bianco impeccabile. I suoi biondi capelli erano ben pettinati, i baffi e la barbetta ben regolati. Kustédiev la tagliò quando cominciò a incanutire, spiegando alla moglie: «Da noi vengono molti giovani, a volte ci sono delle belle signorine e la barba m'invecchia»

Solo di tanto in tanto Kustódiev si lamentava: «Le gambe, be'quelle sono un articolo di lusso! Ma ora comincia a farmi male la mano, questo è proprio troppo».[547] Da invalido dipinse un ritratto enorme, su una tela di due metri, di Fëdor Šaljàpin, che divenne non solo la migliore rappresentazione del leggendario basso, ma anche l'opera simbolo dell'artista russo. Šaljàpin col cappello di castoro e una pelliccia «da boiaro» è in piedi su un'alta collina sullo sfondo di un paesaggio russo che si estende in lontananza. Questo paesaggio Kustódiev lo ravvivò con una fiera paesana. Šaljàpin fu, forse, il più nazionale dei musicisti russi: un gigante che sulla scena dell'opera sapeva essere altrettanto efficace nella parte di uno zar minaccioso o di un mugik

Veniva dal popolo e lo comprendeva. Perciò ne era anche un geniale portavoce, ne esprimeva le emozioni, era l'incarnazione dello spirito popolare russo. Questo complesso legame del musicista con il proprio paese fu colto da Kustódiev, che commentava così il fenomeno di Šaljàpin: «Qui è la forza incommensurabile del talento naturale, l'intelligenza piena di ingegno dei mugikì e la cultura assimilata con raffinatezza. Un fenomeno assolutamente irripetibile!»[548]

Il ritratto di Kustédiev è vivo, vibra, respira e cambia di colore. È una sinfonia di tinte, e su Šostakóvič produsse un'impressione enorme, anche perché egli aveva visto l'artista nell'atto di creare

---

[545] Evgénij Zamjàtin, Sočinénija (Opere), Moskvà 1988, p. 335.

[546] Ibidem

[547] Ibidem

[548] Valeriàn BoŽdànov-Berez6vskij, conversazione con l'autore (Leningrado 1970)

questa grande opera sim bolica. Sul soffitto dello studio di Kustédiev era fissata una carrucola con un peso che serviva all'artista per avvicinare e allontanare la tela alla propria carrozzina senza farsi aiutare da nessuno. Kustédiev quindi lavorò come se stesse affrescando la cupola di una chiesa, ma provando un costante e lancinante dolore. Per Šostakóvič era una lezione di coraggio professionale, che gli tornò in mente dopo oltre quarant'anni, quando al compositore cominciò a venire meno la forza della mano destra e si mise ad allenare la sinistra per poter continuare a comporre. Il ritratto di Šostakóvič disegnato da Kustódiev era appeso in casa del compositore nel posto d'onore. BoŽdànov-Berezóvskij amava dire che, pensando a quel quadro, gli venivano sempre in mente i versi di un giovane poeta, loro comune amico, dedicati al compositore:

Primavera: mi piace il cielo,
il temporale passato già
È la tua espressione.[549]

All'inizio del Novecento il conservatorio di Pietroburgo s'era conquistato la fama di una delle maggiori accademie musicali del mondo, che sfornava esecutori di prim'ordine. Non a caso ne era stato fondatore Anton Rubinštéjn, uno dei due più grandi pianisti dell'Ottocento (l'altro fu Liszt). Rubinštéjn invitò a insegnare al conservatorio di Pietroburgo stelle europee del calibro del pianista Teodor Leszetycki e del violinista Genrik Wieniawski. Anche se trascorsero solo pochi anni a Pietroburgo, entrambi vi lasciarono un'impronta indelebile

Particolarmente forte fu l'influenza di Leszetycki. Una delle sue allieve di maggior talentoònnetta Ósipova, divenne la sua seconda moglie. Ósipova fece molte tournée in tutto il mondo; i critici newyorchesi ne furono entusiasti e la sua tecnica impeccabile colpì persino il sardonico George Bernard Shaw

Alla fine dell'Ottocento Ósipova si stabilì a Pietroburgo e insegnò al conservatorio, dove veniva trattata come una regina, circondata da un seguito di assistenti e allievi. Essere accettati al corso di Ósipova veniva considerato già di per sé un successo notevole. Uno di questi fortunati fu il giovane Prokóf'ev

All'inizio Prokóf'ev, come tutti, era compiaciuto di trovarsi al cospetto di una pianista di tale fama, e si considerava, in quanto

---

[549] Ibidem

suo allievo, membro della «guardia del conservatorio». Ma presto il compositore rimase deluso di Ósipova. La sua natura ribelle e impaziente era esasperata dalla severa disciplina del metodo di insegnamento di Ósipova. Lei pretendeva immancabilmente dagli allievi una tecnica precisa e pulita, quella tecnica «cristallina» che era il suo marchio di fabbrica, mentre Prokóf'ev faceva fatica a disabituarsi a suonare in modo un po'approssimativo, da compositore

Ciò nonostante, all'esame finale nella primavera del 1914 Prokóf'ev suonò magistralmente, e ricevette il premio un pianoforte a coda destinato al migliore pianista diplomando. Quell'anno i diplomandi erano centootto, e nel 1914 al conservatorio di Pietroburgo studiavano complessivamente oltre duemilacinquecento studenti. In seguito Prokof'ev divenne un famoso pianista, un meraviglioso interprete delle proprie opere, e tenne concerti di grande successo sia in Europa, sia negli Stati Uniti

Una delle principali attrattive musicali di Pietroburgo dell'inizio del Novecento era il chiacchieratissimo trio in cui Esìpova suonava insieme al violinista Leopol'd Àuèr e al violoncellista Aleksàndr Veribilévič. Auèr era giunto a Pietroburgo nel 1868, e dopo la partenza di Wieniawski divenne il principale insegnante di violino del conservatorio. Tra gli allievi di Àuèr figurano i principali violinisti del Novecento: JàSa Chéjfec, Misa Èl'man, Efrém Cimbalìst, Natàn Mil'štéjn. Nessun altro insegnante dell'Ottocento o del Novecento può vantare un simile elenco di celebrità. Il corso di Àuèr divenne leggendario, vi approdarono studenti da tutto il mondo

Negli ultimi anni Auèr non si occupava quasi più del lavoro «di manovalanza». Il professore pretendeva che lo studente portasse in classe un'opera già studiata, e solo allora Àuèr si poteva concentrare esclusivamente sulle questioni interpretative. Natàn Mil'štéjn ricordava il consiglio datogli da Àuèr: «Bisogna esercitarsi con la testa, non con le dita».[550] Questo significava dare priorità all'analisi e all'immaginazione rispetto all'apprendimento meccanico. A detta di Mil'štéjn, gli allievi che non capivano potevano non solo essere sgridati dall'intemperante professore, ma anche vedersi gettare addosso il loro spartito; dagli impetuosi scoppi di rabbia di Àuèr non fu risparmiato nemmeno il bambino prodigio Chéjfec

---

[550] Natàn Mil''šéjn, conversazione con l'autore (Londra 1987).

Comunque per ciascuno dei suoi allievi fenomenali Àuèr trovava un approccio individuale. Se incontrava un violinista con tendenze liriche, lo aiutava a trovare tinte molto drammatiche, ampliando in tal modo la sua tavolozza musicale. Se invece aveva a che fare con un allievo dal temperamento focoso, Àuèr lo esortava a un'interpretazione più misurata. Comunque, tutti gli studenti dovevano arrivare a ottenere un suono bello e nobile e uno stile elevato

Àuèr era un esecutore meraviglioso (Čajkóvskij scrisse il proprio Concerto per violino per lui). Il compositore Jùrij Sapórin ricordava questo episodio. Saporin studiava al conservatorio di Pietroburgo quando corsero voci che il professor Àuèr avesse un nuovo allievo straordinario, JàSa Chéjfec. Alle lezioni in classe Àuèr permetteva di partecipare solo ai suoi studenti. Per sentire suonare l'enfant prodige, Saporin dovette infilarsi nell'intercapedine tra le due porte della classe e grattare un po'della vernice che copriva il vetro della prima porta. Con l'occhio incollato a questo «spioncino», Sapórin vide un ragazzino ricciuto vestito alla marinara, che suonava meravigliosamente il Concerto per violino di Glazunóv, la cui prima era stata eseguita dallo stesso Àuèr nel 1905

Finito di suonare, Chéjfec rivolse al professore la domanda: «Va bene così?»

«Non so!»

«Come, allora?»

Allora Auèr, ormai quasi settantenne, si alzò dalla poltrona in cui stava sprofondato e, preso al ragazzino il piccolo violino, suonò il Concerto di Glazunóv dall'inizio alla fine con tanta maestria e ispirazione, che Sapórin rimase incantato alla porta. Alla fine, Àuèr disse: «Così!»[551]

Indubbiamente l'estetica di Àuèr e di Ósipova si sviluppò in misura notevole parallelamente al circolo di Beljàev. Non a caso Glazunóv dedicò ad Auèr il Concerto per violino. L'affinità dei loro princìpi musicali è notevole: la tendenza alla monumentalità, alla perfezione, alla dignità. Sia il compositore, sia l'insegnante di violino apprezzavano la chiarezza dell'impostazione, la purezza dell'esecuzione e la perfezione tecnica. Con gli anni, sia Àuèr sia Ósipova pretendevano dai propri allievi un approccio sempre più

---

[551] Jùrij Sapérin, Izbrannye stat'i (Articoli scelti), Moskvà 1969, p. 101

serio, moderato, «obiettivo» all'esecuzione.[552]

Questo stile pietroburghese di esecuzione si potrebbe definire accademico, se non fosse per il temperamento, la brillantezza e l'acutezza che emergono chiaramente dai suoi interpreti di maggior talento. Era troppo pieno di colori e di vita per essere considerato accademico. Questo stile, come le opere migliori di alcuni esponenti del circolo di Beljàev, aveva forse più i tratti dello pseudoclassicismo pietroburghese, che proprio in questo periodo divenne lo stile dominante nell'architettura della capitale dell'impero russo

Un'enorme distanza divide lo pseudoclassicismo dal neoclassicismo. Il primo è incomparabilmente più conservatore. Lo si nota in particolare nei compositori; basta paragonare la pseudoclassicista Tabacchiera musicale di Ljàdov con qualsiasi passo del neoclassico Pulcinella di Stravinskij. Ma nell'esecuzione musicale la situazione non è altrettanto definita. Qui la differenza può essere olto più sfumata, in quanto l'esecuzione è un'arte riproduttiva. L'evoluzione estetica di un violinista o di un pianista può avvenire in modo molto più indolore che in un compositore. Ciò nonostante, il salto dallo pseudoclassicismo al neoclassicismo compiuto da alcuni grandi allievi di Àuèr è sbalorditivo. In particolare Chéjfec e Mil'štéjn possono essere considerati rappresentanti del neoclassicismo nell'interpretazione violinistica

Entrambi i violinisti giunsero a Pietroburgo «dall'esterno». Per gli ebrei russi della cosiddetta «zona di residenza»,[553] uno dei pochi percorsi verso una carriera importante, la fama e la ricchezza era saper suonare il pianoforte e, ancora di più, il violino. L'iscrizione al conservatorio di Pietroburgo dava questa possibilità. Glazunóv faceva il possibile per aiutare gli ebrei di talento. Lo soprannominarono persino «Re dei giudei». Šostakóvič mi ha raccontato la celebre risposta di Glazunóv all'indagine preoccupata del primo ministro russo StolYpin su quanti allievi ebrei vi fossero al conservatorio: «Ma noi non li contiamo»

Ma Glazunóv riscuoteva il rispetto dei giovani musicisti non solo perché era un direttore tanto premuroso. Su Chéjfec e su

---

[552] Natàn Mil'štéjn, conversazione con l'autore (New York 1982).

[553] Čertà osédlosti: dal 1791 al 1917. regione nella quale era consentita la residenza agli ebrei in una proporzione maggiore rispetto alle altre aree del paese. Comprendeva alcune province dell'impero solo al di fuori della Russia: Ucraina, Caucaso, Asia Minore, Polonia, Lituania, Bessarabia. Bielorussia, Curlandia.

Mil'štéjn influì la sua autorità di rinomato compositore. Per molti anni Glazunóv fu il simbolo della Pietroburgo musicale, e, amando Glazunóv, Chéjfec e Mil'štéjn (come centinaia di altri giovani musicisti di provincia) finirono per amare anche Pietroburgo. Mil'štéjn ricordava sempre il periodo trascorso nella capitale russa come il più felice della propria vita.[554] Pietroburgo ispirò la maniera di suonare maestosa e controllata dei giovani violinisti, tanto coerente con lo stile architettonico della città. Il ruolo della Scuola pietroburghese in questo sviluppo è evidente

Il trasferimento in Occidente accelerò molto i cambiamenti nel modo di suonare di Chéjfec e Mil'štéjn. Qui le loro tendenze neoclassiche maturarono definitivamente e il loro modo di suonare divenne più raffinato, ma nel contempo più espressivo e moderno. Essi si possono annoverare fra i rappresentanti del neoclassicismo russo in Occidente, insieme con Stravinskij, Balantìn e Nabókov. Non a caso Mil'štéjn negli Stati Uniti divenne uno degli amici più intimi di Balančìn. Con l'apporto di Mil'štéjn Balančìn creò alcuni dei suoi migliori balletti neoclassici, per esempio il Concerto barocco su musica del Concerto per due violini in re minore di Bach.[555]

Se Chéjfec, Èl'man e Mil'štéjn non fossero emigrati in Occidente, lo sviluppo della scuola violinistica russa probabilmente avrebbe preso una via del tutto diversa. Ma la natura cosmopolita del loro talento (tanto consona allo spirito di Pietroburgo) li spinse oltre i confini della Russia, come accadde nel caso di Stravinskij, Nabókov e Balančìn. Trasferitisi negli Stati Uniti, questi violinisti, insieme con Arturo Toscanini e Sergéj Rachmàninov, esercitarono un'influenza enorme sulla concezione americana dell'esecuzione musicale. Grazie all'incisione di dischi, questo stile si diffuse in tutto il mondo, divenendo alla fine lo stile di esecuzione più caratteristico del Novecento. Il professor Auèr e il conservatorio di Pietroburgo potevano senz'altro essere orgogliosi dei propri allievi.

Nel 1927 nella rivista «Mùzyka i revoljùcija» (Musica e rivoluzione) comparve una recensione al concerto tenuto dai pianisti allievi del professor Leonid Nikolàev del conservatorio di Leningrado. In questa recensione, in particolare, si diceva:

---

[554] Natàn Mil'štéjn, conversazione con l'autore (Menna 1976)

[555] Georges Balančìn, conversazione con l'autore (New York 1981).

Quasi tutti gli interpreti padroneggiano lo strumento come maestri di prim'ordine, hanno tutti una tecnica eccellente, rigorosa, stupefacentemente libera e leggera; hanno tutti un tono naturale molto bello e lieve; un'enorme gamma di suoni; un uso del pedale straordinariamente preciso; un'ampia cultura musicale e una nobile estetica dell'interpretazione. Dal punto di vista strettamente tecnico hanno gesti estremamente misurati ed economici, ma assolutamente naturali e liberi; una percezione precisissima della tastiera.[556]

Tra gli interpreti di quel concerto c'era anche il ventenne Dmìtrij Šostakóvič, segnalato in modo particolare dall'autore della recensione

Šostakóvič era uno degli allievi preferiti di Nikolàev, che in quel periodo aveva preso il posto di Ósipova come principale professore di pianoforte della città sulla Nevà. Nikolàev, la cui omosessualità era ben nota a Leningrado, era un uomo di mezza statura, affascinante, taciturno, sempre ben pettinato con la riga, gli occhi grigi straordinariamente chiari. Era uno stimato compositore di indirizzo accademico (i giovani Górovic e Mil'štéjn eseguirono con successo la sua Sonata per violino),[557] ma aveva un atteggiamento di simpatia verso gli esponenti dell'avanguardia. In particolare, Prokóf'ev aveva preparato il programma di diploma proprio con Nikolàev, dato che Ósipova in quel periodo era già molto malata. Nikolàev allora votò, a dispetto delle obiezioni di Glazunóv, per l'attribuzione del premio al giovane ribelle. Inoltre, Nikolàev fu tra i primi a dichiarare fermamente e in ogni occasione che Šostakóvič era un genio

Nel corso di Nikolàev Šostakóvič ebbe un successo straordinario. L'allievo di Nikolàev e suo antico amante, Iósif Švarc, che mi insegnò pianoforte a Leningrado, mi raccontò che il quindicenne Šostakóvič suonava la complessissima Hammerklavier di Beethoven con un ritmo inflessibile, con misura ma anche con autentico lirismo, e con una precisione che si estendèva ai minimi particolari. Nikolàev non poteva soffrire chi, pur suonando male, si mostrava sicuro di sé, e lo chiamava «ardito négligé», come ricordava Švarc.)[558] Nel corso di Nikolàev Šostakóvič aveva due

---

556 «Muzyka i revoljucija» (Musica e rivoluzione), 4, 1927, p. 31.

557 Vladìmir Gorovic. conversazione con l'autore (New York 1985).

558 Iosif Švarc, conversazione con l'autore (Leningrado 1961

grandi rivali: Marìja Jùdina e Vladìmir Sofronìckij. Di loro parlava con emozione e una certa evidente gelosia ancora mezzo secolo più tardi. A volte ci si dimentica che Šostakóvič aveva smisurate ambizioni pianistiche. Proprio lui era stato scelto da Nikolàev a rappresentare il corso, quando nel 1927 a Varsavia si tenne il premio Chopin, la prima competizione internazionale di pianisti nell'Europa del dopoguerra

Šostakóvič si preparò al concorso con molta concentrazione, chiudendosi nella sua stanza e smettendo persino di comporre. Tanto più crudele fu il colpo quando a Varsavia ricevette solo una menzione speciale. Secondo molti osservatori, la decisione della giuria fu ingiusta, ma Šostakóvič ebbe scarsa consolazione dal sostegno del pubblico e della stampa.[559]

Dopo la sconfitta al concorso di fatto abbandonò l'idea di una carriera da concertista, concentrandosi sull'esecuzione delle proprie opere

Un destino diverso aspettava Jùdina e Sofronìckij. Noti in Occidente solo agli esperti, in Russia avevano acquisito entrambi una popolarità straordinaria ed erano divenuti personaggi culto. La loro importanza andava ben al di là dei confini dell'esecuzione musicale. In una società chiusa e gerarchizzata, in cui ogni membro doveva stare al proprio posto, indicato dalle autorità, ed eseguire disciplinatamente il proprio dovere in base a disposizioni emanate dall'alto, Sofronìckij e Jùdina, ognuno a modo proprio, divennero i simboli della libertà interiore e della protesta culturale

Alto, esile, pallido, enigmatico, Sofronìckij era considerato uno dei più begli uomini di Leningrado. Per questo romantico musicista, si diceva, le donne lasciavano la famiglia, tentavano il suicidio. Veniva paragonato a Byron. Si sentiva spesso dire: «Ecco un perfetto Amleto!».[560] Suonava Chopin e Skrjàbin in modo impareggiabile ed era stato sposato con la figlia di quest'ultimo. Era opinione comune che dopo la morte di Skrjàbin il miglior esecutore delle sue opere fosse Sofronìckij. Considerata negli anni prerivoluzionari la somma espressione del genio creativo, sotto il regime bolscevico la musica di Skrjàbin cadde in disgrazia. All'inizio lo definirono «mistico», poi «decadente» e infine lo annoverarono tra i «formalisti». Sofronìckij continuò

---

[559] Valerìàn BoŽdànov-Berezovskij, conversazione con l'autore (Leningrado 1970).

[560] Švarc, conversazione con l'autore (Leningrado 1961)

cocciutamente a suonare Skrjàbin, tenendo anche concerti interamente dedicati alla sua musica. Questo fece di lui qualcosa di più di un pianista, per quanto grande

Nel 1942 Sofronìckij da Leningrado, assediata dai tedeschi, fu trasferito a Mosca. Nel 1943 fu insignito del premio Stàlin, e nel 1945 Stàlin prese con sé Sofronìckij alla conferenza di Potsdam per vantarsene davanti al presidente Truman, pianista dilettante. (Dopo i viaggi degli anni 1928-1929 a Varsavia e Parigi, fu la seconda e ultima comparsa di Sofronìckij in Occidente.) Ciò nonostante, il processo di estraniamento del pianista dall'apparato culturale sovietico continuò ad accentuarsi. Il figlio del pianista ricordava che nel 1948, quando Šostakóvič e altri compositori furono incriminati dalle autorità, Sofronìckij, mentre suonava a casa, d'un tratto sbatté con forza il coperchio del pianoforte ed esclamò: «Non riesco a suonare! Mi sembra sempre che stia per arrivare un poliziotto e mi dica: "Non sta suonando nel modo giusto!"[561]».

Cercando di difendere la propria libertà interiore, Sofronìckij divenne alcolista e tossicodipendente. Il suo pubblico lo sapeva bene, e tratteneva il fiato quando Sofronìckij, sul palcoscenico, seduto al pianoforte, si avvicinava al naso il suo famoso fazzoletto bianco. Voleva dire che il pianista sentiva il bisogno di una dose di cocaina.[562] Un comportamento simile era una sfida inaudita alle norme severe della vita sovietica. E per il pianista e per i suoi ammiratori era una disperata dichiarazione del diritto alla spontaneità, alla rivolta

Il passo successivo di Sofronìckij fu il rifiuto di fare tournée in Russia e poi anche di tenere concerti pubblici. Ora lo si poteva sentire solo in una piccola sala del museo Skrjàbin a Mosca, dove suonava per pochi ospiti appositamente invitati. Anche le incisioni Sofronìckij le faceva molto malvolentieri, e andava ripetendo: «Le incisioni sono i miei cadaveri». Ciò nonostante, la fama di Sofronìckij continuava a crescere. Sulle sue rare esecuzioni semiprivate. ognuna delle quali si trasformava in una sacra funzione mistica. si diffusero leggende. Registrazioni amatoriali, fatte senza il permesso del pianista, passavano di mano in mano,

---

[561] Vospominanija o Sofronickom (Ricordi di Sofronìckij), Moskvà 1970, p. 65

[562] Valeriàn BoŽdànov-Berez6vskij, conversazione con l'autore (Leningrado 1970).

preannunciando la futura diffusione del magnitizdat[563], ossia cassette illegali di contenuto estraneo al regime

Gli autori preferiti di Sofronìckij erano Dostoévskij e Blok. BoŽdànov Berezóvskij, che conosceva bene il pianista, mi ha detto che «Sofronìckij era un personaggio di Dostoévskij che assomigliava esteriormente a Blok». Sofronìckij amava ripetere: «Quante persone per le poesie di Blok sono uscite di senno o si sono suicidate, tanto è grande la forza che è in esse!». Ed era ben consapevole anche dell'effetto magico del proprio modo di suonare

Nel 19ol , quando il sessantenne Sofronìckij, dopo avere distrutto la propria salute con l'alcol e la droga, morì, per gli intellettuali russi era ancora quell'Amleto solitario e perseguitato di cui parla Pasternàk nelle poesie contenute nel romanzo Il dottor Zivàgo, un martire musicista che aveva rifiutato con disprezzo i dogmi culturali imposti dalle autorità e che aveva preferito consumare la propria vita piuttosto che sottomettersi al diktat ideologico

Marìja Jùdina si diplomò nel corso di Nikolàev lo stesso anno di Sofronìckij. Suonarono insieme al concerto di diploma, che Šostakóvič considerò sempre uno degli eventi musicali più straordinari della sua gioventù

L'aspetto esteriore di Jùdina non era meno conturbante di quello di Sofronìckij: enormi occhi grigi spiccavano su un viso verginale; a volte fu paragonata a Monna Lisa.[564] Indossava sempre un vestito lungo nero, a forma di piramide, con lunghe e ampie maniche, e sul petto portava una grande croce sostenuta da una catena. Jùdina, nata ebrea, si era fatta battezzare ed era diventata una fanatica cristiana ortodossa, dedicando molto impegno ed energie alla questo doveva condurre Jùdina a scontrarsi con l'ateo Stato sovietico. Jùdina fu cacciata dal conservatorio di Leningrado dove insegnava e, a differenza di Sofronìckij, non ebbe mai nessun premio e non ebbe mai il permesso di tenere concerti al di fuori dell'Unione Sovietica

Sia in scena sia fuori Jùdina era in cerca di proseliti. Le sue interpretazioni che facevano riempire le sale erano sempre

---

[563] Letteralmente: «edizione di registrazioni», sull'esempio di samizdàt, «autoedizione», la forma (dattiloscritta) in cui venivano pubblicati, soprattutto negli anni Sessanta e Settanta, e fatti circolare clandestinamente tutti i testi non approvati dal regime sovietico.

[564] Berthe Mal'ko, conversazione con l'autore (Hillsdale 1989)

prediche appassionate, pronunciate con imperiosità e convinzione.
Jùdina distrusse per sempre l'immagine stereotipata del modo
«femminile» di suonare il pianoforte, delicato e tenero. La sua
esecuzione era maestosa, sonora, con forti contrasti. Jùdina
suonava Bach e Beethoven in modo stupefacente e poi, saltando
Chopin, Liszt, Čajkóvskij e Rachmàninov, ossia la parte più
popolare del repertorio pianistico, si rivolgeva alle opere
contemporanee

Prima della guerra Jùdina propagandava la musica di
Stravinskij, Hindemith e Šostakóvič, poi Barték e Webern, e negli
ultimi anni della sua vita si dedicò all'opera di Boulez, Stockhausen
e Luigi Nono. Jùdina era una fucina di idee e una fonte di
informazioni sull'avanguardia. In questo campo la sua influenza fu
rivoluzionaria e liberatoria. Ma Jùdina con altrettanta passione
studiava anche le vite dei santi, l'architettura sacra e le poesie dei
dadaisti leningradesi, molti dei quali erano suoi amici di gioventù.
Ammiratrice e conoscitrice delle opere di Malévič, Tàtlin e Filónov,
ai concerti era capace di interrompere all'improvviso l'esecuzione
per mettersi a declamare poesie del futurista Chlébnikov o del
vietato Pasternàk. Ognuno di questi interventi veniva interpretato
dal regime come un atto dichiaratamente politico e, in effetti, lo
era. Più di una volta proibirono a Jùdina d tenere concerti, ma la
pianista non fu mai arrestata

Una possibile spiegazione di questa tolleranza da parte delle
autorità è una storia raccontatami per la prima volta da Šostakóvič
e poi confermata da altre fonti. Pare che Stàlin, sentendo alla radio
un concerto per pianoforte di Mozart nell'interpretazione di
Jùdina, avesse chiesto l'incisione di quell'esecuzione. Nessuno
osava dirgli che si era trattato di una trasmissione dal vivo

Convocarono Jùdina con urgenza in uno studio di
registrazione per registrare su due piedi un disco speciale in una
sola copia per Stàlin

Ricevuto questo disco, Stàlin mandò a Jùdina una cospicua
somma di denaro. Jùdina lo ringraziò con una lettera in cui scriveva
anche che aveva donato la somma alla sua chiesa e che avrebbe
pregato perché Dio perdonasse a Stàlin i suoi gravi peccati verso il
popolo. Sembrava che questo sarebbe stato per Jùdina un gesto
suicida ma, contro ogni attesa, non le accadde nulla. La leggenda
narra che quando Stàlin morì il disco di Mozart nell'esecuzione di
Jùdina sia stato trovato sul giradischi accanto al suo letto

Come Sofronìckij, Jùdina era un'appassionata ammiratrice della
vecchia Pietroburgo. In tarda età si sentiva lusingata quando le
dicevano che assomigliava a Pëtr il Grande. In effetti il profilo

aquilino e la posa ardita della testa, soprattutto quando suonava, potevano ricordare il grande imperatore. In concerto, a volte posava sul pianoforte un'immagine del Cavaliere di bronzo

Dopo un concerto in cui aveva suonato in modo particolarmente trascinante e aggressivo, Jùdina spiegò: «Oggi mi sentivo posseduta dal cavaliere di bronzo e volevo trasmettere lo scalpiccio degli zoccoli, l'inseguimento, la paura»

Si può dire che Jùdina fosse l'emissario del ramo statunitense del modernismo pietroburghese in Russia. Quando il New York City Ballet portò per la prima volta in Unione Sovietica i lavori di Balančìn, lei li paragonò all'altare di Pergamo, alle Passioni di Bach e al Parsifal di Wagner[565]. Jùdina adorava Stravìnskij, suonava quasi tutte le sue opere per piano e, quando nel 1962 Stravinskij andò in Russia, l'anziano compositore fu molto imbarazzato dal fatto che a ogni incontro Jùdina, sessantatreenne, cercasse di inginocchiarsi davanti a lui e di baciargli la mano

Jùdina era una persona molto esaltata e a molti, compreso Šostakóvič, che pure apprezzava il suo talento musicale, il comportamento della pianista sembrava affettato e retorico. A me invece è sempre sembrato che nei gesti stravaganti di Jùdina trapelasse quello stesso temperamento sfrenato che emergeva nelle sue esecuzioni. Jùdina infranse una convenzione dopo l'altra. Non si sposò mai, anche d'inverno girava in scarpette da ginnastica e poteva dormire per settimane nella vasca da bagno. Quando la incontrai, sin dalle prime parole cominciò a cercare di convertirmi alla Chiesa russa ortodossa, rifiutandosi di parlare di musica. Ma, dato che la nostra conversazione durò più di cinque ore, riuscii lo stesso a farla parlare di arte. Il risultato fu l'unica conversazione con Jùdina pubblicata, a quanto so, in cui esprime la sua estetica e il suo credo musicale. Fu data alle stampe, ahimè, solo nel 1972, quando ormai Jùdina era morta da quasi un anno e mezzo, all'età di settantuno anni

Jùdina avrebbe potuto parlare di sé con le parole di una poesia di Achmàtova del 1961:

No! né sotto alcun cielo straniero
né sotto aliene ali riparata:
con la mia gente in quel momento ero,

---

[565] Marija Jùdina, conversazione con l'autore (Mosca 1970).

dov'era la mia gente sventurata.[566]

Chéjfec e Mil'štéjn, che appartenevano alla stessa scuola di
Jùdina, se n'erano andati in Occidente, «sotto aliene ali riparati»,
avevano conquistato il mondo con la propria arte e avevano
significativamente ampliato gli orizzonti di molti amanti della
musica. Si misero a interpretare la musica in modo nuovo,
compiendo nel loro campo una rivoluzione. Fermatisi in Russia,
anche Jùdina e Sofronìckij raggiunsero vette musicali straordinarie.
In realtà la loro evoluzione musicale per molti aspetti procedette in
parallelo con lo sviluppo di Chéfec e Mil'štéjn, nella direzione di un
severo neoclassicismo

Ma in aggiunta a questo, Jùdina e Sofronìckij divennero anche
un modello di comportamento e un esempio di indipendenza
interiore per gli artisti, e non solo per loro, dell'epoca stalinista e,
soprattutto, poststalinista. Il loro ruolo nel «disgelo» fu enorme,
anche se se ne è scritto poco. Perciò l'influenza di Jùdina e
Sofronìckij fu nello stesso tempo limitata (in quanto li si poteva
sentire suonare solo in Unione Sovietica) ed estremamente ampia
(dal punto di vista etico e politico)

Una situazione analoga si presentò per i grandi allievi della
Scuola pietroburghese. Stravinskij scelse una vita «sotto aliene ali
riparata» e divenne, forse, il principale compositore del Novecento.
Sarebbe impensabile immaginare la musica contemporanea senza i
suoi contributi. Šostakóvič rimase «con la sua gente» e la sua
musica, che a volte è stata accusata di provincialismo estetico, un
diario dell'epoca sovietica. Prokóf'ev emigrò, ma poi tornò in
Russia. È interessante che il destino della sua musica rifletta questa
ambivalenza: non ha acquisito i tratti universali propri delle opere
di Stravìnskij, ma non è nemmeno tanto legata alla recente storia
russa come la musica di Šostakóvič. Djàgilev se ne accorse, e nel
1929 di Prokóf'ev disse: «Ha bisogno di rafforzare la base etica
della sua creatività. Ecco perché ho insistito che scrivesse Il figliuol
prodigo».[567] Qui non è questione di quale percorso sia preferibile e
più adatto allo spirito di Pietroburgo. Anche se si ritrovò lontano
dalla città natale, Stravìnskij (come anche Balančìn e Nabókov) le
rimase fedele. D'altro canto, alcuni compromessi cui Šostakóvič fu
costretto gli procurarono la critica di avere violato le rigide norme

---

[566] A. Achmàtova, Requiem, epigrafe, in Sočinénija, cit.. vol. I, p. 361.

[567] Vospominanija o V.V. Asaf'eve, cit,, p. 83

etiche pietroburghesi. È importante sottolineare che, passando dalla Scuola pietroburghese, un giovane di talento aveva la possibilità di realizzarsi sia in Russia, sia al di fuori del suoi confini. Questa scuola, oltre all'orgoglioso senso di appartenenza a una tradizione gloriosa, dava basi solide per tutta la vita: abilità tecnica, curiosità professionale, moderata ironia e nostalgia senza sentimentalismo.

La città in cui crebbe Šostakóvič era molto aperta alle influenze della cultura moderna. In pittura, letteratura, teatro le influenze dell'avanguardia occidentale si incontravano con gli audaci tentativi locali producendo interessanti risultati. Nel 1923 a Pietrogrado fu organizzato il primo centro di ricerche del mondo che si occupava esclusivamente d'avanguardia, il Ginchuk (Gosudàstvennyj institùt chudéžestvennoj kul'tùry, Istituto statale di cultura artistica). Direttore del Ginchuk era Kazimìr Malévič, trasferitosi da Mosca a Pietrogrado per continuare a elaborare le sue visionarie idee suprematiste, mentre a capo delle sezioni dell'istituto andarono Matjùšin, Pùnin e l'eterno rivale di Malévič, Vladìmir Tàtlin

Al Ginchuk nel 1923 Tàtlin allestì lo spettacolo basato sul poema drammatico «metarazionale» (zaùmnyj) Zangezi del futurista Chlébnikov. A Pietrogrado Tàtlin creò anche il Pàmjatnik Trét'emu Internacionàlu (Monumento alla Terza internazionale) che fece tanto discutere: il progetto consisteva in una spirale gigantesca di metallo puntata verso il cielo (Tàtlin aveva previsto un'altezza di quattrocento metri) che avrebbe sovrastato la Nevà nel centro della città, come l'albero di un grandioso veliero o di un'astronave. Questo simbolo audace della nuova Pietrogrado, che avrebbe dovuto sostituire il Cavaliere di bronzo, non fu mai eretto, rimanendo solo un modello capace di eccitare la fantasia di Pùnin e dei suoi amici. Nei loro sogni vedevano già Pietrogrado capitale dell'avanguardia mondiale

Negli anni Venti a Pietrogrado-Leningrado soggiornarono molti importanti compositori occidentali. Il più importante fu naturalmente Alban Berg, giunto per l'esecuzione della sua opera Wozzeck nel 1927. VI tennero concerti Béla Bartók, Paul Hindemith, Darius Milhaud, Alfredo Casella, l'emigrato Prokóf'ev. Ìgor'Stravinskij non vi andò allora, ma le sue opere venivano eseguite spesso a Leningrado in quell'epoca. È noto che Šostakóvič ascoltava molte opere di Stravinskij, tra cui la Bàjka pro lisu (Favola della volpe), Pesn'solov'ià (La canzone dell'usignolo). Istóriia soldàta (La storia di un sol 18 dato), l'opera Màvra e prese anche parte alla prima leningradese delle Nozze nel 1926, suonando il secondo pianoforte (al primo c'era Marija Jùdina)

Šostakóvič suonò anche la Serenata in la e il Concerto per pianoforte di Stravinskij, del quale diceva che a volte sognava di averlo composto lui

Dopo che Šostakóvič si diplomò al conservatorio, uno dei suoi consulenti più influenti divenne il critico musicale modernista Borìs Asàf'ev. Egli aveva una voce morbida e ipnotica ma i suoi eruditi articoli, che firmava «Ìgor'Glébov», mettevano a tacere gli avversari. Asàf'ev svolse a Leningrado un'attività infaticabile di propaganda della musica d'avanguardia. Glazunóv considerava Asàf'ev, non ingiustamente, il principale colpevole del fatto che sulla scena di due teatri d'opera della città e alla Filarmonica dessero continuamente opere moderniste. Un musicista del campo avverso s'indignò:

Guardate qual è la sottile tattica di Asàf'ev: all'inizio come critico Igor'Glébov interviene sul giornale con un articolo dettagliato di encomio su una nuova opera decadente che nessuno conosce; poi, in quanto consulente artistico di entrambi i teatri e della Filarmonica, Asàf'ev ne ottiene l'esecuzione. E infine di nuovo come critico Ìgor'Glébov incensa questa esecuzione sulla stampa, distribuendo onorificenze e medaglie a tutti i partecipanti. Come fanno i direttori d'orchestra a non protestare?

Asàf'ev dirigeva la facoltà di musica dell'istituto di storia dell'arte, un istituto di ricerca senza uguali fondato ancora prima della rivoluzione dal conte Valentin Zùbov, detto «il conte rosso» perché aveva collaborato con i bolscevichi volontariamente a loro la sua lussuosa villa in piazza Isaàkievskaja. Nella sezione letteraria dell'istituto si concentravano alcune delle menti più intelligenti dell'Opojàz: Tynjànov, Èjchenbàum, Tomašévskij.

A «casa Zùbov» la vita ferveva, tutta la città ci andava ad ascoltare conferenzieri eloquenti che proponevano nuove idee sulla moderna teoria della cultura

La sezione teatrale, il cui idolo era Mejerchól'd, elaborò concezioni radicalmente nuove sull'interazione tra gli attori e il pubblico. Sotto l'egida dell'istituto si organizzavano mostre e concerti, serate in cui si suonava e si discuteva la musica di Stravinskij, Hindemith, Schónberg, Milhaud, Satie. Sofronìckij suonava Skrjàbin, Jùdina e Stéjnberg tenevano recital in memoria di Dante

Šostakóvič partecipava regolarmente e con entusiasmo a questi concerti

In quest'atmosfera intrisa di modernismo, Šostakóvič fece un passo decisivo verso l'avanguardia, rinnegando le sue opere precedenti tradizionali, tra cui Cygàne (Gli zingari) basata sul poema di Pùškin. Il linguaggio musicale delle nuove composizioni di Šostakóvič divenne più radicale, con l'uso di princìpi costruttivi nello sviluppo della melodia e dell'armonia, dissonanze, serie, e persino l'uso di un fischio di fabbrica in qualità di strumento orchestrale. Queste sue opere avevano anche titoli e testi rivoluzionari: la sonata per pianoforte del 1926 si chiamava Oktjàbr'skaja (D'ottobre), in onore della rivoluzione bolscevica, e nel finale nella Seconda sinfonia PosvjaSéénie oktjabrjù (Dedica all'ottobre) (1927) il coro canta:

Abbiamo capito che, Lénin, la vita
può essere solo la lotta

La Terza sinfonia di Šostakóvič (1929) prese il nome di Pervomàjskaja (Primo maggio), dalla festa dei lavoratori. Anche in questa sinfonia c'era un finale con coro; il testo includeva queste parole:

Innalzando il sol degli stendardi,
marsch, il rumore ci assorda.
Ogni primo di maggio che passa
al gran socialismo ci appressa.

La traduzione in questo caso non può che migliorare la qualità di questi «versi», che in russo suonano come slogan dalle rime povere. Se ne rendeva conto benissimo anche Šostakóvič, che prima di cominciare a scrivere la sinfonia Dedica all'ottobre scrisse a un amico: «Ho ricevuto i versi di Bezyménskij, che mi hanno molto sconvolto. Sono versi orribili»

E allora perché Šostakóvič, pur arricciando il naso, ritenne necessario impiegare nella sua sinfonia d'avanguardia questi «versi orribili»? La risposta è semplice: la sinfonia fu scritta su ordine del reparto propaganda del settore musicale della Casa editrice di Stato (Gosizdàt), ossia del governo sovietico, appositamente per il decimo anniversario della rivoluzione bolscevica. Il compito era onorevole e remunerativo e Šostakóvič, che aveva bisogno di soldi, si affrettò a eseguirlo in tempo e senza discussioni. Di rifiutare per il finale il testo proposto «dall'alto» non se ne parlava nemmeno. A Mosca e a Leningrado Dedica all'ottobre fu immediatamente eseguita

Quando si rileggono articoli sull'arte e sui manifesti artistici degli anni Venti, ci si stupisce di quanto spesso ricorrano alcuni termini come «cultura proletaria», «compagni di strada della rivoluzione» o «commissione sociale». A questi termini in epoche diverse le persone hanno attribuito i più vari significati. All'inizio la formazione della cultura proletaria era lo scopo ufficiale del Partito comunista, il quale proclamava che nel nuovo Stato di operai e contadini la corrotta civiltà borghese sarebbe scomparsa, cedendo naturalmente il posto all'arte creata dai proletari per i proletari

Molti teorici del socialismo credevano autenticamente che le forze creative del popolo «liberato» avrebbero prodotto istantaneamente migliaia di Shakespeare e di Beethoven proletari, mentre della vecchia cultura sarebbe rimasto ben poco. Alle opere pietroburghesi di Čajkóvskij, per esempio, l'accesso al paradiso comunista era proibito: «La musica di Čajkóvskij è malinconica, intrisa di intellettualismo ed esprime l'angoscia di una vita frustrata; non ci serve».[568]

Piuttosto presto, tuttavia, fu chiaro che non bisognava aspettarsi per gli anni immediatamente successivi la comparsa in massa di geni proletari. Di fatto il termine «cultura proletaria» passò a indicare quelle opere ideologicamente corrette dal punto di vista del regime, composte da persone in grado di dimostrare la propria origine proletaria. Naturalmente era solo una piccola parte della cultura russa contemporanea. Ma proprio queste opere, anche se molto spesso erano di qualità scadente, venivano additate come esempi da imitare dai dirigenti della Associazione russa degli scrittori proletari (Rossijskaja Associacija Proletarskich Pisatelej, RAPP) e dall'organizzazione sorella in campo musicale (RAPM), fondate all'inizio degli anni Venti. Tutto il resto della cultura fedele al nuovo regime in Russia veniva creato, secondo la definizione dei bolscevichi, da «compagni di strada della rivoluzione». Quando questo termine fu introdotto da Lev Tróckij, aveva sfumature positive. Ma gli incessanti attacchi degli attivisti «proletari» della cultura contro i «compagni di strada» resero lo status di questi ultimi precario e ambivalente

La manipolazione del termine «compagni di strada» avvenne a opera dell'amministrazione culturale in Russia piuttosto

---

[568] Protokoly Pervoj vserossijskoj konferencii proletarskich kul'turno-prosvetitel'nych organizacii (Verbali della prima conferenza panrussa delle organizzazioni culturali-educative proletarie), Moskvà 1918, p. 127

arbitrariamente. Di fatto, la maggior parte degli intellettuali rimasti nel paese era costituita in una certa misura da «compagni di strada». Protestavano a gran voce contro i bolscevichi solo gli emigrati russi in Occidente, che naturalmente non rischiavano affatto la vita. All'interno della Russia la possibilità di una protesta politica aperta assai presto si ridusse a zero. Ma la gamma della collaborazione ideologica e culturale con lo Stato era ancora piuttosto ampia: dal servilismo sfrenato al falso ossequio che mal celava le autentiche intenzioni dell'autore

Per il regime il criterio principale per distinguere i compagni di strada «buoni» da quelli «cattivi» diventava sempre più l'accettazione o il rifiuto di una «commissione sociale», ovvero la disponibilità a soddisfare «in forma artistica elevata» le istanze dell'apparato ideologico. Stare in silenzio o lavorare per tenere tutto nel cassetto, come si dice in russo, in quelle condizioni veniva considerato un atto ostile e debitamente punito. Per molti intellettuali onesti e di talento il problema si poneva in questi termini: come far combaciare le condizioni della «commissione sociale» dello Stato con le esigenze della propria coscienza creativa

Facendosi strada nella ribollente vita artistica di Leningrado degli anni Venti, il giovane Šostakóvič, sensibile e impressionabile, ogni giorno poteva osservare innumerevoli varianti di questo gioco mortale del gatto col topo da parte delle autorità. Il suo genio era minacciato da due direzioni: poteva essere schiacciato dallo Stato ancora nella culla; ma poteva anche logorarsi e scomparire a poco a poco in conseguenza di molti piccoli e grandi compromessi con le autorità. Di modelli di entrambi i tipi di comportamento intorno ce n'erano più che a sufficienza. Šostakóvič scelse la sopravvivenza, ma non a qualsiasi prezzo

Ebbe fortuna: il RAPM accettò Dedica all'ottobre con entusiasmo, accogliendo tra le proprie braccia il giovane compositore. (I modernisti furono entusiasti anche della Seconda sinfonia di Šostakóvič.) Asàf'ev cercò di convincere Šostakóvič a scrivere un'opera, dato che il Wozzeck di Berg, eseguito a Leningrado grazie agli sforzi di Asàf'ev, sul giovane compositore aveva prodotto un'impressione incancellabile. Dopo una intensa ricerca del soggetto, Šostakóvič scelse Il naso di Gógol', dal ciclo dei Racconti di Pietroburgo

Scritto in due mesi e mezzo, Il naso divenne anche la composizione più «pietroburghese» del primo Šostakóvič. Fu creata in un momento critico per lo sviluppo del mito di Pietroburgo. Nel Naso Šostakóvič riassunse i tentativi dell'epoca di distruggere questo mito e contemporaneamente tastò il terreno del suo sviluppo futuro. Nel 1930 quando Il naso di Šostakóvič fu eseguito a Leningrado, un critico lo definì «la bomba a mano di un anarchico»

L'opera di Šostakóvič, in effetti, deflagrò nel bel mezzo dei tentativi ufficiali di obliterazione del mito di Pietroburgo. Per questa campagna era necessario un esercito di operatori culturali, ma l'anarchico Šostakóvič lasciò le loro file.

Nel 1921 sulla rivista pietrogradese «Dom iskùsstv» (Casa delle arti) comparve un articolo di Evgénij Zamjàtin Jà bojùs'(Ho paura), in cui l'autore dichiarava apertamente che il regime sovietico stava soffocando la letteratura russa, favorendo gli scribacchini e mettendo a tacere gli scrittori onesti: «Vera letteratura può esservi solo laddove non sia prodotta da funzionari obbedienti e servizievoli, ma da folli, eremiti, eretici, sognatori, ribelli, scettici». L'articolo scatenò un pandemonio

La protesta appassionata di Zamjàtin produsse un'impressione tanto più forte in quanto proveniva da un autore fedele alla rivoluzione (Zamjàtin un tempo era persino stato iscritto al Partito bolscevico) che godeva di enorme rispetto per il suo comportamento indipendente. La sua incorruttibilità a Pietrogrado era rinomata: «Preciso e misurato, non ha mai fatto un gesto simile a un inchino. ... Quanti scrittori, paragonando il proprio comportamento con quello di Zamjàtin, potrebbero stabilire senza errori il livello della loro deviazione dalla retta via»[569]. Di Zamjàtin dicevano che intagliava le proprie opere come se fossero oggetti in avorio, soppesando e limando ciascuna parola, creando con cura una composizione che, come ha notato D.S. Mìrskij, per la sua forma geometrica di mosaico ricorda una tela cubista. Così scrisse il racconto simbolico Peščéra (La grotta), in cui i recensori videro un requiem per gli intellettuali della Pietroburgo d'un tempo, condannati a morte nelle cupe condizioni dei primi anni postrivoluzionari.

Lo sfondo generale del racconto è una Pietrogrado moribonda, congelata, riportata all'era glaciale (da chi? da che cosa? lo giudichi il lettore) e su questo si muovono appena i fantasmi di uomini di cultura mezzi morti ... Un'impressione raggelante, opprimente. Sì. È in questo modo che l'intellettuale, completamente raggelato dal

---

[569] Nikolàj Ocup, Sovremenniki (Contemporanei), New York 1986, p. 100

clima rigido dell'epoca, è morto lottando contro gli elementi.[570]

L'opera più famosa di Zamjàtin è il romanzo My (Noi), concluso nel 1921 : un'ambiziosa «antiutopia» che precorre il Mondo nuovo di Huxley e che ha probabilmente influenzato 1984 di Orwell. Il testo uscì in inglese a New York nel 1924; in patria il romanzo di Zamjàtin, immediatamente proibito dalla censura, non fu pubblicato che alla fine degli anni Ottanta. Ciò nonostante, Noi, quasi sconosciuto al lettore sovietico, fu sottoposto (come la maggior parte delle opere di Zamjàtin) a costanti attacchi della stampa, del che Zamjàtin si lamentava in una lettera indirizzata alle autorità sovietiche nel 1929: «Dal 1921 sono stato il principale bersaglio della critica sovietica

Da quell'anno le recensioni su di me non sono nient'altro che un dizionario di parole ostili, a cominciare da "nemico storico", "kulàk", "borghese", "reazionario matricolato", "conservatore", fino a "spia"»

Nel 1922 i bolscevichi arrestarono Zamjàtin e lo misero in isolamento; per ironia del destino era la stessa prigione (e anche lo stesso braccio) in cui Zamjàtin era stato rinchiuso prima della rivoluzione in quanto bolscevico

Quando lo rilasciarono, inizialmente pensarono di mandarlo in Occidente, ma poi cambiarono idea. All'estero Zamjàtin ci andò solo nel 1931, dopo aver scritto a Stàlin una lettera disperata in cui affermava di preferire l'esilio alla «morte letteraria». Zamjàtin morì a Parigi nel 1937. In Russia se ne ricordarono solo mezzo secolo dopo, anche se alcuni dei più famosi scrittori sovietici erano dioi allievi

Zamjàtin, che a Pietrogrado chiamavano «gran maestro della letteratura», era convinto che il mestiere dell'artista fosse possibile impararlo. Per la prosa pietrogradese svolse un importante ruolo didattico, analogo al ruolo di Gumilëv per la poesia. All'angolo tra il Névskij prospékt e il fiume Mójka, nell'ex palazzo del mercante Eliséev (ribattezzato Casa delle arti), Zamjàtin fondò uno «studio letterario». In una piccola camera che profumava come un negozio di tabacco, con una branda di ferro e una sedia malferma, Zamjàtin, elegante, vestito all'inglese, proponeva agli allievi una serie di lezioni sull'arte della prosa, con titoli come «L'intreccio e la fabula», «Il ritmo nella prosa», «Lo stile», «La disposizione delle parole», «La psicologia della creatività». Era qualcosa di simile a un

---

monastero per nuovi autori, con un abate severo ed esigente ma giusto

Gli allievi di maggior talento di Zamjàtin nel 1921 organizzarono il gruppo letterario dei Fratelli di Serapione, dall'omonimo romanzo di E.T.A. Hoffmann. «Inizialmente volevano chiamarsi "Névskij prospékt"» ricordava Viktor Šklóvskij[571]. Erano giovani, ma con un'esperienza di vita molto ricca; secondo uno dei Fratelli di Serapione,

otto persone incarnavano un infermiere, un tipografo, un ufficiale, un calzolaio, un medico, un fachiro, un impiegato, un soldato, un attore, un insegnante, un cavaliere, un cantante; avevano dovuto impegnarsi per continuare a svolgere decine di lavori tra i più umili, si erano battuti sul fronte in una guerra mondiale, avevano partecipato alla guerra civile, e non si lasciavano impressionare dalla fame o dalle malattie; troppo a lungo e troppo spesso avevano visto la morte negli occhi.[572]

I «Serapioni» insistevano provocatoriamente sulla propria apoliticità

Alla domanda con chi stessero, se con o contro i comunisti, rispondevano: «Stiamo con l'eremita Serapione». Sotto l'autocrazia comunista suonava come un affronto. Il teorico del gruppo Lev Lunc scriveva: «Non amiamo l'utilitarismo. Non scriviamo per la propaganda»

A parte Zamjàtin, una forte influenza sui Serapioni la esercitò Šklóvskij, così legato ai propri discepoli da considerarsi esponente del loro gruppo

Spinti da Zamjàtin e Šklóvskij, i Fratelli di Serapione sperimentarono molto, soprattutto nel campo dell'intreccio, che si sforzarono di rendere, alla maniera occidentale, avvincente e incalzante. In generale, l'orientamento filoccidentale dei Fratelli di Serapione ne faceva un gruppo tipicamente pietroburghese. Gór'kij scrisse dei Serapioni: «Capiscono bene che la Russia può vivere normalmente solo in costante comunicazione con lo spirito e il genio dell'Occidente». Zamjàtin paragonava questi giovani autori agli acmeisti

Comune ai due gruppi era lo sforzo di evitare un simbolismo

---

571 Viktor Šklovskij, conversazione con l'autore (Mosca 1975).

572 Fédin. op. cit., vol. X, p. 78

astratto, l'attenzione particolare per gli oggetti della vita quotidiana, il desiderio di dare rilievo a ciascuna parola e l'amore per il dettaglio psicologico, spesso con un certo sapore esotico

Ma, naturalmente, accanto ai Fratelli di Serapione gli acmeisti sembravano relitti di un'altra epoca. Gli acmeisti infatti non scrivevano di covi dei ladri di città, come Veniamin Kavérin, di partigiani che uccidono un lattante, come Vsévolod Ivànov, o di soldati impazziti per la vista del sangue che si abbandonavano a un linciaggio, come Michail Slonìmskij. Erano soggetti scioccanti. Ma il più coraggioso e anticonformista, e anche il più famoso, dei Fratelli di Serapione, era lo scrittore satirico Michail Zóščenko. Rifiutava polemicamente gran parte della letteratura russa classica. Benché in giro ci fosse grande attesa per un «Lev Tolstoj rosso» che cantasse la rivoluzione in romanzi epici, Zóščenko si mise invece a scrivere piccoli racconti umoristici tratti dalla vita dei cittadini, spiegando così la propria scelta: «Finora c'è da noi stata la tradizione della letteratura intellettuale, in cui l'oggetto principale dell'arte sono i travagli psicologici dell'intellettuale. Bisogna rompere questa tradizione, perché non si può continuare a scrivere come se nel paese non fosse successo nulla». Ed era successo che, dopo gli sconvolgimenti di guerra e rivoluzione, i contadini si erano riversati in massa nelle grandi città, creando un ceto nuovo molto numeroso. Ora era il nuovo cittadino a imporre il ritmo alla vita sociale e pubblica. Ma la letteratura russa di orientamento tradizionale continuava a evitare accuratamente queste figure

Zóščenko cambiò le cose pressoché da solo. Per primo fece di questo trionfante «uomo nuovo», incolto e squallido, il protagonista esclusivo delle proprie opere, e per primo si mise a scrivere «in nome» di questo sgradevole filisteo. Zóščenko creò la maschera letteraria dell'ameba umana ottusa, maligna, avida e aggressiva, affermando che quest'ameba era il vero autore delle sue opere. Non solo i dialoghi, ma tutto il tessuto letterario della prima prosa di Zóščenko è costituito da questo nuovo e colorito linguaggio sovietico: i tentativi grotteschi, ridicoli del protagonista-narratore di parlare in modo autorevole e «colto», sfoggiando neologismi astrusi e locuzioni senza senso (ciò che rende le opere migliori di Zóščenko quasi intraducibili). Fu una vera rivoluzione nella letteratura russa, tanto più efficace in quanto i racconti di Zóščenko mostravano uno stile letterario virtuosistico ed erano rifiniti come gioielli

L'atteggiamento di Zóščenko verso il proprio protagonista era complesso: lo odiava, lo temeva, lo compativa. Il lettore medio dei racconti di Zóščenko non percepiva questa ambivalenza, ingannato dalla loro comicità esteriore e dall'apparente semplicità. Zóščenko diceva ironicamente: «Io scrivo in modo molto compresso. La mia frase è breve. Accessibile ai poveri. Forse è per questo che ho molti lettori». Centinaia di migliaia di nuovi «poveri» – dal punto di vista finanziario, morale ed emotivo – fecero di Zóščenko uno dei più ricchi scrittori della Russia sovietica. I suoi libri uscivano in decine di edizioni, a tirature enormi, e andavano esauriti all'istante. Riceveva migliaia di lettere. Se usciva per strada veniva subito circondato da una folla di ammiratori, come un tempo accadeva famoso basso Šaljàpin. Ma nell'aspetto di Zóščenko, a differenza di Šaljàpin, non c'era nulla di particolarmente imponente. Šklóvskij lo descrisse così: «Zóščenko è un uomo di statura media. Ha una faccia giallastra. Occhi da ucraino. E un'andatura calma. Ha una voce molto morbida

Il modo di fare di chi desidera molto cortesemente porre fine a una grande lite».[573] Questo stesso sforzo di Zóščenko di «non mettersi in mostra» lo rilevò anche Čukóvskij: «Zóščenko è molto cauto, direi timoroso».[574] Ciò nonostante Zóščenko nella prima guerra mondiale era stato un valoroso ufficiale, decorato più volte. Il «sommario» della sua vita, che Zóščenko stesso redasse nel 1922, è indicativo:

arrestato: sei volte,
condannato a morte: una volta,
ferito: tre volte,
tentato il suicidio: due volte.

Zóščenko aveva idee elevate, anche se un po'superate, sull'onore e sulla dignità, ma voleva essere pubblicato, e la censura politica infuriava. Quasi tutti i Fratelli di Serapione ebbero problemi con la censura. Čukóvskij nel 1928 trascrisse la conversazione avuta con un membro del gruppo, che si Iamentava: «Ora sto scrivendo una cosa che certamente non passerà la censura: lo faccio per me stesso e mi rimarrà nel cassetto; e ne sto scrivendo un'altra per la pubblicazione, uno schifo». Čukóvskij era d'accordo col suo interlocutore: «Siamo nella morsa di una censura tale che in Russia non c'è mai stata, questo è vero. In ogni

---

[573] Viktor Šklovskij, Gamburgskij sëët. Stat'i- Vospominanija-Èsse, cit., p. 413

[574] Čukovskij, Dnevnik, 1901-1929, cit., p. 407

redazione, in ogni casa editrice c'è un censore, per il quale l'ideale è l'elogio stereotipato elevato a rituale».[575]

A questa situazione occorreva adattarsi, dal punto di vista sia psicologico sia puramente pratico. La vita quotidiana era pesante, spesso ripugnante

Ma darne la colpa al governo diventava ogni giorno più rischioso. È tipica in questo senso l'annotazione di Cukóvskij del 1927, dopo una passeggiata con Zóščenko: «Ha inveito contro il nostro tempo, ma poi siamo giunti tutti e due alla conclusione che con i russi non si può fare altrimenti, che non riusciamo a escogitare niente di meglio nemmeno noi e che la colpa di tutto non è dei comunisti, ma del popolo russo che loro vorrebbero rifare».[576]

Zóščenko cominciò a essere presto paragonato al grande scrittore satirico Nikolàj Gógol'. Zóščenko aveva studiato con attenzione non solo le opere, ma anche la biografia di Gógol', trovandovi molto in comune con la propria vita di scrittore: la stessa incomprensione da parte della critica e dei lettori, che desideravano solo «farsi delle belle risate»; le stesse complicazioni con la censura; la stessa aspirazione a mettere in discussione i princìpi morali della società tramite la satira. Come è noto entrambi gli scrittori morirono pazzi. Ma nella vita quotidiana tra Gógol' e Zóščenko c'era poco in comune, perché affatto diversa era la vita stessa. Zóščenko non poteva, come Gógol', fuggire in Italia dalla Russia che gli era divenuta insopportabile. Rimasto faccia a faccia col proprio eroe, l'«omuncolo» contemporaneo divenuto a sorpresa degli intellettuali il nuovo padrone, Zóščenko si mise a osservarlo sempre più da vicino, e questo determinò il tragico decrescere della distanza tra lo scrittore e il suo personaggio. Come Kavérin testimoniò di Zóščenko: «Lo interessavano soprattutto gli uomini insignificanti, banali, assolutamente privi di vita spirituale. ... E anche nella vita concreta tendeva a incontrarsi con persone mediocri, sciocche, ordinarie».[577]

È interessante seguire questo processo dalle lettere private di Zóščenko, che nel corso del tempo divennero sempre più simili a frammenti delle sue opere. Lo stesso succedeva anche nella vita di società: Zóščenko si mise a parlare con il linguaggio sintetico e

---

[575] Ibid., p. 430.

[576] Ibid., p. 406

[577] Veniamin Kavérin, Èpilog (Epilogo), Moskvà 1989, p. 61.

rozzo dei suoi personaggi. L'autore stesso confermava di avere codificato consapevolmente non solo il proprio stile letterario, ma anche il proprio comportamento quotidiano: «Sono nato in una famiglia di intellettuali. In sostanza non ero un uomo nuovo né uno scrittore nuovo. E che la mia apparizione nella letteratura rappresentasse una novità era solo una mia invenzione ... il linguaggio che ho scelto e che inizialmente sembrava alla critica ridicolo e distorto a bella posta era in sostanza estremamente semplice e naturale»

Questa accettazione della lingua imbecille delle masse come strumento «semplice e naturale» fu un passo di enorme importanza per Zóščenko, e non per lui solo. Intorno a Zóščenko molti intellettuali pietroburghesi cominciarono a improntare la loro parlata quotidiana a questo sgangherato burocratese che prese il nome di «zoščenkese». Tra questi c'era anche il giovane Šostakóvič. Dal punto di vista psicologico alleviava il peso dell'esistenza quotidiana in un ambiente spesso ostile e, ahimè, dominante. Nello stesso tempo la manipolazione di questa maschera quotidiana inviava un messaggio radicale, quasi sovversivo in una forma esteriormente accettabile sul piano politico

Questa ambivalenza implicita divenne particolarmente evidente nell'atteggiamento di Zóščenko e dei suoi seguaci nei confronti del mito di Pietroburgo. Da un lato la loro opera e il loro comportamento potevano essere considerati un ultimo disperato attacco al mito della Pietroburgo prerivoluzionaria, e questo doveva andare benissimo al nuovo regime. D'altro canto, questo attacco era condotto in modo tanto sfrontato e assurdo da gettare ombre sulla serietà delle intenzioni dei giovani «nuovi nichilisti» e da screditare l'idea «rivoluzionaria» che stava dietro di loro. In sostanza, sottoposto a derisione in forma tanto eccentrica, il mito non fece che rafforzarsi

La maschera letteraria ed esistenziale creata da Z.ó<ëenko fu il risultato di un lavoro virtuosistico, magistrale, perfettamente rifinito sul piano stilistico. Šostakóvič lo capì benissimo. Per tutta la vita considerò un grande scrittore, era capace di declamare le sue opere a memoria per pagine intere e cercò «collaborare con lui. Dopo la morte di Zóščenko compì un pellegrinaggio alla sua tomba vicino a Leningrado. Lo stesso Zóščenko diceva che la comprensione delle sue opere da parte di Šostakóvič era «correttissima, impeccabilmente fedele. La sua opinione mi è sempre stata più cara dell'opinione di un critico di professione»

È interessante che proprio da Zóščenko provenga una descrizione psicologica di Šostakóvič che io considero tra le più penetranti: «Duro, caustico, estremamente intelligente, probabilmente forte, dispotico e per nulla gentile

In lui ci sono enormi contraddizioni. In lui una cosa cancella l'altra. È un conflitto al suo massimo grado. È quasi una catastrofe».[578] Adottando lo stile di Zóščenko in qualità di strumento di comunicazione quotidiana, Šostakóvič (e alcuni suoi amici) compì un gesto di adattamento, non di capitolazione al regime. Zóščenko poteva dichiarare: «Rappresento provvisoriamente lo scrittore proletario». Ma la goffaggine e l'ingenuità di questa affermazione naturalmente erano una parodia. Era un gioco in cui il confine tra l'impegno politico e la derisione di tale impegno si faceva sfumato

La vita sotto i comunisti veniva accompagnata da un continuo autocommento ironico. Ciò semplificava l'esistenza e nello stesso tempo la rendeva insopportabile. Ben pochi erano in grado di sostenere una tensione del genere e Zóščenko alla fine non resse più. Šostakóvič mostrò maggiore resistenza.

Nel 1922 all'uscita della prima antologia dei Fratelli di Serapione Jùrij Tynjànov ne fece una recensione benevola in cui rilevava «il declino dell'onda poetica»: «La prosa deve occupare presto il posto che fino a poco fa è appartenuto esclusivamente alla poesia». In effetti avvenne presto un vero e proprio boom della prosa che diede origine a un fenomeno che definirei «nuova prosa pietroburghese». Introduco questo termine per distinguere la prosa pietroburghese «nuova» da quella «vecchia», ottocentesca

A cavallo tra i due secoli, la poesia sovrastava decisamente la prosa, i principali letterati erano poeti. La prosa riprese il suo posto nella prima metà degli anni Venti, attirando nella propria orbita sia poeti sia teorici della letteratura. La chiamo «pietroburghese» non solo per ragioni geografiche, ma anche perché uno dei suoi temi principali era la città di Pietroburgo-Leningrado, quella vecchia e quella nuova. E perché si misurò coi vecchi maestri pietroburghesi, coi loro motivi e simboli, distorcendoli e parodiandoli

È stato un movimento imponente che ci ha dato più di un capolavoro

Eppure non si è mai raccolto sotto un'unica etichetta letteraria, sebbene quasi tutti i protagonisti della «nuova prosa pietroburghese» si conoscessero, si leggessero e si influenzassero a vicenda. Molti di loro avevano anche un tetto in comune, poiché

---

[578] «Novyj mir» (Mondo nuovo), 12, 1982. p. 131

alloggiavano alla – o frequentavano la – leggendaria Dom iskùsstv (Casa delle arti), fondata da Maksìm Gór'kij per dare un sostegno materiale all'intellighenzia pietrogradese che stava morendo di freddo e di fame. Prima della rivoluzione, in questo enorme edificio rosso scuro all'angolo tra il Névskij prospékt e il fiume Mójka c'erano una grande banca, la dimora di lusso del milionario pietroburghese Eliséev, e anche l'Anglìjskij magazìn (Negozio inglese), di cui ci parla con tanta nostalgia Vladìmir Nabókov nell'autobiografia Speak, Memory.[579] Alla Casa delle arti nacque la società dei Fratelli di Serapione, qui vivevano i poeti Vladislàv Chodasévič e Ósip Mandel'štàm, il teorico del balletto Akìm Volynskij, il teorico della letteratura Viktor Šklóvskij, e la scrittrice Ól'ga Forš, che descrisse la Casa delle arti come una «nave dei folli». Così si chiamava il suo romanzo sperimentale à clef(persino il modernista radicale Šklóvskij lo trovo «sbilanciato»), dove la vita nella città veniva paragonata a un mare in tempesta in mezzo al quale, in balìa di violente onde, navigava quest'arca di Noè pietrogradese: «Sembrava che questa casa non fosse affatto una casa, ma una nave venuta da chissà dove e diretta chissà dove». Il libro di Forg non era formato da capitoli tradizionali, ma era diviso in «Onda prima», «Onda seconda» e così via, fino alla nona, che «spazzava via» l'ultimo rifugio di scrittori e poeti, cacciati da Grigérij Zinóv'ev, padrone di Pietrogrado

La metafora della nave (che sembrò per un certo tempo sostituire la metafora del cavaliere di bronzo) era popolare nella nuova prosa pietroburghese. Uno dei suoi iniziatori e maestri, Zamjàtin, cominciava così il racconto Mamàj, pubblicato nel 1921 nella rivista «Dom iskùsstva»:

Di sera e di notte, a Pietroburgo non ci sono più case: ci sono navi di pietra a sei piani. Come un solitario mondo a sei piani, avanza la nave per le onde di pietra tra altri solitari mondi a sei piani; delle luci delle innumerevoli cabine brilla la nave nell'oceano di pietra in burrasca delle vie. E, naturalmente, nelle cabine non ci sono abitanti, ma passeggeri.

---

[579] Vladìmir Nabókov, Drugie berega (Le altre rive; 1954), in Mašen'ka, Zaščita Lužina, Priglašenie na kazn Drugie berega. Romany (Mašen'ka, La difesa di Lužin, Invito a un'esecuzione, Le altre rive. Romanzi), Chudožestvennaja literatura, Moskvà 1988. Speak, Memory, London, Weidenfeld and Nicholson, 1967

La città stessa sembrava un'enorme nave che avesse strappato l'ancora e insieme con suoi passeggeri disperati fosse sospinta da una corrente poderosa verso l'inevitabile rovina. Non a caso Mandel'štàm in questi anni produsse i seguenti versi apocalittici:

Mostruosa nave a una paurosa sommità
fluttuando dispiega le ali. .
La verde stella è in stupenda povertà:
il fratello, Petropol', sta morendo.

Questi versi, come molti altri che in quegli anni paragonavano l'ex capitale a una nave, sono indubbiamente legati all'immagine mitologica della «nave dei morti»: così la città era vista dai suoi abitanti. Questa nave erra tra l'alba e il tramonto, tra la nascita e la morte. Vi si accompagna un'altra potente immagine tradizionale, quella del diluvio. L'arca che si tiene a galla tra la vita e la morte, e che offre la speranza di una futura rinascita, rappresenta uno dei temi ricorrenti della poesia e della prosa di Mandel'štàm su Pietroburgo

Mandel'štàm era uno dei passeggeri più strani e pittoreschi della «nave dei folli»; secondo la descrizione di Šklóvskij, il poeta «pascolava come un agnello per la casa, cercando riparo per le stanze come Omero». Gli abitanti della Casa delle arti per la sua bassa statura e la pesantezza del suo stile letterario lo chiamavano «mosca di marmo». Lui, a sua volta, soprannominò Šklóvskij, per l'abitudine di cantare mentre lavorava, «allegro stivalaio» (e, ancora più pungente, «professore della strada maestra», evidentemente per le aspre polemiche di cui era protagonista). in quel periodo vedeva Zóščenko quasi ogni giorno, perché questi non lasciava quasi mai la Casa delle arti, la culla della nuova prosa pietroburghese. L'atmosfera che si respirava sulla «nave dei folli» fu ben descritta dall'artista Jùrij Ànnenkov:

Lezioni, conferenze, dibattiti, risate, imprecazioni, di nuovo risate, discussioni, a volte liti, su Cervantes, sul tifo, su Dostoévskij, sul colera, sul pollo arrosto... sì, sì: sul pollo arrosto. Ricordo che una volta Zóščenko disse che i polli arrosto avevano imparato evidentemente a volare bene, visto che non se ne trovava da nessuna parte.[580]

---

580 Ànnenkov, Dnevnik moich vstreč, cit., vol. I, p. 310

Come ricordava Šklóvskij, «navigavamo conversando, eravamo ancora giovani». Sulla «nave dei folli» era impossibile sfuggire alle influenze reciproche: vivevano tutti insieme, ogni «passeggero» leggeva all'altro le sue ultime opere; tutti sapevano a cosa stavano lavorando gli altri, quale processo evolutivo stessero compiendo gli altri. Era un laboratorio letterario unico per la quantità dei talenti e per l'intensità delle relazioni. Non stupisce che in un'atmosfera simile Mandel'štàm conoscesse a memoria molti racconti di Zóščenko, come se fossero poesie

Tale atteggiamento nei confronti della prosa di come se si trattasse di un «sublime lirismo biblico» (espressione di Čukóvskij), tenendo conto dello stile di Zóščenko e dei suoi protagonisti, appare paradossale. Ma i letterati pietroburghesi avevano un'acuta consapevolezza del legame che univa Zóščenko alle opere di Gógol'e del primo Dostoévskij. Nella pévest'di Zóščenko Kozà (La capra) l'impiegatuccio Zabežkin va nel Névskij prospékt «per curiosità: c'è comunque gente varia, e sa il diavolo che negozi, e fa ridere leggere che cosa mangia la gente in certi ristoranti». Nella sua fantasia Zabežkin, in un'allusione al Névskij prospékt di Gógol', salva da alcuni teppisti una signora con un vestito nero e la veletta, figlia

del direttore di un'azienda. O ancora più semplice, un vecchietto. Un vecchietto sommamente. Intellettuale sta camminando. E d'un tratto cade. Così, un giramento di testa. Zabelkin va verso di lui... «Oh, Oh, lei dove abita?»... «Cocchiere... Sottobraccio!» E il vecchietto, che gli vada una zanzara nel naso, è cittadino americano

Dirà: «Ecco a lei, Zabežkin, un miliardo di rubli».

Viene alla mente il classico passo di Gógol': «Ma avvenimenti ancor più strani sono quelli che succedono in Névskij prospékt. Oh, non credete a questo Névskij prospékt! lo mi avvolgo più stretto nel mio mantello, quando ci cammino, e cerco di non guardare affatto gli oggetti che incontro. È tutto inganno, è tutto sogno, è tutto diverso da quello che sembra!»

In Zóščenko l'affetto per Névskij prospékt, cantato da Gógol', viene filtrato dal prisma ironico della parodia. È il procedimento dello «straniamento» descritto da Šklóvskij.[581] L'effetto dello straniamento si ottiene con tono narrativo deliberatamente infantile. E non a caso Mandel'štàm, che stando alla Achmàtova stimava moltissimo Zóščenko, nella sua opera in prosa degli anni Venti su Pietroburgo, intitolata Sum vremeni,[582] si servì di quello stesso procedimento

Mandel'štàm descrisse «la magnificenza di una capitale militare vista con gli occhi scintillanti di un bambino di cinque anni» (definizione di Achmàtova)

Con gli anni Zóščenko rese la propria prosa sempre più «trasparente», spostandosi, sotto questo punto di vista, da Gógol'a Puškin. Zóščenko definì i principali tratti della prosa di Pùškin con queste parole: «Ilarità, concisione e chiarezza della narrazione, estrema ricercatezza formale, ironia». Non c'è dubbio che si tratti anche di un'implicita descrizione della propria prosa, e per molti aspetti della nuova prosa pietroburghese nel complesso

Oltre Zóščenko, anche lo scrittore Leonìd Dobýčin si spinse verso una tale estrema semplicità e laconicità: egli era un uomo chiuso, solitario, che pubblicò tre piccoli libri e scomparve nel 1936 dopo una campagna di feroci critiche che lo accusavano di «formalismo» (si suppone che si sia suicidato). Le opere di Dobýčin, che nell'ambiente dei colleghi godevano di un'altissima stima, furono accolte malissimo dalla critica ortodossa e liquidate come accozzaglia di «pettegolezzi quotidiani, aneddoti disgustosi ed episodi da operetta»

Uno critico, recensendo un libro di Dobýčin, si indignava: «Per le vie di Leningrado passa varia gente, per la maggior parte sani, allegri ed energici edificatori del socialismo, ma l'autore scrive: "Brulicavano i moscerini"».[583]

I racconti di Dobýčin erano costituiti da frasi brevissime e «nude»: «Irruppero nei negozi. C'era odore di olio. I corvi presero il volo coi ramoscelli nel becco». La narrazione continua a

---

[581] Viktor Šklóvskij, «L'arte come procedimento», trad. it. in I formalisti russi, a cura di Tzvetan Todorov, Torino, Einaudi, 1968, pp. 73-94. Id., Teoria della prosa. trad. it. di C. de Michelis e R Oliva. Torino, Einaudi, 1976. Id., Una teoria della prosa, trad. it. di Maria Olsoufieva. Bari, De Donato, 1966.

[582] Osip Mandel'štàm, Il rumore del tempo, traci. it. di G. Raspi, Torino, Einaudi, 1970.

[583] Kavérin, Èpilog, cit., p. 501.

interrompersi, a inciampare; questo ritmo frammentato sottolinea la sensazione di orrore e di smarrimento in cui vivono i personaggi di Dobýčin: piccoli impiegati terrorizzati dinanzi al regime sovietico che cercano disperatamente di adattarvisi. I ricordi della vita d'un tempo baluginano nella loro fantasia distorta come visioni mostruose:

«A Pietroburgo ho visto una persona» raccontava Sùslova, dalle guancerotonde, fissando pensierosa le tazze (una aveva il Palazzo d'Inverno, l'altra l'Ammiragliato): «Non so, forse l'imperatrice in persona: camminavo accanto al palazzo, d'un tratto mi si è avvicinato un carro, è saltata giù una signora e si è infilata nel portone.» «Forse era l'economa con la spesa» rispose Kozlóva.

Lo stile kafkiano e frammentato di Dobýčin era l'espressione estrema dello sforzo della nuova prosa pietroburghese di arrivare alla semplicità e a uno stile antiretorico. Al polo opposto era il racconto surrealista e analitico di Aleksàndr Grin Krysolov (L'acchiapparatti), forse la migliore immagine mitologizzata della vita pericolosa nella Pietrogrado dei primi anni Venti
Grin, secondo la descrizione del vicino di casa Šklóvskij, era «cupo e silenzioso come un forzato a metà condanna»; abitava pure alla Casa delle arti. Grin usciva di rado dalla sua piccola stanza fredda e gli inquilini della casa malignavano che ammaestrasse gli scarafaggi. Seduto a un tavolo da cucina, Grin lavorava febbrilmente ai propri manoscritti, alzandosi solo di tanto in tanto di scatto per scaldarsi. Nel febbraio del 1914 aveva già pubblicato un racconto visionario sulla distruzione di Pietroburgo a causa di un terremoto. All'inizio della prima guerra mondiale mancavano sei mesi, ma la vivida prosa di Grin disegnava già quadri profetici di caos e distruzione. La sua profezia fu ricordata nei giorni terribili dell'assedio della città da parte dei tedeschi negli anni 1941-1944:

Raggelato, vedevo una frana aprirsi verso il centro della terra; uomini aggrappati ai muri delle case, carrozze, cadaveri e cavalli vi cadevano, scomparendo nella voragine spalancata con la velocità di una cascata. La terra lacerata ebbe una scossa... Un fragore simile a una cannonata risuonava in tutte le direzioni; erano le case che venivano rase al suolo. A quello sconvolgente frastuono se ne unì un altro che cresceva con la forza di una valanga, l'urlo di Pietroburgo moribonda.

Grin era vicino ai Fratelli di Serapione per la sua passione per i

soggetti avvincenti e fantastici, che in lui apparivano del tutto
verosimili a causa dei numerosi particolari convincenti, sia
descrittivi sia psicologici. Per il suo Krysolóv, che fingeva di
descrivere un evento incredibile avvenuto a Pietrogrado nella
primavera del 1920, Grin impiegò il quadro reale ma d'apparenza
fantastica che aveva osservato nell'edificio stesso in cui abitava.
Come ricordava Mandel'štàm, «Le camere non erano riscaldate,
però nella casa c'erano riserve vergini di carburante: una banca
abbandonata, circa quaranta camere vuote, dove si affondava fino
al ginocchio in spesse scatole di cartone. Non era difficile andare a
prenderle, ma noi non ci decidevamo; invece Šklóvskij, a volte,
andava in quel bosco e tornava con una buona scorta. Il camino si
metteva a crepitare alimentato da mucchi di documenti d'uffiCio..
A queste incursioni per procurarsi la salvifica carta per il fuoco
partecipava regolarmente anche Grin, e collocò il protagonista di
Krysolóv negli infiniti corridoi e cunicoli pieni di cumuli di carta
nivea, dove s'imbatteva nei ratti malvagi e potenti, capaci di
assumere aspetto umano, che avevano progettato di conquistare
Pietrogrado. È difficile immaginarsi un'allegoria più cupa e potente
della lotta per la sopravvivenza in questa città che si stava
rapidamente svuotando e spegnendo

La Casa delle arti divenne anche il soggetto di un meraviglioso
saggio di Vladislàv Chodasévič, pubblicato alla fine degli anni
Trenta a Parigi. Descrivendo la Pietrogrado dei primi anni Venti,
l'autore espresse un'idea molto importante per capire la genesi della
nuova prosa pietroburghese: «Ci sono persone che nella tomba
diventano più belle: così, sembra, è successo a Pùškin.
Indubbiamente è successo così a Pietroburgo. Questa bellezza è
temporanea, effimera. Vi segue l'orribile scempio della
decomposizione. Ma nella sua contemplazione c'è un piacere
inesprimibile, struggente». Chodasévič paragonò anche la Casa
delle arti a una «nave che va verso l'oscurità, la tempesta e la
bufera»

Gli scrittori percepivano acutamente l'importanza storica del
momento e cercavano di catturare l'immagine di Pietroburgo in
una fase di transizione senza precedenti, prima che fosse troppo
tardi. Nessun altro scorcio tanto breve di tempo - solo pochi anni -
nella storia della città ha suscitato una tale esplosione di letteratura
memorialistica o quasi memorialistica, stilisticamente e
ideologicamente omogenea

Della vita alla «nave dei folli» parlò Šklóvskij nel suo migliore
libro di memorie, Sentimentàl'noe putešéstvie (Viaggio

sentimentale):[584]

> Immaginatevi una città strana.
> La legna non la distribuiscono. Ossia da qualche parte la distribuiscono, ma c'è una coda di mille persone che non faranno in tempo ad arrivare in fondo. È stata creata apposta una trafila burocratica perché una persona, sfinita, se ne vada. Ma non basta lo stesso.
> E distribuiscono una sola fascina.
> Tavoli, sedie, cornici, scatole per farfalle sono già stati bruciati.
> Un mio amico ha bruciato la biblioteca. Ma è un lavoro terribile. Bisogna squinternare i libri e bruciare le pagine appallottolate.

Lo stile evocativo e volutamente paradossale di Šklóvskij è tipico della nuova prosa pietroburghese. Persino il titolo del suo libro, preso in prestito da Lawrence Sterne, suo scrittore preferito, è paradossale: il libro non è affatto sentimentale, si parla con tono colloquiale delle cose più terribili. Chodasévič ha notato che davanti alla frattura ineluttabile col passato nasce il desiderio di conservarne la memoria nel modo più preciso possibile. Questa esigenza ha spinto Šklóvskij a orientare il proprio lavoro letterario nella direzione di in memorialismo ironico e stilizzato. Il collega di Šklóvskij all'Opojàz, Jùrij Tynjànov, uno dei principali teorici della scuola dei formalisti, ha espresso questo stesso sentimento della fine di un'epoca in una prosa intensa, mascherata wtificiosamente da prosa storica ma infarcita di allusioni alla contemporaneità:

> Alla gente degli anni Venti è toccata una morte difficile, perché l'epoca è morta prima di loro.
> Negli anni Trenta le persone avevano buon fiuto sul momento in cui si doveva morire. Come cani, per morire si sceglievano il cantuccio più comodo. E prima della morte non pretendevano né amore né amicizia.
> Cos'è l'amicizia? Cos'è l'amore? L'amicizia l'avevano persa chissà dove nel decennio precedente, e tutto ciò che era rimasto era solo l'abitudine di scrivere lettere e di intercedere per gli amici colpevoli; a quell'epoca di colpevoli ce n'erano parecchi.

---

[584] Viktor Šklóvskij, *Viaggio sentimentale*, trad. it. di M. Olsoufieva, Bari, De Donato, 1966.

In questo frammento del romanzo storico *Smert' Vazira-Muchtara* (*La morte di Vazir-Muchtar*), scritto nel 1927, in apparenza si descrive il duro periodo successivo alla repressione della rivolta dei decabristi del 1825. In realtà, naturalmente, si parla anche della situazione tragica di cento anni dopo, quando Tynjànov e colleghi sentivano ormai su di sé la stretta di ferro dell'ideologia ortodossa che cercava ininterrottamente nuovi «colpevoli» con una spietatezza inesorabile da inquisizione

L'epoca della «nave dei folli» stava sparendo nel passato. La nave stessa a quell'epoca era già affondata, i suoi passeggeri si erano dispersi, chi era fuggito in Occidente, chi era scomparso annientato dal regime sovietico, chi si era nascosto, e chi continuava a lavorare, cercando di dare un senso a quei cambiamenti sconvolgenti e di conservare un legame col passato. Il destino reale della città non dipendeva da loro (perlomeno in quegli anni terribili la situazione doveva apparire tale), ma la sua immagine erano ancora in condizioni di plasmarla.

La nuova prosa pietroburghese partecipò attivamente alla trasformazione del mito di Pietroburgo. Qui particolarmente significativo si dimostrò il contributo di Mandel'štàm, Šklóvskij e Tynjànov. Mandel'štàm, secondo le parole di Pietroburgo come per metà Venezia e per metà teatro». Achmàtova spiegava che Mandel'štàm «riuscì a essere l'ultimo cronista, preciso, chiaro, spassionato, irripetibile di Pietroburgo. Queste vie semidimenticate e più volte calunniate nella sua opera rinascono con tutta la loro freschezza». È indubbia l'influenza del libro in prosa di Mandel'štàm *Il rumore del tempo* sulla successiva prosa memorialistica della stessa Achmàtova, e anche su *Speak, Memory* di Nabókov. Dell'opera di Mandel'štàm, quando uscì, nella stampa russa dei rifugiati parlarono in molti, e D.S. Mìrskij nel 1927 rilevò in «The London Mercury» che Pietroburgo in Mandel'štàm «è cristallizzata in immagini di colore e durezza di gemma. È un libro a parte, uno dei maggiori contributi della nostra generazione alla letteratura nazionale».[585] In questo stesso articolo Mìrskij, attento alle tendenze moderne, definì il *Viaggio sentimentale* di Šklóvskij il libro più rappresentativo della nuova letteratura russa, perché dedicava una particolare attenzione alla vita, insopportabile ma intensa, degli intellettuali nella Pietrogrado moribonda. Il libro di Šklóvskij, stampato inizialmente a Berlino nel 1923, suscitò anche

---

[585] Mirsky, op. cit., p. 256.

tra gli emigrati un interesse enorme e divenne una delle opere più influenti nella creazione della nuova immagine di Pietroburgo come città martire. E, anche se in Unione Sovietica il Viaggio sentimentale fu poi vietato e non fu ristampato per oltre sessant'anni, i brani su Pietrogrado furono spesso ripresi da Šklóvskij negli altri suoi libri, determinando in tal modo il tono dominante delle descrizioni della città in epoca rivoluzionaria. In questo senso il Viaggio sentimentale di Šklóvskij è la fonte di molta letteratura memorialistica sull'argomento

Il ruolo di Tynjànov forse fu ancora più sostanziale. Dopo la rivoluzione zar e zarine furono sottoposti a una critica distruttiva, quasi tutti i loro atti fu 26 ****** SOLOMON VOLKOV rono dichiarati inutili e dannosi. Anche Pietroburgo, in quanto creatura degli zar, fu screditata in ogni modo. Ne costituisce uno degli innumerevoli esempi l'intervento dell'importante teorico della letteratura proletaria Vladìmir Ermìlov: «Voi sapete che nel regno di Ekaterina II furono costruite grandi opere ... Ma, compagni: paragonate la portata delle costruzioni di Ekaterina e di Pëtr con la portata inaudita della risoluzione del comitato centrale e del governo su Leningrado socialista, e quanto ci sembreranno allora penose, povere e limitate le gesta della nobiltà».[586] Divenne dominante la formula «la storia è politica rivolta al passato» e di conseguenza il compito esclusivo della prosa storica divenne la dimostrazione lineare della legittimità della rivoluzione bolscevica. Prima della rivoluzione le condizioni del paese erano così disastrose, che l'unica via d'uscita era l'abbattimento del vecchio regime, con il conseguente annientamento di tutte le sue radici: a questa semplicissima tesi si possono ricondurre decine e decine di opere storiche sovietiche. Pietroburgo, come incarnazione del potere degli zar, vi veniva descritta nelle tinte più fosche

Tynjànov in apparenza accettò questo schema, ma nella sua opera lo usò in modo inatteso. Fu uno dei primi tra gli scrittori sovietici a utilizzare con efficacia la prosa storica per alludere polemicamente alla politica bolscevica

Nel suo racconto Podporučik kiže[587] basato su un episodio realmente accaduto ai tempi dell'imperatore Pavel I, narra di un immaginario ufficiale, frutto di un errore burocratico, che fa una

---

[586] Kavérin, Èpilog, cit., p. 501

[587] Jùrij Tynjànov, Il sottotenente Summenzionato, trad. it. a cura di Victor Zaslavsky, Palermo, Sellerio, 1986.

strepitosa carriera nella gerarchia militare, mentre un uomo vivo, per errore inserito nell'elenco dei morti, viene privato anche dello stesso diritto all'esistenza. L'aneddoto viene trasformato in allegoria della vita nella Russia staliniana, in cui un documento burocratico è assai più importante di un uomo in carne e ossa. In Voskovàja persona (Persona di cera), pubblicato da Tynjànov nel 1932, è chiaro il parallelo tra la descrizione della statua di cera di Pëtr il Grande, collocata nel 1732 nella Kunstkamera di Pietroburgo, e la mummia di Lénin chiusa dai bolscevichi in un apposito mausoleo. Nella povest'di Tynjànov i sostenitori di Pëtr tradiscono i suoi ideali subito dopo la morte dell'imperatore; le dure condizioni di vita disumanizzano il popolo; nel paese regnano la delazione e le torture

Per il lettore attento queste allusioni erano più che chiare

Un leningradese scrisse: «I libri di Tynjànov, comparsi a intervalli di alcuni anni, venivano letti dall'intellighenzia con avidità e trepidazione».[588] Il figlio di Kornèj Čukóvskij, Nikolàj, riteneva come molti che il tema principale di Tynjànov fosse lo scontro dello Stato russo con l'individuo che cerca di difendere la propria dignità e i propri diritti, ossia il tema del Cavaliere di bronzo di Pùškin. Ricordava che i «racconti [di Tynjànov] sul passato agitavano i contemporanei più dei racconti di altri sul presente, perché il cavaliere di bronzo galoppava come un tempo alla rincorsa di Evgénij che scappava, e a ogni anno che passava questo galoppo pesante e rumoroso risuonava più forte sul lastricato assordato».[589] La pratica tynjanoviana di ricorrere ad allusioni e a rimandi storici nei dialoghi confidenziali degli scrittori con i lettori sopra la testa degli ottusi censori di Stato divenne una tradizione importante nella letteratura sovietica, al punto che all'inizio degli anni Sessanta uno dei primi dissidenti, il critico Arkàdij Belinkov, riuscì a pubblicare in Russia il proprio libro, che ebbe un'influenza grandissima e criticava coraggiosamente gli aspetti totalitari dello Stato sovietico, mascherando questo lavoro sotto l'apparente analisi della prosa storica di Tynjànov

I personaggi di Tynjànov non sono affatto caricature politiche unidimensionali. Tynjànov, morto nel 1943 dopo dodici anni di lotta contro il morbo di Alzheimer, a quarantanove anni di età, era

---

[588] Nikolàj Čukovskij, Literaturnye vospominanija (Ricordi letterari), Moskvà 1989, p. 320.

[589] Ibid., p. 320

uno straordinario narratore con una padronanza virtuosistica della tecnica letteraria e sapeva impiegare brillantemente la propria straordinaria conoscenza del materiale storico. Un critico esigente come DobS'ëin considerava Tynjànov un grande maestro

Nei circoli culturali di Leningrado continuava a regnare il culto del virtuosismo letterario. Questo culto era tipico anche della nuova prosa pietroburghese. Sorprendentemente, per un certo periodo il regime lo accettò. La censura lasciò passare le allegorie storiche appena velate di Tynjànov. Gli scrittori proletari facevano finta che i racconti di Zóščenko (che i rifugiati russi ripubblicavano entusiasticamente come immagine satirica della totale dissolutezza morale sotto il potere dei bolscevichi) fossero di spirito affine alla letteratura proletaria. Tutto ciò creò a Leningrado un particolare microclima culturale che consentiva di far crescere piante molto esotiche. Tra queste l'opera del giovane Šostakóvič Il naso, che cominciava con questo dialogo gogoliano, molto insolito per la scena operistica:

«Ivàn Jàkovevič, ti puzzano sempre le mani.»
«E come mai puzzerebbero?»
«No so, caro, però puzzano.»

Molti alla prima del Naso nel gennaio del 1930 a Leningrado furono scandalizzati: il grottesco racconto di Gógol'del ciclo dei Racconti di Pietroburgo, pubblicato da Pùškin nella rivista «Sovreménnik» nel 1836, non aveva ancora perso la capacità di scioccare; uno dei critici ancora nel 1930 lo definì «un assurdo aneddoto delirante». Che dire allora dell'opera! Šostakóvič, senza seguire la moda di allora di riscrivere completamente i classici, riprodusse alquanto fedelmente l'intreccio gogoliano: al maggiore pietroburghese Kovalëv improvvisamente scompare dalla faccia il naso, e comincia a passeggiare sfacciatamente per la città con una divisa ricamata d'oro e con un cappello con la piuma. Kovalëv incontra il proprio naso nella cattedrale di Kazàn', dove il naso sta pregando «con un'espressione di grandissima devozione», ma al mag 1 giore non riesce di convincerlo a tornare al suo posto. Kovalëv è disperato, ma la vigile polizia della capitale acciuffa il naso, che «era ormai salito in una diligenza e voleva andarsene a Riga». Riavuto indietro il naso, il maggiore all'inizio non riesce a riattaccarserlo in faccia. Ma poi in modo altrettanto miracoloso il naso ritorna là da dove era sparito, per la gioia sfrenata di Kovalëv. A conclusione del racconto, Gógol'rilevava beffardo che storie simili non avevano «assolutamente nessuna utilità per la patria».

Con totale assenza di umorismo la critica sovietica cent'anni più tardi, dopo la prima dell'opera di Šostakóvič, pose la questione se quest'opera potesse «attirare l'attenzione del lavoratore progressista», rispondendo con un altisonante: «Naturalmente no»

E questo nonostante Šostakóvič (come Tynjànov, di cui il compositore leggeva con divertimento le opere e i saggi teorici) avesse usato l'accortezza di chiamare la sua opera «satira sull'epoca di Nikolàj I». I critici fiutarono qualcosa di sospetto. Naturalmente erano indispettiti dal carattere apertamente sperimentale dell'opera di Šostakóvič. Critiche analoghe venivano mosse spesso anche a Tynjànov. Effettivamente, accanto al Matrimonio di Mùsorgskij (sempre tratto da Gógol'), Il naso è l'opera più stravagante della letteratura operistica russa, con parti vocali difficilissime, una complessa orchestrazione, in cui hanno un ruolo enorme le percussioni (uno degli entr'acte è scritto per sole percussioni) e un ritmo mozzafiato, quasi cinematografico, nel quale un episodio surreale succede subito a un altro

L'impressione di audacia dell'opera veniva accresciuta dall'allestimento

Il regista cinematografico Kézincev ricordava: «Al suono dei galop veloci e delle polche vivaci ruotavano le scene di Vladìmir Dmìtriev: la fantasmagoria gogoliana disvava suono e colore. La giovane arte russa, legata allo sperimentalismo più audace e al folclore cittadino – insegne di botteghe e trattorie, stampe popolari, orchestre delle balere – aveva fatto irruzione nel regno dell'Aida e del Trovatore. Il grottesco gogoliano imperversava: cos'era farsa, cos'era profezia?».[590]

Dmìtriev, fino a poco tempo prima spirito guida del gruppo sperimentale di Balančin, «Giovane balletto», era diventato il principale architetto degli spettacoli musicali di Leningrado e l'artista teatrale preferito di Šostakóvič. Presto Dmìtriev avrebbe anche progettato l'allestimento della prima dell'opera di Šostakóvič, Lady Macbeth in provincia di Mcensk

Ma a parte la sua sconvolgente estetica d'avanguardia, i critici erano turbati da un altro elemento dell'opera di Šostakóvič. La satira del Naso, come la satira di Tynjànov, era sgradevolmente diretta non tanto contro l'epoca di Nikolàj I, quanto contro la vita contemporanea, in cui la polizia, segreta e non, prendeva sfacciatamente bustarelle e aveva il potere illimitato e perverso di

---

[590] Grigérij Kozincev, Sobranie sočinenij v pjati tomach (Opere scelte in cinque volumi), Leningràd 1984, vol. IV, p. 254

decidere se un impiegato «aveva una funzione statale importante», o era semplicemente un «naso» fuggito dal viso di qualcuno, un fantasma che il sistema doveva eliminare. Šostakóvič raffigurava anche la terribile forza della psicosi di massa, il meccanismo di voci e paure che si formava in un'atmosfera di censura quasi totale

Estremamente provocatoria per i critici leningradesi doveva sembrare la dichiarazione di Šostakóvič che uno dei coautori del libretto era Zamjàtin, appena definito dalla stampa sovietica «nemico aperto della classe operaia» per la pubblicazione all'estero del suo racconto My, che ufficialmente veniva definito «pamphlet contro il comunismo e calunnia del sistema sovietico»

La partecipazione effettiva di Zamjàtin alla stesura del libretto del Naso era stata minima, ma la sua menzione tra gli autori dell'opera fu un gesto che costò caro al compositore. Dopo quindici repliche Il naso fu tolto dal repertorio per ricomparire sulla scena sovietica solo quaranta e più anni dopo

Poco dopo la prima del Naso Šostakóvič, scoraggiato dalle recensioni ostili, scrisse al direttore della produzione: «Le recensioni faranno la loro opera e chi le leggerà non andrà a vedere Il naso. Per una settimana dovrò sopportare questo, poi per due mesi le malignità di "amici e conoscenti", per l'insuccesso del Naso, poi mi tranquillizzerò e riprenderò a lavorare, solo non so a cosa. Avrei voglia soprattutto di occuparmi del Carassio».[591] Il libretto per l'opera in progetto doveva essere scritto da uno dei principali dadaisti di Leningrado, il poeta Nikolàj Oléjnikov, un bel ragazzo dai riccioli biondi e dalle guance rosa, che secondo alcuni aveva un fascino demoniaco.[592] A Oléjnikov, come agli altri esponenti dell'avanguardia leningradese, la musica di Šostakóvič piaceva, e Šostakóvič a sua volta, era stato attirato dalla sua bizzarra poesia Il carassio che, pur se inedita, negli ambienti dell'avanguardia culturale di Leningrado godeva di una popolarità straordinaria.[593] Era la parodia di una appassionata romanza zigana che narrava la storia tragica dell'amore infelice di un carassio per una splendida femmina di sperlano. Il carassio respinto si getta nella rete e si

---

591 «Sovetskaja muzyka», cit., 6, 1983, p. 91. (L'opera Karùs' si basa sullo stesso tema zigano del racconto di Čéchov Amor da pesci, trad. it. di Bruno Osimo, in Racconti, 2 voll., Milano, Mondadori, 1996, vol. I, pp. 645-647. NdT

592 Lìdija Žùkova, conversazione con l'autore (New York 1979).

593 Dmìtrij Šostakovič, conversazione con l'autore (Repino 1972)

ritrova in padella. La poesia si concludeva con un requiem per
l'amante appassionato:

Sciaborda, limacciosa
acqua della Nevà
Il piccolo carassio
più non vi nuoterà.

Le trame del Carassio e del Naso, nonostante l'apparente
distanza, hanno in comune il fatto che affrontano un tema tragico
attraverso un filtro parodistico-grottesco. Nelle poesie di Oléjnikov
Šostakóvič vedeva dei paralleli con la prosa di Zóščenko.[594]
Entrambi gli autori scrivevano con frasi brevi, volutamente
primitive, prendendosi gioco del linguaggio goffo delle masse
urbane. Entrambi si nascondevano dietro la maschera di un
osservatore infantile, spaventato, quasi rincretinito

Lìdija Ginzburg, che conosceva bene Oléjnikov, ha scritto che
lui

si era formato negli anni Venti, quando esisteva (accanto ad
altri) il tipo dell'«uomo pudico», che aveva paura delle frasi
altisonanti, sia ufficiali, sia da rozzo intellettuale. Oléjnikov era
l'espressione di questa coscienza. Queste persone sentivano
l'inadeguatezza dei «grandi» valori e dei paroloni. Usavano il
motteggio e l'ironia come copertura difensiva del pensiero e del
sentimento.[595]

Sia Oléjnikov, sia Zóščenko, sia Šostakóvič fecero propria
questa maschera tipicamente pietroburghese, infantile e ironica a
un tempo, dell'«uomo pudico». In Zóščenko e in Šostakóvič
divenne una seconda faccia. Oléjnikov la impiegò in modo più
teatrale. In questo fu aiutato dall'atmosfera carnevalesca di
Leningrado a metà degli anni Venti, in cui la sensazione viva,
tragica della scomparsa della vecchia città e dei suoi valori si
trasformava in una accentuata teatralizzazione dell'esistenza
quotidiana dell'élite intellettuale

In questo momento drammatico della vita di Pietroburgo-
Leningrado sorse il gruppo Oberiù, a cui aderì Oléjnikov.

---

[594] Ibidem

[595] «Junost'» (Gioventù), 1, 1988, p. 56.

L'acronimo Oberiù indicava l'Obedinénie reàl'nogo iskùsstva (Unione dell'arte reale). In questo nome si rifletteva, in particolare, il desiderio di non farsi individuare come gruppo artistico «d'avanguardia» o «di sinistra» e il tentativo di evitare l'etichetta di qualsiasi «ismo», come acmeismo o futurismo. Nel proprio manifesto pubblicato nel 1928, essi insistevano: «Siamo i creatori non solo di una nuova lingua poetica, ma anche di una nuova percezione della vita e dei suoi oggetti. La nostra volontà creativa è universale: oltrepassa ogni forma d'arte e trabocca nella vita»

La figura centrale dell'Oberiù era il ventiduenne Daniil Juvaëev, che prese lo pseudonimo di Charms (secondo una delle versioni, lo formò dalle parole inglesi charm, «fascino», e harm, «danno»). Poeta, narratore e drammaturgo, Charms si presentava come il classico eccentrico pietroburghese

Alto, dai cape 1 lunghi e gli occhi celesti, secondo uno dei suoi amici simile a un tempo «a un cucciolo di razza e a Turgénev da giovane», Charms passeggiava per Leningrado in una tenuta insolita per una città sovietica: una giacca grigia in stile inglese, gilet e pantaloni alla zuava con calze a quadretti. L'aspetto dello «straniero enigmatico» era completato da un grande colletto inamidato all'insù, uno stretto nastro di velluto nero, un grosso bastone da passeggio, orologio da tasca della grandezza di un piattino con catenella e una grande pipa ricurva

Charms andava dicendo di essere un mago, spaventando gli amici con storie sui suoi poteri magici.[596] Il suo appartamento era pieno di antichi libri di magia nera, satanismo, chiromanzia e frenologia, e anche di libri sull'interpretazione dei sogni, poiché Charms era molto superstizioso: quando incontrava un gobbo per strada tornava a casa, e beveva il latte solo dopo avere chiuso tutte le porte e le finestre, tappando con l'ovatta le minime fessure

Nella camera da letto di Charms, piena di molle e fili protesi nelle varie direzioni su cui stavano emblemi e simboli occulti, e anche demoni e diavoletti di ogni genere, c'era un armonium antico sul quale al padrone di casa-stregone piaceva suonare le opere di Bach e di Mozart, suoi compositori preferiti

(Charms non perdeva occasione di vantarsi di possedere un antico medaglione con l'immagine di un uomo severo con una parrucca bianca, affermando che era un ritratto unico di «Ivàn Sevast'jànovič in persona», ovvero Johann Sebastian Bach.) I diavoletti domestici di Charms di certo traevano origine dal

---

[596] Marìja Jùdina, conversazione con l'autore (Mosca 1970).

mobilio privato di un altro leggendario eccentrico pietroburghese, lo scrittore Aleksèj Rémizov, che nel 1921 era già emigrato in Occidente. Esteta raffinato che aveva cercato di depurare e far rinascere la lingua russa come era «prima di Pëtr il Grande», Rémizov aveva esercitato un'indubbia influenza sia su Zamjàtin, sia sui Fratelli di Serapione, Zóščenko incluso. Aveva anche dato una lezione che la gioventù pietrogradese avrebbe ricordato per molti anni, vivendo la vita come gioco letterario raffinatissimo. Uno dei Fratelli di Serapione, Konstantin Fédin, definì Rémizov uno dei più spaventosi e infelici arlecchini della letteratura russa, «ai quali impediva di gustare i piaceri terrestri proprio la maschera che indossavano. Oh, certo, era tutta posa! Tutta la vita era una posa, e anche la loro letteratura, quasi uno scherzo, uno svago, ma che svago fatale e che scherzo straziante!»[597]

Rémizov inventò un ordine letterario, che chiamò «Obez'jàn'ja velìkaja i vél'naja palàta» (Camera grande e libera delle scimmie), i cui membri con relativo titolo – vescovi, principi, cavalieri – erano i suoi amici scrittori: Blok, Zamjàtin, gli stessi Fratelli di Serapione. A Šklóvskij venne dato il grado di «scimmiotto dalla coda corta». Rémizov era anche un calligrafo notevole. Curvo, con un grande naso aquilino, semicieco, se ne stava seduto nel suo bugigattolo pietrogradese disegnando elaborati «certificati scimmieschi» e preparando con carta e Iana complicati diavoletti, che poi appendeva ai fili in giro per la camera. Così la passione di Charms per l'illustrazione dei propri testi, per l'invenzione di crittogrammi e geroglifici e per l'organizzazione di società di ogni genere in cui inseriva (ed escludeva) i suoi amici, ricordava le bizzarrie di Rémizov

Alle serate letterarie degli Oberiuti (così venivano chiamati i membri di Oberiù) Charms, con un dito di cipria. entrava in scena sopra un enorme armadio nero laccato da cui cominciava a leggere a cantilena i propri versi, volutamente infantili:

Un giorno la nonna ha fatto un gesto
e all'istante la vaporiera
servì i bambini e disse:
mangiate il semolino e il baule.

Altri esponenti del gruppo declamavano le loro opere girando in bicicletta sul palco. Il culmine delle ambizioni teatrali degli

---

[597] Fédin, op. cit., vol. X, p. 105.

Oberiuti fu l'allestimento nel 1928 del dramma dell'assurdo di Charms Elizavéra Bam. Autore della musica di questa rappresentazione era Pàvel Vùl'fius, successivamente mio maestro al conservatorio di Leningrado. Questi, con un sorriso enigmatico, mi raccontava di quest'opera a suo dire dadaista: «Elizavéta Bcun era intrisa in ogni momento di musica e gli attori spesso passavano dalla declamazione ritmica al canto, e l'inizio stesso della commedia era per metà una parodia e a metà un omaggio a Una vita per lo zar di Glìnka (uno dei compositori preferiti di Charms: adorava canticchiare la sua romanza Placatevi, dell'emozion passioni, a volte duettando con un altro esponente dell'Oberiù, il poeta Nikolàj Zabolóckij)»

Il giorno dopo lo spettacolo, sulla «Kràsnaja gazéta» (Quotidiano rosso) di Leningrado comparve una recensione in cui Elizavéta Bam veniva descritta come «caos esplicito fino al cinismo in cui praticamente nessuno ci ha capito un accidente». Era un'evidente esagerazione: allo spettacolo aveva assistito la crème dell'avanguardia leningradese che certamente capì il legame della commedia di Charms con il Balagànëik di Blok e i capolavori futuristi: la tragedia Vladìmir Majakóvskij e l'opera La vittoria sul sole. Charms distribuì biglietti d'invito alla rappresentazione agli autori di Vittoria sul sole Michail e Kazimìr Malévič, ai membri del FÈKS e ad altri importanti esponenti dell'avanguardia culturale leningradese. Gli Oberiuti cercavano consapevolmente di unire i vari indirizzi del modernismo leningradese, pittori, musicisti, uomini di teatro, poeti e scrittori, in quegli che negli anni Sessanta sarebbero stati chiamati «happening». In loro era forte il tradizionale spirito collettivistico degli innovatori pietroburghesi

Quando gli Oberiuti si rivolsero a Malévič per avere sostegno, questi disse: «Sono un vecchio teppista e voi siete giovani teppisti, vedremo cosa ne verrà fuori». In quegli anni era nell'aria la sensazione che il «fronte di sinistra» nell'a< stesse combattendo l'ultima battaglia contro i vincenti filistei. Questa sensazione di appartenenza a una causa comune nobile ma condannata a fallire gli Oberiuti la dimostrarono comparendo, come ricordò uno di loro, «in formazione completa» alla prima del Naso di Šostakóvič: «Sembrava che tutti gli spettatori si conoscessero (perlopiù era proprio così!) e, come se si fossero messi d'accordo, tutti insieme fossero andati a festeggiare l'ultima vittoria».[598] Un'altra dimostrazione di solidarietà fu la rappresentazione di Elizavéta

---

[598] «Sovetskaja muzyka», cit., 9, 1976, p. 50.

Bam di Charms. Avvenne alla Dom peëàti (Casa della stampa) di Leningrado, che aveva sede in una ex villa aristocratica sul Lungofontànka vicino al Névskij prospékt. Il direttore della Casa della stampa, simpatizzante dell'arte di sinistra, aveva invitato ad affrescare le pareti del foyer e della sala Pàvel Filónov e i suoi allievi. Davanti al pubblico giunto per assistere allo spettacolo degli Oberiuti si presentò una scena indimenticabile:

Su tele erano raffigurati a tinte delicate e trasparenti mucche e uomini lilla e rosa, cui pareva essere stata asportata la pelle grazie a una miracolosa operazione chirurgica. Si vedevano distintamente vene, arterie e gli organi interni. Attraverso le figure crescevano getti di alberi e di erbe di colore verde pallido. Le proporzioni allungate, la composizione estremamente equilibrata facevano venire in mente affreschi di antichi maestri dello spirito, privi di solidità fisica.[599]

Filónov, che insieme a Ževeržéev fu uno dei fondatori a Pietroburgo nel 1910 della società artistica Sojùz molodëži (Unione della gioventù), era uno degli amati maestri dei futuristi e degli Oberiuti. Il poeta Chlébnikov descrisse i suoi «occhi color amarena e zigomi pallidi». Gli esponenti dell'avanguardia russa erano figure fanatiche, ma anche tra loro Filónov si distingueva per l'inaudita determinazione e cocciutaggine con cui perseguiva i propri scopi e per il febbrile proselitismo. Leningrado era ricca di scuole artistiche: quelle di Malévič, di Matjùšin e di Petrév-Vódkin. La scuola di Filónov era la più numerosa, vi si contavano fino a settanta seguaci, i più fedeli dei quali si raggrupparono nella seconda metà degli anni Venti nel collettivo Masterà analitiëeskogo iskùsstva (Maestri dell'arte analitica)

Filónov cominciò dalle tele espressioniste, poi giunse al cosiddetto «principio della compiutezza», che divenne il principio guida del suo metodo. Insegnava: «Dipingi con ostinazione e precisione ogni atomo». Filónov dipingeva un grande quadro con pennelli piccoli, spesso partendo da un angolo e poi a poco a poco ampliando la composizione, poiché era convinto che il quadro dovesse «crescere e svilupparsi in modo altrettanto regolare e organico, atomo dopo atomo, di quanto si compie la crescita in natura». In conseguenza di un simile lavoro, anche le piccole tele o

---

[599] Vospominanija o Zabolockom (Ricordi su Zabolockij), Moskvà 1977. pp. 86-87

gli acquerelli di Filónov risultavano così densamente «popolati» da forme e figure in complessi intrecci, che in riproduzione danno l'impressione di monumentali affreschi. I lavori di Filónov sono a un tempo astratti e figurativi, poiché il pittore sintetizzava la miriade di dettagli che li compongono in complesse unità simboliche che spesso chiamava «formule»: la formula della primavera, la formula della rivoluzione, la formula del proletariato pietrogradese

L'arte di Filónov è profondamente nazionale e originale, poiché le sue radici risalgono all'arte primitiva popolare russa e all'icona ortodossa. Un'allieva di Filónov ricordava che questi «negava l'esistenza dell'anima e dello spirito e, naturalmente, di Dio». Ma le opere di Filónov sono in somma misura spirituali, come accadeva anche ad alcuni altri grandi maestri russi, che nella vita privata non si distinguevano per religiosità, come Mùsorgskij o Rìmskij Kórsakov. Proprio per questo, anche se i temi di Filónov non di rado sono tragici, i suoi quadri non producono un effetto disperante. Il pathos dell'arte di Filónov sta nella compassione verso i perdenti. Molti suoi quadri sono popolati da operai e altri cittadini di umile estrazione. Filónov ha poeticizzato la loro vita e nelle sue opere trasforma la classe operaia di Leningrado in un coinvolgente carnevale di forme, figure e facce variopinte

Filónov lavorava come un indemoniato, senza commissioni, spesso facendo la fame. Nel diario scrisse: «A volte una libbra di pane la faccio durare due giorni». L'annotazione del 30 agosto 1935 dice: «Stamattina ho cotto l'ultima focaccia con l'ultimo pugno di farina, preparandomi come molte altre volte a vivere, non so quanto, senza mangiare».[600] Nel contempo Filónov rifiutava di vendere i propri quadri, perché voleva destinarli al futuro grande Museo di «arte analitica» da lui immaginato. Ma l'atteggiamento dello Stato sovietico verso Filónov, come verso gli altri modernisti, diventava sempre più ostile

Nel 1932 Filónov annotò nel diario una conversazione con Malévič: «Ha cominciato a lamentarsi con me del suo destino e ha detto di avere passato tre mesi in prigione ed essere stato interrogato. Il giudice istruttore gli domandava: "Di quale cezannismo parla? Quale cubismo propugna?"».[601] Gli allievi di

---

[600] Sovetskoe iskusstvo 20-30-x godov (L'arte sovietica degli anni Venti-Trenta), Moskvà 1977, pp. 86-87

[601] «Daugava», 3, 1988, p. 109.

Filónov vennero convocati dalla polizia segreta per essere interrogati sulle opinioni artistiche e politiche del loro maestro; poi furono arrestati due suoi figliastri. Filónov di fatto fu escluso dalla vita artistica e sociale di Leningrado. Morì di fame, dimenticato da tutti, tranne gli allievi più fedeli, nel 1941, nel primo inverno di assedio nazista di Leningrado

Dopo la guerra il nome di Filónov non veniva più citato, come se egli non fosse mai esistito. Le opere di Filónov, oltre trecento, le ha conservate la sorella, la cantante Evdékija Glébova. Se si veniva raccomandati da qualcuno, era possibile andare da lei a vedere i quadri del maestro. All'inizio degli anni Sessanta tra questi pochi fortunati vi fui anch'io, insieme a due amici

In una camera completamente oscurata di un appartamento «comune» di Leningrado, una donna solennemente imperiosa prima ci lesse brani dai saggi teorici di Filónov poi a un ritmo rituale ci mostrò alcune decine di dipinti

L'effetto fu strabiliante, come se davanti a noi si aprisse un mondo nuovo: Filónov aveva creato un suo universo in cui animali, uomini, edifici e piante si intrecciavano in una massa di colori scintillanti, a un tempo solida e senza peso, protesa verso l'alto. A lungo vivemmo sotto la forte impressione di queste opere stupefacenti. Sfortunatamente, per il grande pubblico i quadri di Filónov non sono stati accessibili fino al 1988, quando a Leningrado organizzarono una sua grande mostra personale, e la stampa sovietica diede con gioia la notizia della «scoperta di un altro artista finora quasi sconosciuto»

Nonostante la sua tragica fine si può dire che Filónov nella Russia staliniana sia stato fortunato: non fu arrestato, non è stato picchiato spietatamente agli interrogatori alla GPU o all'NKVD[602] (acronimi della polizia segreta), non è stato mandato a marcire in un campo di concentramento siberiano dimenticato da Dio. Il destino di molti altri esponenti dell'avanguardia leningradese è stato assai più tragico di quello del povero pittore

«Stordito da un colpo da dietro, caddi, cercai di rialzarmi, ma fui colpito una seconda volta, in faccia. Persi conoscenza. Mi riebbi, farfugliando nell'acqua che qualcuno mi stava buttando addosso. Mi sollevarono e mi sembrò che qualcuno mi stesse strappando i vestiti. Persi di nuovo conoscenza

Appena tornai in me, dei tipi che non conoscevo mi

---

602 GPU (Ghepeù), sigla della polizia politica: NKVD (Encavedé). sigla del commissariato del popolo (ministero) agli Interni.

trascinarono per i corridoi di pietra della prigione, picchiandomi e deridendomi perché non riuscivo a difendermi».[603] Così ha descritto uno dei suoi interrogatori il poeta Nikolàj Zabolóckij, esponente dell'Oberiù, arrestato nel 1938

I dadaisti leningradesi furono perseguitati con particolare ferocia. Oléjnikov fu arrestato e morì in prigione. Un suo amico ricordava che alcuni giorni prima dell'arresto, Oléjnikov era andato a trovarlo e stava zitto, anche se si vedeva che aveva voglia di raccontare qualcosa: «Che cosa? Che era convinto che lo avrebbero ucciso e, come tutti, non poteva spostarsi da dov'era. Aspettava? Pensava a ciò che poteva fare? Alla famiglia? A come comportarsi, là? Non si saprà mai».[604] Questo fu anche il destino di un brillante poeta scomparso senza lasciare tracce, l'oberiuta Aleksàndr Vvedénskij

Charms fu arrestato nell'agosto del 1941, poco dopo l'inizio della guerra contro i tedeschi. Fu dichiarato malato di mente e ricoverato in un manicomio criminale, dove morì due mesi dopo, non si sa se di fame o se per le «cure» forzate

Zabolóckij sopportò sia la prigione, sia il campo di concentramento, ai lavori forzati si guastò la salute. Poi visse al confino in Kazachstàn e grazie all'interessamento di alcuni amici nel 1946 fu miracolosamente liberato, ma ufficialmente fu riabilitato solo cinque anni dopo la morte, nel 1963

Zabolóckij affrontò tutte le terribili prove a cui fu sottoposto cercando, per quanto possibile, di conservare quella dignità e quella moderazione che gli erano proprie fin da quando era giovane. Tutti quelli che conoscevano Zabolóckij rilevavano immancabilmente che nel suo aspetto esteriore c'era ben poco di poetico: un viso rosa, liscio e, dietro gli occhiali rotondi da ragioniere, occhi celesti quasi privi di espressione dalle ciglia molto corte. In tutte le circostanze più drammatiche Zabolóckij parlava con voce uniforme, marcatamente tranquilla. Accanto ai suoi amici stravaganti dell'Oberiù il tranquillo Zabolóckij sembrava una mosca bianca, ma molto presto ne divenne il poeta più rappresentativo, con un amore particolare per la Pietrogrado del suo tempo

Charms, pietroburghese da sempre, era preoccupato per la

---

[603] «Daugava», 3, 1988, p. 109.

[604] Evgénij Švarc, Živu bespokojno... (Vivo inquieto...), Leningràd 1990, p. 632

scomparsa di Pietroburgo. Nella sua Komédija góroda Peterbùrga (Commedia della città di Pietroburgo) compaiono Pëtr il Grande e Nikolàj Il, che pone la domanda retorica: «O Pëtr, dov'è la tua Russia? dov'è la tua città, dov'è la pallida Pietroburgo?». In quest'opera gli echi del Cavaliere di bronzo di Pùškin non hanno la sfumatura ironica caratteristica dei dadaisti, ma costituiscono piuttosto un omaggio alla tradizione della città. Questo richiamarsi ai classici era molto importante per Charms, e non a caso lui, passeggiando per la città, si inchinava profondamente davanti a ogni vecchio lampione: per lui questi lampioni erano esseri animati, che forse avevano visto Puškin in persona

Anche Zabolóckij, che visse la trasformazione del mito di Pietroburgo come un trauma, amava molto il Cavaliere di bronzo, e considerava la Commedia della città di Pietroburgo di Charms la migliore opera dell'autore. Ma Zabolóckij vedeva la città con gli occhi del visitatore provinciale sconcertato dalle contraddizioni della vita nella metropoli, con il «paradiso d'ebrietà» delle sue rumorose bettole, l'ipocrisia del Névskij prospékt «luccicante e desolato» (immagine tipicamente gogoliana), i divertimenti ingenui, ma ingannevoli per la folla della Naródnyj dom (quella stessa dove alcuni anni prima Balančìn con un amico aveva presentato agli spettatori poco sofisticati le «masse dei polovcy» dell'opera di Borodìn Il principe Igor'). Zabolóckij descrive il circo della città, che «splende come uno scudo»; i musicisti girovaghi che cantano nei piccoli cortili pietroburghesi, «tra gli alti pozzi neri»; le nozze in cui «si spaccano calici da una libbra»

È di Zabolóckij una delle migliori immagini che restituiscono l'effetto mistico delle notti bianche, ricorrendo a un linguaggio figurativo surrealistico radicalmente nuovo:

> Così un bimbo prematuro o angelo,
> gli occhi di latte spalancati,
> ondeggia nella formalina
> e chiede di essere mandato in cielo.

Ma Zabolóckij rievoca anche il quadro fantastico del mercato delle pulci sul canale Obvédnyj, con i suoi sfacciati speculatori, gli storpi mendicanti e i cocchieri simili a sultani. Questo è il mondo di Zóščenko, i cui personaggi Zabolóckij guardava con stupore quasi infantile. Non stupisce che proprio Zóščenko in una delle prime recensioni alle poesie di Zabolóckij abbia notato: «Ma questo è infantilismo apparente. Dietro l'ingenuo disegno di parole traspare quasi sempre un tratto coraggioso e netto. E questa ingenuità non è che un legittimo espediente»

Questa difesa di Zabolóckij da parte di Zóščenko è tipica della situazione culturale a Leningrado alla fine degli anni Venti e all'inizio dei Trenta, quando gli sperimentalisti si davano manifestazioni di solidarietà di fronte alla crescente ostilità delle autorità. Si conoscevano tutti bene, si incontravanq sempre nei salotti e nei circoli letterari, artistici, filosofici e religiosi, entravano a far parte di libere associazioni artistiche che nascevano e si dissolvevano. Lo stesso Zabolóckij era un ammiratore di Šostakóvič, mentre Filónov era uno dei suoi pittori preferiti. A sua volta, il poeta e regista Ìgor''Terént'ev, una delle figure più fulgide dell'avanguardia leningradese, invitò Filónov e i suoi allievi a partecipare all'allestimento della commedia di Gógol'L'ispettore generale

Questo spettacolo fu messo in scena alla Dom peëàti, dove il Laboratorio di arte analitica di Filónov aveva decorato il foyer e la sala. Ora il metodo «analitico» di Filónov trionfava anche in scena: il costume del direttore dell'ufficio postale era fatto di buste sigillate con ceralacca rossa ed enormi timbri; sulla divisa del poliziotto erano raffigurati ceppi, catene, serrature e chiavi; il cameriere della trattoria aveva in testa una bottiglia di vino e del prosciutto, e da un posto strategico penzolava un grosso salame. Furono chiamati «costumi parIanti» e suscitarono una tumultuosa reazione del pubblico. Non meno entusiasmo presso il pubblico sofisticato, con conseguente indignazione della critica ortodossa, suscitò l'atteggiamento disinvolto di Terent'ev nei confronti di un testo così classico, noto a tutti in Russia, quando i personaggi d'un tratto si misero a parlare in francese, in polacco o tedesco o interrompevano i loro monologhi con canzoni zigane o arie operistiche di Rìmskij-Kórsakov

Tutto lo spettacolo basato sull'Ispettore generale era pieno di musica, trattata perlopiù in chiave parodistica: per esempio, il protagonista incedeva solenne al gabinetto al suono del Chiaro di luna di Beethoven. In generale, il gabinetto nell'allestimento di Terént'ev aveva un posto importante: i protagonisti ogni tanto vi ci correvano e allora cominciavano a inframmezzare i testi gogoliani tradizionali con spaventosi borbottii e gemiti. Tutto questo per il pubblico russo era estremamente insolito, come anche lo scoperto erotismo dell'interpretazione di Terént'ev, che indignò persino i critici d'avanguardia

La prima dell'Ispettore generale di Gógol'-Terént'ev, accolta negativamente dall'establishment leningradese, ebbe luogo nella primavera del 1927 ed esercitò un'indubbia influenza sul Naso di

Šostakóvič cui egli cominciò a lavorare poco dopo. Un altro sorprendente fenomeno teatrale che incantò Šostakóvič fu il Teàtr RabóCej Molodëži (Tram, Teatro della gioventù operaia), nato nel 1922 come studio amatoriale presso la Dom kommunistïeeskogo vospitànija (Casa dell'educazione comunista). Šostakóvič abitava lì accanto e vide molte rappresentazioni di questo ensemble con a capo uno degli uomini di teatro più popolari della città, Michail Sokolovskij, idolo della gioventù «proletaria». Il Tram, che si conquistò rapidamente una grande popolarità, realizzò i sogni reconditi dei teorici teatrali della «sinistra» più radicale

Sokolovskij, la cui energia e il cui entusiasmo travolgevano anche i più tiepidi, rifiutò coraggiosamente gli elementi fondamentali del vecchio teatro. Al posto della tradizionale pièce, la base dello spettacolo divenne la cosiddetta «messa in scena», che il teorico del Tram Adriàn Piotrévskij in seguito descrisse così: «La drammatizzazione dell'evento ricordato o dello slogan propugnato era il perno su cui ruotavano le azioni, i movimenti, i dialoghi, le canzoni».[605] Per gli esponenti dell'avanguardia la differenza importante tra la «messa in scena» e il vecchio dramma psicologico era che questa nuova forma teatrale «si sforzava non di "mostrare", ma di "dimostrare", di "convincere", di cambiare le vite»

In questo senso il Tram era l'incarnazione di tutti i manifesti utopistici del simbolismo teatrale russo prima, e del futurismo poi. Quello che prima della rivoluzione sembrava un ideale irraggiungibile, d'un tratto divenne possibile nella Pietrogrado comunista. I primi anni dopo la rivoluzione le autorità permisero e incoraggiarono qualsiasi genere di rappresentazione drammatica di massa nelle quali prendevano parte migliaia di persone. Agli esponenti dell'avanguardia veniva garantita una libertà artistica fino allora impossibile; potevano usare «da parola, la canzone, la marcia ginnica, la parata militare, la cortina fumogena, la cannonata dalla fortezza, i fuochi artificiali, il gioco dei riflettori delle navi di linea».[606] Per gli esponenti dell'avanguardia russa erano tutti esercizi di preparazione al teatro «totale» del futuro, che secondo i loro progetti doveva fondersi con la vita e che loro si figuravano come un grandioso carnevale senza fine

Ma a poco a poco queste azioni teatrali di massa finirono in

---

[605] Adriàn Piotróvskij, Teatr. Kino. Žizn ' (Teatro. Cinema. Vita), Leningràd 1969, p. 93

[606] Ibidem 97

nulla. L'«obsoleto» teatro tradizionale sopportò l'attacco degli innovatori e non aveva nessuna intenzione di scomparire. Ora tutte le speranze degli uomini di teatro «di sinistra» erano legate al Tram, dove Sokolovskij, infaticabile, dopo la commedia tradizionale abolì anche gli attori professionali. Presero il loro posto giovani operai. Questo diede la possibilità al Tram di rivendicare a sé il ruolo di bastione dell'arte «proletaria». Più o meno protetto dall'investitura ortodossa, Sokolovskij poteva realizzare esperimenti di ogni genere

Sokolovskij era soprattutto interessato all'idea dell'effetto diretto del teatro sul pubblico. I suoi attori di fatto vivevano e lavoravano come una comune creativa che Sokolovskij chiamava «monastero».[607] Le rappresentazioni del Tram, consistenti di solito in una concatenazione di brevi episodi con un largo impiego di luci, musica e canzoni, erano dedicate a temi d'attualità: l'alcolismo, l'antisemitismo, la delinquenza giovanile, il confronto tra l'amore libero e il matrimonio tradizionale

Sokolovskij incoraggiava l'intervento diretto degli spettatori nello spettacolo, mentre yli attori venne dato il diritto di cambiare il testo in scena a seconda delle reazioni del pubblico. Cominciando lo spettacolo, gli attori spesso non sapevano come sarebbe finito. Per esempio, se l'eroina sarebbe morta o se avrebbero deciso che era meglio lasciarla vivere. Nel gergo del Tram si chiamava «pól'naja vol'nica» (libertà totale dalla servitù).[608] Come conseguenza ogni rappresentazione del Tram si trasformava in una appassionata disputa improvvisata con la partecipazione del pubblico e a volte si trascinava fino al mattino

Šostakóvič era attratto sia dalla forma teatrale degli allestimenti di Sokolovskij, sia dall'atmosfera effervescente che li circondava. Per tre anni fu il dirigente musicale del Tram di Leningrado, scrivendo la musica di scena per diversi allestimenti. Per Šostakóvič, educato secondo le severe tradizioni dell'«intellighenzia», la vita inebriante e carnevalesca del Tram fu liberatoria e divenne fonte di nuovi importanti impulsi creativi. La partecipazione alle vivaci rappresentazioni di Sokolovskij dava al compositore l'illusione di continuare il viaggio sulla «nave dei folli»

Secondo alcuni lessicografi la parola «carnevale» è legata etimologicamente con l'immagine della nave su ruote, l'antico carro rituale dei romani, il carrus navalis. A metà degli anni Venti a

---

[607] Dmìtrij Šostakovič, conversazione con l'autore (Repino 1972)

[608] Ibidem

Leningrado a casa della pianista Marìja Jùdina e in alcune altre case private si riuniva il circolo filosofico-religioso di Michail Bachtìn, uno dei più originali e profondi pensatori del Novecento. Come mi ha detto Jùdina, già allora uno dei temi preferiti di Bachtìn era l'influenza del carnevale sulla cultura mondiale. Bachtìn rielaborò in seguito questa idea nell'opera poi divenuta classica su François Rabelais. Ma l'idea della funzione liberatoria del carnevale fu messa a punto proprio sullo sfondo di una città la cui metafora principale in quegli anni era diventata la «nave volante». «Il carnevale è uno spettacolo senza ribalta e senza divisione tra esecutori e spettatori. Nel carnevale tutti sono partecipanti attivi» scrisse in seguito Bachtìn. In queste parole si può sentire l'eco delle rappresentazioni teatrali nella Pietrogrado dei primi anni postrivoluzionari. Anche il fondatore del Tram carnevalesco Sokolovskij avrebbe sottoscritto tali affermazioni

Bachtìn una volta rilevò che la vita carnevalesca «è vita deragliata dal suo binario ordinario». È difficile immaginarsi una città più deviata dalla sua normale traiettoria della Pietroburgo dopo la rivoluzione bolscevica. In questo senso essa era la quintessenza della città carnevalesca. Tutte le barriere gerarchiche che si erano formate nei secoli erano cadute, i valori tradizionali venivano buttati dalla finestra, la religione era sottoposta alla profanazione «carnevalesca» e in superficie affioravano nuovi eccentrici mondi. Tutti questi, secondo Bachtìn, erano segni eminenti della cultura carnevalesca. Si riflettevano nella musica di Šostakóvič, nella prosa di Zóščenko, nei versi di Zabolóckij e nelle bizzarre uscite di Charms. Di spirito carnevalesco sono pieni i quadri di Filónov. Era un'arte urbana, come profondamente urbana era la filosofia di Bachtìn, nata in città e rivolta alla città

Il circolo di Bachtìn era un fenomeno di cultura sommersa, tipico della Leningrado di quegli anni. In città esisteva una rete di associazioni non ufficiali letterarie, filosofiche e religiose, spesso composte da poche persone.[609] Percependovi una minaccia al proprio monopolio ideologico, le autorità perseguitarono spietatamente queste associazioni clandestine, anche se in nessun caso erano organizzazioni politiche antisovietiche. Nel circolo di Bachtìn si discuteva di Kant, Bergson, Freud, di teologia cristiana e di filosofia orientale.[610] Bachtìn, affetto da osteomielite, era una

---

[609] Pàvel Vùl'fius, conversazione con l'autore (Leningrado 1962).

[610] Marìja Jùdina, conversazione con l'autore (Mosca 1970).

figura carismatica, un grande pensatore le cui idee esercitarono un'enorme influenza sulla storia letteraria e sociale, sulla linguistica, sulla filosofia della cultura e del linguaggio, sulla psicologia e sull'antropologia. Pochissimi conoscevano Bachtìn al di fuori della ristretta cerchia di amici, ma tra questi c'erano i più importanti nomi dell'élite intellettuale di Leningrado

Nel 1929 per la casa editrice leningradese Pribój uscì il libro di Bachtìn Problémy tvóréestva Dostoévskogo (Problemi dell'opera di Dostoévskij),[611] la cui copertina era decorata dall'incisione di Natàn Àl'tman che raffigurava Dostoévskij. In questa monografia eterodossa Bachtìn offriva una nuova interpretazione dei romanzi di Dostoévskij. Secondo Bachtìn, Dostoévskij creò un tipo di romanzo per molti aspetti unico, che Bachtìn definisce «polifonico». Nel romanzo polifonico non predomina l'autore; la narrazione si sviluppa in conseguenza del continuo dialogo di varie voci che esistono indipendentemente dall'autore

Il concetto di dialogo è centrale nella filosofia di Bachtìn. Le idee di Bachtìn sul dialogo acquisiscono grande attualità e concretezza quando vengono applicate alla vita di una megalopoli, dove le persone si parlano tra loro senza ascoltare e si passano accanto senza vedersi. Bachtìn così descrive l'esistenza del protagonista di Delitto e castigo, il più pietroburghese dei romanzi di Dostoévskij:

Tutto ciò che vede e osserva – i bassifondi di Pietroburgo, la Pietroburgo monumentale, tutti i suoi incontri casuali e gli eventi di poco conto – tutto ciò si inserisce nel dialogo, risponde alle sue domande, gliene pone di nuove, lo provoca, discute con lui o conferma le sue idee.

Per Bachtìn Dostoévskij non solo è un grande romanziere, ma è anche il creatore di un nuovo tipo di espressione artistica e in senso più lato di un nuovo modello artistico del mondo. Usando le opere di Dostoévskij come esempio, Bachtìn cerca di risolvere il problema della comunicazione umana: «Soltanto con un'impostazione dialogica interiore la mia parola si trova nel più stretto legvle con la parola altrui, ma nello stesso tempo non si fonde con essa, non la inghiotte e non dissolve in sé il significato di

---

[611] Ne sono stati tradotti in italiano alcuni brani in M.M. Bachtin, L'autore e l'eme, a cura di C. Strada Janovič, Torino. Einaudi, 1988, pp. 188-194.

quella, ossia conserva pienamente la sua autonomia di parola»

Questo invito di Bachtìn al dialogo, alla comprensione e all'attenzione per la «parola altruì» può essere letto anche in chiave politica, ma è comparso nel momento in cui qualsiasi dibattito indipendente e significativo diventava sempre più problematico. Il libro di Bachtìn su Dostoévskij uscì nel maggio 1929, e alcuni mesi prima l'autore era stato arrestato nel corso di una grande operazione della polizia segreta per l'eliminazione dei circoli clandestini filosofici e religiosi di Leningrado. Il fatto che il libro ciò nonostante abbia visto la luce è indicativo della relativa ingenuità della politica culturale sovietica di quel periodo. Lunačàrskij, nei suoi ultimi giorni alla carica di ministro della Cultura, fece in tempo anche a pubblicare una lunga recensione, nel complesso assai elogiativa, del lavoro di Bachtìn. Nella copia di questo libro appartenente a Lunačàrskij in margine a una pagina si legge questa annotazione: «I problemi vengono posti in modo interessante, e il lavoro alla loro soluzione può portare lontano»

È assai verosimile che l'intercessione di Lunačàrskij abbia salvato Bachtìn dalla morte e dai campi di lavoro; lo confinarono «soltanto» in Kazachstàn (in effetti quel lavoro poté «portare lontano», ma non nel senso che intendeva Lunačàrskij), dove settantacinque anni prima, sotto Nikolàj I, aveva scontato l'esilio Dostoévskij, oggetto delle ricerche di Bachtìn. Ma, a differenza di Dostoévskij, Bachtìn non tornò mai più nella città sulla Nevà. Gli ultimi anni della sua vita (morì nel 1975) li passò in un appartamento di Mosca procuratogli grazie agli sforzi dei membri del «nuovo» circolo bachtiniano. Fece ancora in tempo a vedere l'inizio della sua fama e del suo riconoscimento internazionale

Dal punto di vista stilistico il libro più compiuto di Bachtìn è Problemi dell'opera di Dostoévskij. Esso può essere letto come un'autonoma e brillante opera letteraria, il che richiama immediatamente alla memoria un altro grande pensatore russo, il filosofo della religione Vasìlij Rózanov (1856-1919): anche il primo libro di Rézanov fu un saggio su Dostoévskij e anch'esso diede notevole fama al proprio autore, perlomeno in Russia. In quest'opera pubblicata nel 1894 Rézanov mise in luce per la prima volta il significato religioso e filosofico dei romanzi di Dostoévskij. Precorrendo Bachtìn, scrisse di Dostoévskij che era un «genio agile, dialettico, nel quale quasi tutte le tesi si trasformano in antitesi»

Lo stile plastico, preciso e nello stesso tempo elegante di Rézanov è estremamente simile a quello di Bachtìn. In entrambi i casi il lettore quasi sente la voce dell'autore che intona il proprio testo con estrema convinzione, e che a volte, per amplificare l'effetto, affina il pensiero fino a giungere al paradosso. Ma per Bachtìn la ricercatezza e il paradosso non sono mai fini a sé stesse. In Rézanov questo succede. Però Rézanov, un uomo strano e poco attraente, che balbettava, sputacchiava, agitava le ginocchia, e si tirava la barba rossastra, senza dubbio si spinse oltre qualsiasi altro filosofo russo nel tentativo di fissare su carta le microscopiche emozioni e i sentimenti appena percepibili, quelle che lui definiva le «ragnatele della vita»

Rézanov elaborò (non senza l'influenza di Nietzsche) uno stile aforistico assolutamente libero che esercitò un'enorme influenza sulla nuova prosa pietroburghese. Con i suoi ultimi libri in realtà creò un genere letterario nuovo. Secondo Šklóvskij, che studiò a fondo Rézanov, è qualcosa di simile al romanzo parodistico: «"Sì" e "no" convivono sullo stesso foglio, un fatto biografico elevato al rango di fatto stilistico»

I modernisti pietroburghesi apprezzavano moltissimo Rézanov, nonostante il suo cinismo politico e il suo antisemitismo. Mandel'štàm scrisse di lui, quasi con amore:

Un atteggiamento anarchico nei confronti di tutto, totale confusione, va tutto bene, ma c'è una cosa di cui non posso fare a meno: le parole; non posso sopportare l'allontanamento dalla parola! All'incirca questa era l'organizzazione spirituale di Rózanov. Questo spirito anarchico e nichilista riconosceva una sola autorità, la magia della lingua, il potere della parola.

Subito dopo la rivoluzione, Rózanov parlava già di cortina di ferro, precorrendo il famoso discorso di Churchill al Fulton avvenuto trent'anni dopo:

Sferragliando, cigolando e stridendo cala sopra la Storia della Russia una cortina di ferro
«Lo spettacolo è finito.» Il pubblico si è alzato
«È ora di mettersi la pelliccia e tornare a casa.» Si sono guardati intorno
Ma non c'erano più né pellicce né case.

La prosa innovativa di Rózanov è quasi «polifonica» e dialogica in senso bachtiniano. Le sue pagine sono piene di voci che discutono come se fossero indipendenti dall'autore. Questa prosa sconvolgente, che attira nel proprio cerchio magico il lettore incantandolo e coinvolgendolo in una tesa disputa filosofica, parrebbe creata per l'analisi bachtiniana.

Come è consono all'autore della teoria del carnevale, Bachtìn amava circondarsi di personalità «carnevalesche» straordinariamente dotate. La brusca rottura con la cultura tradizionale aveva fatto nascere situazioni e personaggi estremamente singolari. Un osservatore ha rilevato: «Nelle bislaccherie, stranezze, assurdità si esprimeva l'esigenza dell'intellighenzia di fare i conti col proprio passato. ... Accade allo stesso modo dopo un'esplosione, quando la polvere resta nell'aria a lungo, scendendo lentamente, e i singoli pulviscoli, non più legv tra loro e non fissati ad alcunché, eseguono le piroette più strane».[612] Nel circolo leningradese di Bachtìn una delle figure «carnevalesche» più notevoli era il giovane poeta e prosatore Konstantin Vàginov. Figlio di un ricchissimo colonnello della gendarmeria zarista, educato alla cultura e alle lingue europee, Vàginov era cocainomane e appassionato bibliofilo. Egli paragonava la vittoria della rivoluzione comunista, che segnò la rovina della sua famiglia, al trionfo delle tribù barbare sull'impero romano. Pietroburgo si presentava a Vàginov come una scena magica sulla quale si svolgeva un'imponente tragedia culturale e cantò questa città spettrale in poesie dadaiste (che riflettono anche l'influenza di Mandel'štàm), nelle quali compaiono emblematicamente «di navi moribonde le celesti vele». Mandel'štàm, a sua volta, apprezzava molto Vàginov, inserendolo come poeta «non per oggi, ma per sempre» nello stesso elenco che includeva Achmàtova, Pasternàk, Gumilëv e Chodasévič

Vàginov aderiva al gruppo «di sinistra» dell'Oberiù. Come il leader del gruppo Charms, scriveva anche prosa sperimentale che leggeva di tanto in tanto agli amici. Particolare interesse suscitò in loro il romanzo di Vàginov Kozlìnaja pesn'(Il canto del capro). Secondo il racconto di uno dei presenti, gli ascoltatori, insieme con l'autore magro e curvo, passavano da un appartamento all'altro per ascoltare nella sua magistrale lettura sempre nuovi brani del romanzo. Questa avida curiosità si spiegava principalmente col fatto che Il canto del capro era un romanzo à clef. nei suoi personaggi si potevano senza difficoltà riconoscere alcuni membri del circolo di Bachtìn e altre figure notevoli della Leningrado letteraria

---

[612] N. Čukovskij, op. cit., pp. 173, 172

A causa dello spaventoso cambiamento epocale, la gente e gli eventi all'istante si erano fatti «di bronzo», diventando materiale naturale per la narrativa che scaturiva direttamente dalle memorie, o per le memorie romanzate, come i Peterbùrgskie zìmy (Inverni pietroburghesi) di Geérgij Ivànov, uscito nel 1928 a Parigi

Le memorie di Ivànov e il romanzo di Vàginov sono stati scritti all'incirca nello stesso periodo e non è difficile individuarvi molte somiglianze, in primo luogo l'acuta sensazione della fine dell'«epoca pietroburghese», la morte della «Venezia del Nord». Sia Ivànov sia Vàginov concordavano sul fatto che la lussureggiante rosa della cultura pietroburghese stava comunque per appassire, e che il gelo rivoluzionario giunto precocemente ne aveva solo affrettato la morte. Ma nelle sue memorie Ivànov, fine poeta del circolo degli acmeisti, esteta e snob, presenta una descrizione nostalgica del fascino decadente della Pietroburgo prerivoluzionaria. Che il libro abbia avuto origine dagli articoli dei giornali risulta chiaramente dagli aneddoti accattivanti, anche se non sempre fedeli, e dai nitidi schizzi appassionati di Blok, Gumilëv, Achmàtova, Mandel'štàm e del mondo carnevalesco e variopinto della Torre di Vjačeslàv Ivànov e del cabaret del Cane randagio

Il romanzo di Vàginov, scritto in una prosa diafana, leggera e cantabile tipica della prosa di un poeta, è un'opera filosofica piena di allusioni erudite a oscuri autori classici e medievali. Anche il titolo, Il canto del capro, è la traduzione letterale della parola «tragedia» dal greco. Per Vàginov Pietroburgo è l'«Atene sulla Nevà», il centro di un raffinato ellenismo. I protagonisti del Canto del capro tengono discussioni profonde escatologiche alla Rózanov o alla Bachtìn, cercando invano di sottrarsi alla mostruosa realtà sovietica rifugiandosi nella «torre alta dell'umanesimo». Vàginov descrive queste persone con amore, ironia e pena. Comprende la loro estrema sventura ma spera nella rinascita dei valori di un tempo in una nuova forma. Quando questo avverrà, Vàginov non lo sa e constata malinconico, prendendo sarcasticamente le distanze dalla designazione stereotipica di Leningrado come «culla della rivoluzione»: «Ora Pietroburgo non esiste. Esiste Leningrado; ma Leningrado non ci riguarda. L'autore è un fabbricante di bare, non un maestro intagliatore di culle»

Vàginov, morto nel 1934 di tubercolosi a trentacinque anni, si è raffigurato nel Canto del capm, con allusioni ironiche a Blok e Achmàtova, come ultimo abitante della Pietroburgo ellenistica:

Sulla montagna di neve, sul Névskij, ora nascosto dalla bufera, ora di nuovo visibile, c'è un poeta sconosciuto: dietro di lui il vuoto. Tutti se ne sono andati da un pezzo. Ma lui non ne ha il diritto, non può lasciare la città. Che scappino pure tutti, che venga la morte, ma lui rimarrà qui e custodirà l'alto tempio di Apollo.

Charms non condivideva le illusioni culturali messianiche dell'amico Vàginov. Il protagonista della sua prosa dell'assurdo abita non nella mitica Pietroburgo ellenistica, ma nella reale Leningrado nauseabonda:

La casa all'angolo del Névskij viene dipinta di un giallo rivoltante. Mi tocca svoltare in strada. Mi urtano le persone che incontro. Sono tutti arrivati da poco dalle campagne e non sono ancora capaci di camminare per strada. Le loro facce e i loro vestiti sono sudici. Giungono da tutte le parti, ringhiano e danno spintoni

La maggior parte dei personaggi di Charms e Zóščenko sono simili, «ringhiano e danno spintoni» nello stesso mondo: un mondo scuro, crudele, minaccioso, che non ha assolutamente nulla in comune con il «tempio di Apollo» sognato da Vàginov. Chodasévič, prendendo novantanove racconti di Zóščenko, vi contò almeno novantanove personaggi che in un modo o nell'altro infrangono la legge: uccidono, corrompono, falsificano, si picchiano da sobri e da ubriachi. Lo fanno per motivi assurdi, senza provare né dubbi, né rimorsi di coscienza «alla Dostoévskij», con la vaga percezione di essere non solo «padroni» della nuova vita, come ripetono in ogni angolo gli slogan sui manifesti, ma anche sue vittime

Nella pros*li Charms il buio si fa sempre più fitto. Uno dei personaggi risponde così all'accusa di stupro: «In primo luogo non era più una verginella, e in secondo luogo si trattava di un cadavere che non verrà certo a lamentarsene. E a proposito del fatto che doveva partorire da un momento all'altro? Non sono stato forse io a tirarle fuori il bambino?». Ma nelle brevi e crudeli prediche surrealistiche di Charms, da lui chiamate «casi»,[613] in cui si possono trovare paralleli sia con Kafka sia con Céline, compaiono anche intellettuali alienati, affini agli eroi spaventati e disperati di Vàginov

«Un uomo dal collo sottile si nascose in un baule, chiuse il coperchio e cominciò a soffocare.» Così comincia una di queste

---

[613] Casi è intitolato anche il volume, a cura di Rossana Giaquinta, Milano. Adelphi, 1990, che raccoglie racconti e scritti vari di Charms.

narrazioni metaforiche di Charms, in cui il tipico rappresentante dell'intellighenzia leningradese di quegli anni compie un umiliante esperimento di autosopravvivenza in un ambiente ostile. In un altro «caso» di Charms, intitolato Il sogno[614], un certo Kalugin per gli incubi notturni in cui gli compare immancabilmente un temuto poliziotto, cade in un esaurimento nervoso così profondo che la commissione sanitaria che ispeziona l'appartamento «trova [Kalugin] antigienico e inutile» e ordina di buttarlo nella spazzatura: «Kalugin fu piegato in due e buttato via come spazzatura». Anna Achmàtova, commentando questi momenti surrealistici della prosa di Charms, ha affermato: «Riusciva a fare quello che non riesce quasi a nessuno: la cosiddetta "prosa del Novecento"

Quando si descrive, poniamo, che il protagonista esce in strada e d'un tratto si mette a volare per aria, nessuno riesce a farlo in modo più convincente di Charms»

Nell'epilogo al suo Canto del capro Vàginov, descrivendo lo scioglimento forzato del circolo di Bachtìn ed echeggiando i lamenti di Rézanov, concludeva malinconico: «Ma è ora di calare il sipario. Lo spettacolo è finito. La scena è fosca e silenziosa. Dov'è l'amore promesso, dov'è l'eroismo promesso? Dov'è l'arte promessa?». A Vàginov e a molti altri allora sembrava che tutto fosse finito. Ma questa sensazione non era condivisa da tutta l'élite leningradese; anche tra i seguaci fedeli di Vàginov c'erano personalità anticonformiste che, perlomeno i primi tempi, riuscirono a dare sfogo alle proprie doti straordinarie nell'ambito di una cultura riconosciuta ufficialmente, senza scendere a compromessi eccessivi. L'esempio del musicologo e critico Ivàn Sollertìnskij in questo senso è indicativo, anche se non molto tipico

Figlio di un alto burocrate del regime zarista, Sollertìnskij girava per Leningrado con un cappottino liso e quando gli veniva domandato perché lui, famoso docente, si presentasse in calzoni lucidi per la consunzione, rispondeva: «È la lucidità della musicologia sovietica!». Sollertìnskij divenne presto un'attrattiva del luogo, un «genio di città». La sua posa da genio era anche una maschera per sopravvivere, ma di carattere affatto diverso che in Zòščenko. Sollertìnskij recitava volentieri la parte dello scienziato distratto, anche se non perdeva occasione di colpire un avversario con osservazioni sarcastiche. In una discussione pubblica sulla sinfonia epigonica di un compositore leningradese si espresse così:

---

[614] Daniìl Charms, Casi, trad. it. a cura di Rossana Giaquinta, Milano, Adelphi, 1990, pp. 19-20.

«È l'acqua con cui è stato sciacquato il vaso da notte di Rachmàninov!».[615] La maschera eccentrica del «genio» aiutava Sollertìnskij a tirare avanti

Le celebrità venute dall'estero chiedevano subito di fare conoscenza con «questo fenomenale erudito che conosce cinquanta lingue».[616] Sollertìnskij, in effetti, conosceva almeno venticinque lingue (trentadue contando i dialetti), dal latino al sanscrito, lingua nella quale scriveva le annotazioni più intime sul diario. L'immensa erudizione combinata con un temperamento da uomo d'azione fecero presto di Sollertìnskij uno dei leader della nuova arte a Leningrado: era amico intimo di Bachtìn, ma si incontrava spesso anche con Charms e gli altri Oberiuti e godeva di alta considerazione presso il coreografo Fëdor Lopuchóv. Balančìn parlò con stima di Sollertìnskij fino alla fine dei suoi giorni.[617] Sollertìnskij aveva una memoria fotografica: dando un'occhiata al testo più complesso, era in grado di ripeterlo a memoria. Šostakóvič di Sollertìnskij diceva che sapesse a memoria «tutto Shakespeare, Puškin, Gógol', Aristotele e Platone». Nel 1927, quando si incontrarono, Sollertìnskij riconobbe inequivocabilmente in Šostakóvič un genio, e il compositore avvertì immediatamente il fascino dello studioso e divenne il suo amico più intimo

Sollertìnskij intervenne subito per difendere Il naso di Šostakóvič dalla critica ostile, dichiarando: «Il naso non è un prodotto di pronto consumo. E un laboratorio dove si crea il nuovo linguaggio musicale e teatrale». Sollertìnskij paragonava quest'opera di Šostakóvič alle opere di Swift e Voltaire: «Nel Naso non ci sono personaggi positivi: solo maschere». Bachtìn l'avrebbe definita un'opera carnevalesca ma non «dialogica». Il balzo dal Gógol'carnevalesco al Dostoévskij dialogico fu compiuto da Šostakóvič nell'opera Lady Macbeth in provincia di Mcensk, su soggetto di Nikolàj Leskóv, ottimo scrittore pietroburghese della fine dell'Ottocento che, con il suo accorto uso di ogni parola e con

[615] Kirill Kondràšin, conversazione con l'autore (Washington 1980)

[616] Juliàn Vàjnkop, conversazione con l'autore (Leningrado 1967).

[617] Georges Balančin, conversazione con l'autore (New York 1981)

la sua padronanza della frase,[618] godeva dell'ammirazione di Zamjàtin e dei Fratelli di Serapione, che consideravano Leskóv uno dei loro maestri.

Scrittore indipendente, Leskóv amava i soggetti fantastici, ai quali i critici spiazzati non sapevano come reagire. Il suo «saggio» sulla mercantessa Katerina Izmàjlova, il cui amore fatale la induceva all'omicidio, è rimasto nell'ombra per oltre mezzo secolo; gli ha portato fama mondiale l'opera di Šostakóvič. Il paradosso sta nel fatto che Šostakóvič ha ripensato radicalmente il soggetto di Leskóv; come ha scritto Sollertìnskij: «È stata cambiata la valutazione dei ruoli: le vittime diventano carnefici, l'assassina diventa una vittima». In Šostakóvič, Katerina uccide per difendersi, e il compositore la vendica. L'vra misogina di Leskóv viene trasformata in un'apoteosi femminista

Sollertìnskij riteneva che «nella storia del teatro musicale russo dopo la Donna di picche non [fossero] uscite opere di pari portata e profondità fino a Lady Macbeth». Nelle sue opere Čajkóvskij ha trattato i personaggi femminili con compassione e simpatia. Šostakóvič ha continuato questa tradizione

La sua Katerina è un'eroina «polifonica», in lei lottano passioni forti e sentimenti profondi, sa essere tenera, passionale, preoccupata e crudele. Sollertìnskij tra i primi si accorse che la parte vocale dell'assassina Katerina è «lirica, melodica e appassionata» mentre l'opera nel complesso ha un «carattere tragico, quasi più shakespeariano, che leskoviano»

In Lady Macbeth in provincia di Mcensk di Šostakóvič esistono brani in aperto contrasto tra loro: descrizioni espressionistiche della vita bestiale dei mercanti, schizzi satirici e carnevaleschi della polizia e scene drammatiche) alla Dostoévskij sulla prigionia e i lavori forzati. Un'altra affinità notevole dell'opera di Šostakóvič con i romanzi polifonici di Dostoévskij è la trama poliziesca, che tiene il pubblico in costante tensione e si snoda lasciando ampio spazio a riflessioni sociali e filosofiche

Con gli esponenti del proprio circolo, Bachtìn discusse il concetto di un «pensiero artistico polifonico» particolare che uscisse dai confini del genere del romanzo. Nella sua seconda

---

[618] Si veda. in proposito, Walter Benjamin, «Il narratore. Considerazioni sull'opera di Nikolàj Leskov». traci. it. in Angelus Novus, Torino. Einaudi. 1962, pp. 247-274; Bruno Osimo, «Artigiano della letteratura», in N.S. Leskóv, Il pellegrino incantato. Il mancino.

opera, Šostakóvič si dimostrò maestro di questo pensiero. Non giudica Katerìna Izmàjlova, ma le dà la possibilità di esprimersi mediante azioni ed emozioni contraddittorie: in questo senso l'opera nacque sotto l'influenza dell'estetica del circolo di Bachtìn. Negli anni in cui fu composta, Sollertìnskij, influente membro del circolo, era il consigliere più intimo di Šostakóvič. Partecipò a tutte le prove intromettendosi attivamente nel loro svolgimento, commentando liberamente, incoraggiando e provocando il direttore, i solisti e l'autore stesso

La prima di Lady Macbeth nel 1934 a Leningrado ebbe un successo fenomenale; e nei primi cinque mesi vi furono trentacinque repliche col tutto esaurito. Šostakóvič, felice, poteva permettersi di scrivere a un amico: «Il pubblico ascolta con molta attenzione e corre a ritirare le galosce solo dopo che il sipario è definitivamente calato[619]». Lady Macbeth arrivò trionfalmente anche a Mosca, ma con conseguenze catastrofiche: nel gennaio 1936 a una delle rappresentazioni dell'opera assistette Stàlin in persona. Furioso, se ne andò senza aspettare la fine

Il miglior barometro delle emozioni di Stàlin fu l'editoriale comparso due giorni dopo sul giornale di partito «Pràvda», intitolato Sumbùr vmésto mùzyki (Confusione invece di musica), dettato probabilmente da Stàlin in persona:

Lo spettatore fin dal primo momento viene assordato da una valanga di suoni intenzionalmente confusi e dissonanti. Frammenti di melodia, attacchi di frasi musicali annegano, si lacerano, scompaiono di continuo nel frastuono, nel fragore, tra scricchiolii e guaiti. Seguire questa «musica» è difficile, ricordarsela è impossibile. ... La musica starnazza, grugnisce, sbuffa, annaspa, per raffigurare nel modo più naturale scene d'amore. ... La mercantessa rapace, ottenuti ricchezza e potere per mezzo dell'omicidio, è raffigurata sotto forma di «vittima» della società borghese. ... Questo inno alla libidine dei mercanti da alcuni critici è stato chiamato «satira». Ma in questo caso non si può certo parlare di satira. Con tutti i mezzi dell'espressività musicale e drammatica, l'autore cerca di attirare le simpatie del pubblico verso le brame e le azioni rozze e volgari di una Ekaterìna Izmàjlova priva di scrupoli.[620]

---

[619] «Sovetskaja muzyka», cit., 6, p. 92

[620] «Pràvda» (La verità), 26 gennaio 1936.

Non è difficile credere che Stàlin fosse stato offeso personalmente sia dagli eccessi espressionistici della musica di Šostakóvič sia dal suo inaudito carattere apertamente erotico, e dall'impostazione generale decisamente femminista dell'opera. Ma Stàlin aveva in mente qualcosa di più serio dell'espressione pubblica della propria personale insoddisfazione. Ciò divenne evidente quando nella «Pràvda» si susseguirono editoriali che attaccavano i «formalisti» e gli «pseudoinnovatori» dell'arte sovietica. I loro titoli volgari e perentori suonano come condanne: Balétnaja fal'š (Falso ballettistico), Kakofonija v architektùre (Cacofonia in architettura), O chudožnikach pačkùnach (A proposito degli imbrattatele), Vnéšnij blesk i fal'šivoe soderžànie (Bagliore esteriore e contenuto falso)

La campagna che seguì a questi articoli non ebbe uguali per la ferocia e la portata. Gli editoriali della «Pràvda» furono ristampati da tutti i quotidiani del paese. Vennero organizzati «dibattiti» obbligatori ai quali gli scrittori, i compositori, i pittori spaventati a morte si accusavano a vicenda di formalismo, distacco dal popolo e altri peccati mortali, esercitandosi in una mortificante autocritica. Una simile umiliazione pubblica in una misura o nell'altra non la evitò quasi nessun personaggio importante dell'arte sovietica. I resoconti di centinaia di dibattiti del genere venivano obbligatoriamente pubblicati dai giornali nazionali e locali, e trasmessi alla radio

Nell'editoriale della «Pràvda» sull'opera di Šostakóvič, che aveva innescato la reazione a catena, veniva formulata con estrema chiarezza la rigida impostazione ufficiale che riguardava non soltanto l'arte, ma anche la cultura in senso lato: «La mostruosità sinistroide nell'opera lirica cresce dalla stessa fonte della movosità sinistroide nella pittura, nella poesia, nella pedagogia, nella scienza. L'"innovazionismo" piccoloborghese conduce alla rottura con l'arte autentica, con la scienza, con la letteratura autentica». Una frase in particolare suonava come una minaccia tipicamente staliniana: «È un gioco cervellotico che può finire molto male»

Gli articoli della «Pràvda» vennero giustamente accolti come direttive esplicite. Lady Macbeth in provincia di Mcensk di Šostakóvič fu immediatamente tolta dal repertorio sia a Leningrado sia a Mosca. I libri incriminati furono tolti dalle biblioteche e distrutti, le commedie vietate, le mostre d'arte chiuse. Un funzionario culturale ricordava poi di essere stato mandato a «mettere definitivamente ordine» al Rùsskij muzéj di Leningrado, dove era conservata una preziosa collezione d'arte d'avanguardia russa. Arrivando al museo, vide nelle sale un mucchio di spazzatura da cui spuntavano le opere di Malévič e Filónov. Gli era stato ordinato di distruggere quei quadri. Rischiando la propria testa, li nascose nei depositi, conservandoli per le generazioni future[621].

Le convulsioni culturali del 1936 erano il culmine di un lungo processo nel corso del quale Stàlin, supremo manipolatore dell'opinione pubblica, plasmò l'arte e la letteratura sovietica in conformità ai propri obiettivi propagandistici di lungo termine. Già nel 1932 aveva dissolto tutti i gruppi Ietterari e artistici, tra cui anche la potentissima RAPP, alla quale prima si era appoggiato. I termini «cultura proletaria» e «compagni di strada della rivoluzione», così abilmente sfoderati dalla RAPP, furono aboliti, e al loro posto vennero coniati «cultura sovietica» e «scrittori sovietici». L'unica organizzazione Iegale era, la Sojùz sovétskich pisàtelej (Unione degli scrittori sovietici), modello per il coordinamento burocratico di tutte le professioni «creative», tra cui i compositori, gli artisti e gli architetti

Nello stesso tempo fu proclamato ufficialmente che la strada maestra della cultura sovietica era il realismo, ma non quello comune, bensì quello «socialista». Si intendeva che le forze creative sovietiche dovevano celebrare il socialismo nelle forme tradizionali del realismo. Si creò un'atmosfera in cui con rigore crescente qualsiasi tentativo di sperimentazione nell'arte veniva dichiarato «formalismo». Di conseguenza, «formalista» divenne l'etichetta più terribile che si potesse appicccicare a uno scrittore, a un pittore o a un compositore

I leader dell'avanguardia russa, spaventati e colpiti, si arresero uno dopo l'altro; negli anni Trenta questo fenomeno si chiamava perestrojka (ricostruzione).[622] Cercò di «ricostruirsi», per esempio, Malévič. Smise di lavorare alla sua maniera suprematista e cominciò a dipingere ritratti realistici. Pur trattandosi di quadri interessanti e significativi, è fuori di ogni dubbio che Malévič continuasse sotto sotto a considerarsi in primo luogo il fondatore del suprematismo non figurativo. Nel 1935, quando Malévič morì, stando alla testimonianza di Lìdija Ginzburg, «lo seppellirono con la musica in una bara suprematista. La gente era assiepata lungo il Névskij a cordoni, e diceva: dev'essere uno straniero! La bara suprematista era stata eseguita su disegno del defunto. Come

---

621 «Novoe russkoe slovo» (La nuova parola russa), 6 aprile 1990.

622 Fenomeno che, a parte il nome, non ha nulla a che vedere con lo slogan del periodo gorbacioviano.

coperchio aveva progettato un cerchio, un quadrato e una croce, ma la croce non c'era stata messa, anche se lui l'aveva chiamata intersezione di due piani».[623]

Il fatto che il pubblico di massa percepisse gli esponenti dell'avanguardia alla stregua di stranieri consente di comprendere profondamente il problema. In Russia l'arte sperimentale in sostanza non attecchì mai. In tutte le epoche veniva apprezzata in modo particolare la cultura di orientamento «civile», e l'esigenza del «realismo», inteso come imitazione naturalistica, fu propugnata dai populisti negli anni Sessanta dell'Ottocento, e acquisì legittimità negli ambienti intellettuali. Come diceva con amarezza negli anni Sessanta del secolo successivo Anna Achmàtova: «Quello che di buono propugnavano i populisti non fu accettato da nessuno. Invece il loro "realismo" fu accettato subito. E per un pezzo».[624] 11 1 Nei primi anni del Novecento i simbolisti, e soprattutto i membri del Mir iskùsstva, riuscirono a rieducare una parte significativa dell'élite intellettuale russa, soprattutto a Pietroburgo. Nuove idee sulle possibilità e i compiti della cultura cominciarono a mettere radici; questo periodo, detto «età d'argento», preparò il terreno alla fioritura rigogliosa dell'avanguardia russa. Ma i grandi circoli culturali, per non parlare dell'opinione pubblica, rimasero estranei a questo processo. Quando, per un breve periodo dopo la rivoluzione del 1917, l'avanguardia, dopo avere conquistato alcuni posti di comando, cercò di estendere la propria influenza, la controrivoluzione culturale non si fece aspettare

Pietroburgo, il più aperto all'Occidente dei centri culturali russi, accettò prima degli altri il «modernismo», e rimase più a lungo di ogni altra città luogo per gli esperimenti dell'avanguardia. Negli anni postrivoluzionari, il «fronte culturale di sinistra» di Pietrogrado-Leningrado produsse cose mirabili: le tele di Malévič e Filónov, le costruzioni di Tàtlin, gli allestimenti teatrali di Sokolovskij e Terént'ev, la Fabbrica dell'attore eccentrico, la coreografia di Lopuchóv e Balančìn, la nuova prosa pietroburghese, l'Oberiù, le sinfonie e le opere di Šostakóvič. Ma questo lavoro così originale, che ricevette l'impulso dalle innovazioni dell'«epoca d'argento», e che il poeta Lev Lósev propose di chiamare «epoca di bronzo», fu condotto in

---

[623] Lidija Ginzburg, Literatura v poiskach real'nosti (La letteratura alla ricerca della realtà). Leningràd 1987, p. 242.

[624] Anna Achmàtova, conversazione con l'autore (Komàrovo 1965).

un'atmosfera poco ospitale, sotto una pressione costante e sempre più forte proveniente contemporaneamente dall'alto e dal basso

Dall'alto la pressione proveniva dall'apparato statale burocratico e aumentava non di giorno in giorno, ma di ora in ora. Dal basso spingevano le masse contadine incolte che si riversavano in città. Un gusto conservatore aggressivo e filisteo in campo culturale era comune ai vertici e alla base. In quest'atmosfera l'epoca di bronzo» a Leningrado, come anche nel resto del paese, fu condannata alla rovina

All'interno della Russia il «fronte culturale di sinistra» non riuscì a raggiungere nemmeno una minima parte dei propri obiettivi. Però divenne immensamente popolare nei circoli intellettuali in Occidente. Sotto questo aspetto il paragone con il Mir iskùsstva è istruttivo. I suoi leader, a esclusione di Djàgilev, in Occidente non divennero simboli culturali. E lo stesso si può dire dei simbolisti russi. Però all'interno della Russia gli obiettivi culturali di Mir iskùsstva e dei simbolisti furono in gran parte realizzati. È vero che ai «realisti socialisti» riuscì di mettere nell'ombra molte figure riconosciute di Mir iskùsstva, ma questo avvenne dopo, tra gli anni Quaranta e Cinquanta; inoltre questo fenomeno riguardò poco Leningrado, in cui l'autorità di Mir iskùsstva, anche negli anni più duri della stretta culturale staliniana e a dispetto della tendenza prevalente, rimase salda e inamovibile

Il «fronte di sinistra» della cultura si presentava a Stàlin non solo come una questione estetica, ma anche come una minaccia politica. Lo considerava parte dell'opposizione «di sinistra» alla propria linea politica. Molto abile a manipolare l'arte a scopo politico, Stàlin la considerava sempre nel più ampio contesto sociale. Anche se le azioni concrete di Stàlin nelle sfere politica e culturale non furono necessariamente sempre simultanee, la direzione strategica generale delle sue manovre in ambo i campi coincideva quasi sempre

E spesso l'inasprimento della situazione nella vita culturale preannunciava un giro di vite in ambito politico. Così la centralizzazione burocratica dell'attività culturale e l'imposizione del «realismo socialista» preannunciarono uno dei momenti di svolta della storia sovietica prebellica: l'assassinio il 10 dicembre 1934 a Leningrado del massimo dirigente cittadino del Pcus Sergéj Kirov, che alcuni storici considerano l'assassinio del secolo

Questo assassinio, che sconvolse tutta l'Unione Sovietica, per Leningrado ebbe conseguenze particolarmente tragiche. Importante bolscevico e amico di Stàlin, dal 1926 Kìrov era stato suo satrapo a Leningrado, in sostituzione del compagno d'armi di

Lénin Zinóv'ev, che a Stàlin non piaceva, essendo uno dei capi dell'opposizione interna al partito. Il successivo sviluppo degli avvenimenti fece di Kirov un eroe nazionale, mentre Zinóv'ev per molti anni fu presentato sotto una luce esclusivamente negativa. Perciò, come nel caso di Lénin, in quello che dice la gente che ha conosciuto Kirov è difficile distinguere gli autentici sentimenti dell'epoca dalle emozioni stratificatesi in seguito

Energico, carismatico, ottimo oratore, Kirov era una persona piuttosto colta, seguiva gli sviluppi della letteratura contemporanea e dedicava molta attenzione alla cultura leningradese.[625]

Teneva sotto la propria ala protettiva Lopuchóv, promuovendo gli esperimenti del coreografo sull'uso di soggetti contemporanei nel balletto.[626] Kirov andava piuttosto spesso all'opera. Il Naso di Šostakóvič non gli era piaciuto, ma questo non ne aveva determinato l'immediata esclusione dal repertorio[627]. Non c'è dubbio che il dinamico Kirov si sforzasse di coltivare la propria immagine di dirigente «democratico», in contrasto con Stàlin. Questo gli creò popolarità, ma probabilmente suscitò anche la stizza di Stàlin, che a suo tempo aveva allontanato Zinóv'ev per impedire il formarsi a Leningrado di un potente centro di opposizione politica

A meno di dieci anni di distanza, Stàlin aveva l'impressione che Leningrado stesse di nuovo tentando di sfuggire al suo controllo

Che Kirov sia stato ucciso per ordine di Stàlin si è cominciato a dirlo in Unione Sovietica solo nella seconda metà degli anni Cinquanta. Ma a Leningrado se ne diffuse voce all'istante. A Kirov spararono in un corridoio dell'ex istituto Smol'nyj, che durante il regime sovietico era diventato la sede del Partito comunista. E sempre allora a Leningrado nacque la popolare častuška[628]

Cetriolino, pomodoro e cipollina;
Kirov ha ucciso Stàlin in corridoio stamattina

---

[625] Vjačeslàv Zavališin, conversazione con l'autore (New York 1993).

[626] Fëdor Lopuchov, conversazione con l'autore (Leningrado 1967).

[627] Dmìtrij Šostakovič, conversazione con l'autore (Mosca 1974)

[628] Strofa. solitamente di quattro versi e di contenuto osceno, che talvolta è una parodia di versi russi celebri e ha diffusione prevalentemente orale. Sul piano sociologico ha qualche affinità con il limerick, che però ha una struttura ritmica e metrica più rigida e comunque diversa.

La reazione ufficiale alla morte di Kirov naturalmente fu ben diversa. Fu subito annunciato che dietro il delitto c'erano i nemici dello Stato sovietico

Molti erano davvero scioccati e spaventati. L'ex oberiuta Zabolóckij dedicò a Kirov una poesia che uscì sul giornale «Izvéstija» (Notizie) tre giorni dopo l'omicidio. Cominciava:

Addio! Parola di lutto!
Un corpo scuro senza parola
Dalle alture di Leningrado
il cielo freddo ha guardato in basso cupo.

La bara di Kirov fu esposta al Palazzo di Tauride e Stàlin, giunto con un treno speciale da Mosca, ne fu una delle guardie d'onore. «Folle gigantesche di leningradesi si spostavano per via Spalérnaja per dargli l'addio. Ho camminato anch'io in quella folla angosciata e afflitta, anch'io in quell'evento ho sentito quasi uno spartiacque, una transizione a un'era nuova che non sapevamo cosa promettesse» ricordava Nikolàj Čukóvskij

Si avverò il più terribile presentimento degli abitanti della città. Cominciarono all'istante arresti ed esecuzioni di massa. «Le parole "esecuzione" e "fucilazione" divennero così normali nella nostra vita quotidiana che persero di significato. Ne restava solo l'involucro, una vuota combinazione di suoni

Il vero significato della parola non giungeva al nostro cervello. Era consunto, come una moneta falsa» scrisse Ljubóv'Sapérina, autrice di uno dei rari diari sinceri che si conservano di quel periodo[629]. L'«indagine» sulle circostanze della morte di Kirov – in realtà nient'altro che l'organizzeone del terrore di massa a Leningrado – fu affidata da Stàlin al famigerato Jakov Agrànov, che nel 1921 aveva costruito il processo contro Gumilëv su ordine di Zinóv'ev. Ma ora Agrànov era agli ordini di Stàlin, e una delle sue prime vittime fu lo stesso Zinóv'ev. Stàlin accusò Zinóv'ev di avere organizzato l'omicidio di Kirov. Questo gli diede la possibilità di eliminare definitivamente l'opposizione interna al partito. Ma le conseguenze del «caso Kirov» andarono ancora oltre. Diedero a Stàlin modo di scatenare il Grande Terrore degli anni 1936-1938,

---

629 . Achmàtova, Requiem, cit., p. 105.

in cui morirono milioni di persone[630]. Quel terrore dilagò per
l'Unione Sovietica come la peste nera, allargandosi a strati sempre
nuovi della società che furono marchiati con l'infame etichetta di
«nemici del popolo». Nel paese si diffuse la febbre delle delazioni e
delle accuse reciproche, delle autoaccuse estorte sotto tortura.
Leningrado fu scelta per un trattamento particolarmente spietato:
Stàlin sperava di distruggere lo spirito d'opposizione di questa città
una volta per tutte

Sui giorni del Grande Terrore a Leningrado si è pronunciato
un testimone spassionato, Evgénij Švarc

Scoppiò una tempesta e cominciò a seminare il disastro tutto
intorno, e non era possibile capire chi sarebbe stato colpito dal
fulmine successivo. E nessuno fuggiva né si nascondeva. Una
persona che sa di essere colpevole sa come comportarsi: un
criminale si procura un passaporto falso e fugge in un'altra città.
Invece i futuri nemici del popolo stavano immobili aspettando il
colpo del terribile marchio dell'Anticristo. Fiutavano il sangue,
come tori al macello, lo fiutavano, ma il marchio di «nemico del
popolo» colpisce senza distinzione chiunque, e rimanevano
dov'erano, obbedienti come tori in attesa del colpo fatale. Come
fuggire, se non si conoscevano le proprie colpe? Come
comportarsi agli interrogatori? E la gente moriva come in un
incubo, confessando crimini inauditi: spionaggio, terrorismo,
sabotaggio. Scomparivano senza lasciare tracce, e dopo di loro
toccava alle loro mogli e ai loro figli[631].

A Leningrado era difficile trovare una famiglia che in un modo
o nell'altro non fosse stata toccata dal terrore. La sua ombra
minacciosa toccò anche Anna Achmàtova: nel 1935, al colmo delle
repressioni sul caso Kirov, furono arrestati suo figlio Lev, avuto da
Gumilëv, e il suo secondo marito Nikolàj Pùnin. Erano stati
entrambi «bollati» già in precedenza: Lev Gumilëv in quanto figlio
di un «nemico del popolo» fucilato nel 1921, Pùnin in quanto noto
teorico dell'avanguardia artistica e figura notevole della vita
culturale di Leningrado. Su consiglio di amici, Achmàtova scrisse
una breve lettera con la richiesta di liberazione del figlio e del

---

[630] Cfr. Anatolij Rybakov, Gli anni del grande terrore, trad. it. di B.
Osimo, Milano. Rizzoli, 1989.

[631] Švarc, op. cit., pp. 629-630.

marito a Stàlin in persona. Finiva con la supplica: «Mi aiuti, Iósif Vtssariénovič!». Dopo alcuni giorni, Lev e Pùnin tornarono a casa

Nel 1938, Lev Gumilëv fu arrestato di nuovo. Tra le altre accuse assurde sporte contro di lui c'era anche quella secondo cui Achmàtova avrebbe incitato il figlio a vendicare il padre fucilato uccidendo Andréj Ždànov, collocato da Stàlin al posto di Kirov come massimo esponente del Pcus a Leningrado

Gli interrogatori e le percosse si susseguirono freneticamente, ma Lev non sottoscrisse le confessioni che gli si volevano estorcere, anche se molti, non sopportando la micidiale tortura del cosiddetto «nastro trasportatore», cedevano e accusavano non solo sé stessi, ma anche amici e parenti

Il poeta Zabolóckij, arrestato sempre nel 1938, in seguito descrisse il comportamento dei compagni di cella in una prigione di Leningrado: «Qui si potevano osservare tutti i tipi di sconforto, tutte le manifestazioni di fredda disperazione, di risate isteriche convulsive e di cinica indifferenza verso tutto il mondo, compresa la propria sorte». L'atmosfera cambiava bruscamente di notte, quando la prigione a più piani veniva illuminata e l'esercito dei giudici istruttori si accingeva allo spietato «lavoro» negli innumerevoli uffici: «L'enorme cortile di pietra dell'edificio, su cui davano le finestre degli uffici, si riempiva dei lamenti e delle urla strazianti delle persone che venivano torturate. Tutta la cella si metteva a tremare, come se una corrente elettrica d'un tratto vi passasse attraverso, e un muto terrore ricompariva negli occhi dei detenuti»

Lev Gumilëv fu condannato alla fucilazione. Non si sa se per effetto di un nuovo appello di Achmàtova a Stàlin, o per altre circostanze, questa condanna fu tramutata in confino in Siberia, dove Lev Gumilëv fu condannato a trascorrere quattordici lunghi anni tra prigioni e campi di lavoro.

Nel corso dei diciassette mesi in cui Gumilëv rimase in detenzione preventiva a Leningrado, Achmàtova passò centinaia di ore a fare la coda alla prigione. Le leningradesi, di cui erano perlopiù composte queste code che si dipanavano lungo le mura del carcere, cercavano di sapere qualcosa del destino dei propri cari arrestati e di consegnare loro razioni di cibo. Sfinita, la faccia terrea, Achmàtova, che a quell'epoca aveva quasi cinquant'anni, veniva riconosciuta da molta gente, anche se indossava il vecchio cappotto consunto e il cappello sgualcito che dovevano renderla molto anonima

Uno dei momenti di maggior tensione, in cui Achmàtova

consegnava alle guardie il pacco per il figlio, fu poi descritto da una donna che le stava vicina in quella fila terribile: «Ecco il suo turno, lei si avvicina alla fessura di una finestra, là dentro ci sono le mostrine e un manichino inaccessibile; a bassa voce, quasi senza aprire la bocca, pronuncia la formula: "Achmàtova a Gumilëv»[632]

Come raccontava Achmàtova stessa, una volta una donna che stava dietro di lei, sentendo il suo nome si mise a piangere

Erano lacrime di spavento. A molti leningradesi Achmàtova doveva sembrare un fantasma del passato. Dal 1925, quando sul conto di Achmàtova era stata emanata va direttiva non ufficiale di partito («non arrestare, ma non pubblicare»), le sue nuove poesie non erano più state pubblicate. Achmàtova si poteva considerare, come facevano molti, morta da tempo. Uno dei temi preferiti della critica ufficiale, quando le sue opere venivano prese in esame per la pubblicazione, era il loro stridente contrasto con il nuovo «stile di vita progressista» del socialismo. Anche negli ultimi anni, spesso Achmàtova citava ironicamente a memoria uno di questi articoli: «Il nuovo pubblico resta e resterà freddo e indifferente di fronte ai lamenti di una donna che è nata in ritardo o non è riuscita a morire in tempo»

L'aspetto più amaro per Achmàtova era che questa ostilità ufficiale coincideva con una certa freddezza nei confronti delle sue poesie da parte degli intellettuali leningradesi, che preferivano i poeti d'avanguardia dell'Oberiù, come Zabolóckij o Vàginov. Achmàtova cominciava a perdere contatto col proprio pubblico e questa, forse, fu una delle cause del declino della sua creatività. C'erano anni in cui scriveva una o due poesie, o neanche una. Per un poeta lirico, un tale mutismo creativo è peggio della morte, e Achmàtova ne soffriva smisuratamente

Il Grande Terrore portò ad Achmàtova, come a milioni di suoi compatrioti, paura, amarezza e tormenti indescrivibili, ma le diede anche una nuova voce poetica e la sensazione di condividere il destino del popolo. Dal 1935 al 1940 Achmàtova scrisse il grosso del ciclo poetico Requiem, probabilmente la più grande testimonianza artistica contemporanea sul terrore staliniano

Requiem svolse anche un ruolo importante nella successiva evoluzione del mito di Pietroburgo

Gli zar crearono Pietroburgo come una capitale artificiale destinata a esercitare il controllo sull'impero russo, e molti geni creativi russi percepirono acutamente l'influsso di questa città

---

[632] Lidija Žùkova, Èpilogi (Epiloghi), New York 1983, vol. I, p. 7

come diabolico. In due secoli, però, Pietroburgo sviluppò profonde radici nel terreno nazionale. E l'improvviso ritorno della capitale a Mosca per opera dei bolscevichi fu accolto dalla popolazione locale come una violenza alla storia e alla tradizione. La vendetta di Stàlin contro la città d'«opposizione» Leningrado non fece che rendere più profonda questa impressione

L'élite pietroburghese dell'Ottocento, in contrasto con il regime, si sentiva estranea alla capitale. Alla fine del secolo, solo alcune figure isolate cominciarono a nutrire verso Pietroburgo un sentimento di simpatia. Ma, quando sotto il potere sovietico Pietrogrado perse la sua importanza politica, gran parte dell'intellighenzia aveva preso ad amare e rispettare la città

Le tradizioni imperiali della città ne facevano un simbolo nostalgico ideale, come comprendevano bene anche i suoi nemici. Quando all'inizio degli anni Venti uscì il libro di Nikolàj Ancìferov Dušà Peterbùrga (L'anima di Pietroburgo) – il primo tentativo di dare una forma scritta alla mitologia pietroburghese nei suoi aspetti letterari e architettonici –, lo scrittore proletario Aleksàndr Serafimóvič ne fece un'adirata e faziosa recensione:

Il libro descrive la «faccia» della città, la faccia e l'anima di Pietroburgo. Ma la descrive esclusivamente dal punto di vista dell'ex classe dominante. Traccia (piuttosto chiaramente) l'immagine della parte centrale della città – palazzi, giardini, chiese, monumenti – ma non parla affatto, nemmeno di passaggio, di quella parte enorme dove c'erano fabbriche, miseria, e schiavitù, come se ci fosse solo il centro, pieno di cose interessanti, di vita, di movimento, e intorno il deserto, morto, muto e inutile. Ciò crea una prospettiva antiproletaria che non corrisponde al vero[633].

Il Grande Terrore a Leningrado eliminò questa contrapposizione tra la parte «imperiale» e quella «proletaria» della città. Subito dopo l'omicidio di Kìrov nel 1934, Ljubóv'Sapórina, descrivendo l'incipiente deportazione di massa dell'élite leningradese, annotava nel diario: «Ma chi mandano via? Perché? Che cos'hanno in comune tutte queste persone? Sono l'intellighenzia. E per la maggior parte sono pietroburghesi di nascita». Il terrore che venne alla fine degli anni Trenta gettò una rete ancora più grande. Fu colpita non solo una parte di Leningrado, ma tutta la città divenne una vittima. Questi tragici

---

[633] «Voprosy literatury», cit,, 9, 1974, p. 175.

eventi crearono le condizioni per un cambiamento decisivo del mito di Pietroburgo, che divenne una «città martire». L'opera letteraria che consacrò questo cambiamento fu il Requiem di Achmàtova

Stàlin dichiarò una guerra genocida al proprio popolo, e Leningrado ne fu una delle vittime più illustri. Il terrore però voleva restare anonimo. «Nemici del popolo» venivano annunciati ogni giorno alla radio, nei giornali, nelle numerose riunioni, ma parlare di dove andassero a finire era vietato. Le parole «terrore», «prigione», «campo», «arresto» non venivano pronunciate ad alta voce, nel lessico quotidiano sembravano non esistere. Lìdija Čukóvskaja ricordava che «nelle code alla prigione le donne stavano in silenzio o, sussurrando, usavano solo forme impersonali: "Sono arrivati", "L'hanno preso"». Sui lati degli infami furgoni neri nei quali cacciavano gli arrestati c'era scritto: «Carne», «Latte[634]».

Lo slogan ufficiale che diceva allora come si viveva nel paese era la frase di Stàlin, citata di continuo: «Ora si vive meglio, ora si vive più allegri». In quest'atmosfera Achmàtova dovette avere un enorme coraggio per infrangere il tabù e scrivere della sua epoca ufficialmente «allegra»:

> A quel tempo rideva soltanto
> chi era morto, di pace contento
> Leningrado, leggero pendaglio,
> girellava da un carcere all'altro[635].

Un mito senza nomi è impossibile, qualunque mito richiede che i personaggi, gli oggetti, gli eventi abbiano un nome. Questa «nominazione» è parte intrinseca del mito. La sua importanza rituale è confermata dal principio nomina sunt odiosa (non vanno cioè pronunciati) diffuso in molte antiche civiltà. Nel Requzem Achmàtova ricorre ai nomi senza paura:

> Di morte sopra noi stavano stelle,
> e innocente la Rus'si contorceva,
> calpestata da stivali sanguinosi
> e da ruote di macchinine nere.[636]

---

634 Lìdija Žùkova, conversazione con l'autore (New York 1979).

635 A. Achmàtova, Requiem, in Sočinénija, cit,, vol. I. p. 362.

636 Ibid. p. 363.

I quindici frammenti poetici del suo Requiem formano un terribile mosaico della vita quotidiana nella Leningrado sconvolta dal terrore: arresti, disperate suppliche, interminabili code sotto il muro del carcere, condanne

L'apice emotivo del Requiem è nelle due strofe che hanno per titolo Raspjàtie (Crocifissione), in cui Achmàtova paragona il destino del figlio arrestato alla crocifissione di Gesù Cristo e pone l'accento sulle sofferenze della madre Maria. Questi due frammenti sono un tour de force e, nel contempo, la chiave di tutto il Requiem, che sarebbe meglio chiamare Stabat mater dolorosa

Achmàtova aveva anche un antico modello musicale russo, il cosiddetto kondàk: un canto liturgico di origine bizantina che riproduce in forma drammatica episodi della vita di Gesù e della Madonna. Questo legame è indicato nell'epigrafe a Crocifissione tratta da un kondàk. Nella sua opera Achmàtova ripete vagamente persino la struttura stessa del kondàk: introduzione, esposizione del dramma, predica finale. Come il kondàk, anche il Requiem di Achmàtova è una sorta di mistero che riprende per il pubblico contemporaneo la storia della Passione

L'uso achmatoviano di modelli religiosi tradizionali echeggia un'esperienza simile di Stravinskij, che nel 1930 compose la Simfónija psalmóv (Sinfonia dei salmi), una delle opere musicali preferite di Achmàtova. Ma Achmàtova aveva di fronte un compito di straordinaria difficoltà: per prima dovette trovare parole e forma per reagire a un genocidio che per dimensioni e crudeltà non aveva precedenti nella storia mondiale. I successivi tentativi di descrizione e interpretazione dell'Olocausto dimostrano quanto sia difficile trattare artisticamente questo terribile tema. Parole, quadri, musica appaiono inadeguati per rappresentare fatti così nudi e così orrendi. Per giunta, Achmàtova lavorava in totale isolamento, da sola si contrapponeva all'enorme apparato propagandistico di Stàlin, inanellando una dopo l'altra le necessarie parole di dolore, disperazione e protesta

Aleksàndr Sollenìcyn, che incontrò Achmàtova all'inizio degli anni Sessanta, quando stava già raccogliendo il materiale per l'opera monumentale sui campi di lavoro staliniani Archipelàg GULAG (Arcipelago Gulàg),[637] le disse a proposito del Requient: «Peccato che nei suoi versi si parli del destino di una sola persona». A Solienìcyn sembrava che l'accento sulle sofferenze della madre e

---

[637] Trad. it. di M. Olsoufieva, Milano. Mondadori, 1974.

del figlio riducesse le dimensioni della catastrofe nazionale

Quasi ribattendo a SolZenìcyn, lésif Bródskij rilevò: «In realtà Achmàtova non ha nemmeno tentato di scrivere una tragedia nazionale. Requiem è pur sempre l'autobiografia di un poeta, perché tutto ciò che vi viene descritto è successo al poeta».[638]

La forza del Requiem sta proprio nel fatto che nello specchio del destino di Achmàtova e del figlio si riflette la tragedia di una città e di una nazione. Il fatto che Achmàtova racconti le proprie vicissitudini traduce in termini personali una tragedia i cui nudi eventi sono al di là dell'umana comprensione

È questa la chiave di tutto il poema, che Achmàtova scrive

dando retta al mio proprio delirio
come fosse ormai quello di un altro[639].

A proposito del meccanismo di formazione e di interazione emotiva del Requiem, Bródskij ha rilevato:

Ma effettivamente situazioni simili – l'arresto, la morte (e nel Requiem si sente ovunque odore di morte, la gente si trova sempre a un passo dalla morte) – escludono la possibilità di una reazione adeguata. Quando una persona piange, è affare personale di chi piange. Quando piange o soffre, uno scrittore trae quasi beneficio dal proprio soffrire. Uno scrittore può soffrire e piangere davvero. Ma la descrizione di questo dolore non sono lacrime vere, non sono capelli bianchi veri. È solo un'approssimazione alla reazione autentica. E la coscienza di questa estraneità crea una situazione davvero folle. Il Requiem è un'opera costantemente in bilico sull'orlo di una follia che risale non alla catastrofe stessa, non alla perdita del figlio, ma proprio a questa schizofrenia morale, a questa scissione non della ragione, ma della coscienza. Una scissione tra chi soffre e chi scrive. Per questo è un'opera tanto grande.[640]

Negli anni della prima guerra mondiale Achmàtova nella poesia Molìtva (Preghiera) dichiarava di essere disposta a sacrificare sull'altare della Russia «il bimbo, l'amico e il fatato mistero del

---

[638] Brodskij, conversazione con l'autore (New York 1981).

[639] A. Achmàtova, Requiem, in Sočinénija, cit.. vol. I, p. 367.

[640] Ibidem

canto».[641]

Vent'anni dopo la sua offerta era stata accolta, ma solo in parte, e a condizioni davvero faustiane; sia l'amico sia il figlio le erano stati portati via (il che non alleviò affatto, ahimè, le sofferenze della Russia, come chiedeva la poesia); ma proprio queste circostanze tragiche della sua biografia, terribili per Achmàtova donna, diedero un potente impulso all'ispirazione di Achmàtova poetessa. Lo avvertì con acume anche il figlio. Tornato dopo la morte di Stàlin a Leningrado dal pluriennale confino, nel fervore di una discussione un giorno accusò la madre: «Per te, come poeta, se io morto al campo, sarebbe stato persino meglio».[642]

La fucilazione del primo marito di Achmàtova, Gumilëv (padre di Lev), da parte dei bolscevichi nel 1921, e la morte di Aleksàndr Blok lasciarono alla poetessa un'aura di «vedova politica», e lei si stava trasformando in un simbolo nazionale, ma lo sviluppo degli avvenimenti la collocò in un relativo isolamento. Le tragiche peripezie del figlio, e poi del terzo marito Nikolàj Pùnin, sembrarono restituire ad Achmàtova l'autorità morale di una Cassandra, facendone la sacerdotessa del destino nazionale. Fu allora che Achmàtova si sentì appieno custode e, in certa misura, creatrice della memoria storica della nazione:

con la mia gente in quel momento ero,
dov'era la mia gente sventurata[643].

Da un punto di vista politico, artistico, emotivo, Leningrado non era più contrapposta alla Russia. Soffocando sotto il peso del Grande Terrore, Leningrado soffriva come tutto il resto del paese, forse anche di più. In questo senso continuava a rimanere il simbolo di tutta la Russia, ma un sim bolo misterioso, occulto, esoterico: ufficialmente non esisteva infatti nessun terrore

Il nuovo mito della città martire fu creato, come si addice a un mito autentico, nel massimo segreto, nella clandestinità. All'inizio, sapevano dell'esistenza del Requiem solo gli amici più intimi di Achmàtova. Per molti anni Achmàtova non affidò nemmeno il Requiem alla carta: il poema si conservava esclusivamente nella

---

[641] Achmàtova, Molitva (Preghiera), in Sočinénija, cit., vol. I, p. i 52

[642] Brodskij, conversazione con l'autore (New York 1981

[643] A. Achmàtova, Requiem, epigrafe. in Sočinénija, cit., vol. I, p. 361.

memoria di alcuni amici fidati. Rimasero depositari di quel mito temporaneamente nascosto fino al momento in cui lo si poté svelare. Lìdija Čukóvskaja, una di queste depositarie, ricordava gli incontri con Achmàtova, nel suo appartamento pieno di microspie, come un rituale di iniziazione:

D'un tratto, nel mezzo di una conversazione, lei taceva e, indicandomi con gli occhi il soffitto e le pareti, prendeva un pezzo di carta e una matita; poi ad alta voce diceva qualcosa di molto prosaico: «Vuole del tè?» oppure «È molto abbronzata», scriveva velocemente qualcosa e me lo porgeva. Leggevo i versi e, dopo averli imparati a memoria, glieli restituivo. «L'autunno è venuto così presto quest'anno» diceva forte Anna Andréevna e, acceso un fiammifero, bruciava il foglio nel portacenere. Era un rito: mani, fiammifero, portacenere, un rito meraviglioso e amaro[644].

In ogni mito ci sono elementi essoterici ed elementi esoterici. Per molti anni il Requiem di Achmàtova, di cui erano a conoscenza solo gli iniziati, costituì la parte esoterica del nuovo mito di Pietroburgo. Nel 1941 comparve un'opera che diffuse in tutto il mondo il messaggio essoterico di questo mito: la Settima sinfonia di Šostakóvič, che prese il nome di «Leningradese». Nacque in circostanze non meno drammatiche di quelle del Requiem, e seguì un'altra importante opera sinfonica di Šostakóvič, anch'essa legata direttamente al Grande Terrore e al trauma psicologico che aveva provocato nel compositore.

Šostakóvič personalmente fu risparmiato dal Grande Terrore; tuttavia, in un'atmosfera in cui le sue opere erano sottoposte ad attacchi ufficiali per il loro «formalismo», poteva aspettarsi il peggio, e spesso ripeteva agli amici intimi: «Chissà che ne sarà di me, probabilmente mi fucileranno». Come milioni di connazionali, non dormiva la notte, aspettando l'arrivo della polizia segreta che lo arrestasse. (Come ricordava Evgénij Švarc: «Chissà perché sembrava particolarmente vergognoso presentarsi agli inviati del destino in biancheria intima e infilarsi i pantaloni davanti a loro».)[645]

---

[644] 124 Lìdija Čukovskaja, Zapiski ob Anne Achmatove (Memorie su Anna Achmàtova), 2 voll., Parigi 1976-1980, vol. I, p. 10.

[645] Švarc, op. cit., p. 633.

Ma gli arresti toccarono persone vicine a Šostakóvič: il marito della sorella maggiore, la famiglia della moglie. In questa atmosfera il compositore fu costretto a far cessare l'esecuzione della mahleriana Quarta sinfonia, ma l'impulso creativo non lo abbandonò, anzi, al contrario: come in Achmàtova, si fece più intenso

Šostakóvič confessò a un amico: «Se mi taglieranno le mani, scriverò musica lo stesso, tenendo la penna tra i denti»[646].In modo analogo reagì all'inaudita pressione del Grande Terrore Prokóf'ev, che confidò a Il'jà Èrenbùrg: «Ora devo lavorare. Solo lavorare! La salvezza sta in questo»

Šostakóvič compose la Quinta sinfonia molto in fretta, dal 18 aprile al 20 luglio 1937. La parte centrale della sinfonia, il lungo Largo fu composto in soli tre giorni. Alla prima della Quinta sinfonia, il 21 novembre dello stesso anno, diretta dal trentaquattrenne Evgénij Mravìnskij, andò «tutta Leningrado». Era un pubblico d'eccezione, seduto sul vulcano, l'élite intellettuale della città che in quei giorni terribili conduceva un'esistenza precaria e surreale: di notte aspettava col fiato sospeso l'arrivo della «macchinina nera», cercando di indovinare davanti a quale portone si sarebbe fermata e a quale piano sarebbero scesi dall'ascensore gli sgraditi ospiti, mentre di giorno faceva finta che tutto andasse bene. La descrizione dei sentimenti di questa élite che banchetta in tempo di peste la lasciò Evgénij Švarc, uno dei suoi esponenti: «Esteriormente vivevamo come prima. Organizzavamo serate alla Dom pisàtelja (Casa dello scrittore). Mangiavamo e bevevamo. E ridevamo

Ridevamo della nostra condizione di schiavi e della sventura generale: cos'altro avremmo potuto fare? L'amore restava amore, la vita vita, ma ogni istante era intriso di orrore»[647]. I primi ascoltatori della Quinta sinfonia giunsero in sala in abito da sera scambiandosi gentilezze, corteggiandosi, spettegolando, pregustando curiosi quello che avrebbe sottoposto al loro giudizio Šostakóvič, caduto in disgrazia. Ma fin dalle primissime note, cariche di tensione, la musica li rapì, per non lasciarli più fino alla fine dell'opera. La Quinta sinfonia si sviluppava come un grandioso monologo senza parole, nel quale il protagonista accompagnava il pubblico attraverso il groviglio dei propri dubbi e delle proprie sofferenze,

---

[646] «Sovetskaja muzyka», cit., 9, 1989, p. 45.

[647] Švarc, op. cit., p. 630.

attraverso l'inferno privato dolorosamente noto a ogni leningradese. La musica di Šostakóvič esprimeva i sentimenti dell'intellettuale che cercava invano di sottrarsi alla minaccia del mondo esterno, che lo perseguitava ovunque, in campagna, per le strade della città, a casa, mettendo spietatamente la sua vittima con le spalle al muro

La Quinta sinfonia travolse gli ascoltatori. Quando la musica finì, molti piangevano[648]. La sala si alzò come un sol uomo, con un'ovazione di mezz'ora. Mravìnskij agitò la partitura in alto sopra la testa. L'orchestra se n'era andata da tempo dalla scena, ma il pubblico non voleva lasciare la sala

Capivano tutti che quella musica parlava di loro, della loro vita, delle loro paure e speranze. La Quinta sinfonia fin dall'inizio venne interpretata dai leningradesi come un'opera sul Grande Terrore. Ma dirlo ad alta voce, naturalmente non era possibile. Come commentò con amara ironia Isaàk Bàbel': «Ora un uomo parla apertamente solo con la moglie, di notte, con la testa sotto la coperta»

Così la prima della Quinta sinfonia, per attenuare il suo impatto violento, fu avvolta dall'autore e dai suoi amici in un'ovatta di parole «protettive»

Šostakóvič rilasciò un'intervista in cui cercava di scongiurare il pericolo che l'ira delle autorità si abbattesse sulla sua opera. «Al centro della concezione della mia opera ho posto l'uomo con tutti i suoi sentimenti» spiegò nebulosamente. Il cronista pubblicò questa conversazione con il compositore sotto un titolo tipico di quel periodo: Moj tvórčeskij otvét (La mia risposta creativa), cioè la «risposta creativa» di Šostakóvič ai rimproveri, ovviamente «giusti», di formalismo e agli altri peccati mortali di quel periodo

Per Šostakóvič, come per altri artisti sovietici, si trattava solo di una manovra di routine, un tentativo poco convinto di far perdere le tracce agli inseguitori. Šklóvskij paragonava questo comportamento all'estenuante girare in tondo di un gatto alla cui coda sia stato attaccato un barattolo di latta: «Il gatto si mette a correre, e la lattina fa rumore dietro di lui». Ma i critici occidentali, che non capirono o non vollero capire la situazione reale in cui viveva Šostakóvič, accettarono la leggenda che la sua Quinta sinfonia fosse stata pensata e scritta come «risposta creativa dell'artista alle critiche giustificate». Di conseguenza, questa sinfonia tragica e individualistica, che conquistò enorme popolarità

------

648 128 Veniamin Šer, conversazione con l'autore (Leningrado 1960).

in tutto il mondo e divenne forse l'opera di Šostakóvič più eseguita, per molti anni in Occidente venne interpretata come atto di capitolazione creativa dell'autore davanti al regime staliniano

Tuttavia i primi recensori sovietici descrissero il carattere della musica della Quinta sinfonia in modo affatto adeguato, trovandovi «tratti di orrore fisiologico» e «colorito di morte e desolazione». «In una serie di passi il pathos della sofferenza è portato fino al grido e all'ululato naturalistico. In alcuni episodi la musica è in grado di suscitare una sensazione fisica di dolore» constatò un critico. Un altro affermò che nella sinfonia di Šostakóvič «l'emozione di un oscuro cordoglio assurge alle vette della tragedia»

Il paradosso stava nel fatto che tutti questi critici non volevano affatto il bene di Šostakóvič. Nel bel mezzo del Grande Terrore, i loro giudizi penetranti di fatto avevano la funzione di delazioni politiche contro il compositore che aveva osato creare un'opera tragica in un'atmosfera paranoide di ottimismo forzato. La sinfonia di Šostakóvič rifletteva fedelmente le emozioni di una popolazione sfinita per gli arresti e le esecuzioni di massa, e la stampa accusava l'opera per le sue «tinte musicali straordinariamente fosche» e il suo «orrore dell'intorpidimento». Ma proprio grazie al fatto che la Quinta sinfonia continuò a essere eseguita lo stesso e discussa dalla stampa, a differenza del Requiem di Achmàtova divenne oggetto di dibattiti pubblici. Quest'opera di Šostakóvič svolse un ruolo preciso nella cristallizzazione del mito di Leningrado come città martire

La Quinta sinfonia di Šostakóvič si può chiamare «sinfonia del Cavaliere di bronzo» nel senso che, come il Cavaliere di bronzo di Pùškin, affronta la questione eterna per la Russia del conflitto tra individuo e Stato. Come Jùrij Tynjànov nella sua prosa, Šostakóvič reinterpretò il problema alla luce della realtà sovietica. Nella sua sinfonia, il conflitto scoppia nel finale, che infatti suscitò le più grandi discussioni. I critici, soprattutto occidentali, videro nel finale un'inequivocabile apoteosi, un inno allo status quo. Ma i primi ascoltatori sovietici accolsero questa musica in modo affatto diverso. Uno di loro dell'inizio dell'ultimo movimento della sinfonia disse che «è l'avanzata ferrea di una forza mostruosa che calpesta l'uomo». Aleksàndr Fadéev, sentita per la prima volta la sinfonia, annotò nel diario: «La fine non suona come un risultato né tantomeno come trionfo o vittoria, ma come una punizione o vendetta contro qualcuno»

Nel suo linguaggio il finale della Quinta sinfonia richiama direttamente il Cavaliere di bronzo di Pùškin, nel quale il povero Evgénij ingaggiava una lotta vana contro la statua minacciosa di

Pëtr I, che incarnava l'idea dello Stato russo. Evgénij usciva di senno e periva, mentre lo Stato trionfava. Ma Pùškin, come si è visto, rifiutò di dare un giudizio definitivo lasciando il suo poema come «sospeso». Ciò ha dato adito a interpretazioni diverse, spesso contraddittorie, della sua opera, a seconda della fede ideologica del critico

La musica sinfonica per sua stessa essenza tende all'ambiguità, assai più di quanto faccia la letteratura, lasciando ancora più spazio alle possibili divergenze interpretative. Ciò consentì a Šostakóvič di «esprimersi» in un'atmosfera in cui una discussione pubblica esplicita non era più possibile agli intellettuali sovietici

L'ambiguità della Quinta sinfonia di Šostakóvič le consentì di fluttuare sulla superficie della cultura leningradese, mentre il Requiem di Achmàtova continuava a restare nella clandestinità. Tutti gli attacchi dei critici all'«orrore», alla «morte e disperazione» della musica di questa sinfonia avevano un carattere generico. I detrattori non riuscirono a provocare uno scandalo politico e il dibattito sulla Quinta sinfonia in definitiva rimase confinato all'ambito puramente estetico. Il nome di Leningrado, per ragioni comprensibili, non veniva mai esplicitamente messo in relazione con la Quinta sinfonia. Il nuovo mito di Pietroburgo come città martire rimase nascosto. La spinta decisiva verso il suo riconoscimento generale, sia in Unione Sovietica sia in Occidente, fu la guerra contro la Germania nazista.

Il 22 giugno 1941 Šostakóvič presiedette gli esami di diploma dei pianisti al conservatorio di Leningrado, di cui era professore dal 1937. D'un tratto l'esame fu interrotto, per la sala si diffusero le parole tenibili: «È scoppiata la guerra contro la Germania!»

Molti sovietici temevano che Hitler un giorno avrebbe invaso il loro paese. Un leningradese scrisse degli umori dell'epoca: «In Europa, da qualche parte, c'è la guerra, da più di un anno, e allora? Il nostro paese è fuori dalla guerra; ci hanno convinto che è anzi un bene che i capitalisti combattano tra loro, non possiamo che guadagnarci». Lo stesso leningradese continuava: «Non dovevamo in generale preoccuparci degli eventi internazionali, manifestare, come ci si esprimeva allora, "umori malsani". "La nostra amata città può dormire tranquilla, e sognare, e rinverdire in primavera!" ci cullava una canzoncina famosa d'allora».[649] Lo shock fu tanto più forte. Fin dai primi giorni di guerra i tedeschi riportarono

---

[649] «Novoe russkoe slovo», cit., 10 maggio 1991.

successi fenomenali, infliggendo all'esercito russo perdite senza precedenti e conquistando distese enormi di territorio sovietico. Il 14 luglio le truppe tedesche erano già alle porte di Leningrado. L'8 settembre completarono l'accerchiamento della città. Il 22 settembre 1941 il comando della marina militare tedesca emise la direttiva segreta «Sul futuro della città di Pietroburgo», che suonava:

Il Führer ha deciso di spazzare dalla faccia della terra la città di Pietroburgo. ... Dopo la sconfitta della Russia sovietica non c'è nessun interesse a far continuare l'esistenza di questo centro densamente Si propone di stringere d'assedio la città e, mediante popolato. Si propone di stringere d'assedio la città e, mediante fuoco di artiglieria di tutti i calibri e bombardamenti aerei ininterrotti, raderla al suolo.[650]

Nelle istruzioni segrete del Partito nazista, in cui si parlava della necessità di usare grande cautela nei discorsi coi russi, si affermava appositamente che le più pericolose erano le discussioni con gli abitanti dell'ex Pietroburgo: «Questi ultimi per natura sono bravi dialettici e hanno la capacità di convincere delle cose più inverosimili» Per i dirigenti nazisti, Mosca era un villaggio semiasiatico la cui popolazione poteva essere manipolata e forse asservita agli interessi del Reich. Dei pietroburghesi i nazisti avevano un'opinione diversa. Erano stati loro a fondare un impero russo dinamico e a farlo diventare una potenza europea. Se ne traeva la logica conclusione: Leningrado, erede di Pietroburgo, dev'essere distrutta dalla macchina militare tedesca
Anche la politica prebellica di Stàlin era evidentemente volta a dissanguare Leningrado. Ma l'invasione di Hitler modificò all'istante la situazione. Ora Leningrado divenne un punto importante della difesa antitedesca staliniana
Il 21 agosto 1941 il braccio destro di Stàlin a Leningrado, Ždànov, rivolse un appello agli abitanti della città:

Il nemico cerca di penetrare in Leningrado. Vuole distruggere le nostre case, prendere le fabbriche e gli stabilimenti, saccheggiare il patrimonio del popolo, riversare in strade e piazze il sangue di vittime innocenti, infierire sulla popolazione inerme, schiavizzare i

---

[650] Alés' Adamóvič, Daniil Grànin, Blokadnaja kniga (Il libro dell'assedio), Leningràd 1989

liberi figli della nostra Patria.[651]

Questo appello fu affisso alle pareti di molte case di Leningrado. E il 14 settembre i leningradesi sentirono alla radio la voce dello scrittore Vsévolod Višnévskij: «Il nazismo vuole fare della nostra gente bestiame marchiato, privarla dell'onore, dei diritti e della dignità: "Ah, sei di Leningrado, di San Pietroburgo! È la città che ha fatto per prima la rivoluzione. Allora al muro o ai lavori forzati"»

Tra i mali citati da Ždànov e Višnévskij non ce n'erano che in una misura o nell'altra non fossero già stati perpetrati a Leningrado da Stàlin e dai suoi scagnozzi. Ma lo «stupro» staliniano di Leningrado era avvenuto in segreto. Dopo l'attacco tedesco, la salvezza di Leningrado d'un tratto divenne un tema legittimo. Divenne possibile parlare e scrivere apertamente della lotta per la sopravvivenza della città

Proprio in queste nuove circostanze drammatiche Šostakóvič cominciò a scrivere la sua nuova opera dedicata al destino di Leningrado, la Settima sinfonia detta «Leningradese», divenuta famosa in tutto il mondo. Sottolineo «scrivere», non «comporre». Šostakóvič era solito lavorare velocemente, perché in molti casi non faceva che trascrivere un'opera che nella sua mente si era già creata (come accadeva per esempio a Mozart), con pochi schizzi preventivi

Per questo Šostakóvič scriveva le partiture orchestrali delle proprie sinfonie direttamente a inchiostro. «Ma anche alla luce dell'accurata elaborazione preventiva del suono tipica di Šostakóvič, questo fu un caso particolare, una scrittura musicale condotta con chiarezza completezza e velocità straordinarie»[652] fu costretta ad ammettere una biografa ufficiale sovietica

Šostakóvič non poteva soffrire di parlare dei propri «progetti creativi», preferendo pronunciarsi su opere ultimate. Ciò nonostante, la Settima sinfonia di Šostakóvič fu inserita nel cartellone della stagione concertistica della Filarmonica di Leningrado del 1941-42, ossia prima dell'attacco della Germania. Lo si poteva fare solo con il consenso dell'autore, e ciò rivela che già in primavera Šostakóvič aveva una chiara idea di come sarebbe

---

[651] 900 geroičeskich dnej (Novecento giorni eroici), Moskvà-Leningràd 1966, p. 56.

[652] Chentova, Šostakóvič. Žizn ' i tvorčestvo (Šostakóvič. Vita e opera), Leningràd 1986, vol. II, p. 24.

stata la sua Settima sinfonfl e che era certo di finirla per la stagione autunnale

Non v'è dubbio che lo shock della guerra abbia dato un nuovo sfondo psicologico al lavoro del compositore e ne abbia influenzato il risultato finale. Si sa che in questo periodo Šostakóvič stava prendendo seriamente in considerazione di impiegare nella sua nuova opera parole dei salmi di Davide, che avrebbe dovuto cantare un solista. Nella scelta dei testi lo aiutò Sollertìnskij, grande biblista. Furono scelti in particolare i brani del Nono salmo:

Cantate inni al Signore, che abita in Sion,
narrate tra i popoli le sue opere
Vindice del sangue, egli ricorda,
non dimentica il grido degli afflitti.[653]

Per Šostakóvič, naturalmente, erano particolarmente importanti le parole «vindice del sangue»: corrispondevano all'indignazione del compositore per l'oppressione di Stàlin. Prima dell'inizio della guerra non si poteva nemmeno pensare che un'opera musicale con un testo del genere potesse essere pubblicata. Dopo l'attacco di Hitler, questa possibilità si aprì, almeno in teoria. Il sangue ora poteva essere quello che stava spargendo Hitler. Inoltre, Stàlin, spaventato dagli insuccessi militari, cercava di fare appello ai sentimenti patriottici e religiosi del popolo russo. I temi e le immagini religiose ortodosse non furono più proibiti dalle autorità. Èrenbùrg ricordava: «Di solito la guerra porta con sé le forbici del censore; da noi invece nel primo anno e mezzo di guerra gli scrittori si sentirono assai più liberi di prima».[654] Šostakóvič aveva anche un'altra ragione, professionale, di rivolgersi ai salmi di Davide: infatti erano stati usati da Ìgor'Stravìnskij nella Sinfonia dei salmi per coro e orchestra del 1930. Šostakóvič non nascondeva che Stravìnskij era sempre al centro della sua attenzione. Ancora giovane, Šostakóvič si innamorò dell'opera di Stravìnskij L'usignolo e del suo balletto Petrùška

Come pianista, Šostakóvič – insieme a Marìja Jùdina – prese

---

[653] Salmi 9, 12-13.

[654] Il'jà Èrenbùrg, Ljudi, gody, Žizn'. Vospominanija v trëch tomach (Uomini, anni, vita. Ricordi in tre volumi), Moskvà 1990, vol. II, p. 242.

parte alla prima leningradese delle Nozze di Stravinskij nel 1926, eseguì anche il suo Concerto per pianoforte e fiati (nella trasposizione per due pianoforti) e la Serenata in la. «Su di me l'opera di Stravinskij ha esercitato una grande influenza

Ogni singola opera ha prodotto in me una forte impressione e un enorme interesse» ammise Šostakóvič

Non appena la partitura della Sinfonia dei salmi (che, tra l'altro, Stravinskij cominciò a scrivere impiegando il testo russo, passando al latino solo in un secondo tempo) giunse a Leningrado, Šostakóvič ne fece una trascrizione per pianoforte a quattro mani e spesso suonava quest'opera con i suoi allievi del corso di composizione al conservatorio. Quando iniziò a comporre la Settima sinfonia, aveva la chiara intenzione di «misurarsi» con il proprio idolo

Alla fine Šostakóvič abbandonò questa idea e la Settima sinfonia finì per essere un'opera «senza parole» e con un programma solo vagamente accennato. Ma lo spirito dei salmi di Davide continuò ad aleggiarvi sopra, soprattutto nel primo movimento con le sue intonazioni elevate, bibliche, e nel grandioso corale del terzo movimento. In questo modo, nella sinfonia si conservò il motivo della vendetta sanguinosa. Ma vi penetrarono anche gli echi dell'assedio tedesco di Leningrado

Le autorità di Leningrado proclamarono lo stato di assedio. I nazisti sottoposero la città a un incessante bombardamento aereo e la cannoneggiarono dalle zone limitrofe con l'artiglieria pesante. Per salvare dalla distruzione il Cavaliere di bronzo, la statua equestre di Pëtr il Grande fu chiusa in un apposito sarcofago di sabbia e tavole di legno, ma venne lasciata a torreggiare al centro della città: gli abitanti ricordavano l'antica leggenda secondo cui la città sarebbe stata inespugnabile fintantoché il Cavaliere di bronzo fosse rimasto al suo posto. Insieme con gli altri leningradesi, i docenti e gli allievi del conservatorio, Šostakóvič compreso, scavarono trincee anticarro intorno alla città. Poi Šostakóvič insieme con il pianista Vladìmir Sofronìckij fu arruolato nei pompieri che dovevano fare la guardia dal tetto del conservatorio

Inoltre scriveva canzoni e arrangiamenti musicali da eseguire al fronte per intrattenere le truppe

Ma naturalmente non smise di lavorare febbrilmente alla sinfonia, i cui primi tre movimenti – quasi un'ora di musica – erano già pronti per la fine di settembre. All'inizio di ottobre Šostakóvič (come una serie di altre figure culturali considerate importanti dal regime, tra cui Achmàtova e Zóščenko) fu condotto via da Leningrado su un aereo speciale per ordine del governo

Tra le poche cose che si portò con sé c'erano la trascrizione della Sinfonia dei salmi di Stravìnskij e il manoscritto della Settima sinfonia

Prima dello sfollamento, Šostakóvič fece in tempo a mostrare quanto aveva scritto a pochi amici a casa propria. Come ricorda BoŽdànov-Berezóvskij, che era presente, gli ospiti di Šostakóvič erano sconvolti da quanto sentivano:

Tutti a una voce gli chiedemmo di ripetere l'esecuzione. Ma d'un tratto si sentirono suonare le sirene: un'altra incursione aerea. Dmìtrij Dmìtrievič propose di non interrompere l'esecuzione, ma di fare un piccolo intervallo: doveva portare nel rifugio la moglie e i figli, Galina e Maksìm. Rimasti soli, continuammo a stare seduti, in silenzio. Qualsiasi parola appariva fuori luogo dopo quello che avevamo sentito.

Un'impressione particolarmente forte sui primi ascoltatori produsse un brano del primo movimento che in seguito i critici chiamarono «episodio dell'invasione»: il tema malvagio della marcia delle marionette veniva variato undici volte per vari strumenti, crescendo in volume, come nel Bolero di Ravel, e giun ndo a un punto culminate in cui l'entità del suono risultava fastidiosa per'orecchio e per la psiche. È divenuta comune la spiegazione di questo episodio sul piano naturalistico: Šostakóvič presumibilmente voleva raffigurare la marcia dell'esercito nazista sul territorio russo in fiamme

Tuttavia, molti dei primi ascoltatori della sinfonia, in particolare quelli che appartenevano alla cerchia di Šostakóvič, si espressero in modo molto meno diretto, preferendo parlare dell'incarnazione del male e della violenza universale. Per esempio, il direttore d'orchestra Evgénij Mravìnskij, che di solito sceglieva le proprie parole con molta cura per descrivere la musica di Šostakóvič, affermava che quando nel marzo 1942 aveva sentito per la prima volta la Settima sinfonia alla radio, aveva pensato che nel cosiddetto «episodio dell'invasione» il compositore avesse rappresentato l'ottusità e la volgarità sfrenate

Il compositore stesso negli ultimi anni della sua vita ripeteva spesso in conversazioni private che la sua Settima sinfonia rappresentava una protesta contro due tiranni: Hitler e Stàlin. Ma come spiegò questa musica «a programma» subito dopo averla scritta, negli anni della guerra? La risposta a questa domanda fu possibile solo mezzo secolo dopo, quando con la glàsnost'di Michaìl Gorbačëv sulla stampa russa fu data la parola a testimoni fino allora costretti al silenzio. Il critico musicale Lev Lebedìnskij, che per molti anni fu amico di Šostakóvič, dopo aver detto che la Settima sinfonia era stata pensata dall'autore prima ancora della guerra, dichiarò:

Il famoso tema del primo movimento era stato definito da Šostakóvič «tema staliniano» (gli intimi di Dmìtrij Dmìtrievič lo sapevano). E subito dopo l'inizio della guerra fu definito dall'autore stesso tema «antihitleriano». In seguito Šostakóvič si riferì a questo tema «tedesco» chiamandolo «tema del male», cosa indubbiamente vera, poiché questo tema è antihitleriano quanto antistaliniano, anche se nella coscienza della società musicale mondiale si fissò solo la prima delle due definizioni.[655]

Un'altra testimonianza importante viene dalla nuora di Maksìm Litvìnov, il quale prima della guerra dirigeva gli affari esteri sovietici, ma poi fu licenziato da Stàlin. La signora ha raccontato di aver assistito negli anni della guerra all'esecuzione di Šostakóvič della sua Settima al pianoforte, in una casa privata. Poi gli ospiti si misero a discutere della musica.

E allora Dmìtrij Dmìtrievič disse pensieroso: «Certo, il nazismo, ma la musica, la vera musica non è mai letteralmente legata a un tema
Il nazismo non è solo il nazionalsocialismo, e questa musica parla del terrore, della schiavitù, dell'oppressione dello spirito». Più tardi, quando Dmìtrij Dmìtrievič si affezionò a me e cominciò a fidarsi, mi disse chiaro e tondo che la Settima (come anche la Quinta) non parlano solo del nazismo, ma anche del nostro regime e in generale di qualsiasi tirannia e totalitarismo.[656]

Ovviamente, in modo così schietto Šostakóvič poteva permettersi di esprimersi solo in una ristrettissima cerchia di amici fidati. Ma anche nelle dichiarazioni per la stampa sovietica si sforzò, per quanto possibile, di alludere ai temi occulti della Settima sinfonia, insistendo, per esempio, sul fatto che «il punto centrale» del primo movimento non era l'«episodio dell'invasione», su cui i giornalisti facevano molte domande, ma la musica tragica

---

[655] «Novyj mir», cit.. 3, 1990, p. 267.

[656] «Sovetskaja muzyka», cit,, 5, 1991. pp. 31-32.

successiva a questo episodio, che il compositore definiva una sorta di «marCia funebre o requiem». E Šostakóvič continuava il proprio commento cercando di inserire in ciascuna parola, accuratamente scelta, la quantità maggiore di informazioni subliminali per gli ascoltatori futuri: «Dopo il requiem c'è un episodio ancora più tragico. Non so come caratterizzare questa musica. Forse si tratta delle lacrime di una madre o anche di un sentimento in cui l'amarezza è tanto grande che non ci sono più lacrime».[657]

Queste parole di Šostakóvič riecheggiano in modo stupefacente non solo il tono generale del Requienl di Achmàtova, ma in particolare una delle poesie «in memoria» prossime al Requiem, composta nel 1938 in reazione alla notizia della morte, nella macchina crudele del terrore staliniano, dello scrittore Borìs Pil'njàk, suo amico intimo:

Se con i versi un morto sveglierò,
perdonami, diverso già non posso:
per te m'affliggo come fossi mio
e invidio chi di piangere è capace,
chi riesce a piangere in quest'ora cupa
per chi sul fondo del burrone giace..
Evaporando senza versar gocce,
l'umore gli occhi non m'ha rinfrescato.[658]

La Settima sinfonia di Šostakóvič e il Requiem di Achmàtova sono accomunati non solo dall'identica e terribile fonte d'ispirazione (il terrore staliniano a Leningrado), non solo dal comune modello artistico (la Sinfonia dei salmi di Stravinskij) e dal carattere di requiem che domina in entrambe le opere, ma anche dalla somiglianza del procedimento artistico, che consente a Šostakóvič e ad Achmàtova di affrontare un tema tanto spaventoso. L'effetto poetico del Requiem perlopiù viene ottenuto mediante il costante sdoppiamento schizofrenico della narratrice nelle figure di madre e di poetessa. Anche Šostakóvič introduce nella propria sinfonia la figura dell'autore come protagonista
Nelle opere successive di Šostakóvič, l'elemento autobiografico

---

[657] «Sovetskoe iskusstvo» (L'arte sovietica), 9 ottobre 1941.

[658] A. Achmàtova, Vsë èto razgadaeš'ty odin... (Tu solo puoi intuire tutto questo...), in Sočinénija, cit., vol. I, pp. 237-238.

verrà proclamato in modo non ambiguo, mediante l'inclusione del «monogramma musicale» del compositore, il motivo Re, Mi minore, Do, Si. Nella Settima sinfonia Šostakóvič segnala la propria presenza in modo più sottile. Per esempio, nel secondo movimento introduce un motivo «agitato» che si può chiamare «tema del condannato». Decifrare il senso programmatico nascosto di questo motivo musicale è senza dubbio possibile con l'ulteriore uso che ne fa Šostakóvič in altri due casi: nelle Sei romanze su parole di poeti inglesi (1942) e nella Tredicesima sinfonia (1962). Entrambe le volte questo motivo particolare di Šostakóvič illustra la stessa immagine, la danza di sfida del condannato prima dell'esecuzione:

> Sae rantingly, sae wantonly,
> Sae dauntingly gaed he,
> He play'd a spring, and danc'd it round
> Below the gallows-tree.[659]

Indubbiamente, scegliendo questi versi di Robert Burns dal titolo MacPherson's Farewell per il proprio ciclo vocale, Šostakóvič si identificava con il loro protagonista, che esclama:

> I've liv'd a life of sturt and strife;
> I die by treacherie:
> It burns my heart I must depart,
> And not avenged be. [660]

Un altro aspetto della personalità dell'autore che è presente nella Settima sinfonia traspare nel terzo movimento, dove il protagonista cerca nell'arte sublime un rifugio dalle preoccupazioni mondane. Šostakóvič stesso caratterizzò questa musica come «adagio patetico, centro drammatico dell'opera»

Il compositore collegava la nascita di questa musica con le sue peregrinazioni per la città nelle notti bianche, quando l'architettura maestosa della vecchia Pietroburgo è particolarmente impressionante sullo sfondo grigio pallido della Nevà e del cielo di madreperla

---

[659] «Così allegro, così giocoso, I così impavido incedeva, / ha fatto un salto, e ci ha danzato intorno I sotto la forca.»

[660] «Ho vissuto una vita di impeto e di lotta; / muoio perché mi hanno tradito: / mi brucia il cuore dover partire. / senza essere vendicato.»

Šostakóvič avrebbe potuto aggiungere che sul piano musicale
questo movimento è legato ancora a Stravinskij, questa volta al suo
balletto della fine degli anni Venti Apollo Musagete con i suoi
grandiosi temi intonati dagli strumenti a corde. Per Šostakóvič il
legame di questo balletto di Stravinskij con l'architettura di
Pietroburgo era indubbio. Nella Settima sinfonia egli fa omaggio a
entrambi mediante prestiti musicali dall'Apollo Musagete, e
inscrivendo la propria figura solitaria nel paesaggio pietroburghese
idealizzato

In questo senso il terzo movimento può essere interpretato
come un tentativo del compositore di fuggire dal crudele mondo
reale, dove trionfa il terrore sfrenato, nel mondo ideale dell'arte,
dove regnano Apollo e le sue muse

Questo tentativo di fuga era condannato all'insuccesso, sia
nell'arte sia nella vita. Anche se la Settima sinfonia era stata
indubbiamente pensata come qualcosa di esoterico, le sarebbe
toccato un destino radicalmente diverso

Già il 17 settembre 1941, due mesi dopo che aveva cominciato
a scrivere la sinfonia, Šostakóvič fu convocato alla radio di
Leningrado perché annunciasse a tutto il paese il suo nuovo lavoro.
Come ricorda uno degli organizzatori del programma, a prendere
Šostakóvič venne mandata un'automobile speciale e, durante il
tragitto, gli fecero leggere l'editoriale Vrag u vorót (Il nemico alle
porte) nell'ultimo numero della «Leningràdskaja pràvda» (Pràvda di
Leningrado): «Leningrado è diventata un fronte. Il nemico conta
sul fatto che i lavoratori di Leningrado si disperino, perdano il
controllo e la lucidità, e che così la difesa della nostra grande città
risulti indebolita. Il nemico sbaglia i conti[661]

A Šostakóvič spiegarono chiaro e tondo che il suo intervento
alla radio doveva essere una variazione su questo tema. Leggendo
un testo prestabilito, egli annunciò che stava scrivendo la Settima
sinfonia: «Lo comunico affinché i leningradesi che ora mi stanno
ascoltando sappiano che la vita della nostra città procede
normalmente»

Nella vita di Leningrado, come di qualsiasi città sotto assedio,
in quel momento c'era ben poco di normale, ma per il grandioso
apparato propagandistico questo era naturalmente secondario.
Dopo il discorso alla radio, la nuova opera patriottica di Šostakóvič
fu annunciata anche dai giornali, prima da quelli locali, poi dalla

---

[661] A. Krjùkov. Muzyka v gorode-fronte (La musica nella città-fronte),
Leningràd 1975, 9-10.

«Pràvda» di Mosca, che fungeva da esempio per le pubblicazioni in tutta la Russia. Il fatto che Šostakóvič avesse creato una sinfonia nella Leningrado sotto assedio si trasformò in un simbolo nazionale della determinazione della città e del paese a opporsi ai nazisti fino all'ultimo. Lo colse bene uno dei principali propagandisti staliniani, lo scrittore Aleksej Tolstoj, nel suo lungo articolo per la «Pràvda» Na repetìcii Sed'moj simfónij Šostakóviča (Alla prova della Settima sinfonia di Šostakóvič) scritto nello stile teatrale tipico dell'epoca:

La Settima sinfonia è nata dalla coscienza del popolo russo che ha accettato senza esitazione la battaglia mortale contro le forze nere ..Hitler non ha fatto paura a Šostakóvič. Šostakóvič è un uomo russo, quindi un uomo arrabbiato e, se lo si fa arrabbiare per bene, è capace di compiere gesti straordinari.

L'esecuzione della sinfonia fu organizzata con grande urgenza, tenendo conto della situazione bellica. Portato da Leningrado a Mosca, e poi a KùjbySev, dove erano sfollati molti importanti ministeri e teatri (tra cui anche il Bol'šój), Šostakóvič concluse l'orchestrazione della Settima sinfonia il 29 dicembre 1941. E già il 5 marzo 1942 l'orchestra del teatro Bol'šój, una delle migliori dell'Unione Sovietica, suonò la sinfonia sotto la direzione sicura di Samuìl SAmosùd (che in precedenza aveva diretto la prima delle opere di Šostakóvič// naso e Lady Macbeth). Questo concerto fu trasmesso via radio da Kùjbygev in tutto il paese, dichiarando però che si teneva a Mosca

Sul frontespizio della sinfonia Šostakóvič scrisse: «Dedicata alla città di Leningrado». In questo modo la dedica, che prima della guerra doveva essere «segreta», divenne palese. Ma l'autore era ugualmente agitato e nei giorni precedenti la prima, stando alla testimonianza dei suoi amici, ripeteva nervoso: «La sinfonia non piacerà, non piacerà». Temeva che gli ascoltatori non recepissero il suo messaggio segreto

I timori di Šostakóvič erano infondati: alla prima e alle successive esecuzioni la sinfonia suscitò le lacrime degli ascoltatori. Ma anche questo fatto venne sfruttato dall'apparato propagandistico sovietico, per il quale la Settima sinfonia fu una vera manna dal cielo: era un'opera di livello mondiale che esprimeva emozioni tragiche e pathos, che commuoveva davvero il pubblico ma che, come ogni opera esclusivamente musicale, si prestava alle interpretazioni più ampie. Subito dopo la prima, la stampa reagì con una serie di recensioni entusiastiche, e già l'11 aprile la «Pràvda» pubblicò il decreto che assegnava a Šostakóvič, per la composizione della Settima sinfonia, il più alto riconoscimento culturale del paese, il premio Stàlin di prima classe

Stàlin diede enorme importanza alla propaganda ideologica in Gran Bretagna e negli Stati Uniti, alleati della coalizione antitedesca. La Settima sinfonia si inscriveva in modo ideale nei suoi piani. Il nome di Šostakóvič era noto in Occidente già prima della guerra, ma la notizia della Settima sinfonia, che fece presto il giro della stampa britannica e statunitense, lo rese particolarmente popolare. A quest'opera erano legati numerosi aneddoti curiosi e pittoreschi, che vennero dati in pasto ai corrispondenti occidentali che languivano a Kùjbysev, da dove non potevano andare né a Mosca né al fronte

Per esempio, fece il giro di tutto il mondo la fotografia scattata a Leningrado sotto assedio che raffigurava Šostakóvič mentre «spegneva un incendio» sul tetto del conservatorio, in completa tenuta da pompiere e con l'elmetto in testa. In seguito uno degli amici di Šostakóvič ammise:

Naturalmente anche quella fu una sorta di messa in scena. Il viso classico di Dmìtrij Dmìtrievič stava molto bene con l'elmetto. Lui nella fotografia con la tenuta da pompiere faceva un effetto stupefacente. In seguito, incontrandolo, ricordai a Dmìtrij Dmìtrievič quella foto. In risposta si limitò ad abbassare gli occhi.[662]

Ma in Gran Bretagna e negli Stati Uniti, dove erano ansiosi di sapere qualcosa di più dei propri inattesi e misteriosi alleati sovietici, questa intelligente fotografia di propaganda fu accolta con entusiasmo. L'immagine di Šostakóvič con l'elmetto dorato da pompiere sullo sfondo degli edifici in fiamme uscì sulla copertina di «Time» con la didascalia «il pompiere Šostakóvič» e il sottotitolo «Tra le bombe che esplodono a Leningrado ha sentito gli accordi della vittoria». La rivista informava dell'imminente prima statunitense della Settima sinfonia: «Dalle prime esecuzioni a Manhattan del Parsifal (nel 1903) non c'era più stato un tale fermento di attesa degli americani per un'opera musicale».[663]

Oltre alla storia drammatica della composizione della sinfonia,

---

[662] «Kontinent» (Il continente), 37, 1983, p. 363

[663] «Time», 20 luglio 1942.

«Time» raccontava le peripezie che erano state necessarie per portare il microfilm della partitura negli USA (in aereo da Kùjbysev a Teheran, in automobile da Teheran al Cairo, in aereo dal Cairo a New York) e riferiva della lotta divampata tra i direttori d'orchestra più famosi per ottenere il diritto di eseguire per primi la sinfonia al pubblico statunitense. L'esecuzione della sinfonia da parte dell'orchestra della NBC sotto la direzione di Arturo Toscanini, trasmessa in tutto il paese da Radio City di New York, fu ascoltata da milioni di statunitensi. Quindi la prima in sala dell'opera fu diretta da Sergéj Kusevìckij, direttore della Boston Simphony Orchestra, che dichiarò:

È mia profonda convinzione che dai tempi di Beethoven non ci sia mai stato un compositore con un richiamo così forte per le masse. Dopo Beethoven, nessuno ha avuto il senso estetico e l'approccio al materiale musicale di Šostakóvič. È il più grande maestro della ricchezza musicale; è padrone di ciò che desidera fare; ha una vena melodica inesauribile; il suo linguaggio è ricco quanto il mondo; il suo sentimento è assolutamente universale.[664]

Nel corso della stagione 1942-1943, la sinfonia negli Stati Uniti fu eseguita per oltre sessanta volte, un successo senza precedenti per un'opera contemporanea di musica classica della durata di oltre un'ora. Non di rado queste esecuzioni si trasformavano in manifestazioni a sostegno degli sforzi bellici del popolo russo e di simpatia per Leningrado sotto assedio. I colleghi di Šostakóvič erano perplessi. Virgil Thomson, esprimendo l'opinione di molti musicisti americani, scrisse con sufficienza che se Šostakóvič avesse continuato a comporre in questo modo, prima o poi ciò «lo avrebbe squalificato e non sarebbe più stato considerato un compositore serio»

Béla Barték, solitamente moderato, che in quel periodo viveva a New York, era tanto indignato che espresse la propria rabbia inserendo nel proprio Concerto per orchestra una parodia sul tema dell'«invasione» della Settima sinfonia. Con amarezza Barték confidava a un amico il proprio disappunto per l'enorme successo di un'opera che a suo parere non se lo meritava affatto.[665]

---

[664] Embassy of the Union of Soviet Socialist Republics, «Information Bulletin», numero speciale, 10 agosto 1942, Washington.

[665] Antal Dorati, Notes of Seven Decades, Detroit 1981, pp. 60-62.

Sentimenti affini espresse privatamente Stravinskij, che a quell'epoca sosteneva energicamente il Russian War Relief e accoglieva con entusiasmo qualsiasi notizia sui successi dell'Armata rossa, che prima aveva odiato tanto.[666]

La situazione politica però rendeva impossibile un giudizio serio e spassionato sulla Settima sinfonia, e ciò ebbe effetti negativi sulla sua sorte dopo la guerra. Per molti anni scomparve dal repertorio delle orchestre occidentali, vittima sia di ostracismo artistico, sia della guerra fredda. Ma l'esito inaspettato, e per Kolti ingiustificato, della sinfonia al di fuori della cerchia degli esperti presso il grande pubblico occidentale nell'epoca della coalizione antitedesca diede un contributo importante alla legittimazione internazionale dell'immagine di Leningrado come città martire. Al terrore staliniano in quel periodo in Occidente si preferiva non pensare. La Settima sinfonia divenne un simbolo universale accettabile da tutti delle sofferenze di Leningrado. Il suo successo negli Stati Uniti e in Gran Bretagna, tornato come un boomerang in Russia, costrinse la «Pràvda» – che nel 1936 aveva attaccato la musica di Šostakóvič – a scrivere ora del compositore: «Il suo talento unico si è sviluppato in una grande città amata da tutto il popolo sovietico, cara a tutta l'umanità progressista»

Questo "amore per Leningrado" decretato dall'alto fu conseguenza della particolare condizione della città, fortezza strategica assediata e simbolo degli sforzi eroici del popolo sovietico contro gli invasori tedeschi. Le truppe di Hitler strinsero intorno a Leningrado un assedio che durò dal settembre 1941 al gennaio 1944. Questi ventinove mesi hanno segnato il periodo più tragico di tutta l'esistenza della città, e sono passati alla storia come «i novecento giorni» nel corso dei quali su tre milioni di abitanti di Leningrado, a causa di bombardamenti, cannoneggiamenti, malattie e soprattutto fame, ne morirono da uno a due milioni. La cifra esatta delle vittime dell'assedio, come quella dei morti durante la fondazione della città, non sarà probabilmente mai determinata: le statistiche staliniane sono notoriamente inaffidabili, e nel caso dell'assedio di Leningrado le autorità fin dall'inizio per motivi politici cercarono di nascondere e manipolare la situazione reale, e i dati esistenti, irrimediabilmente confusi, saranno sempre oggetto delle interpretazioni più diverse. In quei mesi la maledizione della zarina Eudossia, pronunciata duecentoquarant'anni prima, sembrò

---

666 Véra Stravinskaja, conversazione con l'autore (New York 1976).

vicina ad avverarsi: «Sankt-Peterburch sarà deserta!»

Gli storici continuano a discutere se la difesa della città fosse indispensabile e giustificata dal punto di vista militare. Stàlin non avrebbe fatto meglio a cedere Leningrado ed evitare così indescrivibili sofferenze alla popolazione civile? Ma è più che probabile che la resa di Leningrado non l'avrebbe salvata. Hitler infatti desiderava la distruzione di Leningrado più di quanto l'avesse desiderata Stàlin prima della guerra. Questi due spiriti maligni aleggiavano sopra la città, e con i loro sforzi congiunti riuscirono quasi ad annientarla. Sotto una simile pressione, qualsiasi altra città avrebbe probabilmente ceduto. Ma lo spirito cocciuto e orgoglioso di Leningrado finì per avere la meglio

La piaga peggiore era la fame. Agli operai venivano dati duecento grammi di pane al giorno, ai loro famigliari 175 (due pagnottelle). Altrettanto ricevevano gli impiegati. Šostakóvič, sfollato a Kùjbygev, scrisse nel 1942 a un'amica: «Di tanto in tanto ricevo da Leningrado lettere incredibilmente penose e che mi costa gran dolore leggere. Per esempio, hanno mangiato il mio cane, hanno mangiato alcuni gatti». Un testimone descrisse le conversazioni tra studenti in coda per il pane: «Trovavano molto gustosa la carne di gatto, ricorda il coniglio. Quello che spiace è uccidere il gatto. Si difende disperatamente. Se non si procede con cautela, si può restare gravemente graffiati».[667]

Nei primi mesi dell'assedio furono mangiati uccelli domestici, come canarini e pappagalli; poi venne il turno di quelli di strada: piccioni e corvi

Quindi toccò a ratti e topi. Con incredibile inventiva la gente cercava di ricavare elementi commestibili da tutto quello che li circondava: grattavano la colla alla farina dalla tappezzeria e dalle copertine dei libri, bollivano cinture di pelle, usavano ogni genere di medicine e di polveri, vaselina, glicerina

Mangiavano la terra: la torba di Leningrado veniva considerata commestibile, e in cambio di un pezzo di pane si potevano avere due boccali di torba

C'erano periodi in cui morivano di fame anche trentamila persone in un giorno. Evgénij Švarc ricordava: «Il primo a morire di fame nel nostro condominio è stato un giovane attore di nome Kramskój, secondo alcune voci nipote del pittore. È morto di

---

[667] K. Kriptén. op. cit., p. 185.

colpo, cadendo in corridoio».[668] Sullo stesso argomento ha scritto
Ól'ga Frejdenbérg:

La gente camminava e cadeva, si alzava e cedeva. Le vie erano
disseminate di cadaveri. Nelle farmacie, nei portoni, negli androni,
sulle soglie delle scale e sui pianerottoli c'erano cadaveri.
Giacevano là perché li avevano buttati là, come un tempo facevano
coi trovatelli. I portieri al mattino li spazzavano come immondizia.
I funerali, le tombe, le bare erano un lontano ricordo. Era
un'inondazione di morte che nessuno era in grado di controllare.
Gli ospedali erano pieni di montagne di migliaia di morti, lividi,
smunti, orribili. Per le vie trasportavano in slitta in silenzio i
cadaveri. Li avvolgevano in stracci o semplicemente li coprivano,
ed erano tutti lunghi, secchi come scheletri
    Scomparivano famiglie intere, interi appartamenti con le varie
famiglie che li abitavano. Scomparivano case, vie e quartieri.[669]

Si è conservato il diario straziante di una leningradese di dodici
anni, Tànja Savìčeva, morta nel 1944 di denutrizìone; con una
calligrafia grossa da bambina su sette fogli è scritto il destino della
famiglia Savìčev:

Žénja è morta il 28 dicembre del 1941 alle dodici e trenta del
mattino. La nonna è morta il 25 gennaio del 1942 alle tre di
pomeriggio. Léka è morto il 17 marzo del 1942 alle cinque di
mattina. Zio Lëša il 10 maggio del 1942 alle quattro di pomeriggio.
La mamma il 13 maggio del 1942 alle sette e mezzo del mattino. I
Savìčev sono morti. Sono morti tutti. È rimasta solo Tànja.

I veri pietroburghesi – persone nobili, riservate, scrupolose –
morivano, di norma, per facevano più fatica ad adattarsi alle
disumane condizioni di esistenza, alla lotta per la sopravvivenza.
L'artista Pàvel Filónov morì nel suo laboratorio il 3 dicembre
1941 : già prima dell'assedio viveva di una razione da fame;
l'organismo esausto non resistette a lungo
    Soffrivano molto la fame i bambini, che nelle terribili
condizioni dell'assedio si trasformavano rapidamente in piccoli
vecchietti. Come gli adulti, pensavano sempre al cibo e non

---

[668] E. Švarc. op. cit., p. 657.

[669] «Minuvšee» (Il passato), 3, pp. 20-21.

parlavano d'altro. A proposito del figlio di cinque anni Tolja, una leningradese ricordava:

Era talmente magro che ormai dal letto si alzava di rado, e continuava a dirmi: «Mamma, di semolino ne mangerei un secchio intero, e di patate un sacco pieno». Cercavo di distrarlo. Provavo a raccontargli delle fiabe, ma continuava a interrompermi: «Sai, mamma, di pane ne mangerei un bastone grande così» e indicava la tinozza. Io dicevo: «No, non lo mangeresti, non ti starebbe nel pancino». E lui ribatteva: «Lo mangerei, mamma, lo mangerei. Non dormirei, ma continuerei a mangiare e mangiare». Aveva l'aria di un piccolo di cornacchia, tutto bocca e grandi occhi marroni così malinconici.[670]

Il piccolo Tolja più di una volta propose alla madre di ucciderlo, magari asfissiandolo col gas: «All'inizio mi farà male la testa, poi mi addormenterò»

Molti altri bambini durante l'assedio parlavano così. Una bambina tranquillizzava la madre: «Se morirò, farò piano piano, per non spaventarti».[671]

Per Leningrado assediata correvano voci su casi di cannibalismo, mai riprese dalle pubblicazioni sovietiche. Ho avuto modo di parlare di questo tema tabù in alcune conversazioni con molti abitanti della città sopravvissuti all'assedio. Una donna mi ha raccontato: «Un giorno ho scambiato un pezzo di pane con della carne in gelatina. L'ho portata a casa, abbiamo cominciato a mangiare, e mio padre l'ha sputata subito: "È carne umana". Ma chi era in grado di capire se era carne umana o no. Comunque non l'abbiamo mangiata, non siamo riusciti. Come avremmo potuto poi guardarci negli occhi?»

I moribondi provavano uno strano senso di liberazione. L'accademico Dmìtrij Lichaëëv, che sopravvisse all'assedio, scrisse: «Solo chi muore di fame vive una vera vita, può compiere la somma vigliaccheria o il sommo sacrificio senza temere la morte». Emozioni simili ha espresso in poesia la famosa Ól'ga Berggol'c, cantrice dell'assedio, le cui parole «Nessuno è stato dimenticato, e nulla è stato dimenticato» sono state incise sulla stele del monumento che commemora le vittime di quei mesi:

---

[670] A. Adamovič, D. Grànin, op. cit., p. 519.

[671] Ibid., p. 370

Nel fango, nel buio, affamati, contriti,
la morte c'insegue com'ombra dappresso,
eppure eravamo davvero felici,
così tumultuosa era la libertà,
da farci invidiare dai nostri nipoti

Questo sentimento di liberazione interiore, quasi un volo emotivo, mi è stato descritto da più di un reduce dall'assedio. Vi sono implicati alcuni aspetti fisiologici della fame: il corpo sembra senza peso, si fanno più intensi gli impulsi visionari, e con questi la spinta al sacrificio e al misticismo. E naturalmente molti leningradesi si sentirono di nuovo, giustamente, superpatrioti: in città si ricordava spesso che il piede del nemico non aveva mai calpestato il terreno di Pietroburgo, e che non doveva succedere nemmeno ora. I leningradesi capivano che si trovavano in una situazione straordinaria e la consapevolezza di questa straordinarietà diede loro forze sovrumane

Tutte queste emozioni intense e nobili e l'eroico comportamento di Leningrado assediata furono abilmente sfruttati dalla macchina propagandistica staliniana che mescolava sapientemente la verità con la menzogna. Da una parte gli atti eroici dei leningradesi venivano descritti in articoli, poesie, canzoni. Dall'altra i fatti tremendi del blocco di Leningrado vennero tenuti segreti. Ól'ga Frejdenbérg, che visse a Leningrado per l'intero periodo dell'assedio, ricordava:

La fame e la morte degli abitanti di Leningrado erano tenute accuratamente nascoste a Mosca e nelle province. La censura in base alla legge militare aveva il diritto di controllare le nostre lettere. Non si poteva né raccontare, né lamentarsi, né chiedere aiuto. Nei giornali e alla radio si sbandieravano l'impavidità e il coraggio degli assediati; le morti venivano genericamente chiamate «sacrifici sull'altare della patria». C'era qualcosa di buffo nel fatto che gli assediati, questi fantasmi affamati, lasciati senz'acqua e combustibile, ufficialmente venissero proclamati i più fortunati del paese. Le nostre miserie non solo venivano nascoste al mondo, ma la versione ufficiale diffuse la leggenda che a Leningrado si stava meglio che in tutto il resto del paese, compresa Mosca. Ma la popolazione continuava a ripetere: «Stàlin non ama la nostra città, e, se ci fosse Lénin, non saremmo in queste condizioni».[672]

Per Frejdenbérg l'assedio di Leningrado fu una «doppia barbarie, di Hitler e di Stàlin». È emblematico che la propaganda hitleriana, nel caso di Leningrado, agisse all'unisono con quella staliniana. I tedeschi conoscevano benissimo la situazione terribile che regnava nella città, ma preferivano non darne notizia. Quando era necessario fare un articolo di propaganda sulla fame in territorio sovietico, i giornali tedeschi usavano fotografie di bambini smunti della città di Kùjbygev, ma di Leningrado nemmeno una parola. «La popolazione di Leningrado doveva essere non solo spazzata dalla faccia della terra, ma anche dimenticata»,[673] così si spiegava la tattica tedesca

Da parte loro, i fotografi sovietici nella Leningrado assediata fecero quello che pot.no per nascondere la tragica situazione. Già negli anni Settanta lo scrittore sovietico Daniïl Grànin setacciò gli archivi ufficiali alla ricerca di foto degli anni dell'assedio. Gli interessavano in particolare le foto scattate nelle fabbriche di Leningrado. Grànin ricordava: «Reparti distrutti dalle bombe, persone sfinite che riuscivano a malapena a reggersi accanto alle macchine, che si legavano per non cadere». Negli archivi non trovò niente di simile: «Sfogliammo migliaia di fotografie fatte dai cronisti in quegli anni. Vedemmo gente al lavoro, uomini e donne, seri o sorridenti, ma tutti immancabilmente energici. E pochissimi segni di fame o di sofferenza».[674] Una delle azioni più importanti della propaganda staliniana fu l'esecuzione della Settima sinfonia di Šostakóvič il 9 agosto del 1942 nella Leningrado assediata. Questa esecuzione fu preparata e condotta come un'autentica operazione militare. Se ne occupò il braccio destro dello stesso Ždànov, Alekséj Kuznecóv. Per l'esecuzione della sinfonia da parte della Filarmonica di Leningrado furono appositamente richiamati molti musicisti dal fronte, nonostante le proteste dei generali sbalorditi: «Smettiamo di combattere e andiamo a suonare?».[675] Ma i leader del partito spiegarono ai generali l'importanza politica dell'esecuzione della sinfonia. La sua partitura fu portata a

---

[672] «Minuvšee». cit., 3, pp. 23, 38.

[673] . Kriptén, op. cit.. p. 238.

[674] Adamovič. D. Grànin, op. cit.. pp. 273-274

[675] A.N. Krjùkov, Muzyka v kol'ce blokady (La musica nella morsa dell'assedio), Moskvà 1973

Leningrado da Kùjbysev con un aereo militare speciale

Dato che al concerto era prevista la partecipazione di alti dirigenti di partito e militari della città, si pose il problema di prevenire la possibilità di un bombardamento da parte dell'artiglieria tedesca. Di questo si occupò il comandante del fronte leningradese, il tenente generale (futuro maresciallo dell'Unione Sovietica) Leonìd Góvorov. Alcune settimane prima dell'esecuzione il controspionaggio militare cominciò a procurarsi attivamente i dati precisi sulle batterie e i punti di osservazione tedeschi. Gli artiglieri russi, secondo un piano speciale, il giorno del concerto poterono aprire un fuoco di fila contro il nemico. All'operazione che portava il nome in codice «Raffica» furono destinati tremila pezzi di grosso calibro. L'artiglieria tedesca, colta di sorpresa, rimase fuori uso per tutta la durata del concerto

L'esecuzione fu trasmessa per radio. Prima dell'inizio del concerto, lo speaker dichiarò trionfale:

Dmìtrij Šostakóvič ha composto una sinfonia che esorta alla lotta e proclama la fede nella vittoria. L'esecuzione stessa della Settima sinfonia nella città di Leningrado assediata è testimonianza dell'inestinguibile spirito patriottico dei leningradesi, della loro fermezza, della loro fiducia nella vittoria, della loro determinazione a battersi fino all'ultima goccia di sangue conquistando la vittoria sul nemico

Ascoltate, compagni.

Come ricordava BoŽdànov-Berezóvskij, la sala della Filarmonica era strapiena. Lui aveva la sensazione che al concerto si fosse riunita tutta la città

Nei palchi erano Kuznecóv, Góvorov, altri dirigenti del partito e alti ufficiali dell'esercito. A BoŽdànov-Berezóvskij, stanco e affamato, sembrava che

la grande sala bene illuminata della Filarmonica, con la sua bella combinazione di bianco accecante, dorature e toni vellutati color lampone e con le sue proporzioni architettoniche impeccabili, fosse più festosa che durante i concerti più solenni del periodo prebellico. In confronto alle facciate delle case, piene di ferite, sembrava la visione di un mondo fiabesco, meraviglioso.

Nel programma era scritto che la Settima sinfonia era dedicata a Leningrado. Sarebbe difficile immaginare un pubblico più riconoscente. Tutti caPivano di assistere a un evento storico: «Mai nessuno dei presenti dimenticherà questo concerto del 9 agosto. L'orchestra variopinta, con le donne vestite in camicetta e gilè e gli uomini in giacca e camicia alla russa, suonava con ispirazione e tensione. Quando suonarono il finale, tutta la sala si alzò in piedi. Non si poteva ascoltare da seduti. Era impossibile».[676]

Molti spettatori piansero, com'era successo anche alla prima della Quinta sinfonia di Šostakóvič. In entrambi i casi tale reazione fu il risultato delle inattese emozioni procurate da una musica che parlava di una tragedia comune. AI suono della Settima sinfonia, i leningradesi piansero sul proprio destino e su quello della loro città che moriva lentamente stretta dall'assedio più crudele del Novecento

La musica di Šostakóvič accompagnò la cristallizzazione definitiva della nuova leggenda di Leningrado: città vittima, città martire, città sventurata

Cento anni prima Gógol', e dopo di lui Dostoévskij, avevano creato l'immagine di Pietroburgo come colosso freddo e disumano, centro di umiliazione e oppressione della gente semplice. Erano passati gli anni; un colpo dopo l'altro, la città aveva perso le prerogative del potere e della grandezza: prima smise di essere la capitale, poi fu devastata dal Grande Terrore staliniano

L'assedio tedesco doveva annientare definitivamente Leningrado. Ma accadde il miracolo: fisicamente prostrata, la città risorse nello spirito, incoraggiata dal calore della simpatia e della compassione nazionali e mondiali

Un tempo una leggenda antipietroburghese era sorta nella coscienza popolare, dapprima nel sottosuolo e solo più tardi emersa in superficie nella prosa e nella poesia dei principali letterati russi. Nel Novecento il mito della città martire nacque anch'essa nel sottosuolo, non però nelle leggende popolari, ma in opere raffinate e sofisticate come i romanzi di Vàginov e il Requiem di Achmàtova. La Settima sinfonia di Šostakóvič fu concepita in quello stesso contesto, come messaggio segreto sul destino tragico di Leningrado. Il drammatico corso della storia trasformò quest'opera di Šostakóvič da esoterica in essoterica. Del suo destino terribile parlarono sempre più forte. Gli sforzi congiunti delle censure hitleriana e staliniana alla fine ebbero la peggio: le voci sull'agonia e sull'annientamento di Leningrado si diffusero e non si riuscì a reprimerle. La leggenda clandestina affiorò in

---

676 Korol'kévič, A muzy ne molčali (Ma le muse non stavano zitte), Leningràd 1965. pp. 141-142

superficie e, superando le barriere ufficiali, div;nne una leggenda nazionale

Achmàtova ru tra le prime ad accorgersene. Era decisamente troppo presto per pensare alla pubblicazione del Requiem antistaliniano, però la poetessa riuscì a pubblicare, quando per un breve periodo se ne offrì l'opportunità, un ciclo di poesie dedicate alla Leningrado degli anni di guerra, nelle quali inserì con discrezione alcuni motivi importanti del Requiem. Per il mito di Pietroburgo in rapida trasformazione fu un momento di importanza storica: per tutto il paese risuonava la grande poesia tragica di Achmàtova, in cui tutti scorsero un requiem per le vittime del Grande Terrore e dell'assedio dei novecento giorni:

> Oh voi, amici miei dell'ultima chiamata!
> Mi è stata risparmiata la vita per cantarvi
> Non fermi come un salice piangente ricordarvi,
> ma tutti i vostri nomi gridare ai quattro venti!
> Ma quali vostri nomi! Richiudo il calendario;
> e giù tutti in ginocchio! Purpurea luce sgorga,
> un-dué, leningradesi, composti nelle file,
> i morti con i vivi: la gloria non ha morti[677].

---

[677] A. Achmàtova, A v.v, moi druz'ja poslednego prizyval, in Sočinénija, cit., vol. I. p. 264.

in cui la città diventa l'eroe del «Poema senza eroe» e, dopo essere sopravvissuta contro ogni previsione e dopo aver coltivato il proprio mito nella clandestinità, conquista il diritto a riprendere il proprio nome originario. Il Cavaliere di bronzo continua la sua eterna cavalcata nella storia, ma verso dove? È la Pietroburgo di Iosif Bródskij e dei suoi compagni d'arte, indipendenti e tenaci poeti, scrittori, pittori, musicisti, dai quali dipende il destino spirituale di questa città che non finisce di stupire

Il 26 gennaio 1945 Leningrado, su ordine di Stàlin, ricevette il massimo riconoscimento del paese, l'ordine di Lénin «per i meriti eccezionali dei lavoratori di Leningrado di fronte alla Patria, per il coraggio e l'eroismo, la disciplina e la tenacia dimostrate nella lotta contro gli aggressori nazisti nelle dure condizioni dell'assedio nemico». Stàlin non voleva fare del bene alla città, ma era un genio della propaganda, e in quel momento la glorificazione di Leningrado era consona alla sua tattica politica. La vittoria definitiva su Hitler era l'obiettivo principale, e Leningrado aveva dato un contributo eccezionale al suo raggiungimento. Per questo Stàlin designò ufficialmente Leningrado «città eroica», titolo che fino a quel momento non era stato conferito nemmeno a Mosca

Per breve tempo gli accoliti di Stàlin cantarono concordemente onore e gloria di Leningrado. È un esempio tipico il discorso radiofonico con cui Vsévolod Višnévskij si rivolse alla nazione nel 1946:

La città non può – per quante perdite abbia subìto nei novecento giorni dell'assedio – ridurre la propria spinta storica, il proprio slanCio, la propria volontà. È abituata a marciare nelle prime file, sempre, immancabilmente. A lei, la città sulla Nevà, il popolo ha affidato il compito di portare, di conservare il nome di Lénin, e la città ha risposto degnamente. ... Accetta, città padre, il mio saluto di figlio, che ti offro con cuore trepidante! Tutto il paese onora te, le tue medaglie e le tue ferite, le tue vittorie e la tua fatica, che ci servono da esempio. E tutti sanno che dirai ancora al paese una parola audace.[678]

L'abile propagandista Višnévskij mescolava la verità e la menzogna. In effetti, lo status morale di Leningrado dopo la guerra contro Hitler era alto come non era mai stato. Per un periodo breve non fu ostacolata l'autentica venerazione per le sofferenze di Leningrado che si manifestò spontanea. Ciò consentì al mito di Leningrado martire di radicarsi nella coscienza nazionale

In aggiunta, questo mito acquisì risonanza internazionale, una circostanza estremamente importante per la Russia che tradizionalmente seguiva con particolare apprensione la propria immagine all'estero, anche durante il regime staliniano

Il risultato fu un cambiamento radicale dell'immagine che la grande città aveva da un centinaio d'anni. Da simbolo dell'oppressione la città sulla Nevà si trasformò in simbolo della sofferenza. Sul piano morale e culturale fu un trionfo incredibile. Ora Leningrado si coronava di una doppia aureola: quella di miracolo architettonico cantato in poesia, in prosa e in musica e quella di città capace di grandi gesta e di sofferenze senza eguali

Ma a Leningrado, sfiancata dal Grande Terrore, c'erano le forze reali per lo «slancio storico» di cui parlava tanto ampollosamente lo scrittore Višnévskij? La verità era che la decadenza di Leningrado, cominciata dopo il trasferimento della capitale da Pietrogrado a Mosca nel 1918, era proseguita inarrestabilmente per vari decenni. Era un processo inaugurato da Lénin, e dopo la sua morte continuato da Stàlin. Ne soffrì in particolare la cultura, poiché nello Stato centralizzato era sostenuta esclusivamente dai sussidi dall'alto

L'artista Vladìmir Milašévskij osservò: «La grande città si prosciugò come un grande fiume. L'acqua stava abbandonando il suolo. Non c'erano finanziamenti o venivano tagliati. Mosca stava prendendo tutti i soldi e tutta l'energia, l'iniziativa della gente».[679]

Già nel 1919 un abile poeta aveva proposto di unificare Pietrogrado e Mosca e di chiamare la nuova città Petroskvà. (Questo progetto tornò a galla mezzo secolo dopo; questa volta la megalopoli doveva chiamarsi Moskvoleningràd.) Di questi progetti non si fece nulla, ma essi riflettevano lo spirito del tempo e il

---

[678] Vsévolod Višnévskij, Sobranie sočinenij v pjati tomach (Opere scelte in cinque volumi), vol. VI. appendice, Moskvà 1961, pp. 164-165.

[679] V. Milašévskij, op. cit., p. 253.

desiderio di alcuni leningradesi di conservare in qualche modo un legame con lo s atus di capitale

In pratica il processo di decadenza comportò un esodo di talenti da Leningrado a Mosca. Così, all'inizio degli anni Trenta si trasferirono a Mosca alcuni ballerini importanti del balletto di Leningrado, tra cui Marina Semënova e Alekséj Ermolàev. Direttore artistico della scuola di ballo del teatro Bol'šój fu nominato il leningradese Viktor Semënov. Fëdor Lopuchóv divenne persino (anche se per poco tempo) primo coreografo del Bol'šój

A Mosca andò anche il poeta pietroburghese Mandel'štàm, che cercava di giustificarsi così:

L'anno trentuno del secolo attuale
sono tornato, ma leggi: di forza
m'han deportato alla Mosca buddhista.

Sempre allora, Mandel'štàm scrisse: «Vivere a Pietroburgo è come dormire in una bara». Lo scrittore Valentin Katàev chiamava la Leningrado di quell'epoca «regno strano, semimorto»

Il Grande Terrore staliniano, e poi l'assedio tedesco di quasi novecento giorni avevano distrutto la città in modo pressoché irreparabile. Nel 1944 a Leningrado restavano meno di seicentomila abitanti. Non funzionavano l'acquedotto, la fogna, i sistemi di riscaldamento centralizzato, non andavano tram e bus. Lo scrittore Il'jà Èrenbùrg, giunto nel 1945 a Leningrado, rimase sbalordito: nemmeno una casa era stata risparmiata. Ma pensieri ancora più malinconici suscitavano in Èrenbùrg i passanti sul Névskij prospékt

Erano così pochi i leningradesi di nascita! A Katàev sembrava che l'anima di Leningrado «fosse volata via come uno sciame d'api che lascia l'amato alveare»

Anna Achmàtova, tornata a Leningrado dallo sfollamento nel giugno 1944, ricordava quanto l'avesse colpita «il fantasma spaventoso che fingeva di essere la mia città». Parlando con un'amica, Achmàtova allora osservò: «L'impressione prodotta dalla città è orribile, mostruosa. Queste case, questi due milioni di fantasmi che vi aleggiano, fantasmi di chi è morto di fame

Non bisognava consentirlo. È stato un errore mostruoso delle autorità»

Ma Leningrado, sia pur lentamente, tornò a vivere. Il fondamento morale di questa rinascita fu la crescente consapevolezza dell'atto eroico enorme compiuto dalla città. Così la espresse la poetessa Ól'ga Berggól'c:

> Sorella, amico mio, fratello, compagno,
> il battesimo del blocco ci conforta!
> ci chiaman tutti insieme Leningrado,
> il mondo Leningrado a vanto porta

Cercando di approfittare del fatto che il paese aveva un enorme debito nei confronti di Leningrado, i dirigenti cittadini del partito, in primo luogo il giovane Alekséj Kuznecév, presentarono un piano molto ambizioso di restauro e ampliamento della città. Leningrado tornava a reclamare il ruolo che aveva svolto prima della rivoluzione: quello di «finestra sull'Europa».[680]

Incautamente i leader del partito ventilarono persino la possibilità di riportare la capitale da Mosca a Leningrado

Questa idea fu raccolta da alcuni corrispondenti stranieri in URSS. Tra di loro c'era il giovane americano Harrison Salisbury, che poi pubblicò il best seller sull'assedio di Leningrado *The 900 Days*. Nel 1944, dopo un viaggio nella città, scrisse per il «New York Times» un articolo che era, sono sue parole, «un esplicito appello perché Leningrado torni a essere la capitale della Russia». Ma la censura sovietica non lasciò passare l'articolo.[681] Tutti questi vaghi sogni erano parte dell'atmosfera generale della società russa alla fine della guerra. Costata decine di milioni di vite umane, la seconda guerra mondiale per l'Unione Sovietica era finita vittoriosamente. La sua autorità nel mondo era all'apice, e il governo sovietico sembrava a molti un governo di «unità nazionale». Milioni di soldati russi avevano marciato per l'Europa, dove erano stati salutati come liberatori dal giogo nazista; avevano visto quanto vivessero meglio gli occidentali. Ora volevano più beni di consumo e la fine della repressione di massa. Le speranze non molto audaci dell'intellighenzia artistica comprendevano la possibilità di comunicare con i colleghi e con i corrispondenti occidentali, maggiore accesso ai viaggi all'estero, e anche – il massimo sogno! – ai film americani più recenti

«La gente è molto più sveglia, questo è certo» disse a Èrenbùrg il maresciallo Góvorov, comandante del fronte di Leningrado

---

[680] Blair A. Ruble, *Leningrad: Shaping a Soviet City*, Berkeley - Los Angeles, 1990, p. 59.

[681] Harrison Salisbury, conversazione con l'autore (New York 1977).

durante la guerra. Lo scrittore descrisse poi Góvorov come un tipico pietroburghese: istruito, amante della poesia, capace di nascondere un'ardente passione sotto una maschera di moderazione; un minuzioso calcolatore capace di pensare in modo chiaro e lineare. Erano state le truppe di Góvorov, uno dei più giovani marescialli sovietici, a respingere nel 1944 i tedeschi da Leningrado

Nel 1946 Góvorov, discutendo con Èrenbùrg del futuro di Leningrado e del paese, d'un tratto si mise a declamare Il cavaliere di bronzo di Pùškin, la parte in cui il poeta assorto e angosciato si rivolge alla statua equestre di Pëtr il Grande che ormai simboleggia lo Stato russo:

Dove tu andrai, fiero cavallo,
dove lo zoccol poserai?

Góvorov era il rappresentante tipico di una nutrita schiera di nuovi condottieri sovietici, uomini che avevano marciato vittoriosamente attraverso l'Europa; decisi e pieni di iniziativa, ricordavano un po'i giovani generali russi che avevano preso parte attiva alla disfatta di Napoleone nel 18121813. Molti di quegli audaci ufficiali avevano aderito alla congiura dei decabristi a Pietroburgo nel 1825. Conoscendo la storia della Russia, Stàlin non poteva non rendersi conto di questo minaccioso parallelo. Decise di assestare un colpo di avuertimento. Come era avvenuto con il Grande Terrore, come primo obiettivo scelse Leningrado.

Achmàtova ha detto più volte di considerare agosto il mese più sfortunato per lei. Il suo primo marito, il poeta Nikolàj Gumilëv, era stato fucilato dai bolscevichi nell'agosto del 1921, e un altro marito, Nikolàj Pùnin, era stato arrestato per l'ultima volta nell'agosto del 1949 (morì in campo di concentramento in Siberia, probabilmente nell'agosto del 1953)

E infine, nell'agosto 1946, un quarto di secolo dopo l'esecuzione di Gumilëv, fu adottata dal comitato centrale del Partito comunista l'infame risoluzione rivolta fondamentalmente contro Achmàtova e ZŒëenko, il più importante poeta e il più importante narratore di Leningrado. Questa risoluzione a volte viene tuttora chiamata «zdanoviana», poiché in quel periodo Andréj Ždànov, ex capo del partito a Leningrado, aveva il ruolo di ideologo nazionale del partito e di «specialista» in problemi di arte

In realtà, l'iniziativa di questa e delle successive azioni intimidatorie nel campo della cultura in un periodo che prese il nome di ždanovščina, era di Stàlin in persona. Lui convocò al Cremlino un gruppo di responsabili politici e letterari di Leningrado e, dopo aver espresso una serie di attacchi duri, spesso rozzi, contro Achmàtova e Zóščenko, diede il la per i successivi drammatici avvenimenti

Su incarico di Stàlin, Ždànov intervenne due volte ad assemblee a Leningrado dove si riuniva l'élite politica e letteraria della città. Lui ripeté le direttive di Stàlin, ma con qualche variante personale. Ne risultarono attacchi violenti e volgari. Su Achmàtova Ždànov si pronunciò con queste parole: «Le voci della sua poesia sono pietosamente limitate, è la poesia di una dama indemoniata che si sposta dal boudoir alla cappella. Non è né monaca né puttana, o meglio puttana e monaca, la cui lussuria si mescola alla preghiera»

Zóščenko fu definito da Ždànov «teppista letterario senza princìpi e incosciente» e «furfante della letteratura». «Zóščenko ama prendere in giro la vita sovietica, l'ordinamento sovietico, gli uomini sovietici, nascondendo questa presa in giro dietro la maschera di un divertimento vano e un umorismo fuori luogo . .. raffigurando le persone e sé stesso come misere bestie lussuriose.» Uno degli scrittori presenti alla relazione di Ždànov ricordava: «La sala era ammutolita, pietrificata, raggelata, finché non si trasformò, nel corso di tre ore, in un unico ammasso bianco e duro». Una giovane scrittrice si sentì male. Cercò di uscire dalla sala, ma le sbarrarono il cammino due guarde armate: era vietato uscire prima di Ždànov. E quello continuava a gridare: «Perché mai lasciate che passeggi per i parchi e i giardini della letteratura russa? Perché il partito di Leningrado, e la sua organizzazione degli scrittori, consentono questi fatti vergognosi?!»

Per l'intellighenzia leningradese radunata nella sala, quella sfuriata era assolutamente inaspettata. Dopo la guerra e l'assedio speravano in un «disgelo», pensavano che l'atto eroico di Leningrado desse loro il diritto a un trattamento indulgente da parte di Stàlin. Ma ancora una volta si trovarono sotto la minaccia di una repressione

Divenne evidente che Stàlin non si sarebbe placato finché non avesse annientato definitivamente la Pietroburgo ancora presente in Leningrado. Solo così si poteva interpretare la seguente affermazione di Ždànov:

Leningrado non deve essere il rifugio per ogni sorta di viscido furfante letterario che vuole usare la città per i propri scopi. A Zóščenko, Achmàtova e ai loro simili la Leningrado sovietica non sta a cuore

Vogliono vedervi l'incarnazione di altri ordinamenti sociopolitici e di un'altra ideologia. La vecchia Pietroburgo, il Cavaliere di bronzo come immagine di questa vecchia Pietroburgo: ecco che cos'hanno davanti agli occhi. Noi invece amiamo la Leningrado sovietica, Leningrado come centro d'avanguardia della cultura sovietica.[682]

La riunione si concluse dopo mezzanotte. Alcune centinaia di persone si separarono in silenzio. Nessuno osò nemmeno sussurrare. Sul destino di ognuno di loro e su quello della città pendeva un enorme punto interrogativo

Venne poi fuori che Stàlin avrebbe rimandato di alcuni anni la nuova distruzione dell'élite burocratica e di partito, aspettando che uscisse di scena Ždànov. Fedele satrapo di Stàlin, Ždànov, basso e tozzo, con in bella mostra sulla faccia paffuta due baffetti da damerino, dal 1934, dopo la morte di Kìrov, era stato per dieci anni a capo dell'organizzazione leningradese del partito. Trasferitosi a Mosca nel 1944, continuò a occuparsi di Leningrado. Per l'organizzazione della difesa della città durante la guerra, Stàlin lo ricompensò con i massimi riconoscimenti e il titolo di generale di divisione, ma la notorietà nazionale e mondiale (compresa un'apparizione sulla copertina di «Time») giunsero a Ždànov come «sorvegliante ideologico» (secondo la derisoria definizione datane dallo stesso Stàlin) nelle cui vesti effettuò i suoi duri interventi contro – tra gli altri – Achmàtova, Zóščenko, Šostakóvič e Prokóf'ev

Stàlin osservava questa crescita della popolarità di Ždànov con sempre maggior irritazione, e la sua improvvisa scomparsa nell'agosto del 1948 fu, date le circostanze, sospetta. (Lo stesso Stàlin, alcuni anni dopo, dichiarò che la morte di Ždànov era il risultato di un «sabotaggio» da parte dei medici che lo curavano.) Il fatto è che, già dalla seconda metà del 1948, Stàlin aveva cominciato a preparare la liquidazione degli ex aiutanti e protetti leningradesi di Ždànov, circa duecento persone. Furono tutti arrestati nel 1949, accusati di vari crimini contro lo Stato, torturati e fucilati

Per l'ennesima volta, Leningrado e i suoi dirigenti erano diventati i paria del paese. Seguirono numerosi arresti e

---

[682] Relazione di A. Ždànov sulle riviste «Zvezdà», cit.. e «Leningrad», pp. 32-33.

liquidazioni, e i leningradesi furono perseguitati in tutta l'Unione Sovietica. In sostanza, erano accusati di aver creato un.setta leningradese» criminale che tramava per restaurare la primazia culturale ed economica di Leningrado e riportare la città allo status di capitale. Questa massiccia azione repressiva ricevette il nome di «affaire Leningrado»

Ma finché Ždànov era vivo, fu proprio lui, su ordine di Stàlin, a dirigere la campagna volta a domare la cultura sovietica. Dopo le denunce contro Achmàtova e Zóščenko, una dopo l'altra furono pubblicate risoluzioni di partito contro critici teatrali, registi e «compositori di indirizzo formalista, antipopolare», nel cui novero furono fatti rientrare Šostakóvič, Prokóf'ev e Aràm Chaëaturjàn. Ogni risoluzione veniva presa per un motivo particolare, ma veniva subito assolutizzata e generalizzata dalla stampa e dalla radio, diventando un nuovo comandamento comunista

Milioni di abitanti del paese distrutto e affamato, in migliaia di assemblee, ripetevano e memorizzavano queste risoluzioni del partito come fossero formule magiche. Come ricorda un contemporaneo: «Si passava da un'assemblea all'altra, da una campagna all'altra, e ognuna era più totale, più assoluta, più spietata e assurda della precedente. Si era creata un'atmosfera di colpevolezza, un senso di colpa generale e individuale, che non si sarebbe mai potuto espiare».[683]

Stàlin faceva sempre più affidamento sul nazionalismo e sull'isolazionismo. Nel 1947 invitò al Cremlino il regista cinematografico Sergéj Èizenstéjn e il suo attore preferito, Nikolàj Cerkàsov, famoso per le parti di Aleksàndr Névskij e Ivàn il Terribile negli omonimi film di Si toccò il discorso della storia della Russia, e Stàlin espresse l'opinione che Pëtr il Grande avesse aperto troppo le porte della Russia, che vi fossero penetrati troppi tedeschi e altri stranieri: «La saggezza di Ivàn il Terribile consisteva nel fatto che aveva un punto di vista nazionale e nel proprio paese non lasciava venire gli stranieri». Due mesi e mezzo dopo Stàlin ripeté queste sue idee parlando con un gruppo di scrittori, dicendo che Pëtr aveva iniziato «la vecchia tradizione di inchinarsi davanti agli schifosi stranieri».[684]

Stàlin dichiarò che questa cultura occidentale aveva contagiato

---

[683] «Teatr» (Il teatro), 8. 1988. p. 143.

[684] Konstantin Simonov. Glazami čeloveka moego pokolenija (Con gli occhi di una persona della mia generazione), Moskvà 1990, p. 1 11.

tutta l'intellighenzia sovietica dell'epoca: «Non hanno un adeguato senso del patriottismo sovietico»

Le idee oscurantiste del sempre più vecchio e paranoico leader furono prese come direttive per azioni immediate ed energiche. In tutti i campi della vita sovietica iniziò la lotta contro il «cosmopolitismo». Leningrado fu di nuovo presa di mira: Stàlin la considerava l'erede diretta della Pietroburgo di Pëtr il Grande, la fonte del contagio. Tutti i legami con l'Occidente, veri e immaginari, furono recisi

Vi furono anche episodi ridicoli. A Leningrado scomparve via Edison, il caffè Nord fu rinominato Séver, il formaggio camembert venne chiamato zakùsoënyj (da antipasto), e il panino «francese» divenne «moscovita». Ma assai più importanti furono gli aspetti umani di questa campagna ideologica staliniana. Migliaia di persone furono cacciate dal lavoro, molte altre arrestate. Tra Russia e Occidente venne fragorosamente calata la cortina di ferro

Fu arrestato e mandato in Siberia, dove morì, lo storico e critico d'arte Nikolàj Pùnin. L'arresto fu preceduto da una serie di attacchi in interventi ufficiali e in articoli di giornale, dove Pùnin veniva accusato di «propagandare apertamente la decadenza, l'arte perversa dell'Occidente e i suoi esponenti come Cézanne, Van Gogh e altri. Il gourmand cosmopolitizzante Pùnin chiama grandi artisti, geni» questi formalisti estremisti. Dopo che i giornali annoverarono Pùnin tra i «nemici giurati della cultura sovietica», il suo destino era segnato. Gli amici scongiurarono Pùnin di lasciare al più presto Leningrado. «Non sono un coniglio, non voglio scappare per tutta la Russia» rispondeva. Quando Achmàtova venne a sapere della morte di Pùnin nel campo di lavoro nel 1953, scrisse una poesia in sua memoria:

E più quel cuore mai no, non risponde
nel giubilo, e contrito, alla mia voce
Tutto è finito. E il canto mio s'effonde
per vuota notte dove più non sei. [685]

Nel 1949 arrestarono il quarantanovenne Grigórij Gukóvskij, uno dei principali storici leningradesi della letteratura, specialista di Pùškin e Gógol'; presto morì in prigione. Altri eminenti studiosi leningradesi – Borìs Toma<évskij, Viktor Zirmùnskij e Boris Èjchenbàum – furono allontanati dall'insegnamento e fu proibito

---

[685] A. Achmàtova, N.P. (A N.P.), in Sočinénija, cit., p. 298.

loro di pubblicare. Alle assemblee li accusavano di «cosmopolitismo borghese» e «servilismo verso l'Occidente». Dopo una di queste assemblee, Èjchenbàum annotò nel diario: «Bisogna avere una salute incredibile e nervi d'acciaio». Un altro testimone, tornato da poco dal fronte, confessò a un amico: «Ho guidato il plotone all'attacco. Terribile. Ma qui è più terribile».[686] Èjchenbàum era una delle figure più prestigiose della intellighenzia leningradese dell'epoca. Godeva di grande autorità anche nella Pietroburgo prerivoluzionaria, e Nikolàj Gumilëv lo aveva allettato persino con la proposta di «capeggiare» l'acmeismo in qualità di teorico del movimento. Invece Èjchenbàum, insieme a Šklóvskij e Tynjànov, divenne il leader dell'Opojàz, un gruppo innovatore che studiava la letteratura come insieme di «procedimenti o artifici formali». Si occupò a fondo di Lérmontov e di Lev Tolstój, e nel 1923 scrisse il primo importante saggio sulla poesia di Achmàtova. Con la battuta sempre pronta, il piccolo, raffinato Èjchenbàum (Šklóvskij lo chiamava «marchese»), vestito impeccabile, solino bianchissimo, era un habitué ai concerti della Filarmonica di Leningrado

Valeriàn BoŽdànov-Berezóvskij mi ha raccontato una conversazione avuta con il sessantaduenne Èjchenbàum nel 1948, dopo l'accusa di formalismo mossa alla musica di Prokóf'ev e Šostakóvič. Fecero una passeggiata insieme fuori città, e Èjchenbàum attirò l'attenzione di BoŽdànov-Berezóvskij su una complessa ragtutela: «Ecco il simbolo dell'attività del compositore! Che maestria fantastica e che sottile calcolo! Che lavoro meticoloso, estenuante! Ma basta una tempesta, e non ne rimarrà traccia. Questa è la sorte del compositore»

Il pessimismo di Èjchenbàum lo si poteva capire: in quel periodo molte opere di Prokóf'ev e Šostakóvič erano state vietate e sembrava che questo divieto sarebbe durato a lungo. Limitazioni varie furono introdotte in molti campi della vita culturale e spirituale, l'atmosfera sembrava insopportabile, e i vecchi pietroburghesi erano sicuri che non sarebbero vissuti abbastanza per vedere giorni migliori

Quando fu allontanato dalla cattedra dell'università di Leningrado, Èjchenbàum annotò nel diario: «Grazie a Dio, con il dipartimento è finita. Dovrei farla finita anche con la vita in realtà. Basta, sono stanco. Mi rimane solo la curiosità: cos'altro inventerà

---

[686] «Zvezdà», cit., 6, 1989, p. 167.

la storia e come mi prenderà in giro?».[687]

Lìdija Ginzburg ha confermato che in quel periodo di forte repressione (1946-1953) in tutta l'intellighenzia leningradese c'era la sensazione di una ineluttabile roVina: «Nasceva dalla ripetizione (non ci aspettavamo una ripetizione), dall'orrore nel riconoscere un modello che non era cambiato. Qualcuno allora ha detto: "Prima era una lotteria, adesso è una routine"».[688]

E venne il turno dell'orgoglio culturale di Leningrado, gli studi cinematrografici famosi in tutto il mondo della Lenfil'm. All'inizio degli anni Cinquanta, su ordine di Stàlin la Lenfil'm fu chiusa. Per i lavoratori degli studi questa misura era insieme scioccante e ingiusta, poiché era sembrato che, se a Stàlin qualcosa della cultura di Leningrado piaceva, era proprio la Lenfil'm

«Di tutte le arti per noi la più importante è il cinema.» L'aveva detto Lénin, ma era stato Stàlin che aveva fatto del cinema sovietico un'arma politica efficace e potente. Nel campo della cultura – affermò lo scrittore Konstantin Sìmonov, che conosceva bene i gusti del leader sovietico – Stàlin «non programmò nulla in modo così lineare e circostanziato come i futuri film, e questo programma era legato agli obiettivi politici contemporanei». Stàlin si incontrava spesso con i principali registi sovietici, proponeva loro idee per i film (che, s'intende, venivano realizzate subito), leggeva con attenzione e correggeva le sceneggiature, partecipava attivamente al dibattito sulle opere compiute e ricompensava generosamente i loro autori se riteneva lo meritassero. Stàlin in questo assomigliava a un mogul hollywoodiano, ma con la differenza sostanziale che il mogul poteva tagliare all'artista solo lo stipendio, mentre Stàlin poteva tagliargli anche la testa

L'onnipotente produttore del Cremlino seguiva con il massimo interesse il lavoro della Lenfil'm. Prima della rivoluzione, il novanta per cento della cinematografia russa era concentrato a Mosca. Il cinema sovietico a Pietrogrado cominciò quasi da zero e si formò perlopiù grazie agli sforzi di outsider estremamente dotati: gli ebrei Leonid Tràuberg, Grigórij Kézincev, Fridrich Èrmler; il caraita Sergéj Jutkévič. Grazie a loro, alla Lenfil'm regnavano l'eccentricità e il coraggio, ma anche un certo opportunismo e una disponibilità sotto le crescenti pressioni dall'alto a seguire qualsiasi direttiva del partito e di Stàlin in persona

---

[687] B. Èjchenbàum, O literature (Sulla letteratura), Moskvà 1987, p. 28.

[688] Tynjanovskij sbornik (Antologia di Tynjànov), 3, Riga 1988, p. 218

All'inizio la Lenfil'm ebbe sede nello stabile del café chantant famoso nella Pietroburgo zarista, Akvàrium, e gli uffici dei registi si trovavano nelle ex «stanze personali» dove le prostitute accoglievano gli alti dignitari dell'impero e anche il leggendario Grigórij Raspùtin. Su questo argomento i giovani registi della Lenfil'm non si stancavano di scherzare: infatti, la loro situazione nella Russia staliniana sembrava spesso anche a loro simile a quella delle prostitute d'alto bordo.[689] I In questa situazione, l'atmosfera alla Lenfil'm era, soprattutto all'inizio, piuttosto vivace. Lo studio funzionava come un unico gruppo, il «collettivo degli individualisti impegnati», come lo chiamavano a volte. I primi esempi importanti per loro furono i serial statunitensi e i film espressionisti tedeschi

Il complesso sistema di formazione dell'attore del cinema muto elaborato da Kózincev e Tràuberg alla Fabbrica dell'attore eccentrico (Fèks) fu da loro impiegato nel film Pochoüénija Oktjabriny (Le avventure di Oktjabrina) in cui la giovane rivoluzionaria con elmetto da guerra e minigonna girava in motocicletta tra i maestosi colonnati di Pietroburgo, creando così un contrasto grottesco

Come ricordava Tràuberg, «non sapevamo fare nulla, non conoscevamo nulla, ma con la città di Blok fummo crudeli e scanzonati».[690]

Secondo quanto assicuravano gli autori, nelle Avventure di Oktjabrina c'erano tutti gli ingredienti utili alle autorità: la satira contro la borghesia e l'Occidente, la propaganda antireligiosa, la «propaganda per il nuovo stile di vita». Ma un recensore di un giornale sovietico non se la bevve: «Un operaio in questo film non capirebbe nulla, alzerebbe le spalle».[691]

I loro esperimenti di «smontaggio» della Pietroburgo imperiale Kózincev e Tràuberg li continuarono nella Sinél'(Gabbana), per la quale scrisse la sceneggiatura Jùrij Tynjànov. Era una fantasia sul tema del racconto di Pietroburgo di Gógol'in cui la città – in armonia con i requisiti ideologici dell'epoca – veniva raffigurata come un'enorme prigione. La bellezza della Pietroburgo imperiale veniva ironicamente negata dai giovani registi. La loro Gabbana dai critici venne collegata col saggio-manifesto del 1918 Come è fatto

---

[689] Sergéj Jutkévič, conversazione con l'autore (Mosca 1976).

[690] Iz istorii Lenfil'ma (Dalla storia della Lenfil'm), 2. Leningràd 1970, p. 29.

[691] Ibidem

«Il cappotto» di Gógol',[692] di Èjchenbàum (come Tynjànov, importante membro dell'Opojàz). Pur avendo in un primo momento negato recisamente l'influenza diretta dell'articolo, Tràuberg in seguito riconobbe: «C'erano solo tre scrittori e studiosi leningradesi, cui guardavamo da sempre non solo con comprensibile rispetto, ma con infinita tenerezza: Èjchenbàum, Tynjànov, Šklóvskij».[693]

In quanto teorici della cultura, gli esponenti dell'Opojàz inizialmente nei confronti del cinema avevano un atteggiamento di condiscendenza. «Il cinema per sua stev natura è estraneo all'arte» fu il pronunciamento di Šklóvskij. Qualcosa di simile scrisse Èjchenbàum. Invece Tynjànov vedeva nella «povertà» del cinema, nella sua piattezza e monotonia il fondamento estetico di un nuovo tipo di arte

Nel 1927 a Leningrado a cura di Èjchenbàum uscì l'antologia «Poètika kino» (La poetica del cinema) in cui, a parte il suo stesso saggio Problémy kino-stilìstiki (Problemi di cinestilistica), entrarono anche opere di Šklóvskij e Tynjànov. Questa antologia esercitò grande influenza sulla teoria europea del montaggio nel cinema, ma sul piano pratico per i registi leningradesi ebbero un'enorme importanza i contatti personali con gli esponenti dell'Opojàz: le loro lezioni, conversazioni amichevoli e la partecipazione di Èjchenbàum e, soprattutto, di Tynjànov (che nel 1926 divenne capo della sezione sceneggiature della Lenfil'm) al lavoro quotidiano dello studio

Per Èjchenbàum e Tynjànov il cinema divenne una fonte importante di guadagno. Forse per questo, i due sembravano indifferenti dinanzi ai radicali cambiamenti introdotti nelle loro sceneggiature. La Gabbana fu girata e montata in meno di due mesi, e la sceneggiatura, secondo l'affermazione di Tràuberg, fu «completamente rimaneggiata». Ciò non impedì a Tynjànov di difendere il film quando, sulla stampa leningradese, si propose di «cacciare con una scopa di ferro» i registi dallo studio. Un altro critico leningradese ragionava all'incirca così: Gógol'è un

---

692 B. Èjchenbàum, Kak sdelana «Šinel'» Gogolja, in Literatura. Teorija, kritika, polemika (Letteratura. Teoria, critica. polemiche), Leningràd 1927, pp. 149-165. Pubblicato in italiano con il titolo «Come è fatto "Il cappotto" di Gógol'», in Tzvetan Todorov (a cura di), [formalisti russi, prefazione di Roman Jakobson, trad. di Carlo Riccio, Torino, Einaudi, 1968, pp. 249-273

693 L. Tràuberg, Fil'm načinaetsja... (Il film comincia...), Moskvà 1977, p. 209

patrimonio nazionale, e gli autori della scenografia della Gabbana lo hanno tradito; di conseguenza dovrebbero essere processati

Un'accoglienza ancora meno amichevole toccò al film di Tràuberg e Kézincev sulla Comune di Parigi, Ne5vyj Vavilón (La nuova Babilonia), del 1929. Come opera ideologicamente nociva fu attaccato dal Komsomol (la gioventù comunista). Per di più, Il nuova Babilonia non incontrò i favori del pubblico. Non furono d'aiuto nemmeno gli sforzi dei direttori dei cinema più solidali. Uno di loro, secondo i ricordi di Tràuberg, comunicò orgoglioso che dopo una campagna pubblicitaria e apposite lezioni chiarificatorie il numero degli spettatori di La nuova Babilonia nel suo cinema era raddoppiato: invece di venti persone ne erano andate quaranta. Il film era muto, ma il pubblico fu particolarmente indignato dalla musica che ne accompagnava la proiezione. Ne era autore il giovane Dmìtrij Šostakóvič, che Kézincev e Tràuberg avevano invitato dopo aver saputo che era autore di un'opera d'avanguardia sul Naso di Gógol', affine per spirito alla loro Gabbana

Šostakóvič arrivò allo studio cinematografico indossando un berretto grigio floscio e un foulard di seta bianco. Probabilmente Kózincev lo elogiò: lui era solito sfoggiare una sciarpa colorata e un sottile bastone di corniolo

Kózincev parlava in falsetto. Basso, paffuto e lento nei movimenti, accanto a lui Tràuberg sembrava Sancho Panza al fianco di Don Chisciotte

I registi, che non facevano cinquant'anni in due, non avevano mai lavorato con una persona più giovane di loro. Da Šostakóvič volevano un approccio del tutto nuovo al lavoro. Come spiegò in seguito Kézincev, «in quegli anni la musica per il cinema rafforzava l'emotività delle pellicole o, come dicevano allora, illustrava i fotogrammi. Noi convenimmo con il compositore che la musica sarebbe stata legata al significato intimo, non all'azione esterna, e che si sarebbe sviluppata in senso contrario agli avvenimenti, in contrasto con l'atmosfera della scena».[694]

Per esempio, l'episodio tragico dell'attacco contro Parigi da parte della cavalleria tedesca era commentata dalla rielaborazione di una melodia tratta da un'operetta di Offenbach, cosa che rendeva la scena caricaturale. Non desta meraviglia che allo spettatore medio della fine degli anni Venti la musica di Šostakóvič sembrasse, nelle parole di una delle recensioni che presagivano

---

[694] G. Kozincev, op. cit., vol. IV, pp. 253-254.

l'imminente condanna del compositore da parte di Stàlin, «un caos che impedisce la comprensione». Il successo per la partitura dimenticata giunse quarant'anni dopo, quando La nuova Babilonia, ripescata, fece trionfalmente il giro delle capitali europee

Nonostante l'insuccesso di pubblico, agli studi cinematografici leningradesi il talento di Šostakóvič fu immediatamente riconosciuto e apprezzato

Cominciarono a invitarlo a tutte le produzioni più importanti. Una fu il film commissionato dal regime per il quindicesimo anniversario della rivoluzione d'Ottobre: Vstréényj (Il passante), che glorificava gli sforzi di una fabbrica di Leningrado per produrre una potente turbina entro il termine prefissato. Le riprese del film furono supervisionate personalmente da Kìrov, che paragonava la produzione del Passante a un «lavoro economico-politico di capitale importanza».[695] Lo stesso Stàlin attendeva con impazienza che venisse completato il film per il quale erano state investite somme ingenti (soprattutto per la costruzione di un set che riproducesse l'enorme reparto turbine): Il passante doveva inneggiare alle conquiste dei piani quinquennali sovietici di sviluppo dell'industria. In questo stesso film per la prima volta nel cinema sovietico veniva rappresentato l'ingegnere sabotatore, un perfetto farabutto; fu l'inizio del tema dei «nemici occulti», che divenne presto dominante nella cultura sovietica

A differenza della Gabbana e della Nuova Babilonia, con il tema della sconfitta, della protesta impotente, con i loro personaggi simili a spettri e il loro stile e la loro tecnica sofisticati, tutti elementi che li rendevano inaccettabili alle autorità, Il passante era una manifesta opera di propaganda, per quanto realizzata magistralmente, e quindi ricevette l'incondizionato appoggio dello Stato sovietico. Il film veniva dato ovunque, e la canzone di Šostakóvič che era stata composta per esso diventò subito un successo e divenne di moda persino negli ambienti intellettuali di sinistra in Occidente; dopo la seconda guerra mondiale ne fecero l'inno dell'Organizzazione delle nazioni unite. (I più non sapevano l'autore delle parole, il poeta leningradese Borìs Kornìlov, era morto nel corso di una delle purghe staliniane.) Il passante rese celebri anche i due giovani registi che vi avevano lavorato: l'ex fondatore della Fabbrica dell'attore eccentrico (Fèks) Sergéj Jutkévič e Fridrich Èrmler, giunto agli studi cinematografici direttamente dalla polizia segreta sovietica. L'esteta Jutkévič e

---

[695] 16 Sergéj Jutkévič, conversazione con l'autore (Mosca 1976).

l'autodidatta Èrmler erano accomunati dall'atteggiamento opportunista: erano pronti a rendere la forma e l'ideologia del Passante conforme alle direttive del partito. Giunti in prima linea, questi registi iniziarono a imporre un nuovo orientamento agli studi cinematografici leningradesi, che cominciarono a trasformarsi da rifugio per artisti eccentrici a principale stabilimento statale di sogni ideologicamente corretti.

Il cambio delle regole del gioco fu percepito anche dai leader del Fèks, Kózincev e Tràuberg. Il Fèks, come parte costitutiva degli studi cinematografici leningradesi, aveva smesso di esistere già dopo la fine delle riprese della Nuova Babilonia, alla fine degli anni Venti, quando fu chiaro che la sua estetica d'avanguardia non si prestava alle esigenze dello Stato. La febbrile ricerca di vie nuove da parte dei due registi sfociò a metà degli anni Trenta nel loro film Jùnost'Maksìma (La gioventù di Maksìm), una storia romanzata della trasformazione di un ragazzo semplice della periferia operaia di Pietroburgo in un professionista della rivoluzione bolscevica

Kózincev e Tràuberg per in periodo avevano già perso la propria «purezza ideologica». Volevano creare un'opera comprensibile per un pubblico di massa. La gioventù di Maksìm, spiegava Kózincev, era un esperimento di romanzo biografico sovietico nel cinema: «Lo spettatore doveva innamorarsi di Maksìm non per la sua straordinaria bellezza e nemmeno per le sue generali "buone qualità". Ma perché in Maksìm dovevano essere racchiusi i migliori tratti della sua classe. La forza della sua classe. Lo humour della sua classe».[696]

Ossia un film doveva essere a un tempo ideologicamente didascalico e avvincente

La gioventù di Maksìm fu realizzato da Kózincev e Tràuberg in modo accattivante: vi recitavano bravi attori (ma non a caso non ex allievi del Fèks), la musica anche in questo caso la scrisse Šostakóvič. Sullo sfondo di una produzione cinematografica sovietica mediocre e dell'assenza quasi totale di film occidentali, La gioventù di Maksìm conquistò lo spettatore sovietico. Ma per il destino degli ex leader del Fèks un fattore assai più importante fu l'apprezzamento del loro lavoro da parte di Stàlin.[697] Il leader

---

[696] Iz istorii Lenfil'ma, cit., 4, Leningràd 1975, p. 99.

[697] Sergéj Jutkévič, conversazione con l'autore (Mosca 1976).

sovietico stava già preparando le sue grandi epurazioni politiche, nelle quali dovevano scomparire per sempre di scena e dalla memoria degli uomini quasi tutti i bolscevichi principali che nel 1917 avevano preso il potere insieme con Lénin. Per questo Stàlin accolse con favore la creazione di nuovi eroi che dovevano sostituire quelli vecchi: il mitico Maksìm avrebbe sostituito Tréckij, Zinóv'ev e altri uomini condannati all'annientamento e all'oblio

Sempre per considerazioni di questo genere Stàlin sostenne in ogni modo il film Capàev, uscito a Leningrado nel 1934, su un ufficiale di secondo piano dell'Armata rossa annegato durante una delle battaglie della guerra civile. I registi del film Geórgij e Sergéj Vasìl'ev (non imparentati, anche se cominciarono a chiamarli «i fratelli Vasìl'ev») fecero di Capàev un eroe nazionale. Ciò tornava utile a Stàlin, che progettava (e presto avrebbe attuato) la liquidazione dei veri condottieri rivoluzionari

Capàev divenne il più famoso film sovietico del periodo prebellico. La leggenda afferma che molti adolescenti avrebbero guardato Capàev decine di volte, sperando, a dispetto di qualsiasi logica, che magari questa volta il loro amato eroe (interpretato da Borìs Bàboëkin si sarebbe salvato. Un enorme successo di pubblico ebbero anche altri film della Lenfil'm

In Occidente suscitarono grande impressione i registi moscoviti, Sergéj Èjzenstéjn, Vsévolod Pudóvkin e Dzìga Vértov, ma in Russia le loro opere, che mancavano di una trama tradizionale e di protagonisti realistici, e che si avvalevano di un montaggio metaforico, «poetico», non trovavano un pubblico di massa. Invece i ben confezionati, accessibili prodotti della Lenfil'm coinvolgevano il pubblico sovietico. Il loro intenzionale orientamento al cinema «prosaico» era accettato dalle autorità e facilmente inghiottito dalle 8 ****** SOLOMON VOLKOV masse. Si può dire che i film leningradesi di quegli anni fossero l'unica arte autenticamente popolare di quel periodo

Tutto ciò fece della Lenfil'm e dei suoi registi i beniamini della cultura dell'epoca staliniana. Nel 1935 Stàlin, col pretesto del quindicesimo anniversario del cinema sovietico, assegnò l'ordine di Lénin alla Lenfil'm, che quindi fu il primo «collettivo creativo» sovietico a ricevere il massimo riconoscimento. Gli ordini di Lénin furono consegnati anche a Kézincev e Tràuberg, Èrmler e Vasìl'ev (a Èjzengtéjn non lo diedero). Quello stesso anno al festival del cinema internazionale in corso a Mosca il primo premio fu dato alla Lenfil'm per un programma in cui rientravano Capàev, La gioventù di Maksìm e Krest'jàne (I contadini) di Èrmler, un film sulla lotta di classe nelle campagne. Fu l'apice del successo e della gloria della Lenfil'm, che venne ufficialmente riconosciuto come il miglior studio cinematografico del paese

Questo successo fu ottenuto al prezzo dell'abbandono da parte dei registi non solo degli ideali d'avanguardia sostenuti in gioventù, ma anche dell'illusione di conservare una certa indipendenza dalla linea del partito, senza curarsi delle sue brusche virate. In seguito ciò fu ammesso dai registi stessi

Tràuberg raccontò con amarezza come i suoi vecchi amici lo rimproverarono dopo l'uscita della Gioventù di Maksìm, che ebbe un seguito in altri due film di successo: «Perché ti sei allontanato dalla Gabbana e dalla Nuova Babilonia? Un violinista non dovrebbe passare al tamburo».[698]

Una svolta ancor più radicale compì Èrmler passando da un film tratto da Pe}ëéra (La caverna), il racconto del grande anticonformista leningradese degli anni Venti Evgénij Zamjàtin, a Velìkij graàdanìn (Il grande cittadino), il film più famoso deu anni Trenta. Nel Grande cittadino, sottilmente dissimulata, era narrata la storia della vita e della morte di Kirov in un'interpretazione che discendeva da quella di Stàlin: il protagonista del film lottava contro gli oppositori, le spie e i sabotatori, e moriva per mano loro. È noto il giudizio scritto di Stàlin sulla sceneggiatura del Grande cittadino: «Politicamente è stata scritta in modo indiscutibilmente corretto. Anche il valore letterario è indiscutibile».[699]

Gli autori del film dichiararono col fiato sospeso: «Se il nostro lavoro verrà apprezzato positivamente dagli spettatori sovietici, se sarà d'aiuto alla causa dello smascheramento e della distruzione dei nemici del popolo, ne saremo felici nella consapevolezza di aver compiuto il nostro dovere creativo».[700]

Il grande cittadino di Èrmler divenne non solo la giustificazione, ma un inno appassionato al Grande Terrore. Secondo i ricordi dei contemporanei, gli spettatori dopo aver visto il film uscivano dalla sala di proiezione pronti a fare a pezzi ogni malefico oppositore che cercava di far deviare il paese dalla retta via staliniana. Tràuberg si espresse in questi termini sul Grande cittadino: «Un film meraviglioso con personaggi molto interessanti». La sua efficacia era accresciuta dalla musica di

---

[698] L. Tràuberg. op. cit.. p. 209.

[699] G. Mar'jamov, Kremlëvskij cenzor (Il censore del Cremlino), Moskvà 1992, p. 33.

[700] Ibid., p. 35

Šostakóvič. Il grande cittadino fu insignito del premio Stàlin di primo grado, per la sua rispondenza alle istanze politiche e ai gusti del popolo

Èrmler fino alla fine dei suoi giorni (morì nel 1967) andò orgoglioso del Grande cittadino, ripetendo testardamente: «Sono un soldato del partito!»

Šostakóvič evitava di parlare dei propri primi film in generale e del Grande cittadino in particolare, affermando solo che «bisognava pure guadagnarsi da vivere». È indubbio però che per lui il lavoro a progetti come Il grande cittadino non era solo una fonte di guadagno. La partecipazione a film approvati e sostenuti da Stàlin per Šostakóvič era anche un salvacondotto. Il compositore faceva il suo lavoro bene, e riceveva la debita ricompensa, ma tutto questo avveniva sullo sfondo dell'obiettivo principale: sopravvivere in un regime totalitario, dove le sue opere venivano spesso dichiarate «antipopolari»

Molte volte ripeteva ai suoi allievi: «Alla musica per il cinema ricorrete solo in caso di estremo bisogno, di estremo bisogno»

Paradossalmente, nei suoi lavori per il cinema Šostakóvič fece balzi creativi inaspettati. Nella musica per i film su temi rivoluzionari, in particolare nella trilogia su Maksìm, Šostakóvič spesso si servì di autentiche melodie di canzoni russe di protesta a cavallo tra Otto e Novecento. Queste citazioni producevano sempre una forte impressione sul pubblico, poiché rimandavano a ricordi di giorni più felici

Negli anni di regime sovietico, le vecchie canzoni rivoluzionarie e le tradizioni rivoluzionarie in generale furono sottoposte a notevoli discussioni culturali. Stàlin le accantonò, in favore degli inni alle gesta del partito comunista contemporaneo e del suo grande capo. I nuovi canti «pseudorivoluzionari» erano pomposi e freddi. Mentre in quelli vecchi – sinceri e spontanei – si poteva ancora cogliere uno autentico spirito di protesta. A poco a poco divennero parte del nuovo linguaggio «esopico» caratteristico dell'era sovietica

Nel sistema di questa lingua convenzionale, quando in un romanzo, in una pièce o in un film si raccontava dei rivoluzionari del passato – decabristi o nichilisti, per esempio – il riferimento assumeva un significato particolare

Parole come «libertà», «tiranno», «prigione» formalmente si riferivano al passato, ma indicavano anche la situazione presente. Questa tecnica divenne particolarmente diffusa dopo la morte di Stàlin, negli anni Cinquanta e Sessanta. In quel periodo anche alcuni dei film rivoluzionari degli anni Venti e Trenta avevano un

impatto emotivo d'altro tipo. L'immagine romantica della
«Pietroburgo rivoluzionaria» si giustapponeva alla grigia e anonima
Leningrado del presente, dove il minimo segno di
anticonformismo veniva stroncato e punito con severità. La lotta
contro i gendarmi zaristi, la distribuzione di volantini clandestini e
le manifestazioni antigovernative erano elementi di quel contrasto,
formato in parte dalla trilogia di film di Kózincev e Tràuberg sul
«ragazzo di periferia» sempre pieno di speranza, Maksìm.

È su questo sfondo culturale che dobbiamo esaminare la
comparsa nel 1957 dell'Undicesinta sinfonia di Šostakóvič, che
divenne nota come Sinfonia 1905. I moti rivoluzionari della
«domenica di sangue», il 9 gennaio 1905, quando le truppe zariste
spararono contro una manifestazione di operai disarmati, avevano
acquisito l'aura del martirio
    Mandel'štàm aveva definito la «domenica di sangue» una
tragedia che

    poteva accadere solo a Pietroburgo: il suo assetto urbanistico,
la disposizione delle vie, lo spirito della sua architettura lasciarono
una traccia incancellabile sulla natura dell'evento storico. Il nove
gennaio a Mosca non sarebbe potuto accadere. La tensione
centripeta di questa giornata, il movimento diritto lungo i raggi,
dalla periferia al centro, per così dire, tutta la dinamica del nove
gennaio è condizionata dalla concezione architettonica e storica di
Pietroburgo

Anche nel 1922, quando scrisse queste parole, Mandel'štàm si
rendeva conto dell'importanza di tale evento per la creazione di
una nuova leggenda di Pietroburgo, quando «la nuova anima
liberata di Pietroburgo, come una tenera Psiche orfana, girovagava
per le nevi». Trentacinque anni dopo, il ricordo della «domenica di
sangue» si inseriva organicamente nel mito clandèstino di
Pietroburgo come città martire
    L'Undicesima sinfonia di Šostakóvič era un ritratto grandioso
di quella città. Maestro dello sviluppo sinfonico, Šostakóvič qui –
piuttosto inaspettatamente – tese la mano al Gruppo dei cinque,
basando la sinfonia su canti folcloristici rivoluzionari. Usando
queste melodie familiari, le cui parole erano note ai più, Šostakóvič
introdusse nella sinfonia il caleidoscopico repertorio di immagini
del romanticismo rivoluzionario. Il suono dei canti inevitabilmente
suscita a associazioni di sapore libertario o, come si esprimevano i
burocrati sovietici della cultura, «allusioni scorrette»

Sentendo nel primo movimento il ritornello di un famoso
canto di prigionia, il pubblico se ne ricordava le parole

Come un tradimento, coscienza di tiranno,
è buia la notte autunnale
Più oscura della notte s'erge dalla nebbia
una cupa visione: prigione

Lo stesso effetto suscitava la comparsa nel finale della sinfonia
della melodia rivoluzionaria «Tiranni, infuriate»:

Tiranni, infuriate, ridete di noi,
feroci insidiate con ceppi e catene
Di spirto siamo forti, pur pesti nel corpo:
vergogna, vergogna, vergogna, o tiranni

In quegli anni la presenza di parole in codice come «prigione» e
«tiranni» creava una atmosfera carica di tensione presso il pubblico
sovietico, pronto a cogliere la minima allusione al dissenso. Persino
Achmàtova, critica verso la rivoluzione e per nulla incline a
idealizzarla, fu commossa dall'uso di Šostakóvič delle canzoni
rivoluzionarie. Secondo Lìdija Čukóvskaja, Achmàtova accolse con
entusiasmo l'Undicesima sinfonia: «I canti volano nel terribile cielo
nero come angeli, come uccelli, come nuvole bianche!».[701]
Agli ascoltatori più accorti la musica richiamava un evento
contemporaneo, allusione ricercata dal compositore: la crudele
repressione da parte dei carri armati sovietici della rivolta
anticomunista ungherese del 1956. Nel secondo movimento,
Šostakóvič descrive apparentemente gli spari contro i dimostranti a
Pietroburgo la «domenica di sangue». Ma alla prima leningradese
della sinfonia, si sentì una donna dire: «Non sono spari di fucile,
sono i carri armati che rombano e schiacciano la gente».[702]
Questa parte della società leningradese prese a cuore anche la
descrizione musicale di Pietroburgo come città oppressa.
L'introduzione al primo movimento ricordava l'atmosfera di alcune
scene della Donna di picche. La musica può essere caratterizzata in
generale come «sinfonia della catastrofe». Questa descrizione di
Pietroburgo come sfondo per tragedie si trova in eajkévskij,

---

701 Čukovskaja, op. cit.. vol. II, p. 215.

702 «Novyj mir». cit.. 3, 1990, p. 263.

Šostakóvič, Mandel'štàm e soprattutto Achmàtova, che affermò: «Leningrado in generale è straordinariamente adatta per ambientare una catastrofe.... Questo fiume freddo, su cui stanno sempre nembi pesanti, questi tramonti minacciosi, questa spaventosa luna da opera. ... L'acqua nera con riflessi di luce gialla ... Tutto fa paura. Non riesco a immaginarmi come possano apparire le catastrofi e le sciagure a Mosca: infatti là non c'è tutto questo»[703].

Ahimè, nel periodo in cui fu scritta l'Undicesima sinfonia, Šostakóvič aveva una buona idea di come si potesse presentare una catastrofe a Mosca

Nella primavera 1943 vi si era trasferito in pianta stabile, nell'ambito del piano generale di Stàlin per il depauperamento culturale di Leningrado. Si trovava là quando la tristemente nota risoluzione del partito del 1948 condannava i compositori di «tendenza formalista, antipopolare», compresi Šostakóvič, Prokóf'ev, Mjaskóvskij e Chaëaturjàn. Questa risoluzione, emanata da Ždànov su ordine di Stàlin, tagliò fuori Šostakóvič dalla corrente principale della musica sovietica. Ciò nonostante a Šostakóvič fu permesso di lavorare nel cinema – sempre su ordine di Stàlin – e la sua musica accompagnò molti dei film più famosi degli ultimi anni di regime staliniano

Quasi tutti questi film furono fatti a Mosca. L'importanza della Lenfil'm in quegli anni diminuì. Il duo di successo Kózincev-Tràuberg si era diviso, ma Šostakóvič continuava a lavorare con Kézincev. Furono uniti da un progetto shakespeariano. Ancora nel 1941 Kézincev allestì una messinscena di Re Lear con musica di Šostakóvič. Le scene e i costumi erano disegnati da Natàn Àl'tman, con cui Kézincev aveva studiato arte

Questo Re Lear d'anteguerra a Leningrado aveva fatto sensazione. Shakespeare era sempre stato uno degli autori più ammirati nel paese, sia prima che dopo la rivoluzione. L'interesse per lui cresceva nei momenti di crisi, quando gli allestimenti dei suoi drammi diventavano pronunciamenti politici sotto mentite spoglie[704].

La produzione del Lear di Kézincev era un celato commento alla follia delle purghe staliniane a Leningrado. La scenografia di

---

[703] L. Čukóvskaja. op. cit., vol. I, p. 47.

[704] Natàn Àl'tman, conversazione con l'autore (Leningrado 1966).

Àl'tman prevedeva soprattutto forche col cappio pendente, un'allusione visiva sinistra e di facile comprensione. Il critico leningradese Naùm Berkévskij scrisse in termini «esopici» dell'allestimento di Kézincev, parlando di una città estenuata dal terrore. «Per Shakespeare è tragico il regime che non promana da una personalità umana, che non vi cerca base e giustificazione . ... la società ha perso una morale sociale, si è trasformata in una coesistenza caotica, alimenta negli uomini ciò che vi è di basso, vile, brutale e relega al silenzio gli atti nobili oppure li punisce»[705].

Nel 1954 Kózincev produsse l'Amleto all'ex teatro Aleksandrìnskij. Ancora una volta Šostakóvič e Àlt'man facevano parte del suo gruppo. Questo eccezionale allestimento, realizzato poco dopo la morte di Stàlin, aprì una nuova era nell'interpretazione sovietica di Shakespeare e preparò la strada a due film di Kézincev: Amleto (1964) e Re Lear (1971), che furono il suo canto del cigno. Sono tra i maggiori successi della Lenfil'm

Evgénij Švarc definì Kózincev «un misto di mimosa e ortica», descrizione che si attagliava anche a Šostakóvič.[706]

I due uomini erano accomunati da una certa riservatezza che i Pietroburghesi amano considerare caratteristica della loro educazione. Anche Švarc notò questa inclinazione, affermando di Kézincev: «Per la sua natura snob, aristocratica, formatasi negli anni Venti, è reticente in modo ridicolo. Come Šostakóvič. Il loro contegno da diplomatici si traduce in ordine e meticolosità spirituale»

Kézincev aestro nel linguaggio «esopico», compiaciuto la sottigliezza della musica 1 Šostakóvič. Dopo avere sentito l'Undicesima sinfonia, scrisse nel diario: «L'inizio è impressionante: il gelo sulla piazza e il maledetto zarismo che batte un piccolo tamburo. E poi crudeltà, disperazione, una forza malvagia che annienta tutto ciò che è vivo, dolore, pena che lacera il cuore e il pensiero: a cosa è servito tutto questo?»

Queste riflessioni divennero il leitmotiv dei film shakespeariani di Kézincev, in cui i testi, nelle traduzioni poco ortodosse di Boris Pasternàk, suonavano come cronache degli ultimi avvenimenti. Nell'Amleto, realizzato da Kózincev in austero bianco e nero, il film è permeato dalla metafora visiva di Elsinore come prigione. Il

---

[705] N.Ja. Berkovskij, Literatura i teatr (Letteratura e teatro), Moskvà 1969, p. 446.

[706] Natàn Àl'tman, conversazione con l'autore (Leningrado 1966).

culto della personalità del patetico usurpatore viene giustapposto all'orgogliosa indipendenza di Amleto, nobile e impetuoso nell'interpretazione del famoso Innokéntij Smoktunévskij

Šostakóvič spesso veniva paragonato al principe, e tratti amletici in opere sue erano stati notati fin dalla Quinta sinfonia. Per il film di Kózincev Šostakóvič scrisse una partitura dura, ellittica, alcuni critici la considerano la migliore interpretazione musicale di Amleto, e molti la considerano una delle opere migliori di Šostakóvič. Kézincev, che si rendeva conto di quanto la musica di Šostakóvič contribuisse a dare forma al messaggio nascosto del suo Amleto, aveva preso in considerazione l'ipotesi di chiamare il film «cinesinfonia»

Kézincev, morto nel 1973, riassunse il lavoro della sua vita, oltre che di quel periodo della storia della Lenfil'm, nel Re Lear. Il film fu girato in bianco e nero, come l'Amleto, ma risultò ancora più severo, con varie scene realistiche impressionanti. Kézincev incarnava le radici d'avanguardia della Lenfil'm, la gioventù dello studio e la sua prima maturità quando Stàlin ne era il principale patron. Kézincev, come pochi altri registi, per quanto favorito di Stàlin, attirava ancora un pubblico di massa, e riscuoteva il rispetto dei critici sia in Unione Sovietica sia in Occidente anche nel periodo poststaliniano. Amleto e Re Lear sono giustamente considerati tesori del cinema mondiale ispirato a Shakespeare. Kézincev, uomo ambizioso e orgoglioso, conosceva benissimo l'importanza della musica di Šostakóvič. «Senza di essa, come senza le traduzioni di Pasternàk, non avrei potuto fare film shakespeariani»[707].

Kézincev cercò di spiegare perché la musica di Šostakóvič fosse tanto importante per lui, leningradese della nuova era:

Cosa mi sembra più importante in questa musica? La sua tragicità? La filosofia, le idee generali sul mondo? ... Però un'altra proprietà è ancora più importante. Una qualità di cui è difficile scrivere. La bontà. La misericordia. Però si tratta di una bontà speciale. Nella nostra lingua c'è una parola perfetta: Ijutyj [feroce]. Nell'arte russa non c'è bonta senza un odio feroce per chi distrugge l'uomo. Nella musica di Šostakóvič sento un odio feroce verso la crudeltà, il culto della forza, l'umiliazione della verità. È

---

[707] G. Kozincev, op. cit., vol. IV, p. 264.

una bontà speciale: una bontà impavida.[708]

Alla fine degli anni Quaranta e nei primi anni Cinquanta, Achmàtova e Z.óSëenko vivevano a Leningrado come fantasmi. Erano stati espulsi dall'Unione come scrittori, non venivano pubblicati, e conducevano un'esistenza misera, evitati come lebbrosi. Gli ex amici quando li vedevano arrivare, attraversavano la strada. Si aspettavano l'arresto in qualsiasi momento

Una teoria di allora era che Stàlin aveva permesso ad Achmàtova e a Zóščenko di restare in libertà per poter continuare la campagna ideologica all'infinito.[709]

La risoluzione del partito del 1946 rivolta contro di loro era stata «studiata» in innumerevoli riunioni in tutto il paese e poi inserita nei programmi scolastici cosicché una classe dopo l'altra di giovani sovietici la imparasse a memoria. Per milioni di sovietici, era un «teppista della letteratura» e Achmàtova «metà monaca e metà puttana», e la sua poesia era corrotta e decadente

In quegli anni Leningrado viveva d'inerzia. Tutto ciò di cui era andata orgogliosa veniva portato via; molti personaggi del mondo della cultura erano caduti in disgrazia, altri si erano trasferiti a Mosca. L'affaire Leningrado fabbricato a tavolino da Stàlin rabbuiava la città. Persino la gloria dell'assedio dei novecento giorni veniva ora sminuita. Il famoso Museo della difesa di Leningrado, fondato nel 1946, fu chiuso nel 1949, gli amministratori furono arrestati e molti pezzi preziosi distrutti

Il sentimento predominante di quel periodo difficile era la disperazione

Furono probabilmente gli anni più cupi della storia della cultura leningradese. La gente pensava che quella monotonia opprimente, ravvivata solo di tanto in tanto da un anniversario o da qualche simbolo ancora tollerato dalla cultura nazionale, sarebbe durata per sempre.[710]L'autocoscienza e l'autostima della città sulla Nevà sembravano aver perso qualsiasi speranza di rinascita

Eppure, anche allora esisteva (almeno in forma di abbozzo) un'opera che prediceva il destino della leggenda di Pietroburgo nella seconda metà del Novecento. Mi riferisco al Poema senza eroe di Achmàtova, cominciato alla fine del 1940 e completato in

---

[708] Ibid., pp. 264-265.

[709] Sergéj Jutkévič, conversazione con l'autore (Mosca 1976).

[710] Natàn Àl'tman, conversazione con l'autore (Leningrado 1966).

prima stesura nel 1942. Il destino di Poema senza eroe è insolito: Achmàtova continuò a lavorarvi per una ventina d'anni, aggiungendo versi, prefazioni, dediche e commenti. Di conseguenza, la versione finale è lunga circa il doppio della prima. E il testo ha le aggiunte di Próza o poème (Prosa sul poema) e gli schizzi di un libretto per balletto che intrecciava vari motivi del Poema

Achmàtova si rendeva conto dell'importanza storica e culturale della sua grande opera. Per questo diede alla prima parte del poema, «Novecentotredici», il sottotitolo «Pévest'pietroburghese», creando così un parallelo diretto con un'altra famosa «Póvest'pietroburghese», Il cavaliere di bronzo di Pùškin. In realtà, il ruolo del poema di Achmàtova nella formazione di quella fase del mito di Pietroburgo è paragonabile all'impulso dato alla nascita di quel mito dal poema di Puškin. Secondo Lev Lésev, Poema senza eroe è «un poema "storiosofico", incentrato non tanto su eventi storici, quanto sul meccanismo della ftoria che Achmàtova vede nella ciclicità del tempo, nell'infinita ripetizione, ciò che la apparenta con la visione storica di Puškin»[711]

Poema senza eroe manca di una vera e propria trama. L'embrione di un intreccio può essere ridotto al tradizionale triangolo amoroso, Pierrot-Colombina-Arlecchino, dietro il quale si scorge il vero dramma che agitava i circoli artistici della capitale nel 1913. Un giovane poeta e ufficiale, Vsévolod Knjàzev, si era suicidato sparandosi al petto. Alcune voci collegavano questo suicidio, tipico dell'atmosfera pietroburghese «prebellica, lasciva e minacciosa», secondo le parole di Achmàtova, all'amore non corrisposto di Knjàzev per un'amica di Achmàtova, la ballerina Ol'ga Glébova-Sudéjkina

Si diceva che il fortunato rivale di Knjàzev fosse il poeta Aleksàndr Blok. Al funerale di suo figlio, la madre di Knjàzev disse in faccia a Ol'ga: «Dio punirà chi lo ha fatto soffrire»

Knjàzev, la sua poesia e la storia tragica del suo amore furono sepolti dalla prima guerra mondiale e dalla rivoluzione, e sembravano destinati all'oblio. (La scomparsa di Ól'ga Glébova-Sudéjkina, morta di tubercolosi a Parigi nel 1945, passò inosservata.) Ma la fama di Blok continuò anche dopo la rivoluzione, e la sua morte prematura nell'agosto 1921 non fece che accrescerne la leggenda e renderlo uno dei poeti più rispettati

---

[711] «Achmatóvskij sbornik» (Antologia achmatoviana), 1. Paris 1989. p. 118.

della storia della letteratura russa

Blok svolse una parte eccezionalmente importante nella vita di Achmàtova, sia come poeta sia come simbolo della sua era. Negli anni Dieci Achmàtova iniziò un rischioso gioco letterario con Blok, alludendo nelle poesie pubblicate a un amore per un poeta, innominato, con caratteristiche – come i suoi famosi occhi grigi – che lo rendevano facilmente riconoscibile

La leggenda che Achmàtova e Blok avessero avuto una storia d'amore sopravvisse alla morte del poeta e anche alla pubblicazione dei suoi diari e taccuini. Il lettore medio sembrava non accorgersi di ciò che l'occhio di Achmàtova colse all'istante: «Come appare evidente dai taccuini di Blok, non ho avuto posto nella sua vita»

Accese proteste e ironica perplessità divennero parte delle conversazioni di Achmàtova con conoscenti vecchi e nuovi, me compreso. Nel 1965 non avrei mai osato suggerirle che la fonte evidente della leggenda erano le prime poesie d'amore di Achmàtova, assai popolari. Comunque sia, gli elementi blokiani nel Poema senza eroe costituiscono uno strato importante dell'opera, un nodo di motivi, immagini, allusioni e citazioni dirette che conducono tutte a Blok.[712]

Blok appare un eroe androgino, un demone col sorriso da donna, una figura ambivalente. Non è solo Arlecchino, ma anche Don Giovanni, «col cuore morto e con lo sguardo morto». Achmàtova trasse l'epigrafe del primo capitolo del poema dal Don Giovanni di Mozart:

Di rider finirai pria dell'aurora.[713]

Come è consueto per Achmàtova, il riferimento nasconde un rimando più profondo, quello alla classica interpretazione russa della leggenda di Don Giovanni, Kàmennyj gost'(Il convitato di pietra) di Pùškin (su cui Aleksàndr Dargomyžskij, padre spirituale del Gruppo dei cinque, basò la propria fantasiosa opera omonima)

Poco dopo la seconda guerra mondiale, Achmàtova scrisse un'opera sul Convitato di pietra; in seguito la rivedette e la ampliò a più riprese. In questo saggio affermava che Pùškin proiettava le

---

[712] V.N. Toporov, Aclimatova i Blok (Achmàtova e Blok), Berkeley 1981.

[713] Lorenzo Da Ponte, Don Giovanni, atto 2, scena XII. È la battuta pronunciata dalla statua del commendatore nella scena del cimitero.

proprie emozioni su Don Giovanni: paura della felicità e dell'eterna fedeltà. Per lei, il Don Giovanni di Pùškin «è davvero rinato durante l'appuntamento con Donna Anna e tutta la tragedia si racchiude nel fatto che in questo momento lui ha amato ed è stato felice, e invece della salvezza, a un passo dalla quale si trovava, è arrivata la catastrofe»

È ormai arcinoto che Achmàtova fa spesso allusione a una correlazione tra la vita e l'opera di e la propria. Lei paragona il Don Giovanni di Puškin a un libertino pietroburghese e chiama i suoi amici «gioventù dorata». Al lettore colto della poesia russa di fine secolo (il lettore cui si rivolge Achmàtova) viene subito in mente il «Don Giovanni pietroburghese» Aleksàndr Blok e il suo famoso poema del 1912 Sagì komandóra (I passi del commendatore), in cui l'eroe autobiografico, che si chiama Don Giovanni, incontra il commendatore, venuto per lui, ed esclama:

Fanciulla di Luce! Dove sei, donna Anna?
Anna! Anna! – Silenzio.[714]

Questi versi sono un'imitazione dell'ultimo verso della tragedia di PtiSkin («Sto morendo – è finita. O Donna Anna!»)

Questo ci riporta al triangolo d'amore, Pierrot-Colombina-Arlecchino, al nucleo del Poema senza eroe. Dietro il triangolo sono due poeti, Knjàzev e Blok, e l'amica di Achmàtova Ól'ga Glébova-Sudéjkina. Achmàtova ammise di aver scritto in codice («inchiostro invisibile», «scrittura speculare») e che questa scatola, secondo le sue parole, aveva un «triplo fondo». Lei si rivolge direttamente a Ól'ga così: «Sei uno dei miei sosia»; in questo modo fornisce al lettore sufficienti elementi per vedere in Ól'ga Achmàtova e in Don Giovanni Blok, il quale nei Passi del commendatore chiamava la sua amata con lo stesso di Achmàtova:

Anna, Anna, è dolce dormire nella tomba?
È dolce sognare sogni non terreni?[715]

Il posto di Knjàzev in questo nuovo triangolo immaginario verrà allora preso da un a19 poeta e ufficiale, il primo marito di

---

[714] A. Blok, Stichotvorenija. Poèmy (Poesie. Poemi), Moskvà, Chudožestvennaja literatura, 1978, P. 235.

[715] Ibid.. p. 234.

Achmàtova, Nikolàj Gumilëv. I passi del commendatore diventa in questo modo una segreta dichiarazione d'amore per Anna (Achmàtova), e Blok diventa Don Giovanni pentito che – come l'eroe della tragedia di mkin – trova il vero amore solo sull'orlo della morte. (Achmàtova affermava che Blok aveva pensato a lei nel suo delirio sul Ietto di morte.) Così, nel Poema senza eroe Achmàtova, affermando il diritto del poeta di trasformare la realtà, ha presentato in codice (ma in modo comprensibile per il lettore attento) la continuazione della sua storia fantastica con Blok

Riorganizzando così la propria biografia, Achmàtova entrò in una relazione complessa con la storia. In armonia con la tradizione russa e con il proprio sistema filosofico, il poeta non era soltanto il depositario della memoria storica della nazione ma anche il catalizzatore di importanti eventi contemporanei. Fili invisibili ma solidi legano la poetessa a personalità fondamentali del Novecento

In particolare, Achmàtova aveva un senso acuto del legame personale con Stàlin, anche se non lo incontrò mai. Come aveva fatto con il cinema, Stàlin prese la letteratura russa sotto il suo controllo personale. Egli seguiva le uscite dei libri anno dopo anno, si incontrava con gli scrittori (a volte in modo informale) e telefonava loro. Di alcune di queste conversazioni telefoniche (con Bulgàkov e Pasternàk, per esempio) si parlava molto negli ambienti letterari

Achmàtova fece un primo appello a Stàlin nel 1935, chiedendogli il rilascio del marito, Nikolàj Pùnin, e del figlio Lev. Furono liberati subito dopo che la lettera venne consegnata a Stàlin; la notizia di quel miracolo fece il giro di tutta l'intellighenzia sovietica. Quando suo figlio fu arrestato di nuovo, però, una seconda lettera non ne ottenne il rilascio. Nel 1939, a una riunione con gli scrittori, Stàlin chiese come stava Achmàtova e come mai le sue poesie non venissero pubblicate. Da allora, i dirigenti dell'Unione scrittori manifestarono «maggiore attenzione» per Achmàtova, e poco dopo uscì una sua raccolta di poesie, la prima dopo molti anni. Da quel momento in poi, Achmàtova si sentì addosso lo sguardo attento di Stàlin, probabilmente a ragione. Vedeva Stàlin dietro l'inattesa commutazione della condanna a morte del figlio in confino nei campi di lavoro e dietro la sua stessa evacuazione dalla Leningrado assediata durante la guerra

Achmàtova presumeva che Stàlin l'avesse risparmiata perché si era creato di lei l'immagine di una donna solitaria, ascetica, di talento ma modesta, del tutto dedita al proprio lavoro letterario. (Pasternàk aveva descritto in questo modo Achmàtova in una lettera a Stàlin.) Secondo Achmàtova, Stàlin ogni tanto si informava: «Allora, come sta la nostra monaca?». Ma un evento fatale del 1945 scosse per sempre quell'immagine

Isaiah Berlin, allora giovane intellettuale curioso, addetto dell'ambasciata britannica a Mosca, andò a Leningrado e, conoscendo bene il russo, decise di andare a trovare Achmàtova, di cui amava da tempo la poesia. Era la fine di novembre del 1945. Forse Berlin non si rendeva del tutto conto che Stàlin considerava tutti i diplomatici occidentali spie reali o potenziali e perciò li teneva sotto stretta e costante sorveglianza

Anche Achmàtova veniva sorvegliata, e l'incontro tra Berlin e Achmàtova fu riferito subito a Stàlin. Lei pensò sempre che la rabbia di Stàlin fosse stata causata dal fatto che il trentaseienne Berlin si era fermato fino al mattino seguente. Come disse Achmàtova, quando Stàlin venne a sapere dell'appuntamento notturno imprecò ed esclamò: «Allora la nostra monaca riceve a casa sua spie straniere!». Il filo invisibile che, così credeva Achmàtova, la collegava a Stàlin si ruppe

Achmàtova riteneva che questa catena di eventi avesse portato alla malfamata risoluzione del partito del 1946, diretta contro lei e Zóščenko. La risoluzione, a sua volta, secondo lei portò alle soglie della guerra fredda. In Poema senza eroe parla dell'incontro con Isaiah Berlin:

> Non sarà il mio caro marito,
> > ma ci toccherà in sorte un destino,
> > > da sconvolgere il Novecento.

Questa affermazione può sembrare eccessiva, e l'importanza attribuibile al suo incontro quasi casuale con Berlin sproporzionata. Ma è così solo a prima vista. Un esame più attento suggerisce che la sua interpretazione è riservata e psicologicamente pertinente. Anche se la guerra fredda sarebbe cominciata comunque, la campagna malefica contro Achmàtova e Zóščenko raffreddò notevolmente l'euforia del dopoguerra, soprattutto tra l'intellighenzia occidentale di sinistra, e accelerò l'inizio delle ostilità

Nel 1976, quando arrivai in Occidente, vidi quanto fosse ancora dolorosamente vivo l'affaire Achmàtova-Zóščenko nelle menti dei russofili locali

Avendo destato l'ira di Stàlin, Achmàtova poteva legittimamente ritenere di aver avuto un ruolo centrale negli eventi mondiali, soprattutto se accettiamo l'opinione che alcuni accessi di

Stàlin da vecchio fossero dovuti a cause accidentali o irrazionali.[716]

In questi tempi di scetticismo, i romanzi di Alexandre Dumas padre vengono letti tutt'al più dai bambini, e noi tendiamo a dimenticare l'importanza del caso e degli individui nella storia. In Poema senza eroe Achmàtova ha cercato di sfidare il determinismo storico; in quel senso la sua opera è un contraltare polemico del Cavaliere di bronzo di Pùškin. Ma, proprio come nel poema di Pùškin, il destino è più forte dei personaggi di Poema senza eroe, compreso l'autore. Tutti loro, nella mitologia di Achmàtova, sono abitanti di un'Atlantide leggendaria, condannata alla scomparsa, spinta sul fondo del mare «dalle onde di risacca della storia mondiale sia da un senso di colpa collettivo.

Il tema della colpa collettiva – e, ancora più importante, personale – è centrale nel Poema senza eroe e tradizionale nella letteratura russa. Né era originale proiettare questa colpa sulla Pietroburgo intesa come nuova Roma, generalmente decadente e che meritava ampiamente la distruzione per mano dei barbari del Novecento. Ma la trasformazione del motivo del peccato e della colpa nel motivo dell'espiazione mediante la sofferenza, mentre la città e Achmàtova seguono la via crucis dell'umiliazione, del tormento e della trasfigurazione, è nuova ed essenziale

Achmàtova comincia con un ricco mosaico della vita carnevalesca di Pietroburgo nel 1913 (qui l'influenza delle idee di Michail Bachtìn sulla centralità del carnevale nella cultura è evidente). Nel corso di un carnevale di fine anno, l'autrice viene visitata dai personaggi leggendari della Pietroburgo prerivoluzionaria (riconoscibili sono Blok, Majakóvskij e Michail Kuzmìn), vestiti da Don Giovanni, Faust, Casanova, «Principe delle tenebre». Ma subito l'azione si apre sulle distese di Pietroburgo, e Achmàtova abilmente inserisce nel panorama i simboli culturali della città. Così, nel testo del poema, compare il «cigno irraggiungibile», la ballerina Anna Pàvlova, come anche la voce del grande basso Fëdor Šaljàpin, che «riempie i cuori di tremore»

Quando Achmàtova scrive

È vicino da ridere la chiusa:
di Petrùška la maschera sul retro,
col falò dei cocchieri la danza..

---

[716] Brodskij, S. Volkov, op. cit., pp. 36-38.

evoca nella mente del lettore scene di un'altra opera divenuta uno dei simboli della Pietroburgo prerivoluzionaria: il balletto Petrùška di Stravìnskij-Fókin-Benuà, la prima opera importante costruita attorno al tema della nostalgia per la capitale del vecchio impero russo, tema sviluppato intorno allo stesso triangolo d'amore che sta alla base del Poema senza eroe (nel balletto di Stravinskij Pierrot-Colombina-Arlecchino diventano Petrùška-Ballerina-Moro)

Tuttavia un altro personaggio del carnevale di Achmàtova è il principale direttore di teatro d'avanguardia di quel periodo, Vsévolod Mejerchól'd. Nel 1906 Mejerchól'd aveva messo in scena la fantasia simbolista di Blok La baracca dei saltimbanchi, che pure comprendeva l'onnipresente triangolo Pierrot-Colombina-Arlecchino. Quell'allestimento era divenuto un manifesto del modernismo pietroburghese. Alcuni anni dopo, Mejerchól'd allestì la pantomima di Arthur Schnitzler La sciarpa di Colombina, dove gli stessi personaggi turbinavano nell'estasi del carnevale. Mejerchól'd creò una figura commovente, un negretto che fu ricordato da molti del pubblico, Achmàtova compresa. Lei inserisce «negretti di Mejerchól'd» nell'intreccio del Poema senza eroe. Come il solito, questo particolare ha molti significati. Ricorda un altro allestimento di Mejerchól'd con negretti, un Don Giovanni, basato su quello di Molière che Mejerchól'd diresse al teatro Aleksandrìnskij nel 1910

Achmàtova sfrutta ogni occasione per ricordare al lettore il tema principale del Poema senza eroe (che è anche il leitmotiv della leggenda di Don Giovanni): il peccato e la sua punizione

Achmàtova stessa considerava l'opera di Mejerchól'd una delle molle principali che l'avevano spinta alla creazione di Poema senza eroe. Ne collegava la genesi alle impressioni che aveva ricavato dal suo allestimento del 1917 del dramma Ballo in maschera di Lérmontov. Il dramma allora suonò come un requiem per la Pietroburgo imperiale; fu quella nota commemorativa che Achmàtova colse nel Poema senza eroe

Un altro spettacolo di Mejerchól'd che forse ha svolto un ruolo altrettanto importante nella genesi di Poema senza eroe fu l'allestimento leningradese della Donna di picche. Achmàtova con quest'opera ebbe un rapporto complesso. Era affascinata dalla musica di Čajkóvskij e inoltre La donna di picche era la preferita di Blok e Artur Lur'é, che la consideravano centrale nel mito di

Pietroburgo.[717]

In una lettera resa pubblica, Blok indicava Il cavaliere di bronzo di Puškin, Il ballo in maschera di Lérmontov e La donna di picche di Čajkóvskij come variazioni sullo stesso tema pietroburghese. Per lui la magica Pietroburgo era una città di carnevali in cui «Pùškin "apollonico" cadeva nell'abisso, spintovi dalla mano di Čajkóvskij, mago e musicista». Ad Achmàtova, che studiò con attenzione le lettere di Blok, non sarebbe potuta sfuggire questa osservazione. Ma era sconvolta dalle libertà dell'opera di Čajkóvskij, che ne trasformò radicalmente la fonte letteraria, il racconto di Pùškin.[718] In parte ciò che rese tanto memorabile l'allestimento di Mejerchól'd fu che il regista cercò di «ripu<kinizzare» l'intreccio, commissionando persino un libretto del tutto nuovo che rivelava in modo più chiaro il tratto essenziale della musica di Čajkóvskij: la colpa e la sua redenzione (motivo evidente anche nel Ballo in maschera di Lérmontov)

L'allestimento di Mejerchól'd divise l'élite intellettuale leningradese in due campi: uno attaccò ferocemente le libertà presesi dal regista rispetto all'opera di Čajkóvskij, l'altro – che comprendeva Šostakóvič – lo considerava un lavoro geniale.[719]

Mejerchól'd affermò di aver voluto restituire l'«atmosfera del Cavaliere di bronzo». Basò l'allestimento sul contrasto tra il cupo paesaggio urbano e i divertimenti decadenti di Pietroburgo. Achmàtova in seguito ha inserito questo contrasto in Poema senza eroe, integrandovi anche vaghe reminescenze e paralleli con La donna di picche.

Čajkóvskij percepiva la possibilità della morte di Pietroburgo, tanto cara al suo cuore, ed era inorridito e preoccupato da quella eventualità. La sua musica – in particolare bella addormentata, Ln donna di picche e la Sesta sinfonia «Patvca» – rappresenta il suo requiem per la capitale imperiale

(Parlando con Achmàtova abbiamo discusso dell'impiego della «Patetica» per un balletto sul Poema senza eroe.) Per Achmàtova, la musica di Čajkóvskij costituisce un elemento fondamentale nel mito classico di Pietroburgo. Il Poema senza eroe è in realtà un'enciclopedia di quel mito. Le sue citazioni – scoperte, nascoste e codificate – da opere di autori pietroburghesi ne fanno il testo

---

[717] 35 Irina Grom, conversazione con l'autore (New York 1978).

[718] 36 Anna Achmàtova, conversazione con l'autore (Komàrovo 1965).

[719] 37 Dmìtrij Šostakóvič, conversazione con l'autore (Mosca 1973).

postmoderno per eccellenza

A volte sembra che il poema, a differenza di tutto il resto della letteratura russa, sia, come ha detto Mandel'štàm dell'Inferno, «una vera orgia di citazioni». Achmàtova ammette il suo uso abituale di questa tecnica nei primi versi della dedica:

... e dato che la carta non bastava,
sulla tua brutta copia sto scrivendo
Parola altrui così mi spunta fuori,
e, come neve il fiocco sulla mano,
si scioglie senza dubbi né rancori

L'espressione chiave è «parola altrui», derivante dal concetto letterario, bachtiniano di «discorso altrui» di Bachtìn. Bachtìn era particolarmente interessato all'uso del «discorso altrui» – ossia della citazione – nella letteratura medievale, dove «i limiti tra discorso proprio e discorso altrui erano fragili, ambivalenti, spesso volutamente contorti e confusi». Quando Bachtìn parlava di citazioni «sottolineate con enfasi e riverenza, seminascoste, nascoste, semiconsapevoli, inconsapevoli, corrette, volutamente disrtorte, involontariamente distorte, volutamente stravolte ecc.» nella letteratura medievale, poteva benissimo riferirsi al Poema senza eroe

Secondo Bachtìn, il discorso altrui inevitabilmente diviene non solo parte integrante del lavoro in cui è inserito, ma anche suo tema. Qualcosa di simile avviene nel Poema senza eroe, dove citazioni e immagini tratte da Pùškin, Gógol', Dostoévskij, Blok e Mandel'štàm si trasformano in specchi in cui Achmàtova guarda sé stessa, usando il passato per dire il futuro, il proprio e quello della città.

Un contemporaneo di Achmàtova, il critico leningradese Efim Débin, ha paragonato il Poema senza eroe al famoso dipinto di Velizquez Las Menifias, in cui l'artista si raffigura mentre dipinge i propri personaggi:

L'artista è nello stesso tempo in due mondi diversi. Sia fuori del quadro. Sia dentro, accanto alle proprie creazioni. Sia nel mondo realmente esistente. Sia in quello poetico, creato da lui. L'intero quadro è specchio, ogni cosa raffigurata. Analogamente a Velâsquez, Achmàtova si inserì in un antico dramma. Si mise accanto ai personaggi per condurre con loro un dialogo ininterrotto.[720]

La tragica esperienza di Achmàtova si intreccia con la storia orribile della Pietroburgo del Novecento, al cui culmine fu l'assedio dei novecento giorni. Anche se la poetessa fu fatta sfollare, il blocco confermò le sue teorie sull'unità dei destini del poeta e della città:

> Pur non essendo la mia tomba, tu,
> sediziosa, sventurata, cara,
> muta sei ora, pallida, placata
> La nostra divisione è apparente:
> io sono inseparabile da te,
> sui muri tuoi c'è la mia ombra

La sofferenza della città è incarnata da Achmàtova, la via crucis della città comprende i tormenti della poetessa. Quando Achmàtova cominciò Poema senza eroe, annunciò: «Dal 1940, come da una torre, osservo tutto»

Forse le sarà sembrato che la Pietroburgo del 1913, come Sodoma e Gomorra, meritasse di essere distrutta. Eppure più indignata era la descrizione che Achmàtova faceva della Pietroburgo prerivoluzionaria, più terribile appariva la storia successiva della città:

> E passano i decenni: morti,
> torture e confino. Cantare
> in quest'orrore più non posso

Ma la città indebolita e la poetessa indebolita continuavano a vivere. A questa città mezza morta Achmàtova donò il suo Poema senza eroe, in cui erano sintetizzati tutti gli elementi del nuovo mito di Pietroburgo. VI inserì anche la Settima sinfonia («Leningradese») di Šostakóvič; in una fase di elaborazione il poema era concluso da un verso sulla sinfonia (un sottotitolo precedente del poema era «Sinfonia tragica»)

Poema senza eroe, in realtà, ha due eroi: l'autrice e la sua città. Mantengono un dialogo costante al di là delle possibilità di comprensione di ascoltatori e lettori. Spesso Achmàtova scrive in

---

[720] E. Dobin, Sjužet i dejstvitel'nost' (L'intreccio e la realtà). Leningràd 1976, p. 145.

codice intenzionalmente quel dialogo, giustificandolo ironicamente in questo modo:

Ho notato che più lo spiego, più diventa enigmatico e incomprensibile, che a tutti è chiaro che non posso e non voglio (non oso) spiegarlo fino in fondo e che tutte le mie spiegazioni, per quanto eleganti e fantasiose, non fanno che confondere le cose: è venuto dal nulla e se n'è andato nel nulla, senza spiegare nulla.[721]

Achmàtova considerava Il cavaliere di bronzo di Pùškin un'opera terrificante, disperata, cupa. Quanto è dunque ambivalente l'epigrafe scelta per la parte finale del Poema senza eroe, un verso tratto dal Cavaliere di bronzo: «Di Pëtr t'amo, o creatura!». Non ci sono dubbi nell'amore di Achmàtova per Pietroburgo ma, per il lettore, la solenne affermazione di è offuscata dall'ombra tetra degli eventi novecenteschi descritti nell'opera di Achmàtova

Nella cultura russa Il cavaliere di bronzo e Poema senza eroe costituiscono i due pilastri di un arco maestoso, uno spazio immaginario sotto il quale sta il mito di Pietroburgo. Nel Cavaliere di bronzo, la storia commovente di Evgénij e della sua sposa, sacrificati in nome dell'idea fanatica dello zar costruttore, ricorda antiche leggende sacrificali: «Nessuna città importante può resistere se durante l'edificazione delle sue fortificazioni non si mette nelle mura un uomo vivo, o almeno la sua ombra».[722] Nelle opere di Achmàtova Pietroburgo, eretta sulle ossa dei suoi innumerevoli e anonimi costruttori, diviene vittima delle forze potenti della storia, e in questo modo espia la propria colpa. Ascesa al Calvario, Pietroburgo si conquista il diritto alla resurrezione

Questa idea viene realizzata nel Poema senza eroe con un effetto magico. Nonostante la sua complessità, confusione e allusività, il Poema senza eroe produce una sensazione catartica, quasi di gioia

Me ne sono reso conto con chiarezza la prima volta che ho letto Poema senza eroe, nella primavera del 1965. Achmàtova domandò se mi fossi imbattuto in una copia dattiloscritta che circolava per Leningrado e Mosca. Risposi che ne avevo letti solo

---

[721] V. Vilenkin, V sto pervom zerkale (Nel centounesimo specchio). Moskvà 1987, p. 237.

[722] A. Afanàs'ev, Poètičeskie vozzrenija slavjan na prirodu (Concezioni poetiche degli slavi sulla natura), Moskvà 1868, vol. II, p. 85.

brani da almanacchi e riviste di poesia

«Be', allora non conosce il Poema» rilevò triste. «Mi sono comportata male con lui, ora me ne accorgo, non come una madre premurosa. Non avrei dovuto pubblicarlo a pezzi.» Poi mi lesse un brano che avrebbe dovuto fungere da parte finale:

E dietro il filo spinato,
nel più folto della tajgà,
diventato da quanto non so
di lager manciata di polvere,
d'antichi terrori leggenda
il mio sosia al terzo grado va

Declamata da Achmàtova alla sua maniera ieratica, solenne, ogni parola mi stordì. La pubblicazione di un testo simile in quegli anni era senz'altro impensabile

Per me l'essenza della filosofia della storia di Achmàtova e le sue idee sull'evoluzione del mito di Pietroburgo trovano la loro più succinta espressione nei versi: «In passato il futuro matura, / in futuro il passato marcisce»

Questa formula veniva ad Achmàtova dalle sue esperienze presenti e perciò suona convincente. Il ruolo di «parafulmine storico» ricade quasi sempre sul poeta. Anche se le epoche storiche si rispecchiano a vicenda, la terribile prevedibilità degli eventi è visibile solo al poeta, il cui ruolo è di creare miti storici onnicomprensivi

Poema senza eroe fu il culmine della creazione di un nuovo mito di Pietroburgo, a cui aveva contribuito tutta la cultura russa dei duecentocinquant'anni precedenti. La conquista fondamentale di Achmàtova fu la fusione di elementi importanti delle incarnazioni precedenti del mito in un nuovo indivisibile insieme. Achmàtova fa attraversare al lettore tutta la storia di Pietroburgo: dalla capitale dell'impero alla città dove il poeta può solo .

singhiozzare a piacere
sulle tombe fraterne silenti

Nelle complesse relazioni tra poeta e storia il suo modello era Pùškin

Una volta disse del romanzo in versi Evgénij Onégin: «[La sua] enormità aerea, come una nuvola, stava sopra di me». A metà del Novecento, Achmàtova divenne la bussola etica di una nuova generazione di leningradesi. Poema senza eroe incarnava per loro il nuovo mito di Pietroburgo, quell'«enormità aerea» alla cui ombra cresceva una nuova generazione di intellettuali leningradesi. Sarebbero stati loro a portare per il mondo la leggenda della città e del poeta, Pietroburgo e Achmàtova

Il 18 febbraio 1964 al tribunale distrettuale Dzeržìnskij – una stanza sudicia col pavimento pieno di sputi – cominciò l'udienza diIosif Bródskij, già famoso in città. Il poeta ventitreenne era accusato di «parassitismo doloso» – ossia di non avere nessun impiego – in violazione della legge sovietica. Alto e magro, capelli rossi e guance infiammate, Bródskij (con una guardia accanto) parlò calmo, cercando di spiegare a un giudice ignorante e ostile che il suo Iavoro era scrivere poesie. Tra il giudice, una donna, e Bródskij si svolse un dialogo che fu trascritto clandestinamente dalla giornalista Frida Vigdorova:

Giudice: E chi l'ha riconosciuto come poeta? Chi l'ha annoverato tra i poeti?
Bródskij: Nessuno. E chi m'ha annoverato tra gli esponenti del genere umano?
Giudice: Ha studiato per prepararsi?
Bródskij: A cosa?
Giudice: A fare il poeta? Ha cercato di diplomarsi in una scuola, dove ci si prepara... dove si impara..
Bródskij: Non credo che venga dall'istruzione
Giudice: E da cosa, allora?
Bródskij: Penso che... (perplesso). .. venga da Dio.[723]

Sembra uscire da Kafka o da una commedia dell'assurdo. Il giudice inviò Bródskij sotto scorta a un ospedale psichiatrico per stabilire se fosse sano. Là egli subì un trattamento durissimo: gli furono fatte iniezioni di zolfo, dopodiché qualsiasi movimento gli dava un dolore insopportabile
Uno dei divertimenti preferiti degli infermieri era avvolgere Bródskij in un lenzuolo, immergerlo in un bagno gelido, poi sbatterlo, ancora avvolto nel lenzuolo, vicino al riscaldamento. La chiamavano «busta fredda umida»
Asciugandosi, i lenzuolo strappava via la pelle di Bródskij.[724] Il

---

[723] «Vozdušnye puti» (Le vie aeree), 4. New York 1965, p. 280.

[724] Brodskij, conversazione con l'autore (New York 1982).

suo compagno di camera i notte si suicidò tagliandosi le vene con un rasoio, e Bródskij temeva che non avrebbe lasciato l'ospedale vivo. Le sofferenze di quel periodo terribile sono riflesse nel suo lungo poema filosofico Gorbunév e Gorëakóv

I periti psichiatrici stabilirono che Bródskij era sano, e lo rimandarono al tribunale. Lo stessa giudice, che aveva richiesto la perizia, gli domandò: «Che cosa ha fatto di buono per la patria?» Bródskij rispose con sommessa insistenza: «Ho scritto poesie. È il mio lavoro. Sono convinto... credo che quello che scrivo sarà utile alla gente, e non solo ora, ma anche nelle generazioni future».[725]

Tutti i tentativi di Bródskij di spiegare erano rivolti a un sordo. Una parte della sentenza, prestabilita, suonava: «Bródskij non adempie sistematicamente gli obblighi dell'uomo sovietico riguardo alla produzione di beni materiali. ... ha scritto e recitato le sue poesie decadenti. Da informazioni della Commissione di lavoro dei giovani scrittori, risulta che Bródskij non è poeta

. confinare ai lavori forzati Bródskij in località lontana per cinque anni».[726]

Questa crudele sentenza contro un giovane che aveva già avuto problemi cardiaci fece infuriare molti intellettuali leningradesi. Una relazione segreta del KGB informava il partito che alcuni scrittori avevano definito illegale il processo a Bródskij, che Kornéj eukóvskij e Dmìtrij Šostakóvič erano tra quelli che erano insorti a difesa di Bródskij, e che negli ambienti artistici il caso Bródskij veniva considerato «un ritorno al 1937».[727]

I timori degli intellettuali sovietici, basati su anni di amare esperienze con le autorità, non erano infondati. Dopo la morte di Stàlin, avvenuta il 5 marzo 1953, il nuovo leader del Partito comunista, lo scaltro Nikita Chruščëv, rinunciò a molti degli eccessi dello spietato predecessore e inizialmente diede avvio alla liberalizzazione della vita politica e culturale. Fu la politica del disgelo

Gli arresti di massa del periodo staliniano finirono. Molte vittime del Grande Terrore furono riabilitate; i sopravvissuti furono liberati dai campi. Dopo un lungo periodo la Russia cominciava, anche se debolmente, a ristabilire contatti culturali con

---

[725] «Vozdušnye puti», cit., 4, p. 285.

[726] Ibidem 303

[727] «Literaturnaja gazeta» (Giornale letterario), 5 maggio 1993.

l'Occidente, e fu concessa una certa deviazione – molto limitata –
dal conformismo totale imposto da Stàlin

Ma gli esperimenti liberali di Chruščëv, uomo molto concreto,
furono quantomeno bizzarri ed ebbero vita breve. Egli cominciò
presto a tirare le redini con impazienza, determinato a costringere
gli intellettuali a seguire la linea del partito. Alla fine del 1963
Chruščëv attaccò un gruppo di famosi artisti e scrittori sovietici
con un linguaggio rude e offensivo. Il processo di Bródskij fu
sintomatico del giro di vite. E molti temettero che fosse solo il
preludio a una repressione più dura

Vi sono prove che Chruščëv, che aveva una profonda sfiducia
negli intellettuali, avesse in mente proprio la repressione più dura,
ma nell'ottobre 1964 gli fu inaspettatamente tolto il potere dai
colleghi del partito, che si erano stancati del suo continuo
rimescolamento dell'apparato politico, degli imprevedibili zigzag
della sua politica e dei suoi sbotti incontrollati. Il nuovo leader del
partito era l'imponente Leonid Brèžnev, il cui obiettivo principale
era far ballare meno possibile la nave dello Stato. Cominciò il
«periodo della stagnazione»

Sotto Chruščëv e poi Brèžnev, Leningrado divenne una città
ancora più secondaria. Naturalmente rimase un importante centro
industriale e scientifico, con una forte produzione militare. La
popolazione aumentò da poco più di mezzo milione di abitanti nel
1944 a quattro milioni e mezzo negli anni Settanta. Ma per quanto
riguardava la cultura, i vari dirigenti del partito erano interessati
solo a mantenere lo status quo. Non era un caso che il primo
grosso processo poststaliniano a uno scrittore (quello a Bródskij)
avesse avuto luogo a Leningrado. La città aveva un microclima
particolarmente reazionario, che generava conflitti tra le autorità e
l'élite intellettuale

A Mosca per i poeti con inclinazioni liberali era più facile farsi
pubblicare ufficialmente o trovare un grande pubblico. Questi
giovani poeti quindi avevano qualcosa da perdere ed erano più
manipolati dalle autorità. Ne seguì un gioco pubblico al gatto e al
topo: uno scrittore pubblicava un'opera anticonformista, poi
veniva redarguito dal governo; per appianare le relazioni, scriveva
varie opere più accettabili; poi riacquistava popolarità con un'altra
opera liberale

Le autorità di Leningrado erano meno disposte a stare a questo
gioco; gli artisti locali avevano perciò meno tentazioni dei loro

contemporanei moscoviti.[728]

Inoltre avevano il modello morale imponente di Anna Achmàtova, unica rappresentante vivente dell'Epoca d'argento

Il poeta Evgénij Réjn portò l'amico Bródskij a trovare Achmàtova nella sua dacia di Komàrovo, nei pressi di Leningrado, nell'estate del 1961.[729]

Dapprima Achmàtova non suscitò nessuna impressione particolare nello sfrontato Bródskij. «E solo un bel giorno, tornando da una visita ad Achmàtova in un trenino locale strapieno, d'un tratto compresi – sa, è come se cadesse il velo – con chi, o meglio con cosa avevo a che fare» confessò poi Bródskij. «Mi venne in mente una sua frase, o il suo modo di piegare la testa, e d'un tratto tutto andò al proprio posto. Da allora non è che presi a frequentare Achmàtova abitualmente ma, comunque, iniziai a vederla con una certa regolarità. Per un inverno presi persino in affitto una dacia a Komàrovo. Allora io e lei ci vedevamo letteralmente ogni giorno. Non si trattava affatto di letteratura, ma di un'attrazione puramente personale e, oserei dire, reciproca».[730]

Fino all'epoca in cui conobbe Achmàtova, Bródskij, che era nato a Leningrado nel 1940, aveva condotto una vita movimentata, soprattutto per un giovane ebreo metropolitano. Come gli altri abitanti di Leningrado, lui e la madre durante l'assedio erano stati sul punto di morire (il padre, arruolato in marina, partecipò ai combattimenti per rompere l'assedio). Uno dei ricordi d'infanzia più vividi di Bródskij era il suo primo panino bianco: «Sono in piedi sulla sedia e lo mangio, e i miei parenti adulti mi guardano».[731]

Quando «il grande leader e maestro», Stàlin, morì, il tredicenne Bródskij era già abbastanza indipendente da astenersi dai lamenti isterici che si diffusero in quei giorni d'angoscia. «Noi scolari fummo convocati in aula magna e la nostra dirigente di classe (le era stato conferito l'ordine di Lénin da Ždànov in persona, lo sapevamo tutti, era una faccenda molto importante) venne sul palco» ricordava Bródskij. «Cominciato il discorso funebre, d'un tratto si interruppe e con voce angosciata si mise a urlare: "In ginocchio! In ginocchio!". Cominciò il pandemonio. Tutti singhiozzavano, piangevano, e anch'io in qualche modo

---

[728] Andréj Bitov, conversazione con l'autore (New York 1988).

[729] Evgénij Réjn, conversazione con l'autore (New York 1988).

[730] Brodskij, conversazione con l'autore (New York 1981)

[731] Brodskij, conversazione con l'autore (Washington 1992).

dovevo piangere ma – allora con vergogna, ma ora, penso, con onore – a me non riusciva. Quando tornai a casa, anche mia madre stava piangendo. La guardai con un certo stupore, finché d'un tratto mio padre mi strizzò l'occhio. Allora capii definitivamente che per la morte di Stàlin non avevo particolare motivo di essere turbato.»[732]

All'età di quindici anniIosif piantò la scuola e andò a fare il fresatore alIo stabilimento leningradese difensivo Arsenal. Dal 1956 al 1962 cambiò posto di lavoro non meno di tredici volte, viaggiando molto per la Russia come membro di spedizioni geologiche. Una delle occupazioni più singolari di Bródskij in quel periodo fu quella di aiutante dissettore in un obitorio dell'ospedale distrettuale, dove apriva i cadaveri, asportava la calotta cranica, estraeva gli organi interni e poi ricuciva

Bródskij lasciò questo lavoro dopo un episodio molto sgradevole. Un'estate, nella regione di Leningrado morirono molti bambini piccoli di dispepsia tossica. Tra questi c'era una coppia di gemellini zingari. Quando il loro padre arrivò all'obitorio per portare via i cadaverini e vide che erano stati dissezionati, col coltello in mano cominciò a inseguire Bródskij per l'obitorio cercando di ucciderlo

«Scappavo correndo tra tavoli sui cui erano deposti i cadaveri coperti da un lenzuolo» mi ha raccontato Bródskij. «Era una scena surreale al confronto della quale Jean Cocteau sarebbe impallidito! Alla fine mi ha raggiunto, mi ha preso per il camice, e ho capito che stava per succedere qualcosa di orribile. Allora ho afferrato un martelletto chirurgico che si trovava lì vicino e ho colpito lo zingaro alla mano. Gli si sono aperti i pugni, si è fermato e si è messo a piangere. E io mi sono sentito molto a disagio.»[733]

Quando il giovane Bródskij cominciò a scrivere poesie, queste crudeli esperienze precoci contribuirono alla comparsa nelle sue opere dei motivi della solitudine e dell'alienazione, la cui fonte principale era il carattere tragico e romantico del talento di Bródskij. Ma un ruolo molto importante, secondo Bródskij stesso, fu svolto dal fatto che la sua città natale era Leningrado, che Bródskij come molti suoi contemporanei chiamò sempre Piter, in barba al nome ufficiale

Bródskij spiegò che Pietroburgo fu costruita ai confini dello

[732] Ibidem

[733] Iosif Brodskij, conversazione con l'autore (New York 1981)

Stato, quasi al di fuori, e quindi uno scrittore che vi abitava volente o nolente diventava un outsider. Come afferma una persona che assistette alle prime letture di poesie di Bródskij a Leningrado, «l'alienazione era per il giovane Bródskij l'unica via accessibile verso la libertà. Per questo la separazione – dalla vita, da una donna, da una città o da un paese – si ripete tanto nelle sue poesie».[734]

Di norma Bródskij per le descrizioni delle sue poesie sceglieva la periferia di Pìter. Una poesia del 1962, che Bródskij intitolò Ot okraìny k céntru (Dalla periferia verso il centro), descrive la «penisola degli stabilimenti, un paradiso di laboratori e un'arcadia di fabbriche». Come ha commentato Bródskij: «A quell'epoca. di quella parte della città, di quel mondo non scriveva nessuno. Io invece rimanevo sempre molto colpito dal paesaggio industriale. Mi erano vicini lo spettacolo dei nuovi cantieri, la sensazione prodotta dallo spazio aperto pieno di costruzioni sporgenti. Tutto questo faceva nascere idee di solitudine, di smarrimento».[735]

Nella stessa poesia, in cui le emozioni di Bródskij comprendono «la tristezza di un comignolo di mattoni e di un guaito di cane», il poeta fa una previsione spaventosa, che rieccheggia tragicamente la famosa Preghiera di Achmàtova: «Grazie a Dio sono rimasto sulla terra senza patria». Come nel caso di Achmàtova, che aveva predetto le terribili sventure che avrebbero segnato la sua vita, Bródskij qui o indovinava il proprio futuro o lo programmava

Secondo Bródskij l'idea centrifuga del poema Dalla periferia al centro può essere spiegata in questo modo: «La periferia non è solo la fine del mondo familiare, ma anche l'inizio del mondo inconsueto, che è assai più grande, enorme. L'idea della poesia è che, trasferendoti in periferia, ti allontani da tutto ciò che c'è al mondo e in questo modo vai nel grande mondo».[736]

A questo nuovo sguardo su Leningrado fa da contraltare l'estraniamento più tradizionale espresso nelle meravigliose Stànsy k gorodu (Stanze a una città), scritte sempre nel 1962, dove il poeta si rivolge alla città così:

... che illumini me, fuggitivo,

---

[734] Iosif Brodskij Razmerom podlinnika, Tallinn 1990, p. 168.

[735] Iosif Brédskij, conversazione con l'autore (New York 1981)

[736] Ibidem

nella bianca nottata
la tua immobile gloria terrestre.

Anche qui c'è il motivo costante della fuga, in conflitto con l'insistenza di Achmàtova sulla sua inseparabilità dal destino della città. Nondimeno Achmàtova inserì Bródskij nell'ambiente dei giovani poeti che si stava formando intorno a lei e che lei soprannominava il «coro magico»

Quel coro comprendeva, oltre a Bródskij e a Réjn, i poeti Anatélij Nàjman e Dmìtrij Bobýšev, che presero più a cuore alcuni princìpi acmeisti del lavoro di Achmàtova, come l'esigenza che le poesie fossero brevi. Bródskij violava costantemente questo principio. Alcune delle sue poesie giungevano a duecento e più versi; dopo un po', persino Achmàtova cominciò ad apprezzarle. Della poesia di Bródskij, lei disse di non avere Ietto niente di simile dai tempi di Mandel'štàm, e usò un verso di Bródskij come epigrafe al suo poema Poslédnjaja róza (L'ultima rosa)

Quello Achmàtova piaceva di Bródskij era il furioso temperamento poetico. Scherzosamente lo chiamava «un gatto e mezzo»: aveva dato questo soprannome a un gatto dei vicini, enorme, rumoroso, fulvo. Quando Bródskij fu arrestato e messo sotto processo, Achmàtova prese attivamente le sue difese e soffrì per la sua punizione. Nello stesso tempo, notò causticamente che le autorità che si accanivano tanto contro Bródskij lo stavano aiutando. «Che biografia stanno creando alla nostra testa rossa! Nemmeno li pagasse apposta!» L'apparato repressivo leningradese non si ingannava a scegliere Bródskij per infliggere una punizione esemplare, anche se le sue poesie non erano manifestamente politiche. Da esse promanava, come da Bródskij stesso, un'aria di libertà e indipendenza tipicamente pietroburghese che le autorità percepivano come minacciosa. Bródskij ne scrisse in seguito, ricordando l'amico leningradese, lo scrittore Sergéj Dovlàtov: «L'idea dell'individualismo, dell'uomo per conto proprio, in disparte, era la nostra splendida proprietà. La possibilità della sua realizzazione era minima, se non nulla»

Un giorno in un dibattito Viktor Šklóvskij, esponente di punta del circolo pietrogradese dei formalisti Opojàz, domandò sarcasticamente ai suoi critici marxisti: «Dalla vostra parte avete l'esercito e la marina, noi invece siamo solo quattro gatti: perché v'inquietate tanto?». In realtà, la risposta era chiara tanto a Šklóvskij che ai suoi oppositori: consolidata la propria posizione, il regime sovietico voleva obbedienza assoluta, e per averla, lo Stato faceva

largo uso del bastone e della carota. Negli anni Venti e Trenta le
autorità non solo sciolsero l'Opojàz, ma in una misura o nell'altra
costrinsero alcuni suoi esponenti al compromesso. Non riuscirono
però a farlo con Bródskij

Naturalmente, negli anni Sessanta la repressione non fu forte
come era stata negli anni del Grande Terrore. Ma
l'«anticonformismo esistenziale» di Bródskij e la sua
determinazione a non collaborare si dimostrarono
straordinariamente fermi. Nel 1964 Bródskij andò al confino nelle
poco ospitali regioni settentrionali, ma non si lasciò intimidire né si
pentì.

La città che Bródskij si lasciava alle spalle viveva una vita
culturale contraddittoria. Iniziative creative di considerevole vitalità
sopravvivevano, ma per la maggior parte erano nascoste alle
comunità nazionali e internazionali

Anche se a Leningrado le autorità locali fecero il possibile per
evitare imprevisti, teatro, danza e musica ebbero una fioritura. Era
in questo campo che potevano prosperare le qualità della cultura
pietroburghese: alta professionalità, raffinatezza e assegnamento su
una lunga tradizione europea

La Filarmonica di Leningrado andava giustamente orgogliosa
di essere l'unica orchestra di livello mondiale del paese. La diresse
per ben cinquant'anni, fino alla morte avvenuta nel 1988, il più
grande direttore d'orchestra russo del Novecento, il pietroburghese
Evgénij Mravìnskij. Erede di un'antica famiglia nobiliare, l'alto,
magro, altezzoso e taciturno Mravìnskij era una figura imponente. I
musicisti ammiravano il loro direttore, le cui prove infinite e la cui
attenzione ai particolari erano leggendarie. Le interpretazioni di
Mravìnskij spesso erano illuminanti e rivelavano la struttura della
composizione[737]

Il repertorio di Mravìnskij era, secondo i canoni occidentali, un
po'ristretto. I suoi compositori preferiti erano Čajkóvskij (il cui
ritratto il direttore portava come talismano) e Šostakóvič; le
esecuzioni delle loro opere dirette da Mravìnskij erano
ineguagliabili. Le sue registrazioni delle sinfonie di Čajkóvskij, in
particolare della «Patetica», erano famose. Georges Balančìn
ricordava la propria amicizia con Mravìnskij nella Pietrogrado degli
anni Venti. A quei tempi Mravìnskij si guadagnava da vivere come
comparsa al teatro Mariìnskij, e il futuro coreografo mise in musica

---

[737] 55 Kirill Kondràšin, conversazione con l'autore (Washington 1980).

una poesia del futuro direttore d'orchestra[738]. Mravìnskij e Šostakóvič avevano una relazione intensa. Nel 1937 il compositore affidò a Mravìnskij la prima della Quinta sinfonia. Fu un trionfo. Il direttore in seguito diresse la prima di altre cinque sinfonie di Šostakóvič, compresa la monumentale Ottava, dedicata a lui. Nelle esecuzioni di Mravìnskij, le sinfonie di Šostakóvič assomigliavano più a tragedie greche che a drammi moderni

Questo approccio aveva dei pro e dei contro, poiché creava una certa distanza tra gli eventi orribili della vita quotidiana e il loro riflesso nella musica di Šostakóvič. Questo classicismo pietroburghese si protrasse fino alla fine degli anni Cinquanta, quando nel lavoro del compositore cominciarono a predominare tendenze più pubblicistiche e didascaliche (all'epoca abitava a Mosca). La comprensione reciproca tra il compositore e il direttore d'orchestra s'incrinò; benché messa a tacere, l'incomprensione riaffiorò dopo il rifiuto di Mravìnskij di dirigere la prima della Tredicesima sinfonia di Šostakóvič (Bàbyj jar)

Mravìnskij fu accusato di codardia: la Tredicesima sinfonia, che conteneva una poesia impegnata di Evgénij Evtu<énko, trattava temi politicamente scabrosi, compreso l'antisemitismo. Ma il direttore d'orchestra non si era tirato indietro nemmeno in tempi più cupi. Mravìnskij, convinto antisovietico, considerava importante la musica di Šostakóvič. «La grandezza di Šostakóvič per me è determinata soprattutto dall'importanza di quella idea sociale e morale che attraversa tutta la sua arte. È l'idea che la gente non dovrebbe soffrire, non dovrebbe patire a causa di guerre e calamità sociali, ingiustizie e repressioni»

Nel 1948, quando la musica di Šostakóvič fu denunciata e messa al bando, Mravìnskij inserì la Quinta sinfonia del compositore in disgrazia nel programma della Filarmonica di Leningrado. L'esecuzione ebbe un grande successo; le acclamazioni non avevano fine. In risposta agli applausi, Mravìnskij alzò la partitura sopra la testa. Il pubblico si alzò, rendendosi conto che si trattava di una sfida, di un disperato atto di coraggio. Mravinskij rischiava molto, forse pervo la vita. Il suo gesto di sfida entrò nella storia della cultura pietroburghese

Le divergenze tra Mravìnskij e Šostakóvič a metà degli anni Sessanta erano quindi più estetiche che politiche. Quando Šostakóvič, avanti negli anni, compose la Quindicesima sinfonia, introspettiva e senza testo, Mravìnskij la aggiunse immediatamente

---

[738] 56 Georges Balančin, conversazione con l'autore (New York 1992).

al proprio repertorio

Mravìnskij era un uomo religioso e non lo nascondeva, e ciò, in uno Stato ufficialmente ateo, complicava di molto le sue relazioni con le autorità, costrette a trascurare questo comportamento «eccentrico» a causa della fama internazionale del direttore. Amava la Missa solemnis di Beethoven e le sinfonie di Bruckner, musica mediante la quale poteva esprimere le proprie idee spirituali. Mravìnskij divenne anche un fedele cultore delle opere di Stravinskij

Tenne la prima esecuzione sovietica di Agone, un'opera seriale, e inserì nei propri programmi il neoclassico Apollo Musagete e Il bacio della fata

Mravìnskij enfatizzava le radici pietroburghesi di queste opere di Stravìnskij. Il direttore d'orchestra si stava forse isolando dalla realtà, perdendosi nel regno del mito di Pietroburgo? La sua ricerca dell'ideale fu tortuosa

Un fatto poco noto è che Mravìnskij cedeva spesso allo sconforto; si ritirava allora nella sua dacia e si abbandonava all'alcol.

In una di queste occasioni, sua moglie gli fece ascoltare un'incisione dell'Apollo. Egli l'ascoltò con attenzione e poi esclamò: «Dio mio, quanto sono infelice! Suonano così bene, con una tale perfezione formale... Io con i miei amici non sarei in grado di fare altrettanto»

La moglie disse a Mravìnskij: «Ma sei tu, è la tua orchestra». Mravìnskij si accasciò e si mise a piangere come un bambino.

Quando Mravìnskij morì, sulla sua scrivania c'era la partitura della Quinta sinfonia. L'aveva eseguita per la prima volta nel 1937; cinquant'anni dopo il direttore d'orchestra ci stava ancora lavorando. Questo atteggiamento era tipico di Mravìnskij, che ampliava con molta cautela il suo repertorio di base

Era raro che eseguisse opere dei compositori leningradesi della generazione successiva a Šostakóvič. Tra le poche eccezioni figurano le opere di Galina Ustvél'skaja, allieva preferita di Šostakóvič al conservatorio di Leningrado. Fin dall'inizio, Ustvél'skaja si distinse per il carattere inflessibile e l'indifferenza al successo. Lavorava per anni alle proprie composizioni, tenendole nel cassetto e distruggendone molte. La sua musica non imitava quella di Šostakóvič, ma parlava con la sua voce: ascetica, disadorna, caratterizzata da forti contrasti

Le opere da camera di Ustvél'skaja sono monumentali come una sinfonia, e le sue sinfonie sono trasparenti come musica da camera. Pur ricorrendo a titoli eloquenti come Istìnnaja, Véénaja Blàgost'(La Vera, Eterna Beatitudine; Seconda sinfonia, 1979) e lisùse Messìja, spasi nas! (O Gesù Messia, salvaci!; Terza sinfonia, 1983), sosteneva che la sua musica era «spirituale, non religiosa». Il suo particolare espressionismo piaceva a Šostakóvič, che disse a Ustvél'skaja: «Tu sei un fenomeno, io invece ho solo talento»

Šostakóvič passava molto tempo con Ustvél'skaja, che era piccola di statura e aveva l'aria della ragazzina. Le scriveva spesso, in certi casi anche due volte al giorno. Confessò al figlio Maksìm di non avere mai amato nessuno quanto lei.[739]

Nel 1954, quando sua moglie improvvisamente morì, Šostakóvič chiese a Ustvol'skaja di sposarlo, ma ne ebbe un secco rifiuto, che gli causò grande dolore. Tracce di questa sua passione si trovano in una melodia di Ustvol'skaja usata da Šostakóvič in due grandi opere: il Quinto quartetto (1952) e la Suite su poesie di Michelangelo (1974)

Ustvol'skaja faceva poco per promuovere la propria musica, che perciò era nota soltanto a una ristretta cerchia di leningradesi, per i quali divenne oggetto di culto. Quando Ustvol'skaja cominciò a insegnare, il carattere apertamente ascetico della sua vita e delle sue opere produsse una forte impressione sugli studenti. Uno di loro era Boris Tišenko, che in seguito si diplomò con Šostakóvič. Negli anni in cui la cultura occidentale moderna di fatto era vietata, Ustvél'skaja presentò agli studenti le opere di Mahler e Stravìnskij, a cui era stata iniziata da Šostakóvič. Così nella musica leningradese si mantenne il senso di una tradizione culturale ininterrotta

L'energia creativa, la devozione e l'eccentricità personale di Ustvél'skaja facevano venire in mente la pianista Marìja Jùdina. Come Jùdina, Ustvél'skaja passava molto tempo con i suoi studenti a discutere e ascoltare musica; l'usanza di queste riunioni «socratiche» si era tramandata a Leningrado dai tempi del circolo di Bachtìn

Questo metodo clandestino di trasmissione della cultura era tipico della Leningrado di quell'epoca. Allo stesso modo, un gruppo di giovani artisti si riunì intorno a Vladìmir Stérligov – allievo di Malévič, che era ritornato a Leningrado dai campi di lavoro, dove era stato mandato durante il terrore staliniano dopo l'omicidio di Kirov – e intorno alla moglie, Tat'jàna Glébova, allieva di Filónov. Stérligov e il suo gruppo discutevano le idee suprematiste di Malévič e il «principio di compiutezza» di Filónov e

---

[739] 57 Maksìm Sostakovič. conversazione con l'autore (New York 1986).

declamavano le poesie dadaiste degli oberiuti. Anche qui si poneva un'enfasi particolare sulla spiritualità dell'arte

Il «principio di compiutezza» di Pàvel Filónov, morto di fame durante l'assedio di Leningrado, sosteneva che l'artista deve comporre un dipinto con pennellate minuscole, lavorando con un pennello piccolo e creando una composizione complessa che incorpori elementi apparentemente incompatibili. Quando l'artista leningradese Michail Semjàkin alla fine degli anni Cinquanta vide per la prima volta le opere di Filónov, quella tecnica lo sbalordì

Quindi Semjàkin creò un'associazione artistica insieme ai suoi amici anticonformisti; la chiamarono Sankt-Peterbùrg

Il vuoto informativo totale dell'epoca staliniana a poco a poco venne meno, ma fu un processo lento e arduo. Fu particolarmente difficile per gli artisti, perché l'opera dell'avanguardia russa era nascosta nelle cantine dei musei; il poco c e veniva dall'Occidente – un album di tanto in tanto – valeva come tanto oro quanto pesava. Semjàkin collezionava riproduzioni di arte moderna in tutti i modi possibili

Una volta gli portai una registrazione tedesca di musica di Arnold Schónberg con un ritratto di Oscar Kokoschka sulla copertina raffigurante il compositore. Nella stanza di Semjàkin c'erano un antico armonium, una pressa per incisioni. un cranio di cavallo e un crocifisso di Limoges. Indossava pantaloni di cuoio nero e una veste con i bottoni che raffiguravano le aquile imperiali russe; gli altri ospiti avevano vestiti non meno eccentrici. Ascoltata a lume di candela, mentre dalla finestra penetrava la luce tenue della notte bianca leningradese, la Verkliirte Nacht di Schónberg suscitava uno stato di trance. Stregato, Semjàkin mi convinse a prestargli il disco, all'epoca di valore incalcolabile, per studiarlo meglio. Non lo rividi mai più; la riproduzione del dipinto di Kokoschka probabilmente divenne un pezzo della collezione di Semjàkin

Nel circolo di Semjàkin regnava il culto della vecchia Pietroburgo

Quando a Leningrado fu girata una versione cinematografica di Delitto e castigo di Dostoévskij, a metà degli anni Sessanta, vicino al mercato del fieno venne ricreato un angolo della città di quel periodo. Semjàkin e i suoi amici ci andavano di notte, vestiti in costumi del periodo, e girovagavano per il set fino all'alba, sentendosi nella Pietroburgo di un tempo (ormai scomparsa)

La passione per il mito di Pietroburgo, che in quegli anni veniva avversata dalle autorità, si riflesse nella famosa mostra di Semjàkin al conservatorio di Leningrado nel 1966. (La reputazione di Semjàkin tra i musicisti era molto buona, anche se l'Unione artisti gli era totalmente ostile; gli fu anche chiesto di disegnare le maschere per un allestimento sperimentale al conservatorio dell'opera di Šostakóvič Il naso.) I paesaggi stilizzati di Pietroburgo di Semjàkin rivitalizzarono la quasi estinta tradizione della raffigurazione tragica della città degli artisti di Mir iskùsstva, Benuà e Dobužìnskij. Queste opere calligrafiche sono molto sofisticate. Per molti il loro spirito carnevalesco, ironico fu una rivelazione. La mostra ebbe un grande successo. Le autorità si misero subito in allarrne: furono esercitate pressioni sul conservatorio e, una settimana dopo l'apertura, la mostra fu chiusa. Semjàkin era di nuovo nell'isolamento totale, circondato dall'ostilità ufficiale

I musicisti leningradesi godevano di una libertà molto maggiore, grazie agli sforzi di Andréj Petrév, compositore di canti popolari, balbuziente ma acuto, che nel 1964 divenne segretario dell'Unione compositori. Petróv cercò di creare un'atmosfera favorevole alle opere moderatamente moderniste dei compositori leningradesi, in un periodo in cui da Mosca veniva respinto anche solo il concetto di «scuola pietroburghese di composizione». In questo Petróv si distinse da altri due autori di canti popolari che un tempo erano stati a capo dell'Unione compositori della città: Isaàk Dunaévskij e Vasilij Solov'ëv-Sédyj. Compositori di talento nel loro genere, erano molto conservatori

Petróv protesse in particolare Borìs Ti<ëenko. Favorì la pubblicazione e l'esecuzione delle scomposte sinfonie di scritte alla maniera di Šostakóvič e gli procurò commesse remunerative per musicare opere teatrali e cinematografiche. I guadagni resero agiata la vita quotidiana di – si trasferì in un bell'appartamento di un quartiere prestigioso – ma lo lasciarono in una posizione scomoda nel 1966, quando concluse il suo Requiem per soprano, tenore e orchestra basato sul poema di Achmàtova

INëenko scrisse la musica in segreto, dato che il testo antistaliniano di Achmàtova, nonostante il disgelo Chruščëviano, era ancora un vero tabù

Ascoltai per la prima volta il Requiem di TiSëenko nell'esecuzione privata di una riduzione per piano. Suonava il compositore. L'opera produsse una forte impressione su di me e su tutti gli altri presenti. Anche se in quegli anni un'esecuzione in Unione Sovietica era fuori discussione, TiSCenko rifiutò sempre qualsiasi proposta di realizzarne prima una in Occidente

La ragione di TNëenko senza dubbio era la paura di un confronto aperto con le autorità, che avrebbe condotto alla perdita dei privilegi di cui godeva, perdita che nemmeno Petróv avrebbe

potuto evitare. Così il primo adattamen 5 ****** SOLOMON
VOLKOV to musicale ufficiale dell'opera di Achmàtova eseguito
pubblicamente fu quello del compositore britannico John Tavener;
la prima fu eseguita al Festival di Edimburgo nel 1981.
Accentuando l'aura religiosa della poesia di Achmàtova, il Requiem
di Tavener attrasse l'attenzione dei musicisti occidentali verso il
mito di Pietroburgo negli anni bui della stagnazione Brèžneviana

Mosca guardava di malocchio i tentativi dei compositori
leningradesi di ribellarsi. Nel 1965, in occasione di un concerto di
musica leningradese, un funzionario dell'Unione compositori
esclamò adirato: «Pietroburgo si è aperta una finestra sull'Europa, e
ora alcuni autori leningradesi da questa finestra si sono buttati!».
Era un riferimento alle opere sperimentali di Sergéj Slonìmskij, che
si definì «mosca bianca» per essersi rifatto a Prokóf'ev in una città
dove Šostakóvič godeva di una popolarità immensa

Negli anni Sessanta, Slonìmskij accarezzò l'idea, poi
abbandonata, di basare un'opera su un racconto di Sollenìcyn; ma
persino la sua opera basata su Màster i Margarita (Il maestro e
Margherita) di Bulgàkov fu respinta dalle autorità. Slonìmskij rilevò
amareggiato che se il Boris Godunóv di Mùsorgskij fosse stato
scritto negli anni del regime sovietico, non sarebbe mai comparso
né sulla stampa né in scena

Figlio di uno degli esponenti più attivi dei Fratelli di Serapione,
l'influente associazione letteraria degli anni Venti, Slonìmskij era
sensibile alla poesia e fu uno dei primi del periodo poststaliniano a
musicare le opere di Achmàtova, Mandel'štàm e Charms. A metà
degli anni Sessanta, nel periodo in cui TiSëenko musicò per la
prima volta le poesie di Bródskij, Slonìmskij usò la poesia
dell'amico di Bródskij, Réjn, per un ciclo di canzoni. Quando
Slonìmskij presentò questa musica complessa (in presenza del
poeta, assai emozionato) in un recital formale presso il
conservatorio, dove insegnava composizione, la grande aula era
affollatissima. Gli studenti osservavano il compositore dai capelli
arruffati presentare la sua nuova opera, che impiegava
procedimenti sconosciuti alla maggior parte dei presenti: strappava,
pizzicava e batteva le corde del pianoforte, producendo suoni
insoliti e interessanti

Slonìmskij non avrebbe potuto sperare in un pubblico
migliore. La gioventù musicale leningradese degli anni Sessanta era
avida di novità e di sperimentazione. Per le prime dei quartetti di
Šostakóvič, opere intime di un'animo sofferente che ci era caro,
riempivamo la sala «piccola» della Filarmonica di Leningrado. Ma
volevamo sentire anche altra musica, più schietta e d'avanguardia

L'opera del rifugiato Stravinskij era stata messa al bando relativamente da poco tempo; veniva immancabilmente definito «cosmopolita senza radici» e «rinnegato politico e ideologico». Ma dopo il 1962, quando il compositore ottantenne fece un viaggio a Mosca e Leningrado dopo un'assenza di mezzo secolo e fu ricevuto da Chruščëv in persona, la situazione migliorò un poco. Le ultime opere di Stravinskij venivano ancora eseguite di rado e ricevevano recensioni ufficiali negative, ma le sue opere «russe», come L'uccello di fuoco, Petrùška, La primavera sacra a poco a poco furono messe in repertorio

Questa circostanza coincise con l'inizio della riabilitazione parziale di altri fuorusciti russi; in particolare, di alcuni del gruppo Mir iskùsstva. Ricordo che le prime riproduzioni su cartolina di acquarelli di Aleksàndr Benuà andarono subito esaurite. Nel 1962 le memorie del coreografo Michail Fókin furono pubblicate con una tiratura di trentamila copie, ed era concesso elogiare pubblicamente i Balletti russi di Djàgilev. Furono ristampati alcuni libri illustrati da Dobužìnskij

Ci stavano restituendo il nostro passato: con cautela, con riluttanza, goccia a goccia. Ma noi eravamo tenaci e pieni di risorse. I poeti dell'«età d'argento» potevano essere consultati nelle biblioteche solo con un permesso speciale, perciò ci presentavamo armati di lettere dall'aria ufficiale che attestavano il nostro bisogno di familiarizzarci con la poesia di Kuzmìn o di Mandel'štàm per «dibattiti ideologici». Un mazzo di fiori per la bibliotecaria poteva spianare la strada alla partitura per pianoforte di Lady Macbeth in provincia di Mcensk, ancora al bando. Ricordo che un amico venne con una pellicola di foto scattate a un libro dell'oberiuta Zabolóckij pubblicato nel 1929, e passammo la notte in una camera oscura afosa a stampare il libro, pagina dopo pagina, su carta fotografica; volevamo condividere la nostra scoperta con altri studenti

All'ex teatro Mariìnskij – che, pur essendo stato rinominato Kirov dopo l'omicidio dell'omonimo dirigente politico, conservava il fasto dei tempi zaristi – ascoltavamo con gioia le opere di Glìnka, Mùsorgskij, Borodìn, Čajkóvskij e Rìmskij-Kórsakov nella direzione di Sergéj Él'cin e Konstantin Simeénov, oltre alle occasionali opere di Prokóf'ev, ma i nostri cuori anelavano al nuovo. Benjamin Britten stuzzicò la nostra immaginazione, presentando varie sue opere a Leningrado nel 1964, compreso Giro di vite, basato sul racconto di Henry James, che ci lasciò allibiti per la sua acutezza psicologica. Io e i miei amici, tutti allievi del conservatorio di Leningrado, decidemmo di crearci un nostro laboratorio sperimentale per l'opera da camera e, superando un'infinità di ostacoli burocratici, allestimmo varie opere

Siamo stati i primi ad allestire l'opera di Veniamin Flejsmân Il violino di Rotschild, basata sul racconto di Čéchov. Questo giovane allievo ebreo di Šostakóvič era morto nel 1941 difendendo Leningrado dai tedeschi come combattente della milizia popolare. Con altri due studenti di composizione, Flejsmân sparava sui carri armati nemici da una casamatta, che alla fine fu circondata e fatta esplodere. La milizia popolare era formata da operai, intellettuali e studenti leningradesi selezionati in fretta, male addestrati e scarsamente equipaggiati. Durante l'assedio Ždànov li usò come carne da cannone; non ne sopravvisse quasi nessuno

Tra i morti ci fu l'ex direttore del Tram, il teatro d'avanguardia della gioventù operaia, l'amico di Šostakóvič Michail Sokolovskij. Šostakóvič soffrì molto per la perdita dell'amico. Afflitto da sensi di colpa, completò e orchestrò l'opera incompiuta di Flej<mân. La prima ebbe successo, e Šostakóvič fu contento che il ricordo del suo dotato allievo di talento non fosse andato perduto

L'opera di FlejSmân-Šostakóvič era lirica e tragica. Ma noi avevamo anche voglia di ridere, e così io scrissi un libretto ispirato al teatro dell'assurdo, basato sulla vecchia commedia parodistica Ljubóv'e Sìlin, per un amico, il compositore Gennàdij BànSëikov. BànSëikov lavorava all'opera di notte, e per svegliarsi al mattino aveva costruito un dispositivo che all'ora prestabilita accendeva a tutto volume La primavera sacra di Stravinskij (era anche un abile meccanico); il suono, così forte, svegliava anche i vicini. L'opera di BànSCikov era audace e pungente; attaccava la censura culturale, la xenofobia e l'ignoranza dell'élite burocratica

Chiedemmo a un altro giovane iconoclasta, Aleksàndr Knàjfel', di mettere in musica la lettera di Lénin (di cui eravamo tutti arcistufi, essendo stati costretti a impararla a memoria a scuola) in cui incitava a dare inizio alla rivoluzione a Pietrogrado. Knàjfel', dall'aria innocente, ci portò uno spartito in cui le parole, note a qualsiasi cittadino sovietico dall'infanzia, venivano cantate minacciosamente all'unisono da un coro di bassi. L'effetto era comico, assolutamente surreale. Voci sulla satira musicale di Knàjfel'giunsero rapidamente alla sede del partito di Leningrado, da cui partì un'ordinanza che ne vietava l'esecuzione. Chiusero la nostra impresa per sempre, nonostante facesse pane del nostro gruppo il noto basso Evgénij Nesterénko, che divenne presto famoso con le prime delle ultime opere vocali di Šostakóvič. Questa volta furono le autorità a ridere per ultime.

Una delle prime persone a cui mostrammo Ljubóv'e Silin

appena conClusa fu Nikolàj Akìmov, direttore del Teatro della commedia di Leningrado

La sua opinione per noi era importante, e tirammo tutti un sospiro di sollievo quando reagì positivamente. Akìmov era piccolo e gracile, ma aveva una testa grande, un naso lungo e uno sguardo acuto. Per quanto i nemici si prendessero gioco della sua erudizione, del suo intellettualismo e della sua capacità di lavorare quasi ininterrottamente, era uno dei principali direttori di teatro del paese. Akìmov era diventato famoso per la prima volta nel 1932 per un allestimento irriverente e farsesco dell'Amleto

Per l'allestimento di Akìmov il giovane Šostakóvič aveva opportunamente scritto una musica impertinente assai appropriata. Ne seguì uno scandalo che quasi distrusse la carriera del direttore. Tuttavia le cose furono appianate e, nonostante il marchio di «formalista» che accompagnò Akìmov per tutta la vita, il suo Teàtr komédii (Teatro della commedia), al centro del Névskij prospékt, rimase uno dei teatri più famosi della città. Il pubblico si divertiva con le farse francesi e le commedie americane, e negli allestimenti dei commediografi leningradesi coglieva le allusioni all'assurdità della realtà sovietica

L'estro di Akìmov come illustratore ebbe un'importanza fondamentale per il successo delle sue produzioni. A volte l'Akìmov artista oscurava l'Akìmov direttore, dai bozzetti dei costumi ai manifesti per il foyer, alle locandine che annunciavano l'imminente prima. Negli anni Cinquanta e Sessanta Akìmov era forse l'artista più famoso e amato della città: i suoi manifesti colorati, che descrivevano in modo accattivante la sostanza della commedia e dell'allestimento, risaltavano nella cupa atmosfera quotidiana di quei giorni, suscitando l'attenzione entusiastica di migliaia di leningradesi

Akìmov per ciascun manifesto dovette sostenere battaglie estenuanti con i censori. Come ricordò in seguito, «Nessuno vietava i manifesti in generale, ma poi quasi ogni singolo manifesto veniva vietato. Le motivazioni erano piuttosto speciose: "Non esprime l'idea della commedia", "Non è abbastanza ottimistico", "Da lontano non si vede il testo", "11 titolo è troppo aggressivo", o, quella preferita, adatta a ogni occasione, "Non ci sono tracce di formalismo?"». Quando per uno degli spettacoli Akìmov disegnò un manifesto che raffigurava Mosca di notte, questo fu interpretato dalle autorità come il tentativo di un leningradese di intaccare l'autorità internazionale di Mosca «città del sole» e, di conseguenza, come un «volgare errore politico»

Come pittore (adorava fare ritratti grotteschi degli amici e ha lasciato un'enorme serie che raffigura l'élite intellettuale leningradese), Akìmov era un esponente importante del neoclassicismo pietroburghese prerivoluzionario che fioriva sotto l'egida dell'Accademia delle arti di Pietroburgo. L'accademia, fondata nel 1757 dall'imperatrice Elizavéta, alcuni anni dopo aveva avuto da Ekaterina la Grande il titolo di «imperiale», che rimandava alla tradizionale idea russa secondo cui l'arte deve essere al servizio del monarca e dello Stato

Anche a Pietroburgo, che assimilava prontamente tutto ciò che era straniero, l'Accademia delle arti rimaneva un fiore esotico, che incarnava il gusto del nudo in una città dove religione, clima e costumi erano ostacoli ai corpi svestiti. Forse è per quello che l'accademia, dopo aver formato numerosi artisti come Karl Brjullóv, capitolò così rapidamente a metà Ottocento sotto gli attacchi di Ivàn Kramskój e dei colleghi (itineranti). La sua autorità fu ristabilita solo all'inizio del Novecento, quando il grande maestro Dmìtrij Kardóvskij la trasformò in bastione del neoclassicismo russo, «impostando l'occhio» e «impostando la mano», come si esprimevano i professionisti, di maestri importanti come Boris Grigér'ev, Aleksàndr Jàkovlev, Vasilij Suchàev e Borìs Anisfel'd

Il lucido Kardévskij dava molta importanza al disegno, e i suoi migliori allievi reggevano il confronto con i maggiori artisti del passato. Poco dopo la rivoluzione, Anisfel'd emigrò negli Stati Uniti e Grigór'ev, Jàkovlev e Suchàev andarono in Francia. In Occidente ebbero tutti successo, rispondendo con intelligenza alla richiesta di neoclassico con un tocco di esotico proprio mentre l'attenzione di tutti era presa dalle corrispondenti opere di Ìgor'Stravinskij

7 ****** SOLOMON VOLKOV La carriera occidentale di Jàkovlev e Grigór'ev fu stroncata dalla morte prematura (rispettivamente nel 1938 e nel 1939). Suchàev tornò a Leningrado da Parigi su invito delle autorità per rilevare il corso di Kardóvskij, ormai malato. Suchàev per due anni insegnò in quella che era ormai l'Accademia delle arti sovietica, prima di essere arrestato e mandato in Siberia, da cui tornò dopo dieci anni, moralmente e fisicamente prostrato

Akìmov, che aveva studiato con Jàkovlev, considerava con rispetto il suo maestro dall'aria demoniaca (in Occidente aveva avuto grande fama presso le donne e aveva avuto una lunga storia tumultuosa con Anna Pàvlova). L'appartamento di Akìmov dava sulla Nevà ed era pieno dei suoi vari ritratti di uomini famosi e belle donne (gli amici lo chiamavano «da caverna del mago»); il posto d'onore lo occupava un disegno di Jàkovlev, che miracolosamente era sopravvissuto a tutte le vicissitudini della vita leningradese, compreso l'assedio. Era un disegno da museo, con grandi mani rossastre e un enorme piede.

Ogni regista che si rispetti sogna di scoprire un grande drammaturgo

Nei primi anni Trenta, Akìmov credette di avere fatto questa scoperta quando incontrò un giovane modesto, il drammaturgo leningradese Evgénij Švarc

All'epoca Švarc era in un momento delicato. Aveva successo come scrittore per bambini, ma aveva avuto una disputa con un poeta e redattore influente, Samuìl Maršàk, la cui parola nella letteratura infantile era legge, allora e in seguito

Margak e Kornéj Čukóvskij possono essere considerati i padri della letteratura russa infantile del Novecento. Čukóvskij aveva cominciato a scrivere le sue poesie vivaci rime nel 1916, e ancora oggi i bambini di tutta la Russia le imparano a memoria. Prima della rivoluzione, Čukóvskij aveva cercato di liberare la letteratura per l'infanzia dai versi abborracciati e dalle storie svenevoli; dopo instancabilmente combatté contro i tentativi delle autorità sovietiche di trasformare la letteratura per l'infanzia in uno strumento di lavaggio del cervello

A quei tempi qualsiasi fiaba che ispirasse «fantasie dannose» ai bambini veniva vietata dai censori. Anche le tradizionali bambole furono tolte dalla circolazione in quanto «ipetrofizzavano il sentimento materno». Alle bambine invece venivano dati fantocci propagandistici che raffiguravano popi grassi, ripugnanti per suscitare sentimenti antireligiosi. Ma le bambine, rispondendo ai loro sentimenti materni ipertrofici, facevano ugualmente il bagno alle bambole nelle tinozze, davano loro da mangiare e le mettevano a letto

Questo evidente fallimento non dissuase le autorità dal promuovere altre innovazioni ridicole. Čukóvskij finì per stancarsi della propria lotta (descrisse con amarezza «la storia vergognosa dei miei libri per bambini: li hanno messi a tacere, perseguitati, soffocati e sono stati vietati dalla censura») e cedette la guida della letteratura infantile, a Maršàk, che non solo aveva un talento poetico non comune, ma ottime doti organizzative

Maršàk, occhialuto, grande fumatore, regnava su un'équipe di scrittori, poeti e artisti al quarto piano della Casa del libro, situata nella ex sede della Singer in Névskij prospékt. Spianò la strada nel mondo dell'editoria agli oberiuti dadaisti – Charms, Oléjnikov e

Vvedénskij. Producevano varie riviste per bambini, piene di poesie vivaci, racconti e storie sulle quali varie generazioni di giovani lettori sarebbero cresciute

Maršàk creò un nuovo genere nella letteratura russa per l'infanzia: i racconti di uomini esperti – marinai, aviatori, palombari, geologi, esploratori del polo. Una delle persone cui aprì la strada fu Boris Zitkév, navigatore e ingegnere che aveva compiuto più volte il giro del mondo a bordo di un veliero. Maršàk passava intere nottate con Zitkóv, incitandolo a sviluppare un nuovo stile leningradese di prosa per bambini

Il quarto piano dell'edificio della Singer era affollato di gente che portava manoscritti e disegni e idee per libri nuovi. Tutti ridevano, e alcuni visitatori erano talmente sopraffatti dalla generale ilarità che uscivano dall'edificio barcollando, appoggiandosi alle pareti come ubriachi. Švarc, Oléjnikov e Charms erano particolarmente bravi nelle improvvisazioni comiche. Il senso dell'umorismo ispirato all'assurdo era il più apprezzato. Per esempio, Charms parlava di una pulce ammaestrata che pungeva il maestro e poi frizionava la puntura con le sue zampine. Quando gli chiesero il numero di telefono, Charms rispose: «È facile ricordarselo: 32-15. Trentadue denti e quindici dita»

Una sola persona sembrava restare del tutto seria e imperturbabile: l'artista preferito di MarQk, Vladìmir Lébedev. Era uno dei giovani talenti della cultura sovietica, come Šostakóvič e Kézincev. Lébedev si diplomò all'Accademia delle arti di Pietroburgo e, al primo anniversario della presa del potere da parte dei bolscevichi, si unì ad altri in una mostra provocatoria di composizioni semiastratte. In quanto pittore e artista grafico, Lébedev passò presto dal cubismo agli esperimenti non figurativi, creando all'inizio degli anni Venti una serie di opere ancora considerate tra i gioielli dell'avanguardia russa

L'arte di Lébedev fu sempre politica, e giustamente viene considerato uno dei creatori e dei maestri del manifesto politico sovietico. Ma all'inizio degli anni Venti divenne anche critico sociale, facendo varie serie di schizzi satirici sulla vita contemporanea, ritraendo i nouveaux riches, le loro volgari fidanzate e pittoreschi teppisti urbani. Le opere di Lébedev rivelavano un mondo diverso; sembrava che, dopo la lunga egemonia di Mir iskùsstva, nella Pietrogrado dell'arte fosse comparso un nuovo leader. Non desta meraviglia che Pùnin, che a suo tempo aveva sostenuto e pubblicizzato Tàtlin, nel 1928 abbia pubblicato una monografia su Lébedev basata sui materiali della personale dell'artista al Museo russo. Ora Pùnin consacrava Lébedev

Ma Lébedev non era tagliato per il ruolo di leader. Si definiva lupo solitario, e il suo poeta preferito era Kipling. Švarc, che conosceva bene l'artista, disse di Lébedev: «Non era interessato alla fama, ma al potere. Come Sklév 8 ****** SOLOMON VOLKOV skij e Majakóvskij, credeva che il tempo avesse sempre ragione».[740]

Lébedev non voleva combattere contro il tempo. Dopo avere rinunciato al nonfigurativismo, preferì ora abiurare la satira sociale. Passò ai libri per bambini, dove le sue collaborazioni con Maršàk fecero sensazione

Negli anni Venti Maršàk e Lébedev produssero una serie di libri illustrati per bambini che divennero classici del genere. Questi libri avevano un evidente finalità pratica: presentare ai bambini piccoli il mondo degli adulti, spiegare come funzionano le cose: un negozio di riparazioni, l'impianto idraulico, il circo, una macchina per scrivere o una lampadina. Ma queste pubblicazioni erano anche opere d'arte in cui la combinazione di verso raffinato di MarQ1k e disegni vividi di Lébedev creava un insieme originale

Ogni libro della coppia Maršàk-Lébedev era una festa per giovani e meno giovani, e veniva ristampato più volte. A Leningrado spuntarono una «scuola Maršàk» e una «scuola Lébedev»: scrittori di talento e artisti che lavoravano secondo lo stile dei maestri

Le schiere dei fedeli allievi di Lébedev si riunivano ogni giorno alla tipografia Peëàtnyj Dvor, che pubblicava i migliori libri per bambini. I lebedeviti erano là tutto il giorno, creavano menabò, selezionavano tipi, e tiravano copie, oltre a fare i disegni veri e propri. Alcuni artisti, come Evgénij CarùSin e Aleksàndr Samochvàlov, scrivevano anche testi per le illustrazioni

Molti esponenti del gruppo di Lébedev non avevano concorrenti nel loro campo: Valentin Kurdov era famoso per le rappresentazioni dei cavalli, e Jùrij Vasnecév per le sue variazioni sulle immagini tratte dalle stampe popolari antiche. Michail Cechanóvskij, che insieme a Maršàk pubblicò il famoso libro Pcšëta (La P*ta), divenne anche uno sperimentatore nel campo dei cartoni animati. Cominciò persino un'opera satirica in cartoni animati con Šostakóvič. Accadde nel 1933, sette anni prima di Fantasia di Walt Disney

Ma le autorità non permisero a Cechanévskij e a Šostakóvič di

---

[740] Švarc, op. cit., p. 298

completare l'opera, e se ne conservano solo dei frammenti

Un po'in disparte dai giovani artisti di Lébedev erano i vecchi pietroburghesi Dmìtrij Mitróchin e Nikolàj TYrsa, le cui illustrazioni aggiunsero eleganza alla produzione libraria leningradese. Insomma, la letteratura leningradese per bambini veniva prodotta da professionisti molto qualificati per i quali la qualità e il valore artistico erano più importanti degli imperativi ideologici

Ciò determinò un attacco immediato della stampa moscovita sulla «dannosa pratica letteraria del gruppo leningradese», che avrebbe giustapposto «forma aristocratica» e «rozzo contenuto». L'attacco contro il «gruppo Maršàk-Lébedev» non si limitò alle parole: nel 1931 una serie di scrittori e artisti leningradesi per bambini furono arrestati con l'accusa falsa di «organizzare sulla base delle loro convinzioni controrivoluzionarie» una cellula clandestina antisovietica. Tra gli arrestati c'era l'artista Véra Ermolàeva, una delle colleghe più vicine a Malévič, che lavorava con Maršàk e gli oberiuti

Ermolàeva diceva sempre: «Leningrado è l'ultima roccaforte della nuova arte in Russia». Sempre con le stampelle (aveva le gambe paralizzate a causa di una caduta da cavallo da bambina), Ermolàeva era circondata da allievi fedeli. I suoi successi nella letteratura infantile rivaleggiavano con quelli di Lébedev

Rilasciata dopo il primo arresto, Ermolàeva fu riarrestata e inviata in un campo di lavoro in Kazahstàn nel 1934, quando una nuova ondata di arresti e punizioni si riversò su Leningrado sulla scia dell'omicidio di Sergéj Kirov

Stérligov, che era stato mandato nei campi di lavoro nello stesso gruppo di Ermolàeva, ricordava che i soldati della scorta si prendevano gioco dell'artista handicappata, ordinandole durante l'appello quotidiano: «In piedi !» «Sdraiarsi!» «In piedi!»

Dopo svariati anni nei campi, dove le furono amputate le gambe, Ermolàeva si vide comminare automaticamente una seconda condanna. Alla fine lei e altri forzati furono caricati su una chiatta e mandati al Iago d'Aràl (Stérligov assistette all'operazione). Tutti i prigionieri furono lasciati su un'isola deserta

Nessuno seppe mai più niente di Ermolàeva. Tutto ciò che rimase di lei a Leningrado furono alcune opere e alcune lettere e fotografie

Per Lébedev, il destino di Ermolàeva fu un colpo terribile e un avvertimento. Gli eventi precipitarono: alla fine del 1937 la nuova letteratura per l'infanzia di Leningrado era distrutta. Gli arresti di scrittori e artisti continuarono senza sosta, ma Maršàk e Lébedev non furono arrestati, nonostante la stampa immancabilmente definisse il loro gruppo «banda di nemici controrivoluzionari e sabotatori»

Lébedev era terrorizzato. Lui, come Šostakóvič, fu attaccato personalmente dalla «Pràvda»; in quei tempi era spesso il preludio di un'imminente azione repressiva. La moglie di Lébedev, Irina Kichànova, ricordava:

da allora la paura non abbandonò Lébedev un istante. E cercò scampo da questa paura nella città. Le pareti della casa lo soffocavano, non lo salvavano dalla paura, mentre la città la conosceva come nessun altro e l'amava come nessun altro. Ed ecco, con l'ossessiva meticolosità di un esploratore, si mise a mostrarmela. Facevamo lunghe gite per la Petrogràdskaja storonà, per l'isola Vasìl'evskij, camminavamo lungo i canali, nei Giardini d'estate, sulla Nevà, sul lungofiume Dvorcévaja, vidi la casa della dama di picche, il lungofiume Anglijskaja.

Era una strana sensazione, a volte tormentosa. Non si ama così l'arte o l'architettura. Così si ama un'anima, viva, inafferrabile.[741]

Questi attacchi di claustrofobia indotti dalla paura erano tipici in quegli anni nell'élite leningradese. Allo scenografo teatrale Vladìmir Dmìtriev (il migliore amico di Balančìn nei primi anni Venti), gli agenti della polizia segreta portarono via la moglie nel cuore della notte; la portarono via mentre stava alla culla dove dormivano i suoi gemelli di sette mesi. Dmìtriev disse a Marìja Konìsskaja di avere «passato dieci anni, quelli migliori della sua vita, in uno stato di costante, raggelante terrore. A volte lasciava il lavoro, prendeva un treno qualsiasi e se andava da una parte, poi cambiava treno e andava in un'altra direzione, girovagava soffocato dalla paura». Commentando questa confessione di Dmìtriev, che ricevette il premio Stàlin quattro volte, Konìsskaja concluse triste: «Non mi sorprende che sia morto d'infarto a quarantasette anni».[742] Era quasi impossibile evitare l'onnipresente paura. La sentivano anche i più coraggiosi. Qualcuno disse ad Achmàtova nel 1938: «Lei è impavida. Lei non ha paura di nulla». Lei rispose: «Che dice! Non faccio altro che avere paura». Raccontando questo

---

[741] Irina Kichànova-Livsìc, *Prosti menja za to, čto ja živu* (Scusami se vivo), New York 1982. p. 37.

[742] «Novyj mir». cit., 6, 1992. p. 101.

dialogo, Achmàtova immancabilmente aggiungeva: «Davvero, com'era possibile non avere paura? Ti prendevano e, prima di ucciderti, ti costringevano a denunciare gli altri»

Lìdija Ginzburg descrisse la paura surreale degli ambienti culturali di Leningrado. «Quel terribile scenario non ti lasciava mai. La gente andava al balletto, visitava gli amici, giocava a poker e andava in vacanza nelle dacie e al mattino riceveva la notizia della perdita di qualche parente; ogni volta che sentiva suonare il campanello di notte, raggelava, pensando all'arrivo di ospiti sgraditi».[743]

Anche Švarc ricordava quella situazione. «L'amore restava amore, la vita vita, ma ogni istante era intriso di terrore. E dalla minaccia della vergogna».[744]

Tutti affrontavano questa realtà quotidianamente, scacciando il terrore ognuno a modo proprio. Lébedev non mancava mai a un evento sportivo, andava alle partite di calcio, agli incontri di lotta e di boxe. Šostakóvič andava con lui ovunque. La moglie di Lébedev disse che erano «uniti dalla paura e dall'amore per lo sport».[745]

La passione di Šostakóvič per il calcio ora viene menzionata spesso, di solito in termini di hobby divertente di un genio. Ma in quei tempi difficili era uno dei pochi modi possibili per distendere l'animo con naturalezza e, per gli intellettuali leningradesi come Lébedev e Šostakóvič, forse anche un tentativo inconscio di omologazione sociale

In queste condizioni era naturale piegarsi o spezzarsi, psicologicamente e artisticamente. La verifica più importante era il lavoro creativo. Lébedev, come Dmìtriev e Kózincev, apparteneva a una generazione cui il potenziale creativo dava la possibilità di lavorare al livello più alto della cultura moderna, mentre le esigenze della vita la spingevano verso lavoretti, magari professionali, ma dettati da ragioni politiche. Solo un carattere forte poteva sopravvivere a questa battaglia impari con un'epoca spietata

Secondo il giudizio severo di Švarc, «Lébedev credeva nell'oggi, amava quello che oggi è forte e disprezzava qualsiasi debolezza e sconfitta come qualcosa di inaccettabile nella buona società».[746]

Un atteggiamento del genere era un tradimento delle

---

743 «Tynjanovskij sbornik» (Antologia tynjanoviana), 3, p. 210

744 E. Švarc, op. cit., p. 630.

745 Irina Kichànova-Livšìc, op. cit., p. 49

746 E. Švarc, op. cit., p.17.

tradizioni antiche della cultura russa, che si era sempre schierata a difesa degli «umiliati e offesi». Per quel tradimento Lébedev, che continuò a fare illustrazioni di libri per bambini fino alla fine della sua vita (morì a Leningrado nel 1967, all'età di settantasei anni), pagò con l'inaridimento del suo stile negli ultimi anni. Sono le sue prime opere a essere oggi ristampate

Anche i testi per bambini di Evgénij Švarc erano molto famosi all'epoca; anzi, venivano elogiati da Mandel'štàm, noto per essere poco incline alle lodi. Ma Švarc si guadagnò il suo posto nella storia della letteratura russa con le sue commedie, che erano commissionate da Akìmov. Tra esse Gólyj korol'(Il re nudo), Ten'(L'ombra) e, soprattutto, Drakén (Il drago)

Sono in forma di fiaba (Il re nudo e L'ombra sono basate su fiabe di Hans Christian Andersen), ma erano rivolte principalmente, anche se non esclusivamente, a un pubblico adulto. Švarc impiegava un ampio spettro di artifici espressivi, mescolando fantasia, ironia, parodia, lirismo e satira. Le sue commedie possono essere lette come parabole, ma sono più efficaci in scena, dove divertono e commuovono

Come le allegorie politiche della prosa storica di Tynjànov, le commedie di Švarc erano piene di allusioni politiche, facilmente comprensibili al pubblico sovietico. Come Tynjànov, Švarc trascendeva la situazione politica contingente, perciò le sue commedie restano attuali. Ma, a differenza di Tynjànov, Švarc avrebbe sofferto molto a causa della censura. Le autorità assoggettavano commedie e film a un esame molto più attento di quanto avvenisse per i libri, e tutte le opere migliori di Švarc per lunghi periodi furono vietate

I censori avevano di che indignarsi dinanzi ai personaggi creati da Švarc: il Cannibale, che lavorava per la polizia; l'Ombra, che gestiva affari di Stato; il Vampiro burocrate. Le vicissitudini peggiori le passò Il drago, scritto nel 1943, una delle migliori commedie russe del Novecento. Švarc racconta di una città magica governata da un drago terribile nel quale qualsiasi cittadino sovietico poteva riconoscere Stàlin. Il Drago spaventava e corrompeva i propri sudditi. «Anime senza braccia, anime senza gambe, anime sordomute» dice di loro con disprezzo

Come ricordava Kavérin, che aveva letto Il drago in manoscritto, i primi lettori furono colpiti dall'analisi brutale del conformismo sovietico compiuta da Švarc. «L'impossibilità di combattere contro la violenza, il tentativo di giustificare l'ingiustificabile: tutto questo è nostro, vissuto, sofferto». Un

cavaliere di passaggio uccide il Drago, ma la vera libertà non arriva
ancora al popolo: il potere nella città viene preso dal leale aiutante
del mostro, l'ipocrita e sfacciato Borgomastro. Il Drago non c'è
più, ma la tirannia «dal volto umano» continua

Nel 1944 Švarc e Akìmov cercarono di portare Il drago sulla
scena camuffandolo da «satira antinazista». Ma anche negli anni
della guerra, quando la censura ideologica era relativamente
temperata, la commedia fu subito vietata. Fu allestita a Leningrado
solo nel 1962, quattro anni dopo la morte dell'autore

SOLOMÓN VOLKOV Tutti si precipitarono a vedere Il
drago al Teàtr komédii (Akìmov faceva da regista e da costumista
scenografo). Volevano vedere lo spettacolo prima che venisse
proibito. La possibilità era reale, poiché la gente vedeva nel
Borgomastro arrampicatore sociale che aveva sostituito il Drago-
Stàlin non altri che il rozzo Chruščëv. Il Drago di Švarc, come le
altre commedie dell'autore, era stato profetico

Insieme all'Ombra di Švarc, che dopo vent'anni poté
finalmente andare in scena (ahimè dopo la morte dell'autore), Il
drago fu il capolavoro di Akìmov. Una relazione simile legava un
altro regista di Leningrado, Geérgij Tovstonógov, a due commedie
di Aleksàndr V016din, leningradese come Švarc. Di vent'anni più
giovane di questi, con una brutta ferita procuratasi durante la
seconda guerra mondiale, Volédin cercava di esprimere le tenui
speranze nutrite dai leningradesi nel breve periodo del disgelo di
Chruščëv

Se Švarc assomigliava ad Andersen, V016din assomigliava a
Čéchov. Le eroine dei suoi drammi (Volédin collocava quasi
sempre donne al centro delle sue opere) – commesse, centraliniste,
segretarie – cercavano un senso e un po'di felicità nella cupa vita
che le circondava. Non passava mai loro per la testa di affrontare il
regime, ma non erano nemmeno gli obbedienti e remissivi
ingranaggi della macchina del regime tipici della letteratura
sovietica

I personaggi di V016din non si abbandonano a dichiarazioni
altisonanti; parlano e si comportano come persone normali.
Questo riciclaggio della tecnica Cechoviana irritava i critici ufficiali.
Come Volódin, terribilmente timido – non diversamente dai propri
personaggi – ricordava poi, «ancora prima di terminare la
commedia Pjat'veëeróv (Cinque serate) coniarono la formula
secondo cui si svebbe trattato di un pernicioso abbaiare da dietro
l'angolo. Ma non si trattava di un abbaiare, non era critica della
realtà: era di meno o di più, a seconda dei punti di vista. Allora
cambiarono la formula: "Si tratta di piccoli disadattati, di

pessimismo, di temi meschini". E così presero a ripetere ogni volta che tutto quello che facevo erano temi meschini e pessimismo»

I critici conservatori combatterono accanitamente per far togliere dalle scene i drammi di Volédin, dato che la loro stessa esistenza minava il realismo socialista. Così, diventare il sostenitore di Volédin – come fece il sobrio e cauto Tovstonégov – comportava un bel po'di coraggio

Al Bol'šój Dramatičeskij Teàtr Tovstonégov allestì Cinque serate di Volodin nel 1959 e Stàršaja sestrà (La sorella maggiore) nel 1961. Il pubblico seguiva le svolte non complesse dei drammi di V016din, che sembravano costruiti senza cura ma in realtà erano curati con grande raffinatezza. Erano drammi su di loro, «semplici cittadini sovietici», come venivano paternalisticamente descritti dai media, sui loro sentimenti. Le opere di Volédin, un amalgama di tristezza e tenerezza, venivano recitate in modo commovente dai bravi attori di Tovstonógov: Tat'jàna Dorónina, Zinaìda Sàrko, Efim Kopeljàn, Evgénij Lébedev e Kirill Lavrév

Sia Akìmov sia Tovstonégov dominarono i loro teatri, dirigendoli, rispettivamente, per ventisette e per trentatré anni. (Durante la campagna per sradicare «il formalismo e la servile adorazione dell'Occidente» a Leningrado, Akìmov fu rimosso dal Teàtr komédii. Gli restituirono la sua compagnia solo sette anni dopo.) Questi due direttori esprimevano le concezioni di fondo della drammaturgia leningradese. Nel teatro di Akìmov, la prima ricognizione visiva del regista determinava la concezione e la forma dello spettacolo, e gli attori a volte non sembravano altro che pezzi di scacchi vestiti in modo appariscente che si muovevano secondo schemi preordinati. Il teatro di Tovstonégov prima di tutto era una vetrina per i suoi ineguagliabili attori

Tovstonégov aveva bisogno di interpreti di prim'ordine perché incarnassero le sue idee creative, e sapeva dove trovarli. Scoprì Sergéj Jùrskij (che in seguito divertì il pubblico con la sua interpretazione di Càckij nella commedia di Aleksàndr Griboédov Che disgrazia l'ingegno) come prototipo del moderno dissidente. Analogamente Tovstonégov lanciò Innokéntij Smoktunóvskij (noto in Occidente come l'Amleto del film di Kézincev), offrendo all'attore trentaduenne l'impegnativa parte del principe MS'Skin in una versione teatrale dell'Idiota di Dostoévskij

Quel dramma del 1957 fu avvolto da un'aura leggendaria paragonabile a quella dell'allestimento mejerchol'diano del Ballo in maschera di Lérmontov nella prima metà del secolo. L'allestimento di Mejerchól'd rifletteva le emozioni della società russa alla vigilia del cataclisma rivoluzionario. Una sensazione simile, che la vita ora poteva essere organizzata in modo affatto diverso, caratterizzava l'allestimento di Tovstonégov

Il principe Myškin ritornava timidamente in scena dopo una lunga assenza da Pietroburgo, proprio come le vittime del Grande Terrore che erano riuscite a sopravvivere ai campi di Stàlin ritornavano alla Leningrado contemporanea. «La sua figura è esile, con braccia e gambe lunghe, non tanto il corpo di un uomo, quanto l'abbozzo di un corpo, un povero schema per una vita di carne»[747] scrisse Naùm Berkévskij, influente critico leningradese di quegli anni. Smoktunévskij rappresentò l'apice della scuola russa della recitazione spiritualizzata

L'allestimento fu anche una manifestazione del ritorno a Leningrado della tradizione di Dostoévskij, che era stato messo al bando dagli ideologi sovietici in quanto «reazionario» e «mistico». In quel periodo le opere di Dostoévskij cominciarono a ricomparire, e con loro affiorò la dimensione religiosa del mito di Pietroburgo. Nello spettacolo L'idiota, Smoktunóvskij creava in scena ogni sera uno spazio visionario; il pubblico vedeva in lui un nuovo santo russo. Questa esperienza teatrale divenne qualcosa da raccontare a figli e nipoti

Un altro tempio dell'alta arte degli anni Cinquanta e Sessanta era il teatro Kirov (già Mariìnskij), sede di una delle migliori compagnie di balletto classico del mondo. In simbiosi con la famosa scuola di balletto, il corpo di ballo coltivava e custodiva la tecnica della danza classica. Sopravvivendo agli uragani rivoluzionari, al Grande Terrore e agli anni della guerra, queste istituzioni rimasero fedeli ai princìpi della professionalità pietroburghese

Qui venivano ricordati e onorati i nomi leggendari di Anna Pàvlova e Vaclàv Nižìnskij. La loro ascesa a Pietroburgo e la loro successiva favolosa carriera in Occidente sono vicende assai note della storia del balletto. Pàvlova creò un pubblico di amanti del balletto in Occidente, soprattutto negli Stati Uniti. Nižìnskij, che con Tamàra Karsàvina divenne il perno dell'innovazione coreografica nella compagnia di Djàgilev, accelerò l'accettazione della danza classica come elemento centrale della cultura novecentesca presso il pubblico. Le scene e i costumi esotici di Benuà e Bakst e la musica orgiastica di Stravinskij e Prokóf'ev promossero la rivoluzione del balletto che ebbe origine a

---

[747] Berkovskij, op. cit., p. 566

Pietroburgo

Ma i leningradesi della metà del secolo avevano solo sentito parlare di questa rivoluzione. Avevano lasciato maggiori tracce le battaglie locali nel mondo del balletto. Una riguardava la promozione dei «coreodrammi», versione sovietica dei ballets d'action, che guadagnarono la posizione estetica dominante ai danni degli esperimenti di Fëdor Lopuchóv, maestro di Balančìn, e Leonid Jakobsén

Dai primi anni Trenta le nuove produzioni di maggiore successo presso il Kirov erano state i coreodrammi. In confronto alla danza classica tradizionale, di cui la gente si era stufata, questa forma sembrava promettere cose interessanti. Plàmja Parìül (La fiamma di Parigi; 1932, coreografo Vasilij Vajonen), Bachéisaràjskij fontàn (La fontana di Bachëisaràj; 1934, coreografo Rostislàv Zachàrov), Laurénsija (1939, coreografo Vachtàng Cabukiàni), Romeo i Zulietta (Romeo e Giulietta; 1940, coreografo Michail Lavrévskij) dedicarono tutti attenzione più allo sviluppo dell'intreccio, agli aspetti psicologici e all'espressività drammatica nelle scene di massa che all'invenzione di complicati passi di danza. La maggior parte di essi, compreso Romeo e Giulietta, coinvolsero l'importante regista teatrale Sergéj Ràdlov, seguace di Mejerchól'd, che fu direttore artistico del teatro Kirov nella seconda metà degli anni Trenta

Ivàn Sollertìnskij, difensore del genere e intimo amico di Šostakóvič, scrisse: «I ballettomani ortodossi non sono entusiasti della Fontana di Bachëisaràj: si danza troppo poco! Non ci sono variazioni da capogiro con trentadue fouetté, né perle della tecnica della "scuola italiana", né la pomposa parata di masse di ballerini danzanti simmetricamente vestiti con le tuniche bianche».[748]

In risposta a questi «conservatori» delusi, Sollertìnskij affermò: «La fontana di Bachëisaràj è un grande passo avanti»; almeno c'erano azione drammatica e personaggi vivi. Concluse: «Non a caso l'allestimento è stato realizzato dalla compagnia con una vera euforia creativa».[749] La verità era che i ballerini del Kirov amavano esibirsi nei poi tanto malignati coreodrammi perché ciò dava loro l'opportunità di espandere il repertorio e di richiamare un pubblico più vasto. Marina Semënova e Galìna Ulànova erano maestre della danza classica, ma molti ritengono che abbiamo raggiunto i loro

---

[748] Sollertìnskij, op. cit., p. 90.

[749] Ibidem 97

migliori risultati con il coreodramma. Giulietta divenne il personaggio simbolo di Ulànova da maestro in Russia e all'estero. I due primi ballerini del Kirov in quel periodo, Cabukiàni e Aleksèj Ermolàev, diedero il loro contributo al nuovo repertorio. I loro salti, le loro pose e la drammaticità dell'interpretazione entusiasmarono il pubblico leningradese e prepararono la strada a Rudól'f Nuréev e Michail Barýšnikov

Stàlin osservava da vicino i trionfi della troupe del Kirov; molti dei suoi più brillanti esponenti, compresi i principali coreografi, furono trasferiti al Bol'šój. La vitalità del coreodramma svanì e il genere assunse tratti parodistici in allestimenti del tipo «ragazzo incontra trattore». L'ultimo vero e proprio coreodramma fu Il cavaliere di bronzo, prodotto da Zachàrov nel 1949 a Leningrado, con Konstantin Sergéev e sua moglie, Natàl'ja Dudìnskaja, nelle parti di Evgénij e della sua amata Paràül

Zachàrov, seguendo la linea del partito, interpretò il conflitto nel Cavaliere di bronzo dal punto di vista dell'«inevitabilità storica». Evgénij, che aveva perso la sua amata in una terribile inondazione di Pietroburgo, sbaglia a incolpare Pëtr il Grande, che aveva fondato Pietroburgo su un terreno paludoso; gli interessi di Stato sono più importanti dei desideri delle persone comuni. Per esprimere quell'idea, il compositore Reinhold Glière chiuse il balletto con un «Inno alla grande città» che divenne una sorta di inno ufficioso di Leningrado

Ma Sergéev e Dudìnskaja capovolsero le idee dei coreografi, suscitando pietà e compassione per i loro personaggi. Sergéev a volte faceva piangere il pubblico. «Il povero Evgénij, trasfigurato dall'amore, sembra elevarsi sopra tutto ciò che lo circonda. Evgénij nel mondo dei sogni. Poi un uomo travolto dalla catastrofe... Un dolore enorme, che inghiotte tutto. La scena della follia è la nota più alta della tragedia umana, come la interpretava Sergéev», ricordava uno spettatore.[750] Nonostante il successo e il riconoscimento ufficiale, il genere aveva nemici implacabili, tra cui l'irascibile Agrippina Vagànova, ex solista al Mariìnskij e poi importante docente di danza classica, che aveva addestrato una generazione di ballerine importanti per il balletto di Leningrado, comprese Marina Semënova, Galina Ulànova, Natàl'ja Dodìnskaja, Àlla Sélest, Irina Kolpàkova e Alla Osìpenko. Vagànova elaborò un proprio metodo di insegnamento negli anni Venti, pubblicato col

---

[750] Konstantin Sergéev, Sbornik statej (Articoli scelti), Moskvà 1978, p. 154

titolo Osnóvy klassìčeskogo tànca (Basi della danza classica) nel 1934 e ristampato molte volte in patria e all'estero. (A scrivere il manuale fu aiutata da Ljubóv'Blok, vedova del grande poeta pietroburghese, che era divenuta una valida storica del balletto.) Nel suo libro Vagànova esponeva gli obiettivi tecnici distintivi del balletto pietroburghese: chiarezza, precisione di movimento e una linea pulita

L'aspetto pedagogico saliente di Vagànova era la capacità di valutare il potenziale artistico delle sue piccole allieve. Come ricordava Fëdor Lopuchóv, «Teneva conto dell'individualità di ciascuna allieva, anche delle caratteristiche più riposte, che non saltavano all'occhio, ma che un vero maestro ha la capacità di percepire»

Vagànova non sprecava le parole. Altri maestri davano indicazioni generiche: «Salta! Più in alto! Più aggraziata!» I commenti di Vagànova erano sempre concreti: «Alza il fianco destro»; «Prenditi la coscia sinistra e spostala con più forza indietro» e così via. Vagànova sceglieva esercizi specifici per ciascuna allieva per rafforzarne i muscoli delle gambe, effettuando in tal modo una transizione indolore fino alle combinazioni di danza più difficili. Ma non permetteva mai alle allieve di dimenticare che ogni passo virtuosistico doveva avere senso dal punto di vista emotivo

L'omologo di Vagànova al maschile era Aleksàndr I. Pùškin, il cui metodo di insegnamento, come quello di Vagànova, sviluppava le qualità migliori dell'allievo mediante esercizi individuali scelti con cura. Rudól'f Nuréev, ribelle e irascibile, era sul punto di essere espulso quando Pùškin lo prese nella sua classe; in tre anni (anziché i consueti nove) Puškin fece del giovane ribelle un ballerino che lasciò a bocca aperta il pubblico del concerto di diploma del 1958 con la sua energia animale e la sua grazia

Nuréev, che viveva perlopiù a casa di Pùškin, lo descriveva come un secondo padre.[751] sostenne con decisione i tentativi di Nuréev di estendere i confini espressivi della danza maschile e curò la sua giovane promessa quando Nuréev si stirò un legamento della gamba destra e temeva di non poter più danzare

Puškin dif&ldeva Nuréev nei conflitti con le autorità del balletto. Questi conflitti diventavano sempre più seri. Il balletto Kirov, sebbene isolato dalla routine della vita leningradese, era ancora un microcosmo dello Stato sovietico. Lo spirito di

---

751 Nuréev, conversazione con l'autore (New York 1986).

obbedienza gerarchica era reso ancora più profondo dal tradizionale burocratismo russo e dall'ideologia sovietica. L'indottrinamento era totale, la disciplina e il conformismo erano apprezzati sopra ogni cosa e le manifestazioni d'indipendenza considerate con sospetto

L'esplosivo Nuréev, che assomigliava ai protagonisti del suo amato Dostoévskij (in seguito avrebbe danzato nella parte del principe Myškin nel balletto di Valérij Pànov tratto dall'Idiota), ebbe rimproveri severi per il fatto che, nonostante il fantastico successo, «avvelenava l'atmosfera» e «corrompeva il collettivo».[752] A Nuréev sembrava di non poter più respirare

La possibilità di sfuggire al sistema sovietico giunse a Nuréev nel 1961, mentre il balletto Kirov era in tournée a Parigi. Fece il suo balzo nella libertà all'aeroporto Le Bourget, eludendo la sorveglianza delle sue due muscolose «guardie del corpo». Fu una storia tipica del periodo della guerra fredda, e ripercussioni di quell'evento si ebbero anche a Leningrado. Trattandosi della fuga di un artista importante proveniente dall'Unione Sovietica, la partenza di Nuréev fu discussa all'infinito non solo negli ambienti del balletto ma tra gli intellettuali leningradesi, nonostante le misure straordinarie adottate dalle autorità per insabbiare l'incidente e costringere i fan di Nuréev a dimenticare il loro idolo

Presto un nuovo colpo scosse l'élite culturale della città. Nell'autunno del 1962, sulla scia della visita trionfale di Stravinskij a Leningrado, venne il cinquantottenne Georges Balančìn con il New York City Ballet. Balančìn, per quanto fosse partito trentotto anni prima, non aveva fretta di tornare. Per lui, acceso anticomunista, il nome di Leningrado era profondamente offensivo. Oltre a questo, temeva di essere incarcerato dalle autorità sovietiche.[753] Sotto pressioni del dipartimento di Stato, Balančìn andò in Russia, dove la tournée risultò faticosa e assai avvilente. Pensava che lo pedinassero e che le sue stanze d'albergo fossero piene di «cimici»; era seccato dalle interminabili discussioni «estetiche» con i funzionari del ministero della Cultura; e fu molto rattristato dal fatto che le autorità avessero trasformato la cattedrale di Kazàn', in Névskij prospékt, nel Museo di storia della religione e dell'ateismo.[754] (Dal 1991 è tornato a essere un luogo di

---

[752] Ibidem

[753] Georges Balančìn, conversazione con l'autore (New York 1982).

[754] Ibidem

culto.) Ma per la gioventù artistica di Leningrado, le visite di Balančìn e Stravinskij furono eventi determinanti. Un momento memorabile fu un'esecuzione del balletto di Balančìn su Agone di Stravinskij al teatro Kirov

Molti amanti della danza vecchia maniera lo chiamarono derisoriamente «Agonia», lamentandosi che gli statunitensi non tanto danzavano, quanto «risolvevano coi piedi equazioni algebriche». La danza e la musica sembravano astratte e fredde; nelle conversazioni continuavano a risuonare le solite accuse di formalismo

Ma per i giovani musicisti e danzatori di Leningrado, Agone fu una boccata d'aria fresca. Anche il palco aveva un'aria diversa, come se una spugna gigantesca avesse lavato le scene impolverate. La schietta fisicità di Agone (che per i vecchi era irritante) a noi sembrava naturale, poiché faceva pensare a una società con meno restrizioni della nostra. Soprattutto, in Agone sentivamo ritmi del jazz; anche questo era sexy, come le trasmissioni jazz alla Voice of America o le pin-up delle copertine patinate di «America», la rivista di propaganda del governo statunitense

Scoprendo Agone a Leningrado, per la prima volta apprezzavamo le possibilità irrealizzate dell'avanguardia pietroburghese soffocata. Alcuni dissero malinconici: «Balančìn ci ha portato il futuro che non hanno lasciato fiorire in Russia». Balančìn e Stravinskij personificavano la cultura pietroburghese al suo apice, un'arte cosmopolita che aveva conseguito successo e riconoscimento mondiale

Risultò che il mito di Pietroburgo veniva realizzato in campo internazionale e non era proprietà esclusiva della nostra attività clandestina. D'un tratto vedemmo la figura di Achmàtova inserirsi in un contesto culturale globale, e questo cambiamento inatteso diede nuova vitalità al mito di Pietroburgo

Per noi stava anche diventando moderno

13 ****** SOLOMON VOLKOV Sull'effetto della «materializzazione» in carne e ossa in Russia dei titani dell'avanguardia mondiale non si insisterà mai abbastanza. I racconti di ciò che videro e dissero divennero per molti anni il barometro del buon gusto locale negli ambienti intellettuali. Anche le loro eccentricità furono oggetto di innumerevoli pettegolezzi. Bródskij ricordava di essere andato a casa di Achmàtova e di averle riferito di avere appena visto Stravinskij in strada. Cominciò a descriverglielo: piccolo, ingobbito, con un cappello alla moda. «In sostanza di Stravinskij è rimasto solo il naso.» «Sì» aggiunse

Achmàtova «e il genio.»[755]

Per molto tempo il ramo occidentale del modernismo pietroburghese in Russia non poteva essere nemmeno nominato, perlomeno non per tesserne gli elogi. Quando ai suoi due esponenti principali – Stravinskij e Balančìn – fu permesso tornare in trionfo, anche se solo per breve tempo, nella loro città natale, negli ambienti creativi di Leningrado si diffuse un grande ottimismo, accompagnato da un impulso a lavorare più alacremente agli esperimenti artistici

Per il trentacinquenne Jùrij Grigoróvič, coreografo alle prime armi della troupe del Kirov, il lavoro di Balančìn era la conferma della sua convinzione che i coreodrammi erano una rovina per il balletto russo. Nel suo recente successo, Legénda o ljubvì (Leggenda d'amore), Grigoróvič aveva tentato forme complesse di balletto, portando sulla scena del Kirov combinazioni di danza nello stile di Fókin. Grigorévič sosteneva che Fókin e Lopuchóv erano grandi maestri e che il balletto russo doveva imparare da loro e lasciar perdere tutti gli sproloqui sul formalismo.[756]

Un altro coreografo del Kìrov che usò il viaggio in America per le proprie battaglie yeative fu Leonid Jakobsén, contemporaneo di Balančìn. Genio modernista del Kirov (veniva chiamato lo Šagàl del balletto, sarcasticamente dai suoi nemici ed entusiasticamente dagli ammiratori), Jakobsén in quel periodo aveva problemi a respingere gli attacchi dei critici conservatori del suo recente balletto basato sulla commedia futurista di Majakóvskij La cimice. Jakobsón vi aveva mescolato elementi di pantomima, danza libera alla Isadora Duncan, impressionismo alla Fókin e tratti quasi surrealisti

Jakobsén veniva considerato l'enfant terrible del balletto di Leningrado. Le sue scappatelle venivano guardate con benevolenza e la sua «follia» considerata un dato di fatto. Ho visto Jakobsón dare dell'idiota in faccia ai burocrati della cultura. Loro si limitarono a stringersi nelle spalle: il «matto» Jakobsón poteva permettersi gesti che ad altri sarebbero costati la testa

I ballerini più avventurosi della troupe del Kirov stravedevano per Jakobsón; molti ebbero l'occasione della loro vita tramite lui. Per la ventunenne Natàl'ja Makàrova, Jakobsón creò un ruolo lirico nella sua satirica Cimice: Zéja, un'operaia fragile e ingenua che si

---

[755] Brodskij, conversazione con l'autore (New York 1981)

[756] Jùrij Grigorévič, conversazione con l'autore (New York 1990).

impicca per un amore non corrisposto

Era un personaggio tratto dalla vita reale, una donna infelice simile ai personaggi delle contemporanee commedie leningradesi di Aleksàndr Volodin. Questa parte fu determinante per Makàrova, poiché la aprì a influenze moderne

Sette anni dopo, Jakobsén diede un'analoga spinta alla carriera del ventunenne Michaìl Barýšnikov con il balletto-saggio Vestris per la gara internazionale di ballo di Mosca. Nella parte di Auguste Vestris, ballerino francese del Settecento, la brillante esecuzione di Barýšnikov di un insieme di passi neoclassici e movimenti di pantomima lasciarono sbalordita la giuria, che comprendeva Màja Pliséckaja, Ulànova, GrigoróviC e Cabukiàni. Pliséckaja, ammiratrice del talento di Jakobsón, proclamò Vestris «danza teatrale dei miei sogni» e diede a Barýšnikov tredici su dodici. Vinse la medaglia d'oro

Come Nuréev, Barýšnikov aveva avuto una formazione classica sotto Aleksàndr I. Pùškin. La fuga di Nuréev lasciò un vuoto emotivo in Pùškin che Barýšnikov, dieci anni più giovane di Nuréev, con la sua curiosità, l'umorismo e il fascino riuscì a colmare. Pùškin fu l'unico a credere che di bassa statura, potesse diventare qualcosa di più che un ballerino di media importanza

Pùškin spinse l'allievo a passare ore e ore compiendo esercizi estenuanti. Alla sua performance di diploma nel 1967, Barýšnikov, che aveva sviluppato equilibrio, senso musicale e sicurezza d'esecuzione, suscitò non meno sensazione di quanta ne avesse suscitata a suo tempo Nuréev, e presto assunse una posizione predominante nella compagnia del Kirov

Barýšnikov non aveva visto nel 1962 il New York City Ballet, ma il loro secondo tour nel 1972 gli fece sognare di lavorare un giorno con Balančìn

Curioso del nuovo, Barýšnikov cercò di ampliare i propri orizzonti, usando nuovi contatti nell'ambiente artistico clandestino leningradese. Barýšnikov ricordava: In Unione Sovietica non abbiamo informazioni. E nemmeno riviste

E così leggiamo dall'inizio alla fine ogni pagina di «Vogue» o di altre riviste di moda che qualcuno riesce a far arrivare clandestinamente. Leggiamo anche chi è l'articolista e ce ne ricordiamo il nome. E c'è un mercato nero dei libri d'arte, come per la letteratura e la poesia clandestina. C'è chi, quando rientra dall'estero, le prime sere non dorme, perché i suoi amici non fanno che venire a leggere i libri proibiti

La reputazione di Barýšnikov come spirito libero era talmente diffusa a Leningrado che, quando Natàl'ja Makàrova nel 1970 fuggì, alcuni esponenti del Kirov commentarono: «E noi che pensavamo che lo facesse Barýšnikov»

Quattro anni dopo, Barýšnikov fu la terza stella del balletto Kirov a scappare in Occidente

Queste fughe giocarono nell'insieme un importante ruolo culturale. Produssero un'attenzione straordinaria da parte dei media occidentali e di conseguenza contribuirono a rendere il balletto classico accessibile a un pubblico più vasto. Contribuirono anche a modificare l'atteggiamento di alcuni occidentali nei confronti dei rifugiati sovietici. Qui gli intellettuali non li avevano mai graditi, infastiditi dalle loro posizioni «reazionarie». La comparsa in Occidente di Nuréev, Makàrova e Barýšnikov fece sì che il dibattito potesse concentrarsi sulla questione della libertà artistica, svincolandosi dalla politica. L'élite culturale liberale occidentale si sentiva più a proprio agio su questo terreno, e questo passaggio ebbe un effetto immediato sul tono e il volume dell'attenzione dei media per i nuovi rifugiati

La versione occidentale del mito di Pietroburgo assunse quindi maggiore significato. Come le uova di Fabergé, il balletto era una parte del retaggio zarista che suscitava un entusiasmo universale. In un ambito senza parole, perlopiù senza trama, e perciò apolitico, persino il «monarchismo» di Balančìn sembrava accettabile, come una forma di nostalgia artistica. L'idea di Pietroburgo come Atlantide del Novecento attecchì soprattutto grazie agli sforzi dei vecchi modernisti pietroburghesi: Nabókov, Stravinskij e Balančìn. I nuovi rifugiati introdussero nel dibattito il tema della conservazione della tradizione classica nella Leningrado contemporanea

Fu un passo notevole. Tutto ciò che mancava perché il mito di Leningrado come erede culturale della Pietroburgo imperiale si radicasse in Occidente era un forte leader intellettuale. Quella parte la assunse Iosif Bródskij, che era stato espulso dall'Unione Sovietica nel 1972.

L'arrivo di Bródskij negli Stati Uniti era stato preceduto da eventi drammatici. Nel marzo del 1964 le autorità sovietiche lo avevano mandato al confino nel nord del paese, dove Bródskij avrebbe dovuto trascorrere cinque anni di lavoro manuale per depurarsi delle idee «nocive». Ma il processo di Bródskij si era trasformato in un vero e proprio «caso» in Unione Sovietica e in Occidente. La trascrizione delle udienze, fatta clandestinamente da un'intraprendente giornalista, fu fatta circolare diffusamente via samizdàt, il metodo clandestino di distribuire opere proibite in Unione Sovietica, secondo il quale la gente «pubblicava» libri ribattendo o fotografando i testi e distribuendo ad amici fidati copie da leggere e ricopiare

Il samizdàt faceva circolare qualsiasi opera proibita dai censori: saggi politici, prosa, poesia, compreso il Requiem di Achmàtova, che proprio in questo modo divenne molto famoso. La poetessa Natàl'ja Gorbanévskaja descrisse in seguito in che modo si moltiplicavano le copie del Requiem: «Solo da casa mia nell'inverno-primavera 1963 (anche se non avevo una macchina per scrivere mia) uscirono non meno di cento copie; dattilografavo almeno cinque copie, con quattro fogli di carta carbone, e le distribuivo solo in cambio della restituzione della mia copia più un'altra, e le copie ricevute le rimettevo in circolazione. Molti facevano lo stesso»

Nella Russia poststaliniana, il samizdàt era un fenomeno rivoluzionario che sottolineava l'indebolimento del controllo delle autorità sui processi culturali. Per la prima volta, uno scrittore aveva la possibilità di crearsi una reputazione al di fuori dei canali ufficiali. È quello che accadde a molte poesie di Bródskij. Un altro passo avanti fu l'instaurarsi di contatti regolari tra gli intellettuali sovietici e i media occidentali. Molte opere del samizdàt venivano inviate clandestinamente in Occidente, dove venivano pubblicate in traduzione (e a volte in russo) per poi ritornare in URSS, ma in forma stampata: riviste, antologie o libri

Le poesie di Bródskij cominciarono a essere pubblicate in Occidente nel 1964. La trascrizione delle udienze del suo processo – primo documento del genere a giungere in Occidente – era pure assai nota. Questa consapevolezza spiega la comparsa di un documento che, oggi lo possiamo constatare, ebbe un ruolo essenziale negli sviluppi successivi: una lettera privata di Jean-Paul Sartre, datata 17 agosto 1965, al presidente del presidium del Soviét supremo dell'URSS Anastàs Mikojàn

Signor Presidente, mi permetto di rivolgermi a Lei con questa lettera perché sono amico del Suo grande paese. Vengo spesso nel Suo paese, incontro molti scrittori e so benissimo che quello che i nemici occidentali della coesistenza pacifica chiamano già «caso Bródskij» è solo un'inspiegabile e spiacevole eccezione. Ma vorrei comunicarle che la stampa antisovietica ne approfitta per avviare una campagna mondiale e presentare questa eccezione come esempio tipico della giustizia sovietica; è giunta al punto di accusare le autorità di ostilità verso l'intellighenzia e di antisemitismo. Fino ai primi mesi del 1965 per noi, fautori di un ampio confronto tra le diverse culture, era facile rispondere a questa volgare propaganda: i nostri amici sovietici ci assicuravano che al caso Bródskij era rivolta l'attenzione dei massimi organi giudiziari e che la sentenza processuale sarebbe stata rivista. Purtroppo, il tempo è passato e abbiamo saputo che non è stato fatto nulla. Gli attacchi dei nemici dell'uRss, che sono anche i nostri nemici, si fanno sempre più accaniti. Per esempio, voglio sottolineare che mi è stato rispettosamente chiesto di esprimere pubblicamente la mia posizione. Fino a oggi mi sono rifiutato di farlo, ma stare zitto sta diventando difficile quanto rispondere.

Vorrei portare a Sua conoscenza, signor Presidente, l'inquietudine che proviamo. Non ci sfugge quanto sia difficile all'interno di qualsiasi sistema sociale riesaminare le decisioni già prese. Ma, conoscendo la Sua profonda umanità e il Suo impegno nel consolidamento dei legami culturali tra Oriente e Occidente nel contesto della lotta ideologica, mi sono permesso di inviarLe questa lettera strettamente personale per chiederLe in nome della mia sincera amicizia per i paesi socialisti, nei quali riponiamo tutte le speranze, di intercedere in difesa di un uomo tanto giovane che è già, o forse diventerà, un buon poeta.[757]

Ovviamente Sartre, che a suo tempo aveva attaccato Nabókov per non avere fatto nulla – a differenza degli scrittori sovietici – per edificare una società socialista, inviava una richiesta del genere, trovata negli archivi del partito dal settimanale «Literatùrnaja gazéta» (Giornale della letteratura) nel 1993, solo in conseguenza di una pressione sociale straordinaria. Il Cremlino deve essersene reso conto. Nel novembre del 1965 Bródskij fu rilasciato prima dei termini e rientrò a Leningrado dall'esilio a nord

Alcuni mesi dopo (come molti di noi) ebbe un brutto colpo: il 5 marzo 1966, tredici anni esatti dopo la morte di Stàlin, Achmàtova morì d'infarto all'età di settantasei anni. Non aveva vissuto abbastanza per vedere la pubblicazione ufficiale del Requiem né del testo completo del suo capolavoro, Poema senza eroe. Ma sapeva che queste opere non sarebbero svanite senza lasciare traccia, dato che erano entrate nel sangue dell'élite intellettuale russa

Achmàtova sapeva anche di lasciarsi dietro un movimento poetico da lei creato; il «coro magico», come l'aveva

---

[757] «Literaturnaja gazeta», cit., 5 maggio 1993.

soprannominato, formato da Bródskij, Bobýšev, Nàjman e Réjn, ora faceva parte del mito letterario di Pietroburgo. (Dopo la morte di Achmàtova, il gruppo assunse un nome coniato da Bobýšev, «gli orfani di Achmàtova».) Bródskij ricordava che, quando al funerale di Achmàtova qualcuno cominciò un panegirico con le parole «Con la dipartita di Achmàtova si è chiuso...», tutto dentro di lui respingeva quelle parole. «Non si è chiuso nulla, nulla ha potuto né potrà chiudersi, finché esisteremo noi. Coro magico o no

Non perché ricordiamo le sue poesie o ne scriviamo noi, ma perché lei è divenuta, per così dire, parte di noi, parte delle nostre anime.»[758]

Secondo wesideri di Achmàtova, le esequie furono celebrate nella cattedrale Nikol'skij, dove una grande folla (forse millecinquecento persone) si riunì il freddo mattino del 10 marzo. Perlopiù erano giovani leningradesi; una vecchia mendicante alla porta della chiesa diceva: «Vengono e vengono, e sono tutti suoi discepoli!». L'Unione degli scrittori organizzò una cerimonia commemorativa. Il figlio di Achmàtova, Lev Gumilëv, ex forzato dei campi di Stàlin e ormai famoso storico, mi chiese di suonare qualcosa alla cerimonia, aggiungendo subito: «Però vorrei che fosse un compositore russo ortodosso»

Ci accordammo su Prokóf'ev. Ma quella sera, a una veglia privata cui Gumilëv non era presente, suonammo Bach, di cui Achmàtova amava le opere

La musica ebbe un ruolo importante nella vita di Achmàtova. Con me parlava, tra gli altri, di Schumann, Mùsorgskij e Čajkóvskij, soprattutto della sinfonia «Patetica». Achmàtova parlava anche di Šostakóvič e Stravinskij, di cui aveva Ietto con cura i libri dei colloqui con Robert Craft, prestando particolare attenzione alle imprecisioni con cui venivano descritti comuni amici della vecchia Pietroburgo

Le conversazioni con Achmàtova tendevano a svolgersi su due piani, quello quotidiano e quello trascendente. Bródskij lo ha rilevato con precisione: «Ovviamente parlavamo di letteratura, e ovviamente spettegolavamo, bevevamo vodka, ascoltavamo Mozart e ridevamo del governo».[759]

E nello stesso tempo la forza dell'intelligenza di Achmàtova, la sua posizione particolare di testimone della storia e di custode del

---

[758] Brodskij, S. Volkov, op. cit., p. 49.

[759] Ibid., p. 48.

mito di Pietroburgo facevano sì che, secondo le parole di Bródskij, «attorno a lei ci fosse un campo che impediva l'accesso alle canaglie. E l'appartenere a questo campo, a questa cerChia, determinava il carattere, il comportamento, l'atteggiamento nei confronti della vita di molte, se non di tutte le persone incluse».[760]

Dopo la morte di Achmàtova, l'atmosfera morale di Leningrado cambiò in modo sostanziale: la figura che aveva collegato due ere se ne era andata, la persona confrontandosi con la quale la gente verificava il proprio comportamento e i cui giudizi erano attesi e temuti. Ciò depresse ancora di più la città, già cupa. I dirigenti di partito leningradesi in quel periodo erano più reazionari e vendicativi dei loro colleghi moscoviti. Questo fatto si manifestava costantemente, nelle decisioni importanti e nelle inezie
Quando le autorità locali vietavano un film occidentale che era permesso a Mosca e qualcuno osava alzare la voce, riceveva la risposta arrogante: «Compagni, non è necessario che Leningrado ripeta gli errori di Mosca!». Il direttore della Filarmonica di Leningrado fu licenziato perché l'esecuzione di una cantata di Bach di un ensemble occidentale era casualmente caduta il giorno della Pasqua ortodossa russa, festa che il partito stava cercando di sradicare dalla coscienza popolare
L'artista leningradese Gavriìl Glikman ricordava che una volta, sotto il regime di Vasilij Tolstikov, uno dei più imprevedibili e ottusi dirigenti leningradesi, Šostakóvič gli disse triste: «Penso che lei dovrebbe nascondere attentamente le sue opere. Fare un fosso, poi rivestire di cemento le pareti e metterci le sue tele. Chissà, oggi Télstikov è di buon umore, ma lei domani potrebbe ritrovarsele tutte distrutte». (Si dice che quando Télstikov ricevette una delegazione di congressisti statunitensi e uno gli chiese informazioni sulla mortalità nella città, Télstikov abbia risposto sicuro: «A Leningrado non c'è mortalità!».) Al ritorno dal confino di Bródskij, i funzionari di partito cercarono di condizionarlo con il solito sistema del bastone e della carota. Gli diedero la possibilità di pubblicare alcune poesie. Nello stesso momento in cui veniva arrestata della gente per detenzione di copie dattiloscritte della trascrizione del processo, gli offrivano di pubblicare una raccolta delle sue opere. Però le autorità ponevano la condizione che Bródskij accettasse di collaborare con la polizia segreta come informatore. In un incontro consultivo con i funzionari del KGB,

----

[760] Ibidem

Bródskij disse, riecheggiando una vecchia osservazione di Šklóvskij, «questa nostra conversazione è assurda, perché non stiamo parlando da pari a pari. Voi dietro le spalle avete un sistema enorme, invece dietro di me c'è mezza stanza, la mia macchina per scrivere e null'altro».[761]

Dopodiché la prevista antologia di Bródskij fu annullata

Questo gioco continuò fino al maggio del 1972, quando Bródskij fu chiamato al reparto visti della polizia locale e gli fu detto di partire immediatamente per l'Occidente. Quando Bródskij domandò: «E se rifiuto?», il colonnello della polizia rispose con una minaccia esplicita: «Allora, Bródskij, in un futuro davvero prossimo per lei verranno tempi assai caldi».[762]

Cercando di evitare l'inevitabile, Bródskij fece appello direttamente a Leonid Brèžnev con una lettera, chiedendo l'annullamento dell'esilio: «È amaro per me lasciare la Russia. Sono nato qui, qui sono cresciuto, qui ho vissuto, e tutto quello che sono lo devo alla Russia. Tutto il male che mi è toccato in sorte è stato più che compensato dal bene, e non mi sono mai sentito danneggiato dalla patria. Non mi sento così nemmeno ora. Poiché, smettendo di essere cittadino sovietico, non cesserò di essere un poeta russo. So che ritornerò; i poeti tornano sempre: in carne e ossa o sulla carta. Voglio credere che avverrà nell'una e nell'altra forma».[763]

Bródskij non ricevette risposta. Se anche lesse la lettera del poeta, Brèžnev dovette giudicarne il tono strano e inconsueto. «Siamo tutti condannati alla stessa pena: la morte. Morirò io, che scrivo queste righe, morirà lei, che le legge. Resteranno le nostre opere, ma anche queste non dureranno in eterno. Per questo nessuno dovrebbe impedire agli altri di fare il proprio lavoro.»[764]

Scevra di elucubrazioni filosofiche, la lettera di Sartre in difesa di Bródskij dimostra una maggiore comprensione della mente di un apparàtëik sovietico. In giugno Bródskij era in Austria, poi andò negli Stati Uniti e si stabilì a New York

I suoi vecchi genitori rimasero a Leningrado, e Bródskij non li rivide più. Le autorib sovietiche non permettevano loro di andare a trovare il figlio in America. Quando morirono, le autorità per

---

[761] Brodskij. conversazione con l'autore (New York 1981).

[762] Ibidem

[763] «Nevà», 2, 1989, p. 166.

[764] Ibidem

vendetta non diedero a Bródskij il permesso di partecipare al loro funerale a Leningrado. Lasciò in Russia anche il figlio di quattro anni Andréj, che aveva avuto dall'artista Marina Basmànova, a cui Bródskij dedicò la raccolta del 1983 *Nóvye stansy k Àvguste* (Nuove stanze per Avgusta), ottanta poesie d'amore scritte nel corso di vent'anni

L'espulsione privò Bródskij della comunicazione coi suoi devoti lettori di Leningrado, la cui attenzione, comprensione e sostegno avevano reso tanto memorabili le sue letture. A poco a poco alzava la sua voce gutturale fino a qualcosa di simile al canto e, come uno sciamano, rapiva il pubblico con il suo incantesimo

Le autorità sovietiche contavano sull'effetto traumatico di queste separazioni. L'esilio aveva posto fine alla vita creativa di vari scrittori russi. Per Bródskij l'evento fu una ferita inguaribile. Ma i suoi aguzzini avevano sottovalutato la sua forza d'animo e la sua tendenza cosmopolita. Anche l'ideologia acmeista, «l'anelito verso una cultura universale», che Bródskij aveva appreso da Achmàtoea, facilitò il suo trapianto. Inoltre Bródskij non rimase a lungo senza compagni russi in Occidente

In conseguenza della politica sovietica consistente nell'espellere dal paese chi avrebbe potuto creare problemi, un numero notevole di nuovi fuorusciti da Leningrado si ritrovarono in America, soprattutto a New York; molti erano vecchi conoscenti o amici di gioventù di Bródskij. Tra loro c'erano i poeti Lev Lósev, Dmìtrij Bobýšev e Konstantin Kuz'mìnskij, lo scrittore Sergéj Dovlàtov, i critici culturali Borìs Paraménov e Gennàdij Smàkov e gli artisti Michail Semjàkin e Igor'Tjul'pànov

Gli strateghi dell'ideologia del partito erano certi che tutte queste personalità creative sarebbero – dopo avere suscitato un interesse iniziale – sprofondate nell'oblio, per non riemergerne mai più. Basavano questa strategia sul fatto che i vecchi fuorusciti russi non erano mai riusciti a sviluppare un dialogo politico efficace né tantomeno un'unione con gli intellettuali liberali occidentali. Per garantire che non succedesse nemmeno questa volta, i responsabili della propaganda sovietica tacciarono i nuovi fuorusciti, che in buona parte erano ebrei, di tendenze fasciste.

Si rivolgono alla banda dei lacchè e dei criminali fascisti superstiti per procurarsi il loro tozzo di pane, dopo essere «finalmente» giunti in Occidente, omuncoli che fino a poco tempo fa dichiaravano la Ioro fedeltà agli ideali dell'arte pura e della libertà creativa, che con parole altisonanti professavano pavidi amore per la Patria. ... E ora su questi «nuovissimi» autori si pubblicano opere del tipo Pùškin e Brbdskij, che non suscitano nulla tranne ripugnanza. Chi è incline al tradimento, tradisce. Hanno fatto la loro scelta, e si sono messi sulla via del tradimento. Sono stati trasformati, per usare parole gentili, in buffoni dell'ideologia.[765]

L'efficacia di questa azione propagandistica fu però trascurabile. Il comunismo sovietico aveva perso attrattiva, e gli intellettuali occidentali non avevano più nulla contro i contatti con gli anticonformisti sovietici. Le autorità dovevano ricorrere alla pressione bruta, che a volte (più spesso in Europa che negli Stati Uniti) aveva l'effetto desiderato. Per esempio, il Festival di Spoleto ritirò l'invito a Bródskij (che ora la propaganda sovietica chiamava «parassita dei servizi segreti occidentali») dopo che l'ambasciatore sovietico in Italia aveva minacciato di annullare le performance del balletto di Perm'.[766]

Nonostante queste secondarie sconfitte, l'intelligenza e l'erudizione di Bródskij ne fecero presto un esponente dell'élite creativa americana, di modo che nel 1976 aveva tutte le ragioni di scrivere in una poesia dedicata al suo compagno leningradese d'esilio e nuovo amico Michail Barýšnikov:

E quanto alla scelta del luogo d'atterraggio,
la terra è ovunque dura; consiglio gli USA.

Una famosa intellettuale progressista statunitense confessò a Bródskij che lui aveva reso accettabile a lei e a gente come lei l'anticonformismo so 1 vietico. Questa accettabilità si estendeva alla più recente incarnazione del mito di Pietroburgo, che Bródskij aveva portato con sé da Leningrado

Culturalmente, Bródskij divenne erede dei tre grandi rappresentanti del vecchio modernismo pietroburghese negli Stati Uniti: Stravinskij, Nabókov e Balančin. Bródskij una volta fu chiamato «classicista scettico», e in questo senso la sua estetica è vicina a quella di questa grande troica. Come loro, Bródskij usò costantemente modelli e mitologemi classici, trasformandoli e infrangendoli, sottoponendoli a rielaborazione ironica e a commento filosofico. L'estetica di Bródskij, come la loro, in gran

---

765 Anatòlij Afanàs'ev, Polyn' v čužch poljach (L'assenzio nel campo altrui), Moskvà 1984, p. 248.

766 Brodskij, conversazione con l'autore (New York 1981)

parte era stata plasmata dal paesaggio pietroburghese, «tanto classico da divenire simile alla condizione psicologica di un uomo. È una sorta di ritmo completamente cosciente».[767]

Affermando ironicamente «Sono affetto da normale classicismo», Bródskij lo sottoponeva a ogni possibile confronto con il modernismo e la filosofia esistenziale russa (i suoi pensatori preferiti erano Nikolàj Berdjàev e Lev Séstov). Anche in questo seguiva Stravinskij, Nabókov e Balančin. Bródskij è un costante sperimentatore, che complica la forma dei suoi versi, estendendone o accorciandone la lunghezza, spesso usando costrutti linguistici complessi o arcaici, introducendo rime insolite e raffinati giochi di parole. Bródskij impiega questi procedimenti con la naturalezza dei suoi predecessori russi

A livello ideologico, esiste almeno un parallelo tra il mito di Pietroburgo di Bródskij e l'opera di Balančin. Il tema imperiale è importante per entrambi. In Balančin il motivo è evidente in più di uno dei principali balletti, anzitutto in quelli con musica di Čajkóvskij. Identificare Pietroburgo con l'impero era tipico.lei poeti russi già nel Settecento. Due di loro – Antiéch Kantemìr e Gavriìl DerZàvin – erano particolarmente cari a Bródskij, per il quale il concetto di impero diventò centrale. In quel senso Bródskij, come Mandel'štàm, può essere chiamato poeta russo «d'ispirazione statale»

La metafora dell'impero attrae Bródskij perché, paradossalmente, nella stretta gerarchia imperiale che egli immagina, il poeta occupa una posizione centrale insieme all'imperatore. Il poeta è in opposizione al tiranno, ma nello spazio organizzato dell'impero, pur finendo inevitabilmente per scontrarsi, si trovano riuniti nel corso imperiale degli eventi

In Anno Domini, scritta nel 1968 e dedicata a Marina Basmànova, Bródskij ricrea un impero romano mitologico e con due o tre pennellate fa in modo che il governatore caduto in disgrazia ricordi un po' il leader del partito a Leningrado Télstikov, che stava per essere deposto per divergenze col Cremlino. Introduce immediatamente un motivo autobiografico che collega il destino del poeta e del tiranno: non lo vuol veder l'imperatore, né me né mio figlio né Cinzia». Secondo Bródskij, «l'idea di una bohème artistica può essere realizzata davvero solo in uno Stato centralizzato, poiché essa sorge come riflesso speculare di questa

---

[767] Volkov, Iosif Brodskij v N'ju-Jorke (Iosif Brédskij a New York), New York 1990, p. 20.

centralizzazione».[768]

Pëtr il Grande, secondo Bródskij, ebbe il ruolo di primo cosmopolita russo sullo sfondo della «scenografia folle» della sua nuova capitale. Una delle principali intuizioni di Pëtr fu la decisione di fondare la capitale Iungo il mare, non a scopo militare o economico, ma in conformità al concetto metafisico di libertà, quale proviene dal mare il cui «movimento non è limitato dalla terra». La letteratura creata a Pietroburgo è contrassegnata «dalla consapevolezza che tutto viene scritto dal bordo della terra, dall'acqua. E se si può parlare di concezione generale, o di tonalità, o di diapason della cultura pietroburghese, è quello dello straniamento».[769]

Queste e altre idee di Bródskij legate al mito di Pietroburgo sono state esposte al pubblico occidentale alle numerosissime conferenze e letture poetiche di Bródskij (ne tenne oltre sessanta nei primi diciotto mesi in America), e soprattutto nella serie di saggi da lui dedicati alla città natale (Less Than One; A Guide to a Renamed City; In a Room and a Half) e ai suoi cantori: Dostoévskij (The Power of the Elements), Mandel'štàm (The Child of Civilization) e Achmàtova (The Keening Muse), poi raccolti nell'antologia dal titolo Less Than One (1986) che ha vinto il National Book Critics Award per la critica

Molto presto citazioni dai saggi pietroburghesi di Bródskij cominciarono a comparire in riflessioni occidentali su Leningrado accanto alle citazioni da Speak, Memory di Nabókov. L'élite intellettuale evidentemente aveva assorbito la più recente formulazione del mito di Pietroburgo come era presentato da Bródskij e l'immagine della Leningrado contemporanea che ne derivava. È indicativo il paragone casuale di Hortense Calisher di Leningrado con un «cuore che sanguinava in modo decorativo».[770]

I rami russo ed estero del modernismo pietroburghese finalmente si univano nella mente degli intellettuali occidentali; era dovuto a Bródskij, che divenne l'anello di congiunzione tra Mandel'štàm e Achmàtova da una parte e Stravinskij, Nabókov e Balančìn dall'altra. Nella persona di Bródskij, l'Occidente riconosceva la vitalità contemporanea della tradizione pietroburghese

---

[768] Ibidem 50.

[769] Brodskij, conversazione con l'autore (New York 1988).

[770] «The New Criterion», 1986, numero speciale estivo. p. II.

Un segno significativo di tale riconoscimento fu il non imprevisto premio Nobel per la letteratura nel 1987 per la poesia e i saggi. Nel suo discorso alla cerimonia, Bródskij mise in risalto la continuità della sua opera, i suoi legami col passato; ne parlò in molte interviste. Ma Bródskij mi ha detto che l'esperienza emotiva più forte legata al riconoscimento professionale fu la notizia, giunta quando ancora era a Leningrado, che un editore inglese stava preparando una raccolta di sue poesie con una prefazione di W. H. Auden. Tutto il resto, in un certo senso, per lui fu un «anticlimax». E aggiunse: «Naturalmente è un peccato che mio padre e mia madre non siano vissuti fino a vedere il Nobel».[771]

Nonostante allora Michail Gorbačëv fosse da due anni a capo dell'Unione Sovietica e che perestrojka (ricostruzione) e glàsnost'(trasparenza) fossero ormai slogan di Stato, gli ambienti ufficiali sovietici accolsero il conferimento del premio Nobel a Bródskij con sospetto e ostilità. Un memorandum segreto speciale preparato dal KGB per la leadership sovietica affermava che il premio «è un atto politico provocatorio degli ambienti reazionari dell'Occidente, volto a frenare la crescente simpatia dell'opinione pubblica mondiale per la politica estera pacifica del nostro paese».[772]

Fu messa in atto una politica di contenimento dei danni. Ora, naturalmente, gli ideologi sovietici non potevano agire con tanta rozzezza come nella campagna anti-Bródskij del 1964, quando il redattore capo della «Literatùrnaja gazéta» aveva annunciato a New York: «Bródskij è quello che da noi si chiama feccia, semplice comune feccia». Nel 1987 il portavoce del ministero degli Esteri fu più diplomatico, borbottando che «i gusti della commissione per il premio Nobel a volte sono piuttosto bizzarri». Sul fronte interno, però, Mosca decise che la politica più efficace fosse il silenzio

L'intellighenzia di Leningrado accolse la notizia del premio Nobel a Bródskij con gioia. Era il riconoscimento e la vendetta del «parassita» e della «feccia» Bródskij e di tutta la letteratura pietroburghese messa a tacere e soffocata, da Blok e Gumilëv a Mandel'štàm e Achmàtova. In Bródskij la comunità internazionale onorava gli altri geni pietroburghesi, che non avevano mai ricevuto tanti onori

Il premio fu un'occasione di autoriabilitazione spirituale.

---

[771] Brodskij, conversazione con l'autore (Washington 1991).

[772] «Literaturnaja gazeta», cit., 5 maggio 1993.

L'intellighenzia non era riuscita a proteggere Bródskij dalla persecuzione da parte delle autorità né nel 1964 né nel 1972 e, da quando era stato espulso in Occidente, si era sentita come un gruppo senza un leader e sotto costante assedio. Per perseguitare gli intellettuali leningradesi ogni scusa era buona, come la continua diffusione clandestina delle poesie di Bródskij. Nel 1974 Vladìmir Maramzìn, scrittore satirico come Zóščenko, fu arrestato per avere redatto una raccolta setizdàt delle opere di Bródskij. Michail Chéjfec, che aveva scritto l'introduzione alla raccolta, fu condannato a quattro anni di campo e due di confino; la sentenza recitava: «In tutte le azioni di Chéjfec emerge chiaramente l'intenzione di minare e indebolire il potere sovietico»

Il processo Bródskij, con le sue connotazioni simboliche, era stato sufficiente a collocare il poeta tra le file mitologiche dei martiri del pantheon pietroburghese: Blok-Gumilëv-Mandel'štàm-Achmàtova. La sua espulsione in Occidente completò il processo, perché in quegli anni i fuorusciti scomparivano completamente, sia fisicamente sia spiritualmente. Di ritorno non c'era nemmeno da parlare, ed era vietato anche soltanto nominare chi era stato cacciato

Per gli appassionati leningradesi di poesia Bródskij era morto, e le notizie che a volte giungevano dagli Stati Uniti erano come provenienti «dall'altro mondo». La sua poesia veniva sentita come quella di un classico contemporaneo. La situazione era simile alla crescita della fama di Gumilëv dopo la sua fucilazione nel 1921. Un pietrogradese aveva commentato: «Quando lo Stato si scontra con un poeta, mi fa tanta pena il povero Stato. Che cosa può fare al massimo con un poeta, lo Stato? Ucciderlo! Ma non si possono uccidere le poesie, sono immortali, e il povero Stato ogni volta subisce una sconfitta».[773]

I giovani di Leningrado, cercando percorsi nuovi, entrarono in contatto con il mito di Pietroburgo mediante la poesia di Bródskij, di cui pensiero, stile, vocabolario, dettato e tecnica dicevano loro qualcosa. Bródskij è un poeta filosofico; la sua opera si basa su Kierkegaard, sugli esistenzialisti e i filosofi religiosi russi del primo Novecento. Questa base, oltre al complesso dialogo di Bródskij con l'etica giudaico-cristiana, attirò le simpatie e l'interesse di nuovi lettori di letteratura clandestina a Leningrado e in tutta l'URSS. Molti nelle sue poesie cercarono la chiave del «giardino segreto» della vecchia cultura pietroburghese, scomparsa, alcuni pensavano,

---

[773] Žukovskij, op. cit., p. 46.

per sempre

Per l'élite, un aspetto inatteso delle nuove poesie e dei saggi giunti dall'Occidente per canali clandestini era la loro «occidentalizzazione». Anche quando viveva in Russia, Bródskij aveva manifestato un vivace interesse per i poeti metafisici inglesi John Donne e George Herbert e per Robert Frost e W.H. Auden. Tradusse anche Rosencrantz and Guildenstern Are Dead di Tom Stoppard. In Occidente Bródskij si immerse ancora di più nella poesia moderna in lingua inglese

Ogni nuova opera di Bródskij influenzata dall'Occidente che giungeva a Leningrado veniva consumata e discussa. I lettori rimanevano affascinati nell'apprendere che Bródskij scriveva le poesie in russo con una penna e i saggi in inglese con una macchina per scrivere. La vena cosmopolita allora si era indebolita, in seguito a decenni di isolamento forzato da ogni influenza esterna sospetta. L'ex «finestra sull'Europa» era stata chiusa così saldamente che i leningradesi cominciarono a parlare dell'ex capitale un tempo scintillante come di «una grande città con un destino locale». L'opera di Bródskij aiutò l'intellighenzia leningradese ad aprire uno squarcio nella finestra

«I barbari hanno conquistato un paese con una civiltà avanzata: questo era il messaggio che ci giungeva dal mondo circostante» disse uno scrittore leningradese, caratterizzando in questo modo l'aspetto cupo dell'epoca. Aggiunse una descrizione dell'«effetto Bródskij» a Leningrado: «Cultura mondiale: ecco il nome del paese remoto conquistato, l'appartenenza al quale ci fu restituita dalle poesie di Bródskij. Suonarono come l'annuncio che non tutto il bel paese era stato occupato e sconciato, che da qualche parte era rimasta un'isola libera. Così si affacciò una felice ipotesi: forse neanche noi siamo barbari?».[774]

Una delle principali figure della cultura di Leningrado in questi anni era il poeta Aleksàndr Kùšner, specificamente pietroburghese in molti aspetti del suo talento. Pubblicato per la prima volta a poco più di vent'anni, – a differenza di Bródskij, quattro anni più giovane – pubblicò con editori sovietici apparentemente senza ostacoli una raccolta dopo l'altra delle sue opere

Questo sorprese molte persone, poiché Kùšner – ebreo come Bródskij – non fece compromessi ideologici con le autorità e non scrisse odiose poesie ufficiali: le sue opere di orientamento classico,

---

[774] Iosif Brodskij razmerom podlinnika, cit.. p. 179.

incentrate sulla bellezza decadente della sua città natale, celebravano il mondo crepuscolare dell'intellettuale leningradese

Lettore occhialuto, quasi timido, Kùšner era amato a Leningrado per la tenerezza delle sue opere, per la loro raffinatezza e per la dignità con cui difendeva il diritto a una vita interiore indipendente in cui la pomposa propaganda di Stato non si potesse intromettere

Kùšner ricordava che Bródskij aveva affermato che il poeta deve sconvolgere il lettore, «prenderlo per la gola». Un simile attacco al lettore per Kùšner sarebbe inconcepibile, perché lui e Bródskij sono poeti di temperamenti diametralmente opposti. Bródskij notò con approvazione che le opere di Kùšner erano contrassegnate da «un tono moderato, da assenza di isteria, dichiarazioni altisonanti e gesti scomposti». Altri, come Sergéj Dovlàtov, descrissero l'evidente incompatibilità dei due poeti. «Tra Kùšner e Bródskij c'è la stessa differenza che c'è tra la malinconia e l'angoscia, tra la paura e l'orrore. Malinconia e paura sono reazioni al tempo. Angoscia e orrore sono reazioni all'eternità»

Kùšner e Bródskij condividono il motivo della libertà interiore e il tono imperiale a quella legato, oltre all'«anelito a una cultura universale» di cui parlava il loro idolo Mandel'štàm. Ma il destino tenne Kùšner entro i confini di Leningrado, che divenne sempre più il soggetto principale delle sue opere

Kùšner nelle sue poesie stava compiendo un viaggio rituale «da Leningrado a Pietroburgo» portando con sé un gruppo di compagni di viaggio. Per lui questo viaggio immaginario stava diventando una droga. Anche per i lettori di Leningrado la poesia di Kùšner era una fuga perché vi trovavano gli spettri di Pùškinòekràsov, Dostoévskij, Blok, Mandel'štàm e Achmàtova

Kùšner, in modo tipicamente pietroburghese, disseminava le opere di immagini letterarie, paralleli e allusioni. In alcune poesie i lettori ben informati trovarono celato un ritratto di Bródskij in esilio

Mentre le opere di Kùšner forse erano una sorta di droga letteraria, droghe e alcol veri inondavano la Leningrado intellettuale. Anche questa era un'antica tradizione pietroburghese. Il fondatore della città, Pëtr il Grande, era un bevitore instancabile. Pure Aleksàndr MénSikov, primo governatore di Pietroburgo, era un ubriacone. Le bevute e le baldorie dell'aristocrazia divennero un cliché nei circoli artistici pietroburghesi, un segno di indipendenza e di sfida al governo

Un alto funzionario del regime di Nikolàj I ricordava che «in stretta familiarità con tutti gli osti, le servette e le sgualdrine,

Pùškin rappresentava la perversione più abietta».[775]

Per Pùškin e i suoi contemporanei, le bevute smodate tra amici equivalevano a un sacrificio simbolico sull'altare della libertà

Il primo importante artista pietroburghese a morire alcolizzato fu Mùsorgskij. Un contemporaneo ricordava amaramente che «a quei tempi ubriacarsi era quasi inevitabile per una persona di talento».[776]

Le riforme russe degli anni Sessanta dell'Ottocento – l'emancipazione dei servi e la conseguente limitata liberalizzazione – portarono confusione e fermento nella mente dell'intellighenzia pietroburghese, una situazione descritta così da un osservatore:

Gli scrittori più sensibili, più reattivi della società videro che la libertà che avevano immaginato non era affatto la stessa che constatavano nella realtà, che l'individualità era ridotta in schiavitù come un tempo, che l'arbitrio continuava a dominare in tutta la madre Russia accanto alla violenza più sfacciata e vergognosa. E queste persone colte, questo sale della terra russa, tutti giovani e amanti della vita, per il dolore si sono messi a bere dalla coppa di zéleno vinó.[777]

Quasi cent'anni dopo, nella Leningrado sovietica, la vodka (oltre ad alcune droghe, come la morfina, che ci si poteva procurare presso gli ospedali) era ancora un potente simbolo di contestazione delle autorità. Il poeta Lev Lésev ha ammesso: «Bevevamo fino all'inverosimile», spiegando: «Tutto quello che di buono c'è nella mia vita lo devo alla vodka. La vodka è stata il catalizzatore dell'emancipazione spirituale, ha aperto le porte di interessanti meandri dell'inconscio, e nel contempo mi ha insegnato a non avere paura della gente, delle autorità»

Sergéj Dovlàtov ha fatto un commento sul mondo dostoevskiano della cultura alternativa leningradese. «Tanti anni di miserabile esistenza avevano ripercussioni sulla psiche. Ne è

---

[775] A.S. Puškin v vospominanijach sovremennikov, cit., Vol. I, p. 120.

[776] Vasilij Bazànov, Russkie revoljucionnye demokraty i narodoznànie (I democratici rivoluzionari russi e la demologia), Leningràd 1974, p. 316.

[777] Espressione risalente al Cinquecento, che significa «vodka distillata con erbe» (V. V. Pochlëbkin. Istorija vodki IX-XX Moskvà, Inter-verso, 1991; trad. it. Il liquore che viene dal freddo. Storia della vodka, Bra, Slow Food, 1995, pp. 41, 136-137)

testimonianza l'alta percentuale di malattie psichiche. E naturalmente regnava l'eterno compagno di viaggio del letterato russo: l'alcol. Bevevamo molto, senza criterio, fino a perdere conoscenza e ad avere allucinazioni». Dovlàtov, che tornava lui stesso periodicamente ad abbrutirsi con l'alcol, racconta che, ubriaco, il poeta esoterico leningradese Michail Erëmin era uscito da una finestra, pensando che fosse la porta, ed era rimasto paralizzato per tutta la vita in seguito alla caduta sul cemento del cortile sottostante. Il tempestoso Gleb Gorbévskij, che si autodefiniva «un pagliaccio mai a secco» e ammetteva di bere qualsiasi liquido contenente alcol (comprese vernici, acqua di colonia e lozione antiforfora), in seguito deplorò il ruolo distruttivo della vodka nella vita degli anticonformisti leningradesi: «Quanti splendidi talenti sono morti, senza potersi rivelare fino in fondo!» Gorbóvskij ricordava la fine, nei primi anni Sessanta, di Rid Graëëv, prosatore d'avanguardia e studioso dell'esistenzialismo francese: «L'ultima volta che lo vidi fu nel manicomio dove ero finito con il delirium tremens: per il corridoio dell'ex carcere femminile mi viene incontro Rid Gratëv e, nonostante tutto, sorride. Non a me, ma al mondo intero»

4Andréj Bìtov, principale scrittore della tradizione pietroburghese degli ultimi decenni, considerava Graëëv una grande figura e uno dei suoi maestri in prosa. Bìtov aveva esordito come poeta negli ultimi anni Cinquanta in una delle varie associazioni letterarie di Leningrado, all'Istituto minerario dove era studente. A Bìtov e ai suoi amici si unirono Kùšner e Gorbóvskij, che in seguito affermò che questo gruppo di giovani poeti poneva «l'accento del lavoro creativo sulla lotta contro la politica letteraria ufficiale, sulla partecipazione al rinnovamento spirituale della società nella nebbia del disgelo morale di quei tempi»

Le autorìsà di partito di Leningrado osservavano quei giovani poeti da vicino, e quando nella loro prima antologia, di cui erano state stampate trecento copie, i censori trovarono una poesia con «sottotesto occultamente antisovietico», i libri furono bruciati pubblicamente nel cortile dell'Istituto minerario

Nonostante queste misure, la popolarità dei giovani poeti cresceva, e nella migliore tradizione pietroburghese essi si davano battaglia in campo estetico, ma perlopiù operando nella clandestinità. I poeti dell'Istituto minerario erano gelosi del «coro magico» formatosi intorno ad Achmàtova (Réjn, Nàjman, Bobýšev e Bródskij), che consideravano troppo raffinato. Alcuni membri del circolo di Achmàtova, a loro volta, non erano molto gentili con i giovani «avanguardisti» leningradesi, che erano un altro gruppo, formato da Vladìmir Utljànd, Lósev, Erëmin e Viktor Krivùlin

Quando nel 1957 i poeti «minatori» invitarono un'anziana poetessa a un incontro con loro, non si trattò di Achmàtova, ma di colei che aveva cantato l'assedio di Lerwgrado, Ól'ga Berggol'c. Invitare Achmàtova «era inconcepibile quanto invitare la principessa Trubeckàja dell'epoca decabrista in una casa comune».[778]

1 giovani poeti sentivano che invece Berggól'c era una di loro: disponibile, non aristocratica, una persona che portava loro «la verità sul caos disperato di un mondo affamato e disorganizzato».[779]

Amavano particolarmente le poesie inedite di Berggól'c (assai note in samizdàt) sugli anni terribili del Grande Terrore, quando la poetessa allora incinta era stata arrestata dalla polizia segreta di Leningrado subito dopo l'ex marito, Borìs Kornìlov (autore del testo della canzone di Šostakóvič per il film Il passante). Kornìlov fu fucilato, ma Berggól'c fu rilasciata dopo essere stata crudelmente presa a calci nella pancia. Perse il bambino e non poté più avere figli. Dopo questo dolore e l'assedio, Berggol'c si mise a bere e non la si rivide quasi più sobria

Andai a casa di Berggol'c negli anni Sessanta per intervistarla. Venne alla porta, non aveva ancora sessant'anni. Avevo già un'idea delle sue condizioni, ma rimasi allibito nel vedere una donna con una vestaglia gettata sopra il corpo nudo, i capelli sfibrati appiccicosi, lo sguardo perso nel vuoto

Riusciva a malapena a stare in piedi e mi invitò con la voce rauca nella sua stanza.

La conversazione, che all'inizio fu vaga, andò inevitabilmente alla morte di Kornìlov. Accese una sigaretta e parlò della sofferenza di lui e della propria, interrompendosi per colpi di tosse secca. Questa immagine dostoevskiana era lontana dalla maestà di Achmàtova. Ma era in quanto «madonna ubriaca di Leningrado» che Berggól'c attirava la compassione dei poeti «minatori», Bìtov compreso

Bìtov ricordava le «amicizie strane» con scrittori leningradesi più vecchi, che nel periodo del disgelo chruscioviano

---

[778] «Knižnoe obozrenie» (Panorama librario), 16 giugno 1989

[779] Ibidem.

d'un tratto come bambini ottennero la possibilità di parlare di ciò che li avvinceva, e trovavano in noi un pubblico benevolo. Andavamo da loro sbucando dalla nostra «brillante clandestinità». Essendo più ricchi di noi, erano in grado di mettere sul tavolo una bottiglia di vodka, qualcosa da mangiare, e invitare i giovani. Kùšner andava da Lìdija Ginzburg, l'ultima allieva di Tynjànov ancora viva. Poi portò da Ginzburg me. Allora non sapevamo ancora che avesse una prosa meravigliosa. Ci invitò anche uno dei Fratelli di Serapione, Michail Slonìmskij. Andavamo dal professor Berkévskij, erudito e affascinante. Tutti loro ci illuminavano.[780]

Lasciando la poesia per la prosa, Bìtov fu uno dei primi a presentare e ad analizzare il carattere del nuovo «uomo superfluo» nella letteratura russa, il giovane intellettuale leningradese che, deluso dagli ideali ufficiali, si fa strada timido e maldestro, inciampando a ogni passo, verso un sistema ancora vago di valori morali. (Bìtov era particolarmente attento alla descrizione dei minimi tentennamenti morali.) L'eroe di Bìtov, di solito l'io narrante, girovagava senza scopo per le vie della città e, nella tradizione classica, cercava di soffocare la depressione che lo opprimeva vagando per posti malfamati frequentati da sottoproletari e vagabondi. «Qui si fuma e si beve vodka, qui si vive una vita senza prospettive

Qui c'è baccano e tutti si conoscono. Ed evidentemente anche le autorità preposte al controllo degli alcolici capiscono che lottare•contro questo è inutile

Il distributore rosso mi sputa fuori l'amato vino "del Volga", e me lo sputerà fuori tante volte quante vorrò. Io voglio più volte di quante possa ricordare.» Anche se la prosa di Bìtov fin dall'inizio (cominciò a pubblicare nel 1960, a poco più di vent'anni) aveva un carattere marcatamente autobiografico, conservava una distanza tra narratore e autore, distanza che Bitov probabilmente voleva dissolvere nel fluire della prosa lirica. Lo fece elaborando una propria versione del genere del diario di viaggio russo, girando l'intera Unione Sovietica in cerca di stimoli creativi e di impressioni, in particolare partecipando a spedizioni geologiche nella penisola di Kéla, oltre il lago Bajkàl, in Asia centrale e in Carelia

Era la moda dei tempi, probabilmente cominciata con Bródskij. Per Bródskij (a differenza dell'ingegnere minerario Bìtov)

---

[780] Andréj Bitov, conversazione con l'autore (New York 1988).

simili spedizioni era no un modo per uscire dal sistema e, con ciò stesso, rivendicare la propria identità di poeta. Grazie a Bródskij, che si vantava di «aver riempito le spedizioni geologiche di schizofrenici, alcolizzati e poeti», questo modo difficile ma romantico di guadagnare fu copiato da molti scrittori leningradesi, compresi Gorbévskij e Kuz'mìnskij. Era una fuga

Ma per Bìtov i viaggi verso mete lontane erano un'opportunità per descrivere sensibilità e problemi in modo più poliedrico. In quel senso gli appunti di viaggio di Bìtov (particolarmente famose sono le sue descrizioni dei viaggi in Armenia e Georgia), che spesso mostrano l'influenza più o meno diretta di Proust, Joyce e Nabókov e che rielaborano i sogni culturali e politici comuni dei popoli che abitavano il paese, erano una continuazione diretta del tema imperiale della letteratura russa, che risaliva a Pùškin. Anche ai limiti estremi dell'impero, Bìtov restava un personaggio inconfondibilmente pietroburghese: moderato, perspicace, ironico, e incerto su questioni grandi e piccole

Pietroburgo – sia la città imperiale di Pùškin sia la sua versione leningradese – divenne uno dei personaggi principali del romanzo sperimentale Pùškinskij dom (Casa Pùškin), pensato da Bìtov come requiem per l'intellighenzia pietroburghese. Si mise a scriverlo nel 1964, proprio alla fine del periodo chruscioviano, percependo quella che definì la disperazione di un'era morente. (In seguito ammise che la disperazione poteva essere stata determinata anche dallo shock del processo Bródskij, che Bìtov seguì da spettatore spaventato.)[781]

Il protagonista del romanzo, il giovane filologo Lev Odóevcev, lavorava alla Casa Puškin, l'Istituto di letteratura russa dell'Accademia delle scienze di Leningrado, la iù antica istituzione per la ricerca di questo genere. Era stata cantata da Okin una poesia del 1921. un verso della quale veniva usato come epigrafe al romanzo. Ma il titolo Casa Pùškin (Bìtov aveva preso in considerazione À la recherche du destin perdu e Hooligan's Wake) aveva un significato simbolico: era tutta Pietroburgo, tutta la Russia, e soprattutto tutta la letteratura russa

L'introduzione dei classici del pantheon pietroburghese nel tessuto del romanzo è un fattore costante: epigrafi, citazioni (manifeste e nascoste), prestiti e allusioni a Pùškin (in particolare al Cavalioe di bronzo), a Lérmontov, Dostoévskij e si scontrano, ricreando il mondo interiore di un intellettuale leningradese del

---

[781] Ibidem

tardo Novecento

Per Bìtov era importante che il suo protagonista fosse un aristocratico, un principe ma, forse più importante, che sia il padre sia il nonno del protagonista fossero filologi di professione. Ciò dava la possibilità di tracciare paralleli tra la storia della famiglia Odóevcev e la storia della letteratura russa del Novecento, oltre che di arricchire il suo intreccio altrimenti statico con una ghirlanda di saggi sui grandi scrittori russi

Il destino di Casa Pù.ïkin fu travagliato, tipico e atipico nello stesso tempo; quella che Bìtov chiamava «una strana vita».[782]

Il romanzo crebbe in modo irregolare e fu completato nell'autunno del 1970. Bìtov ricordava che, dopo una notte insonne passata a scrivere le ultime pagine, uscì per portare il manoscritto a un editore e in Névskij prospékt si imbatté in Bródskij («che allora non solo non aveva avuto il premio Nobel, ma era anche un giovinastro come noi» aggiunse Bìtov). Bródskij gli domandò: «Dove stai andando?»

«Ho appena finito il mio romanzo; si chiama Casa Pùškin; lo sto portando dall'editore.» «Oggi ho ricevuto una cartolina da Nabókov sul mio Gorbunóv e Gortakóv» disse Bródskij

«E cos'ha scritto Nabókov?» «Che nella poesia russa è molto raro incontrare un metro simile.» E, dopo essersi vantati entrambi in questo modo, Bródskij e Bìtov si separarono. Le speranze di Bìtov, però, erano mal riposte: l'editore rifiutò di pubblicare il suo romanzo.[783] Così cominciò l'esistenza di Casa Pùškin come testo di samizdàt

Bìtov insistette per cercare di far passare alla censura almeno parte del romanzo. E con varie vicissitudini, dopo aver accettato di apportare varie modifiche sostanziali, riuscì a pubblicarne una serie di brani sotto vari titoli, nell'insieme solo un terzo di Casa Pùškin. Fu un'esperienza umiliante. I momenti chiave del romanzo – compresa la scena culminante del protagonista che si prende una sbronza omerica prima di un duello con antiche pistole (Puškiniane) – non giunsero mai al lettore medio, e l'aspetto simbolico di Casa Pùškin come requiem per l'intellettuale russo rimase nascosto

Dopo aver atteso ancora alcuni anni e aver concluso che ulteriori compromessi erano inaccettabili, Bìtov fece un passo

---

[782] Ibidem

[783] Andréj Bìtov, conversazione con l'autore (New York 1992).

audace: lasciò che Casa Pùškin venisse pubblicato in russo nel 1978 da Ardis, l'editore statunitense di Nabókov e Bródskij. In seguito Bìtov ricordò le emozioni quando finalmente ricevette una copia di questa versione del romanzo tanto sofferto: «Stupore, poi paura, poi speranza: "Forse la farò franca"».[784]

Anche se non oggetto di provvedimenti ufficiali, Casa Pùškin rimase nella «lista di proscrizione» dei censori sovietici fino al 1987 quando, diciassette anni dopo la stesura, fu stampato dalla rivista moscovita «Nóvyj mir» (Mondo nuovo) e fece sensazione nell'epoca della glùsnost'

Nel corso degli anni Casa Pùškin si arricchì di commenti, notazioni e saggi che appartenevano alla penna di Bìtov o del suo protagonista filologo

In questa apertura strutturale postmoderna, l'opera di Bitov assomigliava alquanto al Poema senza eroe di Achmàtova, che curiosamente Bìtov in origine non aveva apprezzato. Dopo che Achmàtova ebbe dato a Bìtov una versione dattiloscritta del Poema senza eroe da leggere, questi gliela restituì con un rilievo goffo: «Non sono maestro nel fare complimenti». Al che Achmàtova, resasi subito conto della situazione, replicò: «E perché non è un maestro?», e sbatté la porta in faccia a Bìtov. Il dialogo fu troncato.[785]

Le manipolazioni strutturali di Casa Pùškin, che trasformarono il romanzo in un testo essenzialmente aperto, oltre agli esperimenti descrittivi dell'autore e all'uso del monologo interiore e dello stream of consciousness, collocano l'opera di Bìtov tra le opere moderniste classiche su Pietroburgo, tra cui Pietroburgo di Bélyj, i romanzi di Vàginov, i Casi di Charms, i racconti di Zóščenko e Speak, Memory di Nabókov

Gorbóvskij una volta paragonò il ritmo della prosa di Bìtov al «movimento del nuotatore solitario tra le onde del vuoto quotidiano, quando il nuotatore pare annegare, ma la sua testa torna continuamente a riemergere in superficie; la solitudine per questi nuotatori non è una tragedia, non è affatto tristezza, ma quasi una concezione del mondo, persino una religione»

L'esperienza di «marginalità» di Bìtov aveva come fonte anche la posizione eccentrica di Pietroburgo stessa nei confronti della Russia

---

[784] Ibidem

[785] Ibidem

I primi ricordi di Bìtov riguardavano l'assedio di Leningrado («Bombardamenti, cadaveri in giro, questo non faceva paura: quello che faceva paura era la fame»). Come molti altri, sentiva di essere stato educato dalla città stessa: «Leggevamo Leningrado come un libro».[786]

Un contemporaneo di Bìtov, Viktor Sosnóra, autore di poesie tragiche, surrealiste e di prosa storica su Pietroburgo, confermò quella sensazione. «Lo scenario di Pietroburgo crea un particolare clima psicologico che ti forma essenzialmente come scrittore. »[787]

In Casa Pùškin Bìtov descrisse – e pianse – la sconfitta e la distruzione dell'intellettuale leningradese da parte di un apparato culturale ostile. Per certi versi così riassunse il destino della sua generazione. Le oscure peripezie della vita divennero il tema principale per i contemporanei e gli amici di Bìtov nella «radiosa clandestinità» (come Bìtov soprannominava la loro esistenza precaria), compreso lo scrittore dell'assurdo Viktor Goljàvkin e il narratore lirico Valérij Popov, le cui opere combinano naturalismo e grottesco. Come commentò Aleksàndr V016din, la cui autobiografia malinconica Zapìski netrézvogo éelovéka (Memorie di un uomo non sobrio) fu cominciata in quegli anni: «La vita, i suoi vizi più nascosti e le sue malattie non possono non essere riflessi nell'arte. Come stelle gemelle, vita e arte sono collegate da un filo invisibile. Se si cerca di tendere questo filo, prima o poi si rompe, e dall'arte arriverà un colpo, ritardato, e quindi particolarmente duro»

La vecchia generazione di scrittori di Leningrado – Evgénij Švarc, Nikolàj Čukóvskij, Michail Slonìmskij e Lìdija Ginzburg – stavano lavorando alle proprie memorie («letteratura intermedia» fu il termine di Ginzburg) e facendole circolare negli ambienti intellettuali (mediante letture private, samizdàt, e rare pubblicazioni). Secondo Bìtov, «erano sforzi comuni di creare una prosa pietroburghese per i tempi nuovi: basata sul dato reale, ma nel contempo artistica, psicologica, strana. Era la città a crearla. E, fatto importante, di tutto questo non facevano incetta le autorità, come spesso succedeva a Mosca».[788]

Nonostante la cortina di ferro, il desiderio di comunicazione culturale con l'Occidente (che Mandel'štàm soprannominò

---

[786] Andréj Bìtov, conversazione con l'autore (New York 1988).

[787] Viktor Sosnora, conversazione con l'autore (New York 1987).

[788] Andréj Bìtov, conversazione con l'autore (New York 1992).

«sofferenza per la mancanza di una cultura universale»), antica componente di Pietroburgo, continuava a ripresentarsi. Bìtov mi ha detto che nei primi anni Sessanta, quando sentì che Faulkner per la prima volta stava per essere pubblicato in russo, i suoi amici andavano tutti i giorni in libreria sperando di trovarvelo.[789]

La Ietteratura statunitense del Novecento era molto apprezzata a Leningrado, ma qualsiasi libro straniero che giungesse all'intellighenzia era oggetto di dibattiti e discussioni. Lo stesso accadeva con film statunitensi ed europei e anche con i rari – e costosissimi – libri d'arte occidentali, che in generale potevano essere comprati solo a uno speciale mercato nero dei libri di Leningrado

Bródskij ricordava questo orientamento filoccidentale presente a Leningrado. «Quando sentite la mancanza di una cultura universale, mollate i freni della vostra immaginazione. E lei, come si dice, si mette al galoppo. E a volte così facendo si arriva a quello che succede nella cultura occidentale... Come quando si tira con l'arco, a volte non si colpisce, a volte si fa centro. E spesso, come nel caso di Mandel'štàm, il tiro va troppo lontano. E, a differenza che nel tiro con l'arco, nella cultura questi tiri troppo lunghi sono preziosissimi.»[790]

Ma tra i bohémien di Leningrado c'era un altro movimento, lo slavofilismo, che si sviluppava principalmente dall'estetica del futurismo russo, soprattutto dal primo Majakóvskij, da Chlébnikov e da Alekséj Kruéënych (autore del libretto dell'opera d'avanguardia Vittoria sul sole, messa in scena per la prima volta a Pietroburgo nel 1913). I seguaci di questo movimento nella Leningrado contemporanea cominciarono a organizzare happening slavofili: vestiti con le tradizionali camicie alla russa e con gli stivali ingrassati, si riunivano e dimostrativamente mangiavano dalla ciotola comune con il cucchiaio di legno pane e cipolla sbriciolati nel kvas, cantando le poesie «panslaviste» di Chlébnikov

Nonostante il carattere in apparenza innocente di queste dimostrazioni, per le autorità leningradesi il patriottismo ortodosso poteva essere solo «sovietico», e le tendenze slavofile venivano combattute. I timori del partito furono confermati quando in una parata ufficiale festiva a Leningrado si videro alcuni giovani slavofili gridare, al posto degli slogan approvati, «Abbasso la cricca

---

[789] Ibidem

[790] Iosif Brodskij, conversazione con l'autore (New York 1981).

di Chruščёv!». La folla proletaria, che non ascoltava attentamente, rispose meccanicamente «Urrà!». Contro i giovani bohémien furono prese severe misure

Il falso disgelo di Chruščёv fu rapidamente sostituito da terribili gelate, seguite poi dalla lunga ibernazione di Leonid Brèžnev, famoso per lo suo confuso modo d'esprimersi, le folte sopracciglia e la straordinaria corruzione. Nell'atmosfera stagnante di quegli anni, molti ribelli leningradesi – poeti, artisti e filosofi – rinnovarono la tradizione russa di «andare verso il popolo»

Respingendo le professioni intellettuali, cercavano lavoro come scaricatori al porto di Leningrado, come marinai su piccole navi mercantili, come portieri e guardiani notturni. Alcuni presero servizio come addetti alle caldaie della città (Dmìtrij li chiamava «da gioventù di rame»). Quasi tutti bevevano molto, ed erano diffuse anche le droghe. Erano comuni gli scontri con la polizia e gli arresti. Il poeta Sosnéra, che trascorse sei anni come metalmeccanico in fabbrica, scrisse: «Son in partenza – ciao, ciao! – diritto per i kabàk!»

C'erano gesti di sfida e bravate, ma c'era anche un forte senso di emarginazione. Il poeta Kuz'mìnskij commentò: «Ci sentivamo così: se di noi fanno dei paria, noi diventeremo ancora più teppisti. Siamo diventati sottoproletari professionali».[791]

Il pittoresco Kuzmìnskij, con i pantaloni di cuoio giallo e il bastone da passeggio, si poteva sentire declamare ad alta voce le poesie di stampo futurista al luogo di ritrovo preferito dei bohémien, un caffè soprannominato Saigon. Kuz'mìnskij (più tardi, nell'esilio americano, curò una grande antologia della cultura anticonformista russa) spiegò così il nome del bar: «Questo caffè era un altro "punto caldo" del pianeta. Qui si riunivano tutti i drogati, i venditori del mercato nero, gli straccioni, i poeti e le prostitute di Leningrado».[792]

Era già la seconda generazione di bohémien leningradesi del dopoguerra; i pionieri erano stati un gruppo di artisti neorealisti (il loro bardo, Roal'd Mandel'štàm – non imparentato con Ósip –, era un poeta del samizdàt morto giovane) capeggiati da Aleksàndr Aréf'ev, uomo affascinante che amava indossare una maglietta da marinaio a righe, che aveva scontato due condanne nei campi ed era sotto la costante sorveglianza della polizia. Aréf'ev, la cui

---

[791] Konstantin Kuz'mìnskij, conversazione con l'autore (New York 1993).

[792] Ibidem

energia lasciava»alorditi quelli intorno a lui, nei primi anni Cinquanta guidava i suoi compagnia d'ideali – Vladìmir Sàgin, Richard Vàsmi, Valentin Grómov, S016m Švarc (che avevano tutti meno di venticinque anni) – sulle vie di Leningrado, che divenne il loro argomento principale

Descrivevano l'altra faccia della città: i cortili e le scale dostoevskiane, le sale da ballo squallide, i bagni turchi in rovina e i deprimenti sobborghi industriali. Sagin, per esempio, negli anni staliniani disegnò un poliziotto che trascinava un arrestato. In quegli anni non poteva comparire nulla di simile a una mostra ufficiale, ma era pericoloso anche soltanto fare quel disegno, e gli artisti del gruppo di Aréf'ev più di una volta furono fermati dalla polizia

I neorealisti leningradesi erano i primi beatnik russi, e conducevano una vita ascetica (nelle loro camere tenevano solo libri e dischi) con una tendenza alla sperimentazione psichedelica. Aréf'ev e Sagin dormivano nelle cripte dei cimiteri e vivevano delle cauzioni di bottiglie e lattine che raccoglievano e restituivano. Non provavano nemmeno a raggiungere il pubblico e si esibirono in pubblico per la prima volta soltanto a una mostra di arte alternativa leningradese tenutasi nel dicembre del 1974 al club culturale della fabbrica Kirov

Le autorità concessero con riluttanza questa mostra sotto la pressione della crescente pubblicità internazionale intorno agli artisti anticonformisti russi e nella speranza di compromettere una volta per tutte l'ambiente underground. Annunciando che non avrebbero ammesso dipinti «antisovietici, pornografici o religiosi», i sovrintendenti finirono per permettere l'esposizione di quasi duecento opere di cinquantadue artisti, ma solo per quattro giorni

Data l'assenza totale di pubblicità, nessuno si aspettava che sotto gli occhi vigili dei poliziotti si formassero lunghe code già prima dell'alba, file di persone avide di sapere qualcosa dell'arte anticonformista a Leningrado. Venivano fatti entrare nell'edificio a gruppi e avevano solo un quarto d'ora per vedere tutta la mostra. Ciò nonostante ebbero tempo di vedere le tele di Ìgor'Sinjavin, dove erano invitati a fare una firma con un pennarello; la presentazione concettuale – un enorme chiodo di ferro conficcato in una tavola – di Evgénij Ruchin, morto in un sospetto incendio alcuni anni dopo; e la tela di Vadim Rochlin, in mezzo alla quale c'era uno specchio incorniciato da quattro figure maschili aggressive. (Un altro pittore non figurativo del periodo, Evgénij Mìchtov-Vojténko, rifiutò di esporre le proprie opere per puro spirito di contraddizione.)[793]

Quei quattro giorni di dicembre furono importanti nella storia culturale moderna di Leningrado perché era la prima volta che il mondo alternativo della città emergeva, anche se per poco tempo, e attirava un pubblico favorevole

Le autorità erano furiose. Un importante burocrate culturale attaccò Aréf'ev e Sagin alla mostra, urlando: «Artisti del genere, a noi non servono!»

L'energia e il «maledettismo» della bohème leningradese guardavano ai futuristi e al «carnevale» bachtiniano e poi, nei primi anni Ottanta, alla comparsa di un gruppo detto «Mìt'ki». Il nome era tratto dal nomignolo di uno dei fondatori, l'artista Dmìtrij Sagin (figlio del neorealista Vladìmir Sàgin e quindi bohémien della seconda generazione). Mìt'ki incarnava una variante locale, tipica della cultura hippie occidentale con un forte accento russo. Al giovane sagin si aggiunsero gli artisti Vladìmir Sinkarëv e Aleksàndr Florénskij e sua moglie Ól'ga, che ridiede vita al «lubók», gli antichi disegni popolari con didascalie ingegnose

La principale conquista artistica del gruppo era il suo stile di vita ritualizzato, descritto dall'«ideologo» Sinkarëv in uno spiritoso manuale dal titolo Mìt'ki, che circolò diffusamente sotto forma di samizdàt. Secondo Sinkarëv, i Mìt'ki si vestivano come senza casta: magliette a righe da marinai (l'uniforme bohémien sovietica ereditata dai neorealisti leningradesi), vecchie giacche imbottite, stivali di feltro russi (vàlen'ki) e malmessi berretti di pelliccia con paraorecchie. I Mìt'ki bevevano dal mattino alla sera, ma solo la vodka più economica e il vino di peggiore qualità, accompagnandoli esclusivamente con formaggio fuso. Quando bevevano con estranei, per dividere l'alcol usavano tre strategie principali: «divisione a metà», a ciascuno la stessa quantità; «divisione fraterna», i Mìt'ki bevono la maggior parte; «divisione cristiana», i Mìt'ki bevono tutto loro

Ma anche da ubriachi, i Mìt'ki restavano affabili e gentili perché l'aggressività era loro del tutto estranea, come il desiderio di fare carriera. I Mìt'ki comunicavano principalmente per citazioni da popolari programmi televisivi. Il manuale di Sinkarëv, però, citava Henry David Thoreau e conteneva riferimenti a Brueghel il Vecchio e a Mozart, aggiungendo che «Mozart era russo»

I Mìt'ki trovarono un compagno di strada nel poeta e artista Olég Grigér'ev, che componeva poesie brevi, cupe, nello stile dei

---

[793] Ibidem

primi oberiuti dadaisti di Leningrado:

«Beh, come stai sul ramo?»
chiese l'uccello in gabbia
«Il ramo è come la gabbia
Ma le sbarre son più lontano.»

L'umorismo assurdo e irriverente di Grigór'ev era inaccettabile per le pubblicazioni ufficiali, e così le sue poesie circolarono perlopiù in samizdàt

Ma qualcosa fu pubblicato (proprio come gli oberiuti negli anni Venti e nei primi anni Trenta) in libri per bambini, suscitando attenzione e ricordando i bei tempi della letteratura per l'infanzia. Vivendo in stanze misere, che decorava di maschere fatte da lui, Grigér'ev conduceva la tipica vita disperata di un bohémien leningradese. I continui conflitti con le autorità, gli arresti, il tempo passato nei campi e le grandi ubriacature determinarono la morte prematura del poeta nel 1992.

«Gli anni Settanta... Un periodo morto, inerte, fatale per il respiro dell'arte.» Il poeta&orbévskij descrisse così la situazione leningradese nel periodo Brèžneviano. A Leningrado restava poco da respirare, anche in senso letterale, a causa dell'incontrollato inquinamento industriale. La neve fresca diventava subito nera. La Nevà, piena di agenti chimici, era coperta di una melma verdastra tossica

L'atmosfera soffocante affrettò la disintegrazione del talento e portò a un aumento del tasso di suicidi e morti premature tra i giovani, compreso il promettente poeta Leonid Aronsón. Alcuni potenziali leader intellettuali emigrarono in Occidente, e molti di quelli rimasti furono costretti a scendere a umilianti compromessi con le autorità. La censura sembrava onnipotente

Un colpo terribile fu inferto al movimento femminista nascente, che per un po'aveva avuto centro a Leningrado. Da tempo le donne erano leader culturali nella città: Achmàtova, Jùdina, Ermolàeva, Berggol'c, Ustvélskaja, Ginzburg e la traduttrice Tat'jàna Gnédië. Negli anni Sessanta comparve un gruppo di poetesse originali: Eléna Kùmpan, Nina Korolëva, Lìdija Glàdkaja e, poco dopo, Eléna Švarc. Màja Danini e Inga Petkévič avevano un'interessante prosa. Quindi la comparsa alla fine degli anni Settanta a Leningrado delle prime riviste femministre russe in samizdàt, «ZénSëina i Rossìja» (La donna e la Russia) e «Marìja», fu un fatto naturale

«La nostra rivista ha suscitato un interesse, un entusiasmo che non mi aspettavo» ricordava una delle redattrici di «Žénščina i Rossìja», Tat'jàna Maménova. «Il nostro opuscolo passava di mano in mano, continuavano a ribatterlo.» La polizia segreta reagì con perquisizioni, interrogatori e vessazioni. Maménova fu espulsa in Occidente, come altre femministe leningradesi: Tat'jàna Gorìteva, Natàl'ja Malachévskaja e Jùlija Voznesénskaja.[794]

Lo scrittore Aleksàndr Žitìnskij ha paragonato le autorità leningradesi a un boa constrictor. «Eravamo impietriti come conigli sotto lo sguardo costantemente vigile dello Stato.»[795]

La Leningrado della cultura era demoralizzata. In quel momento comparve una forza nuova e senza precedenti: il rock and roll russo; come ricorda Žitìnskij, «il rock and roll irruppe nella nostra terra nel momento più terribile, quando la libertà sembrava inutile, e noi stessi ci inventavamo la stagnazione per starcene tranquilli».[796]

Il movimento rock di Leningrado, che partì a metà degli anni Sessanta, doveva la nascita all'influenza dei Beatles, che crearono una rivoluzione nella coscienza dei giovani anticonformisti russi. Il popolare rocker leningradese Michail («Mike») Naùmenko ne parlò poi nella propria canzone di successo Pràvo na rok (Diritto al rock):

Ricordo, ogni disco dei Beatles
ci dava più di un anno di scuola!

I dischi dei Beatles, che giunsero rapidamente a Leningrado tramite turisti e marinai, eccitavano i giovani musicalmente ricettivi. La passione per i Beatles contagiò anche Bródskij, che tradusse Yellow Submarine in russo negli anni Sessanta

I primi rocker di Leningrado, che in qualche modo avevano imparato a suonare i loro strumenti fatti in casa (i manici delle loro chitarre a volte erano stati ricavati dalla testata del letto dei genitori) e imitavano pedissequamente i gruppi stranieri, si esibivano principalmente nelle scuole, nei dormitori e nei bar. Non

---

[794] Di Jùlija Voznesénskaja in Italia è uscito Il decamerone delle donne, Milano, Rizzoli, 1988

[795] Aleksàndr Žitìnskij, Putešestvie rok-diletanta (Viaggio di un dilettante rock), Leningràd 1990, p. 403.

[796] Ibidem

divennero una presenza sociale forte fino ai primi anni Settanta, quando cominciarono a comporre musica originale su testi russi d'attualità. Il battistrada fu il gruppo Sankt-Peterbùrg guidato da Vladìmir Rekšan, autodichiaratosi «prima vera star della musica rock in Russia». I propagandisti ufficiali furono irritati dal nome del gruppo e accusarono immediatamente la band di «simpatie monarchiche»

Rekšan descrisse l'espansione della scena del rock leningradese: «I gruppi rock si moltiplicavano come conigli, ogni sabato suonavano in decine di posti. Audaci ricorrevano alle ingegnose tecniche della guerriglia urbana per farsi strada fino ai concerti. I più in gamba si intrufolavano attraverso le toilette delle donne. Altri si arrampicavano sulle grondaie. A volte scoperchiavano una parte del tetto ed entravano dal solaio».[797]

Incoraggiati dal giovane pubblico, i gruppi rock leningradesi divennero più coraggiosi nelle canzoni, riflettendo «il gusto di quegli anni: aspro, con una vena di ribellione, attraverso la quale la giovane generazione delle grandi città, confondendosi nel mucchio, cercava di trovare sé stessa».[798]

I rocker cantavano l'alienazione dei giovani nella società sovietica, che consideravano ipocrita e ostile, la sfiducia nel sistema ufficiale di valori e la confusa ricerca di percorsi alternativi

Per gli apparàtčiki di Leningrado era del tutto inaccettabile. Le autorità, cercando di isolare i rocker dal loro pubblico, organizzarono una campagna ostile, sia dietro le quinte sia nei media, il cui tema principale veniva riassunto in tono sarcastico in una canzone di Konstantin Kìnéev, ammiratore della poesia di Gumilëv e Bródskij

Ecco voi, proprio voi, pederasti,
teppistelli, nazisti, drogati!
pervertite del popolo i gusti:
in prigione sarete incastrati!

Nonostante gli attacchi ufficiali (o grazie a essi), l'influenza del rock sui giovani di Leningrado si diffuse come un incendio. Questo fenomeno, che eludeva quasi del tutto il controllo statale, fu dovuto soprattutto al magnitizdàt, audiocassette fatte in casa messe

---

[797] Vladìmir Rekian, Kaifpolnyj (A tutto sballo), Leningràd 1990, p. 23

[798] Ibidem 38.

in circolazione come i manoscritti del samizdàt. Leningrado divenne il centro del magnitizdàt russo, forse per il desiderio della città di registrare subito i propri successi creativi e riflettervi intensamente

Il boato delle rock band assordava quasi tutti i cortili di Leningrado, mettendo in fuga per lo spavento i fantasmi dei romanzi pietroburghesi di Dostoévskij. Accadde quello che aveva promesso il rocker Jùrij Sevëùk: «Sulla nostra Palmira del Nord il rock russo sorgerà come una stella!»

Una delle stelle più brillanti fu Boris Grebenščikóv. Alto, magro, somigliante a David Bowie, quando Grebenščikóv usciva in scena col vestito bianco, il pubblico andava in visibilio

A undici anni, Grebenščikóv per la prima volta sentì i Beatles e «comprese lo scopo della vita». Nei primi anni Settanta organizzò la propria band Akvàrium, divenendone chitarrista, principale cantante, paroliere, compositore e forza trainante. I testi di Grebenščikóv mostrano l'influenza dei poeti acmeisti dell'inizio del secolo (Innokéntij Ànnenskij, Gumilëv). Gli ideologi ufficiali se ne accorsero rapidamente, e la loro reazione alle prime performance degli Akvàrium fu: «È una specie di simbolismo! Achmatovismo!»

Questo strano legame tra il rocker Grebenščikóv e la tradizione pietroburghese classica fu ulteriormente ribadito dalla preferenza per melodie complesse arrangiate nello stile del folk rock. Le sue performance assomigliavano inoltre a rituali dell'assurdo. Con la sua voce di tenore alla Bob Dylan, Grebenščikóv cantava:

A me non è rimasto più nulla
che potessi o volessi conservare
E siamo in volo sulla strana strada
e non ci sono porte per entrare

A Leningrado si soleva dire che Akvàrium non fosse solo un gruppo rock, ma uno stile di vita. Gli esponenti del gruppo e i fan più intimi vivevano come una famiglia, condividendo gli interessi letterari, filosofici e religiosi di Grebenščikóv, compresa la fantascienza statunitense, gli scritti di LaoTzu e il buddhismo zen. Un incontro con i Mit'ki, importante per entrambi i gruppi, accrebbe le tendenze nazionaliste della musica degli Akvàrium e portò a una democratizzazione dell'immagine del gruppo

Alla fine degli anni Ottanta la popolarità di Grebenščikóv a Leningrado aveva raggiunto proporzioni enormi ed era diventata oggetto della prosa dadaista di Sinkarëv, uno dei Mìt'ki, che pure stavano conquistando un folto seguito nella città

Sì, cari fratelli, ormai non c'è nessuno più povero di Borìs Grebenščikóv

Ha persino paura di uscire, pensate un po'! La famiglia dice: vai a prendere il latte, porta fuori la spazzatura. Prova un po'a farti strada tra gli ammiratori col secchio della spazzatura! non c'è nessuno che proporrà: «Boris, mi piace molto la tua musica, dai che la porto io la spazzatura!». Macché! «Prendi un bicchiere» dicono «bevi con me, così poi dirò a tutti che me la sono spassata con Grebenščikóv.» Ma per il cognac da collezione che si è bevuto Grebenščikóv ha già la faccia tanto rossa da accendere un mozzicone, le mani gli tremano tanto che non riesce a tenere la chitarra. Non li può vedere, questi bicchieri, gli danno il vomito

Allora si avvicina alla porta con il secchio dell'immondizia e ascolta: silenzio. Guarda da una fessura: non c'è nessuno

Grebenščikóv sguscia rapido dalla porta, e appena imbocca le scale, lo afferrano alle spalle e gli alzano la testa. Il secchio della spazzatura si rovescia, lui cade, finisce coi piedi nella spazzatura, non ha fatto in tempo ad aprire la bocca per gridare aiuto che con un coltello gli separano i denti e gli versano in bocca un bicchiere di intruglio liquoroso fatto in casa

Borìs è a terra, soffoca, mezzo accecato, distrutto, mentre gli ammiratori sogghignano, scendono le scale soddisfatti: finalmente hanno bevuto con Grebenščikóv!

Deridendo i giovani idolatri e il culto dell'«anima slava misteriosa», questo racconto riflette però il lato oscuro del rock leningradese, con una forte presenza di alcol e droghe. Rekšan ha posto una domanda retorica: «E chi mi sa spiegare come mai a Leningrado è più facile procurarsi la droga che la carta igienica?»[799]

Ricordava che uno dei suoi amici musicisti, sotto l'effetto della droga, aveva deciso di suicidarsi: aveva fissato su un tavolo due scalpelli con la punta rivolta verso l'alto e poi ci aveva lasciato cadere la faccia sopra, cercando di infilzarsi gli occhi. Aveva perso un occhio ed era diventato del tutto pazzo. La vita vissuta ai limiti ha portato alla morte prematura di alcune star del movimento rock leningradese: «Mike» Naùmenko, Viktor Coj e Aleksàndr Bašlačev

A Grebenščikóv piaceva dire: «Il rock è sovversivo per definizione. Se non è sovversivo, non è rock». L'energia e

---

[799] Ibid., p. 125.

l'aggressività selvaggia del rock leningradese scossero la città stagnante, che Grebenščikóv descrisse in una canzone:

Qui i cortili sono pozzi, ma non c'è niente da bere
Per vivere qui, devi tenerti a freno,
devi imparare a correre e poi frenare,
facendo inciampare il tuo vicino.

Il richiamo del rock come movimento culturale non approvato fu un segno palpabile degli imminenti cambiamenti politici e ideologici in Unione Sovietica. Il sistema totalitario creato da Lénin e Stàlin, che a molti era sembrato eterno, stava cominciando a sfaldarsi sotto la pressione di fattori esterni e interni. Michail Gorbačëv – nuovo capo del partito, andato al potere nel 1985, più giovane, pragmatico ed energico dei suoi rigidi colleghi del politbjuré – cercò di far fronte alla crisi, che d'un tratto era diventata evidente a tutti, mediante una serie di misure politiche ed economiche. Introdusse parole che presto diventarono comuni anche in Occidente: perestrojka (che si riferiva ai cambiamenti strutturali dell'amministrazione centrale del paese) e glàsnost'(cioè la sostanziale liberalizzazione, almeno in termini sovietici, di cultura e mass media)

Uno degli ultimi capi di partito di Leningrado del periodo di stagnazione Brèžneviana (1964-1982) fu il dogmatico Grigérij Romànov, che detenne la carica per tredici anni. Il suo cognome originò vari paralleli sarcastici con la dinastia dei Romànov, che aveva governato la Russia per oltre trecento anni (fondata nel 1613 da Michele Romànov, nonno di Pëtr il Grande, e terminata con la rivoluzione del febbraio 1917). A Leningrado circolava una barzelletta. Un operaio entra in un negozio di alimentari con gli scaffali completamente vuoti, perde la pazienza, e si mette a maledire Romànov. Viene arrestato e gli viene chiesto perché maledice il compagno Romànov. L'operaio risponde: «Perché i Romànov hanno governato la Russia per trecento anni, e non hanno fatto scorte di alimentari neanche per settanta»

Questa barzelletta fu presa piuttosto sul serio da Anatélij Sobčàk nella sua reinterpretazione generale della storia del regime sovietico. (Sobčàk, professore di diritto economico e uomo politico importante degli anni della perestrojka e della glàsnost', fu eletto presidente del consiglio comunale di Leningrado nel 1990, e in seguito sindaco.)

Per sette decenni abbiamo vissuto sfruttando quello che era

stato prodotto in gran copia dal popolo e dalla natura, e nel futuro comunista abbiamo cercato di entrare grazie alla forza d'inerzia accumulata nello sviluppo passato. Abbiamo saccheggiato le risorse umane, sociali, naturali e morali della nazione. E tutti i «successi» della dottrina comunista senza eccezioni – dalla vittoria su Hitler ai voli spaziali, dal balletto alla letteratura – tutto questo è stato sfilato di tasca alla storia russa del passato.[800]

Questa invettiva rifletteva lo spirito che animava la società sovietica quando i comunisti, incapaci di controllare le riforme che avevano preso a procedere per conto proprio, cominciavano a perdere i loro molti monopoli, non ultimo quello dell'informazione. Le informazioni politiche, economiche e culturali ruppero la diga, travolgendo vecchi dogmi che fino a poco tempo prima erano sembrati immutabili

Questa liberazione ideologica determinò cambiamenti decisivi nel modo di vivere del nuovo mito di Pietroburgo. Negli anni di Chruščëv e di Brèžnev esso era esistito come qualcosa di semiproibito. L'élite intellettuale lo coltivava ma in silenzio, al proprio interno. Il mito non poteva venire formulato o discusso in pubblico, e le sue opere principali o erano inedite, come il Requiem di Achmàtova, o comparivano solo con grandi tagli della censura, come il Poema senza eroe (il cui eroe naturalmente era Pietroburgo)

Per fare arrivare le liriche di Achmàtova e Mandel'štàm a un pubblico più ampio, alcuni coraggiosi giornalisti televisivi di Leningrado tentarono vari sotterfugi; per esempio, usarono versi proibiti come testo per la voce fuori campo di documentari naturalistici, senza citare gli autori. Il trucco funzionava perché gli ignoranti censori del partito non si sarebbero mai aspettati di sentire poeti proibiti alla televisione. La letteratura dei rifugiati rimase proibita a Leningrado; le opere dei vecchi fuorusciti come Zinaìda Gìppius, Merežkóvskij, Zamjàtin e Nabókov, e dei nuovi, come Bródskij, circolavano ancora solo nella clandestinità

Tutto questo cominciò a cambiare negli anni del governo di Gorbačëv

«Il processo era avviato», come amava dire Gorbačëv, a partire dalla riabilitazione del poeta Gumilëv. Le sue opere non venivano pubblicate in Unione Sovietica da oltre sessant'anni; ancora nei

---

[800] Anatolij Sobčàk, Choždenie vo vlast' (L'andata al potere), Moskvà 1991, p. 214.

primi anni Cinquanta le accuse di detenere una foto dell'autore
«controrivoluzionario» potevano causare dieci anni di esilio in
Siberia. Ma la fama di Gumilëv e la sua reputazione nel mondo
della clandestinità rimasero alte per tutti questi anni grazie alle
copie manoscritte delle sue poesie che circolavano di mano in
mano

Il centesimo anniversario dalla nascita di Gumilëv cadeva nel
1986, e anche se riviste e giornali sovietici pubblicarono le sue
poesie (a quanto pare, grazie al sostegno di Raìsa Gorbačëva, sua
ammiratrice) e articoli che gli tributavano il dovuto riconoscimento
come poeta, della sua fucilazione parlavano con molta
circospezione. Solo nel 1990 furono pubblicati i documenti del
processo Gumilëv (presi dagli archivi della polizia segreta).
Divenne chiaro che Achmàtova aveva ragione a insistere che le
accuse di «attività controrivoluzionaria» contro Gumilëv erano
perlopiù costruite a tavolino

Gumilëv era rimasto nei decenni di regime sovietico un eroe e
un martire del mito clandestino di Pietroburgo; perciò la sua
riabilitazione da parte del regime determinò un cambiamento nello
status del mito. Nello stesso tempo le autorità cominciarono a
rivedere i casi di una grande quantità di vittime del terrore politico
staliniano, la reputazione delle quali era rimasta in un limbo sociale
dal tempo del disgelo di Chruščëv. Voleva dire riconoscere
l'innocenza di gruppi politici come l'«opposizione leningradese»,
guidata da Grigòrij Zinóv'ev; degli arrestati e confinati dopo
l'omicidio di Kirov; e delle vittime dell'«affaire Leningrado» nel
dopoguerra

Divenne possibile parlare apertamente della morte di
Mandel'štàm nei campi staliniani, dello sterminio dei dadaisti
leningradesi del gruppo degli oberiuti, e della morte di Zóščenko
nel 1958, braccato e mezzo matto, che scriveva nella propria ultima
lettera a Čukóvskij: «Uno scrittore con l'animo spaventato ha perso
i suoi requisiti»

Pubblicato nella primavera del 1987, quasi mezzo secolo dopo
la stesura, il Requiem di Achmàtova, quel monumento poetico in
memoria di tutti i morti del Terrore, e uno dei documenti più
importanti del nuovo mito di Pietroburgo e con la sua immagine
della città come martire, finalmente fu messo liberamente a
disposizione del comune lettore

Ogni mossa del genere incontrava l'accanita opposizione dei
falchi di partito. Scoppiò una battaglia sulla reputazione di Andréj
Ždànov, l'ideologo di Stàlin. Fino al 1986 i giornali sovietici
parlavano di lui in termini encomiastici. «Nella città di Lénin, culla

della rivoluzione socialista, rivelò le sue splendide capacità e le sue doti speciali di uomo politico. Il suo nome si conserva nella memoria popolare.» Ma già nel 1988 divenne possibile scrivere: «Ci sono migliaia di vie, fabbriche, stabilimenti, tipografie, navi, università, kolchéz, scuole, persino scuole materne e palazzi dei pionieri (a Leningrado stessa) che si chiamano Ždànov. Il nome di Stàlin non c'è quasi più, ma quello di Ždànov compare a ogni angolo. È un record nel suo genere. Ma record di cosa? Record del cinismo di quelli che consapevolmente non vogliono smettere di glorificare questo nome?».[801]

Quando i fedelissimi del partito si resero conto che continuare a difendere l'eredità di Ždànov era inutile, a malincuore si arresero. La famigerata risoluzione del comitato centrale voluta da Ždànov contro Achmàtova e Zé«enko fu abrogata nel 1988, dopo quarantadue anni. Lo Zdanovismo in campo culturale, con le etichette demagogiche e le accuse di formalismo, cosmopolitismo e servilismo verso l'Occidente, fu proclamato ufficialmente un errore; e l'università statale leningradese Ždànov (fondata nel periodo di Pùškin) divenne semplicemente Università statale di Leningrado

Fu riesaminato anche il ruolo di Ždànov come principale artefice della difesa di Leningrado. Sobčàk rese pubblica l'informazione secondo cui, mentre migliaia di persone morivano di fame, Ždànov d'inverno riceveva mediante ponte aereo pesche, nello stesso momento in cui chiunque «avesse diffuso voci» sulla fame a Leningrado correva il pericolo di essere mandato nei campi e quasi certamente di morire.[802]

La verità sul blocco, con i relativi orrori e sofferenze, cominciò a venir fuori. Questa presa di coscienza affrettò la legittimazione dell'immagine di Leningrado come città martire

L'attenzione fu di nuovo concentrata sull'età d'argento, quella fioritura culturale all'inizio del Novecento che Ždànov nella relazione del 1946 aveva chiamato, storpiando Gór'kij, «il decennio più vergognoso e più sterile della storia dell'intellighenzia russa». La formula di Ždànov per anni fu legge. Veniva memorizzata e citata agli esami scolastici e rimasticata in innumerevoli libri e articoli. Si determinò così un felice contrasto quando si ebbe una

---

[801] Ju. Karjàkin, Dostoevskij i kanun XXI veka (Dostoevskij e il canone del XXI secolo), Moskvà 1989, p. 606.

[802] Sobčàk cit 65.

massiccia ristampa, a metà degli anni Ottanta, delle opere dei simbolisti russi, degli acmeisti e dei futuristi con grande gioia del pubblico dei lettori. Una reazione tipica fu: «L'età d'argento diventa per noi, esprimendosi con una metafora, la "chiave" dello "scrigno" del Novecento».[803]

Il centesimo anniversario della nascita di Achmàtova e Mandel'štàm, celebrati con grande solennità rispettivamente nel 1989 e nel 1991, hanno contribuito al consolidamento della loro reputazione come classici nazionali

Nel 1990 un turista straniero a una stazione di polizia di Leningrado è rimasto sbalordito vedendo alla parete dell'ufficio di una giovane poliziotta non lo scontato ritratto di Lénin o Gorbačëv, ma un grande poster con il ritratto di Achmàtova fatto nel 1914 da Natàn Àl'tman. Il Poema senza eroe fu riconosciuto come monumento all'età d'argento e come sintesi filosofica del destino della leggenda di Pietroburgo nel Novecento. Una stanza apposita nel museo Achmàtova, aperto a Leningrado nel 1989, è stata dedicata al Poema senza eroe; un'altra contiene il materiale relativo al Requiem

Nella percezione del grande pubblico, il testo di Pietroburgo andava rapidamente ampliandosi. I film dei registi principali della Lenfil'm – Il'jà Averbàch, Alekséj Gérman, Aleksàndr Sokùrov –, che erano stati messi al bando o archiviati nell'epoca della stagnazione, ricevettero ampia diffusione e grandi elogi. Le opere del gruppo Oberiù – Charms, Oléjnikov e Aleksàndr Vvedénskij prima a disposizione solo in samizdàt, ora furono debitamente pubblicate. I romanzi surrealisti di Vàginov e i primi racconti satirici di Zóščenko furono ristampati. Anche Nabókov, che era stato messo rigorosamente al bando anche di recente (non si poteva nominarlo sulla carta stampata): «Nabókov ci è piombato addosso come una valanga» annunciava un critico sovietico. «La gigantesca eredità di Nabókov, tutti i suoi tredici romanzi, e tutto quello che c'è intorno, tutto questo ci è caduto addosso all'improvviso. Questo significa che tutto quello che avremmo potuto assimilare in modo naturale in oltre cinquant'anni di lettura regolare e puntuale, ora ci investe come una corrente, un'inondazione».[804]

---

[803] Carstvennoe slovo. Achmatovskie čtenija (La parola dello zar. Letture achmatoviane), 1, Moskvà 1992, p. 41.

[804] «Moskovskie novosti» (Notizie moscovite), 10 maggio 1988.

L'effetto di questo incontro ritardato e drammatico con Nabókov sul mito di Pietroburgo fu profondo. Dei tre giganti fuorusciti, il primo a ricomparire fu Stravìnskij; poco dopo venne Balančìn. Ma il loro impatto, sebbene straordinario, fu di breve durata. Stravìnskij veniva suonato ed elogiato con misura. I balletti di Balančìn comparvero nel repertorio del Kirov solo nel 1989, grazie al suo coreografo principale, Olég Vinogràdov

Ma la Russia intellettuale è sempre stata e rimane logocentrica. Fu pertanto solo la «scoperta» di Nabókov che portò a un'ampia discussione del ruolo della cultura dei rifugiati nel dare forma al nuovo mito di Pietroburgo e alla sua enorme importanza nella formazione del modernismo pietroburghese

L'inserimento delle conquiste del modernismo nel mito di Pietroburgo fu particolarmente problematica per il lettore comune. Gli eccentrici testi dadaisti furono accettati con molta meno resistenza (ma forse con più superficialità). Si sviluppò una vivace polemica intorno all'opera di Nabókov: al suo interno molto sembrava «estetico», fine a sé stesso e condiscendente. Rispondendo alle accuse contro Nabókov, Andréj Bìtov rilevò: «Non è ancora chiaro cosa in lui sia più grande, se l'orgoglio e lo snobismo o la timidezza e la modestia». Bìtov, il cui romanzo Nabókoviano Casa Pùškin aveva ormai raggiunto un vasto pubblico, ha continuato: «Non penso che Nabókov abbia insegnato al ruv l'inglese, ma in una certa misura ha saputo insegnare all'inglese il russo, e anche questo non è un merito da poco. Forse un giorno qualcosa di simile si potrà dire anche di Bródskij, che per ora continua a a insegnare al russo la lingua inglese».[805]

Il nome di Bródskij, come erede della linea americana del modernismo pietroburghese, spesso oggi viene nominato insieme a quello di Nabókov. La prima edizione sovietica della poesia di Bródskij in duecentomila copie è uscita nel 1990 ed è andata presto esaurita. È stata seguita da varie ristampe

Ma l'opera di Bródskij ha anche suscitato recensioni ostili: il diffuso giornale «Komsomol'skaja pràvda» (Pravda del Komsomol) ha affermato che una poesia era «pervasa dell'ironia più inopportuna, che si estende letteralmente a tutto», mentre un'altra era solo «un fiume di banalità, volgarità e cinismo in rima».[806]

---

805 «Literaturnaja gazeta», cit., 17 agosto 1988.

806 «Komsomol 'skaja pravda» (Pràvda del Komsomol), 19 marzo 1988.

Alcuni lettori favorevoli sono stati sorpresi dall'assenza di nostalgia manifesta, che anche i russi sofisticati si aspettano dalla letteratura dei fuorusciti. Questa insolita discrezione era tipica di altri scrittori di Leningrado poi trasferitisi in Occidente. Sergéj Dovlàtov, morto a New York nel 1990, dieci giorni prima del suo quarantanovesimo compleanno, scriveva racconti deliziosi, ironici, che mettevano in risalto il particolare, il ritmo narrativo, e il si gnificato di ogni parola. In una frase non usava mai due parole che cominciassero con la stessa lettera. Il lettore, di norma, non si rende conto di questo limite: la prosa di Dovlàtov scorre con agilità e naturalezza mentre narra le avventure tragicomiche dei leningradesi in patria e all'estero

Il mito è stato sottoposto a una decostruzione nella poesia raffinata, postmoderna dell'eremita del New Hampshire Lev Lósev. Anche se Bródskij si riferiva a Dovlàtov quando diceva che «è notevole, in primo luogo, proprio per il rifiuto della tradizione tragica (che è solo un modo elegante per dire "dell'inerzia") della letteratura russa», queste parole si possono riferire altrettanto bene alla poesia scettica, filosofica di Lésev. Il polo opposto, da un punto di vista stilistico ed emotivo, della letteratura dei fuorusciti su Pietroburgo è la poesia religiosa di Dmìtrij Bobýšev, dedicata alla santa Ksénija di Pietroburgo. Canonizzata dalla Chiesa sinodale russa negli Stati Uniti, Ksénija era una juródivaja del Settecento che il pio Bobýšev ha salutato come protettrice celeste della città

L'introduzione della letteratura dei rifugiati nel mondo della cultura di Leningrado non fu un processo indolore. Entrambe le parti sentivano una certa ambivalenza, che è stata espressa dal punto di vista dell'emigrato dall'ex leningradese Vladìmir Maramzìn, che viveva a Parigi, in una dura e sarcastica lettera aperta agli editori sovietici: «Sono disgustato dalle memorie sul vostro stato, che mi ha fatto subire molte umiliazioni e mi ha fatto passare la voglia di scrivere per molto tempo. Non voglio giocare al figliol prodigo che torna con gioia tra le braccia aperte del boia che ha perdonato tutto

Non voglio pubblicare da voi. Non voglio venire da voi».[807]

Ma altri fuorusciti leningradesi hanno accettato con gioia l'opportunità di essere pubblicati, di comparire in pubblico o di esibirsi in patria. Natàl'ja Makàrova e Rudól'f Nuréev, i cui nomi erano stati depennati dall'Enciclopedia sovietica del balletto, tornarono a ballare al teatro Kirov (il cui nome presto ridivenne

---

[807] «Nezavisimaja gazeta» (Giornale indipendente), 26 luglio 1992.

Mariìnskij). Un importante evento civico fu l'inaugurazione, il 7 giugno 1991, presso la fortezza di Pëtr e Pavel – di fronte alla cattedrale dove erano stati sepolti gli zar Romànov – di un monumento a Pëtr il Grande opera dell'artista e scultore Michail Semjàkin, che vive negli Stati Uniti

Si era riunita un'enorme folla, nonostante la pioggia, per la cerimonia solenne. Musicisti con uniformi rosse sgargianti e parrucche bianche suonarono marce militari del tempo di Pëtr. Esattamente a mezzogiorno il drappo bianco lentamente scese dalla statua, e il pubblico vide la figura in scala naturale dell'imperatore seduto in poltrona

Il modello di Semjàkin era la famosa figura di cera di Pëtr conservata al Museo Èrmitài, fatta subito dopo la morte dell'imperatore da Carlo Rastrelli, padre del grande architetto di Pietroburgo. L'aspetto postmoderno, da collage, della scultura di Semjàkin è sottolineato dal fatto che la testa è tratta da una maschera realizzata da Rastrelli direttamente sulla persona di Pëtr nel 1719

Sappiamo che la maschera, sempre nella collezione dell'Èrmitàž, è stata studiata attentamente da Falconet quando creò il Cavaliere di bronzo. Ma la testa del Cavaliere di bronzo, fatta dalla studentessa di Falconet Callot, è stata idealizzata in armonia con i requisiti del tempo, incorniciata da bei ricci e dalla tradizionale corona d'alloro. Nel 1815 il poeta Alekséj Merzljakév descrisse l'impressione generale suscitata dal monumento a Pëtr il Grande, all'inaugurazione nel 1782:

Su un focoso destriero vola come un Dio:
i suoi occhi vedono ogni cosa, comanda il braccio..

Per contro, il Pëtr di Semjàkin, con il cranio senza parrucca, la faccia paffuta e le mani enormi, era straordinariamente statico e poco attraente. Ma in lui c'era un mistero che faceva venire in mente le sfingi dissotterrate nel 1820 a Tebe, antica capitale dell'Egitto, e portate a Pietroburgo dodici anni dopo, dove si ergono davanti all'Accademia delle arti

La solennità dell'opera di Semjàkin suggeriva anche paralleli con il Cavaliere di bronzo e suscitò discussioni tra gli osservatori, alcuni dei quali credettero la nuova scultura in polemica, intenzionale o no, col monumento equestre di Falconet. Alcuni si indignarono per il suo naturalismo e trovarono ingiuriosa l'interpretazione di Semjàkin. Il dibattito non cessò nemmeno dopo il tramonto del sole, quando la figura del fondatore della città assunse un'aria quasi mistica. Una curiosità nel prosieguo della disputa fu la comparsa quotidiana di fiori freschi presso il piedistallo della nuova statua. Il più grande e misterioso zar rimaneva al centro del destino della propria città

La controversia intorno all'opera di Semjàkin faceva parte di una più ampia revisione. Valutazioni e conclusioni in apparenza permanenti – da quello sullo sviluppo dell'avanguardia pietroburghese a quelle sul numero di vittime dell'assedio – furono messe in discussione e rivedute. Nomi un tempo messi al bando sono stati ricollocati tra i grandi classici. Quello che si poteva solo sussurrare divenne, da un giorno all'altro, comune argomento di discussione. Le reputazioni esagerate, un tempo sostenute dalla propaganda dello Stato, d'un tratto si sgonfiarono

Innumerevoli libri di testo, enciclopedie e manuali divennero inutili. Arrivò una valanga di nuove informazioni. Il mito di Pietroburgo, finalmente vendicato dopo molti decenni di persecuzione, emerse, come la città nella descrizione Puškiniana:

E Petropòl' come Tritone emerse
fino alla cintola sommersa in acqua

La terra tremava sotto i piedi dei falchi. Il Cavaliere di bronzo del mito di Pietroburgo minacciava di abbatterli e calpestarli

Il culmine di questi cambiamenti fu il ritorno al nome originario della città: il 10 ottobre 1991 Leningrado riebbe il nome di Sankt-Peterbùrg. Ma questo cambiamento era l'epilogo di un lungo e travagliato processo

Si era parlato di tornare al nome tradizionale dai primi anni di glàsnost'

L'idea, che prima era sembrata utopistica, stava acquistando popolarità. Se ne discuteva – con sempre più convinzione – al lavoro, in coda, persino alle riunioni. Poi, nel 1991, grazie agli sforzi dei deputati riformisti del consiglio comunale leningradese, l'idea fu sottoposta a referendum cittadino, e la campagna si trasformò in una guerra politica e culturale

Il poeta Aleksàndr Kùšner scrisse speranzoso: «Ho avuto la ventura di nascere a Leningrado e morirò, se Dio vuole, a Pietroburgo». I suoi oppositori erano molto più decisi. Un esponente del Comitato per la difesa di Leningrado, che era stato organizzato in men che non si dica, annunciò: «L'idea di rinominare Leningrado è una speculazione politica al servizio di obiettivi malefici e promuove un aumento dello scontro nella società. Molte persone ricordano che il nome tedesco Sankt-

Peterbùrg era sulle mappe dei comandanti di Hitler, i quali avevano intenzione di rinominare Leningrado subito dopo la conquista. Quello che non sono riusciti a fare i nazisti, vogliono ottenerlo i consiglieri comunali di Leningrado».[808]

I riformatori sono stati accusati non solo di nazismo e di mancanza di rispetto per la memoria delle vittime dell'assedio, ma anche di sentimenti filomonarchici. È tipica in tal senso una lettera pubblicata sul giornale filocomunista leningradese «Sóvest'» (Coscienza): «Perché rinominare la nostra città? In modo che lo zarismo morto possa respirarci sul collo?». Il Partito comunista, in un appello speciale, invitava la gente «a non permettere che venga deriso il nome della gloriosa Leningrado, città-eroe, città-combattente e lavoratrice». Un leader comunista, Egór Ligatëv, ha detto che il partito considerava «poco saggio» il ritorno al nome tradizionale. «Leningrado si è•conquistata il nome con il sangue.»[809] La posizione ufficiale di Gorbačëv era la stessa

Ma gli oppositori dei comunisti diventavano sempre più forti. Un giornale conservatore lamentava: «Strane cose succedono da noi a Leningrado

Quasi tutta la stampa della città è diventata "democratica". È diventata una regola di buona educazione profetizzare la guerra civile, propagandare il cambiamento dei nomi di tutte le vie che hanno nomi del periodo sovietico, fare pubblicamente la caricatura a Lénin».[810]

Un programma televisivo di Leningrado assai diffuso trasmetteva regolarmente una foto di Lénin con la parola «Basta!» scritta in maiuscolo di traverso. I liberali organizzarono una chiassosa manifestazione di fronte al teatro Mariìnskij, gridando: «Il nome di Lénin è una vergogna per una grande città!»

Questi sforzi sono stati sostenuti dalla Chiesa ortodossa russa. Lo scrittore Aleksàndr Sollenìcyn, che pure considerava necessario il cambiamento, si pronunciò però contro l'uso di Sankt-Peterbùrg, nome straniero, e suggerì una versione russificata: Svjato-Petrogràd. Era la prima volta che il cambiamento di nome di una città diventava oggetto di un dibattito così generale. Le passioni suscitate dimostravano che la gente vedeva in un atto apparentemente simbolico qualcosa di profondamente importante.

---

[808] «Večernij Minsk» (Minsk sera), 5 giugno 1991.

[809] Egor Ligačëv, conversazione con l'autore (New York 1991).

[810] «Sovetskaja Rossija» (Russia sovietica), 5 luglio 1991.

«Viene evocata la parte più misteriosa della storia russa»[811] rilevò un osservatore

Sembrava che molti residenti della città avessero colto istintivamente l'importanza di questo atto. I nomi svolgono un ruolo fondamentale in ogni mito. Ma nel mito di Pietroburgo tale ruolo era particolarmente evidente. La prima volta che aveva cambiato nome, la città era andata incontro a prove orribili. Un secondo cambiamento produsse lo stesso risultato

Il potere del nome «Pietroburgo» era reso evidente dal fatto che, nonostante tutto, la città continuava testardamente a essere chiamata da tutti «Pìter». Come disse Bródskij, «la causa della nostra preferenza per la parola "Pietroburgo" in noi non era l'antisovietismo, ma il contenuto asemantico del nome. Persino da un punto di vista strettamente eufonico, in questa parola, soprattutto nella "g" finale, l'orecchio russo sente una certa, rocciosa, solidità».[812]

La fiducia nel potere di un nome, di una parola in sé, è tipica degli intellettuali russi. Restituendo un vecchio nome a un luogo tanto importante, speravano intensamente di vedere la rinascita della sua antica grandezza

Il risultato di tutto questo dibattito e di questa riflessione fu una vittoria risicata al referendum del giugno 1991 a favore dei fautori del cambiamento

Il sindaco Sobčàk reagì in modo ragionevole: «Penso che gli abitanti della città abbiano fatto la scelta giusta, e la mia posizione era la stessa: una città, come una persona, deve portare il nome che le è stato dato alla nascita, piaccia o no. Tra l'altro, Pëtr il Grande ha chiamato la città non alla maniera tedesca, ma alla maniera olandese»

Bródskij, entusiasta, diede il proprio appoggio incondizionato. «Alla fin fine si parla di uffa continuità culturale. Il ritorno della città al nome precedente è un mezzo se non di stabilire, almeno di alludere a questa continuità. E io sono molto contento di questo avvenimento. Perché penso non tanto a noi, quanto a quelli che nasceranno a San Pietroburgo. È molto meglio che nascano in una città che porta il nome di un santo piuttosto che di un diavolo.»[813]

Il referendum, però, non era vincolante. Una decisione

---

[811] «Novoe russkoe slovo», cit., 12 dicembre 1990.

[812] Iosif Brodskij, conversazione con l'autore (Washington 1991).

[813] Ibidem

ufficiale sul nome della città poteva essere presa soltanto dal Parlamento sovietico. Data la sua composizione, non era prevedibile una pronta approvazione. Ma la storia agì a modo suo. Nell'agosto del 1991 i falchi a Mosca tentarono un colpo di Stato contro Gorbačëv. Il tentativo fallì, ma l'Unione Sovietica, la cui struttura stava già scricchiolando, crollò del tutto. Gorbačëv, isolato, perse il potere, e il leader della nuova Russia indipendente divenne il neoeletto suo primo presidente, Boris Él'cin. La Russia era libera dal dominio del Partito comunista dopo più di settant'anni. Él'cin sostituì il simbolo comunista, la bandiera rossa e la stella, con la precedente bandiera tricolore. Leningrado, che aveva sostenuto il nuovo leader, questa volta ebbe soddisfazione. Ridiventò Sankt-Peterbùrg. La ruota della storia aveva fatto un giro completo

Fu un momento da capogiro per la città di cinque milioni di abitanti. Durante il tentato golpe d'agosto, il sindaco Sobčàk riuscì a organizzare la più grande manifestazione filoelciniana del paese; questo atto decisivo riportò Pietroburgo, dopo un lungo iato, nell'arena politica. Il discorso coraggioso, orgoglioso, davanti a 250.000 ascoltatori attenti in piazza del Palazzo, dell'accademico ottantaquattrenne Dmìtrij Lichaëëv, famoso studioso cristiano e poco dopo primo cittadino onorario di San Pietroburgo, diede alla manifestazione un tono culturale e simbolico tipico della città

Cominciarono presto grandiosi e interessanti esperimenti di privatizzazione. L'importanza economica della città in quanto grosso porto ebbe un'impennata dopo che le repubbliche baltiche si staccarono dalla nuova nazione russa. Alludendo alla descrizione tradizionale di Pietroburgo come «finestra sull'Europa», Sobčàk disse: «In relazione agli avvenuti cambiamenti di confine, la nostra città ora acquisisce un'importanza particolare. È l'unica porta russa sull'Europa»

Come raramente in precedenza, i legami con l'Europa divennero una priorità politica. Anche prima che il rublo diventasse una valuta convertibile, la Pietroburgo postcomunista era pronta a rimettere in circolazione la «moneta d'oro del retaggio umanistico europeo», secondo le parole di Mandel'štàm. Prevedibilmente, questo movimento determinò un'accentuata polarizzazione delle forze politiche della città

A opporsi ai riformatori filoccidentali e liberisti era un movimento nazionalista piccolo ma molto chiassoso fiorito a Pietroburgo. Nell'autunno del 1991 tenne una manifestazione in piazza del Palazzo. Gli oratori assicurarono alla folla che il paese era in balia del «terrore dei democratici, fedeli servi del sionismo mondiale», e dichiararono: «Pensate che a Sankt-Peterbùrg abbiano restituito il vero nome in onore dello zar russo? No, è in onore dell'apostolo ebreo Pëtr»

Un testimone ha descritto un crocchio del genere: «In mezzo alla folla c'era una donna coi ricci, gli occhi cattivi, la vocina sottile, ma parlava e la folla ascoltava: "Sono biologa, lavoro all'università. Dunque: nel nostro laboratorio abbiamo fatto un'analisi del sangue agli ebrei e, ascoltate, contiene il gene dell'odio per il popolo russo!»[814]

Gli attacchi agli altri «stranieri» divennero più frequenti, in particolare in materia culturale. La componente ultranazionalistica di Pietroburgo era dispiaciuta che il nuovo direttore della Filarmonica dopo la morte di Mravìnskij fosse Jùrij Temirkànov, della Kabardia, e che il direttore artistico del teatro Mariìnskij fosse l'osseto Valérij Gérgiev

Un leader del pensiero nazionalista era Lev Gumilëv, figlio di Nikolàj Gumilëv e Anna Achmàtova. Quando cominciarono a uscire, i suoi studi storici trovarono un pubblico interessato. La tesi di Gumilëv è che l'impero russo non sia stato una prigione di nazioni, come affermavano tradizionalmente i liberali, ma un'associazione naturale e volontaria di popoli europei e asiatici sotto la protezione benevola degli zar. Secondo Gumilëv, «un'Eurasia unita con a capo la Russia è stata tradizionalmente avversata a ovest dall'Europa, a est dalla Cina, a sud dal mondo musulmano».[815]

La Russia, secondo lui, non ha un percorso comune all'Europa, dato che l'ideologia russa si basa su standard di comportamento estranei agli europei e ricavati in modo significativo dai mongoli: disciplina assoluta, tolleranza etnica e fervore religioso

Paradossalmente, le opinioni di Gumilëv, morto nel 1992 prima del suo ottantesimo compleanno, ripristinarono la tradizione della filosofia slavofila infranta dai sovietici e trapiantata sul terreno pietroburghese. Il fatto che le sue teorie antieuropee trovassero tanta simpatia a Pietroburgo dimostrava quanto fosse diventata volatile l'atmosfera intellettuale a Pietroburgo anche in una città così tradizionalmente filoccidentale e cosmopolita. Fece sensazione la prima pietroburghese di Perezvény (Risonanze), una «sinfonia-

---

[814] «Novoe russkoe slovo», cit., 22 ottobre 1993.

[815] L.N. Gumilëv, Ot Rusi do Rossii (Dalla Rus' alla Russia), Sankt-Peterbùrg 1992, 255.

rituale» (come la chiamò il compositore) nazionalista di Valérij Gavrìlin, seguace di Geórgij Svirìdov, importante musicista slavofilo (ed ex allievo di Šostakóvič) e compositore dei Peterbùrgskie pésni (Canti pietroburghesi), su testi poetici di Blok

Il tema imperiale, per la verità, fu sempre molto presente nella cultura pietroburghese, risalendo ai primi panegiristi di Pëtr il Grande. Ma tenendo presente la posizione geografica della Russia, le sue dimensioni, le sue popolazioni multietniche e le sue relazioni con gli stati vicini, una circostanza del genere non deve sorprendere. La Russia ha sempre lottato per una posizione imperiale. La questione è se questo principio imperiale si manifesti per mezzo della forza bruta o dell'influenza culturale. Come si è espresso Lev Gumilëv, «ogni nazione ha il diritto di essere sé stessa».[816]

Bródskij controbatteva: «Si può cercare di salvarsi dagli eccessi dell'imperialismo solo con la cultura, poiché solo la cultura ci trasforma in persone civili, che di conseguenza generano un sistema democratico». Bìtov ha affrontato lo stesso problema: «Sia la democrazia, sia la libertà vogliono dire lavoro. Un lavoro di ciascuno. Lo scetticismo è l'espediente più dozzinale, soprattutto nell'intellighenzia».[817]

Il ruolo di Pietroburgo e del mito di Pietroburgo in questo processo è potenzialmente enorme. Una delle ambizioni della città, che può ancora essere espressa ad alta voce, è il desiderio di essere la capitale spirituale o, almeno, l'arbitro culturale della nuova Russia. A fondamento di questa aspirazione c'è il brillante passato della città e la sua tragica aura mitologica

Ma gli impulsi spirituali di Pietroburgo, città che sembrava il capriccio di un tiranno e che si è sviluppata in modo irregolare, alla fine sono imprevedibili. Molti pietroburghesi vorrebbero considerarla l'àncora di una Russia rivolta all'Occidente, ma in certe circostanze la città potrebbe facilmente ritrovarsi smarrita e perplessa, come negli anni tumultuosi della rivoluzione

La ricerca del nuovo può concludersi nella perdita del passato, nell'isolamento dalla realtà e dalla civiltà. Costruita sul confine tra l'ordine e il caos, Pietroburgo è sempre stata sull'orlo dell'abisso. Qualsiasi lettore di testi pietroburghesi ha presente la situazione. Il filosofo emigrato Geórgij Fedótov, morto a New York nel 1951, ha

---

816 Ibidem 256.

817 Andréj Bìtov, My prosnulis' v neznakomoj strane (Ci siamo svegliati in un paese sconosciuto), Leningràd 1991, p. 38.

proposto un'interpretazione originale di una delle immagini centrali del Cavaliere di bronzo: l'inondazione che minaccia di inghiottire Pietroburgo. Fedétov ha notato che Pùškin descrive l'inondazione quasi come una forza vivente. Ha tracciato un parallelo tra l'inondazione e il serpente calpestato dal cavallo di Pëtr il Grande in mezzo alla città

«Il serpente e l'inondazione rappresentano gli aspetti irrazionali, ciechi della vita russa, quelli che, incatenati da Apollo, sono sempre pronti a emergere: nelle sette, nel nihilismo, nelle Centurie nere[818], nei colpi di Stato. La vita russa e lo Stato russo sono un continuo e tortuoso contenimento del caos da parte del principio della ragione e della volontà.»[819]

Questo movimento confuso, e non sempre in avanti, verso un obiettivo lontano non può sperare di avere successo senza basarsi sulla tradizione della cultura pietroburghese, almeno su quella linea i cui princìpi erano stati enumerati da Bródskij: «Sobrietà di coscienza e sobrietà di forma; propensione alla libertà suscitata dallo spirito del luogo e dall'architettura del luogo; stoicismo estetico e convinzione che l'ordine sia più importante del disordine, per quanto quest'ultimo possa essere congeniale alla nostra percezione del mondo. ... È un caso in cui le scene determinano il repertorio di un attore. Il problema sta solo nello stabilire di che attore si tratta e se è preparato a queste scene e, di conseguenza, alla propria parte».[820]

Alcuni sondaggi hanno dimostrato che fino al venti per cento degli abitanti di Pietroburgo sono disposti ad andare in Occidente – o per lavoro o per un trasferimento permanente – dimostrando che anche una città così insolita può perdere attrattiva per un numero considerevole dei suoi abitanti. Il mito di Pietroburgo, vittorioso, è ancora in pericolo

Prima di tutto, la stessa esistenza fisica di Pietroburgo è in pericolo, i suoi quindicimila palazzi storici che cadono a pezzi. «Centinaia di vecchie case pietroburghesi sono morte ... le tinte si

---

[818] Le Centurie nere (čërnye sotni) erano squadracce di estrema destra che nel primo decennio del Novecento picchiavano ebrei. liberali, democratici.

[819] Fedotov. Sud'ba i grechi Rossii. Izbrannye stat'i po filosofii russkoj istorii i kul'tury (Il destino e i peccati della Russia. Saggi scelti di filosofia della storia e della cultura russa), Sankt-Peterbùrg 1991, vol. II, p. 146.

[820] Iosif Brodskij, conversazione con l'autore (New York 1988).

attenuano a vista d'occhio, e le dorature si scrostano»[821] sospira un osservatore. Decenni di incuria hanno danneggiato la bellezza della città, la sua grazia

Le autorità non si possono permettere grandi opere di restauro, e non vi è certezza che gli sperati investimenti dall'Occidente serviranno a conservare i monumenti della città. Tutti sono consapevoli che Venezia sta affondando, ma Pietroburgo probabilmente affronta una crisi più grave, peggiorata dall'instabilità economica e politica

Non meno preoccupanti sono i segni di malessere spirituale. Il mito di Pietroburgo non è più clandestino, ma proprio questa circostanza lo sta, come previsto, privando della sua dinamica interna. Elogiare i geni perseguitati del passato e celebrare i loro anniversari postumi di per sé non aggiunge vitalità alla cultura pietroburghese moderna. Bìtov ammette: «Ora diciamo la verità guardando indietro. E di conseguenza restiamo fermi».[822] Il mito di Pietroburgo è morto? «Possiamo e dobbiamo studiare la cultura pietroburghese, ma non riusciremo a farla rinascere. Nel migliore dei casi riusciremo a mettere in ordine il suo cimitero vilipeso.»[823]

Ma anche quest'obiettivo modesto può essere lontano anni o rivelarsi eccessivo per una Pietroburgo impoverita

Il metaforico cimitero è già stato rilevato dagli imprenditori della cultura di massa, che manipolano spudoratamente i simboli più potenti a seconda delle esigenze commerciali. Così un successo pop recente è stato uno dei testi più tragici di cinicamente cantato a ritmo di disco music:

Pietroburgo, ancora non voglio morire:
tutti i numeri hai del telefono miei

Sopravvissuto alla repressione, il mito di Pietroburgo ora corre il pericolo di diventare un guscio vuoto. Un Bródskij contemplativo ha espresso un'idea sulla periodica rigenerazione della cultura pietroburghese. Accade ogni venticinque o trent'anni, ha detto, tracciando una linea da Deržàvin a e ai poeti del suo ambiente e poi fino a Nekràsov e Dostoévskij; da loro ai primi simbolisti e, attraverso Mandel'štàm, Vàginov e Achmàtova, fino ai

---

821 «Ogonëk», cit., 24, 1990, p. 10.

822 Andréj Bìtov, op. cit., p. 58.

823 «Iskusstvo Leningrada» (L'arte di Leningrado), 1, 1991, p. 53.

contemporanei di Bródskij. Il rinnovamento periodico delle generazioni creative deve nuovamente verificarsi, dato che «il paesaggio e l'ambiente della città fondamentalmente non sono cambiati».[824]

Questa particolare previsione può risultare troppo ottimistica. Tuttavia, la storia della cultura della città e del suo mito dà motivo di sperare. Pietroburgo è stata sepolta più volte nelle leggende folcloristiche e nei libri. La sua caduta è stata profetizzata, e la città è stata davvero sull'orlo della distruzione più di una volta. Ma anche i suoi critici più intransigenti spesso avevano sentimenti ambivalenti nei suoi confronti

Quando la fortuna della cultura pietroburghese sembrava in declino, Čajkóvskij ne pianse il destino in musica, ispirando una generazione di esteti russi. Gli esuli su lidi lontani – Djàgilev, Stravinskij, Nabókov e Balančìn – sognavano Pietroburgo e la loro nostalgia ha alimentato la leggenda di un paradiso perduto

Gumilëv, Mandel'štàm e Charms hanno pagato con la vita l'adesione all'idea di una cultura pietroburghese unica. Blok, Achmàtova, Šostakóvič, Zabolóckij, Zóščenko e più tardi Bródskij hanno fatto sacrifici al suo altare. I sacrifici non sono passati invano: il sangue ha fatto rinascere il mito a una vita nuova e più ricca

La leggenda vuole che, fintantoché il Cavaliere di bronzo sarà al suo posto, Pietroburgo non perirà. All'ombra di quel monumento i miracoli sembrano possibili. La nuova incarnazione del mito di Pietroburgo può essere una sorpresa anche per i suoi devoti e studiosi, per non parlare del pubblico in generale. Bródskij ha contemplato prontamente la possibilità che un nuovo rinascimento, se fosse vissuto tanto da vederlo, potesse essergli del tutto estraneo.[825]

Nella cultura pietroburghese tradizione e stabilità si sono sempre intrecciate con l'ambivalenza spirituale e l'imprevedibilità creativa. Questa imprevedibilità, foriera di nuovi risultati, è racchiusa nel più drammatico e durevole dei simboli visivi di Pietroburgo, il Cavaliere di bronzo, slanciato verso il cielo e nel contempo ben piantato nella pietra. La maggior parte della gente desidera guardare oltre il confine che separa l'oggi dal domani. Pochissimi riescono a farlo; anche un genio come Puškin si è

---

[824] Brodskij, conversazione con l'autore (Washington 1992).

[825] Ibidem.

fermato a pensare sul confine

Ma i geni possono almeno dare espressione ai sentimenti più confusi, alle angosce e al timore di affrontare l'imprevedibile, e alle speranze recondite, come ha fatto Pùškin nei versi che sembrano forgiati in bronzo, che chiunque abbia mai letto il più grande poema narrativo russo si sente costretto a ripetere quando si trova, per caso o di proposito, al cospetto della statua equestre di Pëtr il Grande, pensando al passato, al presente e al futuro della città magnificente e martire fondata dall'imperatore leggendario e che aspira a essere immortale:

Dove tu andrai, fiero cavallo,
dove lo zoccol poserai?

Bruno Osimo Ce l'hai scarico da un pezzo
Bruno Osimo Sei un vaso di fiori di campo
Bruno Osimo La scoiattola d'autunno
Semiotica
Bruno Osimo Semiotica semplice
Bruno Osimo Semiotics for Beginners
Bruno Osimo Semiotica per principianti
Lev Vygótskij, Pensiero e parola
Charles Sanders Peirce Filosofia della mente
Jurij Lotman Il testo nel testo
Jurij Lotman Le tre funzioni del testo
Jurij Lotman Autocomunicazione: «Io» e «Un altro» come destinatari
Jurij Lotman Le mie memorie 1922-1940
Jurij Lotman La semiosfera: culture
Jurij Lotman La cultura e l'intelligentnost'
Jurij Lotman Il ruolo dell'arte nella cultura
Jurij Lotman Asimmetria e dialogo
Jurij Lotman Il modello della struttura bilingue
Peeter Torop La semiotica della cultura. Introduzione alla scuola di Tartu fondata da Lotman.
Peeter Torop Biografia privata di Lotman attraverso gli autoritratti. Il discorso interno di uno studioso
Peeter Torop La transmedialità dell'autocomunicazione della cultura
Peeter Torop Sugli inizi della semiotica della cultura alla luce delle tesi della scuola di Tartu-Mosca
Opere di Gógol'
La lettera scomparsa
Notte di maggio ovvero L'annegata
La sera della vigilia di Ivàn Kupàla
La fiera di Soróčinci
Memorie di un pazzo
Opere di Solženìcyn
L'arresto. Vivere e morire ai tempi dei gulag
L'istruttoria. Torture, false confessioni, gulag
Storia delle fogne russe. Ondate di deportazione in gulag
La donna in lager. Vita quotidiana nei gulag
Opere di Čechov
Dùšečka
Zio Vanja
Tre sorelle
Il gabbiano

Il mago nero
Ho ucciso e altri racconti
Opere di Pùškin
Evgénij Onégin
Fiabe popolari
Sivko-burko
Fiaba su Ivàn-zarévič, sull'uccello-brace e sul lupo grigio
Vasilìsa la bellissima. La sorellina volpina. Ivàn Zarévič
Sulla traduzione
Peeter Torop Total Translation
Vlahov Florin The Translation of Realia
B., S.A. Osimo Cognitive distortion, translation distortion, and poetic distortion as semiotic shifts
Bruno Osimo On Psychological Aspects of Translation
Bruno Osimo Literary translation and terminological precision: Chekhov and his short stories
Bruno Osimo Basic notions of Translation Theory
Bruno Osimo Translation Studies. Contributions from Eastern Europe
Bruno Osimo Handbook of Translation Studies
Bruno Osimo Juri Lotman's Translation Handbook
Bruno Osimo Dictionary of Translation Studies
Bruno Osimo History of Translation
Bruno Osimo Roman Jakobson's Translation Handbook
Bruno Osimo The Translation of Culture
Bruno Osimo Prototext-metatext translation shifts
Anton Popovič La scienza della traduzione
Peeter Torop La traduzione totale
Aleksandar Lûdskanov Un approccio semiotico alla traduzione
Vlahov Florin La traduzione dei realia
Revzin Rozencvejg Manuale di semiotica della traduzione
Jiří Levý La creatività linguistica e letteraria del traduttore
Jiří Levý Stile letterario e stile traduttivo. Come si forma il traduttese
Zuzana Jettmarová Teoria ceca della traduzione
B., S.A. Osimo Distorsione cognitiva, distorsione traduttiva e distorsione poetica come cambiamenti semiotici
Bruno Osimo Manuale del traduttore di Giacomo Leopardi
Bruno Osimo Peeter Torop per la scienza della traduzione
Bruno Osimo La traduzione totale. Spunti per lo sviluppo della scienza della traduzione
Bruno Osimo Teoria della mediazione linguistica
Bruno Osimo Traduzione come metafora, traduttore come

antropologo

Bruno Osimo La memoria della cultura: traduzione e tradizione in Lotman

Bruno Osimo Traduzione e nuove tecnologie

Bruno Osimo Terminologia semiotica e scienza della traduzione

Bruno Osimo La lingua non salvata

Bruno Osimo Traduzione giuridica e scienza della traduzione

Bruno Osimo Traduzione della cultura

Bruno Osimo Traduzione letteraria e precisione terminologica

Bruno Osimo Traduzione e qualità

Bruno Osimo Traduzione: aspetti mentali

Bruno Osimo La traduzione totale di Peeter Torop

Fuori collana

Federico Bario Come batteva il tamburo

Aleksandr Ânov Le origini dell'autocrazia

Anatolij Rybakov Gli anni del grande terrore

Raffaello Giovagnoli Spartaco

Mihail Arcybašev Sangue

Mikhail Artsybashev Blood

Julija Voznesenskaja Decamerone delle donne

Solomon Volkov Pietroburgo. Storia culturale

Solomon Volkov Šostakovič e Stalin: l'artista e lo zar

Howard Rheingold Comunità virtuali

Bruno Osimo Il poeta in affari veniva da molto lontano

Bruno Osimo Esercizi di stile traduttivo

Bruno Osimo Melanzane dall'antipasto al dolce

Bruno Osimo Dizionario di psicoanalisi

Lucilla Porta, Una sorta di affetto. Romanzo

Tamara Nigi, Stazioni di transito. Haiku scritti sull'acqua

Poesia nascosta. Seicento ricette di cucina ebraica in Italia

Graziella Colonna, Memorie 1927-2024